Instructor's Annotated Edition

LENGUA

VENTANAS

Curso intermedio de lengua española

SECOND EDITION

José A. Blanco

María Colbert
Colby College

Boston, Massachusetts

Publisher: José A. Blanco
Vice President and Editorial Director: Beth Kramer
Managing Editor: Sarah Kenney
Project Managers: Gisela M. Aragón-LaCarrubba, María Eugenia Corbo
Staff Editors: Armando Brito, Gabriela Ferland
Director of Art & Design: Linda Jurras
Director of Production and Manufacturing: Lisa Perrier
Design Manager: Polo Barrera
Photo Researcher and Art Buyer: Rachel Distler
Production and Manufacturing Team: Jeff Perron, Nick Ventullo

President: Janet L. Dracksdorf
Sr. Vice President of Operations: Tom Delano
Vice President of Sales and Marketing: Scott Burns
Executive Marketing Manager: Benjamín Rivera

Printed in the United States of America.

Instructor's Annotated Edition: ISBN-13: 978-1-60007-607-7
ISBN-10: 1-60007-607-6
Student Edition: ISBN-13: 978-1-60007-601-5
ISBN-10: 1-60007-601-7

1 2 3 4 5 6 7 8 9-W-13 12 11 10 09 08 07

Instructor's Annotated Edition

Table of Contents

The **VENTANAS** Story

Vista Higher Learning, the publisher of **VENTANAS**, was founded with one mission: to raise the teaching of Spanish to a higher level. Years of experience working with textbook publishers convinced us that more could be done to offer you superior tools and to give your students a more profound learning experience. Along the way, we questioned everything about the way textbooks support the teaching of introductory and intermediate college Spanish.

In fall 2000, our focus was **VISTAS: Introducción a la lengua española,** a textbook and coordinated package of ancillaries that looked different and were different. **PANORAMA**, a briefer text based on **VISTAS,** followed in fall 2001. We took a fresh look at introductory college Spanish and found that hundreds of Spanish instructors nationwide liked what they saw. In just two years, **VISTAS** and **PANORAMA** became the most widely adopted new introductory college Spanish programs in more than a decade. Eight years later, **VISTAS** and **PANORAMA** are in their third editions. We now have six introductory programs in Spanish, five intermediate programs, and one advanced, as well as two in French, all of which have been received with excitement and acclaim by both students and instructors.

In our intermediate programs, we have worked to address a need that many Spanish instructors have expressed to us, that is, an alternative to the standard offerings for intermediate Spanish. Our authors and all of us at Vista Higher Learning are therefore excited to welcome you to the second edition of **VENTANAS**, our original intermediate college Spanish program. **VENTANAS** and its derivatives, **ENFOQUES** and **FACETAS**, share the hallmark user-friendly and video-integrated approach of our introductory programs, yet offer their own distinctive content, design, and coordinated print and technology components.

We hope that you and your students enjoy using the **VENTANAS** program. Please contact us with your questions, comments, and reactions.

Vista Higher Learning
31 St. James Avenue
Boston, MA 02116-4104
TOLLFREE: 800-618-7375
TELEPHONE: 617-426-4910
FAX: 617-426-5215
www.vistahigherlearning.com

Getting to Know VENTANAS

VENTANAS, Second Edition, is a unique, fully integrated intermediate Spanish program that emphasizes a student-friendly approach. It is designed to make learning Spanish an easy, rewarding experience for students. To accomplish this goal, **VENTANAS** takes an interactive, communicative approach. It focuses on real communication in meaningful contexts that develop students' speaking, listening, reading, and writing skills, all the while stressing cultural competency.

The **VENTANAS** program has two main components—**VENTANAS: Lengua** (the grammar text) and **VENTANAS: Lecturas** (the literary/cultural reader). Designed for flexibility, these two volumes are coordinated by lesson theme, grammar structures, and vocabulary, which allows them to be used jointly or independently.

VENTANAS: Lengua

Here are some of the features you will encounter in **VENTANAS: Lengua.**

- **VENTANAS: Lengua** integrates an award-winning video sitcom with the student textbook in each lesson's **Fotonovela** section and in the captioned video stills of the **Estructura** sections.
- **VENTANAS: Lengua** facilitates the learning process through its carefully crafted graphic design and organization. Page layout, color-coded sections, and other graphic elements enhance students' learning. Lesson sections appear either on one page or on two-page spreads, making navigation easy. The photos, illustrations, realia, charts, graphs, and diagrams support pedagogical purposes and multiple learning styles.
- **VENTANAS: Lengua** incorporates communicative practice throughout every lesson. The two-part practice sequence for every grammar point progresses from directed, meaningful **Práctica** exercises to open-ended, interactive **Comunicación** activities. At the end of each **Estructura** section, **¡A conversar!** conversation activities and **¡A escribir!** writing projects integrate language skills and promote self-expression as they synthesize the lesson.
- **VENTANAS: Lengua** presents authentic, practical language in natural contexts through comprehensible input in the **Contextos** and **Fotonovela** sections.
- **VENTANAS: Lengua** uses student sidebars to provide on-the-spot linguistic information and to highlight grammatical concepts.
- **VENTANAS: Lengua** presents authentic materials in the **Actualidades** section, which serves as a springboard for activities ranging from comprehension to peer interaction, to cultural exploration and self-reflection.

VENTANAS: Lecturas

Here are some of the key features of **VENTANAS: Lecturas**.

- **VENTANAS: Lecturas** has a revised and expanded four-part lesson organization. **Cultura** opens the lesson with a relevant reading on the theme; **Cinemateca** further pushes discussion by presenting an authentic short film for each lesson; **Literatura** offers two thought-provoking literary readings for each lesson; **Conexiones** synthesizes each lesson with opportunities for presentations and discussion.
- **VENTANAS: Lecturas** was the first book to integrate authentic short films into the program. The expanded **Cinemateca** section now offers one film for each lesson, as well as access for students to view the films online at the **VENTANAS** Supersite.
- **VENTANAS: Lecturas** offers comprehensive pre-reading and post-reading support designed to facilitate understanding and strengthen students' reading and critical-thinking skills. **Antes de leer** sections provide background information, and teach valuable literary analysis techniques. **Después de leer** sections take students from basic comprehension of key ideas, to analysis and interpretation, and finally to personalized application of the readings' content.
- **VENTANAS: Lecturas** connects language learning with other disciplines through vibrant works of fine art, famous quotes, and the diverse topics of its readings.
- **VENTANAS: Lecturas** emphasizes academic essay writing through strategies and essay themes that engage students in critical thinking about the reading and film selections.
- **VENTANAS: Lecturas** provides numerous opportunities in each lesson to develop communicative skills in a wide variety of situations. At the end of every **Cultura** section, an **Opiniones** page expands the themes of the section with opportunities for group discussions and opinion writing tasks. In **Conexiones**, oral presentations in the **Abriendo ventanas** pages expand the lesson theme through guided brainstorming and presentations, while the **Tertulia** page offers opportunities for brief group and class discussion.

To get the most out of pages IAE-7 – IAE-16 in your **VENTANAS: Lengua** Instructor's Annotated Edition, you should familiarize yourself with the front matter to the **VENTANAS: Lengua** Student Text, especially Introduction (p. iii), **VENTANAS: Lengua**-at-a-glance (pp. x–xx), Video Program (pp. xxii–xxiii), and Ancillaries (pp. xxiv–xxvi).

Getting to Know Your Instructor's Annotated Edition

The Instructor's Annotated Edition (IAE) of **VENTANAS: Lengua** includes various teaching resources. For your convenience, answers to all exercises with discrete answers have been overprinted on the student text pages. In addition, marginal annotations were created to complement and support varied teaching styles, to extend the rich contents of the student text, and to save you time in class preparation and course management. The annotations are suggestions; they are not meant to be prescriptive or limiting. Here are some examples of the types of annotations you will find in **VENTANAS: Lengua.**

- **Preview** Suggestions for introducing a reading, a comic or TV clip, or theme, introducing new vocabulary, recycling old vocabulary, etc.
- **Named or numbered annotations** Ideas for presenting, varying, expanding, or altering activities to suit your students' needs
- **Variación léxica** Alternate words and expressions used in the Spanish-speaking world or additional information related to specific vocabulary items
- **Teaching option** Ideas for supplemental games, drills, activities, along with cultural information and other resources
- **Preparación, escritura** Teaching suggestions and expansion activities for subsections in **Atando cabos**
- **Synopsis** Plot summaries in the **Fotonovela** section
- **National Standards Icons** Special icons that indicate when a lesson section or subsection is closely linked to one or more of the Five C's of the *Standards for Foreign Language Learning:* Communication, Cultures, Connections, Comparisons, and Communities
- **Instructional Resources** A correlation to student and instructor supplements and the **VENTANAS** Supersite, available to reinforce each lesson section or subsection. These abbreviations appear in the listings:

WB	Workbook in the Student Activities Manual/WebSAM
LM	Lab Manual in the Student Activities Manual/WebSAM
VM	Video Manual in the Student Activities Manual/WebSAM
IRCD	Instructor's Resource CD-ROM
SAM Answer Key	Student Activities Manual Answer Key
DVD	Video Program on DVD
Supersite	**VENTANAS** Supersite (**ventanas.vhlcentral.com**)

Please access the VENTANAS website at ventanas.vhlcentral.com for program as well as course and lesson planning information.

VENTANAS: Lengua and the *Standards for Foreign Language Learning*

Since 1982, when the *ACTFL Proficiency Guidelines* were first published, that seminal document and its subsequent revisions influenced the teaching of modern languages in the United States. **VENTANAS: Lengua** was written with the *ACTFL Proficiency Guidelines* in mind. It emphasizes an interactive, proficiency-oriented approach to the teaching of language and culture.

The pedagogy behind **VENTANAS: Lengua** was also informed from its inception by the *Standards for Foreign Language Learning in the 21st Century.* First published under the auspices of the *National Standards in Foreign Language Education Project*, the Standards are organized into five goal areas, often called the Five C's: Communication, Cultures, Connections, Comparisons, and Communities.

Since **VENTANAS: Lengua** takes a communicative approach to the teaching and learning of Spanish, the Communication goal is an integral part of the student text. For example, the diverse formats (interviews, role-plays, discussion topics, task-based, and so forth) in **Comunicación** in **Contextos** and **Estructura**, and **Ampliación** in **Fotonovela** engage students in communicative exchanges, providing and obtaining information, and expressing feelings, emotions or opinions. **¡A conversar!** in **Estructura** develops students' communicative skills through activities where students voice their opinions and problem-solving tasks. Furthermore, **¡A escribir!** in **Estructura** guides students in presenting information, concepts, and ideas to their classmates on a variety of topics and in varied ways.

The Cultures goal is most evident in the **Apuntes culturales**, **Exploración**, and **Fotonovela** sections. With respect to the Connections goal, students can acquire information and recognize distinctive cultural viewpoints in the authentic non-literary texts of the **Actualidades** sections. The **Estructura** sections with their clear, comprehensive explanations reflect the Comparisons goal. Students can work toward the Connections and Communities goals when they use the **Conexión Internet** references in the **Exploración** sections and when they access the information or activities on the **VENTANAS** website. In addition, special Standards icons appear on the pages of your IAE to call out sections that have a particularly strong relationship with the Standards. You will find many more connections to the Standards as you work with the student textbook, its ancillaries, the **VENTANAS** Supersite, and **VENTANAS: Lecturas.**

General Teaching Considerations

Orienting Students to the Textbook

Since the interior and graphic design of **VENTANAS: Lengua** was created to support and facilitate students' language learning experience, you may want to spend some time orienting them to the textbook on the first day. Have students flip through **Lección 1**, pointing out the major sections. Explain that all lessons are organized in the same manner and that, because of this, they will always know "where they are" in the textbook. Emphasize that sections are self-contained, occupying either a full page or spreads of two facing pages. Call students' attention to the use of color to highlight important information in charts, diagrams, word lists, exercise **modelos**, and activity titles. Also point out how the major sections of each lesson are color-coded for easy navigation: red for **Contextos**, blue for **Fotonovela**, green for **Exploración**, purple for **Estructura**, green for **Actualidades**, and purple for **Vocabulario.** Then point out the **¡Atención!** sidebars and explain that these boxes provide important, active grammatical information related to the material they are studying.

Flexible Lesson Organization

The lesson organization of **VENTANAS: Lengua** is flexible. For example, you can begin with the lesson opening page and progress sequentially through the lesson. If you do not want to devote class time to teaching grammar, you can assign the **Estructura** explanations for outside study, freeing up class time for other purposes like developing speaking skills; building listening, reading, or writing skills; learning more about the Spanish-speaking world; or working with the video program. You might even prefer to skip some sections entirely or use them only periodically, depending on students' interests and time constraints. If you plan on using the **VENTANAS: Lengua** Testing Program, however, be aware that the quizzes and exams contain sections based on language presented in the **Contextos, Estructura,** and the **Expresiones útiles** of **Fotonovela.**

Identifying Active Vocabulary

All boldfaced words and expressions in the text appearing with the photos and the thematic lists in the **Contextos** section are considered active vocabulary. Also, the words and expressions in the **Expresiones útiles** boxes in the **Fotonovela** section, as well as words in charts, word lists and sample sentences in the **Estructura** section are also part of the active vocabulary load. At the end of each lesson, the **Vocabulario** section provides a convenient one-page summary of the items students should know and that may appear on quizzes and exams.

To increase students' lexicon, the Instructor's Annotated Edition provides marginal annotations with information on lexical variations in Spanish, where appropriate. These words and expressions are considered optional and are not tested.

Maintaining a Writing Portfolio

Since students are building their writing skills at this level, you might want to have them maintain a portfolio of the writings they produce so they can periodically review their progress. You might also suggest that they keep a running list of the most common grammatical or spelling errors they make when writing. They can then refer to that list when editing and revising each assignment before handing it in for grading.

Suggestions for Using *Contextos*

Lesson Vocabulary

- Introduce the lesson theme by having students describe and discuss the photos or other visuals.
- To prepare students for new material, have them review what they already know about each theme by brainstorming related vocabulary words they have already learned.
- Introduce the new vocabulary by providing comprehensible input in the form of a description or narration or through the use of audiovisual materials or readings.
- Introduce the new vocabulary using Total Physical Response (TPR) or interactive class games, such as Charades or Twenty Questions.
- Ask questions based on the new vocabulary.
- Have students do the listening activities after going over the vocabulary lists in order to practice the new items in contextualized situations.

Práctica

- The **Práctica** exercises can be done orally as class, pair, or group activities.

Comunicación

- Insist on the use of Spanish only during these activities.
- Have students form pairs or groups quickly, or assign them.
- Assign or rotate partners and group members as necessary to ensure a greater variety of communicative exchanges.
- Allow sufficient time for pairs or groups to do the **Comunicación** activities (between five and fifteen minutes, depending on the activity), but do not give them too much time or they may lapse into English and socialize. Give students a time limit for an activity before they begin.
- Circulate around the room and monitor students to make sure they are on task. Provide guidance as needed and note common errors for future review.
- Remind students to jot down information during pair and group discussion activities so they can refer to them when they report the results to the class.

Suggestions for Using *Fotonovela*

The **Fotonovela** section in the student text and the sitcom episodes of the **VENTANAS Fotonovela** were created as interlocking pieces. All photos in the **Fotonovela** section are stills from the corresponding episode. The printed conversations are shortened versions of the episode. The **Fotonovela** conversations represent comprehensible input at the discourse level; they were purposely written to use language from the corresponding lesson's **Contextos** and **Estructura** sections. Thus, as of **Lección 2,** they recycle known language, preview grammar points students will study later in the lesson, and, in keeping with the concept of "i + 1," contain a small amount of unknown language.

Since the **Fotonovela** section in the text and the **VENTANAS Fotonovela** are so closely connected, you may use them in different ways. For instance, you can use the **Fotonovela** section as an advance organizer, presenting it before showing the episode. You can also show the episode first and follow up with the text, or you can show the episode at the end of the lesson as a synthesis activity. You can even use the **Fotonovela** text section as a stand-alone, video-independent section.

Begin by showing the first one or two episodes in class to familiarize students with the characters, story line, and style. After that, you might show the episodes in class or assign them for viewing outside the classroom on the **VENTANAS** Supersite. For each episode, there are **Comprensión** and **Ampliación** activities in the corresponding textbook lesson and additional activities in the Video Manual section of the Student Activities Manual.

You might also want to use the **VENTANAS Fotonovela** in class when working with the **Estructura** sections. You could play the sections that correspond to the video stills in the grammar explanations or show the sitcom and ask students to identify certain grammar points.

Suggestions for Using *Exploración*

- Focus students' attention on the photographs and other visual aids, asking questions about them or having students describe them. You could also have them search for more information about the people, places, or things in each photograph on the Internet or in the library.
- Check student comprehension of the cultural readings by asking comprehension questions as they read and complete the activities in the **¿Qué aprendiste?** section.
- Assign the readings for homework and have students create their own comprehension questions or activities. During the next class, put students in pairs or small groups to check each other's comprehension of the readings as you monitor their work.
- Have students work in small groups in order to answer the questions or discuss the observations in the **¿Qué aprendiste?** page. Ask each group to appoint a spokesperson for each item and have that person report the results of the group to the whole class.
- Additional activities and resources related to the **NEW! Ritmos** section are available at **ventanas.vhlcentral.com.** You may also incorporate other regional genres and artists using local and online radio, your own music collection, or samples from students.

Suggestions for Using *Estructura*

Grammar Explanations

- Explain the grammar in Spanish and try to keep explanations to a minimum, about three to five minutes for each point. Grammar explanations can be assigned as homework so that class time can be devoted to the **Práctica** and **Comunicación** activities.
- Have students locate examples of the grammar points in the **Fotonovela** or **Contextos** sections.
- Assign the **Práctica** activities with a mouse icon as homework on the Supersite; go over students' results and review as necessary.
- Use the additional practice and/or explanations in the **NEW! Manual de gramática** to address any additional needs your students may have.

Práctica and *Comunicación*

- The **Práctica** exercises can be done orally as a class or in pairs and groups. They may also be assigned as written homework.
- For suggestions on the **Comunicación** activities, see **Comunicación**, page IAE-10.
- Access the activities in the **NEW! Manual de gramática** for additional practice as needed.

¡A conversar!

- Allow sufficient class time for preparation. When activities involve presentations, encourage students to be creative and to use visuals and multimedia available at your institution.
- If time is limited, adapt and simplify activities to suit your class' needs.
- Since activities focus on the process, make sure students follow all steps. To gain time, preparation steps can be done all together as a class.
- Explain to students on what basis you will grade their work. This rubric could be adapted to suit your needs and those of your students.

Evaluation

Criteria	Scale		Scoring
Appropriate details	1 2 3 4	Excellent	26–28 points
Organization	1 2 3 4	Good	21–25 points
Control of vocabulary	1 2 3 4	Satisfactory	16–20 points
Grammatical accuracy	1 2 3 4	Unsatisfactory	<15 points
Fluency/Pronunciation	1 2 3 4		
Level of interest/Use of visuals	1 2 3 4		

¡A escribir!

- These projects can be assigned as homework or they may be done in class.
- Encourage students to use vocabulary they know rather than relying on a dictionary.
- Allow class time for peer review of first drafts, and remind students to be tactful in their comments.
- Make a list of frequent errors and review the material with the class or have students correct the errors in groups.
- Explain to students on what basis you will grade their work.

Suggestions for Using *Actualidades*

- This section can be used as an in-class reading comprehension activity or assigned as homework.
- Discourage students from translating the comic strips or TV clips into English and relying on a dictionary.
- Have students discuss the **Antes de leer/Preparación** questions.
- Use the illustrations, photos, and content as a basis for cross-cultural comparisons. Have students describe what they see and explain how things are similar or different in their culture.
- Ask students how the content relates to the lesson theme.
- In their own words, have students briefly summarize the comic strip or TV clip orally or in writing where appropriate.
- Where applicable, have students research additional information about the topic or the author on the Internet or in the library.
- For the comic strips, have students identify the humorous devices in the comic strips. Then, have them reflect on the similarities and differences of humor in the two cultures.
- All the TV clips associated with **Actualidades** are available on the Supersite.
- Show the TV clip with the audio turned off and ask students to describe what they see using vocabulary and structures from the lesson. Have them confirm their guesses by showing the clip again with the audio on.
- As an expansion for **Después de leer/Ampliación** activities, ask students to discuss any aspects—products, practices and perspectives—that they were unaware before. Encourage them to say why they did not expect those aspects to be true of the country or topic in question.

Course Planning

These sample course plans illustrate how **VENTANAS: Lengua** can be used in courses on a semester or quarter system.

Two-Semester System

This chart shows how **VENTANAS: Lengua** can be completed in a two-semester course. The division of material allows the present indicative tense, the present progressive tense, the preterite, the imperfect, the future, and the present subjunctive tenses to be presented in the first semester. The second semester covers the passive voice, the future perfect and conditional tenses, present and past perfect tenses, and the present perfect and past subjunctive.

Semester 1	**Semester 2**
Lecciones 1–6	Lecciones 7–12

Quarter System

This chart illustrates how **VENTANAS: Lengua** can be used in the quarter system. The lessons are equally divided among the three quarters, allowing students to progress at a steady pace.

Quarter 1	**Quarter 2**	**Quarter 3**
Lecciones 1–4	Lecciones 5–8	Lecciones 9–12

For convenience in course and lesson planning, you can use the same breakdowns and divisions with **VENTANAS: Lecturas**, the companion reader to **VENTANAS: Lengua.**

Lesson Planning

This sample lesson plan illustrates how **VENTANAS: Lengua** can be used in a two-semester program with three contact hours per week and fifty-minute classes.

NOTE: Specific instructional techniques, suggestions, and other pertinent material are presented on pages IAE–10 to IAE–13 and in marginal annotations on the pages of the **VENTANAS: Lengua** Instructor's Annotated Edition.

Sample Lesson Plan for *Lección 1*

Day 1

1. Introduce yourself, present the course syllabus, and explain the course objectives.
2. Preview the **Contextos** section and have students read the paragraphs.
3. Present the lesson vocabulary.
4. Do the **Práctica** activities without mouse icons with the class.
5. Preview **Fotonovela** and **Expresiones útiles**.
6. Have students review the lesson vocabulary, read **Fotonovela**, and prepare the **Comprensión** activities for the next class. Also, assign mouse icon activities in **Contextos** as homework, including the listening practice.

Day 2

1. As a warm-up activity, review the lesson vocabulary.
2. Have students do the **Comunicación** activities in class.
3. Present **Fotonovela** and **Expresiones útiles**.
4. Go over the **Comprensión** activities with the class.
5. Have students work through your choice of the **Exploración** material.
6. Assign the activities from the **¿Qué aprendiste?** section that correspond to the selected material. Have students study **Estructura 1.1** and prepare the **Práctica** activities for the next class.

Day 3

1. Start the class by reviewing the **Expresiones útiles** and/or have students do the **Ampliación** activities in class.
2. Present **Estructura 1.1** and work through **Práctica** Activity 2 with the class.
3. Have students do the **Comunicación** activities during class.
4. Go over the **¿Qué aprendiste?** activities assigned as homework if necessary. Work through the **Ritmos** section.
5. Have students study **Estructura 1.2** and prepare the **Práctica** activities for the next class.

Day 4

1. Work through **Práctica** Activity 3 for **Estructura 1.2** with the class if necessary.
2. Have students do the **Comunicación** for **Estructura 1.2** activities during class.
3. Have students study **Estructura 1.3**. Tell them to prepare the **Práctica** activities for the next class.

Day 5

1. Review **Estructura 1.2.**
2. Have students do **Práctica** Activity 1 for **Estructura 1.3** in pairs. Work through **Práctica** Activities 2 and 3 with the class.
3. Have students do the **Comunicación** activities during class.
4. Have students read through the **¡A conversar!** activities and assign the **¡A escribir!** project.

Day 6

1. Have students do the **¡A conversar!** activities during class.
2. Allow time for peer review of the **¡A escribir!** project.
3. Have students prepare the final draft of **¡A escribir!** and have them prepare the **Antes de leer** activities in the **Actualidades** section for the next class.

Day 7

1. Have students turn in their final draft of **¡A escribir!**
2. Go over the pre-reading activities of **Actualidades** with the class.
3. Work through the post-reading section following instructions for pair and group activities.
4. Review **Lección 1** with the class. Explain to students what material will be covered on **Prueba A** for **Lección 1**.

Day 8

1. Administer **Prueba A** or **C** for **Lección 1.** Reserve **Prueba B** or **D** for makeup examinations.
2. Preview the **Contextos** section for **Lección 2**.
3. Have students read the **Contextos** section and prepare the **Práctica** and **Comunicación** activities for the next class.

The lesson plan presented here is not prescriptive; there is no one correct way to teach or present the lessons. You should feel free to adapt the materials to accommodate your own teaching preferences and your student's learning styles. For example, you may want to allow extra time for concepts students find challenging, or you may want to omit certain activities or sections altogether due to time constraints. We recommend that you assign all of the activities with mouse icons for homework and that you review them only if necessary. For the **Estructura** section, we suggest you devote most of the class time doing the **Comunicación** activities. In addition to those activities, students could do the **SAM** activities and/or the supplementary activities in the **Manual de gramática** as homework and turn them in before the test.

If you have more than three contact hours per week or are on a quarter system, you will find **VENTANAS: Lengua** very flexible; simply pick and choose from its array of instructional resources and use them in the way that makes the most sense for your course.

LENGUA

VENTANAS

Curso intermedio de lengua española

SECOND EDITION

José A. Blanco

María Colbert
Colby College

Boston, Massachusetts

Publisher: José A. Blanco
Vice President and Editorial Director: Beth Kramer
Managing Editor: Sarah Kenney
Project Managers: Gisela M. Aragón-LaCarrubba, María Eugenia Corbo
Staff Editors: Armando Brito, Gabriela Ferland
Director of Art & Design: Linda Jurras
Director of Production and Manufacturing: Lisa Perrier
Design Manager: Polo Barrera
Photo Researcher and Art Buyer: Rachel Distler
Production and Manufacturing Team: Jeff Perron, Nick Ventullo

President: Janet L. Dracksdorf
Sr. Vice President of Operations: Tom Delano
Vice President of Sales and Marketing: Scott Burns
Executive Marketing Manager: Benjamín Rivera

Printed in the United States of America.

Instructor's Annotated Edition: ISBN-13: 978-1-60007-607-7
ISBN-10: 1-60007-607-6
Student Edition: ISBN-13: 978-1-60007-601-5
ISBN-10: 1-60007-601-7

Library of Congress Control Number: 2007934459
1 2 3 4 5 6 7 8 9-W-13 12 11 10 09 08 07

Introduction

Bienvenido a VENTANAS: Lengua, Second Edition, an intermediate Spanish program designed to provide you with an active and rewarding learning experience as you continue to strengthen your language skills and develop your cultural competency.

Here are some of the features you will encounter in **VENTANAS: Lengua, Second Edition**:

- An emphasis on authentic language and practical vocabulary for you to use in communicating in real-life situations
- Clear, graphically dynamic grammar explanations
- Abundant guided and communicative activities that will help you develop confidence in your ability to communicate in Spanish
- A video-based section directly connected to the **VENTANAS Fotonovela**
- Emphasis on authentic materials to help you gain understanding of practices and perspectives of the Spanish-speaking world
- Cultural readings in each lesson that recognize and celebrate the diversity of the Spanish-speaking world and its people
- Ongoing development of your reading, speaking, writing, and listening skills
- A complete set of print and technology ancillaries

New to the Second Edition

VENTANAS: Lengua, Second Edition, offers many new features to students and instructors that make this edition even better than the first.

- **Reconfigured!** The **Contextos** grammar presentation has been redesigned into image-based, thematically grouped word lists; the expanded **Práctica** section now includes listening practice.
- **Expanded!** The **Exploración** cultural section has grown from two pages to four. It contains revised readings and new elements, including a musical feature and the **NEW! Flash cultura** video episode.
- **Revised!** The **Estructura** grammar presentation offers a reduced grammar sequence of three grammar points per lesson. Extra practice for the active grammar points, as well as additional passive grammar points and practice, are available in the **NEW! Manual de gramática** in the appendix of the book.
- **Revised!** The **Atando cabos** offers exciting new topics to help you hone your speaking and writing skills.
- **Revised! Actualidades** features authentic comics and TV clips.

VENTANAS: Lengua has twelve lessons organized in exactly the same way. To familiarize yourself with the textbook's organization, turn to page x and take the **VENTANAS: Lengua**-at-a-glance tour. For more information on the companion reader **VENTANAS: Lecturas**, see page xxi.

	CONTEXTOS	FOTONOVELA

LECCIÓN 1
Las relaciones personales

LECCIÓN 2
Las diversiones

LECCIÓN 3
La vida diaria

LECCIÓN 4
La salud y el bienestar

EXPLORACIÓN	ESTRUCTURA	ACTUALIDADES

EXPLORACIÓN	ESTRUCTURA	ACTUALIDADES

	CONTEXTOS	FOTONOVELA

LECCIÓN 9
La cultura popular y los medios de comunicación

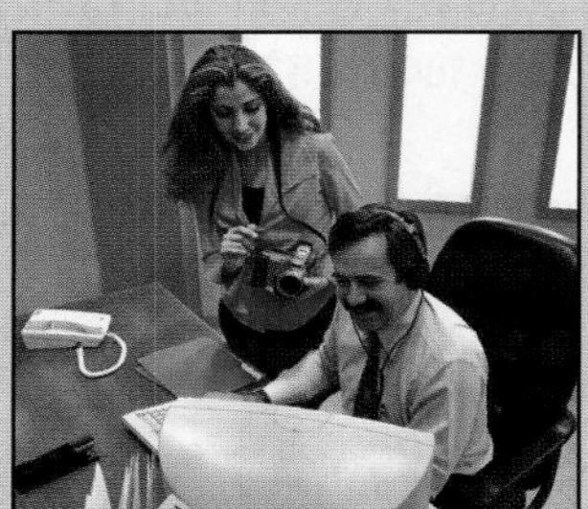

LECCIÓN 10
La literatura y el arte

LECCIÓN 11
La política y la religión

LECCIÓN 12
La historia y la civilización

CONTEXTOS

introduces the lesson theme and vocabulary in meaningful contexts.

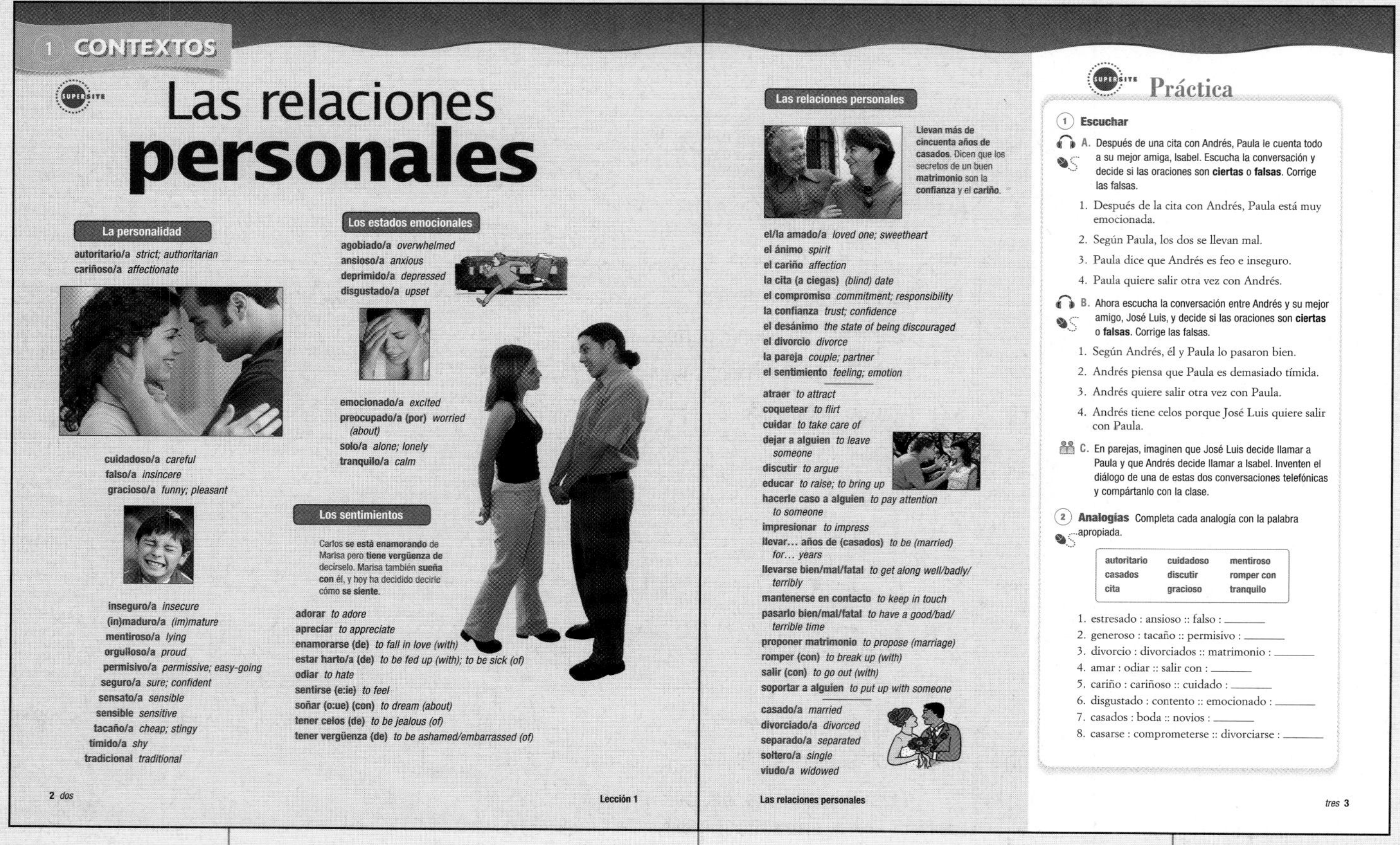

1 CONTEXTOS

Las relaciones personales

La personalidad

autoritario/a *strict; authoritarian*
cariñoso/a *affectionate*
cuidadoso/a *careful*
falso/a *insincere*
gracioso/a *funny; pleasant*
inseguro/a *insecure*
(in)maduro/a *(im)mature*
mentiroso/a *lying*
orgulloso/a *proud*
permisivo/a *permissive; easy-going*
seguro/a *sure; confident*
sensato/a *sensible*
sensible *sensitive*
tacaño/a *cheap; stingy*
tímido/a *shy*
tradicional *traditional*

Los estados emocionales

agobiado/a *overwhelmed*
ansioso/a *anxious*
deprimido/a *depressed*
disgustado/a *upset*
emocionado/a *excited*
preocupado/a (por) *worried (about)*
solo/a *alone; lonely*
tranquilo/a *calm*

Los sentimientos

Carlos **se está enamorando** de Marisa pero **tiene vergüenza de** decírselo. Marisa también **sueña con** él, y hoy ha decidido decirle cómo **se siente**.

adorar *to adore*
apreciar *to appreciate*
enamorarse (de) *to fall in love (with)*
estar harto/a (de) *to be fed up (with); to be sick (of)*
odiar *to hate*
sentirse (e:ie) *to feel*
soñar (o:ue) (con) *to dream (about)*
tener celos (de) *to be jealous (of)*
tener vergüenza (de) *to be ashamed/embarrassed (of)*

2 *dos* Lección 1

Las relaciones personales

Llevan más de cincuenta años de casados. Dicen que los secretos de un buen **matrimonio** son la **confianza** y el **cariño**.

el/la amado/a *loved one; sweetheart*
el ánimo *spirit*
el cariño *affection*
la cita (a ciegas) *(blind) date*
el compromiso *commitment; responsibility*
la confianza *trust; confidence*
el desánimo *the state of being discouraged*
el divorcio *divorce*
la pareja *couple; partner*
el sentimiento *feeling; emotion*

atraer *to attract*
coquetear *to flirt*
cuidar *to take care of*
dejar a alguien *to leave someone*
discutir *to argue*
educar *to raise; to bring up*
hacerle caso a alguien *to pay attention to someone*
impresionar *to impress*
llevar... años de (casados) *to be (married) for... years*
llevarse bien/mal/fatal *to get along well/badly/terribly*
mantenerse en contacto *to keep in touch*
pasarlo bien/mal/fatal *to have a good/bad/terrible time*
proponer matrimonio *to propose (marriage)*
romper (con) *to break up (with)*
salir (con) *to go out (with)*
soportar a alguien *to put up with someone*

casado/a *married*
divorciado/a *divorced*
separado/a *separated*
soltero/a *single*
viudo/a *widowed*

Las relaciones personales

Práctica

1 **Escuchar**

A. Después de una cita con Andrés, Paula le cuenta todo a su mejor amiga, Isabel. Escucha la conversación y decide si las oraciones son **ciertas** o **falsas**. Corrige las falsas.

1. Después de la cita con Andrés, Paula está muy emocionada.
2. Según Paula, los dos se llevan mal.
3. Paula dice que Andrés es feo e inseguro.
4. Paula quiere salir otra vez con Andrés.

B. Ahora escucha la conversación entre Andrés y su mejor amigo, José Luis, y decide si las oraciones son **ciertas** o **falsas**. Corrige las falsas.

1. Según Andrés, él y Paula lo pasaron bien.
2. Andrés piensa que Paula es demasiado tímida.
3. Andrés quiere salir otra vez con Paula.
4. Andrés tiene celos porque José Luis quiere salir con Paula.

C. En parejas, imaginen que José Luis decide llamar a Paula y que Andrés decide llamar a Isabel. Inventen el diálogo de una de estas dos conversaciones telefónicas y compártanlo con la clase.

2 **Analogías** Completa cada analogía con la palabra apropiada.

autoritario	cuidadoso	mentiroso
casados	discutir	romper con
cita	gracioso	tranquilo

1. estresado : ansioso :: falso : ______
2. generoso : tacaño :: permisivo : ______
3. divorcio : divorciados :: matrimonio : ______
4. amar : odiar :: salir con : ______
5. cariño : cariñoso :: cuidado : ______
6. disgustado : contento :: emocionado : ______
7. casados : boda :: novios : ______
8. casarse : comprometerse :: divorciarse : ______

tres 3

Art Dynamic, full-color photos and illustrations visually illustrate each category.

Vocabulary Relevant theme-related vocabulary appears in easy-to-study thematic lists.

New! Contextualized listening activities practice the new vocabulary in meaningful contexts.

PRÁCTICA & COMUNICACIÓN

practice vocabulary in diverse formats and engaging contexts.

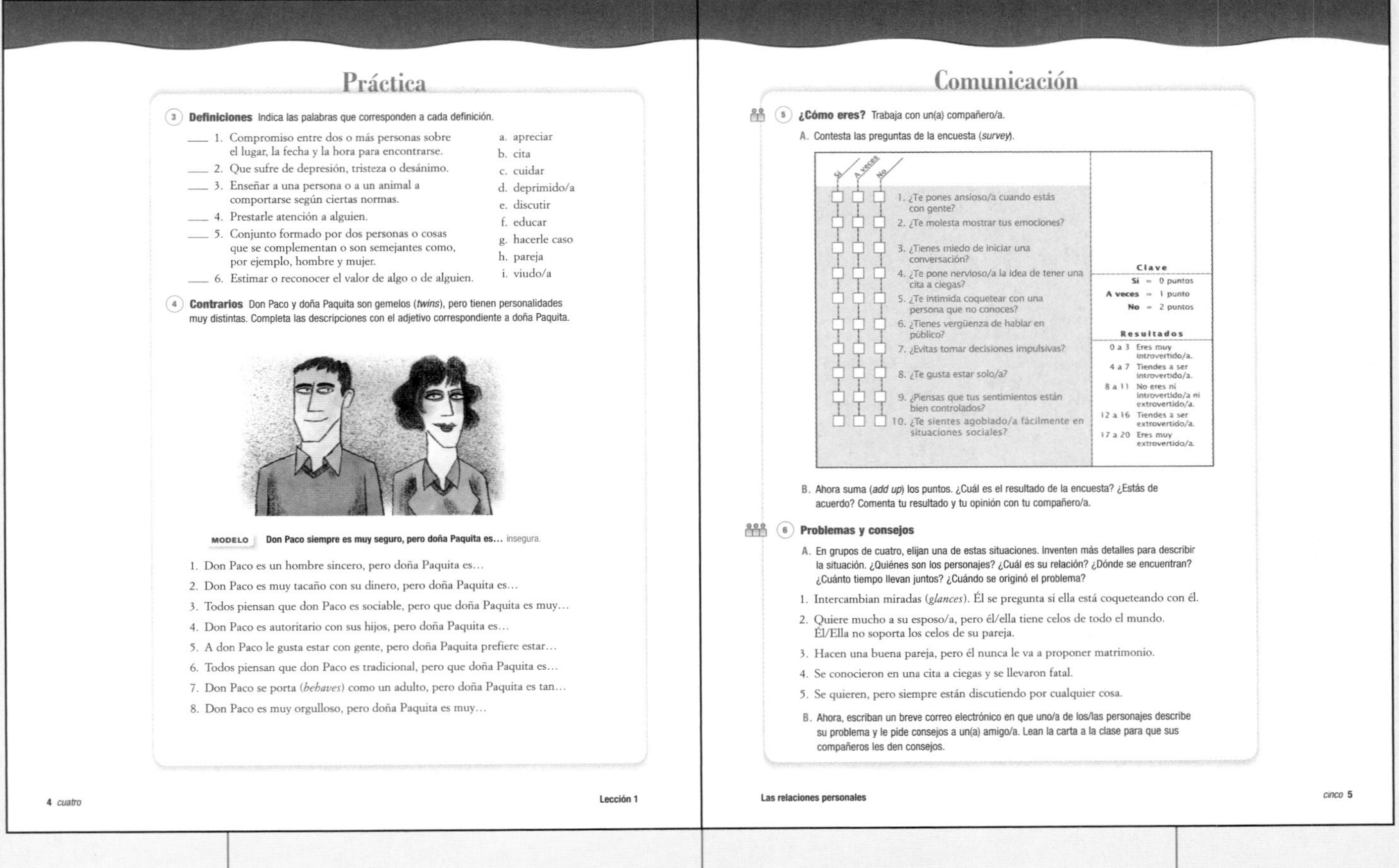

Práctica

3 **Definiciones** Indica las palabras que corresponden a cada definición.

___ 1. Compromiso entre dos o más personas sobre el lugar, la fecha y la hora para encontrarse.
___ 2. Que sufre de depresión, tristeza o desánimo.
___ 3. Enseñar a una persona o a un animal a comportarse según ciertas normas.
___ 4. Prestarle atención a alguien.
___ 5. Conjunto formado por dos personas o cosas que se complementan o son semejantes como, por ejemplo, hombre y mujer.
___ 6. Estimar o reconocer el valor de algo o de alguien.

a. apreciar
b. cita
c. cuidar
d. deprimido/a
e. discutir
f. educar
g. hacerle caso
h. pareja
i. viudo/a

4 **Contrarios** Don Paco y doña Paquita son gemelos (*twins*), pero tienen personalidades muy distintas. Completa las descripciones con el adjetivo correspondiente a doña Paquita.

MODELO Don Paco siempre es muy seguro, pero doña Paquita es... insegura.

1. Don Paco es un hombre sincero, pero doña Paquita es...
2. Don Paco es muy tacaño con su dinero, pero doña Paquita es...
3. Todos piensan que don Paco es sociable, pero que doña Paquita es muy...
4. Don Paco es autoritario con sus hijos, pero doña Paquita es...
5. A don Paco le gusta estar con gente, pero doña Paquita prefiere estar...
6. Todos piensan que don Paco es tradicional, pero que doña Paquita es...
7. Don Paco se porta (*behaves*) como un adulto, pero doña Paquita es tan...
8. Don Paco es muy orgulloso, pero doña Paquita es muy...

4 cuatro — Lección 1

Comunicación

5 **¿Cómo eres?** Trabaja con un(a) compañero/a.

A. Contesta las preguntas de la encuesta (*survey*).

Sí	A veces	No	
☐	☐	☐	1. ¿Te pones ansioso/a cuando estás con gente?
☐	☐	☐	2. ¿Te molesta mostrar tus emociones?
☐	☐	☐	3. ¿Tienes miedo de iniciar una conversación?
☐	☐	☐	4. ¿Te pone nervioso/a la idea de tener una cita a ciegas?
☐	☐	☐	5. ¿Te intimida coquetear con una persona que no conoces?
☐	☐	☐	6. ¿Tienes vergüenza de hablar en público?
☐	☐	☐	7. ¿Evitas tomar decisiones impulsivas?
☐	☐	☐	8. ¿Te gusta estar solo/a?
☐	☐	☐	9. ¿Piensas que tus sentimientos están bien controlados?
☐	☐	☐	10. ¿Te sientes agobiado/a fácilmente en situaciones sociales?

Clave
Sí = 0 puntos
A veces = 1 punto
No = 2 puntos

Resultados
0 a 3 Eres muy introvertido/a.
4 a 7 Tiendes a ser introvertido/a.
8 a 11 No eres ni introvertido/a ni extrovertido/a.
12 a 16 Tiendes a ser extrovertido/a.
17 a 20 Eres muy extrovertido/a.

B. Ahora suma (*add up*) los puntos. ¿Cuál es el resultado de la encuesta? ¿Estás de acuerdo? Comenta tu resultado y tu opinión con tu compañero/a.

6 **Problemas y consejos**

A. En grupos de cuatro, elijan una de estas situaciones. Inventen más detalles para describir la situación. ¿Quiénes son los personajes? ¿Cuál es su relación? ¿Dónde se encuentran? ¿Cuánto tiempo llevan juntos? ¿Cuándo se originó el problema?

1. Intercambian miradas (*glances*). Él se pregunta si ella está coqueteando con él.
2. Quiere mucho a su esposo/a, pero él/ella tiene celos de todo el mundo. Él/Ella no soporta los celos de su pareja.
3. Hacen una buena pareja, pero él nunca le va a proponer matrimonio.
4. Se conocieron en una cita a ciegas y se llevaron fatal.
5. Se quieren, pero siempre están discutiendo por cualquier cosa.

B. Ahora, escriban un breve correo electrónico en que uno/a de los/las personajes describe su problema y le pide consejos a un(a) amigo/a. Lean la carta a la clase para que sus compañeros les den consejos.

Las relaciones personales — cinco 5

Práctica This set of guided exercises uses a variety of formats to reinforce the new vocabulary.

Comunicación These open-ended activities have you use the words and expressions in creative, entertaining activities as you interact with a partner, a small group, or the entire class.

Supersite A mouse icon lets you know when activities are available on the Supersite with auto-grading; a Supersite icon indicates that more material is available at **ventanas.vhlcentral.com**.

FOTONOVELA

is a fun-filled sitcom based on the everyday lives and adventures of a magazine staff.

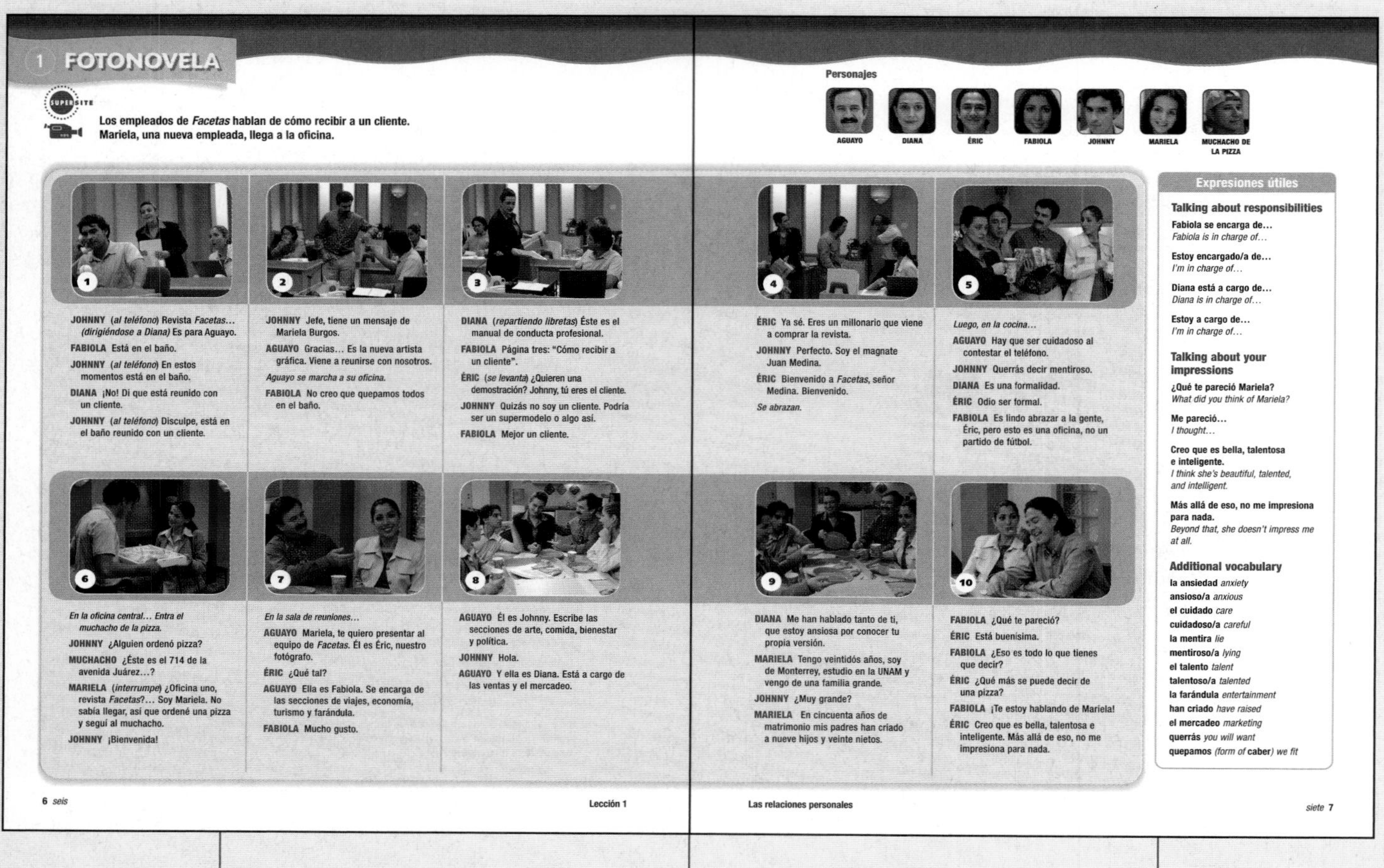

1 FOTONOVELA

SUPERSITE

Los empleados de *Facetas* hablan de cómo recibir a un cliente. Mariela, una nueva empleada, llega a la oficina.

Personajes

AGUAYO DIANA ÉRIC FABIOLA JOHNNY MARIELA MUCHACHO DE LA PIZZA

1

JOHNNY (*al teléfono*) Revista *Facetas*... *(dirigiéndose a Diana)* Es para Aguayo.

FABIOLA Está en el baño.

JOHNNY (*al teléfono*) En estos momentos está en el baño.

DIANA ¡No! Di que está reunido con un cliente.

JOHNNY (*al teléfono*) Disculpe, está en el baño reunido con un cliente.

2

JOHNNY Jefe, tiene un mensaje de Mariela Burgos.

AGUAYO Gracias... Es la nueva artista gráfica. Viene a reunirse con nosotros.

Aguayo se marcha a su oficina.

FABIOLA No creo que quepamos todos en el baño.

3

DIANA (*repartiendo libretas*) Éste es el manual de conducta profesional.

FABIOLA Página tres: "Cómo recibir a un cliente".

ÉRIC (*se levanta*) ¿Quieren una demostración? Johnny, tú eres el cliente.

JOHNNY Quizás no soy un cliente. Podría ser un supermodelo o algo así.

FABIOLA Mejor un cliente.

4

ÉRIC Ya sé. Eres un millonario que viene a comprar la revista.

JOHNNY Perfecto. Soy el magnate Juan Medina.

ÉRIC Bienvenido a *Facetas*, señor Medina. Bienvenido.

Se abrazan.

5

Luego, en la cocina...

AGUAYO Hay que ser cuidadoso al contestar el teléfono.

JOHNNY Querrás decir mentiroso.

DIANA Es una formalidad.

ÉRIC Odio ser formal.

FABIOLA Es lindo abrazar a la gente, Éric, pero esto es una oficina, no un partido de fútbol.

6

En la oficina central... Entra el muchacho de la pizza.

JOHNNY ¿Alguien ordenó pizza?

MUCHACHO ¿Éste es el 714 de la avenida Juárez...?

MARIELA (*interrumpe*) ¿Oficina uno, revista *Facetas*?... Soy Mariela. No sabía llegar, así que ordené una pizza y seguí al muchacho.

JOHNNY ¡Bienvenida!

7

En la sala de reuniones...

AGUAYO Mariela, te quiero presentar al equipo de *Facetas*. Él es Éric, nuestro fotógrafo.

ÉRIC ¿Qué tal?

AGUAYO Ella es Fabiola. Se encarga de las secciones de viajes, economía, turismo y farándula.

FABIOLA Mucho gusto.

8

AGUAYO Él es Johnny. Escribe las secciones de arte, comida, bienestar y política.

JOHNNY Hola.

AGUAYO Y ella es Diana. Está a cargo de las ventas y el mercadeo.

9

DIANA Me han hablado tanto de ti, que estoy ansiosa por conocer tu propia versión.

MARIELA Tengo veintidós años, soy de Monterrey, estudio en la UNAM y vengo de una familia grande.

JOHNNY ¿Muy grande?

MARIELA En cincuenta años de matrimonio mis padres han criado a nueve hijos y veinte nietos.

10

FABIOLA ¿Qué te pareció?

ÉRIC Está buenísima.

FABIOLA ¿Eso es todo lo que tienes que decir?

ÉRIC ¿Qué más se puede decir de una pizza?

FABIOLA ¡Te estoy hablando de Mariela!

ÉRIC Creo que es bella, talentosa e inteligente. Más allá de eso, no me impresiona para nada.

Expresiones útiles

Talking about responsibilities

Fabiola se encarga de... *Fabiola is in charge of...*

Estoy encargado/a de... *I'm in charge of...*

Diana está a cargo de... *Diana is in charge of...*

Estoy a cargo de... *I'm in charge of...*

Talking about your impressions

¿Qué te pareció Mariela? *What did you think of Mariela?*

Me pareció... *I thought...*

Creo que es bella, talentosa e inteligente. *I think she's beautiful, talented, and intelligent.*

Más allá de eso, no me impresiona para nada. *Beyond that, she doesn't impress me at all.*

Additional vocabulary

la ansiedad *anxiety*
ansioso/a *anxious*
el cuidado *care*
cuidadoso/a *careful*
la mentira *lie*
mentiroso/a *lying*
el talento *talent*
talentoso/a *talented*
la farándula *entertainment*
han criado *have raised*
el mercadeo *marketing*
querrás *you will want*
quepamos *(form of* **caber***) we fit*

6 *seis* Lección 1

Las relaciones personales *siete* 7

Personajes The photo-based conversations take place among a cast of recurring characters—six people who work for a magazine called *Facetas* in Mexico City.

Sitcom Video The **Fotonovela** episodes appear in the textbook's video program. To learn more about the video, turn to page xxii.

Conversations The engaging conversations incorporate vocabulary from the **Contextos** section and preview grammar structures you will study in the **Estructura** section, all within a comprehensible context.

New! Supersite The **Fotonovela** episodes are available with subtitles and extra activities on the Supersite (ventanas.vhlcentral.com).

Expresiones útiles New, active words and expressions are organized by language or grammatical function, so you can concentrate on using them for real-life, practical purposes.

COMPRENSIÓN & AMPLIACIÓN

reinforce and expand upon the *Fotonovela.*

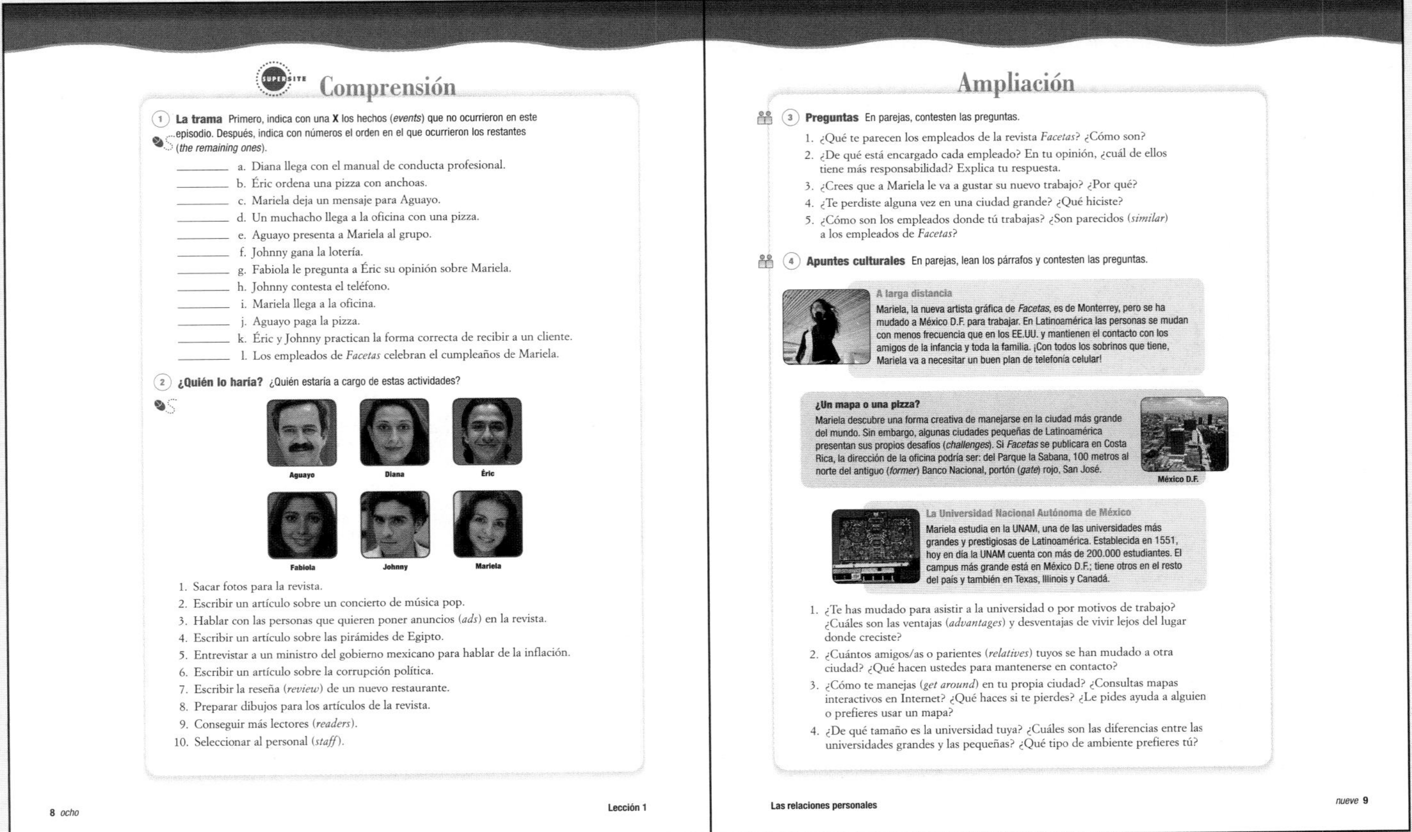

Comprensión

1 **La trama** Primero, indica con una **X** los hechos (*events*) que no ocurrieron en este episodio. Después, indica con números el orden en el que ocurrieron los restantes (*the remaining ones*).

_______ a. Diana llega con el manual de conducta profesional.
_______ b. Éric ordena una pizza con anchoas.
_______ c. Mariela deja un mensaje para Aguayo.
_______ d. Un muchacho llega a la oficina con una pizza.
_______ e. Aguayo presenta a Mariela al grupo.
_______ f. Johnny gana la lotería.
_______ g. Fabiola le pregunta a Éric su opinión sobre Mariela.
_______ h. Johnny contesta el teléfono.
_______ i. Mariela llega a la oficina.
_______ j. Aguayo paga la pizza.
_______ k. Éric y Johnny practican la forma correcta de recibir a un cliente.
_______ l. Los empleados de *Facetas* celebran el cumpleaños de Mariela.

2 **¿Quién lo haría?** ¿Quién estaría a cargo de estas actividades?

Aguayo — Diana — Éric — Fabiola — Johnny — Mariela

1. Sacar fotos para la revista.
2. Escribir un artículo sobre un concierto de música pop.
3. Hablar con las personas que quieren poner anuncios (*ads*) en la revista.
4. Escribir un artículo sobre las pirámides de Egipto.
5. Entrevistar a un ministro del gobierno mexicano para hablar de la inflación.
6. Escribir un artículo sobre la corrupción política.
7. Escribir la reseña (*review*) de un nuevo restaurante.
8. Preparar dibujos para los artículos de la revista.
9. Conseguir más lectores (*readers*).
10. Seleccionar al personal (*staff*).

8 *ocho* Lección 1

Ampliación

3 **Preguntas** En parejas, contesten las preguntas.

1. ¿Qué te parecen los empleados de la revista *Facetas*? ¿Cómo son?
2. ¿De qué está encargado cada empleado? En tu opinión, ¿cuál de ellos tiene más responsabilidad? Explica tu respuesta.
3. ¿Crees que a Mariela le va a gustar su nuevo trabajo? ¿Por qué?
4. ¿Te perdiste alguna vez en una ciudad grande? ¿Qué hiciste?
5. ¿Cómo son los empleados donde tú trabajas? ¿Son parecidos (*similar*) a los empleados de *Facetas*?

4 **Apuntes culturales** En parejas, lean los párrafos y contesten las preguntas.

A larga distancia
Mariela, la nueva artista gráfica de *Facetas*, es de Monterrey, pero se ha mudado a México D.F. para trabajar. En Latinoamérica las personas se mudan con menos frecuencia que en los EE.UU. y mantienen el contacto con los amigos de la infancia y toda la familia. ¡Con todos los sobrinos que tiene, Mariela va a necesitar un buen plan de telefonía celular!

¿Un mapa o una pizza?
Mariela descubre una forma creativa de manejarse en la ciudad más grande del mundo. Sin embargo, algunas ciudades pequeñas de Latinoamérica presentan sus propios desafíos (*challenges*). Si *Facetas* se publicara en Costa Rica, la dirección de la oficina podría ser: del Parque la Sabana, 100 metros al norte del antiguo (*former*) Banco Nacional, portón (*gate*) rojo, San José.

México D.F.

La Universidad Nacional Autónoma de México
Mariela estudia en la UNAM, una de las universidades más grandes y prestigiosas de Latinoamérica. Establecida en 1551, hoy en día la UNAM cuenta con más de 200.000 estudiantes. El campus más grande está en México D.F.; tiene otros en el resto del país y también en Texas, Illinois y Canadá.

1. ¿Te has mudado para asistir a la universidad o por motivos de trabajo? ¿Cuáles son las ventajas (*advantages*) y desventajas de vivir lejos del lugar donde creciste?
2. ¿Cuántos amigos/as o parientes (*relatives*) tuyos se han mudado a otra ciudad? ¿Qué hacen ustedes para mantenerse en contacto?
3. ¿Cómo te manejas (*get around*) en tu propia ciudad? ¿Consultas mapas interactivos en Internet? ¿Qué haces si te pierdes? ¿Le pides ayuda a alguien o prefieres usar un mapa?
4. ¿De qué tamaño es la universidad tuya? ¿Cuáles son las diferencias entre las universidades grandes y las pequeñas? ¿Qué tipo de ambiente prefieres tú?

Las relaciones personales *nueve* 9

Comprensión These exercises check your basic understanding of the **Fotonovela** conversations. A mouse icon indicates activities available with auto-grading on the Supersite.

Ampliación Communicative activities take a step further, asking you to apply or react to the content in a personalized way.

New! Apuntes culturales Cultural notes illustrated with photographs provide additional reading practice and relevant cultural information related to **Fotonovela**. Follow-up questions check comprehension and expand on the topics.

EXPLORACIÓN

explores cultural topics related to the lesson theme, focused by region.

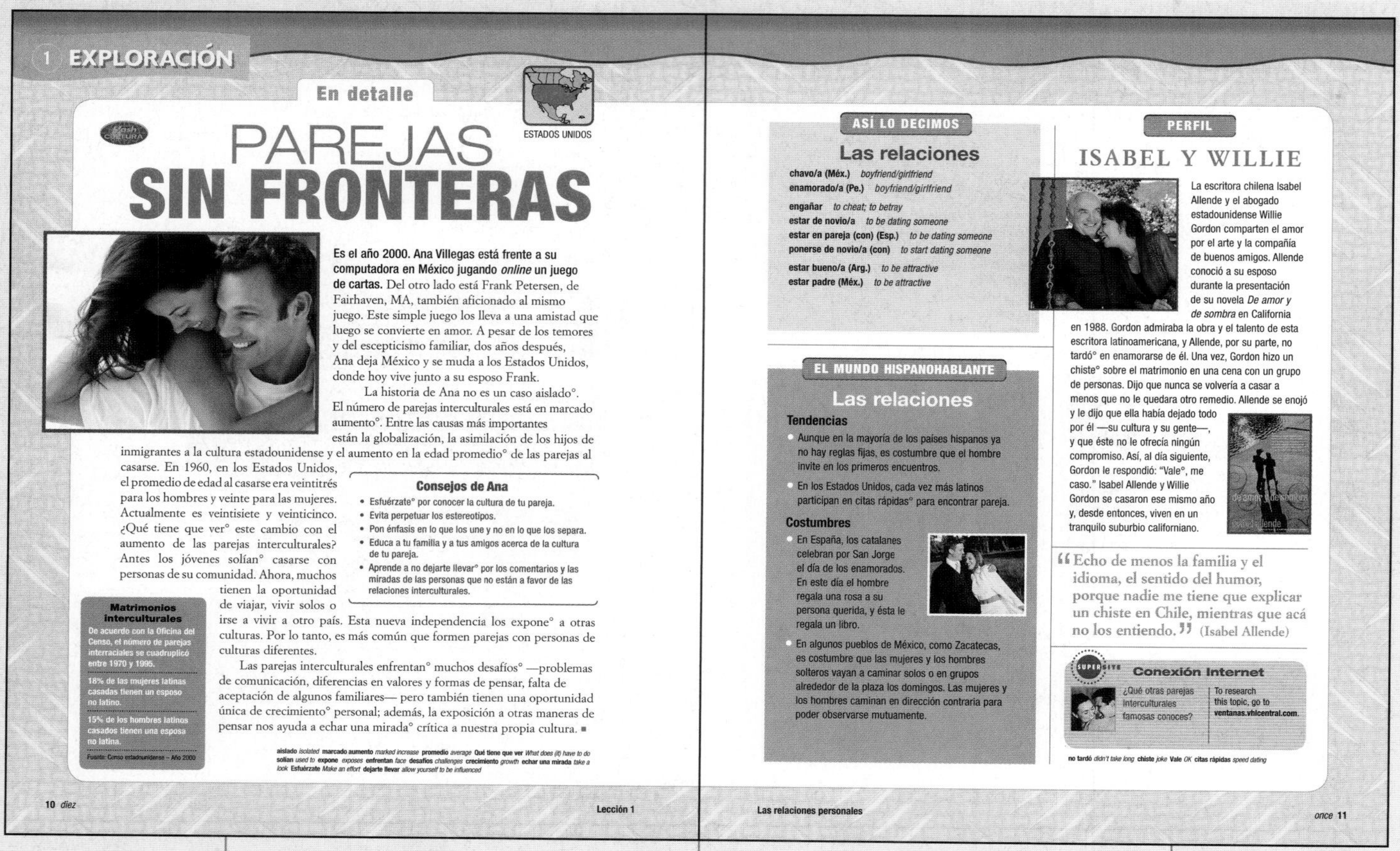

1 EXPLORACIÓN

En detalle

ESTADOS UNIDOS

PAREJAS SIN FRONTERAS

Es el año 2000. Ana Villegas está frente a su computadora en México jugando *online* un juego de cartas. Del otro lado está Frank Petersen, de Fairhaven, MA, también aficionado al mismo juego. Este simple juego los lleva a una amistad que luego se convierte en amor. A pesar de los temores y del escepticismo familiar, dos años después, Ana deja México y se muda a los Estados Unidos, donde hoy vive junto a su esposo Frank.

La historia de Ana no es un caso aislado°. El número de parejas interculturales está en marcado aumento°. Entre las causas más importantes están la globalización, la asimilación de los hijos de inmigrantes a la cultura estadounidense y el aumento en la edad promedio° de las parejas al casarse. En 1960, en los Estados Unidos, el promedio de edad al casarse era veintitrés para los hombres y veinte para las mujeres. Actualmente es veintisiete y veinticinco. ¿Qué tiene que ver° este cambio con el aumento de las parejas interculturales? Antes los jóvenes solían° casarse con personas de su comunidad. Ahora, muchos tienen la oportunidad de viajar, vivir solos o irse a vivir a otro país. Esta nueva independencia los expone° a otras culturas. Por lo tanto, es más común que formen parejas con personas de culturas diferentes.

Las parejas interculturales enfrentan° muchos desafíos° —problemas de comunicación, diferencias en valores y formas de pensar, falta de aceptación de algunos familiares— pero también tienen una oportunidad única de crecimiento° personal; además, la exposición a otras maneras de pensar nos ayuda a echar una mirada° crítica a nuestra propia cultura. ■

Consejos de Ana

- Esfuérzate° por conocer la cultura de tu pareja.
- Evita perpetuar los estereotipos.
- Pon énfasis en lo que los une y no en lo que los separa.
- Educa a tu familia y a tus amigos acerca de la cultura de tu pareja.
- Aprende a no dejarte llevar° por los comentarios y las miradas de las personas que no están a favor de las relaciones interculturales.

Matrimonios interculturales

De acuerdo con la Oficina del Censo, el número de parejas interraciales se cuadruplicó entre 1970 y 1995.

18% de las mujeres latinas casadas tienen un esposo no latino.

15% de los hombres latinos casados tienen una esposa no latina.

Fuente: Censo estadounidense – Año 2000

aislado *isolated* **marcado aumento** *marked increase* **promedio** *average* **Qué tiene que ver** *What does (it) have to do* **solían** *used to* **expone** *exposes* **enfrentan** *face* **desafíos** *challenges* **crecimiento** *growth* **echar una mirada** *take a look* **Esfuérzate** *Make an effort* **dejarte llevar** *allow yourself to be influenced*

10 *diez* Lección 1

ASÍ LO DECIMOS

Las relaciones

chavo/a (Méx.) *boyfriend/girlfriend*
enamorado/a (Pe.) *boyfriend/girlfriend*
engañar *to cheat; to betray*
estar de novio/a *to be dating someone*
estar en pareja (con) (Esp.) *to be dating someone*
ponerse de novio/a (con) *to start dating someone*
estar bueno/a (Arg.) *to be attractive*
estar padre (Méx.) *to be attractive*

EL MUNDO HISPANOHABLANTE

Las relaciones

Tendencias

- Aunque en la mayoría de los países hispanos ya no hay reglas fijas, es costumbre que el hombre invite en los primeros encuentros.
- En los Estados Unidos, cada vez más latinos participan en citas rápidas° para encontrar pareja.

Costumbres

- En España, los catalanes celebran por San Jorge el día de los enamorados. En este día el hombre regala una rosa a su persona querida, y ésta le regala un libro.
- En algunos pueblos de México, como Zacatecas, es costumbre que las mujeres y los hombres solteros vayan a caminar solos o en grupos alrededor de la plaza los domingos. Las mujeres y los hombres caminan en dirección contraria para poder observarse mutuamente.

PERFIL

ISABEL Y WILLIE

La escritora chilena Isabel Allende y el abogado estadounidense Willie Gordon comparten el amor por el arte y la compañía de buenos amigos. Allende conoció a su esposo durante la presentación de su novela *De amor y de sombra* en California en 1988. Gordon admiraba la obra y el talento de esta escritora latinoamericana, y Allende, por su parte, no tardó° en enamorarse de él. Una vez, Gordon hizo un chiste° sobre el matrimonio en una cena con un grupo de personas. Dijo que nunca se volvería a casar a menos que no le quedara otro remedio. Allende se enojó y le dijo que ella había dejado todo por él —su cultura y su gente—, y que éste no le ofrecía ningún compromiso. Así, al día siguiente, Gordon le respondió: "Vale°, me caso." Isabel Allende y Willie Gordon se casaron ese mismo año y, desde entonces, viven en un tranquilo suburbio californiano.

"Echo de menos la familia y el idioma, el sentido del humor, porque nadie me tiene que explicar un chiste en Chile, mientras que acá no los entiendo." (Isabel Allende)

SUPERSITE **Conexión Internet**

¿Qué otras parejas interculturales famosas conoces?

To research this topic, go to **ventanas.vhlcentral.com**.

no tardó *didn't take long* **chiste** *joke* **Vale** *OK* **citas rápidas** *speed dating*

Las relaciones personales *once* 11

En detalle & Perfil Feature articles expand on topics related to the lesson theme, supported by photos, maps, and graphical features.

New! Flash cultura  This specially-shot video in the form of a news broadcast expands on the themes and topics of the feature articles.

New! El mundo hispanohablante & Así lo decimos Lexical and comparative features highlight traditions, customs, and trends throughout the Spanish-speaking world.

Activities Comprehension, open-ended, and project-based activities in **¿Qué aprendiste?** check your understanding of the material and lead to further exploration of the culture.

New! SUPERSITE An icon indicates that additional content is available on the **VENTANAS** Supersite (**ventanas.vhlcentral.com**).

New! Ritmos This feature presents well-known Spanish-speaking musicians or groups from the region of focus. A biography, excerpts from a song, photos, and activities introduce you to diverse genres and artists of the Spanish-speaking world.

ESTRUCTURA

uses graphic design to facilitate learning Spanish grammar.

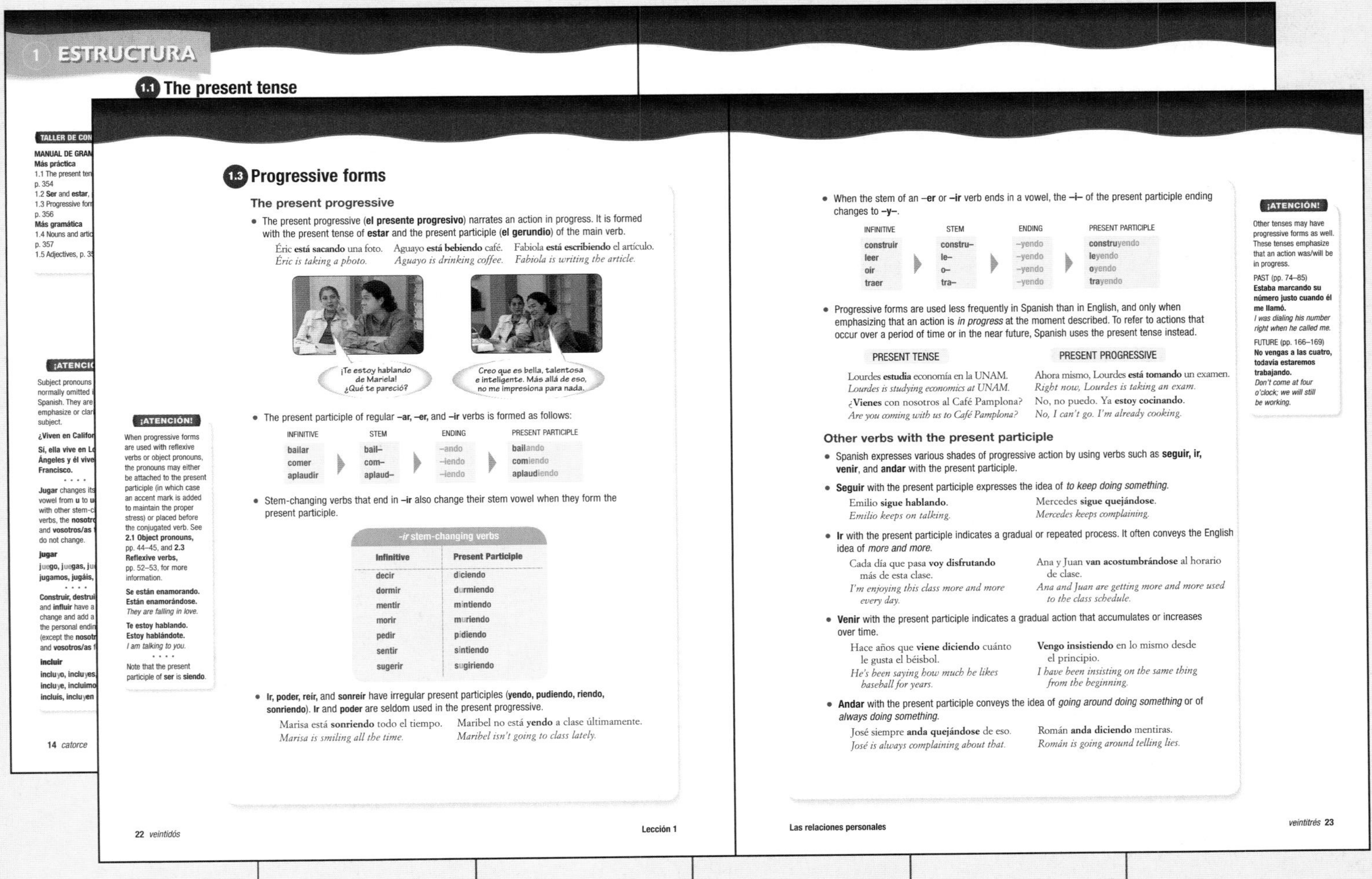

1 ESTRUCTURA

1.1 The present tense

1.3 Progressive forms

The present progressive

- The present progressive (**el presente progresivo**) narrates an action in progress. It is formed with the present tense of **estar** and the present participle (**el gerundio**) of the main verb.

Éric **está sacando** una foto. *Éric is taking a photo.*
Aguayo **está bebiendo** café. *Aguayo is drinking coffee.*
Fabiola **está escribiendo** el artículo. *Fabiola is writing the article.*

¡Te estoy hablando de Mariela! ¿Qué te pareció?
Creo que es bella, talentosa e inteligente. Más allá de eso, no me impresiona nada.

- The present participle of regular **–ar, –er,** and **–ir** verbs is formed as follows:

INFINITIVE	STEM	ENDING	PRESENT PARTICIPLE
bailar	bail–	–ando	bailando
comer	com–	–iendo	comiendo
aplaudir	aplaud–	–iendo	aplaudiendo

- Stem-changing verbs that end in **–ir** also change their stem vowel when they form the present participle.

–ir stem-changing verbs

Infinitive	Present Participle
decir	diciendo
dormir	durmiendo
mentir	mintiendo
morir	muriendo
pedir	pidiendo
sentir	sintiendo
sugerir	sugiriendo

- **Ir, poder, reír,** and **sonreír** have irregular present participles (**yendo, pudiendo, riendo, sonriendo**). **Ir** and **poder** are seldom used in the present progressive.

Marisa está **sonriendo** todo el tiempo. *Marisa is smiling all the time.*
Maribel no está **yendo** a clase últimamente. *Maribel isn't going to class lately.*

¡ATENCIÓN!
When progressive forms are used with reflexive verbs or object pronouns, the pronouns may either be attached to the present participle (in which case an accent mark is added to maintain the proper stress) or placed before the conjugated verb. See **2.1 Object pronouns,** pp. 44–45, and **2.3 Reflexive verbs,** pp. 52–53, for more information.
Se están enamorando. Están enamorándose. *They are falling in love.*
Te estoy hablando. Estoy hablándote. *I am talking to you.*
Note that the present participle of **ser** is **siendo**.

22 *veintidós* Lección 1

- When the stem of an **–er** or **–ir** verb ends in a vowel, the **–i–** of the present participle ending changes to **–y–**.

INFINITIVE	STEM	ENDING	PRESENT PARTICIPLE
construir	constru–	–yendo	construyendo
leer	le–	–yendo	leyendo
oír	o–	–yendo	oyendo
traer	tra–	–yendo	trayendo

- Progressive forms are used less frequently in Spanish than in English, and only when emphasizing that an action is *in progress* at the moment described. To refer to actions that occur over a period of time or in the near future, Spanish uses the present tense instead.

PRESENT TENSE	PRESENT PROGRESSIVE
Lourdes **estudia** economía en la UNAM. *Lourdes is studying economics at UNAM.*	Ahora mismo, Lourdes **está tomando** un examen. *Right now, Lourdes is taking an exam.*
¿**Vienes** con nosotros al Café Pamplona? *Are you coming with us to Café Pamplona?*	No, no puedo. Ya **estoy cocinando**. *No, I can't go. I'm already cooking.*

Other verbs with the present participle

- Spanish expresses various shades of progressive action by using verbs such as **seguir, ir, venir,** and **andar** with the present participle.
- **Seguir** with the present participle expresses the idea of *to keep doing something.*

Emilio **sigue hablando**. *Emilio keeps on talking.*
Mercedes **sigue quejándose**. *Mercedes keeps complaining.*

- **Ir** with the present participle indicates a gradual or repeated process. It often conveys the English idea of *more and more.*

Cada día que pasa **voy disfrutando** más de esta clase. *I'm enjoying this class more and more every day.*
Ana y Juan **van acostumbrándose** al horario de clase. *Ana and Juan are getting more and more used to the class schedule.*

- **Venir** with the present participle indicates a gradual action that accumulates or increases over time.

Hace años que **viene diciendo** cuánto le gusta el béisbol. *He's been saying how much he likes baseball for years.*
Vengo insistiendo en lo mismo desde el principio. *I have been insisting on the same thing from the beginning.*

- **Andar** with the present participle conveys the idea of *going around doing something* or of *always doing something.*

José siempre **anda quejándose** de eso. *José is always complaining about that.*
Román **anda diciendo** mentiras. *Román is going around telling lies.*

¡ATENCIÓN!
Other tenses may have progressive forms as well. These tenses emphasize that an action was/will be in progress.
PAST (pp. 74–85)
Estaba marcando su número justo cuando él me llamó.
I was dialing his number right when he called me.
FUTURE (pp. 166–169)
No vengas a las cuatro, todavía estaremos trabajando.
Don't come at four o'clock; we will still be working.

Las relaciones personales *veintitrés* 23

Graphics-intensive Design Colorful, easy-to-understand charts and diagrams highlight key grammatical structures and forms, as well as important related vocabulary.

Comprehensible input Excerpts and photos from the **Fotonovela** recall language structures to which you have already been exposed. These models serve as advance organizers and examples of grammar in context.

Grammar Explanations Explanations are written in clear, comprehensible language for ready understanding and easy reference.

Scope and Sequence Revised and reduced grammar scope and sequence presents three grammar points per lesson.

New! **Manual de gramática** References to pages in the appendix lead you to **Más gramática.** Here, passive grammar points provide you with more practice for review and/or expansion purposes.

ESTRUCTURA

provides activities for controlled practice and communication.

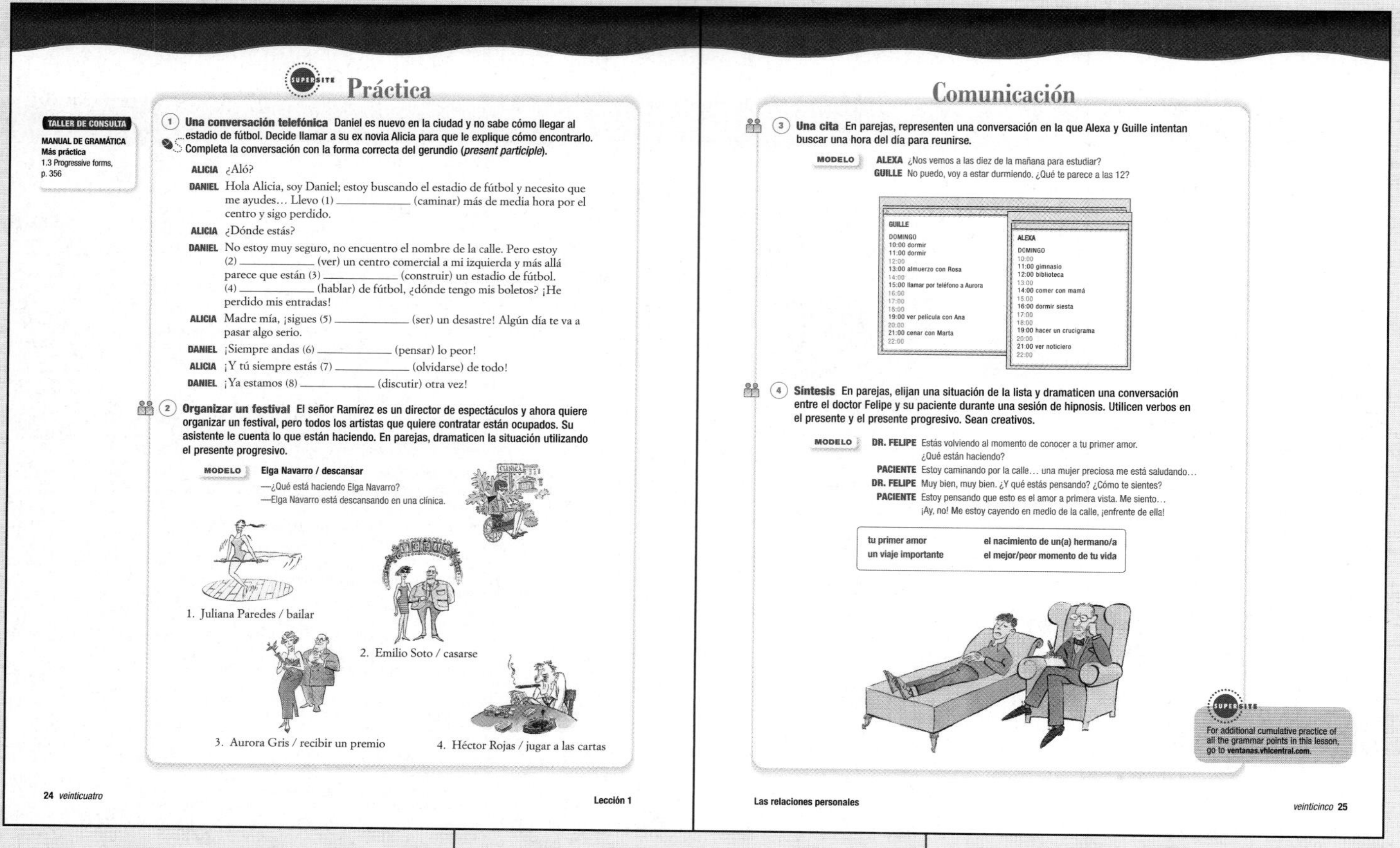

Práctica

TALLER DE CONSULTA

MANUAL DE GRAMÁTICA
Más práctica
1.3 Progressive forms, p. 356

1. **Una conversación telefónica** Daniel es nuevo en la ciudad y no sabe cómo llegar al estadio de fútbol. Decide llamar a su ex novia Alicia para que le explique cómo encontrarlo. Completa la conversación con la forma correcta del gerundio (*present participle*).

ALICIA ¿Aló?
DANIEL Hola Alicia, soy Daniel; estoy buscando el estadio de fútbol y necesito que me ayudes... Llevo (1) ________ (caminar) más de media hora por el centro y sigo perdido.
ALICIA ¿Dónde estás?
DANIEL No estoy muy seguro, no encuentro el nombre de la calle. Pero estoy (2) ________ (ver) un centro comercial a mi izquierda y más allá parece que están (3) ________ (construir) un estadio de fútbol. (4) ________ (hablar) de fútbol, ¿dónde tengo mis boletos? ¡He perdido mis entradas!
ALICIA Madre mía, ¡sigues (5) ________ (ser) un desastre! Algún día te va a pasar algo serio.
DANIEL ¡Siempre andas (6) ________ (pensar) lo peor!
ALICIA ¡Y tú siempre estás (7) ________ (olvidarse) de todo!
DANIEL ¡Ya estamos (8) ________ (discutir) otra vez!

2. **Organizar un festival** El señor Ramírez es un director de espectáculos y ahora quiere organizar un festival, pero todos los artistas que quiere contratar están ocupados. Su asistente le cuenta lo que están haciendo. En parejas, dramaticen la situación utilizando el presente progresivo.

MODELO **Elga Navarro / descansar**
—¿Qué está haciendo Elga Navarro?
—Elga Navarro está descansando en una clínica.

1. Juliana Paredes / bailar
2. Emilio Soto / casarse
3. Aurora Gris / recibir un premio
4. Héctor Rojas / jugar a las cartas

24 *veinticuatro* Lección 1

Comunicación

3. **Una cita** En parejas, representen una conversación en la que Alexa y Guille intentan buscar una hora del día para reunirse.

MODELO **ALEXA** ¿Nos vemos a las diez de la mañana para estudiar?
GUILLE No puedo, voy a estar durmiendo. ¿Qué te parece a las 12?

GUILLE
DOMINGO
10:00 dormir
11:00 dormir
12:00
13:00 almuerzo con Rosa
14:00
15:00 llamar por teléfono a Aurora
16:00
17:00
18:00
19:00 ver película con Ana
20:00
21:00 cenar con Marta
22:00

ALEXA
DOMINGO
10:00
11:00 gimnasio
12:00 biblioteca
13:00
14:00 comer con mamá
15:00
16:00 dormir siesta
17:00
18:00
19:00 hacer un crucigrama
20:00
21:00 ver noticiero
22:00

4. **Síntesis** En parejas, elijan una situación de la lista y dramaticen una conversación entre el doctor Felipe y su paciente durante una sesión de hipnosis. Utilicen verbos en el presente y el presente progresivo. Sean creativos.

MODELO **DR. FELIPE** Estás volviendo al momento de conocer a tu primer amor. ¿Qué están haciendo?
PACIENTE Estoy caminando por la calle... una mujer preciosa me está saludando...
DR. FELIPE Muy bien, muy bien. ¿Y qué estás pensando? ¿Cómo te sientes?
PACIENTE Estoy pensando que esto es el amor a primera vista. Me siento... ¡Ay, no! Me estoy cayendo en medio de la calle, ¡enfrente de ella!

tu primer amor	el nacimiento de un(a) hermano/a
un viaje importante	el mejor/peor momento de tu vida

For additional cumulative practice of all the grammar points in this lesson, go to **ventanas.vhlcentral.com**.

Las relaciones personales 25 *veinticinco*

Práctica The first set of activities provides a wide range of directed exercises in contexts that combine current and previously learned vocabulary with the grammar point you are studying.

Comunicación The second set of activities prompts creative expression using the lesson's grammar and vocabulary. These activities take place with a partner, in small groups, or with the entire class.

New! Supersite Icons let you know when material from the book or more material is available on the Supersite (**ventanas.vhlcentral.com**).

New! Manual de gramática References to pages in the appendix lead you to **Más práctica,** additional directed and open-ended practice for every grammar point in the book.

ATANDO CABOS

develops your oral communication skills in ¡A conversar!

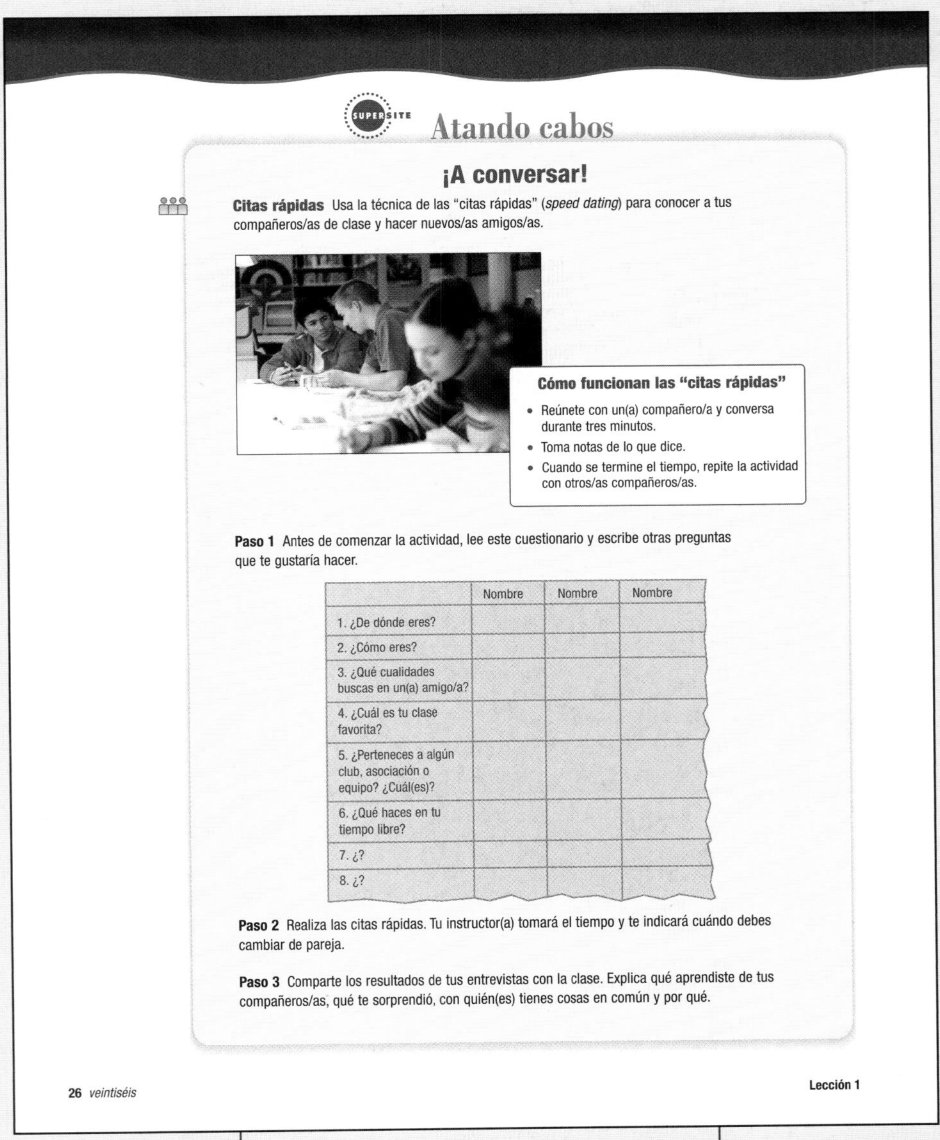

Atando cabos

¡A conversar!

Citas rápidas Usa la técnica de las "citas rápidas" (*speed dating*) para conocer a tus compañeros/as de clase y hacer nuevos/as amigos/as.

Cómo funcionan las "citas rápidas"

- Reúnete con un(a) compañero/a y conversa durante tres minutos.
- Toma notas de lo que dice.
- Cuando se termine el tiempo, repite la actividad con otros/as compañeros/as.

Paso 1 Antes de comenzar la actividad, lee este cuestionario y escribe otras preguntas que te gustaría hacer.

	Nombre	Nombre	Nombre
1. ¿De dónde eres?			
2. ¿Cómo eres?			
3. ¿Qué cualidades buscas en un(a) amigo/a?			
4. ¿Cuál es tu clase favorita?			
5. ¿Perteneces a algún club, asociación o equipo? ¿Cuál(es)?			
6. ¿Qué haces en tu tiempo libre?			
7. ¿?			
8. ¿?			

Paso 2 Realiza las citas rápidas. Tu instructor(a) tomará el tiempo y te indicará cuándo debes cambiar de pareja.

Paso 3 Comparte los resultados de tus entrevistas con la clase. Explica qué aprendiste de tus compañeros/as, qué te sorprendió, con quién(es) tienes cosas en común y por qué.

26 *veintiséis* Lección 1

¡A conversar! Step-by-step tasks and problem-solving situations engage you in discussion in pairs, small groups, or with the entire class.

Real-life Situations These activities integrate grammar of the lesson into real-life situations. It is your chance to voice your opinions and engage in meaningful conversation.

ATANDO CABOS
further develops your language skills through a task-based project in ¡A escribir!

¡A escribir!

Una carta informal Lee la carta que Alonso envió a la sección de consejos sentimentales de *Facetas* y responde su carta expresando tu opinión y dándole consejos.

Querido consejero sentimental:

Me llamo Alonso. Tengo 23 años y soy de Colombia. Vine a Boston para estudiar en la universidad. Allí conocí a mi novia Kristen, quien tomaba clases de español. Todo iba muy bien mientras estábamos en la universidad: teníamos amigos estadounidenses y latinoamericanos, a mí me interesaba mucho aprender sobre su país y a ella sobre el mío.

El problema comenzó después de la universidad. Cuando salimos con los compañeros de trabajo de Kristen, siento que a nadie le interesa charlar conmigo, y a mí tampoco me interesa hablar con ellos de béisbol y esas cosas. Cuando vamos a visitar a la familia de Kristen en Chicago y decido cocinar, siempre miran con desconfianza los platos tradicionales que preparo. Además, Kristen está muy ocupada con su trabajo para seguir estudiando español. Cuando quiere practicar comete unos errores horribles y entonces yo prefiero hablar inglés con ella. Discutimos mucho por todas estas cosas. A veces pienso que sería más fácil estar con alguien de mi cultura… pero quiero mucho a Kristen. ¿Qué puedo hacer para que mi relación funcione?

Espero su respuesta lo más pronto posible.

Alonso

Preparación Contesta estas preguntas para ayudarte a ordenar tus ideas.

1. ¿Cuál crees que es la razón por la que la relación de Alonso con su novia no funciona?
2. ¿Qué debe mejorar o cambiar Alonso?
3. ¿Qué debe mejorar o cambiar Kristen?
4. ¿Cómo crees tú que ellos deben enfrentar los desafíos de las diferencias culturales?

Escritura Escribe una carta que incluya un encabezamiento (*heading*), las respuestas a las preguntas de **Preparación**, cualquier otra información que quieras agregar, un saludo y tu firma.

Expresar tu opinión

Estas frases pueden ayudarte a presentar tu opinión:

- En mi opinión,…
- Me parece que…
- Creo que…
- Pienso que…

Opiniones Después de escribir la carta, compártela con dos o tres compañeros/as para comparar las ideas. ¿Tienen todos la misma opinión? ¿Están de acuerdo en los aspectos que Alonso y su novia deben mejorar o cambiar? ¿Qué sugerencias propone cada uno de ustedes para enfrentar los desafíos culturales?

Las relaciones personales

veintisiete **27**

¡A escribir! A hands-on project involves you in the creation of a tangible product, such as formal and informal letters, reports, commercials, reviews, etc.

Process Writing With emphasis on the *process*, these highly-structured activities are designed to hone your writing skills as well as help you gain awareness of effective learning techniques.

ACTUALIDADES

features a comic strip or a TV clip that synthesizes the lesson theme.

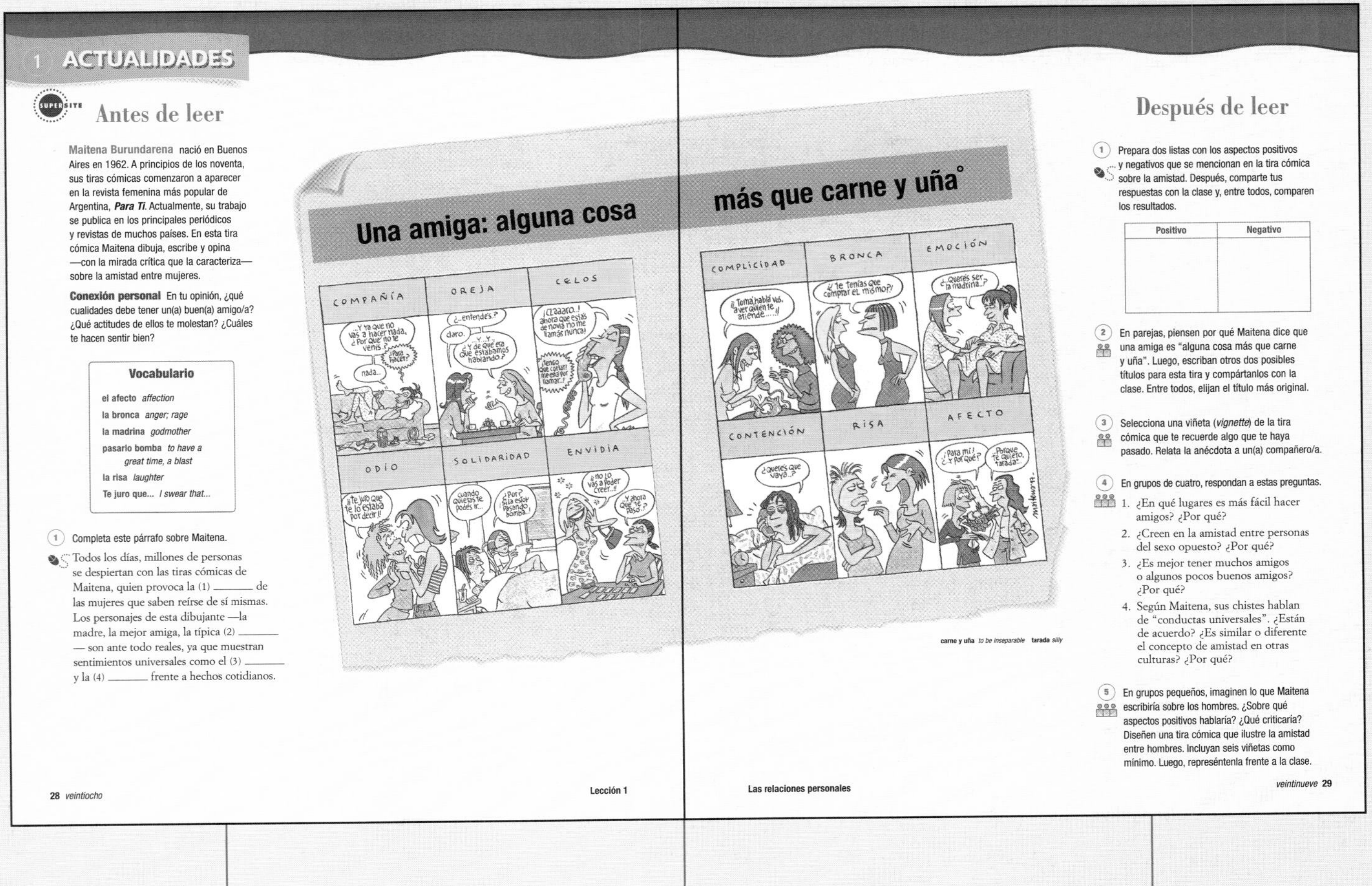

1 ACTUALIDADES

SUPERSITE

Antes de leer

Maitena Burundarena nació en Buenos Aires en 1962. A principios de los noventa, sus tiras cómicas comenzaron a aparecer en la revista femenina más popular de Argentina, ***Para Ti***. Actualmente, su trabajo se publica en los principales periódicos y revistas de muchos países. En esta tira cómica Maitena dibuja, escribe y opina —con la mirada crítica que la caracteriza— sobre la amistad entre mujeres.

Conexión personal En tu opinión, ¿qué cualidades debe tener un(a) buen(a) amigo/a? ¿Qué actitudes de ellos te molestan? ¿Cuáles te hacen sentir bien?

Vocabulario

el afecto *affection*
la bronca *anger; rage*
la madrina *godmother*
pasarlo bomba *to have a great time, a blast*
la risa *laughter*
Te juro que... *I swear that...*

1 Completa este párrafo sobre Maitena.

Todos los días, millones de personas se despiertan con las tiras cómicas de Maitena, quien provoca la (1) ______ de las mujeres que saben reírse de sí mismas. Los personajes de esta dibujante —la madre, la mejor amiga, la típica (2) ______ — son ante todo reales, ya que muestran sentimientos universales como el (3) ______ y la (4) ______ frente a hechos cotidianos.

carne y uña *to be inseparable* tarada *silly*

Después de leer

1 Prepara dos listas con los aspectos positivos y negativos que se mencionan en la tira cómica sobre la amistad. Después, comparte tus respuestas con la clase y, entre todos, comparen los resultados.

Positivo	Negativo

2 En parejas, piensen por qué Maitena dice que una amiga es "alguna cosa más que carne y uña". Luego, escriban otros dos posibles títulos para esta tira y compártanlos con la clase. Entre todos, elijan el título más original.

3 Selecciona una viñeta (*vignette*) de la tira cómica que te recuerde algo que te haya pasado. Relata la anécdota a un(a) compañero/a.

4 En grupos de cuatro, respondan a estas preguntas.

1. ¿En qué lugares es más fácil hacer amigos? ¿Por qué?
2. ¿Creen en la amistad entre personas del sexo opuesto? ¿Por qué?
3. ¿Es mejor tener muchos amigos o algunos pocos buenos amigos? ¿Por qué?
4. Según Maitena, sus chistes hablan de "conductas universales". ¿Están de acuerdo? ¿Es similar o diferente el concepto de amistad en otras culturas? ¿Por qué?

5 En grupos pequeños, imaginen lo que Maitena escribiría sobre los hombres. ¿Sobre qué aspectos positivos hablaría? ¿Qué criticaría? Diseñen una tira cómica que ilustre la amistad entre hombres. Incluyan seis viñetas como mínimo. Luego, represéntenla frente a la clase.

28 *veintiocho* Lección 1 | Las relaciones personales *veintinueve* 29

Support In **Antes de leer/Preparación**, background information and vocabulary support prepare you to approach the authentic materials.

Authentic Materials Comic strips and TV commercials from different countries offer thought-provoking cultural insights into the practices and perspectives of the Spanish-speaking world.

Actividades Después de leer/ Ampliación checks your understanding and motivates you to discuss the topic, express your opinions, and explore how it relates to your own experiences.

VOCABULARIO

summarizes the active vocabulary in each lesson.

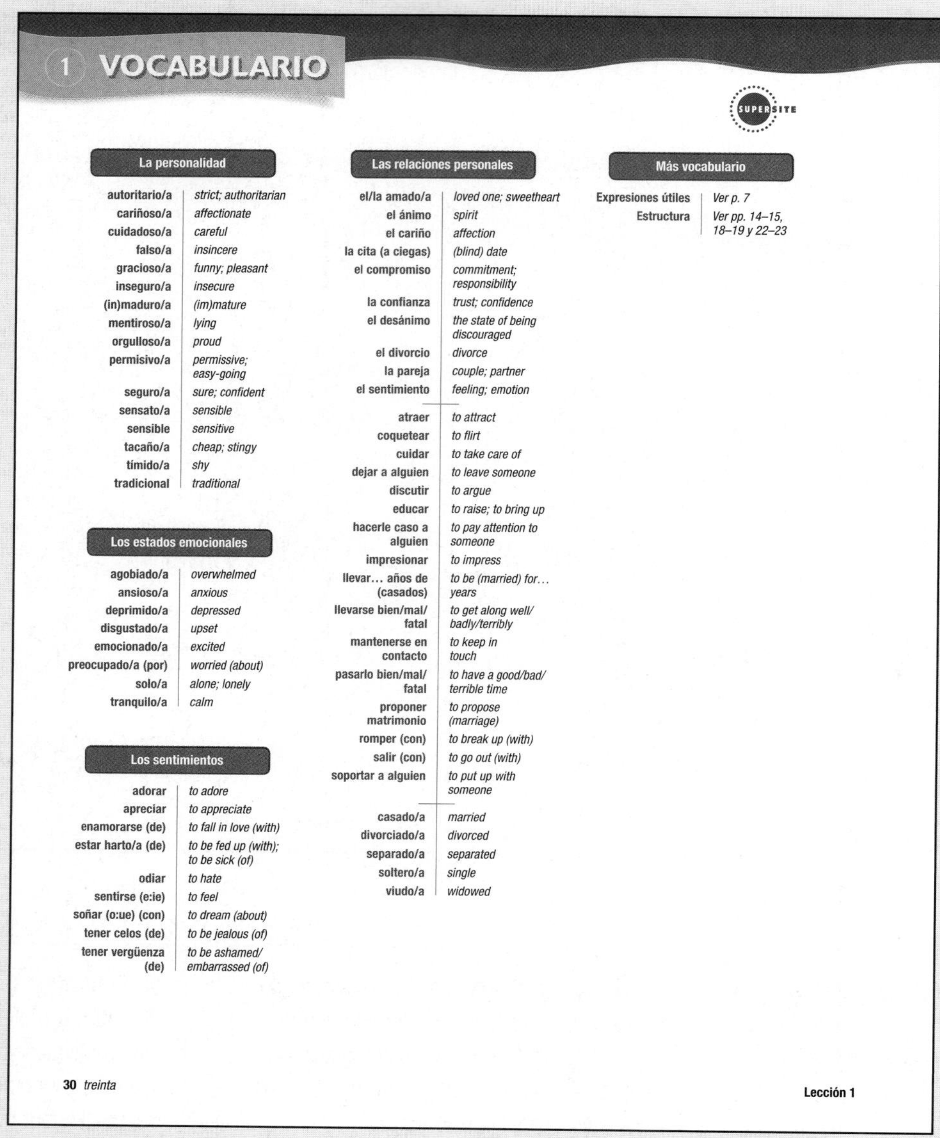

1 VOCABULARIO

SUPERSITE

La personalidad

autoritario/a	*strict; authoritarian*
cariñoso/a	*affectionate*
cuidadoso/a	*careful*
falso/a	*insincere*
gracioso/a	*funny; pleasant*
inseguro/a	*insecure*
(in)maduro/a	*(im)mature*
mentiroso/a	*lying*
orgulloso/a	*proud*
permisivo/a	*permissive; easy-going*
seguro/a	*sure; confident*
sensato/a	*sensible*
sensible	*sensitive*
tacaño/a	*cheap; stingy*
tímido/a	*shy*
tradicional	*traditional*

Los estados emocionales

agobiado/a	*overwhelmed*
ansioso/a	*anxious*
deprimido/a	*depressed*
disgustado/a	*upset*
emocionado/a	*excited*
preocupado/a (por)	*worried (about)*
solo/a	*alone; lonely*
tranquilo/a	*calm*

Los sentimientos

adorar	*to adore*
apreciar	*to appreciate*
enamorarse (de)	*to fall in love (with)*
estar harto/a (de)	*to be fed up (with); to be sick (of)*
odiar	*to hate*
sentirse (e:ie)	*to feel*
soñar (o:ue) (con)	*to dream (about)*
tener celos (de)	*to be jealous (of)*
tener vergüenza (de)	*to be ashamed/ embarrassed (of)*

Las relaciones personales

el/la amado/a	*loved one; sweetheart*
el ánimo	*spirit*
el cariño	*affection*
la cita (a ciegas)	*(blind) date*
el compromiso	*commitment; responsibility*
la confianza	*trust; confidence*
el desánimo	*the state of being discouraged*
el divorcio	*divorce*
la pareja	*couple; partner*
el sentimiento	*feeling; emotion*
atraer	*to attract*
coquetear	*to flirt*
cuidar	*to take care of*
dejar a alguien	*to leave someone*
discutir	*to argue*
educar	*to raise; to bring up*
hacerle caso a alguien	*to pay attention to someone*
impresionar	*to impress*
llevar... años de (casados)	*to be (married) for... years*
llevarse bien/mal/fatal	*to get along well/ badly/terribly*
mantenerse en contacto	*to keep in touch*
pasarlo bien/mal/fatal	*to have a good/bad/ terrible time*
proponer matrimonio	*to propose (marriage)*
romper (con)	*to break up (with)*
salir (con)	*to go out (with)*
soportar a alguien	*to put up with someone*
casado/a	*married*
divorciado/a	*divorced*
separado/a	*separated*
soltero/a	*single*
viudo/a	*widowed*

Más vocabulario

Expresiones útiles	*Ver p. 7*
Estructura	*Ver pp. 14–15, 18–19 y 22–23*

30 *treinta* Lección 1

VENTANAS: Lecturas

This companion reader focuses on developing your reading and critical-thinking skills.

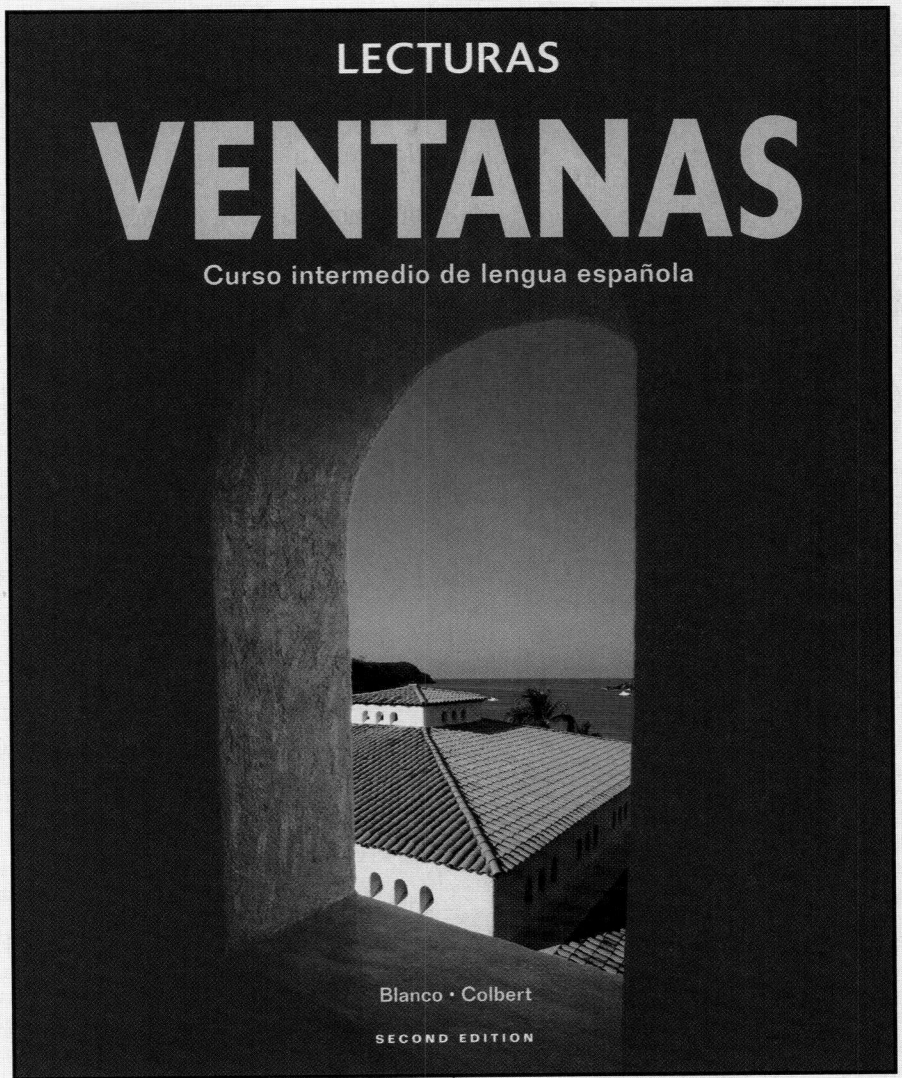

VENTANAS: Lecturas Twelve lessons correspond thematically to **VENTANAS: Lengua** and offer a two-part lesson structure, combining film, literary, and cultural selections. **Cultura** includes one reading featuring contemporary issues of the Spanish-speaking world. **Literatura** presents two literary readings (one long and one short). Authentic short films round-out the program.

VENTANAS, Second Edition, Video Programs

Fotonovela

An episode in the format of a situational comedy accompanies each lesson in **VENTANAS**. These episodes portray the everyday lives and adventures of the owner and five employees of the lifestyle magazine *Facetas,* based in Mexico City.

The **Fotonovela** section in each textbook lesson is actually an abbreviated version of the dramatic episode featured in the video. Therefore, each **Fotonovela** section can be done before you see the corresponding video episode, after it, or as a stand-alone section.

Besides providing entertainment, the video serves as a useful learning tool. As you watch the episodes, you will observe the characters interacting in various situations and using real-world language that reflects the vocabulary and grammar you are studying. In addition, because language learning is an ongoing, cumulative process, you will find that the dramatic segments carefully combine new vocabulary and grammar with previously taught language as the video progresses.

The Cast

Here are the main characters you will meet when you watch the **VENTANAS** video:

Mariela Burgos

José Raúl Aguayo

Juan (Johnny) Medina

Diana González

Éric Vargas

Fabiola Ledesma

Flash Cultura

Welcome to **Flash Cultura**, your gateway to the Spanish-speaking world. These episodes, filmed in eight countries, expand on the themes in the **Exploración** section of each lesson of **VENTANAS**. Guided by the **Flash Cultura** correspondents, you will discover a myriad of cultural aspects of the Spanish-speaking world, from daily routines and food, to history, fine art, and celebrations. **Flash Cultura** is a new, hip, dynamic program that will grab your attention, improve your language skills, and make you even more excited about the study of Spanish.

Episode Synopses

Lección 1 *Las relaciones personales* Join Miguel Ángel Lagasca in Madrid, Spain, to see where young people hang out and find out about how they relate.

Lección 2 *El cine mexicano* Carlos López explores the new boom in Mexican cinema.

Lección 3 *De compras en Barcelona* Could running errands possibly be interesting? Mari Carmen Ortiz shows us that it most certainly can be, especially if you're in Barcelona, Spain.

Lección 4 *Las farmacias* Mónica Díaz explains the importance of the pharmacy from Quito, Ecuador.

Lección 5 *¡Viajar y gozar!* Let Alberto Cuadra give you some tips on how to travel happy from the booming tourist crossroads of San José, Costa Rica.

Lección 6 *Un bosque tropical* A visit to the rainforest, guided by Diego Palacios, introduces you to the many natural resources of Puerto Rico.

Lección 7 *Inventos argentinos* Silvina Márquez guides you through a city that has seen some of the most innovative minds in history: Buenos Aires, Argentina.

Lección 8 *Las alpacas* Journey to Peru as Omar Fuentes shows you how much one animal can influence a nation's economy.

Lección 9 *Lo mejor de Argentina* Silvina Márquez returns to show us the best in day-to-day culture from Argentina's capital and countryside.

Lección 10 *Arquitectura modernista* Mari Carmen returns to explore the Modernist masterpieces of Barcelona, Spain.

Lección 11 *Puerto Rico: ¿nación o estado?* Diego Palacios returns to explore Puerto Rico's complex and unique political status from the people who know it best.

Lección 12 *Machu Picchu: encanto y misterio* Omar Fuentes guides you through the mysteries and wonders of Peru's most important archeological site.

Icons

Icons consistently classify activities by type: listening, video, pair, or group. They also signal when there is additional material on the Supersite (**ventanas.vhlcentral.com**).

Familiarize yourself with these icons that appear throughout **VENTANAS**.

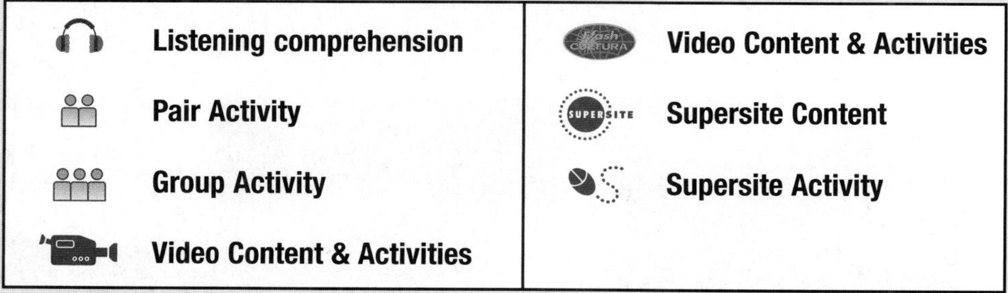

Student Ancillaries

NEW! Textbook Audio Program

The Textbook Audio Program comprises all of the audio recordings that correspond to the audio icons and activities in your text. These MP3 files are available on the **VENTANAS** Supersite.

Student Activities Manual

The Student Activities Manual consists of the Workbook, the Lab Manual, and the Video Manual. The Workbook activities provide additional practice of the vocabulary and grammar for each textbook lesson. The Lab Manual activities for each textbook lesson focus on building your listening comprehension skills in Spanish. The Video Manual includes pre-, while-, and post-viewing activities for the **VENTANAS Fotonovela** Video.

Lab Audio Program

The Lab Audio Program, available as MP3 files on the **VENTANAS** Supersite, contains the recordings to be used with the activities of the Lab Manual.

NEW! Supersite (ventanas.vhlcentral.com)

Free with each purchase of a new student text, the **VENTANAS, Second Edition,** Supersite Access Code delivers a wide range of online resources to you. Audio, video, and auto-graded practice directly correlate to your textbook and go beyond it. See p. xxvi for more information.

Instructor Ancillaries

In addition to the student ancillaries, all of which are available to the instructor, these supplements are also available.

Instructor's Annotated Edition

The Instructor's Annotated Edition (IAE) provides a wealth of information designed to support classroom teaching. The IAE contains answers to exercises overprinted on the page, cultural information, suggestions for implementing and extending student activities, supplemental activities, and cross-references to student and instructor ancillaries.

NEW! Flash cultura DVD 

This new cultural video, shot on-location in eight Spanish-speaking countries, leads you through many traditions, tendencies, and treasures in the Spanish-speaking world.

NEW! Instructor's Resource CD-ROM

- **Instructor's Resource Manual**
  The Instructor's Resource Manual contains teaching suggestions, textbook and lab audioscripts, the **Fotonovela** videoscript, the filmscripts for the Film Collection, English translations of the **Fotonovela**, plus textbook and SAM answer keys.
- **Testing Program with Audio**
  The Testing Program contains four quizzes for each of the textbook's twelve lessons and exams for Lessons 1–3, 4–6, 7–9, and 10–12, as well as two exams for Lessons 1–6 and 7–12. All assessments include sections on listening comprehension, vocabulary, grammar, and communication. Optional reading sections are also provided. Listening scripts, answer keys, and audio files are also included. The Testing Program is available in three formats: ready-to-print PDFs, editable word-processing files, and in a powerful Test Generator.
- **Overheads**
  Overhead materials include selected illustrations and **Estructura** charts from the textbook.
- **Student Activities Manual Answer Key**

NEW! VENTANAS Fotonovela DVD 

This set of DVDs includes the complete **Fotonovela** Video.

NEW! Supersite (ventanas.vhlcentral.com) 

The **VENTANAS, Second Edition,** Supersite, powered by **Maestro™**, provides a wealth of instructional resources, including a powerful gradebook and course management system, lesson plans, the complete contents of the Instructor's Resource CD-ROM, and much more.

Supersite

Powered by MAESTRO™

Vista Higher Learning is proud to introduce the **VENTANAS, Second Edition,** Supersite to accompany your intermediate Spanish Textbook. Powered by **Maestro™,** a brand-new language learning system, the **VENTANAS Supersite** offers a wealth of resources that correlate to your textbook and go beyond it.

For Students

Student resources, available through your access code, are provided free-of-charge with the purchase of a new student text:

- Selected activities from the student text, available with auto-grading
- Additional activities for each strand of the book
- Additional cultural information and research activities
- Downloadable MP3s of the entire Textbook Audio Program and Lab Audio Program
- The entire Video Program
- Multiple resources, such as a Spanish-English Dictionary and a Verb Wheel
- And much, much more…

For Instructors

Instructors have access to the entire student site, as well as these key resources:

- The entire Instructor Ancillary package, including the Instructor's Resource Manual, Testing Program, and Lesson Plans, in downloadable and printable formats
- A robust course management system, powered by **Maestro™**
- The Instructor Exchange forum, where instructors may connect with colleagues for tips and suggestions
- Downloadable MP3s of the entire Textbook Audio Program and Lab Audio Program
- And much, much more…

Acknowledgements

On behalf of its authors and editors, Vista Higher Learning expresses its sincere appreciation to the Spanish instructors who contributed their feedback about the first edition of **VENTANAS**. Their insights and detailed comments were invaluable to the development of this **Second Edition**.

We are especially grateful to Dr. Leticia McGrath at Georgia Southern University for her in-depth review of the First Edition and her subsequent input. Her insight and detailed feedback were critical in the planning of this revision from its inception to the final product.

Isabel Alvarez
University of Wisconsin Oshkosh, WI

Blanca Anderson
Loyola University, LA

Eileen M. Angelini
Philadelpia University, PA

Elizabeth Archibald
Moses Brown School, RI

Kathleen Bruegging
SUNY Ulster, NY

Catherine M. Bryan
University of Wisconsin Oshkosh, WI

Margarita Casas
Linn-Benton Community College, OR

M. Isela Chiu
Utah State University, UT

Ava Conley
Harding University, AR

Beverly R. Cook
North Central College, IL

María de Jesús Cordero
Utah State University, UT

William Dooley
Jesuit High School, New Orleans, LA

Lee Durbin
West Texas A&M University, TX

Margaret Eomurian
Houston Community College, TX

David Flaxman
Moses Brown School, RI

Erica Frouman-Smith
CW Post College of Long Island University, NY

Kevin Gaugler
Marist College, NY

Judy Getty
California State University, CA

Elena Gonzalez-Muntaner
University of Wisconsin Oshkosh, WI

M. Cecilia Herrera
University of Wisconsin Oshkosh, WI

Martha Hosey
Bancroft School, MA

Meliza Hull Frederick
Dillard University, LA

Jorge Koochoi
Central Piedmont Community College, NC

Kevin Krogh
Utah State University, UT

Karen Martin
Union University, TN

Leticia McGrath
Georgia Southern University, GA

Marco Mena
University of Wisconsin Oshkosh, WI

Thérèse Marie Mirande
Pierce College Ft. Steilacoom, WA

Kelly Montijo Fink
Kirkwood Community College, IA

Anna Montoya
Florida Institute of Technology, FL

Olga M. Muñiz
Hillsdale College, MI

Elena B. Odio
Georgia Southwestern State University, GA

Cecilia Ortiz
The Thacher School, CA

Angel Osle
Archer School for Girls, CA

Amanda Papanikolas
Drew School, CA

Graciela Pérez
Biola University, CA

Clara Ramirez
Loma Linda University, CA

Graziana Ramsden
Mass. College of Liberal Arts, MA

Kenneth Randall,
Cincinnati Country Day School, OH

Monica Roney
The Marin School, CA

Rafael E. Salazar
Aiken Preparatory School, SC

Jose A. Sandoval
Des Moines Area Community College, IA

David Shook
Georgia Institute of Technology, GA

Lynn Talbot
Roanoke College, VA

Cristobal Trillo
Joliet Junior College, IL

Nora Vera-Godwin
Southeastern Community College, IA

Adam Vigor
Kents Hill School, ME

Witold Wolny
University of Virginia's College at Wise, VA

We would also like to express our gratitude to all those over the years who have shared with us their recommendations and suggestions for the continued improvement of all programs in the Vista Higher Learning family. Their feedback has been instrumental in allowing us to continue in the mission of Vista Higher Learning.

We extend our gratitude to all the directors, producers and government agencies who granted us permission to incorporate their short films, commercials and TV clips into this project.

We thank all of the writers and their publishers and agents who allowed us to reprint their literary pieces in **VENTANAS**. The varied perspectives on the Spanish-speaking world that they represent are invaluable.

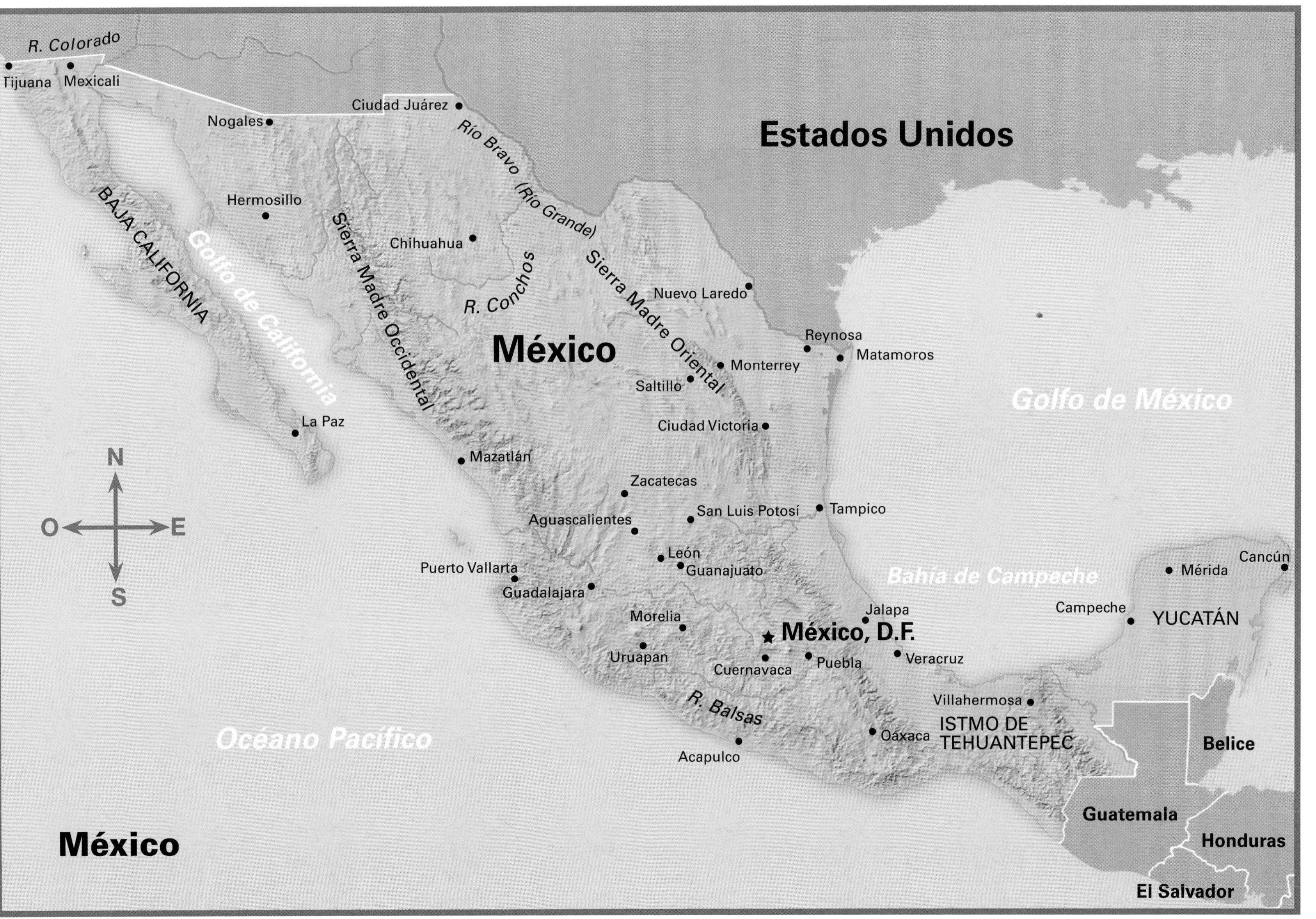

México
Estados Unidos
Golfo de México
Bahía de Campeche
Golfo de California
Océano Pacífico
R. Colorado
Río Bravo (Río Grande)
R. Conchos
R. Balsas
Sierra Madre Occidental
Sierra Madre Oriental
BAJA CALIFORNIA
YUCATÁN
ISTMO DE TEHUANTEPEC
Tijuana
Mexicali
Nogales
Hermosillo
La Paz
Ciudad Juárez
Chihuahua
Mazatlán
Nuevo Laredo
Monterrey
Saltillo
Reynosa
Matamoros
Ciudad Victoria
Tampico
Zacatecas
Aguascalientes
San Luis Potosí
León
Guanajuato
Guadalajara
Puerto Vallarta
Morelia
Uruapan
México, D.F.
Cuernavaca
Puebla
Jalapa
Veracruz
Acapulco
Oaxaca
Villahermosa
Campeche
Mérida
Cancún
Belice
Guatemala
Honduras
El Salvador
N
S
E
O

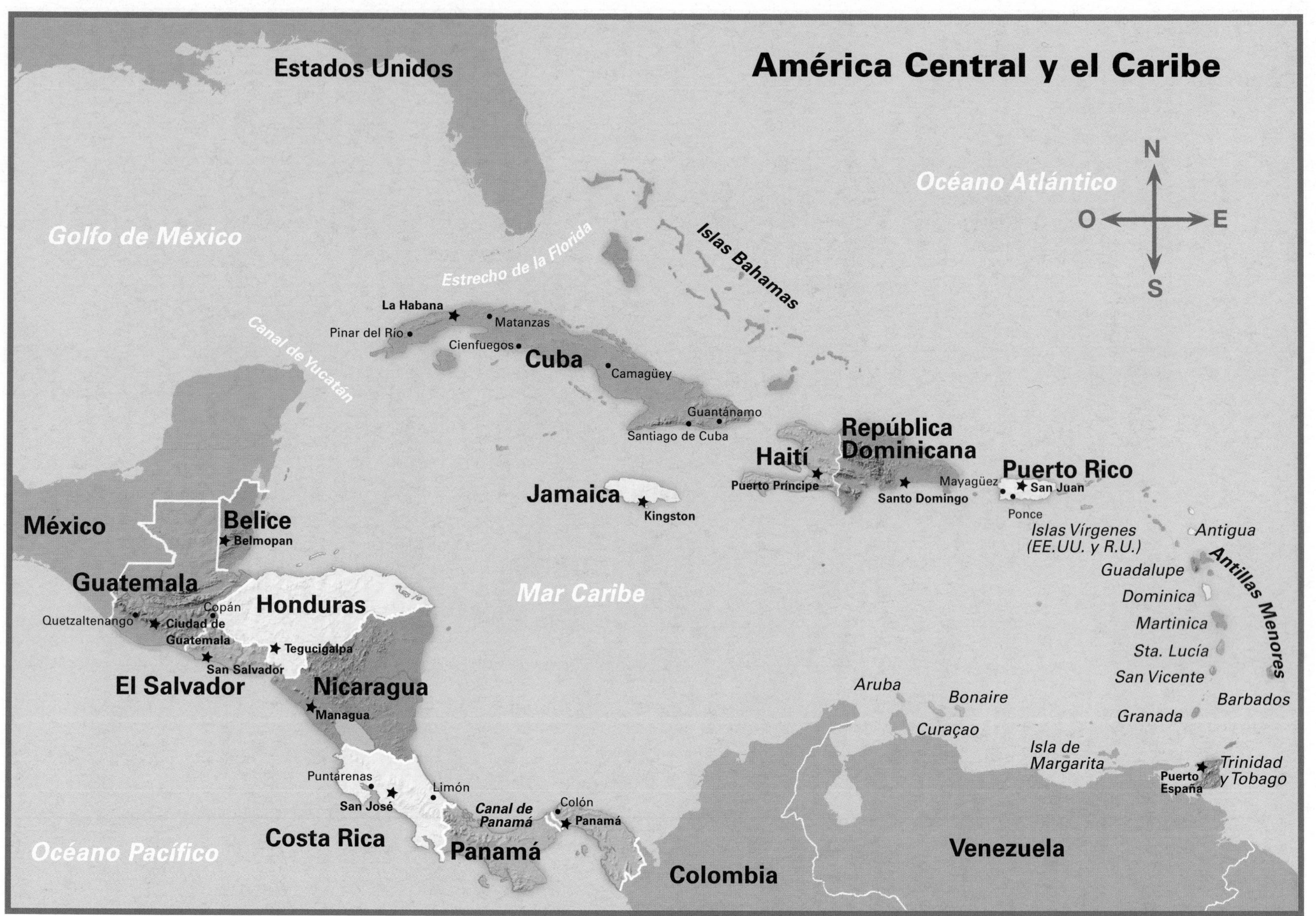

América Central y el Caribe
Estados Unidos
Océano Atlántico
N
O
E
S
Golfo de México
Estrecho de la Florida
Islas Bahamas
Canal de Yucatán
La Habana
Pinar del Río
Matanzas
Cienfuegos
Cuba
Camagüey
Guantánamo
Santiago de Cuba
República Dominicana
Haití
Puerto Príncipe
Santo Domingo
Puerto Rico
Mayagüez
San Juan
Ponce
Jamaica
Kingston
México
Belice
Belmopan
Islas Vírgenes (EE.UU. y R.U.)
Antigua
Antillas Menores
Guadalupe
Dominica
Martinica
Sta. Lucía
San Vicente
Barbados
Granada
Guatemala
Honduras
Copán
Quetzaltenango
Ciudad de Guatemala
Tegucigalpa
San Salvador
El Salvador
Nicaragua
Managua
Mar Caribe
Aruba
Bonaire
Curaçao
Isla de Margarita
Trinidad y Tobago
Puerto España
Puntarenas
San José
Limón
Canal de Panamá
Colón
Panamá
Costa Rica
Panamá
Océano Pacífico
Colombia
Venezuela

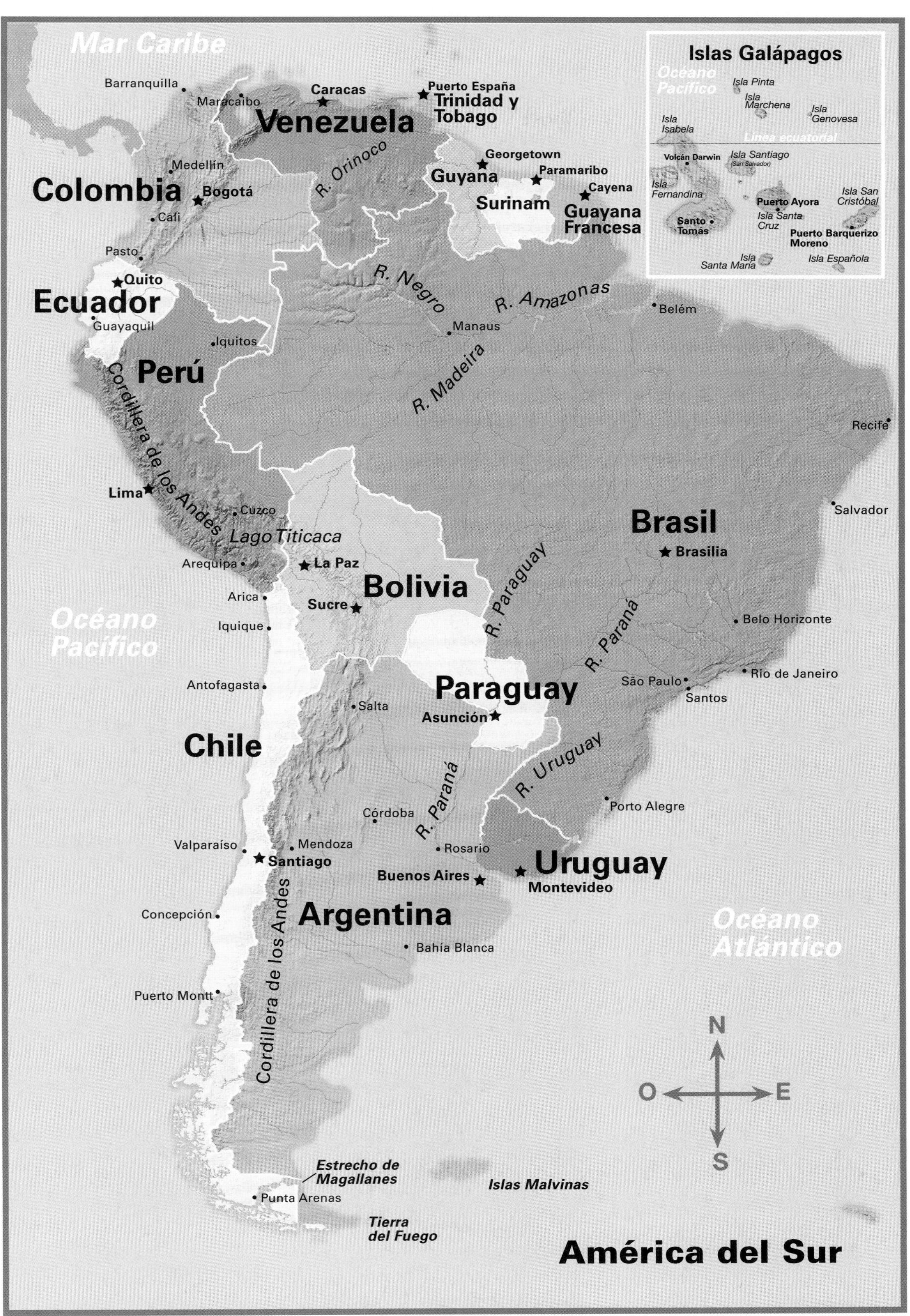

Mar Caribe
Islas Galápagos
Océano Pacífico
Isla Pinta
Isla Marchena
Isla Genovesa
Isla Isabela
Línea ecuatorial
Volcán Darwin
Isla Santiago
Isla Fernandina
Puerto Ayora
Isla Santa Cruz
Isla San Cristóbal
Santo Tomás
Puerto Barquerizo Moreno
Isla Santa María
Isla Española
Barranquilla
Maracaibo
Caracas
Puerto España
Trinidad y Tobago
Venezuela
Georgetown
Guyana
Paramaribo
Surinam
Cayena
Guayana Francesa
R. Orinoco
Medellín
Colombia
Bogotá
Cali
Pasto
Quito
Ecuador
Guayaquil
R. Negro
R. Amazonas
Belém
Manaus
Iquitos
Perú
R. Madeira
Recife
Cordillera de los Andes
Lima
Cuzco
Lago Titicaca
Arequipa
La Paz
Brasil
Brasilia
Salvador
Bolivia
Arica
Sucre
R. Paraguay
Océano Pacífico
Iquique
Belo Horizonte
R. Paraná
Rio de Janeiro
São Paulo
Santos
Antofagasta
Paraguay
Salta
Asunción
Chile
R. Uruguay
Porto Alegre
Córdoba
R. Paraná
Valparaíso
Mendoza
Rosario
Santiago
Uruguay
Buenos Aires
Montevideo
Concepción
Argentina
Océano Atlántico
Bahía Blanca
Cordillera de los Andes
Puerto Montt
N
O
E
S
Estrecho de Magallanes
Islas Malvinas
Punta Arenas
Tierra del Fuego
América del Sur

España
Mar Cantábrico
Francia
Pirineos
Andorra
Océano Atlántico
Portugal
Marruecos
Mar Mediterráneo
Estrecho de Gibraltar
Islas Baleares
Menorca
Mallorca
Palma
Ibiza
Formentera
GALICIA
ASTURIAS
CANTABRIA
PAÍS VASCO
NAVARRA
LA RIOJA
CATALUÑA
ARAGÓN
CASTILLA-LEÓN
CASTILLA-LA MANCHA
COMUNIDAD VALENCIANA
EXTREMADURA
ANDALUCÍA
Sierra Morena
Sierra Nevada
Serra da Estrela
Madrid
La Coruña
Pontevedra
Vigo
Avilés
Gijón
Oviedo
Santander
Bilbao
San Sebastián
Pamplona
Burgos
Palencia
Valladolid
Zamora
Salamanca
Ávila
Segovia
Toledo
Cáceres
Mérida
Badajoz
Zaragoza
Lérida
Gerona
Barcelona
Tarragona
Valencia
Albacete
Alicante
Murcia
Cartagena
Almería
Granada
Jaén
Córdoba
Sevilla
Huelva
Cádiz
Málaga
Algeciras
Gibraltar (R.U.)
Ceuta (Esp.)
Melilla (Esp.)
Braga
Oporto
Coimbra
Lisboa
Setúbal
Islas Canarias
La Palma
Santa Cruz de la Palma
Tenerife
Santa Cruz de Tenerife
Gomera
Hierro
Gran Canaria
Las Palmas
Lanzarote
Arrecife
Fuerteventura
Puerto del Rosario
N
S
E
O

Las relaciones personales

Communicative Goals

You will expand your ability to…

- describe in the present
- narrate in the present
- express personal relationships

Las relaciones personales

INSTRUCTIONAL RESOURCES
Supersite/IRCD: Audioscripts, Textbook Answer Key, SAM Answer Key
SAM/WebSAM: WB, LM

Note: WB = Workbook LM = Lab Manual VM = Video Manual IRCD = Instructor's Resource CD-ROM

Preview Read and discuss the photos and captions on pp. 2–3. Have students point out vocabulary words they already know from **Contextos**, as well as related vocabulary from introductory Spanish. Ask heritage speakers if they know any other terms for the words presented.

La personalidad

autoritario/a *strict; authoritarian*
cariñoso/a *affectionate*

cuidadoso/a *careful*
falso/a *insincere*
gracioso/a *funny; pleasant*

inseguro/a *insecure*
(in)maduro/a *(im)mature*
mentiroso/a *lying*
orgulloso/a *proud*
permisivo/a *permissive; easy-going*
seguro/a *sure; confident*
sensato/a *sensible*
sensible *sensitive*
tacaño/a *cheap; stingy*
tímido/a *shy*
tradicional *traditional*

Los estados emocionales

agobiado/a *overwhelmed*
ansioso/a *anxious*
deprimido/a *depressed*
disgustado/a *upset*

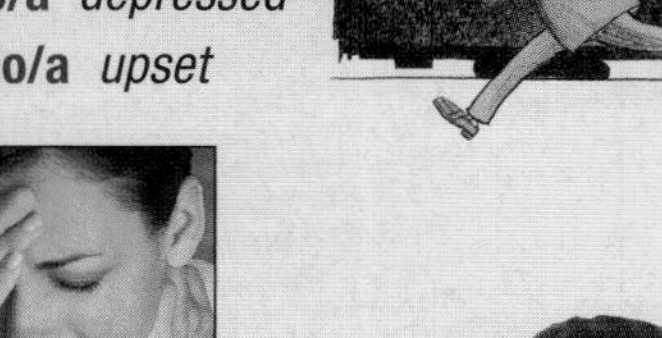

emocionado/a *excited*
preocupado/a (por) *worried (about)*
solo/a *alone; lonely*
tranquilo/a *calm*

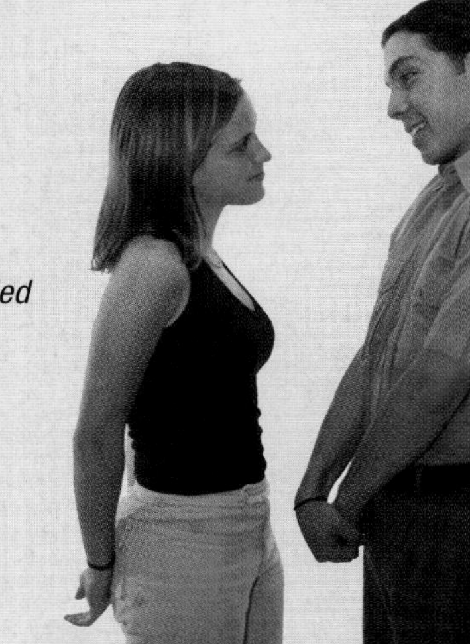

Los sentimientos

Carlos **se está enamorando** de Marisa pero **tiene vergüenza de** decírselo. Marisa también **sueña con** él, y hoy ha decidido decirle cómo **se siente**.

adorar *to adore*
apreciar *to appreciate*
enamorarse (de) *to fall in love (with)*
estar harto/a (de) *to be fed up (with); to be sick (of)*
odiar *to hate*
sentirse (e:ie) *to feel*
soñar (o:ue) (con) *to dream (about)*
tener celos (de) *to be jealous (of)*
tener vergüenza (de) *to be ashamed/embarrassed (of)*

Variación léxica
cariñoso/a ⟷ afectuoso/a
disgustado/a ⟷ enfadado/a
coquetear ⟷ flirtear
Point out that **coquetear/flirtear** are not as widely used in the Spanish-speaking world as *to flirt* is in English.

Las relaciones personales

Llevan más de cincuenta años de casados. Dicen que los secretos de un buen **matrimonio** son la **confianza** y el **cariño**.

el/la amado/a *loved one; sweetheart*
el ánimo *spirit*
el cariño *affection*
la cita (a ciegas) *(blind) date*
el compromiso *commitment; responsibility*
la confianza *trust; confidence*
el desánimo *the state of being discouraged*
el divorcio *divorce*
la pareja *couple; partner*
el sentimiento *feeling; emotion*

atraer *to attract*
coquetear *to flirt*
cuidar *to take care of*
dejar a alguien *to leave someone*
discutir *to argue*
educar *to raise; to bring up*

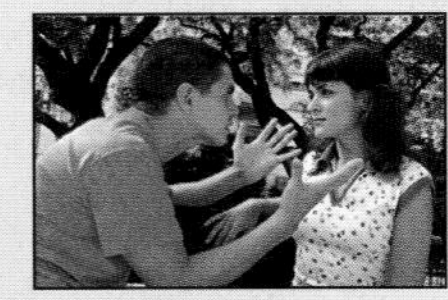

hacerle caso a alguien *to pay attention to someone*
impresionar *to impress*
llevar... años de (casados) *to be (married) for... years*
llevarse bien/mal/fatal *to get along well/badly/terribly*
mantenerse en contacto *to keep in touch*
pasarlo bien/mal/fatal *to have a good/bad/terrible time*
proponer matrimonio *to propose (marriage)*
romper (con) *to break up (with)*
salir (con) *to go out (with)*
soportar a alguien *to put up with someone*

casado/a *married*
divorciado/a *divorced*
separado/a *separated*
soltero/a *single*
viudo/a *widowed*

Práctica

① Have students read the statements before listening to the dialogues. Play each dialogue twice and go over the answers as a class.

1 Escuchar

A. Después de una cita con Andrés, Paula le cuenta todo a su mejor amiga, Isabel. Escucha la conversación y decide si las oraciones son **ciertas** o **falsas**. Corrige las falsas.

1. Después de la cita con Andrés, Paula está muy emocionada. Cierto.
2. Según Paula, los dos se llevan mal. Falso. Según Paula, los dos se llevan muy bien.
3. Paula dice que Andrés es feo e inseguro. Falso. Paula dice que Andrés es guapo y seguro.
4. Paula quiere salir otra vez con Andrés. Cierto.

B. Ahora escucha la conversación entre Andrés y su mejor amigo, José Luis, y decide si las oraciones son **ciertas** o **falsas**. Corrige las falsas.

1. Según Andrés, él y Paula lo pasaron bien. Falso. Según Andrés, lo pasaron fatal.
2. Andrés piensa que Paula es demasiado tímida. Cierto.
3. Andrés quiere salir otra vez con Paula. Falso. Andrés no quiere salir otra vez con Paula.
4. Andrés tiene celos porque José Luis quiere salir con Paula. Falso. Andrés no tiene nada de celos.

C. En parejas, imaginen que José Luis decide llamar a Paula y que Andrés decide llamar a Isabel. Inventen el diálogo de una de estas dos conversaciones telefónicas y compártanlo con la clase.

2 Analogías

Completa cada analogía con la palabra apropiada.

autoritario	cuidadoso	mentiroso
casados	discutir	romper con
cita	gracioso	tranquilo

1. estresado : ansioso :: falso : mentiroso
2. generoso : tacaño :: permisivo : autoritario
3. divorcio : divorciados :: matrimonio : casados
4. amar : odiar :: salir con : romper con
5. cariño : cariñoso :: cuidado : cuidadoso
6. disgustado : contento :: emocionado : tranquilo
7. casados : boda :: novios : cita
8. casarse : comprometerse :: divorciarse : romper con

② Ask a volunteer to model the first item.

Teaching option Ask students to write five adjectives or characteristics that describe the ideal friend or parent. Then, in pairs, have students explain which characteristics the person should have and why.

Práctica

③ Additional examples: **Tiene un buen sentido del humor. (gracioso/a) Aún no se ha casado. (soltero/a) No quiere que su novio/a sea amigo/a de otros/as hombres/mujeres. (celoso/a)**

3 Definiciones Indica las palabras que corresponden a cada definición.

__b__ 1. Compromiso entre dos o más personas sobre el lugar, la fecha y la hora para encontrarse.
__d__ 2. Que sufre de depresión, tristeza o desánimo.
__f__ 3. Enseñar a una persona o a un animal a comportarse según ciertas normas.
__g__ 4. Prestarle atención a alguien.
__h__ 5. Conjunto formado por dos personas o cosas que se complementan o son semejantes como, por ejemplo, hombre y mujer.
__a__ 6. Estimar o reconocer el valor de algo o de alguien.

a. apreciar
b. cita
c. cuidar
d. deprimido/a
e. discutir
f. educar
g. hacerle caso
h. pareja
i. viudo/a

④ To check students' comprehension, have them identify the twins by asking questions. Ex: **¿Quién es sincero? (don Paco) ¿Quién es tradicional? (doña Paquita)**

4 Contrarios Don Paco y doña Paquita son gemelos (*twins*), pero tienen personalidades muy distintas. Completa las descripciones con el adjetivo correspondiente a doña Paquita.

MODELO **Don Paco siempre es muy seguro, pero doña Paquita es...** insegura.

1. Don Paco es un hombre sincero, pero doña Paquita es... falsa/mentirosa.
2. Don Paco es muy tacaño con su dinero, pero doña Paquita es... generosa.
3. Todos piensan que don Paco es sociable, pero que doña Paquita es muy... tímida.
4. Don Paco es autoritario con sus hijos, pero doña Paquita es... permisiva.
5. A don Paco le gusta estar con gente, pero doña Paquita prefiere estar... sola.
6. Todos piensan que don Paco es tradicional, pero que doña Paquita es... moderna.
7. Don Paco se porta (*behaves*) como un adulto, pero doña Paquita es tan... inmadura.
8. Don Paco es muy orgulloso, pero doña Paquita es muy... modesta.

Comunicación

5 **¿Cómo eres?** Trabaja con un(a) compañero/a.

A. Contesta las preguntas de la encuesta (*survey*).

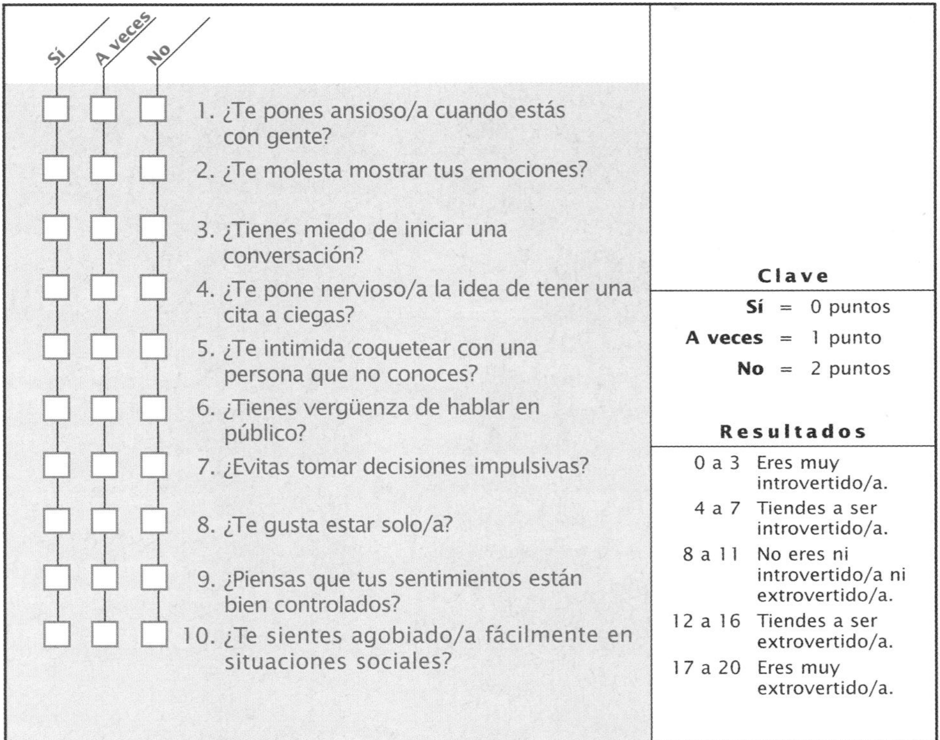

Sí	A veces	No	
☐	☐	☐	1. ¿Te pones ansioso/a cuando estás con gente?
☐	☐	☐	2. ¿Te molesta mostrar tus emociones?
☐	☐	☐	3. ¿Tienes miedo de iniciar una conversación?
☐	☐	☐	4. ¿Te pone nervioso/a la idea de tener una cita a ciegas?
☐	☐	☐	5. ¿Te intimida coquetear con una persona que no conoces?
☐	☐	☐	6. ¿Tienes vergüenza de hablar en público?
☐	☐	☐	7. ¿Evitas tomar decisiones impulsivas?
☐	☐	☐	8. ¿Te gusta estar solo/a?
☐	☐	☐	9. ¿Piensas que tus sentimientos están bien controlados?
☐	☐	☐	10. ¿Te sientes agobiado/a fácilmente en situaciones sociales?

Clave

Sí	= 0 puntos
A veces	= 1 punto
No	= 2 puntos

Resultados

0 a 3	Eres muy introvertido/a.
4 a 7	Tiendes a ser introvertido/a.
8 a 11	No eres ni introvertido/a ni extrovertido/a.
12 a 16	Tiendes a ser extrovertido/a.
17 a 20	Eres muy extrovertido/a.

B. Ahora suma (*add up*) los puntos. ¿Cuál es el resultado de la encuesta? ¿Estás de acuerdo? Comenta tu resultado y tu opinión con tu compañero/a.

6 **Problemas y consejos**

A. En grupos de cuatro, elijan una de estas situaciones. Inventen más detalles para describir la situación. ¿Quiénes son los personajes? ¿Cuál es su relación? ¿Dónde se encuentran? ¿Cuánto tiempo llevan juntos? ¿Cuándo se originó el problema?

1. Intercambian miradas (*glances*). Él se pregunta si ella está coqueteando con él.
2. Quiere mucho a su esposo/a, pero él/ella tiene celos de todo el mundo. Él/Ella no soporta los celos de su pareja.
3. Hacen una buena pareja, pero él nunca le va a proponer matrimonio.
4. Se conocieron en una cita a ciegas y se llevaron fatal.
5. Se quieren, pero siempre están discutiendo por cualquier cosa.

B. Ahora, escriban un breve correo electrónico en que uno/a de los/las personajes describe su problema y le pide consejos a un(a) amigo/a. Lean la carta a la clase para que sus compañeros les den consejos.

5 Have students do this exercise in pairs as an interview and report the final results to the class.

5 Have students add at least two of their own questions using the lesson vocabulary, and revise the scoring.

6 Part B: If class time is limited, have students exchange and discuss their e-mails with another group.

1 FOTONOVELA

Synopsis
- The *Facetas* magazine employees discuss appropriate ways of greeting clients.
- Mariela, the new graphic designer, arrives at the office.
- Éric gives Fabiola his impression of Mariela.

Los empleados de *Facetas* hablan de cómo recibir a un cliente. Mariela, una nueva empleada, llega a la oficina.

JOHNNY (*al teléfono*) Revista *Facetas*... *(dirigiéndose a Diana)* Es para Aguayo.

FABIOLA Está en el baño.

JOHNNY (*al teléfono*) En estos momentos está en el baño.

DIANA ¡No! Di que está reunido con un cliente.

JOHNNY (*al teléfono*) Disculpe, está en el baño reunido con un cliente.

JOHNNY Jefe, tiene un mensaje de Mariela Burgos.

AGUAYO Gracias... Es la nueva artista gráfica. Viene a reunirse con nosotros.

Aguayo se marcha a su oficina.

FABIOLA No creo que quepamos todos en el baño.

DIANA (*repartiendo libretas*) Éste es el manual de conducta profesional.

FABIOLA Página tres: "Cómo recibir a un cliente".

ÉRIC (*se levanta*) ¿Quieren una demostración? Johnny, tú eres el cliente.

JOHNNY Quizás no soy un cliente. Podría ser un supermodelo o algo así.

FABIOLA Mejor un cliente.

En la oficina central... Entra el muchacho de la pizza.

JOHNNY ¿Alguien ordenó pizza?

MUCHACHO ¿Éste es el 714 de la avenida Juárez...?

MARIELA (*interrumpe*) ¿Oficina uno, revista *Facetas*?... Soy Mariela. No sabía llegar, así que ordené una pizza y seguí al muchacho.

JOHNNY ¡Bienvenida!

En la sala de reuniones...

AGUAYO Mariela, te quiero presentar al equipo de *Facetas*. Él es Éric, nuestro fotógrafo.

ÉRIC ¿Qué tal?

AGUAYO Ella es Fabiola. Se encarga de las secciones de viajes, economía, turismo y farándula.

FABIOLA Mucho gusto.

AGUAYO Él es Johnny. Escribe las secciones de arte, comida, bienestar y política.

JOHNNY Hola.

AGUAYO Y ella es Diana. Está a cargo de las ventas y el mercadeo.

INSTRUCTIONAL RESOURCES Supersite/DVD: Fotonovela
Supersite/IRCD: Videoscript & Translation, SAM Answer Key
SAM/WebSAM: VM

Preview Have students quickly scan the **Fotonovela** and make a list of the cognates they find. Ask them to predict what this episode is about based on the visuals and the cognates.

Personajes

AGUAYO

DIANA

ÉRIC

FABIOLA

JOHNNY

MARIELA

MUCHACHO DE LA PIZZA

4

ÉRIC Ya sé. Eres un millonario que viene a comprar la revista.

JOHNNY Perfecto. Soy el magnate Juan Medina.

ÉRIC Bienvenido a *Facetas*, señor Medina. Bienvenido.

Se abrazan.

5

Luego, en la cocina...

AGUAYO Hay que ser cuidadoso al contestar el teléfono.

JOHNNY Querrás decir mentiroso.

DIANA Es una formalidad.

ÉRIC Odio ser formal.

FABIOLA Es lindo abrazar a la gente, Éric, pero esto es una oficina, no un partido de fútbol.

9

DIANA Me han hablado tanto de ti, que estoy ansiosa por conocer tu propia versión.

MARIELA Tengo veintidós años, soy de Monterrey, estudio en la UNAM y vengo de una familia grande.

JOHNNY ¿Muy grande?

MARIELA En cincuenta años de matrimonio mis padres han criado a nueve hijos y veinte nietos.

10

FABIOLA ¿Qué te pareció?

ÉRIC Está buenísima.

FABIOLA ¿Eso es todo lo que tienes que decir?

ÉRIC ¿Qué más se puede decir de una pizza?

FABIOLA ¡Te estoy hablando de Mariela!

ÉRIC Creo que es bella, talentosa e inteligente. Más allá de eso, no me impresiona para nada.

Expresiones útiles

Talking about responsibilities

Fabiola se encarga de...
Fabiola is in charge of...

Estoy encargado/a de...
I'm in charge of...

Diana está a cargo de...
Diana is in charge of...

Estoy a cargo de...
I'm in charge of...

Talking about your impressions

¿Qué te pareció Mariela?
What did you think of Mariela?

Me pareció...
I thought...

Creo que es bella, talentosa e inteligente.
I think she's beautiful, talented, and intelligent.

Más allá de eso, no me impresiona para nada.
Beyond that, she doesn't impress me at all.

Additional vocabulary

la ansiedad *anxiety*
ansioso/a *anxious*
el cuidado *care*
cuidadoso/a *careful*
la mentira *lie*
mentiroso/a *lying*
el talento *talent*
talentoso/a *talented*
la farándula *entertainment*
han criado *have raised*
el mercadeo *marketing*
querrás *you will want*
quepamos *(form of* **caber***) we fit*

Expresiones útiles Point out that words and expressions in **Expresiones útiles** are considered active vocabulary.

Teaching option Play the first half of this video module and ask the class to describe what they saw and predict what will happen in the second half. Then play the entire video module and have the class summarize the plot.

SUPERSITE Comprensión

① Have students invent one or two events that might precede or follow those listed.

1 La trama Primero, indica con una **X** los hechos (*events*) que no ocurrieron en este episodio. Después, indica con números el orden en el que ocurrieron los restantes (*the remaining ones*).

___3___ a. Diana llega con el manual de conducta profesional.
___x___ b. Éric ordena una pizza con anchoas.
___2___ c. Mariela deja un mensaje para Aguayo.
___5___ d. Un muchacho llega a la oficina con una pizza.
___7___ e. Aguayo presenta a Mariela al grupo.
___x___ f. Johnny gana la lotería.
___8___ g. Fabiola le pregunta a Éric su opinión sobre Mariela.
___1___ h. Johnny contesta el teléfono.
___6___ i. Mariela llega a la oficina.
___x___ j. Aguayo paga la pizza.
___4___ k. Éric y Johnny practican la forma correcta de recibir a un cliente.
___x___ l. Los empleados de *Facetas* celebran el cumpleaños de Mariela.

② To practice the present tense, tell students to respond in complete sentences.

2 ¿Quién lo haría? ¿Quién estaría a cargo de estas actividades?

Aguayo

Diana

Éric

Fabiola

Johnny

Mariela

1. Sacar fotos para la revista. Éric
2. Escribir un artículo sobre un concierto de música pop. Fabiola
3. Hablar con las personas que quieren poner anuncios (*ads*) en la revista. Diana
4. Escribir un artículo sobre las pirámides de Egipto. Fabiola
5. Entrevistar a un ministro del gobierno mexicano para hablar de la inflación. Fabiola
6. Escribir un artículo sobre la corrupción política. Johnny
7. Escribir la reseña (*review*) de un nuevo restaurante. Johnny
8. Preparar dibujos para los artículos de la revista. Mariela
9. Conseguir más lectores (*readers*). Diana
10. Seleccionar al personal (*staff*). Aguayo

Ampliación

3 Preguntas En parejas, contesten las preguntas.

1. ¿Qué te parecen los empleados de la revista *Facetas*? ¿Cómo son?
2. ¿De qué está encargado cada empleado? En tu opinión, ¿cuál de ellos tiene más responsabilidad? Explica tu respuesta.
3. ¿Crees que a Mariela le va a gustar su nuevo trabajo? ¿Por qué?
4. ¿Te perdiste alguna vez en una ciudad grande? ¿Qué hiciste?
5. ¿Cómo son los empleados donde tú trabajas? ¿Son parecidos (*similar*) a los empleados de *Facetas*?

③ Have students use the Internet to research some popular magazines in the Spanish-speaking world and take notes about each magazine to share with the class.

4 Apuntes culturales En parejas, lean los párrafos y contesten las preguntas.

A larga distancia

Mariela, la nueva artista gráfica de *Facetas*, es de Monterrey, pero se ha mudado a México D.F. para trabajar. En Latinoamérica las personas se mudan con menos frecuencia que en los EE.UU. y mantienen el contacto con los amigos de la infancia y toda la familia. ¡Con todos los sobrinos que tiene, Mariela va a necesitar un buen plan de telefonía celular!

¿Un mapa o una pizza?

Mariela descubre una forma creativa de manejarse en la ciudad más grande del mundo. Sin embargo, algunas ciudades pequeñas de Latinoamérica presentan sus propios desafíos (*challenges*). Si *Facetas* se publicara en Costa Rica, la dirección de la oficina podría ser: del Parque la Sabana, 100 metros al norte del antiguo (*former*) Banco Nacional, portón (*gate*) rojo, San José.

México D.F.

La Universidad Nacional Autónoma de México

Mariela estudia en la UNAM, una de las universidades más grandes y prestigiosas de Latinoamérica. Establecida en 1551, hoy en día la UNAM cuenta con más de 200.000 estudiantes. El campus más grande está en México D.F.; tiene otros en el resto del país y también en Texas, Illinois y Canadá.

1. ¿Te has mudado para asistir a la universidad o por motivos de trabajo? ¿Cuáles son las ventajas (*advantages*) y desventajas de vivir lejos del lugar donde creciste?
2. ¿Cuántos amigos/as o parientes (*relatives*) tuyos se han mudado a otra ciudad? ¿Qué hacen ustedes para mantenerse en contacto?
3. ¿Cómo te manejas (*get around*) en tu propia ciudad? ¿Consultas mapas interactivos en Internet? ¿Qué haces si te pierdes? ¿Le pides ayuda a alguien o prefieres usar un mapa?
4. ¿De qué tamaño es la universidad tuya? ¿Cuáles son las diferencias entre las universidades grandes y las pequeñas? ¿Qué tipo de ambiente prefieres tú?

④ Have volunteers read the paragraphs aloud. Follow up with comprehension questions. Ex: **¿De dónde es Mariela? ¿En qué se diferencian las direcciones de los edificios en Costa Rica de las direcciones en los EE.UU.? ¿Dónde están algunos de los campus de la UNAM?**

④ Ask volunteers to share their partners' responses with the class. Follow up with additional discussion questions. Ex: **¿Te mudarías a otro país por motivos de trabajo? ¿Cuál es la ciudad más grande que conoces?**

INSTRUCTIONAL RESOURCES
Supersite/DVD: Flash cultura; **Supersite:** Videoscript & Translation

En detalle

ESTADOS UNIDOS

Flash CULTURA

NATIONAL STANDARDS communities cultures connections

PAREJAS SIN FRONTERAS

Es el año 2000. Ana Villegas está frente a su computadora en México jugando *online* un juego de cartas. Del otro lado está Frank Petersen, de Fairhaven, MA, también aficionado al mismo juego. Este simple juego los lleva a una amistad que luego se convierte en amor. A pesar de los temores y del escepticismo familiar, dos años después, Ana deja México y se muda a los Estados Unidos, donde hoy vive junto a su esposo Frank.

La historia de Ana no es un caso aislado°. El número de parejas interculturales está en marcado aumento°. Entre las causas más importantes están la globalización, la asimilación de los hijos de inmigrantes a la cultura estadounidense y el aumento en la edad promedio° de las parejas al casarse. En 1960, en los Estados Unidos, el promedio de edad al casarse era veintitrés para los hombres y veinte para las mujeres. Actualmente es veintisiete y veinticinco. ¿Qué tiene que ver° este cambio con el aumento de las parejas interculturales? Antes los jóvenes solían° casarse con personas de su comunidad. Ahora, muchos tienen la oportunidad de viajar, vivir solos o irse a vivir a otro país. Esta nueva independencia los expone° a otras culturas. Por lo tanto, es más común que formen parejas con personas de culturas diferentes.

Las parejas interculturales enfrentan° muchos desafíos° —problemas de comunicación, diferencias en valores y formas de pensar, falta de aceptación de algunos familiares— pero también tienen una oportunidad única de crecimiento° personal; además, la exposición a otras maneras de pensar nos ayuda a echar una mirada° crítica a nuestra propia cultura. ■

Consejos de Ana

- Esfuérzate° por conocer la cultura de tu pareja.
- Evita perpetuar los estereotipos.
- Pon énfasis en lo que los une y no en lo que los separa.
- Educa a tu familia y a tus amigos acerca de la cultura de tu pareja.
- Aprende a no dejarte llevar° por los comentarios y las miradas de las personas que no están a favor de las relaciones interculturales.

Matrimonios interculturales

De acuerdo con la Oficina del Censo, el número de parejas interraciales se cuadruplicó entre 1970 y 1995.

18% de las mujeres latinas casadas tienen un esposo no latino.

15% de los hombres latinos casados tienen una esposa no latina.

Fuente: Censo estadounidense – Año 2000

aislado *isolated* **marcado aumento** *marked increase* **promedio** *average* **Qué tiene que ver** *What does (it) have to do* **solían** *used to* **expone** *exposes* **enfrentan** *face* **desafíos** *challenges* **crecimiento** *growth* **echar una mirada** *take a look* **Esfuérzate** *Make an effort* **dejarte llevar** *allow yourself to be influenced*

Perfil Assign groups to research other famous intercultural couples. Have them write a short profile.

ASÍ LO DECIMOS

Las relaciones

chavo/a (Méx.) *boyfriend/girlfriend*
enamorado/a (Pe.) *boyfriend/girlfriend*

engañar *to cheat; to betray*
estar de novio/a *to be dating someone*
estar en pareja (con) (Esp.) *to be dating someone*
ponerse de novio/a (con) *to start dating someone*

estar bueno/a (Arg.) *to be attractive*
estar padre (Méx.) *to be attractive*

EL MUNDO HISPANOHABLANTE

Las relaciones

Tendencias

- Aunque en la mayoría de los países hispanos ya no hay reglas fijas, es costumbre que el hombre invite en los primeros encuentros.
- En los Estados Unidos, cada vez más latinos participan en citas rápidas° para encontrar pareja.

Costumbres

- En España, los catalanes celebran por San Jorge el día de los enamorados. En este día el hombre regala una rosa a su persona querida, y ésta le regala un libro.
- En algunos pueblos de México, como Zacatecas, es costumbre que las mujeres y los hombres solteros vayan a caminar solos o en grupos alrededor de la plaza los domingos. Las mujeres y los hombres caminan en dirección contraria para poder observarse mutuamente.

PERFIL

ISABEL Y WILLIE

La escritora chilena Isabel Allende y el abogado estadounidense Willie Gordon comparten el amor por el arte y la compañía de buenos amigos. Allende conoció a su esposo durante la presentación de su novela *De amor y de sombra* en California en 1988. Gordon admiraba la obra y el talento de esta escritora latinoamericana, y Allende, por su parte, no tardó° en enamorarse de él. Una vez, Gordon hizo un chiste° sobre el matrimonio en una cena con un grupo de personas. Dijo que nunca se volvería a casar a menos que no le quedara otro remedio. Allende se enojó y le dijo que ella había dejado todo por él —su cultura y su gente—, y que éste no le ofrecía ningún compromiso. Así, al día siguiente, Gordon le respondió: "Vale°, me caso." Isabel Allende y Willie Gordon se casaron ese mismo año y, desde entonces, viven en un tranquilo suburbio californiano.

"Echo de menos la familia y el idioma, el sentido del humor, porque nadie me tiene que explicar un chiste en Chile, mientras que acá no los entiendo." (Isabel Allende)

SUPERSITE **Conexión Internet**

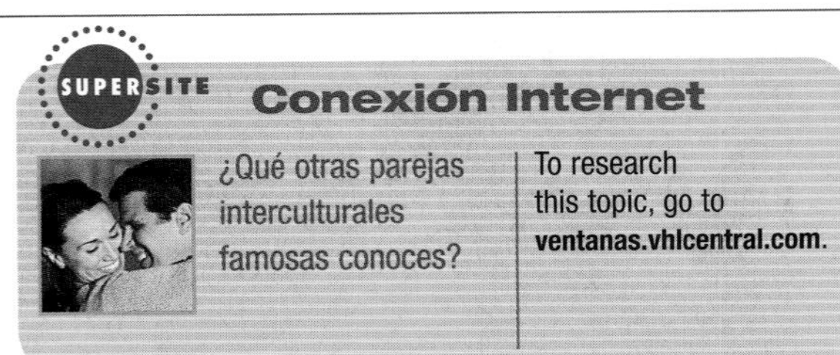

¿Qué otras parejas interculturales famosas conoces?

To research this topic, go to **ventanas.vhlcentral.com**.

no tardó *didn't take long* **chiste** *joke* **Vale** *OK* **citas rápidas** *speed dating*

Así lo decimos and **El mundo hispanohablante** Ask heritage speakers to expand the **Así lo decimos** list to include words and expressions that are commonly used in their culture or country of origin. Ask volunteers to describe dating traditions they have learned from their parents or grandparents.

¿Qué aprendiste?

1 ¿Cierto o falso? Indica si estas afirmaciones son **ciertas** o **falsas**. Corrige las falsas.

1. Al principio, las familias de Ana y Frank no confiaban en el éxito de la relación. Cierto.
2. El número de parejas interculturales está aumentando poco a poco. Falso. Está en marcado aumento.
3. Actualmente, la edad promedio al casarse es veinticinco para los hombres y veintisiete para las mujeres. Falso. La edad promedio al casarse es veintisiete para los hombres y veinticinco para las mujeres.
4. En el pasado, era común entre los jóvenes casarse con gente de otras culturas. Falso. En el pasado, los jóvenes solían casarse con personas de su comunidad.
5. Oportunidades como viajar, vivir solos, estudiar o vivir lejos de casa permiten que los jóvenes expandan su círculo y conozcan a gente de otras culturas. Cierto.
6. La exposición a otras culturas puede afectar nuestra forma de pensar sobre nuestra propia cultura. Cierto.
7. El número de parejas interraciales se triplicó entre 1970 y 1995. Falso. El número de parejas interraciales se cuadruplicó.
8. Ana aconseja prestar mucha atención a las diferencias en la pareja. Falso. Aconseja poner énfasis en lo que los une y no en lo que los separa.
9. Según Ana, es importante que tu familia y tus amigos aprendan acerca de la cultura de tu pareja. Cierto.
10. Ana recomienda no dejarse llevar por las opiniones de las personas prejuiciosas (*prejudiced*). Cierto.

2 Completar Completa las oraciones.

1. Willie Gordon sentía fascinación por las obras de Isabel Allende.
   a. cariño b. indiferencia c. fascinación
2. Allende se enojó por una broma que Gordon hizo sobre el casamiento.
   a. se sintió feliz b. se enojó c. se rió
3. Una relación puede terminar si una persona engaña a la otra.
   a. impresiona b. aprecia c. engaña
4. Actualmente, es popular para los latinos en los EE.UU. participar en citas rápidas.
   a. citas rápidas b. citas a ciegas c. citas en Internet

3 Preguntas Contesta las preguntas.

1. ¿Crees que el Día de San Valentín es importante para celebrar la amistad y el amor o es una excusa para gastar dinero?
2. ¿Es fácil conocer gente *online*? ¿Por qué?
3. ¿Cuáles son otros de los desafíos que enfrentan las parejas interculturales?
4. ¿Cuál es el más importante de los consejos que da Ana? ¿Por qué?

4 Opiniones En parejas, escriban cuatro beneficios y cuatro desafíos (*challenges*) de las relaciones interculturales. Traten de no repetir los del artículo.

PROYECTO

Buscar pareja en Internet

Imagina que decides buscar pareja por Internet. Siempre te interesó salir con alguien de otra cultura. Escribe tu perfil para un sitio de citas por Internet. En tus descripciones, usa el vocabulario de la sección **Contextos** y el vocabulario aprendido en esta sección. Tu perfil debe incluir como mínimo:

1. Una descripción de cómo eres.
2. Una descripción de lo que buscas.
3. Una explicación de por qué te interesa conocer a alguien de otra cultura.
4. Cualquier otra información que consideres importante.

③ Have students close their books. Give them an answer to the questions in the activity and have students come up with the appropriate question in Spanish.

Proyecto Have students use at least five new vocabulary words in their profiles.

BACILOS

El grupo **Bacilos** nace de la amistad de tres estudiantes universitarios latinoamericanos —**José Javier Freire** (puertorriqueño), **Jorge Villamizar** (colombiano) y **André Lopes** (brasileño)— que se conocieron cuando estudiaban en Miami. Motivados por la pasión y el entusiasmo por la música, decidieron formar una banda a principios de los noventa. Bacilos, que significa *bacterias*, originalmente se llamó Bacilos Búlgaros por un remedio casero de la abuela de Jorge. Las canciones de Bacilos fusionan rock y pop con reggae, rap y ritmos de toda Latinoamérica. Sus letras hablan de amor, inmigración, racismo, política y sociedad. La banda saltó a la fama con el álbum *Caraluna* y, en 2003, fue ganadora de un premio Grammy y dos Grammys Latinos por ese álbum y por la canción *Mi primer millón*.

Discografía

2004 Sinvergüenza **2003** Caraluna **2000** Bacilos

Canción

Éste es un fragmento de una canción de Bacilos.

Mi primer millón

por Jorge Villamizar y Sergio George

Yo solo quiero pegar° en la radio,
Para ganar mi primer millón,
Para comprarte una casa grande,
En donde quepa° tu corazón.

Éstas son otras bandas y solistas latinos que, al igual que Bacilos, iniciaron sus carreras artísticas en los Estados Unidos:

- Tito Puente (estadounidense) – salsa
- Carlos Santana (mexicano) – rock
- Selena (estadounidense) – música tejana
- **Julissa** (estadounidense) – pop latino
- Ozomatli (líder mexicano) – rock alternativo

 **Preguntas** En parejas, contesten las preguntas. Some answers will vary.

1. ¿Dónde se conocieron los integrantes de Bacilos? ¿De qué países provienen?
   Los integrantes de Bacilos se conocieron en Miami y provienen de Puerto Rico, Colombia y Brasil.
2. ¿Sobre qué temas tratan sus canciones?
   Sus canciones tratan sobre el amor, la inmigración, el racismo, etc.
3. ¿Cuál es el deseo de la persona que canta la canción *Mi primer millón*?
   El deseo es sonar en la radio y ganar mucho dinero.
4. ¿Qué otros músicos latinos conoces? ¿Te gusta su música?

pegar *to have a hit* **quepa** *fit*

INSTRUCTIONAL RESOURCES
Supersite/IRCD: Textbook Answer Key, SAM Answer Key
SAM/WebSAM: WB, LM

TALLER DE CONSULTA

MANUAL DE GRAMÁTICA
Más práctica
1.1 The present tense, p. 354
1.2 **Ser** and **estar**, p. 355
1.3 Progressive forms, p. 356
Más gramática
1.4 Nouns and articles, p. 357
1.5 Adjectives, p. 359

Point out that all active verbs from **VENTANAS** are listed in the appendix.

Review the difference between verb stems and verb endings.

¡ATENCIÓN!

Subject pronouns are normally omitted in Spanish. They are used to emphasize or clarify the subject.

¿Viven en California?

Sí, ella vive en Los Ángeles y él vive en San Francisco.

• • • •

Jugar changes its stem vowel from **u** to **ue**. As with other stem-changing verbs, the **nosotros/as** and **vosotros/as** forms do not change.

jugar

juego, juegas, juega, jugamos, jugáis, juegan

• • • •

Construir, destruir, incluir, and **influir** have a spelling change and add a **y** before the personal endings (except the **nosotros/as** and **vosotros/as** forms).

incluir

incluyo, incluyes, incluye, incluimos, incluís, incluyen

1.1 The present tense

NATIONAL comparisons STANDARDS

Regular *–ar*, *–er*, and *–ir* verbs

- The present tense (**el presente**) of regular verbs is formed by dropping the infinitive ending (**–ar, –er**, or **–ir**) and adding personal endings.

The present tense of regular verbs

	hablar *to speak*	**beber** *to drink*	**vivir** *to live*
yo	**hablo**	**bebo**	**vivo**
tú	**hablas**	**bebes**	**vives**
Ud./él/ella	**habla**	**bebe**	**vive**
nosotros/as	**hablamos**	**bebemos**	**vivimos**
vosotros/as	**habláis**	**bebéis**	**vivís**
Uds./ellos/ellas	**hablan**	**beben**	**viven**

- The present tense is used to express actions or situations that are going on at the present time and to express general truths.

¿Por qué **rompes** conmigo?
Why are you breaking up with me?

Porque no te **amo**.
Because I don't love you.

- The present tense is also used to express habitual actions or actions that will take place in the near future.

Mis padres me **escriben** con frecuencia.
My parents write to me often.

Mañana les **mando** una carta larga.
Tomorrow I'm sending them a long letter.

Stem-changing verbs

- Some verbs have stem changes in the present tense. In many –**ar** and –**er** verbs, **e** changes to **ie** and **o** changes to **ue**. In some –**ir** verbs, **e** changes to **i**. The **nosotros/as** and **vosotros/as** forms never have a stem change in the present tense.

Stem-changing verbs

e:ie	**o:ue**	**e:i**
pensar *to think*	**poder** *to be able to; can*	**pedir** *to ask for*
pienso	**puedo**	**pido**
piensas	**puedes**	**pides**
piensa	**puede**	**pide**
pensamos	**podemos**	**pedimos**
pensáis	**podéis**	**pedís**
piensan	**pueden**	**piden**

Irregular *yo* forms

- Many –**er** and –**ir** verbs have irregular **yo** forms in the present tense. Verbs ending in –**cer** or –**cir** change to –**zco** in the **yo** form; those ending in –**ger** or –**gir** change to –**jo**. Several verbs have irregular –**go** endings, and a few have individual irregularities.

Ending in -go

caer *to fall*	**yo caigo**
distinguir *to distinguish*	**yo distingo**
hacer *to do; to make*	**yo hago**
poner *to put; to place*	**yo pongo**
salir *to leave; to go out*	**yo salgo**
traer *to bring*	**yo traigo**
valer *to be worth*	**yo valgo**

Ending in -zco

conducir *to drive*	**yo conduzco**
conocer *to know*	**yo conozco**
crecer *to grow*	**yo crezco**
obedecer *to obey*	**yo obedezco**
parecer *to seem*	**yo parezco**
producir *to produce*	**yo produzco**
traducir *to translate*	**yo traduzco**

Ending in -jo

dirigir *to direct; to manage*	**yo dirijo**
escoger *to choose*	**yo escojo**
exigir *to demand*	**yo exijo**
proteger *to protect*	**yo protejo**

Other verbs

caber *to fit*	**yo quepo**
saber *to know*	**yo sé**
ver *to see*	**yo veo**

- Verbs with prefixes follow these same patterns.

aparecer *to appear*	**yo aparezco**	**oponer** *to oppose*	**yo opongo**
desaparecer *to disappear*	**yo desaparezco**	**proponer** *to propose*	**yo propongo**
reconocer *to recognize*	**yo reconozco**	**suponer** *to suppose*	**yo supongo**
deshacer *to undo*	**yo deshago**	**atraer** *to attract*	**yo atraigo**
rehacer *to re-make; to re-do*	**yo rehago**	**contraer** *to contract*	**yo contraigo**
componer *to make up*	**yo compongo**	**distraer** *to distract*	**yo distraigo**

Irregular verbs

- Other commonly used verbs in Spanish are irregular in the present tense or combine a stem change with an irregular **yo** form or other spelling change.

dar *to give*	**decir** *to say*	**estar** *to be*	**ir** *to go*	**oír** *to hear*	**ser** *to be*	**tener** *to have*	**venir** *to come*
doy	**digo**	**estoy**	**voy**	**oigo**	**soy**	**tengo**	**vengo**
das	**dices**	**estás**	**vas**	**oyes**	**eres**	**tienes**	**vienes**
da	**dice**	**está**	**va**	**oye**	**es**	**tiene**	**viene**
damos	**decimos**	**estamos**	**vamos**	**oímos**	**somos**	**tenemos**	**venimos**
dais	**decís**	**estáis**	**vais**	**oís**	**sois**	**tenéis**	**venís**
dan	**dicen**	**están**	**van**	**oyen**	**son**	**tienen**	**vienen**

¡ATENCIÓN!

Some verbs with irregular **yo** forms have stem changes as well.

conseguir (e:i) → **consigo** *to obtain*

corregir (e:i) → **corrijo** *to correct*

elegir (e:i) → **elijo** *to choose*

seguir (e:i) → **sigo** *to follow*

torcer (o:ue) → **tuerzo** *to twist*

Explain that verbs ending in –**ger** and –**gir** change to –**jo** in order to preserve the soft **g** sound of the infinitive. Likewise, **distinguir** drops the **u** in the **yo** form in order to maintain correct pronunciation.

Práctica

TALLER DE CONSULTA

MANUAL DE GRAMÁTICA
Más práctica
1.1 The present tense, p. 354

① Ask students to describe their own apartments, dorm rooms, or bedrooms.

① Point out that two verbs in the list will not be used.

② Model one or two sentences with the class.

② In pairs, have students check each other's work.

② Encourage students who finish early to write a sentence using each verb.

1 Un apartamento infernal Beto tiene quejas (*complaints*) de su apartamento. Completa la descripción de su apartamento. Puedes usar los verbos más de una vez.

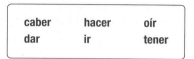

caber	hacer	oír
dar	ir	tener

Mi apartamento está en el quinto piso. El edificio no (1) ___tiene___ ascensor y para llegar al apartamento, (2) ___tengo___ que subir por la escalera. El apartamento es tan pequeño que mis cosas no (3) ___caben___. Las paredes (*walls*) son muy delgadas. A todas horas (4) ___oigo___ la radio o la televisión de algún vecino. El apartamento sólo (5) ___tiene___ una ventana pequeña y, por eso, siempre está oscuro. ¡(6) ___Voy___ a buscar otro apartamento!

2 ¿Qué hacen los amigos? Escribe cinco oraciones usando los sujetos y los verbos de las columnas.

Sujetos	Verbos	
yo	apreciar	exigir
tú	compartir	hacer
un(a) buen(a) amigo/a	creer	pedir
nosotros/as	defender	prestar
los malos amigos	discutir	recordar

1. ______
2. ______
3. ______
4. ______
5. ______

3 La verdad En parejas, túrnense (*take turns*) para hacerse las preguntas.

MODELO **Marcelo: llegar temprano a la oficina / dormir hasta las nueve**
—¿Marcelo llega temprano a la oficina?
—¡Qué va! (*Are you kidding?*) Marcelo duerme hasta las nueve.

1. Ana: jugar al tenis con Daniel / preferir pasar la tarde charlando con Sergio
2. Felipe: salir a bailar todas las noches / tener clase de química a las ocho de la mañana
3. Jorge y Begoña: ir a la playa / querer viajar a Arizona
4. Dolores y Tony: comer muchas hamburguesas / ser vegetarianos
5. Fermín: estar harto de Julia / pensar proponerle matrimonio

Comunicación

4 **¿Qué sabes de tus compañeros?** En parejas, háganse preguntas basadas en las opciones y contesten con una explicación.

MODELO **soñar con / hacer algo especial este mes**
—¿Sueñas con hacer algo especial este mes?
—Sí, sueño con ir al concierto de Don Omar.

1. pensar / realizar este año algún proyecto
2. decir / mentiras
3. acordarse / del primer beso
4. conducir / cuando / estar muy cansado/a
5. reír / mucho con tu familia
6. dar / consejos (*advice*) sobre asuntos que / no conocer bien
7. venir / a clase tarde con frecuencia
8. escoger / el regalo perfecto para el cumpleaños de tu novio/a
9. corregir / los errores en las composiciones de los compañeros
10. traer / un diccionario a la clase de español

(4) Encourage students to add at least one topic to the list. Ask them to share their partner's statements with the class.

5 **Discusión matrimonial** Trabajen en parejas para representar una discusión matrimonial. Preparen la discusión con las frases de la lista.

no acordarse de los cumpleaños	querer discutir todos los días
ya no sentir lo mismo de antes	contar mentiras siempre
preferir estar con los amigos	dormir en el sofá

(5) Ask volunteers to perform their role-plays for the class.

6 **¿Cómo son tus amigos?**

A. Escribe una descripción de un(a) buen(a) amigo/a tuyo/a. ¿Cómo es? ¿Está de acuerdo contigo en todo? ¿Siempre se ríe de los chistes que le cuentas? ¿Se divierten ustedes cuando están juntos/as? ¿Siempre sigue tus consejos? ¿Te miente a veces? ¿Te pide dinero? ¿Ustedes se quieren?

B. Ahora, comparte tu descripción con tres compañeros/as. Juntos/as, escriban una lista de cinco cosas que los buenos amigos hacen con frecuencia y cinco cosas que no hacen casi nunca. ¿Coincidieron los grupos en las acciones que eligieron?

(6) Part B: Ask each group to share its list with the class. Write their answers on the board and discuss.

INSTRUCTIONAL RESOURCES
Supersite/IRCD: Textbook Answer Key, SAM Answer Key
SAM/WebSAM: WB, LM

1.2 *Ser* and *estar*

¡ATENCIÓN!

Ser and **estar** both mean *to be*, but they are not interchangeable. **Ser** is used to express the idea of permanence, such as inherent or unchanging qualities and characteristics. **Estar** is used to express temporality, including qualities or conditions that change with time.

Ask if students remember the different uses of **ser** and **estar** before presenting the grammar explanation.

Have volunteers offer sentences using the two verbs, or ask questions that prompt the use of **ser** and **estar** in their responses. Use the students' examples to help them deduce the general uses of each verb.

Uses of *ser*

Nationality and place of origin	Mis padres **son** argentinos, pero yo **soy** de Florida.
Profession or occupation	El señor López **es** periodista.
Characteristics of people, animals, and things	El clima de Miami **es** caluroso.
Generalizations	Las relaciones personales **son** complejas.
Possession	La guitarra **es** del tío Guillermo.
Material of composition	El suéter **es** de pura lana.
Time, date, or season	**Son** las doce de la mañana.
Where or when an event takes place	La fiesta **es** en el apartamento de Carlos; **es** el sábado a las nueve de la noche.

Uses of *estar*

Location or spatial relationships	La clínica **está** en la próxima calle.
Health	Hoy **estoy** enfermo. ¿Cómo **estás** tú?
Physical states and conditions	Todas las ventanas **están** limpias.
Emotional states	¿Marisa **está** contenta con Javier?
Certain weather expressions	¿**Está** nublado o **está** despejado hoy en Toronto?
Ongoing actions (progressive tenses)	Paula **está** escribiendo invitaciones para su boda.
Results of actions (past participles)	La tienda **está** cerrada.

Ser and *estar* with adjectives

- **Ser** is used with adjectives to describe inherent, expected qualities. **Estar** is used to describe temporary or variable qualities, or a change in appearance or condition.

¿Cómo **son** tus padres?
What are your parents like?

La casa **es** muy pequeña.
The house is very small.

¿Cómo **estás**, Miguel?
How are you, Miguel?

¡**Están** tan enojados!
They're so angry!

- With most descriptive adjectives, either **ser** or **estar** can be used, but the meaning of each statement is different.

Julio **es alto**.
Julio is tall. (that is, a tall person)

Dolores **es alegre**.
Dolores is cheerful. (that is, a cheerful person)

Juan Carlos **es** un hombre **guapo**.
Juan Carlos is a handsome man.

¡Ay, qué **alta estás**, Adriana!
How tall you're getting, Adriana!

¡Uf! El jefe **está alegre** hoy. ¿Qué le pasa?
Wow! The boss is cheerful today. What's up?

¡Manuel, **estás** tan **guapo**!
Manuel, you look so handsome!

- Some adjectives have two different meanings depending on whether they are used with **ser** or **estar**.

ser + [*adjective*]	**estar + [*adjective*]**
Sarah **es aburrida**. *Sarah is **boring**.*	Hoy Sarah **está aburrida.** *Today Sarah is **bored**.*
Ese chico **es listo**. *That boy is **smart**.*	La cena **está lista.** *Dinner is **ready**.*
No **soy rico**, pero vivo bien. *I'm not **rich**, but I live well.*	¡El pan **está** tan **rico**! *The bread is **delicious**!*
La actriz **es mala**. *The actress is **bad**.*	La actriz **está mala**. *The actress is **ill**.*
El coche **es seguro**. *The car is **safe**.*	Juan no **está seguro** de la noticia. *Juan isn't **sure** of the news.*
Los aguacates **son verdes**. *Avocados are **green**.*	Esta banana **está verde**. *This banana is **not ripe**.*
Javier **es** muy **vivo**. *Javier is very **sharp**.*	¿Todavía **está vivo** el autor? *Is the author still **living**?*
Pedro **es** un hombre **libre**. *Pedro is a **free** man.*	Esta noche no **estoy** libre. ¡Lo siento! *Tonight I am not **available**. Sorry!*

TALLER DE CONSULTA

Remember that adjectives must agree in gender and number with the person(s) or thing(s) that they modify. See the **Manual de gramática, 1.4**, p. 357 and **1.5**, p. 359.

¡ATENCIÓN!

Estar, not **ser**, is used with **muerto/a**.

Bécquer, el autor de las *Rimas*, está muerto.

Bécquer, the author of Rimas, *is dead.*

To help students remember the different meanings of these adjectives, remind them that when used with **ser** they describe inherent qualities, while the meanings associated with **estar** describe temporary or variable qualities. Point out that **muerto/a** is an exception to this general rule.

Práctica

TALLER DE CONSULTA

MANUAL DE GRAMÁTICA
Más práctica
1.2 **Ser** and **estar**, p. 355

① Go over student answers as a class to check comprehension. Ask students to explain why **ser** or **estar** is used in each case.

② As a follow-up, have students write a different story about Emilio and Jimena using **ser** and **estar**.

1 La boda de Emilio y Jimena Completa cada oración con la terminación más lógica.

c/f 1. La boda es
c 2. La iglesia está
h 3. El cielo está
e 4. La madre de Emilio está
b 5. El padre de Jimena está
d 6. Todos los invitados están
a 7. El mariachi que toca en la boda es
g 8. En mi opinión, las bodas son

a. de San Antonio, Texas.
b. deprimido por los gastos.
c. en la calle Zarzamora.
d. esperando que entren la novia (*bride*) y su padre.
e. contenta con la novia.
f. a las tres de la tarde.
g. muy divertidas.
h. totalmente despejado.

2 La luna de miel Completa el párrafo en el que se describe la luna de miel (*honeymoon*) que van a pasar Jimena y Emilio. Usa formas de **ser** y **estar**.

Emilio y Jimena van a pasar su luna de miel en Miami, Florida. Miami (1) ___es___ una ciudad preciosa. (2) ___Está___ en la costa este de Florida y tiene playas muy bonitas. El clima (3) ___es___ tropical. Jimena y Emilio (4) ___están___ interesados en visitar la Pequeña Habana. Jimena (5) ___es___ fanática de la música cubana. Y Emilio (6) ___está___ muy entusiasmado por conocer el parque Máximo Gómez donde las personas van a jugar dominó. Los dos (7) ___son___ aficionados a la comida caribeña. Quieren ir a todos los restaurantes que (8) ___están___ en la Calle Ocho. Cada día van a probar un plato diferente. Algunos de los platos que piensan probar (9) ___son___ el congrí, los tostones y el bistec palomilla. Después de pasar una semana en Miami, la pareja va a (10) ___estar___ cansada pero muy contenta.

Comunicación

3 Ellos y ellas

A. En parejas, miren las fotos de cuatro personalidades latinas y lean las descripciones.

La actriz **Salma Hayek** nació en Coatzacoalcos, México, y actualmente vive en Los Ángeles. Sus abuelos paternos son libaneses y su mamá es mexicana. Sus más recientes películas incluyen *Al caer la noche* (*After the Sunset*), *Bandidas* y *Pregúntale al polvo* (*Ask the Dust*).

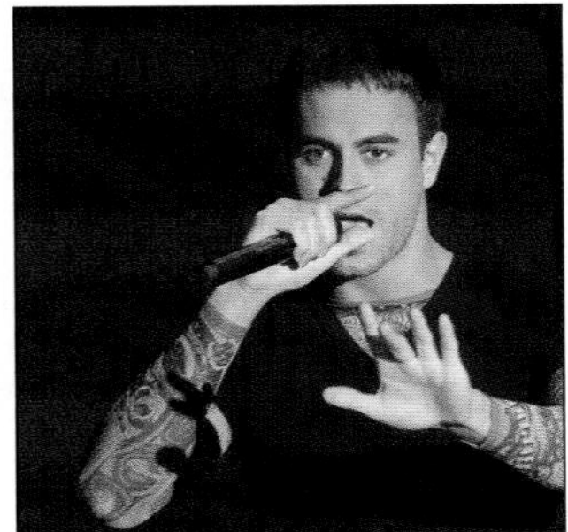

Enrique Iglesias nació en Madrid pero se crió en Miami. Aunque quería ser cantante desde los 16 años, nunca le confió su ambición a su padre, el cantante Julio Iglesias. Su primer disco tuvo un gran éxito, y ha ganado varios premios por sus siete álbumes, en los cuales canta tanto en inglés como en español.

El beisbolista dominicano **Manny Ramírez** debutó en las Grandes Ligas de Béisbol en 1993 con los Indians de Cleveland, y desde 2001 juega para los Red Sox en Boston. Fue nombrado el "Jugador Más Valioso" de la Serie Mundial al conseguir el título ante los Cardinals de St. Louis.

Jennifer López es una actriz y cantante de origen puertorriqueño. Desempeñó el papel principal en la película musical *Selena* (1997), y con *Monster-in-law* (2004) se convirtió en la actriz latina mejor pagada. Además de ser talentosa, tiene fama de ser ambiciosa y competitiva.

B. Ahora, preparen una entrevista con una de estas personalidades. Escriban diez preguntas usando los verbos ser y estar al menos cinco veces. Para la entrevista, pueden usar información que no está en las descripciones. Después de contestar las preguntas, presenten la entrevista a la clase, uno/a tiene el papel de la personalidad y el/la otro/a es el/la entrevistador(a).

3 Part A: To check comprehension, ask questions about each celebrity using **ser** and **estar**. Ex: **¿De dónde es Jennifer López?**

3 Part B: Model the activity using a different Spanish-speaking artist such as Benicio Del Toro or Penélope Cruz. Move from left to right as you assume the two roles for the interview.

INSTRUCTIONAL RESOURCES
Supersite/IRCD: Textbook Answer Key, SAM Answer Key
SAM/WebSAM: WB, LM

1.3 Progressive forms

The present progressive

- The present progressive (**el presente progresivo**) narrates an action in progress. It is formed with the present tense of **estar** and the present participle (**el gerundio**) of the main verb.

Éric **está sacando** una foto.	Aguayo **está bebiendo** café.	Fabiola **está escribiendo** el artículo.
Éric is taking a photo.	*Aguayo is drinking coffee.*	*Fabiola is writing the article.*

Remind students that the present participle in English is [*verb*] + *-ing*.

¡Te estoy hablando de Mariela! ¿Qué te pareció?

Creo que es bella, talentosa e inteligente. Más allá de eso, no me impresiona para nada.

- The present participle of regular **–ar, –er,** and **–ir** verbs is formed as follows:

INFINITIVE	STEM	ENDING	PRESENT PARTICIPLE
bailar	bail–	–ando	bailando
comer	com–	–iendo	comiendo
aplaudir	aplaud–	–iendo	aplaudiendo

- Stem-changing verbs that end in **–ir** also change their stem vowel when they form the present participle.

***-ir* stem-changing verbs**

Infinitive	Present Participle
decir	diciendo
dormir	durmiendo
mentir	mintiendo
morir	muriendo
pedir	pidiendo
sentir	sintiendo
sugerir	sugiriendo

¡ATENCIÓN!

When progressive forms are used with reflexive verbs or object pronouns, the pronouns may either be attached to the present participle (in which case an accent mark is added to maintain the proper stress) or placed before the conjugated verb. See **2.1 Object pronouns,** pp. 44–45, and **2.3 Reflexive verbs,** pp. 52–53, for more information.

Se están enamorando.
Están enamorándose.
They are falling in love.

Te estoy hablando.
Estoy hablándote.
I am talking to you.

• • • •

Note that the present participle of **ser** is **siendo**.

- **Ir, poder, reír,** and **sonreír** have irregular present participles (**yendo, pudiendo, riendo, sonriendo**). **Ir** and **poder** are seldom used in the present progressive.

Marisa está **sonriendo** todo el tiempo.	Maribel no está **yendo** a clase últimamente.
Marisa is smiling all the time.	*Maribel isn't going to class lately.*

- When the stem of an **–er** or **–ir** verb ends in a vowel, the **–i–** of the present participle ending changes to **–y–**.

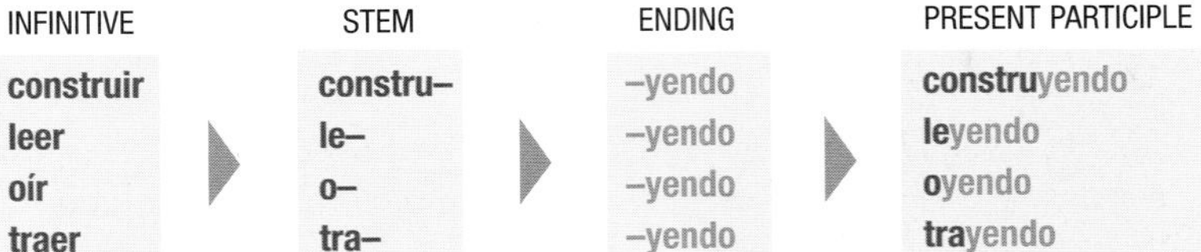

INFINITIVE	STEM	ENDING	PRESENT PARTICIPLE
construir	**constru–**	–yendo	**constru**yendo
leer	**le–**	–yendo	**le**yendo
oír	**o–**	–yendo	**o**yendo
traer	**tra–**	–yendo	**tra**yendo

- Progressive forms are used less frequently in Spanish than in English, and only when emphasizing that an action is *in progress* at the moment described. To refer to actions that occur over a period of time or in the near future, Spanish uses the present tense instead.

PRESENT TENSE	PRESENT PROGRESSIVE
Lourdes **estudia** economía en la UNAM. *Lourdes is studying economics at UNAM.*	Ahora mismo, Lourdes **está tomando** un examen. *Right now, Lourdes is taking an exam.*
¿**Vienes** con nosotros al Café Pamplona? *Are you coming with us to Café Pamplona?*	No, no puedo. Ya **estoy cocinando**. *No, I can't go. I'm already cooking.*

¡ATENCIÓN!

Other tenses may have progressive forms as well. These tenses emphasize that an action was/will be in progress.

PAST (pp. 74–85)
Estaba marcando su número justo cuando él me llamó.
I was dialing his number right when he called me.

FUTURE (pp. 166–169)
No vengas a las cuatro, todavía estaremos trabajando.
Don't come at four o'clock; we will still be working.

Other verbs with the present participle

- Spanish expresses various shades of progressive action by using verbs such as **seguir, ir, venir**, and **andar** with the present participle.

- **Seguir** with the present participle expresses the idea of *to keep doing something.*

Emilio **sigue hablando**.
Emilio keeps on talking.

Mercedes **sigue quejándose**.
Mercedes keeps complaining.

- **Ir** with the present participle indicates a gradual or repeated process. It often conveys the English idea of *more and more.*

Cada día que pasa **voy disfrutando** más de esta clase.
I'm enjoying this class more and more every day.

Ana y Juan **van acostumbrándose** al horario de clase.
Ana and Juan are getting more and more used to the class schedule.

Write **seguir**, **ir**, **venir**, and **andar** on the board. Ask students to identify the two verbs with first-person changes (**seguir, venir**), the irregular verb (**ir**), and the regular verb (**andar**).

- **Venir** with the present participle indicates a gradual action that accumulates or increases over time.

Hace años que **viene diciendo** cuánto le gusta el béisbol.
He's been saying how much he likes baseball for years.

Vengo insistiendo en lo mismo desde el principio.
I have been insisting on the same thing from the beginning.

- **Andar** with the present participle conveys the idea of *going around doing something* or of *always doing something.*

José siempre **anda quejándose** de eso.
José is always complaining about that.

Román **anda diciendo** mentiras.
Román is going around telling lies.

SUPERSITE

Práctica

TALLER DE CONSULTA

MANUAL DE GRAMÁTICA
Más práctica
1.3 Progressive forms, p. 356

① Model the activity by having a volunteer complete the first sentence.

1 **Una conversación telefónica** Daniel es nuevo en la ciudad y no sabe cómo llegar al estadio de fútbol. Decide llamar a su ex novia Alicia para que le explique cómo encontrarlo. Completa la conversación con la forma correcta del gerundio (*present participle*).

ALICIA ¿Aló?

DANIEL Hola Alicia, soy Daniel; estoy buscando el estadio de fútbol y necesito que me ayudes... Llevo (1) __caminando__ (caminar) más de media hora por el centro y sigo perdido.

ALICIA ¿Dónde estás?

DANIEL No estoy muy seguro, no encuentro el nombre de la calle. Pero estoy (2) __viendo__ (ver) un centro comercial a mi izquierda y más allá parece que están (3) __construyendo__ (construir) un estadio de fútbol. (4) __Hablando__ (hablar) de fútbol, ¿dónde tengo mis boletos? ¡He perdido mis entradas!

ALICIA Madre mía, ¡sigues (5) __siendo__ (ser) un desastre! Algún día te va a pasar algo serio.

DANIEL ¡Siempre andas (6) __pensando__ (pensar) lo peor!

ALICIA ¡Y tú siempre estás (7) __olvidándote__ (olvidarse) de todo!

DANIEL ¡Ya estamos (8) __discutiendo__ (discutir) otra vez!

② Use the present progressive to ask open-ended questions about the pictures. Ex: **¿Con quién se está casando el Sr. Soto?**

2 **Organizar un festival** El señor Ramírez es un director de espectáculos y ahora quiere organizar un festival, pero todos los artistas que quiere contratar están ocupados. Su asistente le cuenta lo que están haciendo. En parejas, dramaticen la situación utilizando el presente progresivo.

MODELO **Elga Navarro / descansar**

—¿Qué está haciendo Elga Navarro?
—Elga Navarro está descansando en una clínica.

1. Juliana Paredes / bailar

2. Emilio Soto / casarse

3. Aurora Gris / recibir un premio

4. Héctor Rojas / jugar a las cartas

Comunicación

3 Una cita En parejas, representen una conversación en la que Alexa y Guille intentan buscar una hora del día para reunirse.

MODELO

ALEXA ¿Nos vemos a las diez de la mañana para estudiar?
GUILLE No puedo, voy a estar durmiendo. ¿Qué te parece a las 12?

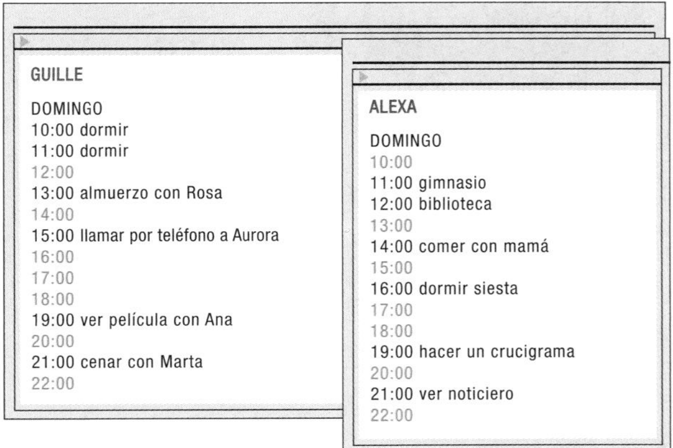

GUILLE

DOMINGO
10:00 dormir
11:00 dormir
12:00
13:00 almuerzo con Rosa
14:00
15:00 llamar por teléfono a Aurora
16:00
17:00
18:00
19:00 ver película con Ana
20:00
21:00 cenar con Marta
22:00

ALEXA

DOMINGO
10:00
11:00 gimnasio
12:00 biblioteca
13:00
14:00 comer con mamá
15:00
16:00 dormir siesta
17:00
18:00
19:00 hacer un crucigrama
20:00
21:00 ver noticiero
22:00

(3) If students finish early, have them write down their own schedules for the next two days and repeat the activity with their partners.

4 Síntesis En parejas, elijan una situación de la lista y dramaticen una conversación entre el doctor Felipe y su paciente durante una sesión de hipnosis. Utilicen verbos en el presente y el presente progresivo. Sean creativos.

MODELO

DR. FELIPE Estás volviendo al momento de conocer a tu primer amor. ¿Qué están haciendo?
PACIENTE Estoy caminando por la calle… una mujer preciosa me está saludando…
DR. FELIPE Muy bien, muy bien. ¿Y qué estás pensando? ¿Cómo te sientes?
PACIENTE Estoy pensando que esto es el amor a primera vista. Me siento… ¡Ay, no! Me estoy cayendo en medio de la calle, ¡enfrente de ella!

tu primer amor	**el nacimiento de un(a) hermano/a**
un viaje importante	**el mejor/peor momento de tu vida**

(4) For each situation listed, call on one or two pairs to perform their role-plays for the class.

For additional cumulative practice of all the grammar points in this lesson, go to **ventanas.vhlcentral.com**.

Atando cabos

Preview Ask students to define the concept of **citas rápidas**. Discuss why people might attend a speed dating function and whether it is possible to learn enough about a person in a few minutes to know if you want to go out with that person.

Paso 1 Elicit from students additional questions they want to ask.

Paso 3 Ask students if the opinion they held when discussing speed dating before the activity has changed since experiencing it.

Teaching option
As a follow-up activity, have students answer these discussion questions in small groups.

1. **¿Qué buscan cuando conocen personas nuevas? ¿Les importa más que la personalidad sea compatible o que tengan pasatiempos similares?**
2. **¿Qué consejos le darían a un(a) estudiante a quien le resulta difícil conocer gente nueva?**

¡A conversar!

Citas rápidas Usa la técnica de las "citas rápidas" (*speed dating*) para conocer a tus compañeros/as de clase y hacer nuevos/as amigos/as.

Cómo funcionan las "citas rápidas"

- Reúnete con un(a) compañero/a y conversa durante tres minutos.
- Toma notas de lo que dice.
- Cuando se termine el tiempo, repite la actividad con otros/as compañeros/as.

Paso 1 Antes de comenzar la actividad, lee este cuestionario y escribe otras preguntas que te gustaría hacer.

	Nombre	Nombre	Nombre
1. ¿De dónde eres?			
2. ¿Cómo eres?			
3. ¿Qué cualidades buscas en un(a) amigo/a?			
4. ¿Cuál es tu clase favorita?			
5. ¿Perteneces a algún club, asociación o equipo? ¿Cuál(es)?			
6. ¿Qué haces en tu tiempo libre?			
7. ¿?			
8. ¿?			

Paso 2 Realiza las citas rápidas. Tu instructor(a) tomará el tiempo y te indicará cuándo debes cambiar de pareja.

Paso 3 Comparte los resultados de tus entrevistas con la clase. Explica qué aprendiste de tus compañeros/as, qué te sorprendió, con quién(es) tienes cosas en común y por qué.

¡A escribir!

Una carta informal Lee la carta que Alonso envió a la sección de consejos sentimentales de *Facetas* y responde su carta expresando tu opinión y dándole consejos.

Querido consejero sentimental:

Me llamo Alonso. Tengo 23 años y soy de Colombia. Vine a Boston para estudiar en la universidad. Allí conocí a mi novia Kristen, quien tomaba clases de español. Todo iba muy bien mientras estábamos en la universidad: teníamos amigos estadounidenses y latinoamericanos, a mí me interesaba mucho aprender sobre su país y a ella sobre el mío.

El problema comenzó después de la universidad. Cuando salimos con los compañeros de trabajo de Kristen, siento que a nadie le interesa charlar conmigo, y a mí tampoco me interesa hablar con ellos de béisbol y esas cosas. Cuando vamos a visitar a la familia de Kristen en Chicago y decido cocinar, siempre miran con desconfianza los platos tradicionales que preparo. Además, Kristen está muy ocupada con su trabajo para seguir estudiando español. Cuando quiere practicar comete unos errores horribles y entonces yo prefiero hablar inglés con ella. Discutimos mucho por todas estas cosas. A veces pienso que sería más fácil estar con alguien de mi cultura… pero quiero mucho a Kristen. ¿Qué puedo hacer para que mi relación funcione?

Espero su respuesta lo más pronto posible.

Alonso

Preparación Contesta estas preguntas para ayudarte a ordenar tus ideas.

1. ¿Cuál crees que es la razón por la que la relación de Alonso con su novia no funciona?
2. ¿Qué debe mejorar o cambiar Alonso?
3. ¿Qué debe mejorar o cambiar Kristen?
4. ¿Cómo crees tú que ellos deben enfrentar los desafíos de las diferencias culturales?

Escritura Escribe una carta que incluya un encabezamiento (*heading*), las respuestas a las preguntas de **Preparación**, cualquier otra información que quieras agregar, un saludo y tu firma.

Expresar tu opinión

Estas frases pueden ayudarte a presentar tu opinión:

- En mi opinión,…
- Me parece que…
- Creo que…
- Pienso que…

Opiniones Después de escribir la carta, compártela con dos o tres compañeros/as para comparar las ideas. ¿Tienen todos la misma opinión? ¿Están de acuerdo en los aspectos que Alonso y su novia deben mejorar o cambiar? ¿Qué sugerencias propone cada uno de ustedes para enfrentar los desafíos culturales?

Preview Before reading the letter, have the class brainstorm problems that couples might have due to cultural differences. If needed, suggest possibilities, such as involvement of family in one's life; lack of familiarity with cultural references such as TV shows or political events that are important to the other person, etc.

Teaching option As a pre-reading activity, have students read the letter to the end of the first sentence in the second paragraph. Ask them to predict what problems Alonso might mention. Then have students read the letter to confirm or reject their predictions.

Preparación To help students organize their thoughts before writing, tell them to make two lists in answer to questions 2 and 3.

Escritura Have students exchange a first draft of the letter with a classmate and peer edit the partner's letter. Tell them to focus on whether their partner answered the **Preparación** questions clearly and gave at least two helpful suggestions. Then, instruct students to revise and hand in their letters.

The cartoons by Maitena published in *Para Ti* were compiled into a series titled *Mujeres alteradas 1*, *2*, *3*, *4*, and *5*. Encourage students to visit Maitena's website to view more samples of her work.

Antes de leer

Maitena Burundarena nació en Buenos Aires en 1962. A principios de los noventa, sus tiras cómicas comenzaron a aparecer en la revista femenina más popular de Argentina, ***Para Ti***. Actualmente, su trabajo se publica en los principales periódicos y revistas de muchos países. En esta tira cómica Maitena dibuja, escribe y opina —con la mirada crítica que la caracteriza— sobre la amistad entre mujeres.

Conexión personal En tu opinión, ¿qué cualidades debe tener un(a) buen(a) amigo/a? ¿Qué actitudes de ellos te molestan? ¿Cuáles te hacen sentir bien?

Vocabulario

el afecto *affection*
la bronca *anger; rage*
la madrina *godmother*
pasarlo bomba *to have a great time, a blast*
la risa *laughter*
Te juro que... *I swear that...*

1. Completa este párrafo sobre Maitena.

Todos los días, millones de personas se despiertan con las tiras cómicas de Maitena, quien provoca la (1) __risa__ de las mujeres que saben reírse de sí mismas. Los personajes de esta dibujante —la madre, la mejor amiga, la típica (2) __madrina__ — son ante todo reales, ya que muestran sentimientos universales como el (3) __afecto__ y la (4) __bronca__ frente a hechos cotidianos.

Teaching option For expansion, have students use each of the **Vocabulario** words in the box in a sentence and then compare the sentences with those of a partner.

Una amiga: alguna cosa

Preview As a pre-reading activity, have students look at the words at the top of each frame of the comic strip and ask: **¿Qué expresan o representan estas palabras? (los sentimientos o situaciones entre amigos)**

Teaching option Explain to students that **vos** is often used in Argentina and in other parts of South and Central America instead of the **tú** forms. Give examples of present indicative and imperative forms (**hablás, tenés, escribís; hablá, tené, escribí**) and ask students to identify the **vos** forms in the cartoon.

más que carne y uña°

carne y uña *to be inseparable* **tarada** *silly*

① Have students expand the list of emotions or feelings related to friendship. They can then refer to the list when doing Activity 5.

④ Expand the discussion: **¿Tienes un mejor amigo o una mejor amiga? ¿Es posible tener más de un mejor amigo? Define lo que significa ser un(a) mejor amigo/a.**

⑤ For slower-paced classes, have the class brainstorm ideas about male friendship before group work. Write ideas on the board in two columns: **positivo/negativo**.

Después de leer

1. Prepara dos listas con los aspectos positivos y negativos que se mencionan en la tira cómica sobre la amistad. Después, comparte tus respuestas con la clase y, entre todos, comparen los resultados. Some answers may vary.

Positivo	Negativo
compañía oreja complicidad emoción solidaridad contención risa afecto	celos bronca odio envidia

2. En parejas, piensen por qué Maitena dice que una amiga es "alguna cosa más que carne y uña". Luego, escriban otros dos posibles títulos para esta tira y compártanlos con la clase. Entre todos, elijan el título más original.

3. Selecciona una viñeta (*vignette*) de la tira cómica que te recuerde algo que te haya pasado. Relata la anécdota a un(a) compañero/a.

4. En grupos de cuatro, respondan a estas preguntas.
   1. ¿En qué lugares es más fácil hacer amigos? ¿Por qué?
   2. ¿Creen en la amistad entre personas del sexo opuesto? ¿Por qué?
   3. ¿Es mejor tener muchos amigos o algunos pocos buenos amigos? ¿Por qué?
   4. Según Maitena, sus chistes hablan de "conductas universales". ¿Están de acuerdo? ¿Es similar o diferente el concepto de amistad en otras culturas? ¿Por qué?

5. En grupos pequeños, imaginen lo que Maitena escribiría sobre los hombres. ¿Sobre qué aspectos positivos hablaría? ¿Qué criticaría? Diseñen una tira cómica que ilustre la amistad entre hombres. Incluyan seis viñetas como mínimo. Luego, represéntenla frente a la clase.

1 VOCABULARIO

La personalidad

autoritario/a	*strict; authoritarian*
cariñoso/a	*affectionate*
cuidadoso/a	*careful*
falso/a	*insincere*
gracioso/a	*funny; pleasant*
inseguro/a	*insecure*
(in)maduro/a	*(im)mature*
mentiroso/a	*lying*
orgulloso/a	*proud*
permisivo/a	*permissive; easy-going*
seguro/a	*sure; confident*
sensato/a	*sensible*
sensible	*sensitive*
tacaño/a	*cheap; stingy*
tímido/a	*shy*
tradicional	*traditional*

Los estados emocionales

agobiado/a	*overwhelmed*
ansioso/a	*anxious*
deprimido/a	*depressed*
disgustado/a	*upset*
emocionado/a	*excited*
preocupado/a (por)	*worried (about)*
solo/a	*alone; lonely*
tranquilo/a	*calm*

Los sentimientos

adorar	*to adore*
apreciar	*to appreciate*
enamorarse (de)	*to fall in love (with)*
estar harto/a (de)	*to be fed up (with); to be sick (of)*
odiar	*to hate*
sentirse (e:ie)	*to feel*
soñar (o:ue) (con)	*to dream (about)*
tener celos (de)	*to be jealous (of)*
tener vergüenza (de)	*to be ashamed/ embarrassed (of)*

INSTRUCTIONAL RESOURCES
Supersite/IRCD: Testing program

Las relaciones personales

el/la amado/a	*loved one; sweetheart*
el ánimo	*spirit*
el cariño	*affection*
la cita (a ciegas)	*(blind) date*
el compromiso	*commitment; responsibility*
la confianza	*trust; confidence*
el desánimo	*the state of being discouraged*
el divorcio	*divorce*
la pareja	*couple; partner*
el sentimiento	*feeling; emotion*

atraer	*to attract*
coquetear	*to flirt*
cuidar	*to take care of*
dejar a alguien	*to leave someone*
discutir	*to argue*
educar	*to raise; to bring up*
hacerle caso a alguien	*to pay attention to someone*
impresionar	*to impress*
llevar... años de (casados)	*to be (married) for... years*
llevarse bien/mal/ fatal	*to get along well/ badly/terribly*
mantenerse en contacto	*to keep in touch*
pasarlo bien/mal/ fatal	*to have a good/bad/ terrible time*
proponer matrimonio	*to propose (marriage)*
romper (con)	*to break up (with)*
salir (con)	*to go out (with)*
soportar a alguien	*to put up with someone*

casado/a	*married*
divorciado/a	*divorced*
separado/a	*separated*
soltero/a	*single*
viudo/a	*widowed*

Más vocabulario

Expresiones útiles	*Ver p. 7*
Estructura	*Ver pp. 14–15, 18–19 y 22–23*

Las diversiones

2

Communicative Goals

You will expand your ability to...

- avoid redundancy
- express personal likes and dislikes
- describe your daily routine and activities

Preview Ask students about their extracurricular activities: **¿Qué les gusta hacer en su tiempo libre? ¿Salen entre semana o sólo los fines de semana? ¿Con quiénes salen?** Review names of sports in Spanish: **el béisbol, el tenis,** etc.

INSTRUCTIONAL RESOURCES
Supersite/IRCD: Audioscripts, Textbook Answer Key, SAM Answer Key
SAM/WebSAM: WB, LM

Las diversiones

La música y el teatro

Hoy Ana dio su primer **concierto** como **cantante** solista. Después de la **función**, sus amigos la **aplaudieron** y le regalaron flores.

el álbum *album*
el asiento *seat*
el/la cantante *singer*
el concierto *concert*
el conjunto/grupo musical *musical group; band*
el escenario *scenery; stage*
el espectáculo *show*
el estreno *premiere; debut*
la función *performance (theater; movie)*
el/la músico/a *musician*
la obra de teatro *play*
la taquilla *box office*

---

aplaudir *to applaud*
conseguir (e:i) boletos/entradas *to get tickets*
hacer cola *to wait in line*
poner un disco compacto *to play a CD*

Los lugares de recreo

el cine *movie theater; cinema*
el circo *circus*
la discoteca *discothèque; dance club*

la feria *fair*
el festival *festival*
el parque de atracciones *amusement park*
el zoológico *zoo*

Los deportes

el/la árbitro/a *referee*
el campeón/la campeona *champion*
el campeonato *championship*
el club deportivo *sports club*
el/la deportista *athlete*
el empate *tie (game)*
el/la entrenador(a) *coach; trainer*
el equipo *team*
el/la espectador(a) *spectator*
el torneo *tournament*

---

anotar/marcar (un gol/un punto) *to score (a goal/a point)*
desafiar *to challenge*
empatar *to tie (a game)*
ganar/perder (e:ie) un partido *to win/lose a game*
vencer *to defeat*

Variación léxica
hacer cola ⟷ hacer fila
la televisión ⟷ la tele
el parque de atracciones ⟷ el parque de diversiones
vencer ⟷ derrotar

Las diversiones

Ricardo y sus amigos **se reúnen** todos los sábados. Les **gustan el billar** y **el boliche**, y son verdaderos **aficionados** a **las cartas**.

el ajedrez *chess*
el billar *billiards*
el boliche *bowling*
las cartas/los naipes *(playing) cards*
los dardos *darts*
el juego de mesa *board game*
el pasatiempo *pastime*
la televisión *television*
el tiempo libre/los ratos libres *free time*
el videojuego *video game*

aburrirse *to get bored*
alquilar una película *to rent a movie*
brindar *to make a toast*
celebrar/festejar *to celebrate*
dar un paseo *to take a stroll/walk*
disfrutar (de) *to enjoy*
divertirse (e:ie) *to have fun*

Teaching option Have students work with a partner to write a movie advertisement for a recent film. Then have students read their ads to the class. Students should then vote on whether they would see the film or not based on the ad.

entretener(se) (e:ie) *to entertain, amuse (oneself)*
gustar *to like*
reunirse (con) *to get together (with)*
salir (a comer) *to go out (to eat)*

aficionado/a (a) *fond of; a fan (of)*
animado/a *lively*
divertido/a *fun*
entretenido/a *entertaining*

Práctica

1 Part A: Have volunteers read the questions aloud before listening to the conversation.

1 Escuchar

A. Mauricio y Joaquín están haciendo planes para el fin de semana. Quieren ir al cine pero no logran ponerse de acuerdo. Escucha su conversación y contesta las preguntas con oraciones completas.

1. ¿Cuándo planean ir al cine Mauricio y Joaquín? Planean ir al cine el sábado.
2. ¿Qué película quiere ver Joaquín? Joaquín quiere ver *Los invasores de la galaxia.*
3. ¿Por qué Mauricio no quiere verla? No quiere verla porque hay que hacer cola para los estrenos y no le gusta la ciencia ficción.
4. ¿Qué alternativa sugiere Mauricio? Mauricio sugiere ver un documental sobre el campeonato nacional de fútbol.
5. ¿Qué le pasa a Joaquín cuando mira documentales? Joaquín se aburre cuando mira documentales.

B. Ahora escucha el anuncio radial de *Los invasores de la galaxia* y decide si las oraciones son **ciertas** o **falsas**. Corrige las falsas.

1. *Los invasores de la galaxia* ya se estrenó en otros lugares. Cierto.
2. La película tuvo poco éxito en Europa. Falso. Ganó tres premios en varios festivales europeos.
3. Si compras cuatro boletos, te regalan la banda sonora (*soundtrack*). Falso. Te regalan la banda sonora si compras cinco boletos.
4. Si te vistes de extraterrestre, te regalan un boleto para una fiesta exclusiva. Cierto.
5. El estreno de la película es a las nueve de la mañana. Falso. La taquilla abre a las nueve de la mañana.

C. En parejas, imaginen que, después de escuchar el anuncio radial, Joaquín trata de convencer a Mauricio para ir a ver *Los invasores de la galaxia*. Inventen la conversación entre Mauricio y Joaquín y compártanla con la clase.

2 Relaciones Escoge la palabra que no está relacionada.

1. película (estrenar / dirigir / empatar)
2. obra de teatro (boleto / campeonato / taquilla)
3. concierto (vencer / aplaudir / hacer cola)
4. juego de mesa (ajedrez / naipes / videojuego)
5. celebrar (divertirse / aburrirse / disfrutar)

2 To check comprehension, ask students to create sentences linking the related words. Ex: **1. La película se estrena este viernes, pero no sé quién la dirige.**

Práctica

③ In pairs, have students add three more items to the activity for **circo, feria,** and **festival.**

3 **¿Dónde están?** Indica en qué lugar están estas personas.

__e__ 1. Llegamos muy temprano, pero hay una cola enorme. No voy a comprar los boletos si los asientos están muy lejos del escenario.

__g__ 2. Hoy es el cumpleaños de mi hermana menor. En lugar de celebrarlo en casa, quiere pasar el día acá, con los tigres y los elefantes.

__d/a__ 3. Una red (*net*), una pelota amarilla y dos deportistas. ¿Cuál será la campeona?

__b__ 4. Hay máquinas que suben, bajan, dan vueltas hacia la derecha y hacia la izquierda. La más espectacular dibuja un laberinto de líneas en el aire.

__h__ 5. ¿Cómo puede ser que cuatro personas hagan tanto ruido en un campo de fútbol lleno de gente? Mi novia se está divirtiendo mucho pero, ¡yo no entiendo nada de lo que cantan!

__a__ 6. A mis amigos y a mí nos gusta venir a este lugar para jugar al baloncesto (*basketball*), nadar o levantar pesas (*lift weights*).

a. un club deportivo
b. un parque de atracciones
c. un cine
d. un torneo de tenis
e. una taquilla
f. una discoteca
g. un zoológico
h. un concierto de rock

④ After completing the activity, have students act out the dialogue with a partner.

4 **Goles y fiestas** Completa la conversación.

aburrirte	**celebrar**	**equipo**
animadas	**disfruten**	**espectadores**
árbitro	**divertidos**	**ganar**
campeonato	**empate**	**televisión**

PEDRO Mario, ¿todavía estás mirando (1)__televisión__? ¿No ves que vamos a llegar tarde?

MARIO Lo siento, pero no puedo ir a la fiesta de tu novia. Pasan un partido de fútbol.

PEDRO Pero las fiestas de mi novia son más (2)__animadas__ y más entretenidas que cualquier partido de fútbol. Todos los partidos son iguales... Veintidós tontos corriendo detrás de una pelota, los (3)__espectadores__ gritando (*shouting*) como locos y el (4)__árbitro__ pitando (*whistling*) sin parar.

MARIO Hoy no me puedes convencer. Es la final del (5)__campeonato__ y estoy seguro de que mi (6)__equipo__ favorito va a (7)__ganar__.

PEDRO ¿Y no vas a (8)__aburrirte__, aquí solito, mientras todos tus amigos bailan?

MARIO ¡Jamás! ¡Todos vienen a ver el partido conmigo! Y después vamos a (9)__celebrar__ la victoria.

PEDRO Que (10)__disfruten__ del partido. Ya me voy... Espera, mi novia me está llamando al celular... ¿Qué me dices, amor? ¿Que la fiesta es aquí en mi casa? ¿Que tú también quieres ver el partido? ¡Ay, que yo me rindo (*give up*)!

Comunicación

5 **Diversiones**

A. Sin consultar con tu compañero/a, prepara una lista de cinco actividades que crees que le gustan a él/ella. Escoge entre las opciones del recuadro y añade tus propias ideas.

jugar al ajedrez	**ir a la feria**
practicar deportes en un club	**jugar videojuegos**
ir al estreno de una película	**bailar en una discoteca**
ver televisión	**jugar al boliche**
escuchar música clásica	**salir a cenar con amigos**

B. Ahora conversa con tu compañero/a para confirmar tus predicciones.

MODELO —Creo que te gusta jugar al ajedrez.
—Es verdad, juego siempre que puedo. / —Te equivocas, me aburre. ¿Y a ti?

⑤ As an expansion activity, ask students at random about their partners' favorite activities. Then ask if their initial guesses were correct.

6 **Lo mejor** En grupos de cuatro, imaginen que son editores/as de un periódico local y quieren publicar la lista anual de *Lo mejor de la ciudad*.

A. Primero, escojan cinco categorías que quieren premiar (*to award*). Pueden ser algunas de la lista u otras que prefieran.

Lo mejor de la ciudad

Mejor club deportivo ____________________
Mejor discoteca ____________________
Mejor espectáculo sobre hielo ____________________
Mejor lugar para jugar a los dardos ____________________
Mejor equipo deportivo ____________________
Mejor parque para pasear ____________________
Mejor festival de arte ____________________
Mejor restaurante para celebrar un cumpleaños ____________________
Mejor grupo musical en vivo (*live*) ____________________

B. Luego preparen una encuesta (*survey*) y entrevisten a sus compañeros/as de clase. Anoten las respuestas.

C. Ahora compartan los resultados con la clase y decidan qué lugares y eventos recibirán el premio *Lo mejor*.

⑥ As an outside project, have students pick a city in the Spanish-speaking world and research the highlights of that city. They should prepare a similar list and present it to the class.

7 **Un fin de semana extraordinario** Dos amigos/as con personalidades muy diferentes tienen que pasar un fin de semana juntos/as en una ciudad que nunca han visitado. Hacen muchas sugerencias interesantes, pero no logran ponerse de acuerdo. En parejas, improvisen una conversación utilizando las palabras del vocabulario.

MODELO —¿Vamos al circo? Todos dicen que es el espectáculo del año.
—No, me mareo (*get dizzy*) viendo a los acróbatas...

⑦ For a cultural expansion activity, bring in travel brochures from cities in the Spanish-speaking world or have students print out travel information in Spanish from the Internet. Have pairs choose a city and base their conversation on the information they have read.

FOTONOVELA

Los empleados de *Facetas* hablan de las diversiones. Johnny trata de ayudar a Éric. Mariela habla de sus planes.

Synopsis

- Johnny cheers Éric up by suggesting he use humor to attract women.
- Mariela is thrilled because she obtained tickets to a rock concert.
- Mariela intends to remove the guitarist's shirt.
- Mariela rips open Éric's shirt and scatters buttons all over the floor.

NATIONAL STANDARDS communication cultures

JOHNNY ¿Y a ti? ¿Qué te pasa?

ÉRIC Estoy deprimido.

JOHNNY Anímate, es fin de semana.

ÉRIC A veces me siento solo e inútil.

JOHNNY ¿Solo? No, hombre, yo estoy aquí; pero inútil…

JOHNNY Necesitas divertirte.

ÉRIC Lo que necesito es una chica. No tienes idea de lo que es vivir solo.

JOHNNY No, pero me lo estoy imaginando. El problema de vivir solo es que siempre te toca lavar los platos.

ÉRIC Las chicas piensan que soy aburrido.

JOHNNY No seas pesimista.

ÉRIC Soy un optimista con experiencia. Lo he intentado todo: el cine, la discoteca, el teatro… Nada funciona.

JOHNNY Tienes que contarles chistes. Si las haces reír, ¡*boom*! Se enamoran.

ÉRIC ¿De veras?

JOHNNY Seguro.

Mariela viene a hablar con ellos.

MARIELA ¡Los conseguí! ¡Los conseguí!

FABIOLA ¿Conseguiste qué?

MARIELA Los últimos boletos para el concierto de rock de esta noche.

FABIOLA ¿Cómo se llama el grupo?

MARIELA Distorsión. Aquí tengo el disco compacto. ¿Lo quieren oír?

FABIOLA (*mirando el reloj*) Uy, ¡qué tarde es!

Luego, en el escritorio de Diana…

ÉRIC Diana, ¿te puedo contar un chiste?

DIANA Estoy algo ocupada.

ÉRIC Es que se lo tengo que contar a una mujer.

DIANA Hay dos mujeres más en la oficina.

ÉRIC Temo que se rían cuando se lo cuente.

DIANA ¡Es un chiste!

ÉRIC Temo que se rían de mí y no del chiste.

DIANA ¿Qué te hace pensar que yo me voy a reír del chiste y no de ti?

ÉRIC No sé. Tú eres una persona seria.

DIANA ¿Y por qué se lo tienes que contar a una mujer?

ÉRIC Es un truco para conquistarlas.

Diana se ríe muchísimo.

INSTRUCTIONAL RESOURCES **Supersite/DVD:** Fotonovela
Supersite/IRCD: Videoscript & Translation, SAM Answer Key
SAM/WebSAM: VM

Preview Have students predict what will happen based on the video stills.

Personajes

AGUAYO

DIANA

ÉRIC

FABIOLA

JOHNNY

MARIELA

4

Johnny dibuja muchos puntos en la pizarra.

JOHNNY ¿Te sabes el chiste de la fiesta de puntos? Es un clásico... Hay una fiesta de puntos... Todos están divirtiéndose y pasándola bien. Y entonces entra un asterisco... y todos lo miran asombrados. Y el asterisco les dice: —¿Qué? ¿Nunca han visto un punto despeinado?

5

Mariela entra con dos boletos en la mano y comienza a besarlos.

MARIELA Sí, sí. Me encanta, me encanta...

FABIOLA Te lo dije.

AGUAYO ¿Me dijiste qué?

FABIOLA Que ella no parecía muy normal.

9

MARIELA Deséenme suerte.

AGUAYO ¿Suerte? ¿En qué?

MARIELA Esta noche le voy a quitar la camisa al guitarrista de Distorsión.

JOHNNY No, no lo harás.

MARIELA Voy a intentarlo.

ÉRIC Si crees que es tan fácil quitarle la camisa a un tipo, ¿por qué no practicas conmigo?

Mariela intenta quitarle la camisa a Éric.

10

Al final del día, en la cocina...

AGUAYO ¿Alguien quiere café?

JOHNNY ¿Lo hiciste tú o sólo lo estás sirviendo?

AGUAYO Sólo lo estoy sirviendo.

JOHNNY Yo quiero una taza.

ÉRIC Yo quiero una taza.

Expresiones útiles

Talking about whose turn it is

Siempre te toca lavar los platos.
It's always your turn to wash the dishes.

A Johnny le toca hacer el café.
It's Johnny's turn to make coffee.

¿A quién le toca pagar la cuenta?
Whose turn is it to pay the bill?

¿Todavía no me toca?
Is it my turn yet?

Encouraging other people

¡Anímate! *Cheer up! (sing.)*
¡Anímense! *Cheer up! (pl.)*

No seas pesimista.
Don't be pessimistic. (sing.)

No sean pesimistas.
Don't be pessimistic. (pl.)

Wishing someone well

¡Buen fin de semana!
Have a nice weekend!

¡Pásalo bien!
Have a good time! (sing.)

¡Pásenlo bien!
Have a good time! (pl.)

¡Que te diviertas!
Have fun! (sing.)

¡Que se diviertan!
Have fun! (pl.)

Additional vocabulary

contar *to tell*
inútil *useless*
el punto *period*
el tipo *guy*
el truco *trick*

Teaching option Play the entire video. Have students take notes as they watch and then work in groups to create a plot summary.

SUPERSITE

Comprensión

① Have students create questions that correspond to each item. Ex: **¿Es verdad que Éric está triste?**

① Ask students to create two more items and exchange them with a partner.

1 ¿Cierto o falso? Decide si estas oraciones son **ciertas** o **falsas**. Corrige las falsas.

Cierto	Falso	
☑	☐	1. Éric está deprimido.
☐	☑	2. A Éric le gusta vivir solo. A Éric no le gusta vivir solo.
☐	☑	3. Según Johnny, hay que ser serio para enamorar a las mujeres. Según Johnny, hay que contarles chistes.
☐	☑	4. Diana se ríe del chiste de Éric. Éric no logra contarle el chiste.
☐	☑	5. Fabiola quiere escuchar la música de Distorsión. Fabiola no la quiere escuchar.
☑	☐	6. Mariela quiere quitarle la camisa al guitarrista de Distorsión.
☐	☑	7. Aguayo preparó el café. Sólo lo sirve, no lo preparó él.
☑	☐	8. Johnny quiere beber café porque no lo preparó Aguayo.

② Model the activity by doing the first sentence as a group. Ask volunteers to explain why choices **a** and **b** are incorrect.

2 Seleccionar Selecciona la respuesta que especifica de qué hablan Johnny y Éric.

1. ¿Qué te pasa? ➔ ¿Qué te pasa __c__?
   a. a Johnny b. al fin de semana c. a ti
2. Tienes que contarles chistes. ➔ Les tienes que contar chistes __b__.
   a. a los amigos b. a todas las chicas c. a Mariela y a Diana
3. Tengo que contárselo a una mujer. ➔ Tengo que contarle a una mujer __a__.
   a. el chiste b. el concierto de rock c. el cuento
4. Temo que se rían cuando se lo cuente. ➔ Temo que __b__ se rían cuando se lo cuente.
   a. Mariela y Aguayo b. las mujeres c. Diana, Fabiola y Mariela
5. No, pero me lo estoy imaginando. ➔ No, pero me estoy imaginando __b__.
   a. el fin de semana b. lo que es vivir solo c. lavar los platos
6. ¿Lo hiciste tú o lo hizo Aguayo? ➔ ¿Hiciste tú __c__ o lo hizo Aguayo?
   a. el boleto b. la taza c. el café

③ Use the sentences from this activity to spark discussion among students. Ex: **¿Es mejor contar chistes a las mujeres o actuar de una manera seria? ¿Por qué? ¿Cuáles son las ventajas y desventajas de vivir solo/a?**

3 Buscar Busca en la Fotonovela las expresiones o frases que expresan lo opuesto (*opposite*) a estas oraciones e indica con cuáles estás de acuerdo. Compara tus respuestas con las de un(a) compañero/a.

1. Si haces reír a las chicas, ellas creen que no eres serio.
   Si las haces reír, ¡*boom*! Se enamoran.
2. Las chicas piensan que soy divertido.
   Las chicas piensan que soy aburrido.
3. El problema de vivir solo es que nunca te toca lavar los platos.
   El problema de vivir solo es que siempre te toca lavar los platos.
4. Tú sí que sabes lo que es vivir solo.
   No tienes idea de lo que es vivir solo.
5. No tengo nada que hacer.
   Estoy algo ocupada.
6. Soy un pesimista con experiencia.
   Soy un optimista con experiencia.

Ampliación

4 Consejos

A. Un amigo le da consejos a Éric para salir con una chica, pero él no acepta ninguno. Lee los consejos y emparéjalos (*match them*) con las respuestas de Éric.

Consejos del amigo	Respuestas de Éric
d 1. ¡Ve con ella al concierto de rock!	a. Siempre me duermo viendo películas.
c 2. Pregúntale si quiere ver el partido.	b. No conozco ninguna discoteca.
a 3. Llévala al cine.	c. No me gustan los deportes.
e 4. Invítala al parque de atracciones.	d. Va a mirar al guitarrista y no a mí.
b 5. Puedes invitarla a bailar.	e. Las alturas (*heights*) me dan miedo.

B. En parejas, preparen cinco recomendaciones más para Éric y dramaticen la situación: uno/a de ustedes es Éric y la otra persona es su amigo/a. Luego intercambien los papeles.

5 Apuntes culturales

En parejas, lean los párrafos y contesten las preguntas.

Piropos para enamorar

Johnny le asegura a Éric que para enamorar a las chicas hay que hacerlas reír. En el mundo hispano, los hombres suelen decirles a las mujeres 'piropos' (*compliments*) graciosos. ¿Piensas que Éric tendrá éxito con este piropo? *"Si la belleza fuera pecado* (sin)*, tú ya estarías en el infierno*".

La mejor taza de café

A Éric y a Johnny no les gusta el café que prepara Aguayo. Ellos lo prefieren más intenso... ¡a lo cubano! En Cuba, el café se toma fuerte, con mucha azúcar y se sirve en pequeñas tacitas (*little cups*). No puede faltar en el desayuno, ni después de las comidas. No le vendría nada mal al jefe una receta del **café cubano**, ¿verdad?

El rock mexicano

Mariela está contenta porque consiguió boletos para un concierto de rock. El rock mexicano se caracteriza por la riqueza de estilos, producida por la fusión con otros ritmos como boleros, corridos, rancheras, reggae y jazz. Maldita Vecindad, **Café Tacuba** y Maná son algunas de las bandas más populares en la actualidad.

1. ¿Existen expresiones similares a los piropos en tu cultura? Da ejemplos.
2. En tu país, ¿cómo se toma el café? ¿Cuándo se toma? ¿Cómo te gusta a ti?
3. ¿Conoces a otros músicos mexicanos y del mundo hispano? ¿A qué género pertenece su música?
4. ¿Fuiste alguna vez a un concierto de rock? ¿A qué banda o cantante viste?

(4) Part A: Ask students to make up different **respuestas** for Éric.

(5) Have students work in pairs to create a dialogue in which Éric tries to use **piropos** to pick up a girl he does not know. Have volunteers share their dialogues with the class. Here are other examples of **piropos**: **¿De qué juguetería te escapaste, muñeca?**; **¡Quién fuera reloj para ser dueño de tu tiempo!**

(5) Students will learn more about the coffee industry in Latin America in **Lección 5**. (See *La Ruta del Café*, p. 132.)

Teaching option Play a song or music video from a popular Mexican rock band. Encourage students to share their impressions of the music. Ex: **¿Les gustaría ir a un concierto de este grupo? ¿Dónde se tocaría este tipo de música? ¿Es parecido al rock de tu país? ¿Por qué?**

INSTRUCTIONAL RESOURCES
Supersite/DVD: Flash cultura; **Supersite:** Videoscript & Translation

En detalle

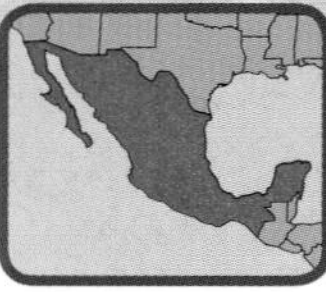
MÉXICO

Flash CULTURA | NATIONAL STANDARDS comparisons cultures communities connections

El nuevo CINE MEXICANO

Salma Hayek

México vivió la época dorada de su cine en los años cuarenta. Pasada esa etapa°, la industria cinematográfica mexicana perdió fuerza. Ha tardado casi medio siglo en volver a brillar, pero ahora ha vuelto al panorama internacional con gran vigor°. Este resurgir°, en parte, se debe al apoyo que las instituciones gubernamentales han dado al mundo del cine. En gran medida, también se debe al trabajo de una nueva generación de creadores que ha logrado triunfar en las pantallas de todo el mundo.

En 1992, *Como agua para chocolate* de Alfonso Arau batió° récords de taquilla. Esta película, que puso en imágenes el realismo mágico que tanto éxito tenía en la literatura, despertó el interés por el cine mexicano. Las películas empezaron a disfrutar de una mayor distribución y muchos directores y actores se convirtieron en estrellas internacionales.

Alejandro González Iñárritu

El éxito también se vio reflejado en el dinero recaudado° y en las nominaciones y los premios° recibidos. Hoy día, los rostros° de Salma Hayek, Gael García Bernal y Diego Luna, entre otros, pueden verse no sólo en el cine, sino también en revistas y programas de televisión de todo el mundo. Muchos artistas alternan su trabajo entre Estados Unidos y México. En el año 2000, el enorme éxito de *Amores perros* impulsó la carrera de su director, Alejandro González Iñárritu, que poco tiempo después dirigió *21 Grams* en tierras estadounidenses. Otros directores que trabajan en los dos países son Guillermo del Toro (*Blade II, El laberinto del fauno*) y Alfonso Cuarón. Después del éxito alcanzado° con *Y tu mamá también*, Cuarón dirigió la tercera película de *Harry Potter*. La nueva generación de artistas mexicanos está demostrando que está preparada para reclamar su puesto en el cine mundial. ■

Algunas películas premiadas

Año	Película	Premio
1992	**Como agua para chocolate**	Premio Ariel
1996	**El callejón de los milagros**	Premio Goya
2000	**La ley de Herodes**	Sundance – Premio al Cine Latinoamericano
2000	**Amores perros**	Chicago – Hugo de Oro a la Mejor Película
2001	**Y tu mamá también**	Venecia–Mejor Guión
2007	**El laberinto del fauno**	Tres premios Oscar

etapa *era* **vigor** *energy* **resurgir** *revival* **batió** *broke* **recaudado** *collected* **premios** *awards* **rostros** *faces* **alcanzado** *reached*

Teaching option If there are heritage speakers in the class, ask them if they are familiar with Mexican cinema and if they have any recommendations.

El mundo hispanohablante Ask students: ¿A quién le gusta ver los premios Oscar? ¿A quién no le gusta? ¿Por qué? ¿Qué otros premios y festivales de cine conocen?

Perfil Have students create a time line of Gael García Bernal's career based on the article.

ASÍ LO DECIMOS

Las diversiones

chido/a (Méx.) *cool*
copado/a (Arg.)
está que mola (Esp.)
bacanal (Nic.)

salir de parranda *to go out and have fun*
rumbear (Ven.)
farandulear (Col.)

la rola (Nic. y Méx.) *song*
el tema (Arg.)

EL MUNDO HISPANOHABLANTE

Los premios de cine

Cada año, distintos países hispanoamericanos premian las mejores películas nacionales y extranjeras.

En México, el premio **Ariel** es la máxima distinción otorgada° a los mejores trabajos cinematográficos mexicanos. La estatuilla° representa el triunfo del espíritu y el deseo de ascensión.

Susana Zabaleta recibe el premio Ariel.

En España, el premio más prestigioso es el **Goya**. La Academia de Artes y Ciencias Cinematográficas de España entrega estos premios a producciones nacionales en un festival en Madrid. La estatuilla recibe ese nombre por el pintor Francisco de Goya.

En Argentina, el Festival de Cine Internacional de Mar del Plata premia películas nacionales e internacionales. El galardón° se llama **Astor** en homenaje al compositor de tango Astor Piazzolla, quien nació en la ciudad de Mar del Plata.

En Cuba, el Festival Internacional de La Habana entrega los premios **Coral**. Aunque predomina el cine latinoamericano, el festival también convoca a producciones de todas partes del mundo.

PERFIL

GAEL GARCÍA BERNAL

Gael García Bernal es una de las figuras más representativas del cine mexicano contemporáneo. Empieza a actuar en el teatro con tan sólo cinco años, de la mano de sus padres, también actores. Pasa pronto a trabajar en telenovelas°. Siendo adolescente, Gael entra en el mundo del cine. Su intuición y su talento lo llevan a renunciar a la fama fácil y, a los diecisiete años, se va a Londres para estudiar arte dramático. Tres años después, regresa a México lleno de confianza y no se asusta° a la hora de representar ningún papel, por controvertido o difícil que sea. A partir de ese momento, participa en algunas de las películas más emblemáticas del cine en español de los últimos años: *Amores perros*, *Y tu mamá también* y *Diarios de motocicleta*. Actualmente, Gael trabaja también del otro lado de las cámaras como director y productor, y participa activamente en la promoción del cine mexicano.

"Es muy importante que el cine latino se mantenga muy específico, pero que al mismo tiempo sus temas sean universales." (Alfonso Cuarón)

SUPERSITE **Conexión Internet**

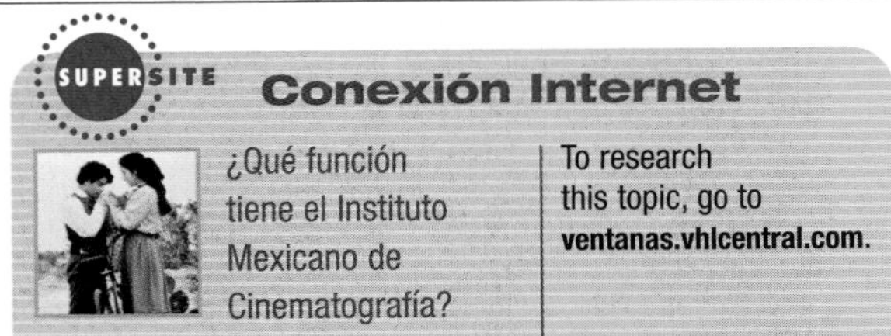

¿Qué función tiene el Instituto Mexicano de Cinematografía?

To research this topic, go to **ventanas.vhlcentral.com.**

telenovelas *soap operas* **no se asusta** *doesn't get scared*
otorgada *given* **estatuilla** *statuette* **galardón** *award*

¿Qué aprendiste?

1 ¿Cierto o falso? Indica si estas afirmaciones son **ciertas** o **falsas**. Corrige las falsas.

1. La época dorada del cine mexicano fue en los años cincuenta. Falso. La época dorada del cine mexicano fue en los años cuarenta.
2. El gobierno mexicano ha apoyado los nuevos proyectos de cine. Cierto.
3. El director de *Como agua para chocolate* es Diego Luna. Falso. El director de *Como agua para chocolate* es Alfonso Arau.
4. El éxito de *Como agua para chocolate* despertó el interés por el cine mexicano. Cierto.
5. Los artistas mexicanos van a Estados Unidos y no vuelven a trabajar en su país. Falso. Los artistas mexicanos normalmente alternan su trabajo entre Estados Unidos y México.
6. La película *Amores perros* es del año 2002. Falso. La película *Amores perros* es del año 2000.
7. Alfonso Cuarón dirigió *21 Grams*. Falso. Alejandro González Iñárritu dirigió *21 Grams*.
8. *Amores perros* y *El crimen del Padre Amaro* ganaron premios internacionales en el año 2000. Falso. *Amores perros* y *La ley de Herodes* ganaron premios internacionales en el año 2000.

2 Completar Completa las oraciones.

1. Los premios del Festival Internacional de La Habana se llaman Coral.
2. Los premios Astor se entregan en Mar del Plata.
3. El premio más prestigioso de España es el Goya.
4. A los jóvenes venezolanos les gusta salir a rumbear.

3 Preguntas Contesta las preguntas con oraciones completas. Some answers will vary.

1. ¿A qué se dedican los padres de Gael García Bernal? Los padres de Gael García Bernal también son actores.
2. ¿A qué edad comenzó a trabajar como actor Gael García Bernal? Comenzó a trabajar como actor cuando tenía cinco años.
3. ¿Qué hizo en Londres Gael García Bernal? Estudió arte dramático.
4. ¿Gael García Bernal evita los papeles controvertidos? No, no teme actuar en papeles controvertidos o difíciles.
5. ¿Qué otras actividades relacionadas con el cine realiza Gael García Bernal además de actuar? También es director y productor, y trabaja para promover el cine mexicano.
6. Según Alfonso Cuarón, ¿cómo deben ser los temas del cine latino? Los temas deben ser específicos y al mismo tiempo universales.
7. ¿Crees que es positivo que directores y actores de habla hispana se muden (*move*) a Hollywood? ¿Por qué?
8. Cuando decides ver una película, ¿qué factores tienes en cuenta (protagonistas, premios recibidos, director, idioma, etc.)? ¿Por qué?

4 Opiniones En parejas, escriban en qué se diferencian y en qué se parecen el cine de Hollywood y el cine internacional.

Semejanzas	Diferencias

PROYECTO

María Félix

La época de oro

Durante la época de oro del cine mexicano, actores como María Félix o Pedro Infante y directores como Emilio Fernández e Ismael Rodríguez llevaron el acento mexicano más allá de sus fronteras.

Investiga uno de estos artistas y escribe una biografía de tres párrafos.

Debes incluir:

- datos biográficos
- trabajos principales del/de la artista
- contribución al cine mexicano

Siguiendo el estilo usado en el perfil de Gael García Bernal, escribe la biografía usando el tiempo presente.

(2) For an additional comprehension check, ask related questions about each activity item. Ex: **1. ¿En qué país se da el premio Goya? ¿Y el Ariel? 2. ¿Qué premio de cine se da en Madrid?**

(4) Before completing the activity, ask volunteers to name foreign films they have seen. Encourage heritage speakers to describe films from their families' home countries.

Proyecto Have students use at least five new vocabulary words in their biographies.

RITMOS

Lila Downs

La popularidad en América Latina, Estados Unidos y Europa llevó a **Lila Downs** a la gran pantalla°. *Burn it Blue*, de la banda de sonido de *Frida*, fue nominada para un Oscar como mejor canción en 2003. Downs nació en Oaxaca, un estado al sur de México, pero ha pasado su vida entre su país natal y los Estados Unidos. Downs, hija de una cantante indígena mixteca° y un profesor estadounidense de arte y cine, se mantiene fiel a sus raíces biculturales fusionando ritmos de sus dos mundos. De niña, cantaba canciones rancheras° sólo para su madre pero, más tarde, se dio cuenta de que necesitaba expresarse con el canto. Downs compone sus propias canciones aunque también son muy famosas sus interpretaciones de canciones tradicionales de la región mesoamericana: "Me siento comprometida con estas canciones porque son el alma de mi tierra".

Discografía

2006 La cantina **2004** Una Sangre - One Blood **2001** Border (La Línea)

Canción

Éste es un fragmento de una canción de Lila Downs.

La Bamba

Tradicional/Paul Cohen/Lila Downs

Para bailar la bamba se necesita,
Una poca de gracia y otra cosita,
Ay arriba, arriba y arriba iré,
Yo no soy marinero ni lo seré.
Se lo pido a mi amigo de compasión,
Que se acabe la bamba,
Y venga otro son°.

La Bamba es el 'son jarocho' más popular de Veracruz y es el resultado del profundo mestizaje° de esta región mexicana. Se dice que los primeros versos se escribieron a finales del siglo XVII. Una versión dice que la palabra *bamba* evoca una antigua región africana del Congo, de donde provenían muchos esclavos.

Preguntas En parejas, contesten las preguntas. Some answers will vary.

1. ¿Por qué Downs es considerada una artista bicultural? ¿Qué tipo de canciones canta?
   Porque es hija de una indígena mixteca y un estadounidense y su música fusiona dos mundos.
2. ¿Qué se necesita para bailar la bamba?
   Se necesita una poca de gracia.
3. ¿Por qué crees que la canción *La Bamba* es tan popular? ¿De dónde proviene?
   Proviene de Veracruz a finales del siglo XVII.
4. ¿Conocen otras canciones que sean tan populares como *La Bamba*? ¿Quiénes las interpretan?

pantalla *screen* **mixteca** *Mixtec* **rancheras** *popular music from Mexico* **son** *a type of song* **mestizaje** *mixing of two ethnicities (part indigenous)*

Ritmos Use the song lyrics to preview indirect and direct object pronouns.

Teaching option If time permits, bring in recordings of ***La Bamba*** by other artists and ask students to compare the renditions.

NATIONAL
comparisons
STANDARDS

INSTRUCTIONAL RESOURCES
Supersite/IRCD: Textbook Answer Key, SAM Answer Key
SAM/WebSAM: WB, LM

TALLER DE CONSULTA

¡ATENCIÓN!

Lo can be used to refer to an abstract thing or idea that has no gender.

Lo voy a pensar.
I'll think about it.

The neuter **lo** is covered in detail in **9.3,** p. 260.

¡ATENCIÓN!

Esta noche **le** voy a quitar la camisa **al guitarrista**.

Notice that in this example the indirect object is repeated. This is common usage in Spanish.

Point out that direct and indirect object pronouns differ only in the **Ud./él/ella** and **Uds./ellos/ellas** forms.

2.1 Object pronouns

- Pronouns are words that take the place of nouns. Direct object pronouns directly receive the action of the verb. Indirect object pronouns identify *to whom* or *for whom* an action is done.

Esta noche le voy a quitar la camisa al guitarrista.
No, no lo harás.

Indirect object pronouns		Direct object pronouns	
me	nos	me	nos
te	os	te	os
le	les	lo/la	los/las

Position of object pronouns

- Direct and indirect object pronouns (**los pronombres de complemento directo e indirecto**) precede the conjugated verb.

INDIRECT OBJECT	DIRECT OBJECT
Carla siempre **me** da entradas para el teatro. *Carla always gives me tickets to the theater.*	Ella **las** consigue gratis. *She gets them for free.*
No **le** compro más juegos de mesa. *I'm not buying him any more board games.*	Nunca **los** juega. *He never plays them.*

- When the verb is an infinitive construction, object pronouns may either be attached to the infinitive or placed before the conjugated verb.

INDIRECT OBJECT	DIRECT OBJECT
Necesitamos pedir**le** un favor. **Le** necesitamos pedir un favor.	Voy a hacer**lo** enseguida. **Lo** voy a hacer enseguida.
Tienes que hablar**nos** de la película. **Nos** tienes que hablar de la película.	Van a ver**la** mañana. **La** van a ver mañana.

- When the verb is a progressive form, object pronouns may either be attached to the present participle or placed before the conjugated verb.

INDIRECT OBJECT	DIRECT OBJECT
Pedro está cantándo**me** una canción. Pedro **me** está cantando una canción.	Está cantándo**la** muy mal. **La** está cantando muy mal.

Double object pronouns

- The indirect object pronoun precedes the direct object pronoun when they are used together in a sentence.

  Me mandaron **los boletos** por correo. ▶ **Me los** mandaron por correo.
  Te exijo **una respuesta** ahora mismo. ▶ **Te la** exijo ahora mismo.

- **Le** and **les** change to **se** when they are used with **lo, la, los,** or **las**.

  Le da **los libros** a Ricardo. ▶ **Se los** da.
  Le enseña **las invitaciones** a Elena. ▶ **Se las** enseña.

Prepositional pronouns

Prepositional pronouns			
mí *me; myself*	**él** *him; it*	**nosotros/as** *us; ourselves*	**ellos** *them*
ti *you; yourself*	**ella** *her; it*	**vosotros/as** *you; yourselves*	**ellas** *them*
usted *you; yourself*	**sí** *himself; herself; itself*	**ustedes** *you; yourselves*	**sí** *themselves*

- Prepositional pronouns function as the objects of prepositions. Except for **mí, ti**, and **sí**, these pronouns are the same as the subject pronouns.

  ¿Qué piensas de **ella**?
  Ay, mi amor, sólo pienso en **ti**.
  ¿Lo compraron para **mí** o para Javier?
  Lo compramos para **él**.

- The indirect object can be repeated with the construction **a** + *[prepositional pronoun]* to provide clarity or emphasis.

  ¿Te gusta aquel cantante?
  ¡**A mí** me fascina!
  ¿A quién se lo dieron?
  Se lo dieron **a ella**.

- The adjective **mismo/a(s)** can be used to clarify or emphasize the prepositional pronoun.

  José se lo regaló a **sí mismo**.
  José gave it to himself.
  José se lo regaló a **él**.
  José gave it to him (someone else).

- When **mí, ti**, and **sí** are used with **con**, they become **conmigo, contigo**, and **consigo**.

  ¿Quieres ir **conmigo** al parque de atracciones?
  Do you want to go to the amusement park with me?

  Laura siempre lleva su computadora portátil **consigo**.
  Laura always brings her laptop with her.

- These prepositions are used with **tú** and **yo** instead of **mí** and **ti: entre, excepto, incluso, menos, salvo, según**.

  Todos están de acuerdo **menos tú** y **yo**.
  Everyone is in agreement except you and me.
  Entre tú y **yo**, Juan me cae mal.
  Between you and me, I can't stand Juan.

¡ATENCIÓN!

When object pronouns are attached to infinitives, participles, or commands, a written accent is often required to maintain proper word stress.

Infinitive
cantármela
Present participle
escribiéndole
Command
acompáñeme

For more information on using object pronouns with commands, see **4.2**, pp. 110–111.

Teach students the mnemonic device "ID" in order to remember that indirect object pronouns always precede direct object pronouns.

Point out that **mismo/a(s)** may be used with any personal pronoun. Ex: **Yo misma lo hice**.

SUPERSITE

Práctica

TALLER DE CONSULTA

MANUAL DE GRAMÁTICA
Más práctica
2.1 Object pronouns, p. 361

① Model the exercise by commenting on different students. Ex: **Siempre veo a Joe en el café estudiantil. Lo veo a él y a su novia.**

② Have the students rewrite the dialogue as a narrative.

③ Pair up the students. Have them write a list of five suggestions they would make to future students about you as an instructor. Then ask different students to read their suggestions aloud.

① **Dos buenas amigas** Lee una conversación que dos amigas, Rosa y Marina, tienen sobre unos conocidos. Luego, elige las personas de la lista que corresponden a los pronombres subrayados (*underlined*).

a Antoñito	a mí
a Antoñito y a Maite	a nosotras
a Maite	a ti
a ustedes	

ROSA Siempre lo(1) veo bailando en la discoteca Club 49. — 1. a Antoñito

MARINA ¿Te(2) saluda? — 2. a ti

ROSA Nunca. Yo creo que no me(3) saluda porque tiene miedo de que se lo diga a su novia, Maite. — 3. a mí

MARINA ¿Su novia? Hace siglos que no sé nada de ella. Un día de éstos la(4) tengo que llamar. — 4. a Maite

ROSA ¿Quieres que los(5) invitemos a ir con nosotras a la fiesta del viernes? — 5. a Antoñito y a Maite

MARINA Sí. Es una buena idea. A ver si Antoñito nos(6) cuenta de una vez por qué va siempre a Club 49. — 6. a nosotras

② **Una pareja menos** Completa la conversación entre Antoñio y su novia con estas expresiones: **conmigo, contigo, consigo.**

ANTOÑITO Ya estamos discutiendo otra vez. (1) Contigo siempre tengo problemas.

MAITE ¿Qué te crees tú? ¿Que yo siempre me divierto (2) contigo ?

ANTOÑITO Tú eres la que siempre quiere ir (3) conmigo a la discoteca.

MAITE Eso no es verdad. A mí no me gusta salir (4) contigo . ¡Ni loca!

ANTOÑITO No te preocupes. Muchas chicas quieren estar (5) conmigo . Siempre veo a Rosa en Club 49. A ella seguro que le gusta.

MAITE ¿A Rosa? A ella no le gusta ni estar (6) consigo misma. ¡Es una falsa!

③ **Una fiesta muy ruidosa** Martín y Luisa han organizado una fiesta muy ruidosa (*noisy*) en su casa y un vecino ha llamado a la policía. El policía les indica lo que deben hacer para evitar más problemas. Reescribe las indicaciones cambiando las palabras subrayadas por los pronombres de complemento correctos.

1. Traten amablemente a los policías. Trátenlos amablemente.
2. Tienen que pedirle perdón a sus vecinos. Tienen que pedírselo./Se lo tienen que pedir.
3. No pueden contratar a un grupo musical sin permiso. No pueden contratarlo sin permiso./No lo pueden contratar sin permiso.
4. Tienen que poner la música muy baja. Tienen que ponerla muy baja./La tienen que poner muy baja.
5. No deben servirles bebidas alcohólicas a los menores de edad. No deben servírselas./No se las deben servir.
6. No pueden organizar fiestas nunca más. No pueden organizarlas nunca más./No las pueden organizar nunca más.

Comunicación

4 **¿En qué piensas?** Piensa en algunos de los objetos típicos que ves en la clase o en tu casa (un cuadro, una maleta, un mapa, etc.). Tu compañero/a debe adivinar el objeto que tienes en mente haciéndote preguntas con pronombres.

MODELO **Tú piensas en: un libro**
—Estoy pensando en algo que uso para estudiar.
—¿Lo usas mucho?
—Sí, lo uso para aprender español.
—¿Lo compraste?
—Sí, lo compré en una librería.

④ As a variant, divide the class into two teams and play the same game. You may wish to have them draw from a bag of names to ensure that both masculine and feminine, singular and plural object pronouns are used.

5 **La fiesta** En parejas, túrnense para contestar las preguntas usando pronombres de complemento directo o indirecto según sea necesario.

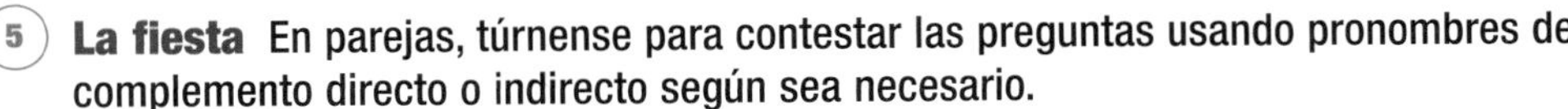

1. ¿Te gusta organizar fiestas? ¿Cuándo fue la última vez que organizaste una? ¿Por qué la organizaste?
2. ¿Invitaste a muchas personas? ¿A quiénes invitaste?
3. ¿Qué tipo de música escucharon? ¿Bailaron también?
4. ¿Qué les ofreciste de comer a los invitados en tu fiesta?
5. ¿Trajeron algo? ¿Qué? ¿Para quién?

⑤ Call on students to summarize their partners' responses.

⑤ Have students work in pairs to create three more questions with direct and indirect pronouns. Then have them trade questions with another pair and answer them.

6 **Fama** La actriz Estela Pérez debe encontrarse con sus *fans* pero, como perdió su agenda, no recuerda a qué hora es el encuentro. En grupos, miren la ilustración e inventen una historia. Utilicen cinco pronombres de complemento directo o indirecto.

7 **Una persona famosa** En parejas, escriban una entrevista con una persona famosa. Utilicen estas cinco preguntas y escriban cinco más. Incluyan pronombres en las respuestas. Después, representen la entrevista delante de la clase.

MODELO **—¿Quién prepara la comida en tu casa?**
—Mi cocinero la prepara.

1. ¿Visitas frecuentemente a tus amigos/as?
2. ¿Ves mucho la televisión?
3. ¿Quién conduce tu carro?
4. ¿Quién prepara tus maletas cuando viajas?
5. ¿Evitas a los fotógrafos?

⑦ Preview the exercise by asking students similar questions about their own lives.

2.2 *Gustar* and similar verbs

INSTRUCTIONAL RESOURCES
Supersite/IRCD: Textbook Answer Key, SAM Answer Key
SAM/WebSAM: WB, LM

Me encanta el grupo Distorsión.

No me gusta nada la música rock.

Using the verb *gustar*

To preview the material, ask students questions using **gustar, encantar**, and **molestar**. Emphasize the use of the indirect object pronoun in the questions.

Briefly review indirect object pronouns and remind students that they describe to whom or for whom an action is performed. See **2.1**, pp. 44–45.

Explain that subject pronouns like **yo** are not usually used with verbs like **gustar**. Point out that **Yo me gusta** is never correct.

- Though **gustar** is translated as *to like* in English, its literal meaning is *to please*. **Gustar** is preceded by an indirect object pronoun indicating *the person who is pleased*. It is followed by a noun indicating *the thing that pleases*.

INDIRECT OBJECT PRONOUN		SUBJECT
Me / *I*	**gusta** / *like*	**la película.** / *the movie.* (*literally: The movie pleases me.*)
¿Te / *Do you*	**gustan** / *like*	**los conciertos de rock?** / *rock concerts?* (*literally: Do rock concerts please you?*)

- Because *the thing that pleases* is the subject, **gustar** agrees in person and number with it. Most commonly the subject is third person singular or plural.

SINGULAR SUBJECT	PLURAL SUBJECT
Nos gust**a** la música de Paulina Rubio. *We like Paulina Rubio's music.*	Me gust**an** las quesadillas. *I like quesadillas.*
Les gust**a** su casa nueva. *They like their new house.*	¿Te gust**an** las películas románticas? *Do you like romantic movies?*

- When **gustar** is followed by one or more verbs in the infinitive, the singular form of **gustar** is always used.

No nos **gusta** llegar tarde.
We don't like to arrive late.

Les **gusta** cantar y bailar.
They like to sing and dance.

- **Gustar** is often used in the conditional (**me gustaría**, etc.) to soften a request.

Me **gustaría** un refresco con hielo, por favor.
I would like a soda with ice, please.

¿Te **gustaría** salir a cenar esta noche conmigo?
Would you like to go out to dinner with me tonight?

Verbs like *gustar*

- Many verbs follow the same pattern as **gustar**.

aburrir *to bore*	**hacer falta** *to miss*
caer bien/mal *to get along well/badly with*	**importar** *to be important to; to matter*
disgustar *to upset*	**interesar** *to be interesting to; to interest*
doler *to hurt; to ache*	**molestar** *to bother; to annoy*
encantar *to like very much*	**preocupar** *to worry*
faltar *to lack; to need*	**quedar** *to be left over; to fit (clothing)*
fascinar *to fascinate; to like very much*	**sorprender** *to surprise*

¡**Me fascina** el álbum!
I love the album!

A Sandra **le disgusta** esa situación.
That situation upsets Sandra.

¿**Te molesta** si voy contigo?
Will it bother you if I come along?

Le duelen las rodillas.
Her knees hurt.

- The indirect object can be repeated using the construction **a** + [*prepositional pronoun*] or **a** + [*noun*]. This construction allows the speaker to emphasize or clarify who is pleased, bothered, etc.

A ella no le gusta bailar, pero **a él** sí.
She doesn't like to dance, but he does.

A Felipe le molesta ir de compras.
Shopping bothers Felipe.

- **Faltar** expresses what someone or something lacks and **quedar** expresses what someone or something has left. **Quedar** is also used to talk about how clothing fits or looks on someone.

Le falta dinero.
He's short of money.

Nos quedan cinco libros.
We have five books left.

Me faltan dos pesos.
I need two pesos.

Esa falda **te queda** bien.
That skirt fits you well.

¿Qué te hace falta en la vida?
Discoteca Paladio

To introduce verbs like **gustar**, ask students questions. Ex: **¿Les importan mucho sus calificaciones en esta clase? ¿Cuántas semanas nos quedan hasta el final del semestre?**

Point out that the reflexive verb **quedarse** (*to stay*) has a different meaning than **quedar** (*to fit; to arrange to meet*).

Práctica

TALLER DE CONSULTA

MANUAL DE GRAMÁTICA
Más práctica
2.2 **Gustar** and similar verbs, p. 362

1 For additional practice, call on volunteers to describe Miguel and César's problems. Ex: **A Miguel le encanta vivir con César, pero le preocupan algunas cosas.**

1 For additional practice, write a list of verbs like **gustar** on the board. Have students use at least three of the verbs to add to the dialogue, describing more problems between Miguel and César.

2 Call on volunteers to give their partners' response. Ex: **Según tu compañero/a, ¿qué le preocupa al presidente?** Ask the class: **¿Están ustedes de acuerdo?**

3 Remind students that the conditional is often used with verbs like **gustar** to soften a request. Ex: **¿Te interesaría ir al gimnasio?** *Would you be interested in going to the gym?*

1 Compañeros en problemas Miguel y César son compañeros de cuarto y tienen algunos problemas. Hoy se han reunido para discutirlos. Completa su conversación con la forma correcta de los verbos.

MIGUEL Mira, César, a mí (1) me encanta (encantar) vivir contigo, pero la verdad es que (2) me preocupan (preocupar) algunas cosas.

CÉSAR Bueno, para ser sincero, a mí también (3) me disgustan (disgustar) algunas cosas de ti.

MIGUEL Bueno, para empezar no (4) me gusta (gustar) que pongas la música tan alta cuando vienen tus amigos. Tus amigos (5) me caen (caer) muy bien pero, a veces, hacen mucho ruido y no me dejan dormir.

CÉSAR Sí, claro, lo entiendo. Pues mira, Miguel, a mí (6) me molesta (molestar) que no laves los platos después de comer. Además, tampoco sacas la basura.

MIGUEL Es verdad. Pues... vamos a intentar cambiar estas cosas. ¿Te parece?

CÉSAR ¡(7) Me fascina (fascinar) la idea! Yo bajo la música cuando vengan mis amigos y tú lavas los platos y sacas la basura más a menudo. ¿De acuerdo?

2 Preguntar Túrnense para hacerse preguntas sobre estos temas. Sigan el modelo.

MODELO **a tu padre / fascinar**
—¿Qué crees que le fascina a tu padre?
—Pues, no sé. Creo que le fascina dormir.

1. al presidente / preocupar
2. a tu hermano/a / encantar
3. a ti / gustar
4. a tus padres / gustar
5. a tu profesor(a) de español / disgustar
6. a tu mejor amigo/a / importar
7. a tu novio/a / molestar
8. a tu compañero/a de clase / disgustar

3 Conversaciones En parejas, pregúntense si les gustaría hacer las actividades de las fotos. Utilicen los verbos **aburrir, disgustar, encantar, fascinar, interesar y molestar**. Sigan el modelo.

MODELO —¿Te molestaría ir al parque de atracciones?
—No, me encantaría.

1.

2.

3.

4.

5.

6.

Comunicación

NATIONAL communication STANDARDS

4 **Extrañas aficiones** En grupos pequeños, miren las ilustraciones y decidan qué les gusta, interesa o molesta a estas personas.

1.

2.

3.

4.

5 **¿Qué te gusta?** En parejas, pregúntense si les gustan o no las personas y actividades de la lista. Utilicen verbos similares a **gustar** en las preguntas y respuestas.

Cameron Diaz	dormir los fines de semana
salir con tus amigos	hacer bromas
las películas de misterio	los discos de Christina Aguilera
practicar algún deporte	ir a discotecas
Antonio Banderas	las películas extranjeras

6 **¿A quién le gusta?** Trabajen en parejas.

A. Preparen una lista de cinco pasatiempos y cinco lugares de recreo. Luego circulen por la clase para ver a quiénes les gustan los lugares y las actividades de la lista.

B. Ahora escriban un párrafo breve para describir los gustos de sus compañeros. Utilicen **gustar** y otros verbos similares. Compartan su párrafo con la clase.

MODELO A Luisa y a Simón les fascina el restaurante Acapulco, pero a Tonya no le gusta.
A todos nos gusta ir al cine, menos a Carlos, porque…

4 Model the activity by doing the first illustration as a class. Ex: **A mi abuela Clotilde le fascina salir a pasear en su motocicleta, pero a ella le molesta cuando...**

4 For additional practice, have students repeat the activity with pictures from magazines or newspapers.

5 Take a survey of students' answers and write the results on the board.

6 Part B: Have groups do a peer-edit of each other's paragraphs before sharing them with the class.

2.3 Reflexive verbs

INSTRUCTIONAL RESOURCES
Supersite/IRCD: Textbook Answer Key, SAM Answer Key
SAM/WebSAM: WB, LM

Remind students that most reflexive verbs in Spanish do not require reflexive pronouns (*myself, yourself,* etc.) in English. Ex: **Jaime se despertó.** *Jaime woke up.* However, English does make frequent use of possessive adjectives where in Spanish a definite article would be used. Ex: **Me pongo los zapatos.** *I'm putting on my shoes.*

- In a reflexive construction, the subject of the verb both performs and receives the action. Reflexive verbs (**verbos reflexivos**) always use reflexive pronouns (**me, te, se, nos, os, se**).

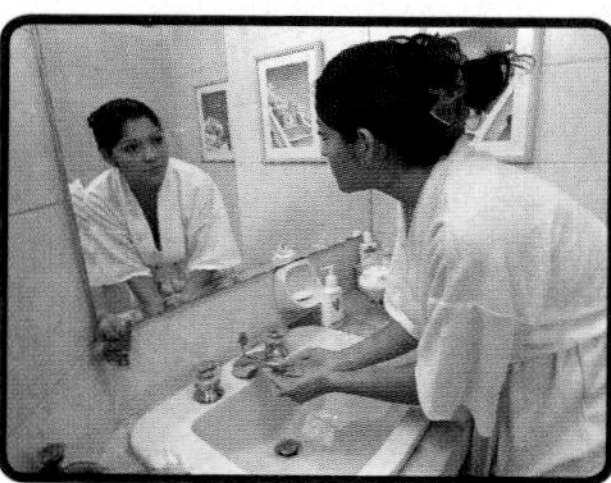

Reflexive verbs

Elena **se lava** la cara.

Non-reflexive verbs

Elena **lava** los platos.

Reflexive verbs	
lavarse *to wash (oneself)*	
yo	**me lavo**
tú	**te lavas**
usted/él/ella	**se lava**
nosotros/as	**nos lavamos**
vosotros/as	**os laváis**
ustedes/ellos/ellas	**se lavan**

- Many of the verbs used to describe daily routines and personal care are reflexive.

acostarse (o:ue) *to go to bed*
afeitarse *to shave*
bañarse *to take a bath*
cepillarse *to brush (hair/teeth)*
despertarse (e:ie) *to wake up*
dormirse (o:ue) *to go to sleep*
ducharse *to take a shower*
lavarse *to wash (oneself)*
levantarse *to get up*
maquillarse *to put on makeup*
peinarse *to comb (one's hair)*
ponerse *to put on (clothing)*
quitarse *to take off (clothing)*
secarse *to dry off*
vestirse (e:i) *to get dressed*

¡ATENCIÓN!

A transitive verb is one that takes a direct object.

Mariela compró dos boletos.
Mariela bought two tickets.

Johnny contó un chiste.
Johnny told a joke.

- In Spanish, most transitive verbs can also be used as reflexive verbs to indicate that the subject performs the action to or for himself or herself.

Félix **se divirtió** en la fiesta.
Félix had fun at the party.

Félix **divirtió** a los invitados con sus chistes.
Félix amused the guests with his jokes.

Ana **se acostó** muy tarde.
Ana went to bed very late.

Ana **acostó** a los gemelos antes de las nueve.
Ana put the twins to bed before nine.

- Many verbs change meaning when they are used with a reflexive pronoun.

aburrir *to bore*	**aburrirse** *to get bored*
acordar (o:ue) *to agree*	**acordarse (de) (o:ue)** *to remember*
comer *to eat*	**comerse** *to eat up*
dormir (o:ue) *to sleep*	**dormirse (o:ue)** *to fall asleep*
ir *to go*	**irse (de)** *to go away (from)*
llevar *to carry*	**llevarse** *to carry away*
mudar *to change*	**mudarse** *to move (change residence)*
parecer *to seem*	**parecerse (a)** *to resemble; to look like*
poner *to put*	**ponerse** *to put on (clothing)*
quitar *to take away*	**quitarse** *to take off (clothing)*

- Some Spanish verbs and expressions are used in the reflexive even though their English equivalents may not be. Many of these are followed by the prepositions **a, de**, and **en**.

acercarse (a) *to approach*	**fijarse (en)** *to take notice (of)*
arrepentirse (de) (e:ie) *to repent*	**morirse (de) (o:ue)** *to die (of)*
atreverse (a) *to dare (to)*	**olvidarse (de)** *to forget (about)*
convertirse (en) (e:ie) *to become*	**preocuparse (por)** *to worry (about)*
darse cuenta (de) *to realize*	**quejarse (de)** *to complain (about)*
enterarse (de) *to find out (about)*	**sorprenderse (de)** *to be surprised (about)*

- *To get* or *to become* is frequently expressed in Spanish by the reflexive verb **ponerse** + [*adjective*].

  Pilar **se pone** muy nerviosa antes del torneo.
  Pilar gets very nervous before the tournament.

  Si no duermo bien, **me pongo insoportable**.
  If I don't sleep well, I become unbearable.

- In the plural, reflexive verbs can express reciprocal actions done *to one another*.

  Los dos equipos **se saludan** antes de comenzar el partido.
  The two teams greet each other at the start of the game.

  ¡Los entrenadores **se están peleando** otra vez!
  The coaches are fighting again!

- The reflexive pronoun precedes the direct object pronoun when they are used together in a sentence.

  ¿**Te** comiste el pastel?
  Did you eat the whole cake?

  Sí, **me lo** comí.
  Yes, I ate it all up.

Write several sentence pairs on the board to illustrate the differences in meaning. Ex: **Pareces cansado.** *You seem tired.* **Te pareces a tu madre.** *You look like your mother.*

Have the class play charades using the reflexive verbs listed on pp. 52–53.

¡ATENCIÓN!

Hacerse and **volverse** can also mean *to become.*

Se ha hecho cantante.
He has become a singer.

¿Te has vuelto loco/a?
Have you gone mad?

The use of **se** with indirect object pronouns to express unplanned events is covered in **11.2**, pp. 306–307. Ex: **Se me perdieron las llaves**.

¡ATENCIÓN!

When used with infinitives and present participles, reflexive pronouns follow the same rules of placement as object pronouns. See **2.1**, pp. 44–45.

SUPERSITE

Práctica

TALLER DE CONSULTA

MANUAL DE GRAMÁTICA
Más práctica
2.3 Reflexive verbs, p. 363

① For additional practice, ask students about their own schedules. Ex: **¿A qué hora te levantas? ¿Quién se maquilla?**

① **Los lunes por la mañana** Completa el párrafo sobre lo que hacen Carlos y su esposa Elena los lunes por la mañana. Utiliza la forma correcta de los verbos reflexivos.

acostarse	irse	ponerse
afeitarse	lavarse	quitarse
cepillarse	levantarse	secarse
ducharse	maquillarse	vestirse

Los domingos por la noche, Carlos y Elena (1) se acuestan tarde y por la mañana tardan mucho en despertarse. Carlos es el que (2) se levanta primero, (3) se quita el pijama y (4) se ducha con agua fría. Después de unos minutos, entra en el cuarto de baño Elena, y Carlos (5) se afeita la barba. Mientras Elena termina de ducharse, de (6) secarse el pelo y de (7) maquillarse, Carlos prepara el desayuno. Cuando Elena está lista, ella y Carlos desayunan, luego (8) se cepillan los dientes y (9) se lavan las manos. Después los dos van a la habitación, (10) se visten con ropa elegante y (11) se van al trabajo. Carlos (12) se pone la corbata en el carro; Elena maneja.

② Tell students to imagine that Silvia's grandfather is 103 years old. Have them describe his Saturday schedule.

② **Todos los sábados**

A. En parejas, describan la rutina que sigue Silvia todos los sábados, según los dibujos.
Sample answers.

1. 

Se levanta/despierta a las nueve.

2. 

Se baña a las diez.

3. 

Se viste a las once menos cuarto.

4. 

Se maquilla a las doce menos diez.

B. Imaginen las rutinas de cuatro amigos o familiares de Silvia los sábados por la mañana. ¿Qué hace cada uno? Utilicen verbos reflexivos.

Comunicación

3 **¿Y tú?** En parejas, túrnense para hacerse las preguntas. Justifiquen sus respuestas.

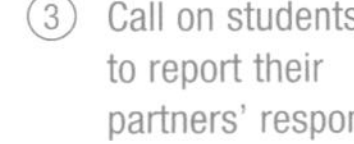

③ Call on students to report their partners' responses.

1. ¿A qué hora te despiertas normalmente los sábados por la mañana? ¿Por qué?
2. ¿Te duermes en las clases? ¿En cuáles?
3. ¿A qué hora te acuestas normalmente los fines de semana?
4. ¿A qué hora te duchas durante la semana?
5. ¿Te levantas siempre a la misma hora que te despiertas? ¿Por qué?
6. ¿Qué te pones para salir los fines de semana? ¿Y tus amigos/as?
7. ¿Cuándo te vistes elegantemente?
8. ¿Te diviertes cuando vas a una fiesta? ¿Y cuando vas a una reunión familiar?
9. ¿Te fijas en la ropa que lleva la gente?
10. ¿Te preocupas por tu imagen? ¿Por qué?

11. ¿De qué se quejan tus amigos/as normalmente? ¿Y tus padres u otros miembros de la familia?
12. ¿Conoces a alguien que se preocupe constantemente por todo?
13. ¿Te arrepientes a menudo de las cosas que haces?
14. ¿Te peleas con tus amigos/as? ¿Y con tu novio/a?
15. ¿Te sorprende alguna costumbre o hábito de tus amigos/as?

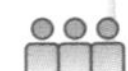

4 **Síntesis** Imagina que estás en un café y que ves a tu antiguo/a novio/a coqueteando con alguien. ¿Qué haces? Trabajen en grupos para representar la escena. Utilicen por lo menos cinco verbos de la lista y cinco pronombres de complemento directo e indirecto.

acercarse	darse cuenta	interesar	olvidarse
arrepentirse	gustar	irse	preocuparse
caer bien/mal	hacer falta	molestar	sorprender

④ As a follow-up writing assignment, have students write an e-mail to send to their ex.

For additional cumulative practice of all the grammar points in this lesson, go to **ventanas.vhlcentral.com**.

Atando cabos

Preview Ask students what they know about Lila Downs, Alex Rodríguez, and América Ferrera. Invite heritage learners to briefly tell about a famous figure from their country of origin. Then brainstorm a list of famous Spanish speakers from the arts and sports world and write the names on the board.

Teaching option Assign groups, placing weaker students with stronger ones. To ensure variety in the presentations, you may want to specify that one group choose a singer, another a sports figure, etc.

Recursos If audiovisual resources are limited, inform students what types of materials they can use.

Presentación
- Tell students that each group member is to participate in the oral presentation. One member might introduce the "famous person," another might provide biographical information, and a third might talk about the person's achievements.
- Follow up the oral presentations by having a question session at the end of each presentation. Encourage students to ask the questions they wrote down.

¡A conversar!

Famosos del arte y el deporte En grupos pequeños, van a preparar una presentación sobre un(a) artista o deportista hispano/a famoso/a.

Tema: Seleccionen un(a) artista o deportista famoso/a que les interese. Ejemplos:

Lila Downs

Alex Rodríguez

América Ferrera

Investigación: Busquen información sobre la persona famosa en Internet, en la biblioteca y en el libro de texto y luego conversen sobre estos temas.

- ¿Cuál es su profesión? ¿Cuáles son los datos biográficos más importantes?
- ¿Cómo es físicamente? ¿Cómo es su personalidad?
- ¿Cuáles han sido sus logros (*achievements*) profesionales más destacados?
- ¿Hay algún dato curioso o una cita interesante de la persona famosa?
- ¿Cuál es la opinión personal de cada uno de los miembros del grupo?
- ¿Qué fuentes consultaron?

Recursos: Seleccionen material audiovisual para los puntos más importantes de la presentación. Informen a su instructor(a) sobre los recursos que necesitarán.

Organización: Hagan un esquema (*outline*) para organizar la información de manera lógica y coherente. Piensen en una forma original de introducir el tema: una pregunta, una fotografía, etc. La presentación será de unos diez minutos.

Presentación:

A. **Los presentadores:** Respalden el contenido de la presentación con los materiales audiovisuales.

Consejos para las presentaciones orales

- Repártanse la tarea de buscar información.
- Trabajen todos en la etapa de organización y preparación.
- Repartan lo que van a decir entre todo el grupo.
- Ensayen la presentación en grupo.

B. **La clase:** Mientras cada grupo presenta su tema, el resto de la clase toma nota de la información confusa o interesante. Cada persona debe escribir dos preguntas sobre esos puntos para hacerle al grupo después de la presentación.

¡A escribir!

¡Mis padres vienen a visitarme! Imagina que tus padres van a visitarte por un fin de semana y van a conocer a tu novio/a, con quien has empezado a salir (*to date*) recientemente. Quieres que el fin de semana sea perfecto y tienes miedo de que tu novio/a se olvide de los planes o haga algo equivocado. Envíale un correo electrónico para recordarle los planes y lo que debe hacer.

Preparación

A. Contesta estas preguntas. Intercambia tus notas con un(a) compañero/a para ampliar tus ideas.

1. ¿Qué expectativas tienen tus padres con respecto a esta visita? ¿Y tú?
2. ¿Cómo son tus padres? ¿Qué les gusta hacer?
3. ¿Qué actividades planeas hacer con tus padres y tu novio/a?
4. ¿Qué cosas te preocupan del primer encuentro entre tus padres y tu novio/a?

B. Piensa en cómo tu novio/a va a interpretar el mensaje: ¿como un gesto amable o una advertencia? Haz una lista de expresiones que te ayuden a comunicar tus ideas en un tono amigable. Incorpora estas expresiones en algunas respuestas del paso anterior.

Expresiones útiles

- Seguramente a mis padres les vas a caer...
- No te preocupes por…
- No te disgustes por lo que te voy a decir, pero...

Escritura Con toda la información que tienes, escribe un correo electrónico.

- Comienza con un saludo informal: **Hola, ¡Qué onda!, ¡Qué tal!, ¡Qué pasó!** (Méx.)
- Escribe una introducción para recordarle de la visita de tus padres. Cuéntale cómo te sientes y la lista de actividades planeadas.
- Explícale qué tipo de personas son tus padres. Indica dos cosas que les gustan y dos que les disgustan.
- Indica dos cosas que tu novio/a debería o no hacer. Recuerda usar un tono amigable.
- Termina tu mensaje con un saludo informal y cariñoso.

Preview Have a few students whose parents have visited the campus tell what they did during the visit.

Teaching option If the topic of the boyfriend/girlfriend is uncomfortable, you may change it to a friend instead.

Part B Do as a full class activity and list phrases on the board. Ex: **Si no te importa..., Para causarles una buena impresión...**, etc.

Escritura As a follow-up, invite volunteers to read their e-mails. Then ask: **1. ¿Qué otras actividades no se mencionaron? 2. ¿Quién planeó las actividades más interesantes para sus padres? 3. ¿Cuáles son los pedidos más graciosos que le hicieron a sus novios/as?**

2 ACTUALIDADES

Antes de leer

Cuando firma, escribe Puebla o Manu, pero su nombre original es **José Manuel Puebla Ros**. Puebla comenzó como dibujante hasta que un día decidió dedicarse al humor gráfico. Actualmente publica sus tiras en diversos diarios y revistas de España, entre ellos el *ABC*. La serie *Gente singular* de la revista *Impar* relata aventuras en la vida de tres personas: Carlos y sus vecinas, Martina y Leandra.

Conexión personal ¿Sueles pedir consejos a tus amigos o familiares? ¿Sobre qué temas? ¿Te ayudan?

Vocabulario

arreglarse *to get ready*

dar importancia *to give importance to; to consider important*

la apariencia *appearance*

desaliñado/a (desaliñao/desaliñá) *slovenly, sloppy*

echar a suertes *to leave (something) to chance*

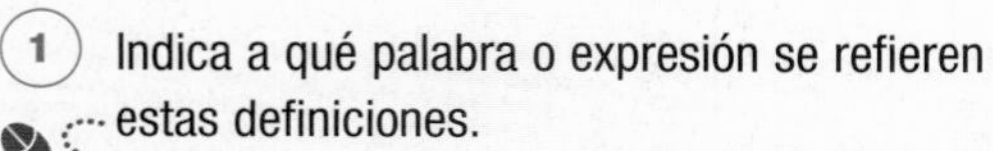

1 Indica a qué palabra o expresión se refieren estas definiciones.

1. aspecto físico de algo o alguien apariencia
2. resolver o decidir algo al azar echar a suertes
3. un hombre desarreglado o descuidado desaliñado
4. atribuir valor o interés a algo o alguien dar importancia
5. vestirse con ropa elegante, peinarse, pintarse las uñas, etc. arreglarse

¿Qué me pongo?

Vocabulario Point out the collocation for dar importancia: **darle importancia a algo**. Ask: **¿Le das mucha importancia a la manera de vestirse de una persona?**

Vocabulario Expand by giving other words indicating that a person is sloppy: **despeinado, desarreglado, viste mal**. Explain that **echar a suertes** or **echar a la suerte** also means "to toss a coin."

Preview As a pre-reading activity, ask students what suggestions they would give to a friend before a first date. Also ask about first dates: **¿Te gusta vestir bien? ¿Qué haces para causar una buena impresión a otra persona? ¿Adónde vas?**

Después de leer

1. Responde a las preguntas.

1. ¿Qué tiene esta noche Carlos?
   Tiene una cita.
2. ¿Para qué habla con sus vecinas?
   Para pedirles una sugerencia.
3. ¿Por qué Martina piensa que Carlos debe arreglarse?
   Porque la chica va a pensar que es un desaliñado.
4. ¿Por qué Leandra piensa que Carlos no debe arreglarse?
   Porque Carlos debe mostrar su personalidad.
5. ¿Va a tomar una decisión Carlos?
   No, lo va a echar a suertes.

2. En grupos pequeños, contesten las preguntas.

1. ¿Debe arreglarse Carlos para la primera cita o debe mostrar que "su personalidad está por encima de las apariencias"? ¿Por qué?
2. Al final de la tira, Carlos está estresado. ¿En qué circunstancias puede resultar estresante tener una cita o salir a divertirse con amigos?
3. Cuando salen con amigos/as o tienen una cita, ¿cómo reparten los gastos? ¿Qué pasa si la persona que invita no tiene dinero?

3. En parejas, diseñen la continuación de esta tira cómica. Decidan si Carlos se arregla o no para la cita e imaginen lo que ocurre. Indiquen adónde van y qué hacen.

4. Las vecinas de Carlos tienen opiniones diferentes sobre lo que una persona debe hacer en la primera cita. En parejas, piensen en lo que dicen y hagan planes para salir con cada una. ¿Cómo deben vestirse? ¿Qué lugares creen que le gustan a cada una?

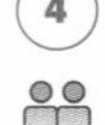

5. En parejas, piensen en su última cita o salida con amigos/as. ¿Adónde fueron? ¿Quién eligió el lugar? ¿Qué hicieron? ¿Estaban de acuerdo con el plan? Luego, compartan con la clase la anécdota de su compañero/a.

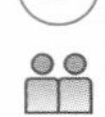

Teaching option Discuss the pros and cons of dressing up or down on a first date. Poll the class about who should pay on a first date and whether it is acceptable for a woman to ask a man out on a first date. Invite heritage learners familiar with the customs of their families' home countries to comment on dating customs: who extends the invitation, who pays, what is acceptable dress, etc.

2 VOCABULARIO

Las diversiones

el ajedrez	*chess*
el billar	*billiards*
el boliche	*bowling*
las cartas/los naipes	*(playing) cards*
los dardos	*darts*
el juego de mesa	*board game*
el pasatiempo	*pastime*
la televisión	*television*
el tiempo libre/los ratos libres	*free time*
el videojuego	*video game*

aburrirse	*to get bored*
alquilar una película	*to rent a movie*
brindar	*to make a toast*
celebrar/festejar	*to celebrate*
dar un paseo	*to take a stroll/walk*
disfrutar (de)	*to enjoy*
divertirse (e:ie)	*to have fun*
entretener(se) (e:ie)	*to entertain, amuse (oneself)*
gustar	*to like*
reunirse (con)	*to get together (with)*
salir (a comer)	*to go out (to eat)*

aficionado/a (a)	*fond of; a fan (of)*
animado/a	*lively*
divertido/a	*fun*
entretenido/a	*entertaining*

Los lugares de recreo

el cine	*movie theater; cinema*
el circo	*circus*
la discoteca	*discothèque; dance club*
la feria	*fair*
el festival	*festival*
el parque de atracciones	*amusement park*
el zoológico	*zoo*

Los deportes

el/la árbitro/a	*referee*
el campeón/la campeona	*champion*
el campeonato	*championship*
el club deportivo	*sports club*
el/la deportista	*athlete*
el empate	*tie (game)*
el/la entrenador(a)	*coach; trainer*
el equipo	*team*
el/la espectador(a)	*spectator*
el torneo	*tournament*

anotar/marcar (un gol/un punto)	*to score (a goal/ a point)*
desafiar	*to challenge*
empatar	*to tie (a game)*
ganar/perder (e:ie) un partido	*to win/lose a game*
vencer	*to defeat*

La música y el teatro

el álbum	*album*
el asiento	*seat*
el/la cantante	*singer*
el concierto	*concert*
el conjunto/grupo musical	*musical group; band*
el escenario	*scenery; stage*
el espectáculo	*show*
el estreno	*premiere; debut*
la función	*performance (theater; movie)*
el/la músico/a	*musician*
la obra de teatro	*play*
la taquilla	*box office*

aplaudir	*to applaud*
conseguir (e:i) boletos/entradas	*to get tickets*
hacer cola	*to wait in line*
poner un disco compacto	*to play a CD*

Más vocabulario

Expresiones útiles	*Ver p. 37*
Estructura	*Ver pp. 44–45, 48–49 y 52–53*

INSTRUCTIONAL RESOURCES
Supersite/IRCD: Testing program

La vida diaria

3

Communicative Goals

You will expand your ability to...

- narrate in the past
- express completed past actions
- express habitual or ongoing past events and conditions

La vida diaria

INSTRUCTIONAL RESOURCES
Supersite/IRCD:
Audioscripts,
Textbook Answer Key,
SAM Answer Key
SAM/WebSAM: WB, LM

Preview Ask students to talk about their daily agendas and how they keep track of their personal lives. Ex: **¿Tienen muchas responsabilidades en la escuela? ¿En el trabajo? ¿Cómo se organizan en su vida personal?** Recycle previously learned vocabulary, such as rooms of the house and clothing.

En casa

el balcón *balcony*

la escalera *staircase*
el hogar *home; fireplace*
la limpieza *cleaning*
los muebles *furniture*
los quehaceres *chores*

apagar *to turn off*
barrer *to sweep*
calentar (e:ie) *to warm up*
cocinar *to cook*
encender (e:ie) *to turn on*
freír (e:i) *to fry*
hervir (e:ie) *to boil*
lavar *to wash*
limpiar *to clean*
pasar la aspiradora *to vacuum*
quitar el polvo *to dust*
tocar el timbre *to ring the doorbell*

Teaching option To help students practice the adverbs from the **Expresiones** list, have them create a survey. Ex: **¿Con qué frecuencia vas al cine? a) a menudo b) a veces c) casi nunca.** Then have them report their answers to the class.

De compras

el centro comercial *mall*
el dinero en efectivo *cash*
la ganga *bargain*
el probador *dressing room*
el reembolso *refund*
el supermercado *supermarket*
la tarjeta de crédito/débito *credit/debit card*

devolver (o:ue) *to return (items)*
hacer mandados *to run errands*
ir de compras *to go shopping*
probarse (o:ue) *to try on*
seleccionar *to select; to pick out*

auténtico/a *real; genuine*
barato/a *cheap; inexpensive*
caro/a *expensive*

Camila **fue de compras** al **supermercado**, decidida a gastar lo menos posible. **Seleccionó** los productos más **baratos** y pagó con **dinero en efectivo**.

Variación léxica
barato/a ⟷ económico/a
caro/a ⟷ costoso/a
hacer mandados ⟷ hacer recados

Expresiones

a menudo *frequently; often*
a propósito *on purpose*
a tiempo *on time*
a veces *sometimes*
apenas *hardly; scarcely*
así *like this; so*
bastante *quite; enough*
casi *almost*
casi nunca *rarely*
de repente *suddenly*
de vez en cuando *now and then; once in a while*
en aquel entonces *at that time*
en el acto *immediately; on the spot*
enseguida *right away*
por casualidad *by chance*

Point out that **bastante** can be used as an adjective or adverb. Ex: **Tenemos bastante trabajo.** (adjective) **Tenemos que trabajar bastante.** (adverb)

La vida diaria

Desde que comenzó a trabajar en un restaurante, Emilia ha tenido que **acostumbrarse** al **horario** de un chef. ¡La nueva **rutina** no es tan fácil! **Suele** volver a casa después de la medianoche.

la agenda *datebook*
la costumbre *custom; habit*
el horario *schedule*
la rutina *routine*
la soledad *solitude; loneliness*

acostumbrarse (a) *to get used to; to grow accustomed (to)*
arreglarse *to get ready*
averiguar *to find out; to check*
probar (o:ue) (a) *to try*
soler (o:ue) *to be in the habit of; to be used to*

atrasado/a *late*
cotidiano/a *everyday*
diario/a *daily*
inesperado/a *unexpected*

Práctica

1 Escuchar

A. Escucha lo que dice Julián y luego decide si las oraciones son **ciertas** o **falsas**. Corrige las falsas.

1. Julián está en un supermercado.
   Falso. Julián está en su casa.
2. Julián tiene que limpiar la casa.
   Cierto.
3. Él siempre sabe dónde está todo.
   Falso. Él nunca sabe dónde deja las cosas.
4. Él encuentra su tarjeta de crédito debajo de la escalera. Cierto.
5. Julián recibe una visita inesperada. Cierto.

B. Escucha la conversación entre Julián y la visita inesperada y después contesta las preguntas con oraciones completas.

1. ¿Quién está tocando el timbre?
   María está tocando el timbre.
2. ¿Qué tiene que hacer ella?
   Tiene que ir al centro comercial.
3. ¿Qué quiere devolver?
   Quiere devolver unos pantalones.
4. ¿Eran caros los pantalones?
   No. Los pantalones eran una ganga.
5. ¿Qué hace Julián antes de ir al centro comercial con ella? Julián se arregla.

2 Sopa de letras

Busca ocho palabras y expresiones del vocabulario de **Contextos**. Después, escribe un párrafo usando al menos cuatro de las palabras que encontraste.

K	J	A	N	T	I	C	P	S	A
C	A	L	E	N	T	A	R	U	U
Í	O	S	A	S	V	R	E	C	T
A	G	S	I	Ó	E	S	H	N	É
B	E	R	T	C	A	S	I	M	N
A	S	U	B	U	V	E	B	D	T
L	A	T	I	E	M	P	O	A	I
C	A	I	O	L	Z	B	L	R	C
Ó	L	N	N	Í	N	U	R	P	O
N	B	A	Q	U	S	O	L	E	R

(2) To check grammar and vocabulary use, ask students to exchange their paragraphs for peer editing.

Práctica

③ To preview this activity, ask questions using words from the box. Ex: **¿Qué haces a diario? ¿Llegas a tiempo a clase? ¿Sueles comer en clase?**

3 Julián y María Completa el párrafo con las palabras o expresiones lógicas de la lista.

a diario	**cotidiano**	**horario**	**soledad**
a tiempo	**en aquel entonces**	**por casualidad**	**soler**

Julián y María se conocieron un día (1) por casualidad en el supermercado. Julián estaba muy contento por haber conocido a María porque, (2) en aquel entonces, él era nuevo en el barrio y no conocía a nadie. A él no le gusta la (3) soledad. Desde aquel día, se ven casi (4) a diario. Durante la semana, ellos (5) suelen quedar para tomar un café después del trabajo, pues los dos tienen (6) horarios similares.

4 Una agenda muy llena Milena tiene mucho que hacer antes de su cita con Willy esta noche. Ha apuntado todo en su agenda, pero está muy atrasada.

A. En parejas, comparen el horario de Milena con la hora en que realmente logra hacer (*accomplishes*) cada actividad.

VIERNES, 15 DE OCTUBRE

1:00	¡Hacer mandados!	5:00	Hacer la limpieza
2:00	Banco: nueva tarjeta de débito	6:00	Cocinar, poner (set) la mesa
3:00	Centro comercial: comprar vestido	7:00	Arreglarme
4:00	Supermercado: pollo, arroz, verduras	8:00	Cita con Willy ♡

④ Review the phrase **lograr + [*infinitive*]** used in the model. Encourage students to use this phrase in their answers.

MODELO —¿A qué hora recoge (*picks up*) la nueva tarjeta de débito?
—Milena quiere recogerla a las dos, pero no logra hacerlo hasta las dos y media.

2:30

1. 
4:00

2. 

5:30

3. 
6:45

4. 

7:30

5. 

7:45

6. 

8:00

B. Ahora improvisen una conversación entre Willy y Milena. ¿Creen que los dos lo pasan bien? ¿Creen que van a tener otra cita?

Comunicación

5 Los quehaceres

A. En grupos pequeños, túrnense para preguntar con qué frecuencia sus compañeros/as hacen estos quehaceres. Combinen palabras de cada columna y añadan sus propias ideas.

MODELO —¿Con qué frecuencia barres el balcón?
—Lo barro de vez en cuando, especialmente si vienen invitados.

barrer	**almuerzo**	**todos los días**
cocinar	**aspiradora**	**a menudo**
lavar	**balcón**	**a veces**
limpiar	**cuarto**	**de vez en cuando**
pasar	**polvo**	**casi nunca**
quitar	**ropa**	**nunca**

B. Ahora compartan la información con la clase y decidan quién es la persona más ordenada y la más desordenada.

6 Agendas personales

A. Primero, escribe tu horario para esta semana. Incluye algunas costumbres de tu rutina diaria y también actividades inesperadas de esta semana.

lunes ______
martes ______
miércoles ______
jueves ______
viernes ______
sábado ______
domingo ______

B. En parejas, pregúntense sobre sus horarios. Comparen sus rutinas diarias y los sucesos (*events*) de esta semana. ¿Tienen costumbres parecidas? ¿Tienen algunas actividades en común?

C. Con la información de la parte **B**, escribe un párrafo sobre la vida cotidiana de tu compañero/a. ¿Le gusta la rutina? ¿Disfruta de lo inesperado? ¿Llena su agenda con actividades sociales o prefiere estar en casa? Comparte tu párrafo con la clase.

(5) Have students pretend they disagree with their classmates. Have them refute the sentences using opposite adverbs. Ex: **¡Pero qué va! Casi nunca barres el balcón.**

(6) Part B: Have pairs create two columns called **similitudes** and **diferencias** in order to help them organize their comparisons of the two schedules.

(6) For an expansion activity, bring in a school social calendar. Using the schedules created in Part A, have students discuss which events they could attend and which they could not. Point out that students should use **asistir a** for *to attend.*

3 FOTONOVELA

Diana y Fabiola conversan sobre la vida diaria. Aguayo pide ayuda con la limpieza, pero casi todos tienen excusas.

Synopsis
- Aguayo is trying to get a vacuum cleaner to work.
- The vacuum cleaner starts running after Mariela kicks it.
- Aguayo tries in vain to recruit everyone to help him clean the office.
- Diana brings back pastries, and Fabiola and Johnny fight over the last two.
- Éric finds a mound of dust, stashed there by Mariela, on his desk.

FABIOLA Odio los lunes.

DIANA Cuando tengas tres hijos, un marido y una suegra, odiarás los fines de semana.

FABIOLA ¿Discutes a menudo con tu familia?

DIANA Siempre tenemos discusiones. La mitad las ganan mis hijos y mi esposo. Mi suegra gana la otra mitad.

FABIOLA ¿Te ayudan en las tareas del hogar?

DIANA Ayudan, pero casi no hay tiempo para nada. Hoy tengo que ir de compras con la mayor de mis hijas.

FABIOLA ¿Y por qué no va ella sola?

DIANA Hay tres grupos que gastan el dinero ajeno, Fabiola: los políticos, los ladrones y los hijos... Los tres necesitan supervisión.

FABIOLA Tengan cuidado en las tiendas. Hace dos meses andaba de compras y me robaron la tarjeta de crédito.

DIANA ¿Y fuiste a la policía?

FABIOLA No.

DIANA ¿Lo dices así, tranquilamente? Te van a arruinar.

FABIOLA No creas. El que me la robó la usa menos que yo.

Más tarde en la cocina...

AGUAYO El señor de la limpieza dejó un recado diciendo que estaba enfermo. Voy a pasar la aspiradora a la hora del almuerzo. Si alguien desea ayudar...

FABIOLA Tengo una agenda muy llena para el almuerzo.

DIANA Yo tengo una reunión con un cliente.

ÉRIC Tengo que... Tengo que ir al banco. Sí. Voy a pedir un préstamo.

JOHNNY Yo tengo que ir al dentista. No voy desde la última vez... Necesito una limpieza.

Aguayo y Mariela se quedan solos.

Diana regresa del almuerzo con unos dulces.

DIANA Les traje unos dulces para premiar su esfuerzo.

AGUAYO Gracias. Los probaría todos, pero estoy a dieta.

DIANA ¡Qué bien! Yo también estoy a dieta.

MARIELA ¡Pero si estás comiendo!

DIANA Sí, pero sin ganas.

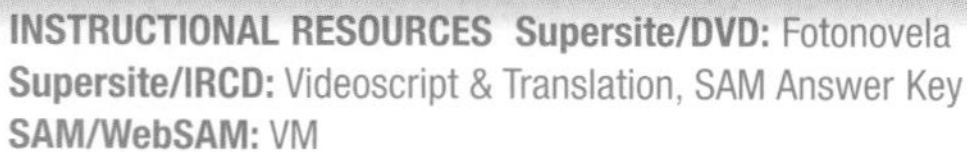

INSTRUCTIONAL RESOURCES **Supersite/DVD:** Fotonovela
Supersite/IRCD: Videoscript & Translation, SAM Answer Key
SAM/WebSAM: VM

Preview Ask: **¿Cómo son los lunes para ustedes? ¿Han trabajado alguna vez en una oficina? ¿Qué les parece la rutina de la oficina?**

Personajes

AGUAYO

DIANA

ÉRIC

FABIOLA

JOHNNY

MARIELA

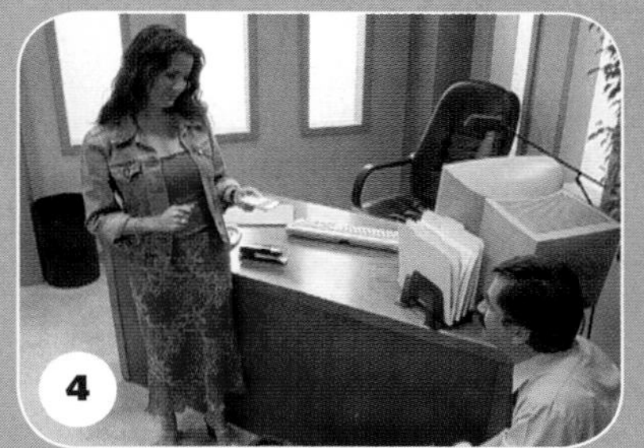

4

En la oficina de Aguayo...

MARIELA ¿Necesita ayuda?

AGUAYO No logro hacer que funcione.

MARIELA Creo que Diana tiene una pequeña caja de herramientas.

AGUAYO ¡Cierto!

Aguayo sale de la oficina. Mariela le da una patada a la aspiradora.

5

AGUAYO ¡Aceite lubricante y cinta adhesiva! ¿Son todas las herramientas que tienes?

DIANA ¡Claro! Es todo lo que necesito. La cinta para lo que se mueva y el aceite para lo que no se mueva.

Se escucha el ruido de la aspiradora encendida.

AGUAYO Oye... ¿Cómo lo lograste?

MARIELA Fácil... Me acordé de mi ex.

9

Fabiola y Johnny llegan a la oficina. Mariela está terminando de limpiar.

JOHNNY ¡Qué pena que no llegué a tiempo para ayudarte!

FABIOLA Lo mismo digo yo. Y eso que almorcé tan de prisa que no comí postre.

MARIELA Si gustan, quedan dos dulces en la cocina. Están riquísimos... (*Habla sola mirando el aerosol.*) Y no hubiera sido mala idea echarles un poco de esto.

10

Johnny y Fabiola vuelven de la cocina.

JOHNNY Qué descortés eres, Fabiola. Si yo hubiera llegado primero, te habría dejado el dulce grande a ti.

FABIOLA ¿De qué te quejas, entonces? Tienes lo que querías y yo también. Por cierto, ¿no estuviste en el dentista?

JOHNNY Los dulces son la mejor anestesia.

Expresiones útiles

Agreeing or disagreeing with a prior statement

Lo mismo digo yo. *The same here.*

¡Cierto! *Sure!*

¡Claro! *Of course!*

¡Cómo no! *Of course!*

¡Por supuesto! *Of course!*

No creas. *Don't you believe it.*

¡Qué va! *Of course not!*

¡Ni modo! *No way!*

Expressing strong dislikes

¡Odio... !
I hate...!

¡No me gusta nada... !
I don't like... at all!

Detesto...
I detest...

No soporto...
I can't stand...

Estoy harto/a de...
I am fed up with...

Additional vocabulary

acordarse *to remember*
ajeno/a *somebody else's*
andar *to be (doing something); to walk*
la caja de herramientas *toolbox*
el ladrón/la ladrona *thief*
lograr *to manage to; to achieve*
la mitad *half*
la patada *kick*
premiar *to give a prize*
¡Qué pena! *What a shame!*

Variación léxica
acordarse ⟷ recordar
¡Claro! ⟷ ¡Claro que sí!
No soporto... ⟷ No aguanto...
¡Qué pena! ⟷ ¡Qué lástima!

Teaching option Play the entire video. Have students take notes on the characters and describe their attitudes and personalities.

Comprensión

① Have students write three sentences using **tengo que.**

1 ¿Quién lo dijo? Indica quién dice estas oraciones.

Aguayo

Diana

Éric

Fabiola

Johnny

Mariela

Mariela 1. ¿Necesita ayuda?
Aguayo 2. Si alguien desea ayudar…
Fabiola 3. Tengo una agenda muy llena.
Diana 4. Tengo una reunión con un cliente.
Éric 5. Tengo que ir al banco.
Johnny 6. Tengo que ir al dentista.

② For further practice, have students create questions based on the exercise. Point out the written difference between **¿por qué?** and **porque**. Ex: **¿Por qué Diana odia los fines de semana? Porque Diana discute con su familia.**

2 Relacionar Empareja las frases de las dos columnas usando **porque**.

f 1. Diana odia los fines de semana…	a. está a dieta.
e 2. Diana quiere ir de compras con su hija…	b. el ladrón usa la tarjeta de crédito menos que ella.
c 3. Fabiola dice que tengan cuidado en las tiendas…	c. hace dos meses le robaron la tarjeta de crédito.
b 4. Fabiola no fue a la policía…	d. el señor que limpia está enfermo.
d 5. Aguayo pasará la aspiradora…	e. no quiere que gaste mucho dinero.
a 6. Aguayo no prueba los dulces…	f. discute mucho con su familia.

③ To spark discussion, ask questions such as: **¿A quién le gustan los lunes? ¿Con quién sueles almorzar?**

Teaching option Have students role-play a situation between an employer and employee in which they must negotiate a work schedule. The company is understaffed and the employee is involved in many extracurricular activities.

3 Seleccionar Selecciona la opción que expresa la misma idea.

1. Odio los lunes.
   (a.) No soporto los lunes. b. No detesto los lunes. c. Me aburren los lunes.
2. Tengo una agenda muy llena para el almuerzo.
   a. Tengo planeado un almuerzo. (b.) Tengo muchas tareas a la hora del almuerzo. c. No tengo mi agenda aquí.
3. Tienes lo que quieres.
   (a.) Tu deseo se cumplió. b. Tienes razón. c. Te quiero.
4. Lo mismo digo yo.
   a. ¡Ni modo! b. No creas. (c.) Estoy de acuerdo.

Ampliación

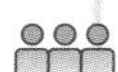

4 **Excusas falsas** Aguayo pide ayuda para limpiar la oficina, pero sus empleados le dan excusas. ¿Qué preguntas puede hacerles Aguayo para descubrir sus mentiras? Escribe las preguntas. Después, en grupos, dramaticen la situación: uno/a de ustedes es Aguayo y el resto son los/las empleados/as. Sean creativos.

4 To model the activity, have students invent other situations in which they might need to make excuses. Ex: **Me mudo a otro apartamento este fin de semana. ¿Quién me puede ayudar?**

5 **Opiniones** En grupos pequeños, contesten las preguntas.

1. ¿Es necesario a veces dar excusas falsas? ¿Por qué?
2. Describe una situación reciente en la que usaste una excusa falsa. ¿Por qué lo hiciste? ¿Se enteraron los demás?
3. ¿Es mejor decir la verdad siempre? ¿Por qué?

6 **Apuntes culturales** En parejas, lean los párrafos y contesten las preguntas.

6 Expand the discussion with additional questions. Ex: **¿Es importante tomar un descanso al mediodía? ¿Qué opinan de la siesta española? ¿Utilizan Internet para pagar las cuentas? ¿Creen que hacerlo les ahorra tiempo?**

La agenda diaria

¡Diana se queja de que no hay tiempo para nada! En muchos países hispanos, las horas del día se expresan utilizando números del 0 al 23. Muchas agendas en español usan este horario modelo, es decir que **10 p.m.** se indica **22:00** ó **22h**. ¡Pobre Diana! ¡Con tanto trabajo, necesita que el día tenga más horas!

La hora del almuerzo

Fabiola tiene una agenda muy ocupada para el almuerzo. En España y pueblos de Latinoamérica este descanso suele ser de 13:00 a 16:00. Los que trabajan cerca vuelven a sus casas pero, en las grandes ciudades de España, algunas personas aprovechan además para hacer mandados, compras o ir al gimnasio. ¿Qué tendrá que hacer Fabiola que sea más importante que limpiar la oficina?

Madrid

¿Servicios bancarios en el supermercado?

Éric tiene que ir al banco a pedir un préstamo. En Hispanoamérica, la mayoría de los préstamos y los pagos de servicios se realizan en el banco. No obstante, en países como Argentina, Costa Rica y Perú, las cuentas de gas, electricidad y teléfono también se pueden pagar en el supermercado.

1. ¿Cómo se puede expresar *8 a.m.* y *12 a.m.* en español?
2. En tu país, ¿cuántas horas se toman normalmente los empleados para almorzar? ¿Qué hacen durante ese descanso?
3. ¿Cuáles son los horarios comerciales de la ciudad en donde vives? ¿Te parecen suficientes?
4. ¿A qué hora sueles almorzar? ¿Dónde?
5. ¿Cómo pagas los servicios como electricidad y teléfono? ¿Te resulta conveniente tu método de pago? ¿Te gustaría poder pagarlos en el supermercado?

INSTRUCTIONAL RESOURCES
Supersite/DVD: Flash cultura; **Supersite:** Videoscript & Translation

En detalle

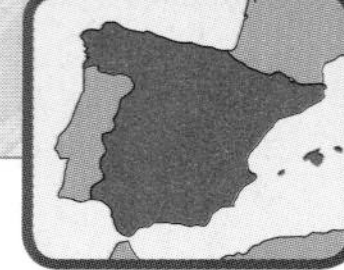

LA FAMILIA REAL

El Rey Juan Carlos I y la Reina Sofía vuelven de visitar a su nieta recién nacida.

En 1948, el General Francisco Franco tomó bajo su tutela° al niño Juan Carlos de Borbón, que entonces tenía sólo diez años. Su plan era formarlo ideológicamente para que fuera su sucesor. En 1975, tras la muerte del dictador y en contra de todas las predicciones, lo primero que hizo Juan Carlos I fue trabajar para implantar° la democracia en España.

La Familia Real española es una de las más queridas de las diez que todavía quedan en Europa. Juan Carlos I es famoso por su simpatía y su facilidad para complacer° a los ciudadanos españoles. Don Juan Carlos y doña Sofía llevan una vida sencilla, sin excesivos protocolos. Su vida diaria está llena de compromisos° sociales y políticos, pero siempre tienen un poco de tiempo para dedicarse a sus pasatiempos. La gran pasión del Rey son los deportes, especialmente el esquí y la vela, y participa en competiciones anuales, donde se destaca° por su destreza°. La Reina, por su parte, colabora en muchos proyectos de ayuda social y cultural.

Sus tres hijos, las Infantas° Elena y Cristina y el Príncipe Felipe, están casados y han formado sus propias familias. Mantienen las mismas costumbres sencillas de los Reyes. No es raro verlos de compras en los centros comerciales que están cerca de sus viviendas. Apasionados del deporte, como su padre, han participado en las más importantes competiciones y llevan una vida relativamente discreta. Don Juan Carlos y doña Sofía van de vacaciones todos los veranos a la isla de Mallorca y se los puede ver, como si se tratara de una familia más, comiendo en las terrazas de la isla junto a sus hijos y nietos. En esas ocasiones, los paseantes° no dudan en acercarse y saludarlos. Esta cercanía de los monarcas con los ciudadanos ha conseguido que la Corona° sea una de las instituciones más valoradas por los españoles. ■

Rey Juan Carlos I
Reina Sofía
Infanta Elena
Infanta Cristina

Príncipe Felipe

Regatas reales

El Rey Juan Carlos da nombre a la regata **Copa del Rey**, que tiene lugar todos los años en Palma de Mallorca. Su esposa da nombre a la **Regata Princesa Sofía**. La realeza no sólo presta su nombre para estas competencias: el Rey Juan Carlos participa de ambas con su yate llamado *Bribón*.

tutela *protection* **implantar** *to establish* **complacer** *to please* **compromisos** *engagements* **se destaca** *he stands out* **destreza** *skill* **Infantas** *Princesses* **paseantes** *passers-by* **Corona** *Crown*

Teaching option Preview the reading by asking students what they already know about royal families. What kind of attitude would they expect from royalty? After reading the text, ask students to compare what they learned with their original expectations. **¿Qué les sorprende de la Familia Real? ¿Son como ustedes esperaban?**

ASÍ LO DECIMOS

La familia

mima (Cu.) *mom*
pipo (Cu.) *dad*
amá (Col.) *mom*
apá (Col.) *dad*

tata (Arg. y Chi.) *grandpa*

carnal (Méx.) *brother; friend*
carnala (Méx.) *sister*
carnalita (Méx.) *little sister*

m'hijo/a (Amér. L.) *exp. to address a son or daughter*

chavalo/a (Amér. C.) *boy/girl*
chaval(a) (Esp.) *boy/girl*

EL MUNDO HISPANOHABLANTE

Las compras diarias

- En España, las grandes tiendas y también muchas tiendas pequeñas cierran los domingos. Así, los españoles realizan todas sus compras durante el resto de la semana. En algunos casos, las grandes tiendas, como El Corte Inglés, abren un domingo al mes.
- En el pueblo salvadoreño de Colonia la Sultana, el señor del pan pasa todos los días a las siete de la mañana con una canasta en la cabeza repleta de pan fresco. Cuando las personas lo escuchan llegar, salen a la calle para comprarle pan. Los que se quedan dormidos, si quieren pan fresco, tienen que ir al pueblo de al lado.

- En Argentina es muy común tomar soda (agua carbonada). El sodero pasa una vez por semana por las casas que solicitan entrega a domicilio. Se lleva los sifones° vacíos y deja sifones llenos.

PERFIL

LETIZIA ORTIZ

Letizia Ortiz nació en Oviedo el 15 de septiembre de 1972 en el seno de una familia trabajadora. Si alguien les hubiera dicho a sus padres que su hija iba a ser princesa, seguramente lo habrían tomado por loco. Esta joven inteligente y emprendedora° estudió periodismo y ejerció su profesión en algunos de los mejores medios españoles: el periódico *ABC*, y los canales CNN plus y TVE. Cuando se formalizó el compromiso° con el Príncipe Felipe, Letizia tuvo que dejar de trabajar y empezó un entrenamiento particular para ser princesa, ya que al casarse se convertiría en Princesa de Asturias. Su relación con el Príncipe se distingue por no haber respondido a la formalidad que se espera en estos casos. Poco antes de la boda, un periodista le preguntó: "¿Y cómo se declara un príncipe?", a lo que Letizia contestó: "Como cualquier hombre que quiere a una mujer".

"... a partir de ahora y de forma progresiva voy a integrarme y a dedicarme a esta nueva vida con las responsabilidades y obligaciones que conlleva." (Letizia Ortiz)

SUPERSITE **Conexión Internet**

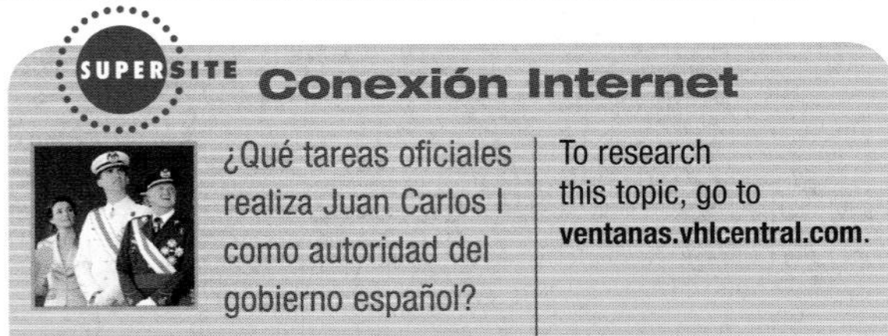

¿Qué tareas oficiales realiza Juan Carlos I como autoridad del gobierno español?

To research this topic, go to **ventanas.vhlcentral.com.**

emprendedora *enterprising* **compromiso** *engagement* **sifones** *siphons*

El mundo hispanohablante Ask students: **¿Qué ventajas y desventajas presenta el hecho de que las tiendas no abran los domingos?**

¿Qué aprendiste?

1 ¿Cierto o falso? Indica si las oraciones son **ciertas** o **falsas**. Corrige las falsas.

1. El General Francisco Franco quería que Juan Carlos de Borbón fuera su sucesor. Cierto.
2. El General Franco trabajó mucho para implantar la democracia en España. Falso. El Rey Juan Carlos I trabajó mucho para implantar la democracia.
3. La vida de los Reyes se caracteriza por la formalidad y el protocolo. Falso. Los Reyes llevan una vida sencilla, sin excesivos protocolos.
4. El Rey Juan Carlos es muy aficionado a los deportes. Cierto.
5. La Reina participa en competiciones de esquí. Falso. La Reina colabora en muchos proyectos de ayuda social y cultural.
6. La Infanta Cristina es soltera. Falso. La Infanta Cristina está casada.
7. La Familia Real pasa las vacaciones de verano en Mallorca. Cierto.
8. A la mayoría de los españoles les gusta la Familia Real. Cierto.

2 Oraciones incompletas Completa las oraciones.

1. Los padres de Letizia Ortiz son de clase trabajadora.
2. Letizia estudió periodismo.
3. La Infanta Cristina es la hermana del Príncipe Felipe.
4. Felipe es el Príncipe de Asturias.
5. En España, las grandes tiendas abren un domingo al mes.
6. En México, usan la palabra *carnala* para referirse a una hermana.

3 Preguntas Contesta las preguntas. Some answers may vary.

1. ¿Cuál es una forma cariñosa de referirse al padre en Cuba? Una forma cariñosa de referirse al padre en Cuba es *pipo*.
2. ¿Por qué crees que Letizia Ortiz tuvo que dejar de trabajar como periodista al convertirse en Princesa?
3. ¿A qué eventos deportivos dan nombre el Rey Juan Carlos y la Reina Sofía? Dan nombre a la Copa del Rey y a la Regata Princesa Sofía.
4. ¿Crees que es positivo o frívolo que el Rey de España participe en eventos deportivos? ¿Por qué?
5. Vuelve a leer la cita de Letizia Ortiz. ¿A qué responsabilidades y obligaciones crees que se refiere?
6. Muchos supermercados abren las 24 horas. ¿Crees que esto es necesario o crees que la gente está muy "malcriada" (*spoiled*)?

4 Opiniones En parejas, preparen dos listas. En una lista, anoten los elementos positivos de ser príncipe o princesa heredero/a y, en la otra, los elementos negativos que creen que puede tener. ¿Vale la pena ser rico y famoso si pierdes la vida privada?

Positivo	Negativo

PROYECTO

A domicilio

Existen muchos servicios a domicilio que facilitan la vida diaria, como los paseadores de perros, los supermercados con entrega a domicilio y los sitios web que nos permiten comprar desde casa.

Imagina que vas a crear una empresa para ofrecer un servicio a domicilio.

Usa esta guía para preparar un folleto (*brochure*) sobre tu empresa. Describe:

- el servicio que vas a ofrecer y cómo se llama;
- las principales características de tu servicio;
- cómo va a facilitar la vida diaria de tus clientes.

② For additional practice with the readings, have students create three more sentences with missing words or phrases. Then have them exchange their sentences with a partner for completion.

Proyecto Have more advanced students do short presentations about their service.

AMPARANOIA

Amparo Sánchez es la fuerza motriz° causante del nacimiento, desarrollo y evolución de **Amparanoia**. Sánchez inició su carrera musical en Granada y después de experimentar con varias formaciones se trasladó a Madrid, donde comenzó su viaje por las músicas del mundo. Su primer álbum —mezcla de rumba, ranchera, ska y bolero— salió a la venta° en 1997. A partir de ese momento, su música la lleva a conocer otros países, otras culturas, otras formas de pensar y, sobre todo, otros músicos con quienes comparte una misma ideología y una atracción por los ritmos de distintas culturas. Su crecimiento personal y su constante observación de lo que pasa en el mundo son la base de otros trabajos musicales en los que expresa su realidad y participa en la lucha por un mundo más justo. La banda Amparanoia se ha convertido° en un punto de referencia para entender la nueva mentalidad de la música española actual.

Discografía

2006 La vida te da **2004** Rebeldía con alegría **1997** El poder de Machín

Canción

Éste es un fragmento de una canción de Amparanoia.

La vida te da

Vete tristeza, vienes con pereza°
Y no me dejas pensar.
Vete tristeza, tú no me interesas
Está sonando la rumba y me llama,
Me llama a bailar.

El entorno familiar facilitó la curiosidad de Sánchez por la música desde que ella era una niña. Esta curiosidad se intensificó con el paso de los años. Lo que más le llamó la atención cuando era pequeña fue el poder que la música ejercía (*exerted*) en los adultos. Se dio cuenta de que en cuanto ésta empezaba a sonar, la alegría borraba (*erased*) todas las penas.

Preguntas En parejas, contesten las preguntas. Some answers will vary.

1. ¿Qué influencia tiene la música en la vida personal de Sánchez? La música la lleva a visitar otros países y conocer otras culturas y otras formas de pensar. También tiene la oportunidad de conocer a otros músicos con quienes comparte una misma ideología y una atracción por los ritmos de distintas culturas.
2. ¿Qué elementos constituyen la base de sus trabajos musicales? La base de sus trabajos musicales la constituyen su crecimiento personal y su constante observación de lo que pasa en el mundo.
3. Sánchez se dio cuenta de que la música ejercía poder sobre los adultos. ¿Qué música escuchaban sus padres cuando ustedes eran pequeños/as?
4. En su álbum *La vida te da*, Amparanoia reflexiona sobre la vida. ¿Qué papel juega la música en sus vidas? ¿Qué hacen cuando están tristes? ¿Qué hacen cuando están alegres?

fuerza motriz *moving force* **a la venta** *on sale* **se ha convertido** *has become* **pereza** *laziness*

3 ESTRUCTURA

INSTRUCTIONAL RESOURCES
Supersite/IRCD:
Textbook Answer Key,
SAM Answer Key
SAM/WebSAM: WB, LM

TALLER DE CONSULTA

MANUAL DE GRAMÁTICA
Más práctica
3.1 The preterite, p. 368
3.2 The imperfect, p. 369
3.3 The preterite vs. the imperfect, p. 370

Más gramática
3.4 Telling time, p. 371

Teaching option To preview the preterite, share an anecdote about something funny or embarassing that happened in the past. Write the preterite verbs you use on the board as you tell the story.

Remind students that **c** and **g** change to **qu** and **gu** to maintain the hard consonant sounds.

Note the need for written accents in order to avoid diphthongs. Ask students how these verbs would be pronounced if the accent marks were missing.

Point out that –**uir** verbs require written accents only in the **yo** and **Ud./él/ella** forms.

Remind students what third-person forms are.

3.1 The preterite

- Spanish has two simple tenses to indicate actions in the past: the preterite and the imperfect. The preterite is used to describe actions or states that began or were completed at a definite time in the past.

The preterite of regular *-ar*, *-er*, and *-ir* verbs

comprar	vender	abrir
compré	vendí	abrí
compraste	vendiste	abriste
compró	vendió	abrió
compramos	vendimos	abrimos
comprasteis	vendisteis	abristeis
compraron	vendieron	abrieron

- The preterite tense of regular verbs is formed by dropping the infinitive ending (**-ar**, **-er**, **-ir**) and adding the preterite endings. Note that the endings of regular **-er** and **-ir** verbs are identical in the preterite tense.

- The preterite of all regular and some irregular verbs requires a written accent on the preterite endings in the **yo, usted, él**, and **ella** forms.

Ayer **empecé** un nuevo trabajo.
Yesterday I started a new job.

Mi mamá **preparó** una cena deliciosa.
My mom prepared a delicious dinner.

- Verbs that end in **-car, -gar**, and **-zar** have a spelling change in the **yo** form of the preterite. All other forms are regular.

buscar	**busc–**	–qu–	**yo busqué**
llegar	**lleg–**	–gu–	**yo llegué**
empezar	**empez–**	–c–	**yo empecé**

- **Caer, creer, leer**, and **oír** change **-i-** to **-y-** in the **usted, él**, and **ella** forms and in the **ustedes, ellos**, and **ellas** forms (third-person forms) of the preterite. They also require a written accent on the **-i-** in all other forms.

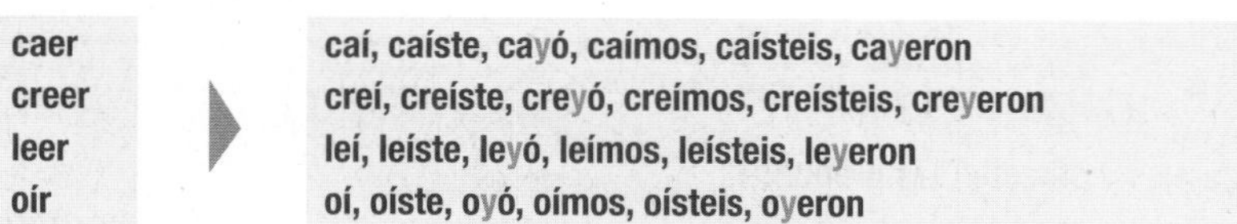

caer	**caí, caíste, cayó, caímos, caísteis, cayeron**
creer	**creí, creíste, creyó, creímos, creísteis, creyeron**
leer	**leí, leíste, leyó, leímos, leísteis, leyeron**
oír	**oí, oíste, oyó, oímos, oísteis, oyeron**

- Verbs with infinitives ending in **-uir** change **-i-** to **-y-** in the third-person forms.

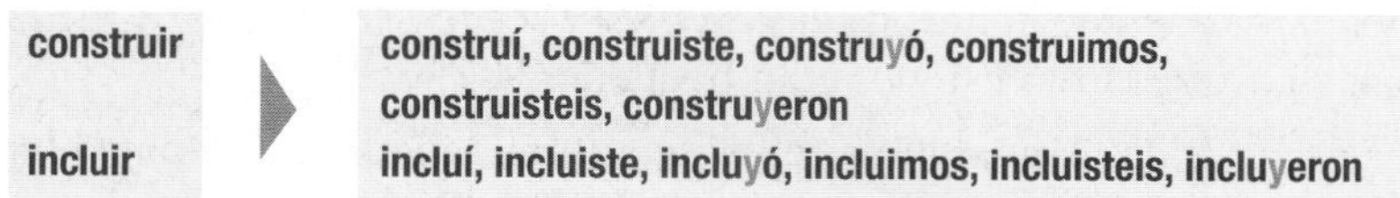

construir	**construí, construiste, construyó, construimos, construisteis, construyeron**
incluir	**incluí, incluiste, incluyó, incluimos, incluisteis, incluyeron**

- Stem-changing **-ir** verbs also have a stem change in the third-person forms of the preterite. Stem-changing **-ar** and **-er** verbs are regular.

Preterite of *-ir* stem-changing verbs			
pedir		**dormir**	
pedí	pedimos	dormí	dormimos
pediste	pedisteis	dormiste	dormisteis
pidió	pidieron	durmió	durmieron

- A number of **-er** and **-ir** verbs have irregular preterite stems. Note that none of these verbs takes a written accent on the preterite endings.

Les traje unos dulces para premiar su esfuerzo.

Por cierto, ¿no estuviste en el dentista?

Preterite of irregular verbs

Infinitive	u-stem	preterite forms
andar	anduv-	anduve, anduviste, anduvo, anduvimos, anduvisteis, anduvieron
estar	estuv-	estuve, estuviste, estuvo, estuvimos, estuvisteis, estuvieron
poder	pud-	pude, pudiste, pudo, pudimos, pudisteis, pudieron
poner	pus-	puse, pusiste, puso, pusimos, pusisteis, pusieron
saber	sup-	supe, supiste, supo, supimos, supisteis, supieron
tener	tuv-	tuve, tuviste, tuvo, tuvimos, tuvisteis, tuvieron
Infinitive	**i-stem**	**preterite forms**
hacer	hic-	hice, hiciste, hizo, hicimos, hicisteis, hicieron
querer	quis-	quise, quisiste, quiso, quisimos, quisisteis, quisieron
venir	vin-	vine, viniste, vino, vinimos, vinisteis, vinieron
Infinitive	**j-stem**	**preterite forms**
conducir	conduj–	conduje, condujiste, condujo, condujimos, condujisteis, condujeron
decir	dij–	dije, dijiste, dijo, dijimos, dijisteis, dijeron
traer	traj–	traje, trajiste, trajo, trajimos, trajisteis, trajeron

- Note that the stem of **decir (dij-)** not only ends in **j**, but the stem vowel **e** changes to **i**. In the **usted, él**, and **ella** form of **hacer (hizo)**, **c** changes to **z** to maintain the pronunciation. Most verbs that end in **-cir** have **j**-stems in the preterite.

¡ATENCIÓN!

Other **-ir** stem-changing verbs include:

conseguir **repetir**
consentir **seguir**
hervir **sentir**
morir **servir**
preferir

¡ATENCIÓN!

Ser, ver, ir, and **dar** also have irregular preterites. The preterite forms of **ser** and **ir** are identical.

ser/ir
fui, fuiste, fue, fuimos, fuisteis, fueron

dar
di, diste, dio, dimos, disteis, dieron

ver
vi, viste, vio, vimos, visteis, vieron

The preterite of **hay** is **hubo**.

Hubo dos conciertos el viernes.
There were two concerts on Friday.

Have students conjugate **deshacer, oponer**, and **atraer.** Note that all verbs ending in **hacer, poner**, and **traer** are also irregular in the preterite.

Ask a volunteer to conjugate **producir** and **traducir**.

Teaching option In order to practice verbs in the preterite, throw a ball to one student in the room and shout out a verb and subject. The student must conjugate the verb in the preterite and throw the ball to a classmate with a different verb and subject.

Práctica

TALLER DE CONSULTA

MANUAL DE GRAMÁTICA
Más práctica
3.1 The preterite, p. 368

① Students can exchange papers and correct each other's work. They should refer to the verb lists on previous pages.

① For a drill, have students orally conjugate the verbs from the activity.

1 Quehaceres Escribe la forma correcta del pretérito de los verbos indicados.

1. El sábado pasado mis compañeros de apartamento y yo hicimos (hacer) la limpieza semanal.
2. Jorge barrió (barrer) el suelo de la cocina.
3. Yo pasé (pasar) la aspiradora por el salón.
4. Martín y Felipe quitaron (quitar) los sillones para limpiarlos y después los volvieron (volver) a poner en su lugar.
5. Yo lavé (lavar) toda la ropa sucia y la puse (poner) en el armario.
6. Nosotros terminamos (terminar) con todo en menos de una hora.
7. Luego, Martín abrió (abrir) el refrigerador.
8. Él vio (ver) que no había nada de comer.
9. Felipe dijo (decir) que iría al supermercado. Todos nosotros decidimos (decidir) acompañarlo.
10. Yo apagué (apagar) las luces y nos fuimos (ir) al mercado.

② Brainstorm three more words or phrases that indicate the past, such as **hace ____ años que, el mes pasado, en el año ____**, etc.

② Remind students that **tener que** is always followed by an infinitive.

2 ¿Qué hicieron? Combina los elementos de cada columna para narrar lo que hicieron las personas.

anoche	yo	conversar	¿?
ayer	mi compañero/a de cuarto	dar	¿?
anteayer	mis amigos/as	decir	¿?
la semana pasada	el/la profesor(a) de español	ir	¿?
una vez	mi novio/a	leer	¿?
dos veces		pedir	¿?
		tener que	¿?

3 La última vez Indica cuándo fue la última vez que hiciste cada una de estas actividades. Escribe oraciones completas y justifica tus respuestas. Después comparte la información con la clase.

MODELO **llorar durante una película**
La última vez que lloré durante una película fue en 2005. La película fue *Mar adentro*…

1. hacer mandados
2. decir una mentira
3. andar atrasado/a
4. olvidar algo importante
5. devolver un regalo
6. ir de compras
7. oír una buena/mala noticia
8. encontrar una ganga increíble
9. ver tres programas de televisión seguidos
10. comprar algo muy caro

Teaching option For additional verb drills, divide the class into two groups. Give an infinitive to the class and have one student from each group go to the board and conjugate it in the preterite. Each team receives a point for a correct conjugation. The group with the most points wins.

Comunicación

4 **La semana pasada** Pasea por el salón de clases y averigua lo que hicieron tus compañeros/as la semana pasada. Anota el nombre de la primera persona que conteste que sí a las preguntas.

MODELO **ir al cine**

—¿Fuiste al cine la semana pasada?
—Sí, fui al cine y vi la última película de Almodóvar./No, no fui al cine.

Actividades	Nombre
1. asistir a un partido de fútbol	____________
2. cocinar para los amigos	____________
3. conseguir una buena nota en una prueba	____________
4. dar un consejo (*advice*) a un(a) amigo/a	____________
5. dormirse en clase o en el laboratorio	____________
6. estudiar toda la noche para un examen	____________
7. enojarse con un(a) amigo/a	____________
8. hacer una tarea dos veces	____________
9. ir a la oficina de un(a) profesor(a)	____________
10. ir al centro comercial	____________
11. pedir dinero prestado	____________
12. perder algo importante	____________
13. probarse un vestido/un traje elegante	____________

(4) Have students report their own activities during the past week. They can start by saying **Pues yo...**

(4) For faster-paced classes, ask students which errands they usually run every month using the verb **soler**. Ex: **¿Suelen ir de compras?** Then preview the imperfect tense with **soler** to express habitual actions in the past. Ex: **Solía ir de compras todos los meses.**

5 **Una fiesta** En parejas, túrnense para comentar la última fiesta que dieron o a la que asistieron.

- cuál fue la ocasión
- cuándo fue
- quiénes fueron y quiénes no pudieron ir
- qué se sirvió
- quién lo preparó
- qué tipo de música escucharon
- qué hicieron los invitados

(5) Ask students what they like to do when hosting a party.

6 **Los mandados** Escribe una lista de diez mandados que hiciste el mes pasado.

A. En parejas, túrnense para preguntarse si hicieron los mismos mandados.

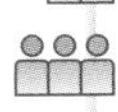
B. Compartan la información con la clase y decidan quién es la persona más trabajadora.

INSTRUCTIONAL RESOURCES
Supersite/IRCD:
Textbook Answer Key,
SAM Answer Key
SAM/WebSAM: WB, LM

3.2 The imperfect

- The imperfect tense in Spanish is used to narrate past events without focusing on their beginning, end, or completion.

El recado decía que él estaba enfermo.

Siempre tenía problemas con la aspiradora.

- The imperfect tense of regular verbs is formed by dropping the infinitive ending (**-ar, -er, -ir**) and adding personal endings. **-Ar** verbs take the endings **-aba, -abas, -aba, -ábamos, -abais, -aban. -Er** and **-ir** verbs take **-ía, -ías, -ía, -íamos, -íais, -ían.**

The imperfect of regular *-ar*, *-er*, and *-ir* verbs

caminar	deber	abrir
caminaba	debía	abría
caminabas	debías	abrías
caminaba	debía	abría
caminábamos	debíamos	abríamos
caminabais	debíais	abríais
caminaban	debían	abrían

Remind students that progressive forms are less common in Spanish than in English. Ex: **Camino al banco.** *I am walking to the bank.* **Caminaba al banco.** *I was walking to the bank.*

- **Ir, ser**, and **ver** are the only verbs that are irregular in the imperfect.

The imperfect of irregular verbs

ir	ser	ver
iba	era	veía
ibas	eras	veías
iba	era	veía
íbamos	éramos	veíamos
ibais	erais	veíais
iban	eran	veían

- The imperfect tense narrates what was going on at a certain time in the past. It often indicates what was happening in the background.

Cuando yo **era** joven, **vivía** en una ciudad muy grande. Todas las semanas, mis padres y yo **íbamos** al centro comercial.

When I was young, I lived in a really big city. Every week, my parents and I would go to the mall.

- The imperfect of **hay** is **había**.

  Había tres cajeros en el supermercado.
  There were three cashiers in the supermarket.

  Sólo **había** un mesero en el café.
  There was only one waiter in the café.

- These words and expressions are often used with the imperfect because they express habitual or repeated actions: **de niño/a** (*as a child*), **todos los días** (*every day*), **mientras** (*while*), **siempre** (*always*).

  De niño vivía en un suburbio de Madrid.
  As a child, I lived in a suburb of Madrid.

  Todos los días iba a la casa de mi abuela.
  Every day I went to my grandmother's house.

  Siempre escuchaba música **mientras corría** en el parque.
  I always listened to music while I ran in the park.

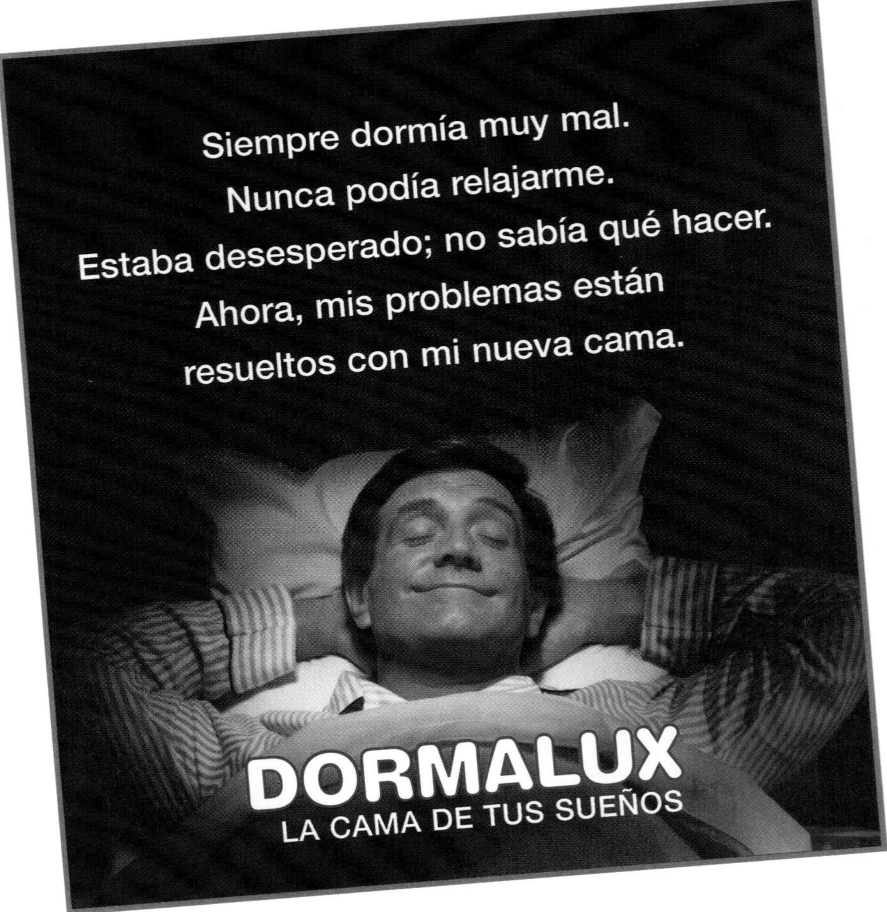

Siempre dormía muy mal.
Nunca podía relajarme.
Estaba desesperado; no sabía qué hacer.
Ahora, mis problemas están
resueltos con mi nueva cama.
DORMALUX
LA CAMA DE TUS SUEÑOS

Teaching option Have students search the Internet for a biography of a famous person and find out what his/her life was like in the past. Have them report results to the class.

Práctica

TALLER DE CONSULTA

MANUAL DE GRAMÁTICA
Más práctica
3.2 The imperfect, p. 369

① Point out that the imperfect is usually used to give someone's age in the past.

① Ask students: **¿De niños/as, vivían en otra ciudad? ¿Cómo era su vida diaria allá?**

1 Granada **Escribe la forma correcta del imperfecto de los verbos indicados.**

Granada, en el sur de España

Cuando yo (1) ___tenía___ (tener) veinte años, estuve en España por seis meses. (2) ___Vivía___ (vivir) en Granada, una ciudad en Andalucía. (3) ___Era___ (ser) estudiante en un programa de español para extranjeros. Entre semana mis amigos y yo (4) ___estudiábamos___ (estudiar) español por las mañanas. Por las tardes, (5) ___visitábamos___ (visitar) los lugares más interesantes de la ciudad para conocerla mejor. Los fines de semana, nosotros (6) ___íbamos___ (ir) de excursión. (Nosotros) (7) ___Visitábamos___ (visitar) ciudades y pueblos nuevos. Los paisajes (8) ___eran___ (ser) maravillosos. Quiero volver pronto.

② Point out that since the expression **los lunes** implies repetition of an action, the imperfect must be used.

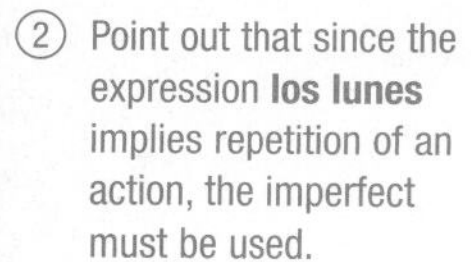

2 Antes **En parejas, túrnense para hacerse preguntas usando estas frases. Sigan el modelo.**

MODELO **levantarse tarde los lunes**

—¿Te levantas tarde los lunes?
—Ahora sí, pero antes nunca me levantaba tarde los lunes./Ahora no, pero antes siempre me levantaba tarde los lunes.

1. hacer los quehaceres del hogar
2. usar una agenda
3. ir de compras al centro comercial
4. pagar con tarjeta de crédito
5. trabajar por las tardes
6. preocuparse por el futuro

3 La cocina de Juan **La cocina de Juan era siempre un desastre. Escribe un párrafo sobre el estado de la cocina. Describe lo que Juan hacía y lo que nunca hacía.**

MODELO Juan siempre freía comida pero nunca lavaba los platos.

Teaching option List a series of infinitives on the board. Have students orally conjugate the verbs in all forms and then create a sentence using the imperfect.

Comunicación

4 De niños

A. Busca en la clase compañeros/as que hacían estas cosas cuando eran niños/as. Escribe el nombre de la primera persona que conteste afirmativamente cada pregunta.

MODELO **ir mucho al parque**
—¿Ibas mucho al parque?
—Sí, iba mucho al parque.

¿Qué hacían?	Nombre
1. tener miedo de los monstruos	______
2. llorar todo el tiempo	______
3. siempre hacer su cama	______
4. ser muy travieso/a (*mischievous*)	______
5. romper los juguetes (*toys*)	______
6. darles muchos regalos a sus padres	______
7. comer muchos dulces	______
8. creer en fantasmas	______

B. Ahora, comparte con la clase los resultados de tu encuesta.

④ Have students also state how old they were at the time. Ex: **Cuando tenía cinco años, iba mucho al parque.**

5 Antes y ahora

En parejas, comparen cómo ha cambiado la vida de Andrés en los últimos años. ¿Cómo era antes? ¿Cómo es ahora? Preparen una lista de por lo menos seis diferencias.

antes

ahora

⑤ Ask volunteers to bring "then and now" photos of themselves (or famous celebrities). Have them use the imperfect and the present tense to describe themselves in the past and present.

6 En aquel entonces

A. Utiliza el imperfecto para escribir un párrafo breve sobre la vida diaria de un(a) pariente tuyo/a que creció (*grew up*) en otra época. Puede ser tu padre/madre, un(a) abuelo/a o incluso un(a) antepasado/a (*ancestor*).

B. Ahora comparte tu párrafo con un(a) compañero/a. Pregúntense sobre el/la protagonista de la composición y comparen la vida diaria de aquel entonces con la de hoy. ¿En qué aspectos era mejor la vida diaria hace veinte años? ¿Hace cincuenta años? ¿Hace dos siglos (*centuries*)? ¿En qué aspectos era peor?

⑥ Ask heritage speakers to include details about their families' countries of origin.

Teaching option Find news articles in Spanish on the Internet. Have students work in pairs to identify the preterite and imperfect tenses.

INSTRUCTIONAL RESOURCES
Supersite/IRCD: Textbook Answer Key, SAM Answer Key
SAM/WebSAM: WB, LM

3.3 The preterite vs. the imperfect

- Although the preterite and imperfect both express past actions or states, the two tenses have different uses and, therefore, are not interchangeable.

¿Cómo lograste encender la aspiradora? Antes no funcionaba.

Uses of the preterite

- To express actions or states viewed by the speaker as completed

  Compraste los muebles hace un mes.
  You bought the furniture a month ago.

  Mis amigas **fueron** al centro comercial ayer.
  My friends went to the mall yesterday.

- To express the beginning or end of a past action

  La telenovela **empezó** a las ocho.
  The soap opera began at eight o'clock.

  El café **se acabó** enseguida.
  The coffee ran out right away.

- To narrate a series of past actions

  Me levanté, **me arreglé** y **fui** a clase.
  I got up, got ready, and went to class.

  Se sentó, **tomó** el bolígrafo y **escribió**.
  He sat down, grabbed the pen, and wrote.

Point out that, when referring to a person's age in the past, the imperfect is almost always used. Ex: **Tenía treinta años cuando llegó a este país.**

Remind students that **soler** means *to usually do something*. Point out that **soler** is used in the imperfect because its meaning implies repetition. Ask personalized questions to practice the use of **soler** with infinitives.

Uses of the imperfect

- To describe an ongoing past action without reference to beginning or end

  Se acostaba muy temprano.
  He went to bed very early.

  Juan **tenía** pesadillas constantemente.
  Juan constantly had nightmares.

- To express habitual past actions

  Me **gustaba** jugar al fútbol los domingos por la mañana.
  I used to like to play soccer on Sunday mornings.

  Solían comprar las verduras en el mercado.
  They used to shop for vegetables in the market.

- To describe mental, physical, and emotional states or conditions

  José Miguel sólo **tenía** quince años en aquel entonces.
  José Miguel was only fifteen years old back then.

  Estaba tan hambriento que quería comerme un pollo entero.
  I was so hungry that I wanted to eat a whole chicken.

- To tell time

  Eran las ocho y media de la mañana.
  It was eight-thirty a.m.

  Era la una en punto.
  It was exactly one o'clock.

TALLER DE CONSULTA

To review telling time, see **Manual de gramática, 3.4,** p. 371.

Uses of the preterite and imperfect together

- When narrating in the past, the imperfect describes what *was happening*, while the preterite describes the action that *interrupts* the ongoing activity. The imperfect provides background information, while the preterite indicates specific events that advance the plot.

Mientras **estudiaba**, **sonó** la alarma contra incendios. **Me levanté** de un salto y **miré** el reloj. **Eran** las 11:30. **Salí** corriendo de mi cuarto. En el pasillo **había** más estudiantes. La alarma **seguía** sonando. **Bajamos** las escaleras y, al llegar a la calle, la alarma **dejó** de sonar. No **había** ningún incendio.

*While I **was studying**, the fire alarm **went off**. I **jumped up** and **looked** at the clock. It **was** 11:30. I **ran out** of my room. In the hall **there were** more students. The alarm **continued** to blare. We **rushed** down the stairs and, upon getting to the street, the alarm **stopped**. **There was** no fire.*

Different meanings in the imperfect and preterite

¡Gracias! No sabía cómo encender esta aspiradora.

Supe que el señor que limpia está enfermo.

- The verbs **querer, poder, saber**, and **conocer** have different meanings when they are used in the preterite. Notice also the meanings of **no querer** and **no poder** in the preterite.

INFINITIVE	IMPERFECT	PRETERITE
querer	**Quería acompañarte.** *I wanted to go with you.*	**Quise acompañarte.** *I tried to go with you (but failed).* **No quise acompañarte.** *I refused to go with you.*
poder	**Ana podía hacerlo.** *Ana could do it.*	**Ana pudo hacerlo.** *Ana succeeded in doing it.* **Ana no pudo hacerlo.** *Ana could not do it.*
saber	**Ernesto sabía la verdad.** *Ernesto knew the truth.*	**Por fin Ernesto supo la verdad.** *Ernesto finally discovered the truth.*
conocer	**Yo ya conocía a Andrés.** *I already knew Andrés.*	**Yo conocí a Andrés en la fiesta.** *I met Andrés at the party.*

¡ATENCIÓN!

Here are some useful sequencing expressions.

primero *first*
al principio *in the beginning*
antes (de) *before*
después (de) *after*
mientras *while*
entonces *then*
luego *then; next*
siempre *always*
al final *finally*
la última vez *the last time*

For visual learners, draw a time line on the board. Read the model and make marks in one color to show completed actions in the past. Then shade the areas in between with a different color and point out that the imperfect describes ongoing action in the past.

Ask students which words in **¡Atención!** would tend to be used with which tense. Then have volunteers use the transitional words listed in **¡Atención!** to form sentences using the preterite or imperfect.

Stress that the imperfect of **poder** describes what a person *was capable of*, whether or not he/she tried. The preterite of **poder** describes what someone *did (not) manage* or *succeed to do*.

Point out that the verb **enterarse** also means *to find out*, just like **saber** in the preterite. Ex: **Por fin Ernesto se entera/se enteró de la verdad**.

Teaching option Ask students to bring in Spanish newspaper or magazine articles that narrate past events. In pairs, have them highlight verbs in the preterite and imperfect, and match them to the uses described in this grammar point.

Práctica

TALLER DE CONSULTA

MANUAL DE GRAMÁTICA
Más práctica
3.3 The preterite vs. the imperfect, p. 370

① Model by having a volunteer complete the first sentence.

① For advanced learners, discuss why each sentence takes the preterite or imperfect. Discuss how changing the past tense from preterite to imperfect, and vice-versa, changes the meaning of the sentence.

1 Una cena especial

Elena y Francisca tenían invitados a cenar. Completa las oraciones sobre los preparativos de la cena con el imperfecto o el pretérito de estos verbos. Algunos verbos se repiten.

averiguar	haber	ofrecer	salir
decir	levantar	pasar	ser
estar	limpiar	preparar	terminar
freír	llamar	quitar	tocar

1. __Eran__ las ocho cuando Francisca y Elena se __levantaron__ para preparar todo.
2. Elena __pasaba__ la aspiradora cuando Felipe la __llamó__ para preguntar la hora de la cena. Le __dijo__ que __era__ a las diez y media.
3. Francisca __preparaba__ las tapas en la cocina. Todavía __era__ temprano.
4. Mientras Francisca __freía__ las papas en aceite, Elena __limpiaba__ la sala.
5. Elena __quitaba__ el polvo de los muebles cuando su madre __tocó__ el timbre. ¡__Fue__ una visita sorpresa!
6. Su madre se __ofreció__ a ayudar. Elena __dijo__ que sí.
7. Cuando Francisca __terminó__ de hacer las tapas, __averiguó__ si __había__ suficientes refrescos. No había. Francisca __salió__ al supermercado.
8. Cuando por fin __terminaron__, ya __eran__ las nueve. Todo __estaba__ listo.

② Have students ask questions of their classmates based on the exercise. Ex: **¿Qué hacías cuando el médico llamó?**

② Point out that a second subject from the third column might not be needed. Ex: **Paco dormía cuando sonó la alarma.**

2 Interrupciones

Combina las palabras y frases de las columnas para contar lo que hicieron estas personas. Usa el pretérito y el imperfecto.

MODELO Ustedes miraban la tele cuando el médico llamó por teléfono.

yo	dormir	usted	llamar por teléfono
tú	comer	el/la médico/a	salir
Marta y Miguel	escuchar música	la policía	sonar la alarma
nosotros	mirar la tele	el/la profesor(a)	recibir el mensaje
Paco	conducir	los amigos	ver el accidente
ustedes	ir a...	Juan Carlos	escuchar un ruido extraño

③ Remind students how to write dates in Spanish.

3 Las fechas importantes

A. Escribe cuatro fechas importantes en tu vida y explica qué pasó.

MODELO

Fecha	¿Qué pasó?	¿Dónde y con quién estabas?	¿Qué tiempo hacía?
el 6 de agosto de 2006	Conocí a Dave Navarro.	Estaba en el gimnasio con un amigo.	Llovía mucho.

B. Intercambia tu información con tres compañeros/as. Ellos te van a hacer preguntas sobre lo que te pasó.

Teaching option Write **iba a _____, pero al final _____,** on the board. Have student volunteers create sentences about what they were going to do and what really happened. Ex: **Iba a llamar a mis padres, pero al final decidí salir con mis amigos.**

Comunicación

④ **La mañana de Esperanza**

A. En parejas, observen los dibujos. Escriban lo que le pasó a Esperanza después de salir de su casa. ¿Cómo fue su mañana? Utilicen el pretérito y el imperfecto.

1. 

2. 

3. 

4. 

B. Con dos parejas más, túrnense para presentar las historias que han escrito. Después, combinen sus historias para hacer una nueva.

⑤ **Síntesis** Con toda la clase, relaten un cuento sobre un día extraordinario en el que la rutina diaria se vio interrumpida por una serie de eventos inesperados. Un(a) estudiante inventará la primera oración de la historia. Después, por turnos, cada estudiante debe añadir una oración. Usen el pretérito, el imperfecto y el vocabulario de la lección.

MODELO

—El día empezó como cualquier otro día…
—Me levanté, me arreglé y salí para la clase de las nueve…
—Caminaba por la avenida central como siempre, cuando de repente, en medio de la calle, vi algo horroroso, algo que me hizo temblar de miedo…

④ Note that the imperfect is used to tell time in the past.

④ Suggested answers: **1. Abrió la puerta. Salió a la calle. Estaba nublado. Eran las diez y media de la mañana. 2. Mientras caminaba por la calle, empezó a llover. Eran las once menos dieciséis. 3. Cuando llegó al supermercado, estaba lloviendo mucho. Eran las once. 4. Llegó a su casa a las once y media. Empezó a preparar el almuerzo.**

⑤ Before completing the activity, review transition words and their corresponding past tenses with the class.

Teaching option Using comic strips or series of photos, have students use the preterite and imperfect to describe what happened in the pictures.

For additional cumulative practice of all the grammar points in this lesson, go to **ventanas.vhlcentral.com**.

Atando cabos

Preview

• Tell students about a talk show you saw recently, inventing if necessary. Briefly explain the guests' situation. Then invite students to tell about a similar show they saw. Ask why shows such as *Oprah* or *Dr. Phil* are popular.

• Tell the class that "**El show de Cristina**" is one of the most watched Spanish-language television shows in the U.S. **Cristina Saralegui** has received numerous awards, including twelve Emmys. In 2005 she was named by *Time* magazine one of the twenty-five most influential Hispanics in the U.S. Ask if students have ever watched the show and call on heritage learners familiar with the program to talk about it.

Organización To ensure that all students participate, you may want to assign the role of presenter to specific students and allow them to use a script. Give students at least ten minutes to prepare, and assign a time limit for the groups to present (10–15 minutes).

Teaching option Hold a contest for best talk show. Specify a few guidelines ahead of time, such as animated host, clear presentation by the guests, most outrageous claims or most original resolution.

¡A conversar!

Un *talk show* Imaginen que participarán en *Reencuentros sin fronteras,* un *talk show* que intenta unir a personas separadas por peleas, distancia, dinero, etc. Éstos son los temas de la semana.

Lunes **De amigas a enemigas** Una dramática historia de amor y odio. Después de compartirlo todo, dos amigas son víctimas de un hecho que las separará para siempre. Ahora, una de ellas quiere olvidarlo todo y volver a empezar.

Miércoles **Parejas en crisis** *Reencuentros sin fronteras* apoya a las parejas en crisis. Éste es un caso que sorprenderá a toda la audiencia: Ella está harta de las tareas del hogar y quiere empezar una carrera profesional. Él dice que debe quedarse en casa para atenderlo. ¿Quién tiene razón?

Viernes **No soporto el engaño** Un hecho sorprendente cambió para siempre la vida de dos amigos. Uno de ellos descubrió que el otro le venía robando dinero. El ladrón está arrepentido y quiere una nueva oportunidad. ¿Lo perdonará?

Cristina Saralegui en El show de Cristina

Organización La clase se divide en grupos de tres a siete estudiantes. Cada grupo elige un tema, un(a) presentador(a) y dos participantes invitados. El resto del grupo ayuda a preparar el show.

A. **El presentador:** Debe abrir el programa, mediar entre los participantes con comentarios o preguntas y cerrar con una conclusión final.

Expresiones útiles

- Bienvenidos a *Reencuentros sin fronteras*... En el programa de hoy presentaremos...
- Yo creo que Uds. deben..../ Tú eres el/la culpable...
- Llegamos al final del programa de hoy. No se pierdan el próximo *show.*

B. **Participantes invitados:** Deben presentar su versión de la historia. Recuerden usar el pretérito y el imperfecto para narrar hechos pasados.

Actuación

A. El/la presentador(a) da la bienvenida y controla el tiempo.

B. Cada participante expone su caso.

C. La clase participa como público con aplausos (*clapping*), preguntas o comentarios.

D. El/la presentador(a) cierra el programa con una conclusión y una despedida.

¡A escribir!

Biografía desautorizada Imagina que eres el/la periodista más controvertido/a de tu país y decides escribir una biografía desautorizada sobre una persona famosa recientemente involucrada en un gran escándalo. Sigue el plan de redacción.

Preview Have students tell what recent scandals have occurred in the world of sports, politics or cinema. Brainstorm a list of people who are often in the news or in tabloids and have students choose one for their biography.

¿Qué es una biografía desautorizada?
Una biografía relata los acontecimientos de la vida de una persona: familia, estudios, profesión, logros, etc. Una biografía es desautorizada cuando su contenido no tiene la aprobación de la persona sobre quien trata.

Preparación

A. Elige un personaje famoso para escribir una biografía escandalosa. Considera estas preguntas: ¿Qué personajes aparecen con frecuencia en diarios y revistas sensacionalistas? ¿Qué personas famosas suelen hablar sobre su vida personal?

B. Investiga sobre estos temas. Luego, selecciona tres o cuatro hechos verdaderos o inventados que le ocurrieron a esta persona y amplia cada uno con detalles exagerados, ridículos y dramáticos.

- datos biográficos
- descripción física y de la personalidad
- carrera profesional y logros
- época y motivos por los que se hizo famoso/a

C. Elige el hecho más exagerado del paso anterior. Este hecho se convertirá en el gran escándalo en el cual la persona famosa se vio involucrada. Describe el escándalo en más detalle con los datos del lugar, el día y la hora, lo que hacía, con quién estaba y los rumores de la prensa (*press*).

Preparación Suggest that students include only key biographical information in a brief introductory paragraph and then focus on the "scandal." If time is limited or for slower-passed classes, have students prepare the information in pairs, then write the biography individually.

Escritura

Título: Elige un título pegadizo (*catchy*) y sensacionalista que capte la atención del lector.

Contenido: Escribe la biografía con la información personal y los hechos exagerados que encontraste o inventaste. Luego, describe en detalle el gran escándalo.

Conclusión: Expresa tu opinión personal sobre esta persona. Puedes criticar o apoyar sus actos y decisiones.

Presentación Comparte tu biografía con la clase. ¿Quién escribió la biografía más escandalosa? ¿La más original?

Teaching option Have students post their work around the room and allow students time to circulate and read their classmates' biographies.

Preparación

En todo el mundo, los teléfonos celulares, las computadoras y otras tecnologías digitales están cambiando la manera en que vivimos. Este cambio afecta no sólo a los que tienen acceso a estos adelantos, sino también a quienes no lo tienen. *A un 'click' de distancia*, un informe periodístico de la cadena Univisión, muestra cómo los hispanos en los Estados Unidos utilizan la tecnología a diario para mantenerse en contacto con sus seres queridos.

Conexión personal ¿De qué manera la tecnología ha cambiado tu vida? ¿Cómo te comunicas con tu familia y tus amigos/as diariamente?

Vocabulario

el centavo *cent*
depender de *to depend on*
influir *to influence*
la tarifa mensual *monthly fee*
el teléfono inteligente *smartphone*
la vida digital *digital life*

1 Completa estas oraciones.

1. Hoy en día es común despertarse con la alarma de los teléfonos inteligentes.
2. En algunos países, la tarifa mensual de Internet es muy alta.
3. La tendencia hacia una vida digital hace que cada vez más personas deban depender de la tecnología en su vida diaria.
4. Algunas personas creen que la tecnología influye negativamente en la sociedad.
5. Los mensajes de texto permiten comunicarse por tan sólo unos centavos.

Conexión personal Poll the class to see how students communicate with their families and friends. What is the most popular method? Ask students to explain why.

Informe de

Univisión: A un 'click' de distancia

Preview As a pre-viewing activity, have students look at the images and text and make three predictions of what they expect to see in the video. After they watch it, have them confirm or reject their predictions.

PERIODISTA Para Diego y Alejandro platicar (*chat*) con sus primos o abuelos en Venezuela ahora está a un 'click' de distancia.

PERIODISTA Con teléfonos celulares que además tienen la función de radio, podemos comunicarnos a todo el mundo por una tarifa mensual desde veinte dólares.

PERIODISTA Es la palabra escrita. La misma que antes llevaba el cartero o llegaba por telégrafo.

Variación lexica Point out to students that **platicar** is widely used in Mexico and that **charlar** is a more general term. Also, mention that while the reporter has chosen to say **el Internet**, the feminine form (**la Internet**) and the noun without an article are also acceptable.

PERIODISTA Gracias al Internet, la comunicación con audio y video es ya cosa de niños.

ROJAS El más barato [...] es el correo electrónico, que es gratis si abre una cuenta electrónica.

En la actualidad, **Univisión** es la cadena de televisión hispana más grande de los Estados Unidos y la quinta más vista después de ABC, NBC, CBS y Fox. Univisión pertenece al grupo de empresas de Univision Communications Inc. que incluye televisión por cable, radio y hasta una empresa discográfica de música latina.

Ampliación

1 Contesta las preguntas. Answers may vary.

1. ¿Cuál es uno de los usos que los hispanos en los EE.UU. le dan a Internet? chatear/platicar con sus parientes/familiares
2. ¿Qué se puede hacer con un teléfono inteligente? hablar, grabar música, enviar fotografías y mensajes de texto
3. Según Alberto Rojas, ¿qué servicio es el más barato? el correo electrónico
4. ¿Por qué algunos hispanos ahorran en las llamadas telefónicas? Porque prefieren enviarles dinero a sus familias.
5. ¿Qué otras formas de comunicarse se usaban mucho en el pasado? el correo y el telégrafo

2 En grupos, conversen sobre estas preguntas.

- ¿Qué significa la expresión "ser cosa de niños"?
- ¿De qué manera la tecnología simplifica o complica la vida diaria?
- ¿Cómo afecta la "vida diaria digital" a las personas que no tienen acceso a ella? ¿Por qué?

3 Escribe un párrafo breve describiendo cómo es la vida diaria de una persona que es adicta a la tecnología y la de otra que la detesta. Luego, indica con qué tipo de persona tú te identificas más y explica por qué.

4 En parejas, piensen en cinco actividades diarias que no requieren tecnología. ¿Serían más fáciles o más difíciles con el uso de aparatos tecnológicos? ¿De qué manera?

5 En grupos pequeños, imaginen un mundo dominado por la tecnología, en el cual Internet es el centro de la vida diaria. ¿Cómo sería un día típico? ¿Qué sería diferente? ¿Cómo se sentirían las personas? ¿Serían felices?

3 To get students started, brainstorm ideas as a class. Make two lists on the board with the heads **Adictos a la tecnología** and **No adictos**. If time permits, have students with opposite views share their ideas.

3 VOCABULARIO

En casa

el balcón	*balcony*
la escalera	*staircase*
el hogar	*home; fireplace*
la limpieza	*cleaning*
los muebles	*furniture*
los quehaceres	*chores*
apagar	*to turn off*
barrer	*to sweep*
calentar (e:ie)	*to warm up*
cocinar	*to cook*
encender (e:ie)	*to turn on*
freír (e:i)	*to fry*
hervir (e:ie)	*to boil*
lavar	*to wash*
limpiar	*to clean*
pasar la aspiradora	*to vacuum*
quitar el polvo	*to dust*
tocar el timbre	*to ring the doorbell*

De compras

el centro comercial	*mall*
el dinero en efectivo	*cash*
la ganga	*bargain*
el probador	*dressing room*
el reembolso	*refund*
el supermercado	*supermarket*
la tarjeta de crédito/débito	*credit/debit card*
devolver (o:ue)	*to return (items)*
hacer mandados	*to run errands*
ir de compras	*to go shopping*
probarse (o:ue)	*to try on*
seleccionar	*to select; to pick out*
auténtico/a	*real; genuine*
barato/a	*cheap; inexpensive*
caro/a	*expensive*

La vida diaria

la agenda	*datebook*
la costumbre	*custom; habit*
el horario	*schedule*
la rutina	*routine*
la soledad	*solitude; loneliness*
acostumbrarse (a)	*to get used to; to grow accustomed (to)*
arreglarse	*to get ready*
averiguar	*to find out; to check*
probar (o:ue) (a)	*to try*
soler (o:ue)	*to be in the habit of; to be used to*
atrasado/a	*late*
cotidiano/a	*everyday*
diario/a	*daily*
inesperado/a	*unexpected*

Expresiones

a menudo	*frequently; often*
a propósito	*on purpose*
a tiempo	*on time*
a veces	*sometimes*
apenas	*hardly; scarcely*
así	*like this; so*
bastante	*quite; enough*
casi	*almost*
casi nunca	*rarely*
de repente	*suddenly*
de vez en cuando	*now and then; once in a while*
en aquel entonces	*at that time*
en el acto	*immediately; on the spot*
enseguida	*right away*
por casualidad	*by chance*

Más vocabulario

Expresiones útiles	*Ver p. 67*
Estructura	*Ver pp. 74–75, 78–79 y 82–83*

INSTRUCTIONAL RESOURCES
Supersite/IRCD: Testing program

La salud y el bienestar 4

Communicative Goals

You will expand your ability to...

- express will and emotion
- express doubt and denial
- give orders, advice, and suggestions

La salud y el bienestar

INSTRUCTIONAL RESOURCES
Supersite/IRCD: Audioscripts, Textbook Answer Key, SAM Answer Key
SAM/WebSAM: WB, LM

Preview Have students discuss health and well-being on campus. Ex: **¿Se da mucha importancia a la salud de los estudiantes? ¿Hay una clínica de salud en el campus? ¿Se come bien en los restaurantes estudiantiles? ¿Van al gimnasio para mantenerse en forma?** Encourage students to recycle vocabulary about sports and activities from Lesson 2.

Los síntomas y las enfermedades

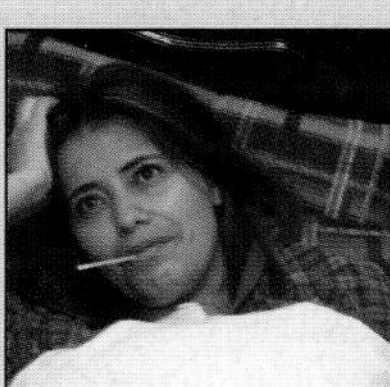

Inés pensaba que tenía sólo un **resfriado**, pero no paraba de **toser** y estaba **agotada**. El médico le confirmó que era una **gripe** y que debía **permanecer** en cama.

la depresión *depression*
la enfermedad *disease; illness*
la gripe *flu*
la herida *injury*
el malestar *discomfort*
la obesidad *obesity*
el resfriado *cold*
la respiración *breathing*
la tensión (alta/baja) *(high/low) blood pressure*
la tos *cough*
el virus *virus*

---

contagiarse *to become infected*
desmayarse *to faint*
empeorar *to deteriorate; to get worse*
enfermarse *to get sick*
estar resfriado/a *to have a cold*
lastimarse *to get hurt*
permanecer *to remain; to last*
ponerse bien/mal *to get well/sick*
sufrir (de) *to suffer (from)*
tener buen/mal aspecto *to look healthy/sick*
tener fiebre *to have a fever*
toser *to cough*

---

agotado/a *exhausted*
inflamado/a *inflamed*
mareado/a *dizzy*

Variación léxica
agotado/a ⟷ fatigado/a
inflamado/a ⟷ hinchado/a
la pastilla ⟷ la píldora
el resfriado ⟷ el resfrío; el catarro
la sala de emergencias ⟷ la sala de urgencias; guardia (Arg.)

La salud y el bienestar

la alimentación *diet (nutrition)*
la autoestima *self-esteem*
el bienestar *well-being*
el estado de ánimo *mood*
la salud *health*

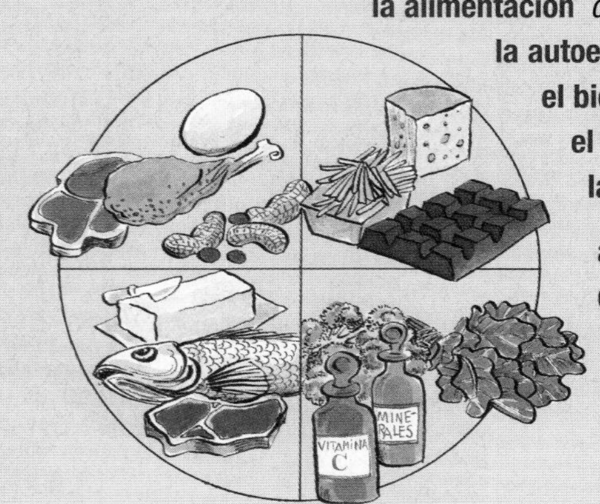

---

adelgazar *to lose weight*
dejar de fumar *to quit smoking*

descansar *to rest*
engordar *to gain weight*
estar a dieta *to be on a diet*
mejorar *to improve*
prevenir (e:ie) *to prevent*
relajarse *to relax*
trasnochar *to stay up all night*

---

sano/a *healthy*

Los médicos y el hospital

la cirugía *surgery*
el/la cirujano/a *surgeon*
la consulta *doctor's appointment*

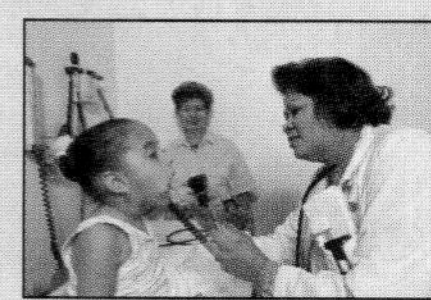

el consultorio *doctor's office*
la operación *operation*
los primeros auxilios *first aid*
la sala de emergencias *emergency room*

Las medicinas y los tratamientos

A Ignacio no le gusta tomar medicinas. Nunca toma **pastillas** ni **jarabes**. Sin embargo, para ir a la selva, tuvo que ponerse varias **vacunas**. ¡Qué dolor cuando la enfermera le **puso la inyección**!

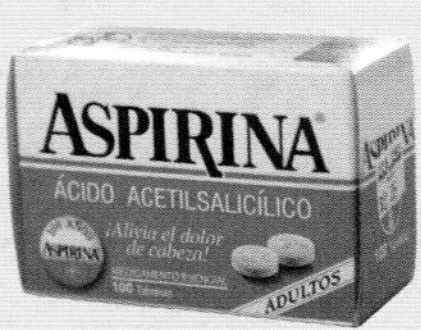

la aspirina *aspirin*
el calmante *painkiller; tranquilizer*
el jarabe *syrup*
la pastilla *pill*
la receta *prescription*
el tratamiento *treatment*
la vacuna *vaccine*
la venda *bandage*
el yeso *cast*

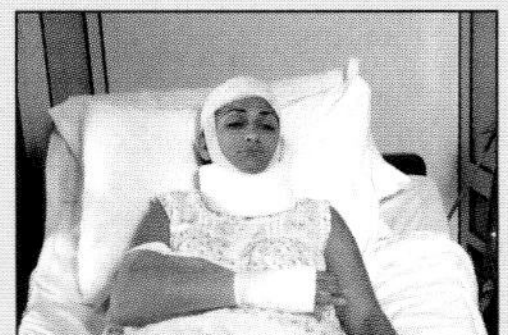

curarse *to heal; to be cured*
poner una inyección *to give a shot*
recuperarse *to recover*
sanar *to heal*
tratar *to treat*

curativo/a *healing*

Teaching option For slower-paced classes, review **me duele el/la...**, **me rompí el/la...**, and vocabulary for parts of the body.

Práctica

(1) Ask questions related to the exercise. Ex: **¿Han tenido apendicitis? ¿Conocen a alguien que la haya tenido?**

1 Escuchar

A. Escucha la conversación entre Sara y su hermano David. Después completa las oraciones y decide quién dijo cada una.

1. No sé lo que me pasa, la verdad. Estoy siempre muy ___agotada___. ___Sara___
2. Creo que ___estás adelgazando___ demasiado. ¿Has ido al ___médico___? ___David___
3. No he ido porque no tenía ___fiebre___, sólo era un ligero ___malestar___. ___Sara___
4. Deja de ser una niña. Tienes que ___ponerte bien___. ___David___
5. Por eso te llamo. No se me va el dolor de estómago ni con ___pastillas___. ___Sara___
6. Ahora mismo llamo al doctor Perales para hacerle una ___consulta___. ___David___

B. A Sara le diagnosticaron apendicitis. Escucha lo que le dice la cirujana a la familia después de la operación y luego contesta las preguntas.

1. ¿Qué tiene que tomar Sara cada ocho horas? calmantes
2. ¿Cómo se puede sentir al principio? un poco mareada
3. ¿Va a tomar mucho tiempo su recuperación? no
4. ¿Puede comer de todo? No; los dos primeros días tiene que estar a dieta de líquidos.

2 A curarse

Indica qué tiene que hacer una persona a la que le ocurre lo siguiente.

___d___ 1. Se lastimó con un cuchillo.
___e___ 2. Tiene fiebre.
___c___ 3. Su estado de ánimo es malo.
___f___ 4. Quiere prevenir la gripe.
___b___ 5. Le falta la respiración.
___a___ 6. Está obeso/a.

a. empezar una dieta
b. dejar de fumar
c. hablar con un(a) amigo/a
d. ponerse una venda
e. tomar aspirinas y descansar
f. ponerse una vacuna

(2) Have students form sentences by combining items from both columns. Ex: **Marina se lastimó con un cuchillo y se puso una venda.**

Práctica

③ For additional practice, have students pick five more words from **Contextos** and create their own definitions.

3 Acróstico Completa el acróstico. Al terminarlo, se formará una palabra de **Contextos**.

				A						
1.	V	I	R	U	S					
2.				T	E	N	S	I	Ó	N
				O						
3.			Y	E	S	O				
4.	T	R	A	S	N	O	C	H	A	R
				T						
5.			C	I	R	U	G	Í	A	
6.	D	E	S	M	A	Y	A	R	S	E
				A						

1. Organismo invisible que transmite enfermedades.
2. Si la tienes alta, puedes tener problemas del corazón.
3. Material blanco que se usa para inmovilizar fracturas.
4. No dormir en toda la noche.
5. Es sinónimo de *operación*.
6. Caerse y perder el conocimiento.

④ For item 1, review reflexives and object pronouns if necessary.

4 Amelia está enferma Completa las oraciones con la opción lógica.

1. Amelia está tosiendo continuamente. No se le cura (la gripe/la depresión).
2. Sus compañeros de trabajo no se enfermaron este año porque se pusieron (la herida/la vacuna).
3. Su madre siempre le había dicho que es mejor (mejorar/prevenir) las enfermedades que curarlas.
4. El médico le dio una receta para (un jarabe/un consultorio).
5. Su jefe le ha dicho que no vaya a trabajar. Ella tiene que volver a la oficina cuando esté (agotada/recuperada).

⑤ For expansion, have students write three sentences with the words not used in the activity.

⑤ Invite volunteers to act out their dialogues for the class.

5 Malos hábitos Completa la conversación entre Martín y su doctor sobre los hábitos de salud de Martín con las palabras de la lista. Haz los cambios necesarios.

ánimo	**descansar**	**mejorar**	**sano**
dejar de fumar	**empeorar**	**pastillas**	**trasnochar**
deprimido	**engordar**	**salud**	**vacuna**

MARTÍN Doctor, a mí me gusta pasar muchas horas comiendo y viendo tele.

DOCTOR Por eso usted está (1) engordando tanto. Debe hacer ejercicio y (2) mejorar su alimentación.

MARTÍN También me gusta salir y acostarme tarde.

DOCTOR No es bueno (3) trasnochar todo el tiempo. Es importante (4) descansar.

MARTÍN ¡Pero, doctor! ¿Puedo fumar un poco, por lo menos?

DOCTOR No, don Martín. Usted debe (5) dejar de fumar cuanto antes.

MARTÍN ¡No puede ser, doctor! ¿Todo lo que me gusta hacer es malo para la (6) salud? Si hago lo que me dice usted, voy a estar (7) sano pero deprimido.

DOCTOR No es así. Si usted mejora su condición física, su estado de (8) ánimo va a mejorar también. Recuerde: "Mente sana en cuerpo sano".

Teaching option
Have students decide whether these statements are true or false:
1. A Martín le gusta hacer ejercicio. (falso)
2. Martín no sale de noche. (falso)
3. El doctor le recomienda hacer ejercicio. (cierto)
4. Todo lo que hace Martín es malo para la salud. (cierto)

Comunicación

6 Vida sana

A. En parejas, háganse las preguntas de la encuesta.

	Siempre	A menudo	De vez en cuando	Nunca
1. ¿Trasnochas más de dos veces por semana?	☐	☐	☐	☐
2. ¿Practicas algún deporte?	☐	☐	☐	☐
3. ¿Consumes vitaminas y minerales diariamente?	☐	☐	☐	☐
4. ¿Comes mucha comida frita?	☐	☐	☐	☐
5. ¿Tienes dolores de cabeza?	☐	☐	☐	☐
6. ¿Te enfermas?	☐	☐	☐	☐
7. ¿Desayunas sin prisa?	☐	☐	☐	☐
8. ¿Pasas muchas horas del día sentado/a?	☐	☐	☐	☐
9. ¿Te pones de mal humor?	☐	☐	☐	☐
10. ¿Tienes problemas para dormir?	☐	☐	☐	☐

B. ¿Tiene tu compañero/a una vida sana? ¿Qué debe hacer para mejorar su salud? En parejas, improvisen una conversación usando la Actividad 5 como modelo.

7 Citas célebres

A. En grupos de cuatro, elijan la cita (*quotation*) más interesante de cada categoría y expliquen por qué la eligieron.

La salud

"La salud no lo es todo pero sin ella, todo lo demás es nada".
A. Schopenhauer

"El ser humano pasa la primera mitad de su vida arruinando la salud y la otra mitad intentando recuperarla".
Joseph Leonard

"Come poco y cena más poco, que la salud de todo el cuerpo se decide en la oficina del estómago".
Miguel de Cervantes

La medicina

"Antes que al médico, llama a tu amigo".
Pitágoras

"Los médicos no están para curar, sino para recetar y cobrar; curarse o no es cuenta del enfermo".
Molière

"La esperanza es el mejor médico que yo conozco".
Alejandro Dumas, hijo

La enfermedad

"El peor de todos los males es creer que los males no tienen remedio".
Francisco Cabarrus

"La investigación de las enfermedades ha avanzado tanto que cada vez es más difícil encontrar a alguien que esté completamente sano".
Aldous Huxley

"De noventa enfermedades, cincuenta las produce la culpa y cuarenta la ignorancia".
Anónimo

B. Utilicen el vocabulario de **Contextos** para escribir una cita original sobre la salud. Compártanla con la clase. ¿Cuál es la cita más original?

(6) Have students write answers in two categories: healthy and unhealthy. Ask volunteers to share their partners' responses.

(6) Ask students to create four sentences about their own lives using **siempre**, **a menudo**, **de vez en cuando**, and **nunca**.

(7) After students complete Part B, have the class judge the sentences in several categories, such as most original, most realistic, and funniest.

(7) For faster-paced classes, have pairs write an anecdote that ends in one of these quotes.

4 FOTONOVELA

Los empleados de *Facetas* se preocupan por mantenerse sanos y en forma.

Synopsis
- Diana and Johnny talk about exercise.
- Johnny and Fabiola discuss diet and exercise.
- Mariela has lost her voice.
- Johnny brings in an assortment of healthy foods, yet Fabiola finds him eating chocolate.

NATIONAL STANDARDS communication cultures

DIANA ¿Johnny? ¿Qué haces aquí tan temprano?

JOHNNY Madrugué para ir al gimnasio.

DIANA ¿Estás enfermo?

JOHNNY ¿Qué? ¿Nunca haces ejercicio?

DIANA No mucho... A veces me dan ganas de hacer ejercicio, y entonces me acuesto y descanso hasta que se me pasa.

En la cocina...

JOHNNY *(Habla con los dulces.)* Los recordaré dondequiera que esté. Sé que esto es difícil, pero deben ser fuertes... No pongan esa cara de "cómeme". Por mucho que insistan, los tendré que tirar. Ojalá me puedan olvidar.

FABIOLA ¿Empezaste a ir al gimnasio? Te felicito. Para ponerse en forma hay que trabajar duro.

JOHNNY No es fácil.

FABIOLA No es difícil. Yo, por ejemplo, no hago ejercicio, pero trato de comer cosas sanas.

JOHNNY Nada de comidas rápidas.

FABIOLA ¡Cómo me gustaría tener tu fuerza de voluntad!

En la cocina...

DON MIGUEL ¡Válgame! Aquí debe haber como mil pesos en dulces. ¡Mmm! Y están buenos.

JOHNNY ¿Qué tal, don Miguel? ¿Cómo le va?

DON MIGUEL (*Sonríe sin poder decir nada porque está comiendo.*)

JOHNNY ¡Otro que se ha quedado sin voz! ¿Qué es esto? ¿Una epidemia?

FABIOLA ¿Qué compraste?

JOHNNY Comida bien nutritiva y baja en calorías. Juré que jamás volvería a ver un dulce.

FABIOLA ¿Qué es eso?

JOHNNY Esto es tan saludable que con sólo tocar la caja te sientes mejor.

FABIOLA ¿Y sabe bien?

JOHNNY Claro, sólo hay que calentarlo.

En la oficina de Aguayo...

DIANA Los nuevos diseños están perfectos. Gracias.

AGUAYO Mariela, insisto en que veas a un doctor. Vete a casa y no vuelvas hasta que no estés mejor. Te estoy dando un consejo. No pienses en mí como tu jefe.

DIANA Piensa en él como un amigo que siempre tiene razón.

INSTRUCTIONAL RESOURCES Supersite/DVD: Fotonovela
Supersite/IRCD: Videoscript & Translation, SAM Answer Key
SAM/WebSAM: VM

Preview In pairs, have students cover the captions and invent a short dialogue for one of the video stills. Encourage them to use vocabulary from **Contextos**.

Personajes

AGUAYO

DIANA

ÉRIC

FABIOLA

JOHNNY

MARIELA

DON MIGUEL

4

En la sala de conferencias...

AGUAYO (*dirigiéndose a Mariela*) Quiero que hagas unos cambios a estos diseños.

DIANA Creemos que son buenos y originales, pero tienen dos problemas.

ÉRIC Los que son buenos no son originales y los que son originales no son buenos.

AGUAYO ¿Qué crees? (*Mariela no contesta.*)

5

Mariela escribe "perdí la voz" en la pizarra.

AGUAYO ¿Perdiste la voz?

DIANA Gracias a Dios... Por un momento creí que me había quedado sorda.

AGUAYO Estás enferma. Deberías estar en cama.

ÉRIC Sí, podías haber llamado para decir que no venías.

9

AGUAYO Por cierto, Diana, acompáñame a entregar los diseños ahora mismo. Tengo que volver enseguida. Estoy esperando una llamada muy importante.

DIANA Vamos.

Se van. Suena el teléfono. Mariela se queda horrorizada porque no puede contestarlo.

10

FABIOLA ¿No ibas a mejorar tu alimentación?

JOHNNY Si no puedes hacerlo bien, disfruta haciéndolo mal. Soy feliz.

FABIOLA Los dulces no dan la felicidad, Johnny.

JOHNNY Lo dices porque no has probado la Chocobomba.

Teaching option Have students list the characters and jot down any health-related information they learn about them from viewing the episode. Ex: **Johnny: Le gusta comer dulces.**

Expresiones útiles

Giving advice and making recommendations

Insisto en que veas/vea a un doctor.
I insist that you go see a doctor. (fam./form.)

Te aconsejo que vayas a casa.
I advise you to go home. (fam.)

Le aconsejo que vaya a casa.
I advise you to go home. (form.)

Sugiero que te pongas a dieta.
I suggest you go on a diet. (fam.)

Sugiero que se ponga usted a dieta.
I suggest you go on a diet. (form.)

Asking about tastes

¿Y sabe bien?
And does it taste good?

¿Cómo sabe?
How does it taste?

Sabe a ajo/menta/limón.
It tastes like garlic/mint/lemon.

¿Qué sabor tiene? ¿Chocolate?
What flavor is it? Chocolate?

Tiene (un) sabor dulce/agrio/amargo/agradable.
It has a sweet/sour/bitter/pleasant taste.

Additional vocabulary

la comida rápida *fast food*
dondequiera *wherever*
la epidemia *epidemic*
la fuerza de voluntad *willpower*
madrugar *to wake up early*
mantenerse en forma *to stay in shape*
nutritivo/a *nutritious*
ponerse en forma *to get in shape*
quedarse sordo/a *to go deaf*
saludable *healthy*

Point out that **saber** (*to taste*) has the same conjugation as **saber** (*to know*).

Comprensión

(2) For item 1, explain that the phrase **hay que** + [*infinitive*] is similar to *one must*. Have students write three sentences using this structure.

(3) Have pairs create two more categories from the lesson vocabulary list and make a list of related words.

(4) Ask students to share their own opinions about health. As a cultural comparison, ask heritage speakers to share attitudes toward health in their home countries.

1 **¿Cierto o falso?** Decide si las oraciones son **ciertas** o **falsas**. Corrige las **falsas**.

Cierto	Falso	
☑	☐	1. Johnny llegó temprano porque madrugó para ir al gimnasio.
☐	☑	2. Cuando Diana va al gimnasio se queda dormida. Diana no va al gimnasio, se va a dormir cuando tiene ganas de ir al gimnasio.
☐	☑	3. Los primeros diseños de Mariela están perfectos. Los nuevos diseños de Mariela están perfectos.
☐	☑	4. Diana se quedó sorda. Diana no escuchó a Mariela porque Mariela se quedó sin voz.
☑	☐	5. Don Miguel probó los dulces.
☑	☐	6. Johnny no continuó con su dieta.

2 **Oraciones incompletas** Completa las oraciones de la **Fotonovela** con la opción correcta.

1. Para ponerse en __c__ hay que trabajar duro.
   a. cama b. dieta c. forma
2. ¡Cómo me gustaría tener tu fuerza __b__!
   a. física b. de voluntad c. de carácter
3. ¡Otro que se ha quedado __b__!
   a. sordo b. sin voz c. dormido
4. Piensa en él como un amigo que siempre __a__.
   a. tiene razón b. se mantiene en forma c. se preocupa

3 **Títulos** Busca en la **Fotonovela** la palabra adecuada para poner un título a cada lista.
Answers may vary slightly.

dulces	ejercicio	comida rápida	comida nutritiva
chocolates	correr	salchicha	sopa de verduras
caramelos	saltar	hamburguesa	ensalada
pastel de manzana	caminar	papas fritas	pollo asado
postre	nadar	sándwich	frutas

4 **Opiniones**

A. Los empleados de *Facetas* tienen opiniones distintas sobre la salud y el bienestar. En parejas, escriban una descripción breve de la actitud de cada personaje. Utilicen las frases de la lista y añadan sus propias ideas.

comer comidas sanas	**ir al gimnasio**	**permanecer en cama**
descansar	**ir al médico**	**probar los dulces**

MODELO Diana casi nunca va al gimnasio. Cree que es más importante descansar para mantenerse sana...

B. ¿Con qué opinión se identifican más? ¿Qué hacen ustedes para mantenerse en forma?

Ampliación

5 Comidas rápidas

A. Para ponerse en forma, Johnny decide evitar las comidas rápidas. En parejas, háganse las preguntas y comparen sus propias opiniones acerca de la comida rápida.

1. ¿Con qué frecuencia comes en restaurantes de comida rápida?
2. ¿Crees que la comida rápida es mala para la salud?
3. ¿Buscas opciones saludables cuando necesitas comer de prisa?
4. ¿Crees que las personas obesas tienen derecho a demandar (*sue*) a los restaurantes de comida rápida?

B. Ahora, en dos grupos, organicen un debate sobre los beneficios y desventajas de la comida rápida. Un grupo representa a los dueños y ejecutivos de los restaurantes, y el otro grupo representa a la gente que ha sufrido problemas de salud por comer demasiadas comidas rápidas.

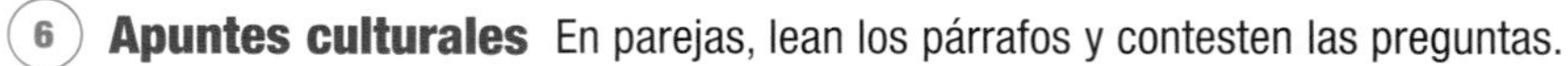

6 Apuntes culturales

En parejas, lean los párrafos y contesten las preguntas.

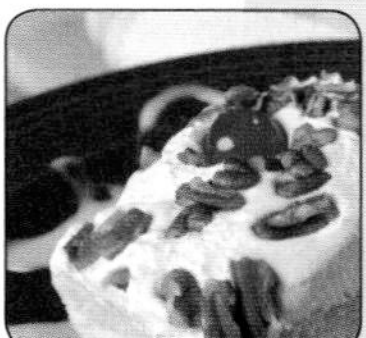

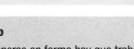

Los dulces

"Los recordaré dondequiera que esté", dice Johnny despidiéndose de los dulces. ¡A los hispanos les encantan los dulces! Un postre muy popular de la cocina colombiana, venezolana, mexicana y centroamericana es el postre de **las tres leches**. Este postre se prepara con leche fresca, leche condensada y crema de leche. ¡Un verdadero manjar (*delicacy*)!

El deporte colombiano

Fabiola dice que para ponerse en forma hay que trabajar duro. La colombiana **María Isabel Urrutia Ocoró** sabe mucho de esto, pues su gran dedicación a la halterofilia (levantamiento de pesas) la convirtió en estrella del deporte colombiano. Ganó numerosos premios mundiales, entre ellos, la medalla de oro en las Olimpiadas de Sydney en el año 2000.

Las comidas rápidas

Fabiola y Johnny conversan sobre las comidas rápidas. En los países hispanos, las cadenas estadounidenses adaptan los menús a los sabores típicos de esos países. En Chile, **McDonald's** ofrece la McPalta, hamburguesa con palta (*avocado*), y los McCafé sirven postres tradicionales como la rellenita de manjar (*caramel*). ¿Podrá resistirse Johnny?

1. ¿Conoces otros postres típicos de los países hispanos? ¿De qué países o regiones son? ¿Cuáles son los ingredientes principales?
2. Menciona postres o platos típicos de tu cultura. ¿Cuál es tu preferido?
3. ¿Qué deportistas hispanos juegan en equipos de los EE.UU.?
4. ¿Probaste comidas rápidas de otras culturas? ¿Cuáles? ¿Cuál es tu favorita?

5 Part A: Expand the discussion with additional questions: **¿De qué manera influye la comida rápida en la salud de los niños? ¿Iban mucho a los restaurantes de comida rápida cuando eran niños? ¿Creen que las experiencias con la comida que tenían cuando eran niños influyen en las decisiones que toman hoy en día?**

6 Have heritage speakers talk about typical dishes and desserts from their families' home countries.

6 Ask heritage speakers which sports are popular in their families' home countries.

6 Bring in ads for fast food chains from other countries, or have students look them up on the Internet. Ask them to report the differences and similarities they notice, compared to ads from this country.

INSTRUCTIONAL RESOURCES
Supersite/DVD: Flash cultura; **Supersite:** Videoscript & Translation

En detalle

COLOMBIA

DE ABUELOS Y CHAMANES

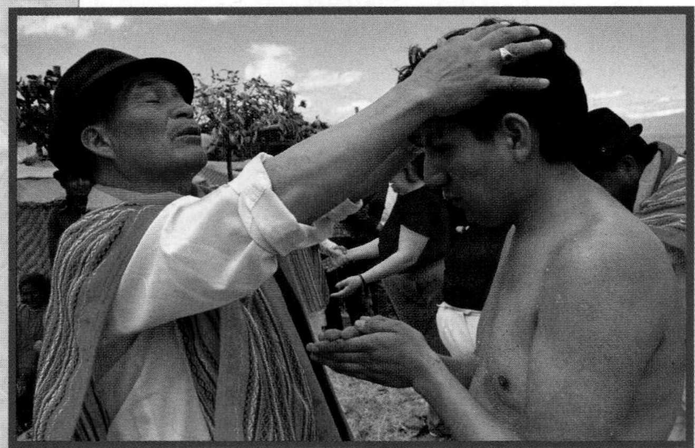

Sentada en su cocina en Bogotá, Marcela Uribe destapa frasquitos° de hierbas y describe las "agüitas°" que le enseñó a preparar su abuela: agüita de toronjil° para calmar los nervios, agüita de paico° para los cólicos° y muchas más.

Muchos de estos remedios caseros° son más que simples "recetas de la abuela". Su uso proviene de los conocimientos milenarios que los curanderos° y chamanes° han ido pasando de generación en generación. Colombia, segundo país en el mundo en diversidad de especies vegetales, desarrolló una medicina tradicional muy rica, que aún hoy subsiste en todos los niveles de la sociedad. A pesar de la llegada de la medicina científica, muchas comunidades indígenas siguen practicando su medicina tradicional. Cuanto más aislada está la comunidad, mejor mantiene sus tradiciones.

En la cultura indígena americana, lo espiritual y lo corporal se funden° con la naturaleza. Los curanderos y chamanes son los responsables de mantener estos mundos en equilibrio. Para ello, combinan las propiedades medicinales de las plantas con ritos sagrados. En Colombia, al igual que en otros países, hay un renovado interés por conocer las propiedades medicinales de las plantas que se han usado durante siglos. Instituciones gubernamentales, universidades y organizaciones ecologistas intentan recuperar y conservar estos conocimientos. En sólo siete años, el Instituto Nacional de Vigilancia de Alimentos y Medicamentos aumentó de 17 a 95 el número de plantas medicinales aprobadas para usos curativos.

El deseo de las empresas farmacéuticas de apropiarse de las plantas y patentarlas ha hecho que el gobierno colombiano controle el derecho a sacarlas del país. Esto es importante porque algunas están en peligro de extinción y porque estas plantas forman parte indeleble° de la identidad indígena. ■

Algunas plantas curativas

Chuchuguaza Árbol que crece en la región amazónica de Colombia, Ecuador y Perú. Se usa como diurético y también contra el reumatismo, la gota° y la anemia.

Gualanday Árbol originario del Valle del Cauca y que crece en las regiones colombianas de Putumayo y Amazonas. La corteza°, la hoja y la flor se usan contra neuralgias, dolores de huesos, várices° y afecciones del hígado°.

Sauco Árbol proveniente de cultivos en la sabana° de Bogotá. La hoja, la corteza, el fruto y la flor se usan para tratar afecciones bronquiales.

destapa frasquitos *uncovers little jars* **agüitas** *herbal teas* **toronjil** *lemon balm* **paico** *Mexican tea (plant)* **cólicos** *cramps* **caseros** *home-made* **curanderos** *folk healers* **chamanes** *shamans* **se funden** *merge* **indeleble** *indelible* **gota** *gout* **corteza** *bark* **várices** *varicose veins* **afecciones del hígado** *liver conditions* **sabana** *savannah*

En detalle Preview the reading by asking students if there are any home remedies that they grew up with. Ex: **¿Usan remedios caseros? ¿De dónde vienen?**

Teaching option Point out that the diminutive is used in the passage (**frasco → frasquito, agua → agüita**). See **Estructura 7.3**.

ASÍ LO DECIMOS

La salud y el bienestar

el/la buquí (R. Dom.) *glutton*
cachucharse (Chi.) *to hit oneself*
caer bien/mal *to sit well/bad*
curar el empacho (Arg.) *to cure indigestion*
estar constipado/a (Esp.) *to be congested*
estar constipado/a (Amér. L.) *to be constipated*
estar depre (Arg., Esp. y Pe.) *to feel down*
estar funado/a (Chi.) *to feel demotivated*
estar pachucho/a (Arg. y Esp.) *to be under the weather*
el/la matasanos (Esp.) *bad doctor; quack*
¡Se me parte la cabeza! (Arg.) *I have a splitting headache!*

EL MUNDO HISPANOHABLANTE

La salud y el bienestar públicos

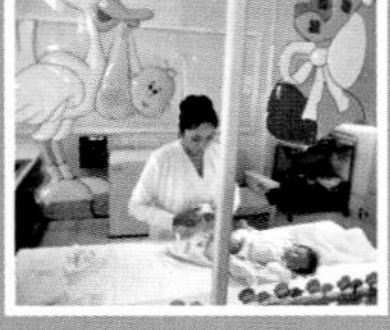

Los gobiernos de países hispanoamericanos suelen brindar servicios de salud pública gratuitos° a todos los ciudadanos. Algunos países, como Cuba, han desarrollado un **sistema de salud universalista** en el cual todos los servicios son gratuitos. Otros países, como Chile, tienen un modelo mixto, que combina el sector público con el privado.

En el **ránking de calidad de vida** del año 2005 realizado por *The Economist Intelligence Unit,* España aparece en el décimo lugar sobre un total de 111 países. Este ránking considera no sólo los ingresos económicos, sino también otros indicadores como el bienestar y la satisfacción individual de las personas.

Entre los médicos latinoamericanos, se destaca **Carlos Finlay**, médico y biólogo cubano nacido en 1833. Su mayor contribución científica fue el descubrimiento del mecanismo de transmisión de la fiebre amarilla° que había sido un enigma desde sus primeros registros en el siglo XV. Recibió numerosos premios en Estados Unidos y Europa.

PERFIL

COMUNIDAD DE CHOCÓ

En ciertas zonas de Colombia, se han establecido comunidades de origen africano que han desarrollado tradiciones muy diferentes de las que se encuentran en el resto del país. Entre todas ellas, se destacan las comunidades afrocolombianas del Pacífico, como la de Chocó (ver mapa en la página anterior), por su particular sentido de la religiosidad, en la que la magia tiene un papel predominante. Esta visión religiosa le da una especial importancia a la salud y a la enfermedad. Además de conocer y aprovechar las propiedades curativas de las plantas, Chocó mantiene los conjuros° de sus ancestros africanos y las oraciones católicas de los conquistadores españoles. Esta mezcla de culturas tiene como resultado una tradición curandera diferente en la que se puede ver claramente la influencia europea, africana e indígena. En la actualidad, muchos miembros de esta comunidad acuden a° la medicina científica pero no dudan en usar sus métodos curativos tradicionales cuando lo consideran necesario.

"Los conocimientos de la medicina tradicional son conocimientos adquiridos de nuestros antepasados y mantienen vivas las más ricas culturas de América Latina."
(Donato Ayma, político boliviano)

SUPERSITE **Conexión Internet**

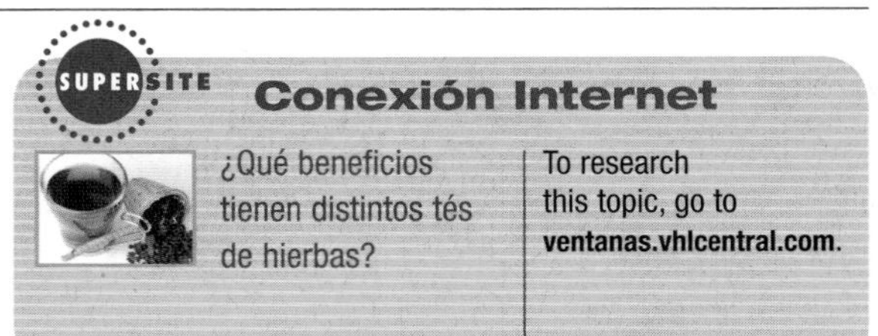

¿Qué beneficios tienen distintos tés de hierbas?

To research this topic, go to **ventanas.vhlcentral.com.**

conjuros *spells* **acuden a** *resort to* **gratuitos** *free of charge* **fiebre amarilla** *yellow fever*

El mundo hispanohablante For faster-paced classes, have students describe the healthcare system in the U.S. or Canada. Then have them debate the merits of public versus private healthcare.

① Have students write two more true or false statements about the reading. Ask classmates to answer **cierto** or **falso**.

¿Qué aprendiste?

1 Comprensión Indica si estas afirmaciones son **ciertas** o **falsas**. Corrige las falsas.

1. Marcela aprendió a usar infusiones en un viaje a Colombia, la tierra de su abuela. Falso. Marcela vive en Colombia.
2. Colombia es uno de los países con mayor diversidad de especies vegetales. Cierto.
3. En las prácticas curativas tradicionales, se combinan las propiedades curativas de las plantas con el poder curativo de los animales. Falso. Se combinan las propiedades curativas de las plantas con ritos sagrados.
4. Los conocimientos sobre los poderes curativos de las plantas han pasado de padres a hijos a través de los siglos. Cierto.
5. En Colombia, el uso de plantas curativas es popular sólo entre las comunidades indígenas. Falso. Es común en todos los niveles de la sociedad colombiana.
6. A pesar de la llegada de la medicina científica, muchas comunidades mantuvieron sus prácticas medicinales tradicionales. Cierto.
7. Las comunidades que mejor conservaron las tradiciones fueron las que estaban más cerca de la costa. Falso. Las comunidades que mejor conservaron las tradiciones fueron las que estaban más aisladas.
8. En Colombia, las instituciones no se preocupan por recuperar las tradiciones curativas. Falso. En Colombia, distintas instituciones intentan recuperar las tradiciones curativas.
9. Las empresas farmacéuticas quieren apropiarse de las plantas. Cierto.
10. Colombia ha empezado a controlar las exportaciones de plantas curativas. Cierto.

2 Oraciones incompletas Completa las oraciones con la opción correcta.

1. Las costumbres de las comunidades afrocolombianas del __Pacífico__ son muy diferentes de las del resto del país.
   a. Pacífico b. Atlántico c. Cauca
2. Estas comunidades mantienen costumbres que mezclan la cultura africana, indígena y __europea__.
   a. caribeña b. americana c. europea
3. En Chile, el sistema de salud sigue el modelo __mixto__.
   a. mixto b. universalista c. privado
4. Carlos Finlay colaboró para descubrir cómo se transmite __la fiebre amarilla__.
   a. la malaria b. la fiebre amarilla c. la gripe
5. En Chile, usan *estar funado* para decir que alguien tiene __poca energía__.
   a. indigestión b. gripe c. poca energía

3 Opiniones En parejas, conversen sobre estas preguntas:

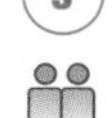

¿Se puede patentar la naturaleza? ¿Tienen derecho las empresas farmacéuticas a patentar plantas? ¿Tienen derecho a hacerlo si modifican la estructura genética de la planta? ¿Qué consecuencias tiene el patentamiento de plantas y organismos vivos? Compartan su opinión con la clase.

PROYECTO

Las plantas curativas

Como hemos visto, muchas comunidades latinoamericanas usan las plantas para curar diferentes enfermedades. Busca información en Internet o en la biblioteca sobre alguna de estas plantas.

Usa las preguntas como guía para tu investigación.

- ¿Para qué se usa la planta?
- ¿En qué comunidad(es) se usa?
- ¿Qué enfermedad(es) específica(s) cura?
- ¿Cómo se usa según la tradición?
- ¿Se comprobaron científicamente las propiedades de la planta?
- ¿Es común su uso en la medicina científica?

Proyecto To help students organize the information, have them begin with an outline. Encourage them to bring a map of the area and some statistics on the local population.

③ For variety, divide the class into two groups for a class debate. For slower-paced classes, list relevant vocabulary on the board.

SUPERSITE

RITMOS

Marta Gómez

Marta Gómez es una de esas personas que siempre supo lo que quería. A los cuatro años, comenzó a cantar en un coro de su Cali natal. Más tarde, cursó sus estudios universitarios de música en la Pontificia Universidad Javeriana de Bogotá, y en 1999 ganó una beca° para estudiar en el Berklee College of Music en Boston, Estados Unidos. Allí, conoció a unos músicos argentinos con quienes formó una banda bajo su nombre. Así, Gómez pasó de la música clásica a cantar música folclórica latinoamericana con influencias de jazz. Hoy, la voz de esta cantautora° colombiana se escucha en toda Latinoamérica, Europa, Canadá y los Estados Unidos, donde actualmente vive. En 2005, su álbum *Cantos de agua dulce* fue nominado a los premios *Billboard* de la música latina como mejor álbum de jazz latino.

Discografía

2006 Entre cada palabra **2004** Cantos de agua dulce **2003** Sólo es vivir

Canción

Éste es un fragmento de una canción de Marta Gómez.

Canta

Canta cuando hay que cantar
y llora° cuando hay que llorar
y es que cantando lloras de todas formas
te da igual.

Y cuando quieras llorar yo te doy mi llanto
y en mí traigo a un país que sabe llorar
y si a eso le voy sumando a todos los
que sufren de soledad
entonces vamos llorando ya todo un mar.

Éstos son otros músicos hispanos famosos que estudiaron en el **Berklee College of Music**:

- **Pedro Aznar** músico y cantautor (Argentina)
- **Juan Luis Guerra** guitarrista y cantautor (República Dominicana)
- **Beto Hale** baterista y compositor (México)
- **Danilo Pérez** pianista y compositor (Panamá)
- **Néstor Torres** flautista de jazz (Puerto Rico)

Juan Luis Guerra

Preguntas En parejas, contesten las preguntas con oraciones completas. Some answers will vary.

1. ¿Cómo se compone la banda de Marta Gómez? ¿Qué tipo de música tocan?
   La banda se compone de Marta Gómez y músicos argentinos. Tocan música folclórica con influencias de jazz.
2. ¿Qué otros hispanos estudiaron música en la misma universidad?
   Pedro Aznar, Juan Luis Guerra, Beto Hale, Danilo Pérez y Néstor Torres estudiaron en la misma universidad.
3. ¿Qué significa este verso de la canción: "y en mí traigo a un país que sabe llorar"?
4. ¿Es popular la música folclórica en su cultura? Den ejemplos.

beca *scholarship* **cantautora** *singer-songwriter* **llora** *cry*

Ritmos Have students interpret the chorus of the song. **¿Por qué dice la cantante que cantar es igual que llorar?**

INSTRUCTIONAL RESOURCES
Supersite/IRCD: Textbook Answer Key, SAM Answer Key
SAM/WebSAM: WB, LM

TALLER DE CONSULTA

MANUAL DE GRAMÁTICA
Más práctica
4.1 The subjunctive in noun clauses, p. 373
4.2 Commands, p. 374
4.3 **Por** and **para,** p. 375
Más gramática
4.4 The subjunctive with impersonal expressions, p. 376

To preview the material, write three sentences on the board using the subjunctive form of regular **-ar, -er**, and **-ir** verbs. Have volunteers identify the verb forms and ask how the endings differ from the indicative.

¡ATENCIÓN!

The indicative is used to express actions, states, or facts the speaker considers to be certain. The subjunctive expresses the speaker's attitude toward events, as well as actions or states that the speaker views as uncertain.

• • • •

Verbs that end in **–car, -gar,** and **–zar** undergo spelling changes in the present subjunctive.

sacar: saque

jugar: juegue

almorzar: almuerce

• • • •

The present subjunctive form of **hay** is **haya**.

No creo que haya una solución. *I don't think there is a solution.*

4.1 The subjunctive in noun clauses

Forms of the present subjunctive

- The subjunctive (**el subjuntivo**) is used mainly in multiple clause sentences which express will, influence, emotion, doubt, or denial. The present subjunctive is formed by dropping the **–o** from the **yo** form of the present indicative and adding the subjunctive endings.

The present subjunctive		
hablar	**comer**	**escribir**
hable	coma	escriba
hables	comas	escribas
hable	coma	escriba
hablemos	comamos	escribamos
habléis	comáis	escribáis
hablen	coman	escriban

- Verbs with irregular **yo** forms maintain that irregularity in the present subjunctive.

conocer	conozca	seguir	siga
decir	diga	tener	tenga
hacer	haga	traer	traiga
oír	oiga	venir	venga
poner	ponga	ver	vea

- Verbs that have stem changes in the present indicative have the same changes in the present subjunctive. Remember that only **–ir** verbs undergo stem changes in the **nosotros/as** and **vosotros/as** forms.

pensar (e:ie)	piense, pienses, piense, pensemos, penséis, piensen
jugar (u:ue)	juegue, juegues, juegue, juguemos, juguéis, jueguen
mostrar (o:ue)	muestre, muestres, muestre, mostremos, mostréis, muestren
entender (e:ie)	entienda, entiendas, entienda, entendamos, entendáis, entiendan
resolver (o:ue)	resuelva, resuelvas, resuelva, resolvamos, resolváis, resuelvan
pedir (e:i)	pida, pidas, pida, pidamos, pidáis, pidan
sentir (e:ie)	sienta, sientas, sienta, sintamos, sintáis, sientan
dormir (o:ue)	duerma, duermas, duerma, durmamos, durmáis, duerman

- These five verbs are irregular in the present subjunctive.

dar	dé, des, dé, demos, deis, den
estar	esté, estés, esté, estemos, estéis, estén
ir	vaya, vayas, vaya, vayamos, vayáis, vayan
saber	sepa, sepas, sepa, sepamos, sepáis, sepan
ser	sea, seas, sea, seamos, seáis, sean

Verbs of will and influence

- A clause is a group of words that contains both a conjugated verb and a subject (expressed or implied). In a subordinate (dependent) noun clause (**oración subordinada sustantiva**), a group of words function together as a noun.

Quiero que hagas unos cambios en estos diseños.

- When the subject of the main clause of a sentence exerts influence or will on the subject of the subordinate clause, the verb in the subordinate clause must be in the subjunctive.

MAIN CLAUSE	CONNECTOR	SUBORDINATE CLAUSE
Yo quiero	**que**	**tú vayas al médico.**

Verbs and expressions of will and influence

aconsejar *to advise*	**gustar** *to like*	**preferir (e:ie)** *to prefer*
desear *to desire; to wish*	**hacer** *to make*	**prohibir** *to prohibit*
es importante *it's important*	**importar** *to be important*	**proponer** *to propose*
es necesario *it's necessary*	**insistir (en)** *to insist (on)*	**querer (e:ie)** *to want; to wish*
es urgente *it's urgent*	**mandar** *to order*	**recomendar (e:ie)** *to recommend*
exigir *to demand*	**necesitar** *to need*	**rogar (o:ue)** *to beg; to plead*
	oponerse a *to oppose*	**sugerir (e:ie)** *to suggest*
	pedir (e:i) *to ask for; to request*	

Necesito que **consigas** estas pastillas en la farmacia.
I need you to get these pills at the pharmacy.

Insisto en que **vayas** a la sala de emergencias.
I insist that you go to the emergency room.

El médico siempre me **recomienda** que **deje** de fumar.
The doctor always recommends that I quit smoking.

Se oponen a que **salgas** si estás enfermo.
They object to your going out if you're sick.

- The infinitive, not the subjunctive, is used with verbs and expressions of will and influence if there is no change of subject in the sentence.

Quiero **ir** a Bogotá en junio.
I want to go to Bogota in June.

Prefiero que **vayas** en agosto.
I prefer that you go in August.

Remind students that subordinate clauses are sometimes called *dependent clauses.*

¡ATENCIÓN!

Pedir is used with the subjunctive to ask someone to do something. **Preguntar** is used to ask for information, and is not followed by the subjunctive.

Emphasize to students that impersonal expressions are followed by the infinitive unless a new subject is introduced in the dependent clause. Give some examples: **Es importante sacar buenas notas./Es importante que tú saques buenas notas.**

Teaching option Have students change the sample sentences into sentences that use an infinitive instead of a subordinate clause. Ex: **Necesito conseguir estas pastillas en la farmacia.** Ask how the meaning changes in each case.

¡ATENCIÓN!

The subjunctive is also used with expressions of emotion that begin with **¡Qué…!** (*What a…!/It's so…!*)

¡Qué pena que él no vaya!

What a shame he's not going!

• • • •

The expression **ojalá** (*I hope; I wish*) is always followed by the subjunctive. The use of **que** with **ojalá** is optional.

Ojalá (que) no llueva.

I hope it doesn't rain.

Ojalá (que) no te enfermes.

I hope you don't get sick.

The subjunctive is sometimes used in sentences that begin with **que** when the main clause is inferred or implied. Ex: **(Espero) Que te vaya bien.** See **Estructura 4.2**.

¡ATENCIÓN!

The subjunctive is also used after **quizá(s)** and **tal vez** (*maybe; perhaps*) when they signal uncertainty, even if there is no change of subject in the sentence.

Quizás vengan a la fiesta.

Maybe they'll come to the party.

Point out that the subjunctive exists in English, but rarely differs from the indicative. Ex:

I wish I were in Dixie.

If I had a million dollars…

If I were you…

I suggest that he write…

Verbs of emotion

- When the main clause expresses an emotion like hope, fear, or surprise, the verb in the subordinate clause must be in the subjunctive if there is a change of subject.

Espero que **te recuperes** pronto.
I hope you recover quickly.

¡Qué pena que **necesites** una operación!
What a shame you need an operation!

Verbs and expressions of emotion

alegrarse (de) *to be happy (about)*	**es terrible** *it's terrible*	**molestar** *to bother*
es bueno *it's good*	**es una lástima** *it's a shame*	**sentir (e:ie)** *to be sorry; to regret*
es extraño *it's strange*	**es una pena** *it's a pity*	**sorprender** *to surprise*
es malo *it's bad*	**esperar** *to hope; to wish*	**temer** *to fear*
es mejor *it's better*	**gustar** *to like; to be pleasing*	**tener miedo (de)** *to be afraid (of)*
es ridículo *it's ridiculous*		

- The infinitive, not the subjunctive, is used with verbs and expressions of emotion if there is no change of subject in the sentence.

No me gusta **llegar** tarde.
I don't like to be late.

Es mejor que lo **hagas** ahora.
It's better that you do it now.

Verbs of doubt or denial

- When the main clause implies doubt, uncertainty, or denial, the verb in the subordinate clause must be in the subjunctive if its subject is different from that of the main clause.

No cree que él nos **quiera** engañar.
She doesn't believe that he wants to deceive us.

Dudan que eso **sea** un buen tratamiento.
They doubt that would be a good treatment.

Verbs and expressions of doubt and denial

dudar *to doubt*	**negar (e:ie)** *to deny*
es imposible *it's impossible*	**no creer** *not to believe*
es improbable *it's improbable*	**no es evidente** *it's not evident*
es poco seguro *it's uncertain*	**no es seguro** *it's not certain*
(no) es posible *it's (not) possible*	**no es verdad/cierto** *it's not true*
(no) es probable *it's (not) probable*	**no estar seguro (de)** *not to be sure (of)*

- The infinitive, not the subjunctive, is used with verbs and expressions of doubt or denial if there is no change in the subject of the sentence.

Es imposible **viajar** hoy.
It's impossible to travel today.

Es improbable que él **viaje** hoy.
It's unlikely that he would travel today.

Práctica

1 Opiniones contrarias Escribe la oración que expresa la idea contraria.

MODELO **Dudo que la comida rápida sea buena para la salud.**
—No dudo que la comida rápida es buena para la salud.

1. Están seguros de que Pedro puede dejar de fumar.
   No están seguros de que Pedro pueda dejar de fumar.
2. Es evidente que estás agotado.
   No es evidente que estés agotado.
3. No creo que las medicinas naturales sean curativas.
   Creo que las medicinas naturales son curativas.
4. Es verdad que la cirujana no quiere operarte.
   No es verdad que la cirujana no quiera operarte.
5. No es seguro que este médico sepa el mejor tratamiento.
   Es seguro que este médico sabe el mejor tratamiento.

2 Siempre enferma Completa una conversación entre dos amigas de Ana María con el infinitivo, el indicativo o el subjuntivo.

MARTA Es una pena que Ana María (1) ___esté___ (estar / está / esté) enferma otra vez.

ADRIANA El problema es que no le gusta (2) ___tomar___ (tomar / toma / tome) vitaminas. Además, ella casi nunca (3) ___come___ (comer / come / coma) verduras.

MARTA Y no creo que Ana María (4) ___haga___ (hacer / hace / haga) ejercicio. Yo siempre le (5) ___pido___ (pedir /pido / pida) que (6) ___venga___ (venir / viene / venga) conmigo al gimnasio, pero ella prefiere (7) ___quedarse___ (quedarse / se queda / se quede) en casa.

ADRIANA Y cuando ella se enferma, no (8) ___sigue___ (seguir / sigue / siga) los consejos del médico. Si él le recomienda que (9) ___permanezca___ (permanecer / permanece / permanezca) en cama, ella dice que no es necesario (10) ___descansar___ (descansar/ descansa / descanse). Si él le da una receta, ella ni (11) ___compra___ (comprar / compra /compre) las medicinas. ¿Qué vamos a hacer, Marta?

MARTA Es necesario que (12) ___hablemos___ (hablar / hablamos / hablemos) con ella. Si no, ¡temo que un día de éstos ella nos (13) ___llame___ (llamar / llama / llame) para llevarla a la sala de emergencias!

ADRIANA Bueno, creo que (14) ___tienes___ (tener / tienes / tengas) razón. ¡Sólo espero que ella nos (15) ___escuche___ (escuchar / escucha / escuche)!

3 Consejos Adriana y Marta le dan consejos a Ana María. Combina los elementos de cada columna para escribir cinco oraciones. Usa el presente del subjuntivo.

MODELO —Te recomendamos que hagas más ejercicio.

aconsejar		comer frutas y verduras
es importante		descansar
es necesario	que	hacer más ejercicio
querer		ir al gimnasio
recomendar		seguir las recomendaciones del médico
sugerir		tomar las medicinas

TALLER DE CONSULTA

MANUAL DE GRAMÁTICA
Más práctica
4.1 The subjunctive in noun clauses, p. 373

1 Have students create five similar sentences using the subjunctive or the indicative.

2 For sentences that require the subjunctive, have students explain why they used it.

3 As a variant, have one student write a main clause on the board. Then have another student complete the sentence with a subordinate clause in the subjunctive.

Teaching option Do a rapid-response drill. Write a list of noun clauses on the board (Ex: **Quiero que**...) and have students respond with a subordinate clause.

Práctica

④ Point out that Spanish contains over 2,000 words of Arabic origin. **Ojalá** is one, and it means **si Dios quiere** (*God willing*), expressing a strong desire for something to happen.

④ Have students substitute **ojalá** with other subjunctive phrases that work in that context. Ex: **Espero que las hojas no te toquen…**

4 **Ojalá** **Para muchos, el amor es una enfermedad. El cantante Silvio Rodríguez sugiere en esta canción una cura para el amor.**

A. Utiliza el presente del subjuntivo para completar la estrofa *(verse)* de la canción.

Ojalá que las hojas no te (1) __toquen__ (tocar) el cuerpo cuando (2) __caigan__ (caer) para que no las puedas convertir en cristal.
Ojalá que la lluvia (3) __deje__ (dejar) de ser milagro que baja por tu cuerpo.
Ojalá que la luna (4) __pueda__ (poder) salir sin ti.
Ojalá que la tierra no te (5) __bese__ (besar) los pasos.

B. Escribe tu propia estrofa para la canción de Silvio Rodríguez.

1. Ojalá que los sueños ______________________.
2. Ojalá que la noche ______________________.
3. Ojalá que la herida ______________________.
4. Ojalá una persona ______________________.

⑤ To preview the activity, have students write a personal ad as if they were Lucía or Roberto. Encourage them to be creative.

⑤ For an optional writing activity, help students create a list of possible problems about which someone might write to an advice columnist. Then have them use the present subjunctive to write a response letter giving advice. Recycle vocabulary from past lessons.

5 **El hombre ideal** **Roberto está enamorado de Lucía y está dispuesto a hacer cualquier cosa para ganar su amor. Mira el dibujo del hombre ideal de Lucía y escribe cinco recomendaciones para Roberto. Utiliza el presente del subjuntivo.**

Roberto

hombre ideal

MODELO **Es necesario que…**
Roberto se vista mejor.

1. Le aconsejo que ______________________.
2. Es importante que ______________________.
3. Es mejor que ______________________.
4. Sugiero que ______________________.
5. Le propongo que ______________________.

Comunicación

6 **El doctor Sánchez responde** Los lectores de una revista de salud envían sus consultas al doctor Sánchez. En la columna de la izquierda están las preguntas y, a la derecha, algunas notas del médico. En parejas, decidan qué notas corresponden a cada pregunta. Luego redacten la respuesta para cada lector con las expresiones de la lista.

Los lectores preguntan. **El Dr. Sánchez responde.**

1. Estimado Dr. Sánchez:
   Tengo 55 años y quiero bajar 10 kilos. Mi médico insiste en que mejore mi alimentación. Probé varias dietas, pero no logro bajar de peso. ¿Qué puedo hacer? b
   Ana J.

2. Querido Dr. Sánchez:
   Tengo 38 años y sufro fuertes dolores de espalda (*back*). Trabajo en una oficina y estoy muchas horas sentada. Después de varios análisis, mi médico dijo que todo está bien en mis huesos (*bones*). Me recetó unas pastillas para los músculos, pero no quiero tomar medicinas. ¿Hay otra solución? c
   Isabel M.

3. Dr. Sánchez:
   Siempre me duele mucho el estómago. Soy muy nervioso y no puedo dormir. Mi médico me aconseja que trabaje menos. Pero eso es imposible.
   Andrés S. a

A. No comer con prisa.
Pasear mucho.
No tomar café.
Practicar yoga.

B. Caminar mucho.
Practicar natación.
No comer las cuatro "p": papas, pastas, pan y postres.
Tomar dos litros de agua por día.

C. No permanecer sentada más de dos horas seguidas.
Hacer cincuenta minutos de ejercicio por día.
Adoptar una buena postura al estar sentada.
Elegir una buena cama.
Usar una almohada delgada y dura.

es importante que	**le aconsejo que**
es improbable que	**le propongo que**
es necesario que	**le recomiendo que**
es poco seguro que	**le sugiero que**
es urgente que	**no es seguro que**

7 **Estilos de vida** En parejas, cada uno debe elegir una de estas dos personalidades. Después, dense consejos mutuamente para cambiar su estilo de vida. Utilicen el subjuntivo.

1. Voy al gimnasio tres veces al día. Lo más importante en mi vida es mi cuerpo.
2. Me gusta salir por las noches. Trasnocho casi todos los días.

6 Have students work in pairs to write a letter to Dr. Sánchez. Have them exchange letters and write responses.

6 Ask volunteers to read their letters and answers to the class. Then ask: **¿Qué debe hacer** [*name of student*] **en esta situación?**

7 Give students these additional descriptions to choose from:
3. Siempre como comida rápida porque es fácil y mucho más barata.
4. Quiero entrenar para una maratón.

INSTRUCTIONAL RESOURCES
Supersite/IRCD:
Textbook Answer Key,
SAM Answer Key
SAM/WebSAM: WB, LM

Point out that, while **usted** and **ustedes** may be omitted after polite commands, using them is more courteous.

¡ATENCIÓN!

***Vosotros/as* commands**

In Latin America, **ustedes** commands serve as the plural of familiar (**tú**) commands. The familiar plural **vosotros/as** command is used in Spain. The affirmative command is formed by changing the **–r** of the infinitive to **–d**. The negative command is identical to the **vosotros/as** form of the present subjunctive.

bailar: bailad/no bailéis

For reflexive verbs, affirmative commands are formed by dropping the **–r** and adding the reflexive pronoun **–os**. In negative commands, the pronoun precedes the verb.

levantarse: levantaos/ no os levantéis

Irse is irregular: **idos/ no os vayáis**

Teaching option Practice regular and irregular affirmative **tú** commands by having students give commands for the following situations: **1. Tengo mucha hambre. (Come.) 2. Estoy cansado/a. (Duerme.) 3. Hace calor en la clase. (Sal de la clase.)**

4.2 Commands

Formal (*Ud.* and *Uds.*) commands

- Formal commands (**mandatos**) are used to give orders or advice to people you address as **usted(es)**. Their forms are identical to the present subjunctive for **usted(es)**.

Formal commands

Infinitive	Affirmative command	Negative command
tomar	**tome** Ud.	**no tome** Ud.
	tomen Uds.	**no tomen** Uds.
volver	**vuelva** Ud.	**no vuelva** Ud.
	vuelvan Uds.	**no vuelvan** Uds.
salir	**salga** Ud.	**no salga** Ud.
	salgan Uds.	**no salgan** Uds.

Familiar (*tú*) commands

- Familar commands are used with people you address as **tú**. Affirmative **tú** commands have the same form as the **él, ella**, and **usted** form of the present indicative. Negative **tú** commands have the same form as the **tú** form of the present subjunctive.

Piensa en él como un amigo que tiene siempre razón.
No pienses en mí como tu jefe.

Familiar commands

Infinitive	Affirmative command	Negative command
viajar	viaja	no viajes
empezar	empieza	no empieces
pedir	pide	no pidas

- Eight verbs have irregular affirmative **tú** commands. Their negative forms are still the same as the **tú** form of the present subjunctive.

decir	di	salir	sal
hacer	haz	ser	sé
ir	ve	tener	ten
poner	pon	venir	ven

Nosotros/as commands

- **Nosotros/as** commands are used to give orders or suggestions that include yourself as well as other people. In Spanish, **nosotros/as** commands correspond to the English *let's* + [*verb*]. Affirmative and negative **nosotros/as** commands are generally identical to the **nosotros/as** forms of the present subjunctive.

Nosotros/as commands		
Infinitive	**Affirmative command**	**Negative command**
bailar	bailemos	no bailemos
beber	bebamos	no bebamos
abrir	abramos	no abramos

- The **nosotros/as** commands for **ir** and **irse** are irregular: **vamos** and **vámonos**. The negative commands are regular: **no vayamos** and **no nos vayamos.**

Using pronouns with commands

- When object and reflexive pronouns are used with affirmative commands, they are always attached to the verb. When used with negative commands, the pronouns appear after **no** and before the verb.

Levántense temprano.
Wake up early.

No se levanten temprano.
Don't wake up early.

Dime todo.
Tell me everything.

No me digas.
Don't tell me.

- When the pronouns **nos** or **se** are attached to an affirmative **nosotros/as** command, the final **s** of the command form is dropped.

Sentémonos aquí.
Let's sit here.

No nos sentemos aquí.
Let's not sit here.

Démoselo mañana.
Let's give it to him/her tomorrow.

No se lo demos mañana.
Let's not give it to him/her tomorrow.

Indirect (*él, ella, ellos, ellas*) commands

- The construction **que** + [*verb*] in the third-person subjunctive can be used to express indirect commands that correspond to the English *let someone do something.* If the subject of the indirect command is expressed, it usually follows the verb.

Que pase el siguiente.
Let the next person pass.

Que lo **haga** ella.
Let her do it.

- As with other uses of the subjunctive, pronouns are never attached to the conjugated verb, regardless of whether the indirect command is affirmative or negative.

Que se lo den los otros.
Que lo vuelvan a hacer.

Que no **se lo den**.
Que no **lo vuelvan** a hacer.

Point out that **nosotros/as** commands can also be expressed with **vamos a +** [infinitive]. Ex: **¡Vamos a comer!** *Let's eat!*

¡ATENCIÓN!

When one or more pronouns are attached to an affirmative command, an accent mark may be necessary to maintain the original stress. This usually happens when the combined verb form has three or more syllables.

decir

di, dile, dímelo

diga, dígale, dígaselo

digamos, digámosle, digámoselo

TALLER DE CONSULTA

See **2.1**, pp. 44–45 for object pronouns.
See **2.3**, pp. 52–53 for reflexive pronouns.

Explain that the main clause is implicit in indirect commands. Ex: **[Es necesario] Que pase el siguiente.**

Práctica

TALLER DE CONSULTA

MANUAL DE GRAMÁTICA
Más práctica
4.2 Commands, p. 374

① Have students continue the activity in pairs. Ask each student to write two more sentences for his/her partner to change into commands.

② Suggested answers for Part B: **1. Prevén las caries. 2. Cepíllate los dientes. 3. No comas dulces. 4. Pon poco azúcar en el café o té. 5. Come o bebe alimentos que tengan calcio. 6. Consulta al dentista periódicamente.**

③ Have volunteers present their own problems or bad habits for the class to give appropriate advice using commands.

Teaching option Give one student a **tú** command. Have them respond with the **Ud.** command of the same verb. For additional practice, have a third student give the **Uds.** command form.

1 **Mandatos** Cambia estas oraciones para que sean mandatos.

1. Te conviene descansar. Descansa.
2. Deben relajarse. Relájense.
3. Es hora de que usted tome su pastilla. Tome su pastilla.
4. ¿Podría usted describir sus síntomas? Describa sus síntomas.
5. ¿Y si dejamos de fumar? Dejemos de fumar.
6. ¿Podrías consultar con un especialista? Consulta con un especialista.
7. Ustedes necesitan comer bien. Coman bien.
8. Le pido que se vaya de mi consultorio. Váyase de mi consultorio.

2 **El cuidado de los dientes**

A. Un dentista visita una escuela para hablar a los estudiantes sobre el cuidado de los dientes. Escribe los consejos que da. Usa el imperativo formal en plural.

1. prevenir las caries (*cavities*) Prevengan las caries.
2. cepillarse los dientes después de cada comida Cepíllense los dientes después de cada comida.
3. no comer dulces No coman dulces.
4. poner poco azúcar en el café o el té Pongan poco azúcar en el café o el té.
5. comer o beber alimentos que tengan calcio Coman o beban alimentos que tengan calcio.
6. consultar al dentista periódicamente Consulten al dentista periódicamente.

B. Un estudiante estuvo ausente el día de la charla con el dentista. Al día siguiente, sus compañeros le contaron sobre la charla y le dieron los mismos consejos. Reescribe los consejos usando el imperativo informal.

3 **El doctor de Felipito** Felipito es un niño muy inquieto. A cada rato tiene pequeños accidentes. Observa los dibujos y explícale cómo evitarlos y cómo cuidar su salud. Utiliza mandatos informales para escribir las indicaciones.

Comunicación

4 **Que lo hagan ellos** Carlos está tan entretenido con su nuevo videojuego que no quiere hacer nada más. En parejas, preparen una conversación entre Carlos y su madre en la que ella le da órdenes y Carlos sugiere que otras personas la ayuden. Utilicen mandatos indirectos.

MODELO

MADRE Limpia tu cuarto, Carlos.
CARLOS Que lo limpie mi hermano. ¡Estoy a punto de alcanzar el próximo nivel!

ayudarme en la cocina	mis amigos
cortar cebollas	mi hermana
ir a la farmacia	tú/Ud.
llamar a la abuela	mi padre
pasear al perro	mi hermano

5 **Hasta el siglo XXII**

A. ¿Qué consejos le darías a un(a) amigo/a para que viva hasta el siglo XXII? En grupos pequeños, escriban ocho recomendaciones utilizando mandatos informales afirmativos y negativos. Sean creativos.

MODELO No tomes mucho café. Toma sólo agua y jugos naturales.

B. Ahora reúnanse con otro grupo y lean las dos listas. ¿En qué se parecen y en qué se diferencian sus recomendaciones?

6 **Anuncios** En grupos, elijan tres de estos productos y escriban el texto para un anuncio (*commercial*) de televisión para promocionar cada uno de ellos. Utilicen los mandatos formales para convencer al público de que los compre.

MODELO El nuevo perfume "Enamorar" de Rita Ferrero le va a encantar. Cómprelo en cualquier perfumería de su ciudad. Pruébelo y…

perfume "Enamorar"	computadora portátil "Digitex"
chocolate sin calorías "Deliz"	crema hidratante "Suave"
raqueta de tenis "Rayo"	todo terreno "4 X 4"
pasta de dientes "Sonrisa Sana"	cámara digital "Flimp"

4 Recycle household vocabulary by adding these chores to the list: **hacer la cama, poner la mesa, lavar las ventanas, pasar la aspiradora.**

5 Have volunteers read their sentences aloud and write the commands on the board in two columns: **mandatos afirmativos** and **mandatos negativos.**

6 Ask groups to read their commercials aloud, then have the class vote on whether or not they were convinced to buy the product.

Teaching option Have pairs find ads in Spanish from magazines or the Internet that use the imperative or subjunctive forms. Have students present their ads to the class, commenting on the product advertised, the target audience, and the overall effectiveness of the ad.

INSTRUCTIONAL RESOURCES
Supersite/IRCD: Textbook Answer Key, SAM Answer Key
SAM/WebSAM: WB, LM

4.3 *Por* and *para*

- **Por** and **para** are both translated as *for*, but they are not interchangeable.

Por mucho que insistan, los tendré que tirar.

Explain that **para** is often used with adverbs to indicate *in the direction of.* **para arriba** *upwards* **para atrás** *backwards*

Variación léxica Point out that in some regions, including the Caribbean, the second syllable of **para** is often dropped from spoken Spanish. Ex: **pa'rriba, pa'bajo**

Uses of *para*

Destination *(toward; in the direction of)*	El cirujano sale de su casa **para** la clínica a las ocho. *The surgeon leaves his house at eight to go to the clinic.*
Deadline or a specific time in the future *(by; for)*	El resultado del análisis va a estar listo **para** mañana. *The results of the analysis will be ready by tomorrow.*
Purpose or goal + [*infinitive*] *(in order to)*	El doctor usó un termómetro **para** ver si el niño tenía fiebre. *The doctor used a thermometer to see if the boy had a fever.*
Purpose + [*noun*] *(for; used for)*	El investigador descubrió una cura **para** la enfermedad. *The researcher discovered a cure for the illness.*
Recipient *(for)*	La enfermera preparó la cama **para** doña Ángela. *The nurse prepared the bed for Doña Ángela.*
Comparison with others or opinion *(for; considering)*	**Para** su edad, goza de muy buena salud. *For her age, she enjoys very good health.* **Para** mí, lo que tienes es gripe y no un resfriado. *To me, what you have is the flu, not a cold.*
Employment *(for)*	Mi hijo trabaja **para** una empresa farmacéutica. *My son works for a pharmaceutical company.*

Additional expressions with **para**:
para que *so that*
¿para qué? *why?; what for?*

Expressions with *para*

- **no estar para bromas** *to be in no mood for jokes*
- **no ser para tanto** *to not be so important*
- **para colmo** *to top it all off*
- **para que sepas** *just so you know*
- **para siempre** *forever*

Para ponerse en forma hay que trabajar duro.

Yo, por ejemplo, trato de comer cosas sanas.

Uses of *por*

Motion or a general location *(along; through; around; by)*	Me quebré la pierna corriendo **por** el parque. *I broke my leg running through the park.*
Duration of an action *(for; during; in)*	Estuvo en cama **por** dos meses. *He was in bed for two months.*
Reason or motive for an action *(because of; on account of; on behalf of)*	Rezó **por** su hijo enfermo. *She prayed for her sick child.*
Object of a search *(for; in search of)*	El enfermero fue **por** un termómetro. *The nurse went for a thermometer.*
Means by which *(by; by way of; by means of)*	Consulté con el doctor **por** teléfono. *I consulted with the doctor by phone.*
Exchange or substitution *(for; in exchange for)*	Cambiamos ese tratamiento **por** uno nuevo. *We changed from that treatment to a new one.*
Unit of measure *(per; by)*	Tengo que tomar las pastillas cinco veces **por** día. *I have to take the pills five times per day.*
Agent (passive voice) *by*	La nueva política de salud pública fue anunciada **por** la prensa. *The new public health policy was announced by the press.*

Expressions with *por*

por ahora *for the time being*
por allí/aquí *around there/here*
por casualidad *by chance/accident*
por cierto *by the way*
por ejemplo *for example*
por eso *therefore; for that reason*
por fin *finally*
por lo general *in general*
por lo menos *at least*
por lo tanto *therefore*
por lo visto *apparently*
por más/mucho que *no matter how much*
por otro lado/otra parte *on the other hand*
por primera vez *for the first time*
por si acaso *just in case*
por supuesto *of course*

¡ATENCIÓN!

In many cases it is grammatically correct to use either **por** or **para** in a sentence. However, the meaning of each sentence is different.

Trabajó por su tío.
He worked for (in place of) his uncle.

Trabajó para su tío.
He worked for his uncle('s company).

Point out that **por** is always used with **gracias**.
Ex: **Gracias por la cena.**

TALLER DE CONSULTA

The passive voice is discussed in detail in **11.1,** p. 304.

Additional expressions with **por**:
¡Por Dios! *For God's sake!*
por escrito *in writing*

Práctica

TALLER DE CONSULTA

MANUAL DE GRAMÁTICA
Más práctica
4.3 **Por** and **para**, p. 375

1 **Otra manera** Lee la primera oración y completa la segunda versión con **por** o **para**.

1. Mateo pasó el verano en Colombia con su abuela.
   Mateo fue a Colombia _para_ visitar a su abuela.
2. Ella estaba enferma y quería la compañía de su nieto.
   Ella estaba enferma; _por_ eso, Mateo decidió ir.
3. La familia le envió muchos regalos a la abuela.
   La familia envió muchos regalos _para_ la abuela.
4. La abuela se alegró mucho de la visita de Mateo.
   La abuela se puso muy feliz _por_ la visita de Mateo.
5. Mateo pasó tres meses allá.
   Mateo estuvo en Colombia _por_ tres meses.

Cartagena, Colombia

② Have students write a response letter from Catalina to Mateo, using **por** and **para** at least three times each.

2 **Carta de amor** Completa la carta con **por** y **para**.

Mi amada Catalina:

(1) _Por_ fin encuentro un momento (2) _para_ escribirte. Es que mi abuela me tiene a su lado (3) _por_ horas y horas cada día, contándome historias de su niñez aquí en Cartagena. Poquito a poco va recuperándose, pero no sé de dónde saca tantas fuerzas (4) _para_ hablar. Pero estoy aquí sólo (5) _por/para_ ella, así que no me quejo de nada. En las tardes ella descansa y yo suelo caminar (6) _por_ la playa y, (7) _por_ supuesto, pienso en ti…

Hoy mi abuelita me pidió llamar (8) _por_ teléfono a la clínica, pues le duele mucho el estómago y cree que es (9) _por_ las otras medicinas que le recetó el cirujano. Mientras tío Javi la lleva a la clínica, yo iré al centro (10) _para_ hacer unas compras. Ya sé lo que voy a comprar (11) _para_ ti.

☺ Ya pronto nos veremos…

Te amaré (12) _para/por_ siempre…

Mateo

③ For additional practice, tell students to add at least two more verbs and nouns to the list.

Teaching option For faster-paced classes, hand out a brief article in Spanish from a newspaper or magazine. Read the paragraph together and have volunteers explain why **por** and **para** is used in each instance.

3 **Oraciones** Utiliza palabras de cada columna para formar oraciones lógicas.

MODELO Mi hermana preparó una cena especial para la fiesta.

caminar		**él**
comprar		**la fiesta**
jugar	**por**	**mi mamá**
hacer	**para**	**su hermana**
preparar		**el parque**

Comunicación

4 **Soluciones** En parejas, comenten cuáles son las mejores maneras de lograr los objetivos de la lista. Sigan el modelo y utilicen **por** y **para**.

MODELO —Para tener buena salud, lo mejor es comer cinco frutas o verduras por día porque tienen muchas vitaminas.

concentrarse al estudiar	relajarse
divertirse	ser famoso/a
hacer muchos amigos	ser organizado/a
mantenerse en forma	tener buena salud

④ Have students share their responses with the class. Refer them to pp. 114–115 and have them identify the uses of **por** and **para** in their sentences.

5 **Conversación** En parejas, elijan una de las situaciones y escriban una conversación. Utilicen **por** y **para** y algunas de las expresiones de la lista.

A. Don Horacio, tu vecino millonario, está escribiendo la versión final de su testamento (*will*). Él no tiene herederos y quiere dejar toda su fortuna a una sola persona. Está pensando en ti y en el alcalde (*mayor*) del pueblo. Convence a don Horacio de que te deje toda su fortuna a ti y no al alcalde.

B. Hace un año que trabajas en una librería y nunca has tenido vacaciones. Habla con tu jefe/a y dile que quieres tomarte unas vacaciones de dos semanas. Tu jefe/a dice que no necesitas tomarte vacaciones y te da algunas razones. Explícale tus razones y dile que si te vas de vacaciones vas a ser un(a) mejor empleado/a al regresar.

no es para tanto	por casualidad	por lo menos
para colmo	por eso	por lo tanto
para siempre	por fin	por supuesto

⑤ Have two pairs act out their conversations for situations **A** and **B** in front of the class. Then have other students offer alternative ways to convince the **vecino** or **jefe/a**.

6 **Síntesis** En grupos de cuatro, miren la foto e inventen una conversación que incluya a todos los miembros de la familia. Deben usar por lo menos tres verbos en el subjuntivo, tres mandatos y tres expresiones con **por** o **para**. Dramaticen la conversación para la clase.

⑥ While each group performs their scene, have the rest of the class take note of the uses of the subjunctive, the imperative and **por/para**. Then have volunteers write the sentences or phrases they heard on the board.

For additional cumulative practice of all the grammar points in this lesson, go to **ventanas.vhlcentral.com**.

Atando cabos

¡A conversar!

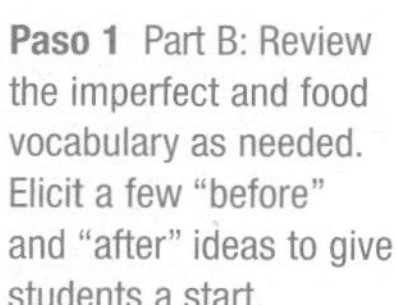

Un anuncio televisivo Imaginen que han sido contratados para renovar la cafetería de su escuela o universidad. En grupos, planifiquen la renovación y diseñen un anuncio televisivo que comunique la noticia y atraiga estudiantes.

Paso 1

A. Piensen en la cafetería de su escuela o universidad y conversen sobre estas preguntas: ¿Es buena la variedad y calidad de la comida? ¿Tienen alguna queja? ¿Qué mejoras recomiendan?

B. Preparen dos listas que describan cómo es la cafetería ahora y cómo será después de la renovación. Piensen en la variedad de comida, un plan alimentario saludable, el servicio, el tamaño, las celebraciones, etc.

Paso 1 Part B: Review the imperfect and food vocabulary as needed. Elicit a few "before" and "after" ideas to give students a start.

Paso 2 Una vez completada la renovación, es hora de dar a conocer la nueva cafetería. Piensen en los aspectos positivos: ¿Qué creen que les sorprenderá más a los estudiantes? ¿Qué es lo mejor? ¿Cómo es la comida? ¿Hay alimentos saludables? ¿Por qué deben ir los estudiantes?

Paso 3 Encourage students to make lively and creative presentations with diversity of characters, sounds and images.

Paso 3 Con toda la información de los pasos anteriores, diseñen un anuncio de televisión que puedan representar frente a la clase. Asignen los roles de narrador(es) y actor(es). El anuncio debe incluir:

- descripciones de cómo era la cafetería antes y cómo será ahora
- ilustraciones
- razones por las que los estudiantes deben ir (usen mandatos informales)
- frase o música pegadiza (*catchy*)

Expresiones útiles

- ¿Sabías que hay una nueva cafetería...?
- Antes, la cafetería era.../ Ahora,...
- Ven con tus amigos/as...
- Anímate.../No dejes de...

Paso 4 Have the audience (the rest of the students) rate each presentation. Specify a rating system and categories: creative and original ideas; persuasive presentation; performance of narrator and actors. Use the results to determine winners in the next activity, **El ganador**.

Teaching option If the commercial format does not appeal to students, have them create a **folleto** instead.

Paso 4 Representen el anuncio frente a la clase. Acompañen el anuncio con ilustraciones, música, carteles, etc. Avisen a su instructor(a) por anticipado qué recursos necesitarán.

El ganador La clase debe votar por el anuncio ganador. ¿Cuál fue el más original y creativo? ¿Cuál fue el más convincente (*persuasive*)? ¿Quiénes fueron los mejores narradores y actores?

¡A escribir!

Una crítica Imagina que eres un(a) columnista de una revista de salud y bienestar para hispanos. Tu trabajo consiste en visitar lugares saludables y de moda. Sigue el plan de redacción para escribir la crítica de uno de estos lugares.

- un restaurante de comida hispana
- un gimnasio que ofrece clases de aerosalsa (*salsa aerobics*), ritmos latinos, etc.
- un viaje o excursión para relajarse

Preview Brainstorm the kinds of information students would expect to read in a review of a restaurant, an exercise class, or a trip to a spa. Tell about an experience you had at an exercise class, being sure to include elements identified in the brainstorming. Then invite a few students to share their experiences.

Selección y preparación Elige uno de los temas anteriores u otro que te interese. Considera estas preguntas: ¿Qué te interesa más: la comida, los deportes o los viajes? ¿Hay alguna de estas opciones en donde vives? Si no conoces un lugar específico, puedes inventarlo.

Escritura Prepara un borrador sobre el tema seleccionado.

Título: Escribe o inventa el nombre del lugar.

Contenido: Describe tu primera impresión. Luego, describe el ambiente y servicio que recibiste. Si es un restaurante, cuenta lo que comiste. Si es un gimnasio, cuenta lo que hiciste. Si es un viaje o excursión, haz referencia al alojamiento, la alimentación, las actividades, etc.

Ilustraciones: Busca o crea una ilustración relacionada.

Conclusión: Expresa tu opinión personal y recomienda (o no) el lugar a los lectores. Usa el subjuntivo.

Selección To simplify, have all students write a restaurant review. Ask them about their last trip to a restaurant: **¿Te gustó la comida? ¿Qué comiste? ¿Te atendió bien el camarero o la camarera? ¿Cómo era el ambiente?** Explain that students will include similar information in the writing assignment.

Escritura Elicit examples of suggestions they might give for a bad restaurant in town with the subjunctive. Ex: **Es mejor que tomen clases con la profesora Jasmín. Les recomiendo que prueben el ceviche. Es importante que hagan reservaciones.**

Revisión

A. En parejas, intercambien sus borradores. Cada uno/a debe evaluar el trabajo de la otra persona en estas categorías.

- **Precisión (*accuracy*):** ¿Usa vocabulario y expresiones apropiadas? ¿Conjuga correctamente los verbos? ¿Comprende el uso del subjuntivo?
- **Contenido (*content*):** ¿Contiene información relevante?
- **Claridad (*clarity*):** ¿Conecta las ideas de forma lógica? ¿Se entienden las ideas principales?
- **Creatividad (*creativity*):** ¿Son originales las ideas?
- **Comentarios y sugerencias:** ¿Qué te gusta más? ¿Quisieras más información sobre un punto en particular? ¿Qué sugerencias puedes dar para mejorar la crítica?

B. Revisa los comentarios de tu compañero/a y prepara la versión final de la crítica.

Teaching option Follow up by having students read their reviews in small groups. Encourage group members to ask questions to obtain additional information.

Preparación

Lionel Messi es un futbolista argentino considerado uno de los mejores del mundo. Comenzó a jugar a los cinco años y con sólo dieciséis debutó en un equipo juvenil de España, adonde se mudó con su familia para recibir tratamiento por una enfermedad que le habían diagnosticado años antes. En este anuncio de Adidas, Messi cuenta lo que significa para él el eslogan "Imposible es nada".

Conexión personal ¿Qué actitud tienes frente a las adversidades? ¿Crees que las dificultades son siempre algo negativo? ¿Por qué?

Vocabulario

ágil *agile*
el balón *ball*
cómodo/a *easy; comfortable*
chico/a *small (size)*
el crecimiento *growth*
hormonal *hormonal*
los demás *the others; other people*

1 Completa las oraciones.

1. Un balón es un objeto con el que se juega al fútbol.
2. Se dice que una persona es ágil cuando se mueve con rapidez y facilidad.
3. Cuando una mujer es de tamaño pequeño y baja estatura, se dice que ella es chica.
4. Crecimiento se refiere al aumento de tamaño, volumen, o estatura.
5. Cómodo se usa para referirse a algo que es conveniente, fácil de usar y no requiere esfuerzo.
6. Hormonal significa perteneciente o relativo a las hormonas.

Preview Elicit opinions about the statement **Imposible es nada** (or **Nada es imposible**). Do students believe it is true?

Anuncio de Adidas: A veces, de lo malo, puede sacarse algo bueno.

Mi nombre es Lionel Messi y ésta es mi historia.

Al ser más chico que los demás...

Y siempre con el balón en el piso porque era lo más cómodo...

Although **Messi** is from Argentina, he plays for the **FC Barcelona**. Point out that Messi has been compared to **Diego Maradona**, also from Argentina, and one of the greatest soccer players of all time.

Cuando tenía once años se me descubrió un problema de hormonas de crecimiento...

Aprendí siempre a jugar al fútbol por abajo...

Ahí es cuando te das cuenta que las cosas malas...

(2) Expand by discussing the problem of bullying (**intimidación**) in schools. What can the victims do? What can others do about it?

(3) Follow up by asking students to relate a personal experience in which good came from bad.

Ampliación

1 Contesta las preguntas.

1. ¿Qué deporte juega Messi? Juega al fútbol.
2. ¿Qué enfermedad le descubrieron? ¿Cuántos años tenía? Le descubrieron un problema de hormonas a los once años.
3. ¿Cuál es su cualidad física como jugador? Es ágil.
4. ¿De qué manera la enfermedad afectó su estilo y forma de juego? Aprendió a jugar con el balón por abajo.
5. ¿Qué dice Messi sobre las cosas malas? Dice que las cosas malas pueden resultar (bastante) buenas.
6. ¿Cómo se dibuja él en comparación con los demás? ¿Por qué? Se dibuja chico porque por su enfermedad él era más bajo que los demás.

2 En un documental que Lionel hizo para Adidas, dijo: "Cuando hacía mi vida normal, siempre era el más chiquito". Imagina que eres un(a) amigo/a de Lionel de la infancia. Él está triste por su enfermedad y tú quieres darle ánimo. Haz una lista de consejos para hacerlo sentir mejor.

3 En el anuncio, Messi dice "Ahí es cuando te das cuenta que las cosas malas pueden resultar bastante buenas". En parejas, contesten las preguntas: ¿Qué quiere decir? ¿Cómo se relaciona la frase con su historia personal?

4 En parejas, háganse estas preguntas.

1. ¿Qué objetivo personal te parece imposible? ¿Por qué?
2. ¿Qué personas son tus modelos?
3. ¿Los anuncios como éstos pueden inspirar a la gente a superar dificultades?
4. ¿Existe una presión social por ser exitoso/a todo el tiempo?

5 Piensa en el eslogan *Imposible es nada* y escribe un párrafo sobre una anécdota de alguna dificultad que tú o alguien que conozcas bien pudieron superar "con mucho trabajo y mucho esfuerzo", como Messi.

Teaching option For expansion, discuss sports figures as role models. **¿Cuáles son las presiones y responsabilidades a las que los atletas famosos están sometidos?**

4 VOCABULARIO

Los síntomas y las enfermedades

la depresión	*depression*
la enfermedad	*disease; illness*
la gripe	*flu*
la herida	*injury*
el malestar	*discomfort*
la obesidad	*obesity*
el resfriado	*cold*
la respiración	*breathing*
la tensión (alta/baja)	*(high/low) blood pressure*
la tos	*cough*
el virus	*virus*
contagiarse	*to become infected*
desmayarse	*to faint*
empeorar	*to deteriorate; to get worse*
enfermarse	*to get sick*
estar resfriado/a	*to have a cold*
lastimarse	*to get hurt*
permanecer	*to remain; to last*
ponerse bien/mal	*to get well/sick*
sufrir (de)	*to suffer (from)*
tener buen/mal aspecto	*to look healthy/sick*
tener fiebre	*to have a fever*
toser	*to cough*
agotado/a	*exhausted*
inflamado/a	*inflamed*
mareado/a	*dizzy*

Los médicos y el hospital

la cirugía	*surgery*
el/la cirujano/a	*surgeon*
la consulta	*doctor's appointment*
el consultorio	*doctor's office*
la operación	*operation*
los primeros auxilios	*first aid*
la sala de emergencias	*emergency room*

Las medicinas y los tratamientos

la aspirina	*aspirin*
el calmante	*painkiller; tranquilizer*
el jarabe	*syrup*
la pastilla	*pill*
la receta	*prescription*
el tratamiento	*treatment*
la vacuna	*vaccine*
la venda	*bandage*
el yeso	*cast*
curarse	*to heal; to be cured*
poner una inyección	*to give a shot*
recuperarse	*to recover*
sanar	*to heal*
tratar	*to treat*
curativo/a	*healing*

La salud y el bienestar

la alimentación	*diet (nutrition)*
la autoestima	*self-esteem*
el bienestar	*well-being*
el estado de ánimo	*mood*
la salud	*health*
adelgazar	*to lose weight*
dejar de fumar	*to quit smoking*
descansar	*to rest*
engordar	*to gain weight*
estar a dieta	*to be on a diet*
mejorar	*to improve*
prevenir (e:ie)	*to prevent*
relajarse	*to relax*
trasnochar	*to stay up all night*
sano/a	*healthy*

Más vocabulario

Expresiones útiles	*Ver p. 97*
Estructura	*Ver pp. 104–106, 110–111 y 114–115*

INSTRUCTIONAL RESOURCES
Supersite/IRCD: Testing program

Los viajes

Communicative Goals

You will expand your ability to...

- make comparisons
- express uncertainty and indefiniteness
- use negative and positive expressions

Los viajes

INSTRUCTIONAL RESOURCES
Supersite/IRCD:
Audioscripts,
Textbook Answer Key,
SAM Answer Key
SAM/WebSAM: WB, LM

Preview Ask students with whom they have traveled and where they have gone. Review vocabulary about friends and family and the use of the past tense. **¿Ibas de vacaciones con tu familia? ¿Qué tipo de vacaciones? ¿Adónde?**

De viaje

Para sus vacaciones, Cecilia y Juan **hicieron un viaje** al Caribe. El último día decidieron descansar en la piscina antes de **hacer las maletas**. Se durmieron... ¡y **perdieron el vuelo**! De todos modos, no querían **regresar**.

la bienvenida *welcome*
la despedida *farewell*
el destino *destination*
el itinerario *itinerary*
la llegada *arrival*
el pasaje (de ida y vuelta) *(round-trip) ticket*
el pasaporte *passport*
la temporada alta/baja *high/low season*
el/la viajero/a *traveler*

hacer las maletas *to pack*
hacer un viaje *to take a trip*
ir(se) de vacaciones *to go on vacation*
perder (e:ie) (el vuelo) *to miss (the flight)*
regresar *to return*

a bordo *on board*
retrasado/a *delayed*
vencido/a *expired*
vigente *valid*

El alojamiento

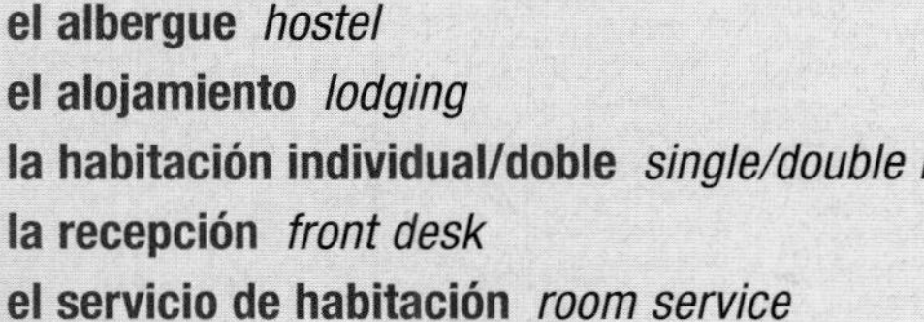

el albergue *hostel*
el alojamiento *lodging*
la habitación individual/doble *single/double room*
la recepción *front desk*
el servicio de habitación *room service*

alojarse *to stay*
cancelar *to cancel*
estar lleno/a *to be full*
quedarse *to stay*
reservar *to reserve*

de buena categoría *high quality*
incluido/a *included*
recomendable *recommendable; advisable*

La seguridad y los accidentes

el accidente (automovilístico) *(car) accident*
el/la agente de aduanas *customs agent*
el aviso *notice; warning*
el cinturón de seguridad *seatbelt*
el congestionamiento *traffic jam*
las medidas de seguridad *security measures*
la seguridad *safety; security*
el seguro *insurance*

ponerse/quitarse (el cinturón) *to fasten/to unfasten (the seatbelt)*
reducir (la velocidad) *to reduce (speed)*

peligroso/a *dangerous*
prohibido/a *prohibited*

Variación léxica
el accidente automovilístico ⟷ el choque
el congestionamiento ⟷ el embotellamiento; el atasco; el tapón
estar lleno/a ⟷ estar completo/a
la excursión ⟷ el *tour*
regresar ⟷ volver

Las excursiones

Después de **recorrer** el Canal de Panamá, el **crucero navegó** hasta **Puerto** Limón, donde los viajeros pudieron disfrutar de dos días de **ecoturismo** en Costa Rica.

la aventura *adventure*
el/la aventurero/a *adventurer*
la brújula *compass*
el buceo *scuba diving*
el campamento *campground*
el crucero *cruise (ship)*
el (eco)turismo *(eco)tourism*
la excursión *excursion; tour*
la frontera *border*
el/la guía turístico/a *tour guide*
la isla *island*

las olas *waves*
el puerto *port*
las ruinas *ruins*
la selva *jungle*
el/la turista *tourist*

navegar *to sail*
recorrer *to visit; to go around*

lejano/a *distant*
turístico/a *tourist (adj.)*

Teaching option
Play a *Jeopardy!*-style game. Divide the class into three teams and have one representative from each team stand up. Read a definition; the first team representative to raise his/her hand must answer in the form of a question. Ex: **Es la línea que separa dos países.** ⟶ **¿Qué es una frontera?** Each correct answer earns one point.

Práctica

1 Escuchar

(1) Have students read through the sentences before listening to the conversation.

A. Escucha lo que dice Julia, una guía turística, y después marca las oraciones que contienen la información correcta.

1. a. Los turistas llegaron hace una semana.
   (b.) La guía turística les da la bienvenida.
2. (a.) Los turistas se van a alojar en un campamento.
   b. Los turistas van a ir a un albergue.
3. a. El destino es una isla.
   (b.) El destino es la selva.
4. (a.) Les van a dar el itinerario mañana.
   b. El itinerario se lo darán la semana que viene.

B. Dos aventureros se separaron del grupo y tuvieron problemas. Escucha la conversación telefónica entre Mariano y el agente de viajes, y después contesta las preguntas.

1. ¿Qué les ha pasado a Mariano y a su novia?
   un accidente automovilístico
2. ¿Adónde iban ellos cuando tuvieron el accidente?
   a visitar unas ruinas
3. ¿Tienen que pagar mucho por los médicos?
   No. El seguro estaba incluido en el precio del viaje.
4. ¿Qué ha decidido la pareja?
   cancelar el resto del viaje

2 Adivinanzas

Completa las palabras con la ayuda de las definiciones y de las letras que se dan.

1. documento necesario para ir a otro país
2. las forma el movimiento del agua del mar
3. vacaciones a bordo de un barco
4. instrumento que ayuda a saber dónde está el Polo Norte
5. línea que separa dos países
6. lugar del hotel donde te dan las llaves de la habitación

1. p a s a p o r t e
2. o l a s
3. c r u c e r o
4. b r ú j u l a
5. f r o n t e r a
6. r e c e p c i ó n

Práctica

③ Have pairs write three additional fill-in-the-blank sentences and read them aloud. Call on volunteers to provide the correct answers.

④ For additional practice, have students write a continuation of Mar and Pedro's conversation using lesson vocabulary.

⑤ As a variant, have volunteers tell the class about one of their past vacations. Ask: **¿Qué preparativos hicieron para el viaje?**

⑤ For slower-paced classes, provide a word bank: **agente de aduanas, despedida, hacer las maletas, isla, pasaje de ida y vuelta, ponerse el cinturón, el oficial de aduanas.**

3 Oraciones incompletas Completa las oraciones con las palabras apropiadas de **Contextos**.

1. Si vas a estar solo/a en el hotel, tomas una habitación __individual__.
2. Cuando hay muchos coches en la calle al mismo tiempo, se producen __congestionamientos__.
3. Los barcos, cuando llegan a tierra, se amarran (*dock*) en los __puertos__.
4. Si vas a viajar a otro país, tienes que comprobar que tu pasaporte no esté __vencido__.
5. El deporte que se practica debajo del agua del mar es el __buceo__.

4 Planes Completa la conversación haciendo los cambios necesarios.

a bordo	**navegar**	**reservar**
lleno/a	**recorrer**	**retrasado/a**

MAR ¿Qué quieres hacer hoy? ¿Quieres ir al crucero que (1) __recorre__ las islas de la zona?

PEDRO ¿No hay que llamar antes para (2) __reservar__ las plazas (*seats*)?

MAR No creo que el barco esté (3) __lleno__. Espera, llamo por teléfono…

MAR ¡Tenemos suerte! El barco está (4) __retrasado__, ahora sale a las diez y media. Tenemos que estar (5) __a bordo__ a las diez. ¡En marcha!

PEDRO Perfecto, me gusta la idea. Hoy es un buen día para (6) __navegar__.

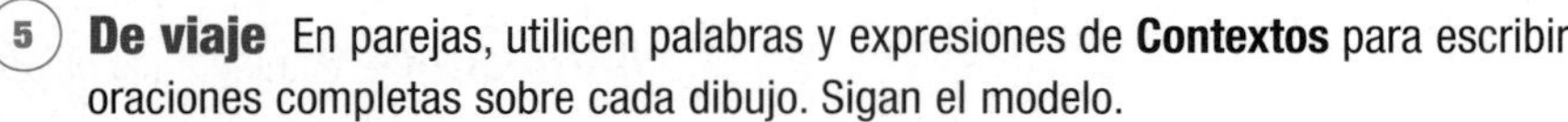

5 De viaje En parejas, utilicen palabras y expresiones de **Contextos** para escribir oraciones completas sobre cada dibujo. Sigan el modelo.

MODELO Primero Eva hizo las maletas. Metió camisetas, un traje de baño y…

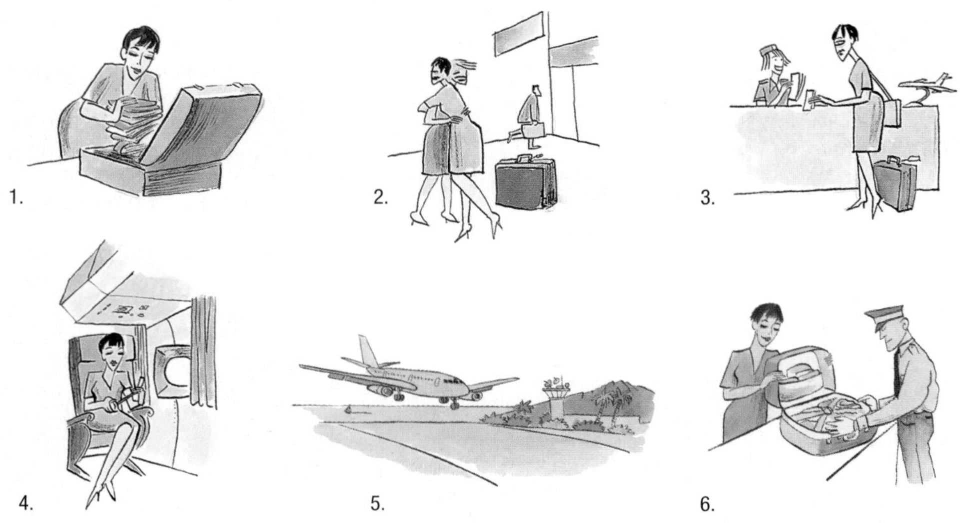

1. 2. 3. 4. 5. 6.

Comunicación

6 Problemas En parejas, representen una de estas situaciones. Incluyan detalles, excusas y razones y traten de buscar una solución al problema. Luego representen la situación para la clase.

1. **ESTUDIANTE 1** Eres un(a) huésped en un hotel que está muy sucio. No te gusta el servicio de habitación y además hace demasiado calor en tu cuarto.
   ESTUDIANTE 2 Tu tío te ha dejado a cargo de su hotel. No sabes qué hacer. Es temporada alta y, como el hotel está lleno, tienes mucho trabajo.

2. **ESTUDIANTE 1** Eres un(a) agente del gobierno apostado/a (*assigned to*) en la frontera. Nadie puede cruzar sin su pasaporte.
   ESTUDIANTE 2 Después de viajar por muchas horas, llegas con tu hermano/a a la frontera. Aunque traes identificación, olvidaste tu pasaporte.

3. **ESTUDIANTE 1** Ibas manejando y has tenido un accidente. Te bajas del carro para hablar con el/la otro/a conductor(a). No tienes los papeles del seguro.
   ESTUDIANTE 2 Ibas manejando y has tenido un accidente. No llevabas el cinturón de seguridad puesto y te has roto una pierna.

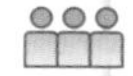

7 ¡Bienvenidos!

A. En grupos pequeños, imaginen que trabajan en la Secretaría de Turismo de su ciudad. Tienen que organizar una visita turística de tres días. Conversen sobre las preguntas de la lista y luego preparen un itinerario detallado para los turistas.

- ¿Quiénes son los turistas y a qué aeropuerto/ puerto/estación llegan?
- ¿En qué hotel se alojan?
- ¿Qué excursiones pueden hacer?
- ¿Hay lugares exóticos para visitar?
- ¿Adónde pueden ir con un(a) guía turístico/a?
- ¿Pueden navegar en algún mar/río?
- ¿Hay algún museo/parque/edificio para visitar?
- ¿Pueden practicar algún deporte?

Tres días en Antigua Guatemala

B. Ahora reúnanse con otro grupo y túrnense para explicar sus itinerarios. Un grupo representa a los empleados de la Secretaría de Turismo y el otro a los turistas. Háganse preguntas específicas.

6 Give students this additional situation. **Estudiante 1: Llegas al aeropuerto y te das cuenta de que dejaste los pasajes en tu casa. Además, en la ciudad hay mucho congestionamiento. Estudiante 2: Eres taxista en el aeropuerto. Como has estado muy estresado/a, el médico te ha recomendado no apurarte por ningún motivo.**

7 Have students also answer logistical questions, such as: **¿Necesitan pasaporte y visa? ¿Cuánto dinero deben llevar para la visita?**

7 As an expansion activity, have students write ads for places they have visited.

Fabiola y Éric se preparan para un viaje de ecoturismo a la selva amazónica.

Synopsis
- Fabiola and Éric compare passports for their trip to Venezuela.
- Éric arrives dressed like Indiana Jones.
- Fabiola reminds Éric that they are traveling to write a story on ecotourism.
- Diana and Aguayo wrap Éric's suitcase in adhesive tape with the passport inside.

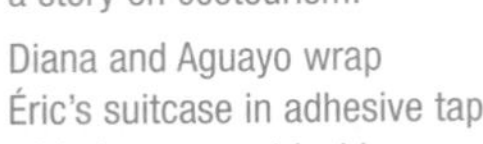

DIANA Aquí están los boletos para Venezuela, la guía de la selva amazónica y los pasaportes... Después les doy la información del hotel.

ÉRIC Gracias.

FABIOLA Gracias.

ÉRIC ¿Me dejas ver tu pasaporte?

FABIOLA No me gusta como estoy en la foto. Me hicieron esperar tanto que salí con cara de enojo.

ÉRIC No te preocupes... Ésa es la cara que vas a poner cuando estés en la selva.

DIANA Es necesario que memoricen esto. A ver, repitan: tenemos que salir por la puerta 12.

FABIOLA, ÉRIC Y JOHNNY Tenemos que salir por la puerta 12.

DIANA El autobús del hotel nos va a recoger a las 8:30.

FABIOLA Y ÉRIC El autobús del hotel nos va a recoger a las 8:30.

ÉRIC Sí, pero en el Amazonas, Fabiola. ¡Amazonas!

MARIELA Es tan arriesgado que van a tener un guía turístico y el alojamiento más lujoso de la selva.

ÉRIC Mientras ella escribe su artículo en la seguridad del hotel, yo voy a estar explorando y tomando fotos. Debo estar protegido.

FABIOLA Según parece, de lo único que debes estar protegido es de ti mismo.

Juegan que están en la selva.

JOHNNY (*con la cara pintada*) ¿Cuál es el chiste? Los soldados llevan rayas... Lo he visto en las películas.

ÉRIC Intentémoslo nuevamente.

JOHNNY Esta vez soy un puma que te ataca desde un árbol.

ÉRIC Mejor.

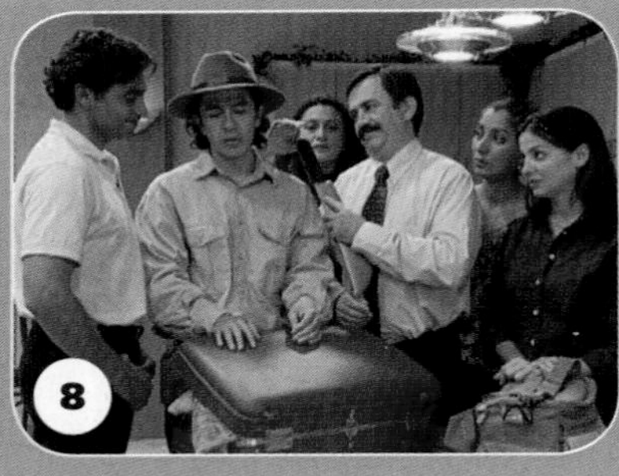

Antes de despedirse, Éric guarda cosas en su maleta.

AGUAYO Por la seguridad de todos creo que debes dejar tu machete, Éric.

ÉRIC ¿Por qué debo dejarlo? Es un machete de mentiras.

DIANA Pero te puede traer problemas reales.

AGUAYO Todos en la selva te lo van a agradecer.

INSTRUCTIONAL RESOURCES **Supersite/DVD:** Fotonovela **Supersite/IRCD:** Videoscript & Translation, SAM Answer Key **SAM/WebSAM:** VM

Preview Have students read the dialogue in class and take note of any travel-related words or expressions. Review numbers and telling time before showing the video.

Personajes

AGUAYO

DIANA

ÉRIC

FABIOLA

JOHNNY

MARIELA

DIANA El último número que deben recordar es cuarenta y ocho dólares con cincuenta centavos.

FABIOLA Y ÉRIC Cuarenta y ocho dólares con cincuenta centavos.

JOHNNY Y ese último número, ¿para qué es?

DIANA Es lo que van a tener que pagar por llegar en taxi al hotel si olvidan los dos números primeros.

ÉRIC *(Entra vestido de explorador.)* Fuera, cobardes, la aventura ha comenzado.

MARIELA ¿Quién crees que eres? ¿México Jones?

ÉRIC No. Soy Cocodrilo Éric, el fotógrafo más valiente de la selva. Listo para enfrentar el peligro.

FABIOLA ¿Qué peligro? Vamos a hacer un reportaje sobre ecoturismo... ¡Ecoturismo!

ÉRIC ¿Alguien me puede ayudar a cerrar la maleta?

JOHNNY ¿Qué rayos hay acá dentro?

AGUAYO Es necesario que dejes algunas cosas.

ÉRIC Imposible. Todo lo que llevo es de primerísima necesidad.

JOHNNY ¿Cómo? ¿Esto?

Johnny saca un látigo de la maleta.

Diana cierra la maleta con cinta adhesiva.

DIANA Listo... ¡Buen viaje!

AGUAYO Espero que disfruten y que traigan el mejor reportaje que puedan.

JOHNNY Y es importante que no traten de mostrarse ingeniosos, ni cultos; sólo sean ustedes mismos.

DIANA Y no olviden sus pasaportes.

ÉRIC Ahora que me acuerdo... ¡lo había puesto en la maleta!

Expresiones útiles

Making comparisons

Soy el fotógrafo más valiente de la selva.
I am the bravest photographer in the jungle.

Van a tener el alojamiento más lujoso de la selva.
You're going to have the finest accommodations in the jungle.

Es el hotel menos costoso de la región.
It's the least expensive hotel in the region.

Ir en autobús es menos caro que ir en taxi.
Taking a bus is less expensive than taking a taxi.

El hotel es tan caro como el boleto.
The hotel is as expensive as the ticket.

Using negative and positive expressions

¿Alguien me puede ayudar?
Can somebody help me?

No hay nadie que te pueda ayudar.
There is no one who can help you.

Hay que dejar algunas cosas.
I/we/etc. have to leave some things behind.

No hay nada que pueda dejar.
There is nothing I can leave behind.

Additional vocabulary

arriesgado/a *risky*
de mentiras *pretend*
enfrentar *to confront*
lujoso/a *luxurious*
protegido/a *protected*
la puerta de embarque *(airline) gate*
¿Qué rayos...? *What on earth...?*
la raya *stripe*

Teaching option Review the subjunctive in noun clauses (**Estructura 4.1**) by having students underline examples in the dialogue.

Comprensión

① As a class, create a timeline for the video based on the activity answers.

② Have students come up with original sentences describing the characters' personalities, based on the episode. Ex: **Mariela tiene mucha curiosidad. Éric busca la aventura.**

③ For slower-paced classes, review the subjunctive in noun clauses.

Teaching option
Have students imagine they are planning a spring break trip. Ask them to create a conversation between two students and a travel agent discussing the types of trips available to them (destination, price, activities, etc.). Ask heritage speakers to suggest attractions in their families' countries of origin.

1 De viaje Contesta las preguntas con oraciones completas.

1. ¿Adónde van Éric y Fabiola?
   Van a la selva amazónica.
2. ¿Por qué a Fabiola no le gusta la foto del pasaporte?
   Salió con cara de enojo.
3. ¿A qué hora los recoge el autobús del hotel?
   Los recoge a las ocho y media.
4. ¿Por qué van de viaje?
   Van a hacer un reportaje sobre el ecoturismo.
5. ¿Será realmente un viaje arriesgado?
   No, no será arriesgado porque tendrán un guía turístico y el alojamiento más lujoso de la selva.
6. ¿Por qué Éric tiene que dejar algunas cosas?
   No cabe todo en la maleta.

2 Preguntas y respuestas Empareja las preguntas de la **Fotonovela** con las respuestas apropiadas. Luego identifica quién dice cada oración.

AGUAYO

DIANA

ÉRIC

FABIOLA

JOHNNY

MARIELA

c 1. ¿Me dejas ver tu pasaporte? Éric
a 2. Y ese último número, ¿para qué es? Johnny
d 3. ¿Quién crees que eres? ¿México Jones? Mariela
e 4. ¿Por qué debo dejarlo? Es un machete de mentiras. Éric
b 5. ¿Alguien me puede ayudar a cerrar la maleta? Éric

a. Es lo que van a tener que pagar por llegar en taxi. Diana
b. Es necesario que dejes algunas cosas. Aguayo
c. No me gusta como estoy en la foto. Fabiola
d. No, soy el fotógrafo más valiente de la selva. Éric
e. Sí, pero te puede traer problemas reales. Diana

3 Consejos

A. Diana y Aguayo les dan varios consejos a Fabiola y Éric antes de su viaje a la selva. Utiliza el subjuntivo o el infinitivo para completar las sugerencias que les dan.

1. Es necesario que ___memoricen___ esto.
2. El último número que deben ___recordar___ es cuarenta y ocho dólares con cincuenta centavos.
3. Es lo que van a tener que ___pagar___ por llegar en taxi.
4. Creo que debes ___dejar___ tu machete.
5. Es necesario que ___dejes/dejen___ algunas cosas.
6. Espero que ___disfruten___ y que ___traigan___ el mejor reportaje que puedan.

B. ¿Qué sugerencias les darían ustedes? En parejas, escriban una lista de seis o siete consejos, órdenes y sugerencias para que disfruten de sus vacaciones y eviten problemas.

MODELO Creo que deben probar la comida típica de Venezuela.
Espero que no hagan nada arriesgado y que tengan cuidado con los animales de la selva.

Ampliación

4 **¿Te gusta hacer ecoturismo?** En parejas, háganse las preguntas. Luego, recomienden un viaje ideal para su compañero/a según los resultados.

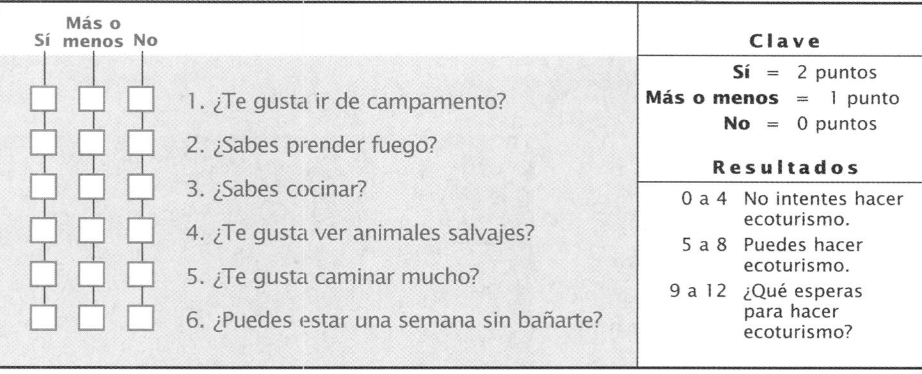

Sí	Más o menos	No	
☐	☐	☐	1. ¿Te gusta ir de campamento?
☐	☐	☐	2. ¿Sabes prender fuego?
☐	☐	☐	3. ¿Sabes cocinar?
☐	☐	☐	4. ¿Te gusta ver animales salvajes?
☐	☐	☐	5. ¿Te gusta caminar mucho?
☐	☐	☐	6. ¿Puedes estar una semana sin bañarte?

Clave	
Sí =	2 puntos
Más o menos =	1 punto
No =	0 puntos

Resultados	
0 a 4	No intentes hacer ecoturismo.
5 a 8	Puedes hacer ecoturismo.
9 a 12	¿Qué esperas para hacer ecoturismo?

5 **Apuntes culturales** En parejas, lean los párrafos y contesten las preguntas.

Ecoturismo en Centroamérica

Fabiola y Éric van a realizar un reportaje sobre ecoturismo. En Centroamérica, el ecoturismo constituye no sólo una fuente importante de trabajo, sino también una forma de obtener recursos económicos para la administración de las áreas protegidas. Actualmente existen más de 550 áreas protegidas, lo que representa aproximadamente un 25% del territorio de la región.

El felino más temido

Johnny juega a ser un puma listo para atacar a Éric. El puma habita en todo el continente americano, especialmente en montañas y bosques (*forests*). Por su fortaleza y agilidad, los incas lo consideraron el símbolo supremo de poder y fuerza. ¿Podrá Éric contra la astucia (*shrewdness*) de este felino?

La selva amazónica

La selva amazónica, que comúnmente se denomina "el pulmón del planeta", es el ecosistema generador de oxígeno más grande del planeta. Comprende, entre otros países, Brasil, Venezuela y Perú. Es el hogar de numerosas comunidades indígenas, como los piaroas en Venezuela. ¿Estará Éric listo para la aventura?

1. ¿Hay áreas protegidas en la región donde vives? ¿Cuál es su importancia para los habitantes de la zona? ¿Contienen especies amenazadas (*threatened*)?
2. ¿Conoces otros lugares en donde se puede hacer ecoturismo? ¿Cuáles son?
3. ¿Qué animales fueron considerados sagrados en el pasado? ¿Y en la actualidad?
4. ¿Qué significa la expresión "el pulmón del planeta" (*the world's lung*)? ¿Qué otros "pulmones" existen? ¿Por qué es importante preservarlos?

(4) Have students share results with the class and keep track on the board. Then agree on a possible class trip based on students' interests.

(5) To encourage discussion, ask what students do in their personal lives to protect the environment.

Teaching option
Ask students to research on the Internet an area known for ecotourism in Latin America. Have them prepare brief presentations, including the location, statistics, photos, and discussion questions. For a slower-paced class, give a list of searchable terms to help them get started.

INSTRUCTIONAL RESOURCES
Supersite/DVD: Flash cultura; **Supersite:** Videoscript & Translation

En detalle

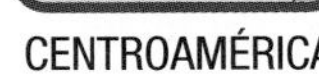

Flash CULTURA

NATIONAL STANDARDS communities cultures connections

LA RUTA DEL CAFÉ

Los turistas que llegan al "ecoalbergue" Finca° Esperanza Verde, ubicado a 1.200 metros (4.000 pies) de altura en la selva tropical nicaragüense, descubren un paraíso natural con bosques, montañas exuberantes y aves tropicales. En este paraíso, los turistas pueden visitar un cafetal° y conocer los aspectos humanos y ecológicos que se conjugan° para que podamos disfrutar de algo tan simple como una taza de café.

El café, ese compañero de las mañanas, es el protagonista de la vida social, cultural y económica de Centroamérica. Para el visitante, esto salta a la vista apenas llega a estas tierras: el paisaje está cubierto de cafetales. Hoy día dos de las terceras partes del café de todo el mundo son de origen americano.

Esta popular bebida llegó a América en el siglo XVIII. Pocos años después, su cultivo° se había extendido por México y Centroamérica. Los precios bajos del café de los últimos años han llevado a los productores centroamericanos a diversificar sus actividades para apoyar y fortalecer esta industria: han iniciado el cultivo de café orgánico, han creado cooperativas de comercio justo° que buscan alcanzar° precios más equitativos° para productores y consumidores y se ha empezado a promocionar el ecoturismo.

La ruta del café en el siglo XVIII

El país pionero fue Costa Rica, que organizó la primera Ruta del Café, pero ya todos los países centroamericanos han creado sus rutas. Un día por la Ruta del Café suele constar de° una visita a las plantaciones de café, donde no sólo se conoce el proceso de cultivo y producción, sino que también se pueden tomar unas tazas de café. Después, se organizan almuerzos con platos típicos y, para terminar la jornada°, se visitan rutas históricas y pueblos cercanos donde los turistas pueden disfrutar del folklore local y comprar artesanías°. ■

finca *farm* **cafetal** *coffee plantation* **se conjugan** *are combined* **cultivo** *cultivation* **justo** *fair* **alcanzar** *to reach* **equitativos** *equal; fair* **constar de** *to consist of* **jornada** *day* **artesanías** *handicrafts*

En detalle Preview the reading by discussing coffee. Ex: **¿Toman café todos los días? ¿Lo toman en casa o en otro sitio? ¿Es caro o barato? ¿Saben de dónde viene el café que toman?**

El mundo hispanohablante Preview the subjunctive in adjective clauses by asking: ¿Conocen otros productos que sean de origen americano? (el chocolate, los frijoles, el cacahuate, el plátano)

ASÍ LO DECIMOS

Los viajes

el turismo sostenible *sustainable tourism*
el turismo sustentable (Arg.)

el billete (Esp.) *ticket*
el boleto (Amér. L.)
el boleto redondo (Méx.) *round-trip ticket*

la autopista (Esp.) *highway; toll road*
la autovía (Esp.) *highway*
la carretera (Esp, Méx.) *road*

la burra (Gua.) *bus*
la guagua (Rep. Dom.)

EL MUNDO HISPANOHABLANTE

De América al mundo

El tomate Su nombre se deriva de la palabra náhuatl° *tomatl*. Entró en Europa por la región de Galicia en el noroeste de España y se extendió luego a Francia e Italia. Los españoles y portugueses lo difundieron° por el Oriente Medio, África, Estados Unidos y Canadá.

El maíz Es uno de los cereales de mayor producción mundial. A pesar de las controversias acerca de su origen exacto, los investigadores coinciden en que indígenas de América Central y México lo difundieron por el continente, los conquistadores lo introdujeron a Europa y los comerciantes lo llevaron a Asia y África.

La papa o patata Estudios científicos ubican el origen de la papa en el Perú. En la actualidad, la papa se consume por todo el mundo, pero Bielorrusia (Europa Oriental) es el mayor consumidor mundial con un promedio anual de 169 kilogramos (372 libras) por persona.

PERFIL

EL CANAL DE PANAMÁ

El Canal de Panamá, una de las obras arquitectónicas más extraordinarias del planeta, une° los océanos Atlántico y Pacífico a través del istmo° de Panamá. Es, a su vez, una ruta importantísima para la economía mundial, pues lo cruzan° más de 12.000 barcos por año, es decir, unos 230 barcos por semana. La monumental obra, construida por los Estados Unidos entre 1904 y 1914, consta de dos lagos artificiales, varios canales, tres estructuras de compuertas° y una represa°. Como no todo el canal se encuentra al nivel del mar, la finalidad° de las esclusas° es subir y bajar los barcos entre los niveles de los dos océanos y el nivel del canal. Dependiendo del tránsito, la travesía° por este atajo° de 80 kilómetros (50 millas) puede demorar° hasta 10 horas. Panamá y Estados Unidos negociaron la entrega del canal a Panamá en 1977, que pasó a estar bajo control panameño el 31 de diciembre de 1999.

"Viajar es imprescindible y la sed de viaje, un síntoma neto de inteligencia." (Enrique Jardiel Poncela, escritor español)

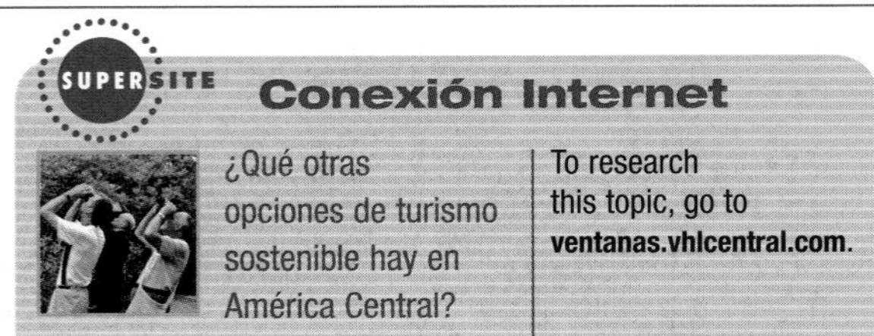

SUPERSITE **Conexión Internet**

¿Qué otras opciones de turismo sostenible hay en América Central?

To research this topic, go to **ventanas.vhlcentral.com**.

une *links* **istmo** *isthmus* **cruzan** *cross* **compuertas** *lockgates* **represa** *dam* **finalidad** *purpose* **esclusas** *locks* **travesía** *crossing (by boat)* **atajo** *shortcut* **demorar** *last* **náhuatl** *Uto-Aztecan language* **difundieron** *spread*

Teaching option Ask students to read the quote. ¿Qué quiere decir "la sed de viaje"? ¿Por qué dice que la sed de viaje es un síntoma de inteligencia? ¿Están de acuerdo?

¿Qué aprendiste?

1 ¿Cierto o falso? Indica si estas afirmaciones son **ciertas** o **falsas**. Corrige las falsas.

1. Finca Esperanza Verde se encuentra en una zona montañosa de Costa Rica. Falso. Se encuentra en una zona montañosa de Nicaragua.
2. Los turistas que van a Finca Esperanza Verde pueden visitar un cafetal que se encuentra allí mismo. Cierto.
3. Se estima que la mitad del café mundial se produce en América. Falso. Dos de las terceras partes del café mundial son de origen americano.
4. Se dice que el café es originario del continente americano. Falso. El café llegó al continente americano en el siglo XVIII.
5. El café entró en el continente americano a través de México. Falso. El café entró en América por Martinica/Santo Domingo.
6. Según el artículo, los productores tuvieron que diversificar sus actividades debido a los precios bajos del café. Cierto.
7. La finalidad de las cooperativas de comercio justo es ayudar a que los productores reciban un pago justo y los consumidores paguen precios razonables. Cierto.
8. El primer país en crear una Ruta del Café fue Honduras. Falso. El primer país en crear una Ruta del Café fue Costa Rica.
9. Los turistas pueden visitar las plantaciones pero no pueden presenciar el proceso de cultivo y producción. Falso. Los turistas pueden conocer el proceso de cultivo y producción.
10. Los turistas que van a la Ruta del Café suelen visitar también las rutas históricas de la zona. Cierto.

2 Oraciones incompletas Completa las oraciones con la información correcta.

1. El Canal de Panamá está en manos panameñas __desde fines de 1999__.
2. El Canal de Panamá tiene __dos lagos__ artificiales.
3. Se usa un sistema de esclusas porque __no todo el canal se encuentra al nivel del mar__.
4. En la República Dominicana, *guagua* significa __autobús__.
5. __Los españoles y los portugueses__ difundieron el tomate por Oriente Medio.

3 Preguntas En parejas, contesten las preguntas.

1. ¿Qué papel tiene el café en tu cultura? ¿Tiene la misma importancia que en la cultura centroamericana?
2. ¿Prefieres los productos orgánicos y los que garantizan el comercio justo o compras productos comunes?
3. ¿Qué tipo de turismo sueles hacer? ¿Hiciste alguna vez ecoturismo?
4. ¿Qué alimentos provenientes de otros continentes forman parte de tu dieta?

4 Opiniones En grupos pequeños, conversen sobre estas preguntas: ¿Es bueno para los países recibir turismo? ¿Por qué? ¿Qué consecuencias tiene la llegada del turismo para la comunidad local?

PROYECTO

Un viaje por la Ruta del Café

Busca información sobre una excursión organizada por una Ruta del Café. Imagina que vas a la excursión y escribe una pequeña descripción de un día de visita, basándote en la información que has encontrado.

Incluye información sobre:
- los platos típicos que comiste
- los pueblos que visitaste
- lo que aprendiste sobre el café
- qué fue lo más interesante de la visita
- lo que compraste para llevar a casa

Proyecto As an expansion activity, have students prepare a brochure of their **Proyecto**. Point out to students that the tourist in the photograph is Prince Albert of Monaco.

(4) As an optional writing activity, have students describe a place that has changed because of tourism. **¿Cómo era antes? ¿Cómo es ahora?** Remind students to use the imperfect for describing conditions in the past.

Ritmos Encourage students to think about how music can bring people together. Ask: **¿Qué poder tiene la música sobre la vida social y política de una cultura?**

RITMOS

RUBÉN BLADES

Rubén Blades es quizás el artista más famoso en la historia de la música panameña. Heredó° la pasión musical de sus padres: su madre tocaba el piano y su padre era percusionista. Blades no es sólo artista; también es abogado y político. Estudió derecho° en Panamá y luego en los Estados Unidos, adonde él y su familia emigraron por problemas políticos. Allí, Blades encontró el espacio para desarrollar su talento musical: con canciones como *Pedro Navaja* transformó para siempre la salsa, género que hasta ese entonces no solía hablar de la problemática social latinoamericana. Incursionó además en otros géneros musicales: en *El capitán y la sirena*, explora ritmos asiáticos. Blades ha recibido incontables reconocimientos, entre ellos varios premios Grammy y en 2000 el título de Embajador Mundial contra el Racismo, otorgado° por la ONU.

Discografía

2002 Mundo **1999** Tiempos **1978** Siembra

Canción

Éste es un fragmento de una canción de Rubén Blades.

El capitán y la sirena

Una vez, un barco en plena alta mar
se hundió° en una fiera° tormenta.
Una bella sirena° salvó al capitán
y lo devolvió hasta la arena°.
Y el capitán de ella se enamoró,
y aunque también lo amó la sirena,
venían de mundos distintos los dos,
y su amor les sería una condena°.

La música de Blades se caracteriza por la gran experimentación musical. Éstos son algunos de los instrumentos que ha empleado en sus canciones.

el bongó (Cuba)

la clave (Cuba)

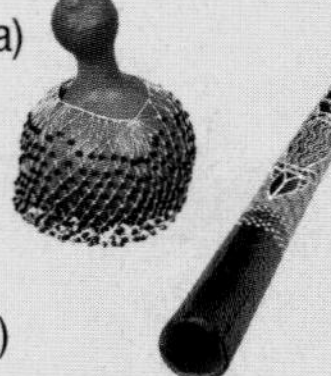

el chekere (África)

el didgeridoo (Australia)

Preguntas En parejas, contesten las preguntas. Some answers will vary.

1. ¿Dónde y cuándo descubre Blades su pasión por la música?
   Blades descubre la pasión por la música de pequeño en su país natal, Panamá.
2. ¿Qué caracteriza a la música de Blades? ¿Qué instrumentos utiliza? ¿Los has tocado alguna vez? Su música se caracteriza por la gran experimentación musical. Utiliza el didgeridoo, la clave, el chekere y el bongó.
3. En la canción, ¿qué le ocurrió al capitán? ¿Quién lo ayudó? ¿Cómo? El barco se hundió en el mar y la sirena salvó al capitán.
4. ¿Qué historia cuenta la canción? ¿Por qué Blades habla de "mundos distintos"?
   Cuenta una historia de amor entre un capitán y una sirena.

Heredó *He inherited* **derecho** *law* **otorgado** *awarded* **se hundió** *sank* **fiera** *fierce* **sirena** *mermaid* **arena** *sand* **condena** *sentence; condemnation*

Teaching option Review object pronouns (**Estructura 2.1**). Have students point them out in the song and identify which nouns are replaced. Ex: **lo devolvió hasta la arena**: direct object pronoun = **lo** ⟶ **el capitán**.

5 ESTRUCTURA

INSTRUCTIONAL RESOURCES
Supersite/IRCD: Textbook Answer Key, SAM Answer Key
SAM/WebSAM: WB, LM

TALLER DE CONSULTA

MANUAL DE GRAMÁTICA
Más práctica
5.1 Comparatives and superlatives, p. 378
5.2 The subjunctive in adjective clauses, p. 379
5.3 Negative and positive expressions, p. 380
Más gramática
5.4 **Pero** and **sino**, p. 381

Remind students that adjectives agree in gender and number with the nouns they modify.

To review adverbs, refer students to the **Manual de gramática, 6.4,** p. 386.

¡ATENCIÓN!

Tan and **tanto** can also be used for emphasis, rather than to compare:

tan *so*
tanto *so much*
tantos/as *so many*

¡El viaje es tan largo!
The trip is so long!

¡Viajas tanto!
You travel so much!

¿Siempre traes tantas maletas?
Do you always bring so many suitcases?

Remind students that **tanto/a(s)** must agree in gender and number when used to modify nouns.

5.1 Comparatives and superlatives

Comparisons of inequality

- With adjectives, adverbs, nouns, and verbs, these constructions are used to make comparisons of inequality (*more than/less than*).

[*verb*] + más/menos que

ADJECTIVE

Este hotel es **más elegante que** el otro.
This hotel is more elegant than the other one.

NOUN

Franco tiene **menos tiempo que** Clementina.
Franco has less time than Clementina does.

ADVERB

¡Llegaste **más tarde que** yo!
You arrived later than I did!

VERB

Mi hermano **viaja menos que** yo.
My brother travels less than I do.

- Before a number (or equivalent expression), more/less than is expressed with **más/menos de**.

Un pasaje de ida y vuelta va a costar **más de** quinientos dólares.
A round-trip ticket will cost more than five hundred dollars.

Te consigo una respuesta en **menos de** media hora.
I'll get you an answer in less than half an hour.

Comparisons of equality

- These constructions are used to make comparisons of equality.

tan + [*adjective* / *adverb*] + como

tanto/a(s) + [*singular noun* / *plural noun*] + como

[*verb*] + tanto como

ADJECTIVE

El vuelo de regreso no parece **tan largo como** el de ida.
The return flight doesn't seem as long as the flight over.

NOUN

Cuando viajo a la ciudad, tengo **tantas maletas como** tú.
When I travel to the city, I have as many suitcases as you do.

ADVERB

Se puede ir de Madrid a Sevilla **tan rápido** en tren **como** en avión.
You can get from Madrid to Sevilla as quickly by train as by plane.

VERB

Guillermo **disfrutó tanto como** yo de las vacaciones.
Guillermo enjoyed our vacation as much as I did.

Superlatives

- This construction is used to form superlatives (**superlativos**). The noun is preceded by a definite article, and **de** is the equivalent of *in* or *of*.

el/la/los/las + ***noun*** + **más/menos** + ***adjective*** + **de**

Ésta es **la playa más bonita de** todas.
This is the prettiest beach of them all.

Es **el hotel menos caro del** pueblo.
It is the least expensive hotel in town.

- The noun may also be omitted from a superlative construction.

¿Conoce usted un buen restaurante en Sevilla?
Do you know a good restaurant in Sevilla?

Las Dos Palmas es **el más elegante de** la ciudad.
Las Dos Palmas is the most elegant one in the city.

Irregular comparatives and superlatives

Adjective	Comparative form	Superlative form
bueno/a *good*	**mejor** *better*	**el/la mejor** *best*
malo/a *bad*	**peor** *worse*	**el/la peor** *worst*
grande *big*	**mayor** *bigger*	**el/la mayor** *biggest*
pequeño/a *small*	**menor** *smaller*	**el/la menor** *smallest*
joven *young*	**menor** *younger*	**el/la menor** *youngest*
viejo/a *old*	**mayor** *older*	**el/la mayor** *oldest*

- When **grande** and **pequeño/a** refer to size and not age or quality, the regular comparative and superlative forms are used.

Ernesto es **mayor** que yo.
Ernesto is older than I am.

Ese edificio es **el más grande** de todos.
That building is the biggest one of all.

- When **mayor** and **menor** refer to age, they follow the noun they modify.

María Fernanda es mi hermana **menor**.
María Fernanda is my younger sister.

Hubo un **menor** número de turistas.
There was a smaller number of tourists.

- The adverbs **bien** and **mal** also have irregular comparatives, **mejor** and **peor**.

Mi esposo maneja muy mal. ¿Y el tuyo?
My husband is a bad driver. How about yours?

¡Mi esposo maneja **peor** que los turistas!
My husband drives worse than the tourists!

Tú puedes hacerlo bien.
You can do it well.

Ayúdame, que tú lo haces **mejor** que yo.
Help me; you do it better than I do.

¡ATENCIÓN!

Absolute superlatives

The suffix **–ísimo/a** is added to adjectives and adverbs to form the absolute superlative.

This form is the equivalent of *extremely* or *very* before an adjective or adverb in English.

malo → malísimo

mucha → muchísima

difícil → dificilísimo

fácil → facilísimo

Adjectives and adverbs with stems ending in **c**, **g**, or **z** change spelling to **qu, gu,** and **c** in the absolute superlative.

rico → riquísimo

larga → larguísima

feliz → felicísimo

Adjectives that end in **–n** or **–r** form the absolute superlative by adding **–císimo/a**.

joven → jovencísimo

Write additional adjectives on the board and call on volunteers to change them into superlatives.
Ex: **feo/a → feísimo/a**

Práctica

TALLER DE CONSULTA

MANUAL DE GRAMÁTICA
Más práctica
5.1 Comparatives and superlatives, p. 378

1 As a warm-up, ask students to compare ecotourism with traditional tourism using comparatives and superlatives.

1 Before assigning the activity, make three columns on the board and label them *Adjective*, *Comparative form*, and *Superlative form*. Call out an adjective and have a volunteer write the appropriate forms on the board. Ex: **grande, mayor, el/la mayor**.

2 Ask students what constitutes their idea of the worst possible trip.

3 Call on volunteers to add more categories to the list (**país, deporte, clase,** etc.). Have students make up their own comparative or superlative sentences for each new category.

1 Demasiadas deudas Ágata trabaja en una agencia de viajes y su amiga Elena en un hotel. Completa la conversación con las palabras de la lista.

baratísimos	**más**	**menor**	**muchísimas**
como	**mejor**	**menos**	**que**

ELENA Tengo (1) muchísimas deudas (*debts*) y necesito ganar (2) más dinero.

ÁGATA ¿Por qué no mandas tu currículum a mi empresa? No es tan prestigiosa (3) como la tuya, pero paga mejor.

ELENA Tú trabajas (4) menos horas (5) que yo, pero ganas más.

ÁGATA Y cuando quiero viajar, los pasajes me salen (6) baratísimos, mientras que en el hotel no te dan ni el (7) menor descuento.

ELENA ¡Sin duda el trabajo tuyo es (8) mejor que el mío!

2 El peor viaje de su vida Conecta las frases para formar oraciones lógicas.

h 1. El sábado pasado Alberto y yo hicimos el peor
f 2. Yo llegué al aeropuerto más temprano
g 3. Pero él pasó por seguridad más rápido
c 4. Luego anunciaron que el vuelo estaba retrasado más
a 5. Por fin salimos, tan cansados
d 6. De repente, sentimos un olor
b 7. Alberto gritaba tanto
e 8. Al final pasamos las vacaciones en casa, lo cual fue

a. como enojados.
b. como yo hasta que logramos aterrizar (*land*).
c. de tres horas a causa de un problema mecánico.
d. malísimo; ¡el motor se estaba incendiando!
e. menos interesante pero mucho más seguro.
f. que Alberto y no lo podía encontrar.
g. que yo y por fin nos encontramos en la puerta de embarque.
h. viaje de nuestra vida.

3 Oraciones Usa la información del cuadro para escribir cinco oraciones con superlativos y cinco con comparativos. Sigue el modelo.

MODELO *Harry Potter* es más popular que *El Señor de los Anillos*. *Harry Potter* es el libro más vendido de la década.

Harry Potter	**libro**	**mayor**
Jennifer López	**cantante y actriz**	**famosa**
Donald Trump	**hombre de negocios**	**rico**
El Nilo	**río**	**largo**
Disneyland	**lugar**	**feliz**

Comunicación

4 **Un viaje inolvidable**

A. En parejas, túrnense para hablar sobre el viaje más inolvidable de sus vidas. Puede ser un viaje buenísimo, malísimo, e incluso puede ser un viaje imaginario. Usa por lo menos seis comparaciones con comparativos y superlativos, y algunas de las palabras de la lista.

mejor/peor que	tan
más/menos que	como
de los mejores/peores	buenísimo/malísimo

B. Ahora describe el viaje de tu compañero/a al resto de la clase. La clase tratará de adivinar qué viajes son verdaderos y cuáles son ficticios.

5 **Las vacaciones ideales** En grupos de cuatro, imaginen que son una familia que ganó un viaje de tres semanas a cualquier país del mundo. El único problema es que tienen que llegar a una decisión unánime para ganar su premio.

A. Primero, cada uno/a debe decidir cuál es el país ideal para sus vacaciones y anotar las razones para escogerlo. Utiliza comparativos y superlativos.

México

La República Dominicana

Costa Rica

Venezuela

B. Luego, túrnense para presentar sus opiniones y traten de convencer a los demás de que su país ideal es el mejor de todos. Deben usar comparativos y superlativos para comparar las atracciones de cada país. Compartan su decisión final con la clase.

MODELO Es obvio que Venezuela es el mejor país para nuestras vacaciones. Venezuela tiene la catarata más alta del mundo y unas playas tan bonitas como las de la República Dominicana. Leí en un libro que en la selva amazónica hay mayor cantidad de aves que en Costa Rica. Además, ¡las arepas venezolanas son más ricas que las tortillas mexicanas!

(4) For slower-paced classes, review lesson vocabulary and create a word bank on the board.

(4) To facilitate discussion, have students work individually to prepare a list of questions for their partners about the trip.

(5) Part A: If time and resources permit, bring in travel brochures or magazines for students to consult.

Teaching option
For additional practice with superlatives, have pairs role-play a conversation in which a freshman asks advice from a senior about the best/worst classes and professors.

NATIONAL
comparisons
STANDARDS

INSTRUCTIONAL RESOURCES
Supersite/IRCD: Textbook Answer Key, SAM Answer Key
SAM/WebSAM: WB, LM

¡ATENCIÓN!

An adjective clause (**oración subordinada adjetiva**) is one that modifies or describes the noun or direct object in the main clause.

Preview the idea of uncertainty by asking questions using **buscar** and **necesitar**. Ex: **¿Buscan trabajo? ¿De qué tipo?**

Point out that while **que** is the most common connector, conjunctions like **donde** and **en que** can also be used before adjective clauses. Ex: **¿Hay algún restaurante por aquí donde se pueda fumar?**

Remind students that one of the main characteristics of the subjunctive is the idea of uncertainty.

5.2 The subjunctive in adjective clauses

- When the subordinate clause of a sentence refers to something (the antecedent) that is known to exist, use the indicative. When the antecedent is uncertain, use the subjunctive.

MAIN CLAUSE	CONNECTOR	SUBORDINATE CLAUSE
Busco un trabajo	**que**	**pague bien.**

ANTECEDENT CERTAIN → INDICATIVE	ANTECEDENT UNCERTAIN → SUBJUNCTIVE
Necesito el libro que **tiene** información sobre las ruinas mayas. *I need the book that has information about Mayan ruins.*	Necesito un libro que **tenga** información sobre las ruinas mayas. *I need a book that has information about Mayan ruins.*
Buscamos los documentos que **describen** el itinerario del viaje. *We're looking for the documents that describe the itinerary for the trip.*	Buscamos documentos que **describan** el itinerario del viaje. *We're looking for (any) documents that (may) describe the itinerary for the trip.*
Aquí hay alguien que **conoce** muy bien la zona. *There is someone here who knows the area very well.*	¿Hay alguien aquí que **conozca** muy bien la zona? *Is there anyone here who knows the area very well?*

- When the antecedent of an adjective clause is a negative pronoun (**nadie, ninguno/a**), the subjunctive is used in the subordinate clause.

¡No hay nadie que la pueda cerrar, Éric!

No hay nada que pueda dejar.

ANTECEDENT CERTAIN → INDICATIVE	ANTECEDENT UNCERTAIN → SUBJUNCTIVE
Elena tiene tres parientes que **viven** en San Salvador. *Elena has three relatives who live in San Salvador.*	Elena no tiene **ningún** pariente que **viva** en La Palma. *Elena doesn't have any relatives who live in La Palma.*
Para su viaje, hay dos países que **requieren** una visa. *For your trip, there are two countries that require visas.*	Para su viaje, no hay **ningún** país que **requiera** una visa. *For your trip, there are no countries that require a visa.*
Hay muchos viajeros que **quieren** quedarse en el hotel. *There are many travelers who want to stay at the hotel.*	No hay **nadie** que **quiera** alojarse en el albergue. *There is nobody who wants to stay at the hostel.*

- The personal **a** is not used with people whose existence is uncertain.

ANTECEDENT UNCERTAIN → SUBJUNCTIVE	ANTECEDENT CERTAIN → INDICATIVE
Necesito un guía que **hable** inglés. *I need a guide who speaks English.*	Conozco **a** un guía que **habla** inglés. *I know a guide who speaks English.*

- The personal **a** is maintained before **nadie** and **alguien**.

ANTECEDENT UNCERTAIN → SUBJUNCTIVE	ANTECEDENT CERTAIN → INDICATIVE
No conozco **a nadie** que **se queje** tanto como mi suegra. *I don't know anyone who complains as much as my mother-in-law.*	Yo conozco **a alguien** que **se queja** aún más... ¡la mía! *I know someone who complains even more... mine!*

- The subjunctive is commonly used in questions with adjective clauses when the speaker is trying to find out information about which he or she is uncertain. If the person who responds knows the information, the indicative is used.

ANTECEDENT UNCERTAIN → SUBJUNCTIVE	ANTECEDENT CERTAIN → INDICATIVE
¿Me recomienda usted un hotel que **esté** cerca de la costa? *Can you recommend a hotel that is near the coast?*	Sí, el hotel Flamingo **está** justo en la playa. *Yes, the Flamingo Hotel is right on the beach.*
¿Tiene otra brújula que **sea** más fácil de usar? *Do you have another compass that is easier to use?*	Vea ésta y, si no, tengo tres más que **son** muy fáciles de usar. *Look at this one, and if not, I have three others that are very easy to use.*

Hotel Tucán
En el hotel Tucán su satisfacción es lo más importante. Si hay alguna cosa que podamos hacer para mejorar nuestros servicios, no dude en informarnos.

Práctica

TALLER DE CONSULTA

MANUAL DE GRAMÁTICA
Más práctica
5.2 The subjunctive in adjective clauses, p. 379

① **Oraciones** Combina las frases de las dos columnas para formar oraciones lógicas.

c	1. Luis tiene un hermano que	a. sea alta e inteligente.
d	2. Tengo dos primos que	b. sean respetuosos y estudiosos.
e/a	3. No conozco a nadie que	c. canta cuando se ducha.
e/a	4. Jorge busca una novia que	d. hablan español.
b	5. Quiero tener hijos que	e. hable más de cinco lenguas.

② **El agente de viajes** Carmen va a ir de vacaciones a Montelimar, en Nicaragua, y le escribe un correo electrónico a su agente de viajes explicándole sus planes. Completa el correo electrónico con el subjuntivo o el indicativo.

De: Carmen <Carmen@micorreo.com>
Para: Jorge <Jorge@micorreo.com>
Asunto: Viaje a Montelimar

Querido Jorge:
Estoy muy contenta porque el mes que viene voy a viajar a Montelimar para tomar unas vacaciones. He estado pensando en el viaje y quiero decirte qué me gustaría hacer. Quiero ir a un hotel que (1) __sea__ (ser) de cinco estrellas y que (2) __tenga__ (tener) vista al mar. Me gustaría hacer una excursión que (3) __dure__ (durar) varios días y que me (4) __permita__ (permitir) ver el famoso lago Nicaragua. ¿Qué te parece?

Mi hermano me dice que hay un guía turístico que (5) __conoce__ (conocer) algunos lugares exóticos y que me puede llevar a verlos. También dice que el guía es un hombre que (6) __tiene__ (tener) el pelo muy rubio y (7) __es__ (ser) muy alto. ¿Tú lo conoces? Creo que se llama Ernesto Montero.

Espero tu respuesta.
Carmen

③ **Aniversario** Enrique y Julia se preparan para celebrar su aniversario de bodas. Completa las oraciones con la opción más lógica de la lista. Haz los cambios necesarios.

gustarle a Enrique	**ser muy rápido**
hacer cortes de pelo modernos	**tener arena blanca**
	tocar jazz

1. Para la fiesta, Julia quiere contratar a la banda "Armonías" que __toca jazz__.
2. Enrique busca un peluquero que __haga cortes de pelo modernos__.
3. Julia prepara las comidas que __le gustan a Enrique__.
4. Enrique quiere comprarle a Julia un carro que __sea muy rápido__.
5. Después de la fiesta, Julia quiere hacer un viaje a alguna playa que __tenga arena blanca__.

① Have students work in pairs to create three additional items for each column. Then have them exchange papers with another pair and complete the sentences.

② As a project, have students research Nicaragua and prepare an itinerary for Carmen, complete with photographs and detailed descriptions of the areas she will visit.

③ Have students use the indicative to change the mood of the sentences. Ex: **Enrique conoce un peluquero que hace cortes de pelo modernos.**

Teaching option Write a main clause and connector on the board. Ex: **Hay muchas personas que..., No existe ninguna persona que...** Divide the class into two teams and have one representative from each team complete the sentence with subordinate clauses in the indicative or subjunctive. Each correct answer earns one point.

Comunicación

4 **El ideal** En parejas, imaginen cómo es el/la compañero/a ideal en cada una de estas situaciones. Si ya conocen a una persona con las características ideales, pueden hablar de él/ella. Utilicen el subjuntivo o el indicativo según corresponda.

MODELO **alguien con quien vivir**
Lo ideal es vivir con alguien que no se queje demasiado.

- alguien con quien vivir
- alguien con quien trabajar
- alguien con quien ver películas de amor o de aventura
- alguien con quien comprar ropa
- alguien con quien estudiar
- alguien con quien viajar por el desierto del Sahara

5 **Anuncios** En parejas, imaginen que escriben anuncios para el diario *El País*. Su jefe les deja algunos mensajes indicándoles qué anuncios deben escribir. Escriban anuncios detallados sobre lo que se busca usando el indicativo o el subjuntivo. Después inventen dos anuncios más para enseñárselos a la clase.

La familia Pérez
busca a su perro Tomás,
que se perdió en el parque.
Aquí tienen una foto de él.
Miguel y Carlos Solís
buscan un guía turístico
para su viaje a los
volcanes de Guatemala.

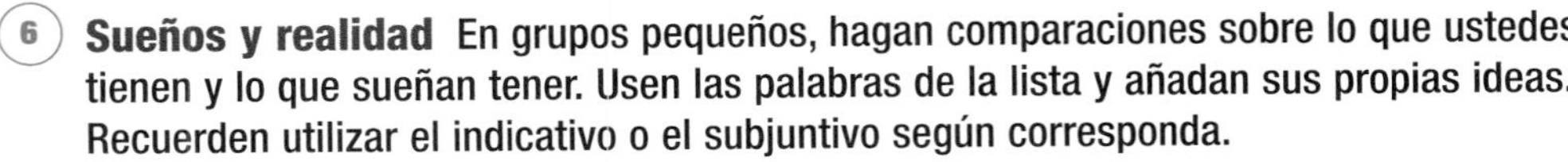

6 **Sueños y realidad** En grupos pequeños, hagan comparaciones sobre lo que ustedes tienen y lo que sueñan tener. Usen las palabras de la lista y añadan sus propias ideas. Recuerden utilizar el indicativo o el subjuntivo según corresponda.

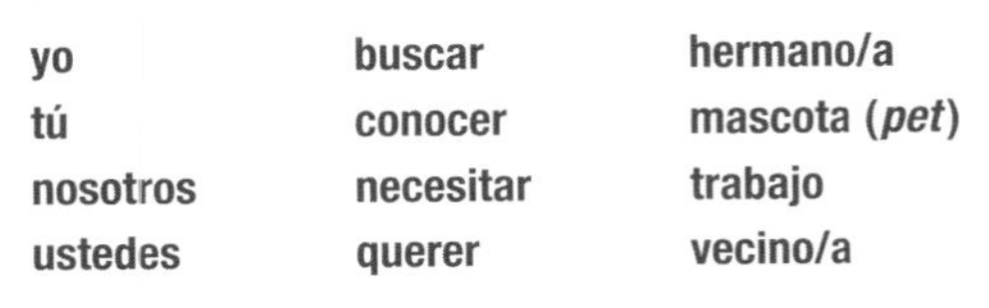

yo	buscar	hermano/a
tú	conocer	mascota (*pet*)
nosotros	necesitar	trabajo
ustedes	querer	vecino/a

4 Explain that **lo ideal** means *the ideal.* Other common phrases using **lo** are **lo mejor** (*the best thing*), **lo peor** (*the worst thing*), and **lo importante** (*the important thing*). The neuter **lo** is covered in detail in **9.3,** p. 260.

4 For each situation, call on students and ask specific questions. Ex: **¿Cómo es tu compañero/a de cuarto? ¿Qué buscas en un(a) buen(a) compañero/a?**

5 Ask students to bring in samples from the classifieds section of a Spanish newspaper. Read and discuss several examples as a class.

NATIONAL
comparisons
STANDARDS

5.3 Negative and positive expressions

INSTRUCTIONAL RESOURCES
Supersite/IRCD:
Textbook Answer Key,
SAM Answer Key
SAM/WebSAM: WB, LM

Cocodrilo Éric no le tiene miedo a nada.

TALLER DE CONSULTA

To express contradictions, **pero** and **sino** are also used.
See **Manual de gramática, 5.4,** p. 381.

Say several sentences aloud that use negative or indefinite words and have volunteers change each sentence into its opposite. Ex: **1. Siempre estudio para los exámenes. (No estudio nunca para los exámenes.) 2. No veo a nadie. (Veo a alguien.)**

- Negative words (**palabras negativas**) deny something's existence or contradict statements.

Positive expressions	Negative expressions
algo *something; anything*	**nada** *nothing; not anything*
alguien *someone; somebody; anyone*	**nadie** *no one; nobody; not anyone*
alguno/a(s), algún *some; any*	**ninguno/a, ningún** *no; none; not any*
o… o *either… or*	**ni… ni** *neither… nor*
siempre *always*	**nunca, jamás** *never; not ever*
también *also; too*	**tampoco** *neither; not either*

- In Spanish, double negatives are perfectly acceptable.

¿Dejaste **algo** en la mesa?
Did you leave something on the table?

No, no dejé **nada**.
No, I didn't leave anything.

Siempre tuvimos ganas de viajar a Costa Rica.
We always wanted to travel to Costa Rica.

Hasta ahora, **no** tuvimos **ninguna** oportunidad de ir.
Until now, we had no chance to go there.

- Most negative statements use the pattern **no** + [*verb*] + [*negative word*]. When the negative word precedes the verb, **no** is omitted.

No lo extraño **nunca**.
I never miss him.

Nunca lo extraño.
I never miss him.

Su opinión **no** le importa a **nadie**.
His opinion doesn't matter to anyone.

A **nadie** le importa su opinión.
Nobody cares about his opinion.

- Once one negative word appears in an English sentence, no other negative word may be used. In Spanish, however, once a negative word is used, all other elements must be expressed in the negative if possible.

No le digas **nada** a **nadie**.
Don't say anything to anyone.

Tampoco hables **nunca** de esto.
Don't ever talk about this either.

No quiero **ni** pasta **ni** pizza.
I don't want pasta or pizza.

Tampoco quiero **nada** para tomar.
I don't want anything to drink either.

- The personal **a** is used before negative and indefinite words that refer to people when they are the direct object of the verb.

Nadie me comprende. ¿Por qué será? *No one understands me. Why is that?*	Porque tú no comprendes **a nadie**. *Because you don't understand anybody.*
Algunos pasajeros prefieren no desembarcar en los puertos. *Some passengers prefer not to disembark at the ports.*	Pues, no conozco **a ninguno** que se quede en el crucero. *Well, I don't know of any who stay on the cruise ship.*

- Before a masculine singular noun, **alguno** and **ninguno** are shortened to **algún** and **ningún**.

  ¿Ha sufrido **algún** daño en el choque?
  Have you suffered any harm in the accident?

  Me había puesto el cinturón de seguridad, por lo que no sufrí **ningún** daño.
  I had fastened my seatbelt, so I suffered no injuries.

- **Tampoco** means *neither* or *not either*. It is the opposite of **también**.

  Mi novia no soporta los congestionamientos en el centro, ni yo **tampoco**.
  My girlfriend can't stand the traffic jams downtown, and neither can I.

  Por eso toma el metro, y yo **también**.
  That's why she takes the subway, and so do I.

¿Esto también es de primerísima necesidad?

- The conjunction **o... o** (*either... or*) is used when there is a choice to be made between two options. **Ni... ni** (*neither... nor*) is used to negate both options.

  Debo hablar **o** con el gerente **o** con la dueña.
  I have to speak with either the manager or the owner.

  El precio del pasaje **ni** ha subido **ni** ha bajado en los últimos días.
  The price of the ticket has neither risen nor fallen in the past days.

- The conjunction **ni siquiera** (*not even*) is used to add emphasis.

  Ni siquiera se despidieron antes de salir.
  They didn't even say goodbye before they left.

  La señora Guzmán no viaja nunca, **ni siquiera** para visitar a sus nietos.
  Mrs. Guzmán never travels, not even to visit her grandchildren.

¡ATENCIÓN!

Cualquiera can be used to mean *any, anyone, whoever, whatever, or whichever.* When used before a singular noun (masculine or feminine) the **–a** is dropped.

Cualquiera haría lo mismo.
Anyone would do the same.

Llegarán en cualquier momento.
They will arrive at any moment.

Point out the use of **ni yo tampoco** after a negative statement. Ex: **Gustavo no pudo ir al cine, ni yo tampoco.**

Review the use of **también** and **tampoco** with **gustar** and similar verbs. **Me gusta viajar.** → **A mí también.**

Práctica

TALLER DE CONSULTA

MANUAL DE GRAMÁTICA
Más práctica
5.3 Negative and positive expressions, p. 380

① Before assigning this activity, go around the room and read each student a sentence using a positive or negative expression. The student must contradict it using the opposite expression. Ex. **Nadie de esta clase toma café. → Alguien toma café.**

② Point out that students may need to change more than just one word.

② Remind students that plural forms might change to singular in the negative. Ex: **Algunos** and **todos** change to **ningún** and **nadie**.

③ In pairs, ask students to write brief conversations for each of the responses shown. Call on volunteers to read their conversations to the class. Encourage them to be creative.

1 **Comidas típicas** Marlene acaba de regresar de un viaje a Madrid y está fascinada con la comida española. Completa su conversación con Frank usando expresiones negativas y positivas. Ten en cuenta que vas a usar una de ellas dos veces.

alguna	ni... ni	o... o
nadie	ningún	tampoco
	nunca	

MARLENE Frank, ¿(1) __alguna__ vez has probado las tapas españolas?

FRANK No, (2) __nunca__ he probado la comida española.

MARLENE ¿De veras? ¿No has probado (3) __ni__ la tortilla de patata (4) __ni__ la paella?

FRANK No, no he comido (5) __ningún__ plato español. (6) __Tampoco__ conozco los ingredientes típicos de la cocina española.

MARLENE Entonces tenemos que salir a comer juntos. ¿Conoces el restaurante llamado Carmela?

FRANK No, no conozco (7) __ningún__ restaurante con ese nombre.

MARLENE (8) __Nadie__ lo conoce. Es nuevo pero es muy bueno. A mí me viene bien que vayamos (9) __o__ el lunes (10) __o__ el jueves que viene.

FRANK El jueves también me viene bien.

2 **El viajero** Imagina que eres un(a) viajero/a un poco especial y estás hablando de lo que no te gusta hacer en los viajes. Cambia las oraciones de positivas a negativas usando las expresiones negativas correspondientes. Sigue el modelo.

MODELO **Yo siempre como la comida del país.**
Nunca como la comida del país.

1. Cuando voy de viaje, siempre compro algunos regalos típicos.
   Cuando voy de viaje, nunca compro ningún regalo típico.
2. A mí también me gusta visitar todos los lugares turísticos.
   A mí tampoco me gusta visitar ningún lugar turístico.
3. Yo siempre hablo el idioma del país con todo el mundo.
   Yo nunca hablo el idioma del país con nadie.
4. Normalmente, o alquilo un carro o alquilo una motocicleta.
   Normalmente, ni alquilo un carro ni alquilo una motocicleta.
5. Siempre intento visitar a algún conocido de mi familia.
   Nunca intento visitar a ningún conocido de mi familia.
6. Cuando visito un lugar nuevo, siempre hago algunos amigos.
   Cuando visito un lugar nuevo, nunca hago amigos.

3 **Argumentos** En parejas, escriban los comentarios que provocarían estas respuestas.

Comunicación

4 **Escena** En grupos de tres, miren la foto y escriban una conversación entre un(a) hijo/a adolescente y sus padres usando expresiones positivas y negativas. Luego representen la conversación ante la clase.

MODELO

HIJA ¿Por qué siempre desconfían de mí? No soy ninguna mentirosa y mis amigos tampoco lo son. No tienen ninguna razón para preocuparse.
MAMÁ Sí, hija, muy bien, pero recuerda que...

4 As a follow-up activity, have students describe an argument they had with their own parents.

5 **Síntesis** La tormenta tropical Alberto azota (*is hitting*) las costas de Florida. En parejas, realicen un *sketch* para cubrir esta noticia en un programa de televisión. Repártanse los roles de corresponsal y conductor(a) del programa. Usen comparativos, superlativos, el subjuntivo en oraciones subordinadas adjetivas y expresiones negativas y positivas.

MODELO

CONDUCTOR(A) Cuéntanos, Juan Francisco, ¿cómo es la tormenta?
CORRESPONSAL ¡Nunca he visto una tormenta tan destructiva! ¡No hay casas que puedan soportar vientos tan fuertes!
CONDUCTOR(A) ¡Pero no es posible que el viento sea más fuerte que durante la tormenta Ximena en 1996!
CORRESPONSAL Siempre dicen que esa tormenta fue la más fuerte, pero les aseguro que ésta es peor.

5 Have students work in pairs to prepare a mock interview with a resident of the Florida coast.

Teaching option As an additional communicative exercise, have groups invent a new tourism company. Ask students to write a paragraph describing the mission statement, the jobs they need to fill, and the type of person they are seeking. Encourage them to use lesson grammar and vocabulary. Ex: **Buscamos un guía que conozca la cultura nicaragüense.**

For additional cumulative practice of all the grammar points in this lesson, go to **ventanas.vhlcentral.com.**

Atando cabos

NATIONAL communication STANDARDS

Preview Ask students what they would prefer on a trip to the Hispanic world: **¿Prefieren ir a una ciudad que tenga museos y monumentos para visitar o prefieren ir a un lugar más tranquilo?** Also, have students locate Madrid, Machu Picchu, and Cancún on a map and ask what activities would likely be available in each place.

Paso 1 As a warm-up activity, brainstorm useful words and expressions from **Contextos.** Also, if possible, bring to class brochures, travel guides, or printed material from the Internet to provide students with useful information about the travel destinations.

Paso 3 Model the conversation by asking a volunteer to role play the situation with you.

¡A conversar!

En la agencia de viajes En parejas, van a representar una conversación en una agencia de viajes. Observen estas imágenes de tres destinos turísticos, comenten lo que saben de ellos y elijan el que más les guste. También, pueden elegir otro destino que les interese.

Madrid, España

Machu Picchu, Perú

Cancún, México

Paso 1 Preparen una lista de preguntas que un cliente haría antes de viajar al destino elegido. Consideren el itinerario, las actividades, el precio, los medios de transporte, el alojamiento, la comida, etc. Luego, respondan las preguntas. Pueden consultar guías turísticas o inventar sus respuestas.

Preguntas	Respuestas
1. ¿Cuántos días dura el viaje?	1.
2. ¿?	2.
3. ¿?	3.

Paso 2 Usen las respuestas anteriores para escribir lo que el agente recomendaría para cada uno de los pedidos. Usen el subjuntivo.

- Es importante que...
- Le recomiendo que...
- Elija un paquete de viaje que...
- Visite lugares que...

Paso 3 Repártanse los roles e improvisen una conversación entre un(a) agente de viajes y un(a) cliente. El/la cliente explica adónde quiere ir y hace preguntas sobre el viaje. El/la agente contesta sus preguntas, hace recomendaciones e intenta convencerlo/la para que viaje. Luego, representen la conversación frente a la clase.

MODELO

AGENTE Buenos días. ¿En qué puedo ayudarlo/la?
CLIENTE Buenos días. Quiero viajar a Machu Picchu. ¿Tiene algún paquete para ofrecerme?
AGENTE Sí, por supuesto. Tome asiento. Enseguida estoy con usted.

¡A escribir!

Recién casados Estas tres parejas de recién casados se fueron de luna de miel a diferentes lugares. Sigue el plan de redacción para contar cómo fue la luna de miel de dos parejas.

a

b

c

Preparación

A. Elige dos parejas y descríbelas. Incluye la personalidad de los novios, sus profesiones, pasatiempos y estilos de vida.

MODELO La pareja C es Rita y Johnny 'El rockero'. Ellos son una pareja poco convencional. Rita es diseñadora de moda y Johnny 'El rockero' es baterista de una banda de rock pesado.

B. Imagina la luna de miel de cada pareja. Contesta estas preguntas y escribe cuatro preguntas más.

Preguntas	Pareja: ______	Pareja: ______
1. ¿Adónde fueron? ¿Por qué eligieron ese lugar? 2. ¿Qué cosas empacaron? 3. ¿Qué lugares visitaron? 4. ¿Cuántos días estuvieron?		

Escritura Con la información de los pasos anteriores, escribe una composición en la que compares las parejas y sus lunas de miel. Usa estructuras comparativas y expresiones negativas y positivas. Incluye estos elementos:

- comparación entre las dos parejas
- comparación entre las lunas de miel
- opinión personal sobre qué pareja y qué luna de miel te gusta más. Usa el superlativo.

La mejor Comparte tu composición con un(a) compañero/a y elijan la luna de miel más original.

Preparación
- Part A: Encourage students to create outrageous descriptions of the couples. Complete the model of Rita and Johnny as a class.
- Part B: Have students share some of their questions and answers for the two descriptions.

Escritura Prior to writing, as a class, have students contribute examples of comparisons based on two of the couples. Model to get them started: **La pareja A es más tradicional que Rita y Johnny, pero durante su luna de miel, esta pareja se divirtió más que Rita y Johnny porque...** Ask students to add ideas.

Teaching option Have students peer edit a classmate's composition, focusing on correct use of comparisons. Collect peer-edited drafts and final compositions.

Preparación

En los últimos años, **Suchitoto** se ha convertido en uno de los centros turísticos más importantes de El Salvador. Este pueblo, conocido como "La llave del Lempa", es la puerta de entrada al embalse (*reservoir*) del Río Lempa, el más largo de América Central. El nombre *Suchitoto* deriva del náhuatl, idioma de los antiguos habitantes de la región, y significa "lugar del pájaro flor". Hoy, este pueblo es un ejemplo de cómo El Salvador ha dejado atrás (*has left behind*) el pasado convulsionado de la guerra civil para abrir sus puertas a los turistas y mostrarles las huellas indelebles de su pasado histórico y su gran patrimonio cultural.

Conexión personal ¿Qué sabes de El Salvador? Haz una lista de cinco elementos que esperas ver en un video sobre cultura y turismo de El Salvador.

Vocabulario

aislado/a *isolated*
las artesanías *crafts*
complacer *to please*
empedrado/a *cobbled*
innegable *undeniable*
el patrimonio (cultural) *(cultural) heritage*

1 Completa las oraciones.

1. La arquitectura es un ejemplo del patrimonio cultural de una comunidad.
2. Son innegables las huellas que la conquista española ha dejado en los hábitos y costumbres de los países latinoamericanos.
3. Algunos centros turísticos tratan de complacer a los turistas ofreciéndoles gran diversidad de opciones de entretenimiento como cines, teatros, etc.
4. Durante la guerra civil salvadoreña, muchos pueblos pequeños quedaron aislados del resto del país.

1 Have students who finish early expand this activity by making up similar sentences with the remaining words from **Vocabulario**.

Informe de
La Prensa Gráfica: Turismo a Suchitoto

Una iglesia colonial, calles empedradas, comida típica...

Preview
- Have students locate El Salvador and Suchitoto on a map.
- If time permits, have students go online to gather information about Suchitoto.
- After students watch the newsclip, have them expand the paragraph about Suchitoto for homework with the information they gathered.

¿Cuál es el atractivo que tiene para usted el pueblo?

El renacer de Suchitoto tiene varios protagonistas, pero uno de los principales son los Suchitotenses Asociados de Los Ángeles.

Conexión personal If students are short of ideas, have them quickly skim the stills and predict what will happen. Write ideas on the board, watch the newsclip, and then confirm or reject their predictions.

① Expand by having students add two more true or false statements to share with a partner.

② If students have trouble understanding the categories, explain that cultural attractions are those produced by humans, such as the arts. Natural attractions are those produced by nature, such as lakes, mountains, and forests. Services are those that satisfy tourists' needs, such as accommodation, food, transportation, etc.

Con ciento cuarenta y ocho años de historia, este pequeño pueblo que se vio aislado durante la guerra civil salvadoreña...

Y es que la estrategia en Suchitoto no es complacer al turista, sino permitir la expresión cultural para atraer a los turistas.

El lugar que una vez estuvo cerca de convertirse en un pueblo fantasma está hoy muy lleno de vida.

③ Help students brainstorm other possible categories, such as history, and degree of tourist development. Encourage them to use the comparative structures.

④ For item 1, guide students see how the time factor has become an asset for Suchitoto today.

Ampliación

1 Indica si las oraciones son ciertas o falsas.

1. Se observan turistas de otros países. Cierto.
2. Suchitoto quedó aislado por un conflicto internacional. Falso.
3. Según un entrevistado, Suchitoto es un pueblo tranquilo. Cierto.
4. En Suchitoto, la pintura es la única expresión artística. Falso.
5. El renacer del pueblo se debe sólo al esfuerzo de la comunidad local. Falso.

2 Este informe sobre Suchitoto muestra su patrimonio turístico. En parejas, elijan dos categorías y preparen una lista de los elementos que se observan o se mencionan de cada una.

Suggested answers

- atractivos culturales la iglesia, la arquitectura colonial, las artesanías, las expresiones artísticas
- atractivos naturales el embalse, el lago, el Río Lempa
- servicios a los turistas restaurantes, hoteles

3 En parejas, comparen Suchitoto con algún lugar similar de su país y escriban cinco comparaciones que especifiquen semejanzas y diferencias. Consideren estos factores: tamaño, clima, atractivos turísticos, costumbres, etc.

4 En grupos pequeños, contesten las preguntas.

1. ¿Por qué el periodista dice que en Suchitoto "el tiempo se detuvo"?
2. ¿Cuál es la estrategia para atraer turistas? ¿Por qué? ¿Estás de acuerdo?
3. ¿Qué significa la expresión "desarrollo local"? ¿Por qué se dice que Suchitoto es un ejemplo de ello?
4. ¿Cuál es la importancia del puerto?

5 En grupos, piensen en un lugar de su país poco desarrollado. Usen el modelo de Suchitoto para diseñar un plan de desarrollo turístico que genere ingresos pero conserve sus atractivos. Piensen en los recursos naturales, culturales y los servicios.

De viaje

la bienvenida	*welcome*
la despedida	*farewell*
el destino	*destination*
el itinerario	*itinerary*
la llegada	*arrival*
el pasaje (de ida y vuelta)	*(round-trip) ticket*
el pasaporte	*passport*
la temporada alta/baja	*high/low season*
el/la viajero/a	*traveler*
hacer las maletas	*to pack*
hacer un viaje	*to take a trip*
ir(se) de vacaciones	*to go on vacation*
perder (e:ie) (el vuelo)	*to miss (the flight)*
regresar	*to return*
a bordo	*on board*
retrasado/a	*delayed*
vencido/a	*expired*
vigente	*valid*

El alojamiento

el albergue	*hostel*
el alojamiento	*lodging*
la habitación individual/doble	*single/double room*
la recepción	*front desk*
el servicio de habitación	*room service*
alojarse	*to stay*
cancelar	*to cancel*
estar lleno/a	*to be full*
quedarse	*to stay*
reservar	*to reserve*
de buena categoría	*high quality*
incluido/a	*included*
recomendable	*recommendable; advisable*

La seguridad y los accidentes

el accidente (automovilístico)	*(car) accident*
el/la agente de aduanas	*customs agent*
el aviso	*notice; warning*
el cinturón de seguridad	*seatbelt*
el congestionamiento	*traffic jam*
las medidas de seguridad	*security measures*
la seguridad	*safety; security*
el seguro	*insurance*
ponerse/quitarse (el cinturón)	*to fasten/to unfasten (the seatbelt)*
reducir (la velocidad)	*to reduce (speed)*
peligroso/a	*dangerous*
prohibido/a	*prohibited*

Las excursiones

la aventura	*adventure*
el/la aventurero/a	*adventurer*
la brújula	*compass*
el buceo	*scuba diving*
el campamento	*campground*
el crucero	*cruise (ship)*
el (eco)turismo	*(eco)tourism*
la excursión	*excursion; tour*
la frontera	*border*
el/la guía turístico/a	*tour guide*
la isla	*island*
las olas	*waves*
el puerto	*port*
las ruinas	*ruins*
la selva	*jungle*
el/la turista	*tourist*
navegar	*to sail*
recorrer	*to visit; to go around*
lejano/a	*distant*
turístico/a	*tourist (adj.)*

Más vocabulario

Expresiones útiles	*Ver p. 129*
Estructura	*Ver pp. 136–137, 140–141 y 144–145*

INSTRUCTIONAL RESOURCES
Supersite/IRCD: Testing program

La naturaleza

6

Communicative Goals

You will expand your ability to...

- use the future
- express purpose, condition
- describe relationships between things/people/ideas

INSTRUCTIONAL RESOURCES
Supersite/IRCD: Audioscripts, Textbook Answer Key, SAM Answer Key
SAM/WebSAM: WB, LM

La naturaleza

Preview Ask discussion questions about nature and the environment. Ex: **¿Qué importancia tiene la naturaleza en tu vida diaria? ¿Crees que a veces se exageran los problemas del medioambiente?** Recycle previously learned vocabulary, such as common animal names.

La naturaleza

El Caribe presenta **costas** infinitas con palmeras **a orillas del mar**, aguas cristalinas y extensos **arrecifes** de coral con un **paisaje** submarino sin igual.

el árbol *tree*
el arrecife *reef*
el bosque (lluvioso) *(rain) forest*
el campo *countryside; field*
la cordillera *mountain range*

la costa *coast*
el desierto *desert*
el mar *sea*
la montaña *mountain*
el paisaje *landscape; scenery*
la tierra *land; earth*

húmedo/a *humid; damp*
seco/a *dry*

a orillas de *on the shore of*
al aire libre *outdoors*

Los animales

el ave (*f.*)/el pájaro *bird*
el cerdo *pig*
el conejo *rabbit*
el león *lion*
el mono *monkey*
la oveja *sheep*
el pez *fish*
la rana *frog*

la serpiente *snake*
el tigre *tiger*
la vaca *cow*

atrapar *to trap; to catch*
cazar *to hunt*
dar de comer *to feed*
extinguirse *to become extinct*
morder (o:ue) *to bite*

en peligro de extinción *endangered*
salvaje *wild*
venenoso/a *poisonous*

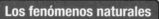

Los fenómenos naturales

el huracán *hurricane*
el incendio *fire*
la inundación *flood*
el relámpago *lightning*
la sequía *drought*
el terremoto *earthquake*
la tormenta (tropical) *(tropical) storm*
el trueno *thunder*

Variación léxica
el bosque lluvioso ⟷ el bosque húmedo (tropical)
conservar ⟷ preservar
la serpiente ⟷ la culebra
Remind students that the masculine articles **el** and **un** are used with feminine singular nouns that begin with a stressed **a** to facilitate pronunciation. Ex: **el ave, las aves; el agua, el agua fría; el hacha, esta hacha**

El medioambiente

Eugenia le explica a Jorge que el **reciclaje** de botellas es muy importante para no **malgastar** el plástico y así **proteger** el **medioambiente**.

el calentamiento global *global warming*
la capa de ozono *ozone layer*
el combustible *fuel*
la contaminación *pollution; contamination*

la deforestación *deforestation*
el desarrollo *development*
la erosión *erosion*
la fuente de energía *energy source*
el medioambiente *environment*
los recursos naturales *natural resources*

---

agotar *to use up*
conservar *to conserve; to preserve*
contaminar *to pollute; to contaminate*
contribuir (a) *to contribute*
desaparecer *to disappear*
destruir *to destroy*
malgastar *to waste*
proteger *to protect*
reciclar *to recycle*

resolver (o:ue) *to solve*

---

dañino/a *harmful*
desechable *disposable*
renovable *renewable*
tóxico/a *toxic*

Práctica

1 Escuchar

1 For Part C, have pairs create two columns labeled **Antes** and **Después** to organize their ideas.

A. Escucha el informativo de la noche y después completa las oraciones con la opción correcta.

1. Hay _b_.
   a. una inundación b. un incendio
2. Las causas de lo que ha ocurrido _b_.
   a. se conocen b. se desconocen
3. En los últimos meses, ha habido _a_.
   a. mucha sequía b. muchas tormentas
4. Las autoridades temen que _b_.
   a. los animales salvajes vayan a los pueblos
   b. el incendio se extienda
5. Los pueblos de los alrededores _a_.
   a. están en peligro b. están contaminados

B. Escucha la conversación entre Pilar y Juan y después contesta las preguntas con oraciones completas.

1. ¿Dónde hay un incendio?
   Hay un incendio en la Cordillera del Este.
2. Según lo que escuchó Pilar, ¿qué puede suceder?
   El incendio se puede extender a otras zonas.
3. ¿Qué animales tenían los abuelos de Juan?
   Los abuelos de Juan tenían ovejas.
4. ¿Qué hacía Pilar con los peces que veía?
   Pilar a veces les daba de comer a los peces.
5. ¿Qué ha pasado con los peces que había antes en la costa? Los peces que había antes en la costa han desaparecido.

C. En parejas, hablen de los cambios que han visto ustedes en la naturaleza a lo largo de los años. Hagan una lista y compártanla con la clase.

2 ¡A emparejar! Conecta las palabras de forma lógica.

MODELO **fenómeno natural: terremoto**

_d_	1. proteger	a. león
_e_	2. tormenta	b. serpiente
_c_	3. destrucción	c. incendio
_f/c_	4. campo	d. conservar
_a/b_	5. salvaje	e. trueno
_b_	6. venenosa	f. aire libre

2 As an expansion activity, have students make sentences with the associated words. Ex: **El trueno suele anunciar que viene una tormenta.**

Práctica

③ Ask students to write two more true or false statements using the lesson vocabulary. Have classmates answer **cierto** or **falso** and correct any false statements.

3 **¿Cierto o falso?** Indica si estas afirmaciones son **ciertas** o **falsas**. Corrige las falsas.

Cierto	Falso	
☑	☐	1. Un relámpago es un fenómeno natural que ilumina el cielo cuando hay tormenta.
☐	☑	2. Cuando algo es desechable, se debe reciclar. Cuando algo es desechable, se debe tirar.
☐	☑	3. Algunas vacas son venenosas. Algunas serpientes son venenosas.
☑	☐	4. Un producto tóxico es dañino para el medioambiente.
☐	☑	5. La sequía es un largo período de lluvias. La sequía es un largo período sin lluvias.
☑	☐	6. Un desierto es una extensión de tierra donde no suele llover.
☐	☑	7. Una inundación es un fenómeno que se produce cuando se mueve la tierra. Un terremoto es un fenómeno que se produce cuando se mueve la tierra.
☐	☑	8. Dicen que el conejo es el rey de la selva. Dicen que el león es el rey de la selva.

④ Remind students that not all words will be used.

4 **¿Qué es la biodiversidad?** Completa un artículo de la revista *Facetas* con la palabra o expresión correspondiente.

animal	**costas**	**paisaje**
arrecifes de coral	**mar**	**proteger**
bosques	**medioambiente**	**recursos naturales**
conservar	**montañas**	**tierra**

La biodiversidad se refiere a la gran variedad de formas de vida —(1) animal, vegetal y humana— que conviven en el (2) medioambiente, no sólo en la tierra sino también en el (3) mar. Esta interdependencia significa que ninguna especie está aislada o puede vivir por sí sola. A pesar de que el Caribe comprende menos del 11 por ciento de la superficie total del planeta, su territorio contiene una vasta riqueza de vida silvestre (*wild*) que se encuentra en sus (4) bosques tropicales húmedos, (5) montañas altas, extensas costas, y el increíble (6) paisaje submarino de los (7) arrecifes de coral. Se estima que en la actualidad hay más de 65 organizaciones ambientalistas que trabajan para (8) conservar/proteger y (9) conservar/proteger los valiosos (10) recursos naturales de las islas caribeñas.

Teaching option
Discuss biodiversity in other regions. If time permits, use photographs of animals that are indigenous to the Spanish-speaking world to teach additional vocabulary. Ex: **el jaguar, el loro, el pingüino, el puma**. For an optional project, assign geographical regions to small groups and have them prepare presentations on the flora and fauna of each region.

Comunicación

5 **Preguntas** En parejas, túrnense para contestar las preguntas.

1. Cuando vas de vacaciones, ¿qué tipo de lugar prefieres? ¿El campo, la costa, la montaña? ¿Por qué?
2. ¿Tienes un animal preferido? ¿Cuál es? ¿Por qué te gusta? ¿Qué animales no te gustan? ¿Por qué?
3. ¿Qué opinas de la caza de animales salvajes? ¿Es cruel? ¿Es necesario controlar la población para el bien de la especie?
4. ¿Qué opinas del uso de abrigos de piel (*fur*)? ¿Hay alguna diferencia entre usar zapatos de cuero (*leather*) y usar un abrigo de piel de zorro (*fox*)?
5. ¿Qué fenómenos naturales son comunes en tu área? ¿Los huracanes? ¿Las sequías? ¿Qué consecuencias tienen para el medioambiente?
6. En tu opinión, ¿cuál es el problema más grave que afecta al medioambiente? ¿Qué podemos hacer para mejorar la situación?

6 **¿Qué es mejor?** En parejas, conversen sobre las ventajas y desventajas de estas alternativas. Consideren el punto de vista práctico y el punto de vista ambiental. Utilicen el vocabulario de **Contextos**.

- **usar servilletas de papel o de tela (*cloth*)**
- **tirar restos de comida a la basura o en el triturador del fregadero (*garbage disposal*)**
- **acampar en un parque nacional o alojarse en un hotel**
- **imprimir (*print*) el papel de los dos lados o simplemente imprimir menos**

7 **Asociaciones** En parejas, comparen sus personalidades con las cualidades de estos animales, elementos o fuerzas de la naturaleza. ¿Con cuáles te identificas? ¿Con cuáles crees que se identifica tu compañero/a? ¿Por qué? Comparen sus respuestas. Utilicen el vocabulario de **Contextos**.

árbol	**fuente de energía**	**mar**	**relámpago**
bosque	**huracán**	**montaña**	**serpiente**
conejo	**incendio**	**pájaro**	**trueno**
desierto	**león**	**pez**	**terremoto**

MODELO

terremoto
Soy como un terremoto. No me quedo quieto/a un instante.
pájaro
Yo me identifico con los pájaros. Soy libre y soñador(a).

5 As an expansion activity, have students bring in news articles about an environmental problem or natural disaster to discuss with their partners.

5 Review the subjunctive with **conocer** by asking questions about the environment.
Ex: **¿Conocen a alguien que tenga un vehículo eléctrico o híbrido? ¿Conocen alguna organización cuya meta sea proteger el medioambiente?**

6 Ask students about environmental practices on campus. Ex: **¿Qué medidas toma tu escuela o universidad para conservar papel o reducir la cantidad de basura?**

7 Review similes in **VENTANAS: Lecturas, p. 87**. Remind students to use **como** when making comparisons.

6 FOTONOVELA

Synopsis
- Aguayo is trying to kill a spider, and Mariela and Fabiola are terrified.
- Mariela, Fabiola, and Aguayo talk about his upcoming camping vacation.
- Diana has agreed to look after Aguayo's pet fish.
- Mariela, Fabiola, and Diana spend their lunch hour trying to cheer up Bambi.

SUPERSITE

Aguayo se va de vacaciones, dejando su pez al cuidado de los empleados de *Facetas*.

MARIELA ¡Es una araña gigante!

FABIOLA No seas miedosa.

MARIELA ¿Qué haces allá arriba?

FABIOLA Estoy dejando espacio para que la atrapen.

DIANA (*Muestra el matamoscas en spray.*) Si la rocías con esto, la matas bien muerta.

AGUAYO Pero esto es para matar moscas.

FABIOLA ¡Las arañas jamás se van a extinguir!

MARIELA Las que no se van a extinguir son las cucarachas. Sobreviven la nieve, los terremotos y hasta los huracanes, y ni la radiación les hace daño.

FABIOLA ¡Vaya! Y... ¿tú crees que sobrevivirían al café de Aguayo?

AGUAYO Mariela, ¿podrías hacer el favor de tomar mis mensajes? Voy a casa por mi pez. Diana se ofreció a cuidarlo durante mis vacaciones.

MARIELA ¡Cómo no, jefe!

AGUAYO Mañana por la tarde estaremos en el campamento.

FABIOLA ¿Cómo pueden llamarle "vacaciones" a eso de dormir en el suelo y comer comida enlatada?

AGUAYO Ésta es su comida. Sólo una vez al día. No le des más aunque ponga cara de perrito... Bueno, debo irme.

MARIELA ¿Cómo sabremos si pone cara de perrito?

AGUAYO (*Hace gestos con la cara.*) En vez de hacer así, hace así.

JOHNNY Última llamada.

FABIOLA Nos quedaremos cuidando a Bambi.

ÉRIC Me encanta el pececito, pero me voy a almorzar. Buen provecho.

Los chicos se marchan.

DIANA ¡Ay! No sé ustedes, pero yo lo veo muy triste.

FABIOLA Claro. Su padre lo abandonó para irse a dormir con las hormigas.

MARIELA ¿Por qué no le damos de comer?

FABIOLA ¡Ya le he dado tres veces!

MARIELA Ya sé. Podríamos darle el postre.

INSTRUCTIONAL RESOURCES **Supersite/DVD:** Fotonovela **Supersite/IRCD:** Videoscript & Translation, SAM Answer Key **SAM/WebSAM:** VM

Preview Introduce the future tense by asking: **¿Qué creen que pasará en este episodio?** Note volunteers' answers on the board. After viewing the film, discuss which predictions were correct.

Personajes

AGUAYO

DIANA

ÉRIC

FABIOLA

JOHNNY

MARIELA

AGUAYO La idea es tener contacto con la naturaleza, Fabiola. Explorar y disfrutar de la mayor reserva natural del país.

MARIELA Debe ser emocionante.

AGUAYO Lo es. Sólo tengo una duda. ¿Qué debo hacer si veo un animal en peligro de extinción comerse una planta en peligro de extinción?

FABIOLA Tómale una foto.

AGUAYO Chicos, les presento a Bambi.

MARIELA ¿Qué? ¿No es Bambi un venadito?

AGUAYO ¿Lo es?

JOHNNY ¿No podrías ponerle un nombre más original?

FABIOLA Sí, como Flipper.

FABIOLA Miren lo que encontré en el escritorio de Johnny.

MARIELA ¡Galletitas de animales!

DIANA ¿Qué haces?

MARIELA Hay que encontrar la ballenita. Es un pez y está solo. Supongo que querrá compañía.

DIANA Pero no podemos darle galletas.

FABIOLA ¿Y qué vamos a hacer? Todavía se ve tan triste.

MARIELA ¡Ya sé! Tenemos que hacerlo sentir como si estuviera en su casa. (*Pegan una foto de la playa en la pecera.*) ¿Qué tal ésta con el mar?

DIANA ¡Perfecta! Se ve tan feliz.

FABIOLA Míralo.

Llegan los chicos.

ÉRIC ¡Bambi! Maldito pez. En una playa tropical con tres mujeres.

Expresiones útiles

Talking about the future

¡Las arañas jamás se van a extinguir!
Spiders will never become extinct!

¿Y qué vamos a hacer?
What are we going to do?

Mañana por la tarde estaremos en el campamento.
Tomorrow afternoon we will be in the campground.

Nos quedaremos cuidando a Bambi.
We will stay and look after Bambi.

Expressing perceptions

Yo lo/la veo muy triste.
He/She looks very sad to me.

Se ve tan feliz.
He/She looks so happy.

Parece que está triste/contento/a.
It looks like he/she is sad/happy.

Al parecer, no le gustó.
It looks like he/she didn't like it.

¡Qué guapo/a te ves!
How attractive you look!

¡Qué elegante se ve usted!
How elegant you look!

Additional vocabulary

la araña *spider*
Buen provecho. *Enjoy your meal.*
la comida enlatada *canned food*
la cucaracha *cockroach*
la hormiga *ant*
la mosca *fly*
rociar *to spray*

Teaching option Review affirmative and negative commands (**Estructura 4.2**) by having students find examples in the dialogue.

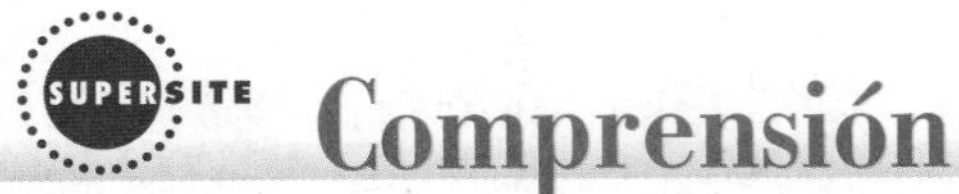

Comprensión

① Ask volunteers to recount the episode from the point of view of one of the characters.

1 **¿Quién lo dijo?** Identifica lo que dijo cada personaje.

AGUAYO

DIANA

ÉRIC

FABIOLA

JOHNNY

MARIELA

1. No podemos darle galletas. Diana
2. Mañana por la tarde, estaremos en el campamento. Aguayo
3. Tómale una foto. Fabiola
4. Me encanta el pececito, pero me voy a almorzar. Éric
5. Podríamos darle el postre. Mariela

2 **¿Qué falta?** Completa las oraciones con las frases de la lista.

las cucarachas	**un nombre original**	**el pez**
denle de comer	**de comer**	**contacto con la naturaleza**

1. **FABIOLA** ¿Tu crees que <u>las cucarachas</u> pueden sobrevivir al café de Aguayo?
2. **MARIELA** Debe ser emocionante tener <u>contacto con la naturaleza</u>.
3. **FABIOLA** Sí, <u>un nombre original</u> como "Flipper".
4. **AGUAYO** <u>Denle de comer</u> sólo una vez al día.
5. **MARIELA** ¿Cómo sabremos si <u>el pez</u> pone cara de perrito?
6. **FABIOLA** Ya le he dado tres veces <u>de comer</u>.

③ Ask why the subjunctive is required in the model sentence. Have a volunteer supply another verb that would also require the subjunctive.

3 **¿Qué dijo?** Comenta lo que dijeron los personajes. Utiliza los verbos entre paréntesis.

MODELO **JOHNNY** **¿No podrías ponerle un nombre más original? (sugerir a Aguayo)**

Johnny le sugiere a Aguayo que le ponga un nombre más original.

AGUAYO Mariela, ¿podrías hacer el favor de tomar mis mensajes? (pedir a Mariela)
Aguayo le pide a Mariela que tome sus mensajes.

FABIOLA Toma una foto. (aconsejar a Aguayo)
Fabiola le aconseja a Aguayo que tome una foto.

AGUAYO No le des más aunque ponga cara de perrito… (ordenar a Mariela)
Aguayo le ordena a Mariela que no le dé más aunque ponga cara de perrito.

MARIELA ¿Por qué no le damos de comer? (sugerir a Diana)
Mariela le sugiere a Diana que le den de comer.

④ For additional practice, have students ask each other **¿Por qué…?** for each item. Ex: **¿Por qué se va Aguayo de campamento? → Se va de campamento porque le gusta tener contacto con la naturaleza.**

4 **Preguntas y respuestas** En parejas, háganse preguntas sobre estos temas.

MODELO **irse de campamento**

—¿Quién se va de campamento?

—Aguayo se va de campamento.

- **tenerle miedo a las arañas**
- **dar de comer**
- **irse a almorzar**
- **cuidar a la mascota**
- **Aguayo y su esposa / comer**
- **sentirse feliz**

Ampliación

 5 **Carta a Aguayo** Aguayo dejó su pececito al cuidado de los empleados de *Facetas*, pero ocurrió algo terrible: Bambi se murió. Ahora, ellos deben contarle a Aguayo lo sucedido. En parejas, escriban la carta que los empleados le enviaron a Aguayo.

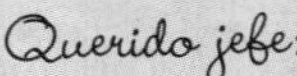

Querido jefe:

Esperamos que esté disfrutando de sus vacaciones y de la comida enlatada. Nosotros estamos bien, pero tenemos que darle una mala noticia. El otro día...

(5) Ask students to predict Aguayo's response to the letter.

(5) As a variant, have students write a letter from Bambi's point of view. Explain what he heard, saw, and felt under Diana's care. Encourage students to be creative.

 6 **Apuntes culturales** En parejas, lean los párrafos y contesten las preguntas.

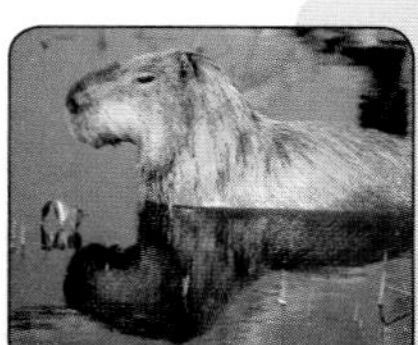

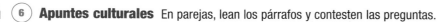

Las mascotas

Aguayo dejará su mascota Bambi al cuidado de Diana. Otro tipo de mascota con hábitos acuáticos es el **carpincho** (*capybara*), común a orillas de ríos en Sudamérica. Este simpático "animalito" fácil de domesticar es el roedor (*rodent*) más grande del planeta, ¡con un peso de hasta 100 libras! Un poquito grande para la oficina de *Facetas*, ¿no?

De campamento

Según Aguayo, la idea de acampar es estar en contacto con la naturaleza. Un sitio emocionante para acampar es la comunidad boliviana de **Rurrenabaque**, puerta de entrada al **Parque Nacional Madidi**. Este parque, una de las reservas más importantes del planeta, comprende cinco pisos (*floors*) ecológicos: desde llanuras (*plains*) amazónicas hasta cordilleras nevadas.

El alacrán

Fabiola y Mariela les tienen miedo a las arañas. ¡Y no es para menos! Algunos arácnidos (*arachnids*) son muy peligrosos. En la República Dominicana, los alacranes (*scorpions*) son temidos (*feared*) por su veneno mortal. Se los puede encontrar debajo de los muebles, en los zapatos... ¿Sobrevivirían los alacranes al matamoscas de Diana?

1. ¿Qué mascotas exóticas conoces? Menciona como mínimo tres o cuatro. ¿Cuáles son sus hábitos? ¿Son fáciles o difíciles de domesticar? ¿Son peligrosos/as?
2. ¿Has acampado alguna vez? ¿Dónde? ¿Por cuántos días? ¿Qué hiciste?
3. ¿Qué significa la expresión "piso ecológico"? ¿Has estado alguna vez en una región con distintos "pisos ecológicos"? ¿Cómo es la geografía de la región en donde vives?
4. ¿Has visto un alacrán alguna vez? ¿Qué otros insectos peligrosos conoces? ¿Te han picado (*bitten*)? ¿Les tienes miedo?

(6) For an expansion activity, have students research an exotic animal on the Internet and present their findings to the class. Then have students vote according to different categories: **el animal más peligroso**, **el animal más fácil de domesticar**, etc.

(6) **Piso ecológico,** which can be translated as ecological "floor" or "belt," refers to areas that share the same characteristics within an altitude range. This term is typically used to describe the geography of Peru, Bolivia, and other Andean countries.

Teaching option Ask heritage speakers what pets are common in their families' countries of origin.

INSTRUCTIONAL RESOURCES
Supersite/DVD: Flash cultura; **Supersite:** Videoscript & Translation

En detalle

EL CARIBE

NATIONAL STANDARDS communities cultures connections

Flash CULTURA

Los bosques DEL MAR

¿Te sumergiste alguna vez en el más absoluto de los silencios para contemplar los majestuosos arrecifes de coral? En el Caribe hay más de 26.000 kilómetros cuadrados de arrecifes, también llamados *bosques tropicales del mar* por la inmensa biodiversidad que contienen. Sus extravagantes formas de intensos colores proporcionan° el ecosistema ideal para las más de 4.000 especies de peces y miles de especies de plantas que en ellos habitan.

Nuestras vidas también dependen de estas formaciones: los arrecifes del Caribe protegen las costas de Florida y de los países caribeños de los huracanes. Sus inmensas estructuras aplacan° la fuerza de las tormentas antes de que lleguen a las costas, cumpliendo la función de barreras° naturales. También protegen las playas de la erosión y son un refugio para muchas especies animales en peligro de extinción.

3200 Km de arrecifes
Cuba
María La Gorda
166 Km de arrecifes
237 especies de coral
República Dominicana
Puerto Rico
Parque Nacional Submarino La Caleta

En Cuba se destacan° los arrecifes de María la Gorda, en el extremo occidental de la isla. En esta área altamente protegida, más de 20 especies de corales forman verdaderas cordilleras, grutas° y túneles subterráneos.

Lamentablemente, los arrecifes están en peligro por culpa de la mano del hombre. La construcción desmedida° en las costas y la contaminación de las aguas por los desechos° de las alcantarillas° provocan la sedimentación. Esto enturbia° el agua y mata el coral porque le quita la luz que necesita. La pesca descontrolada, el exceso de turismo y la recolección de coral por parte de los buceadores son otros de sus grandes enemigos. De hecho, algunos expertos dicen que el 70% del coral desaparecerá en unos 40 años. Así que, si eres uno de los afortunados que pueden visitarlos, cuídalos, no los toques y avisa si ves que alguien los está dañando. Su futuro depende de todos nosotros. ■

Los **arrecifes de coral** son uno de los más antiguos hábitats de la Tierra; algunos de ellos tienen más de 10.000 años. Muchos los confunden con plantas o con rocas, pero los arrecifes de coral son, en realidad, estructuras formadas por pólipos° de coral, unos animales diminutos° que al morir dejan residuos de piedra caliza°. Los arrecifes son el refugio ideal para muchos tipos de animales, tales como esponjas, peces y tortugas.

proporcionan *provide* **aplacan** *diminish* **barreras** *barriers* **se destacan** *stand out* **grutas** *caves* **desmedida** *excessive* **desechos** *waste* **alcantarillas** *sewers* **enturbia** *clouds* **pólipos** *polyps* **diminutos** *minute* **piedra caliza** *limestone*

En detalle Preview the reading with introductory questions. Ex: **¿Hicieron buceo alguna vez? ¿Dónde? ¿Vieron arrecifes de coral? ¿Cómo eran?**

Así lo decimos Have heritage speakers give other common expressions/idioms that use animal names. Ex: **tener pájaros en la cabeza (Esp.)** *to be a scatterbrain*

Perfil Ask students if they can think of other environmental preservation projects that serve as tourist attractions.

ASÍ LO DECIMOS

Frases de animales

andar como perro sin pulga° (Méx.) *to be carefree*
comer como un chancho *to eat like a pig; to pig out*
¡El mono está chiflando!° (Cu.) *How windy!*
estar como una cabra° (Esp.) *to be as mad as a hatter*
marca perro (Arg., Chi. y Uru.) *(of an object) of a cheap or unknown brand*
¡Me pica el bagre!° (Arg.) *I'm getting hungry!*
¡Qué búfalo/a! (Nic.) *Fantastic!*
¡Qué tortuga! (Col.) *(of a person) How slow!*
ser (una) rata *to be stingy*

EL MUNDO HISPANOHABLANTE

Organizaciones ambientales

Protección de la biosfera El Parque Nacional Yasuní, declarado Reserva Mundial de la Biosfera por la UNESCO en 1989, está ubicado en la Amazonia ecuatoriana. En la actualidad, varias organizaciones ambientales intentan frenar° el avance de compañías petroleras que operan en el 60% del territorio del parque.

Campañas contra transgénicos En 2004, Greenpeace comenzó una campaña en Chile. Quieren que el gobierno obligue a las empresas alimenticias a identificar los alimentos elaborados con ingredientes de origen transgénico mediante el etiquetado de los envases°.

Protección de aves amenazadas Gracias al Fondo Peregrino de Panamá, las aves arpías° están siendo rescatadas y protegidas. Se calcula que Panamá es el único país de América Latina que protege esta ave. En 2002 y 2003 se estima que nacieron un promedio de siete aves por año, cifra que en otros países lleva años alcanzar.

PERFIL

PARQUE NACIONAL SUBMARINO LA CALETA

En 1984, por obra y gracia del Grupo de Investigadores Submarinos, el buque° de rescate *Hickory* se hundió en el Parque Nacional Submarino La Caleta, a unos 17 kilómetros de Santo Domingo. No fue un accidente, sino que el objetivo de los especialistas era sumergir el buque intacto para que sirviera de arrecife artificial para las especies en peligro. Con el paso de los años, el barco se cubrió de esponjas y corales, y por él pasean miles de peces. El *Hickory*, que está a unos 20 metros de profundidad, es hoy día una de las mayores atracciones del Parque. Por cierto, el *Hickory* no es el único atractivo del Parque Nacional. Tiene otro barco museo hundido para el buceo y en sus aguas, que alcanzan una profundidad de 180 metros (590 pies), se pueden contemplar tres terrazas de arrecifes. Los corales forman verdaderas alfombras de tonos rojos, amarillos y anaranjados que impresionan al buceador más exigente.

> "El hombre no sólo es un problema para sí, sino también para la biosfera en que le ha tocado vivir."
> (Ramón Margalef, ecólogo español)

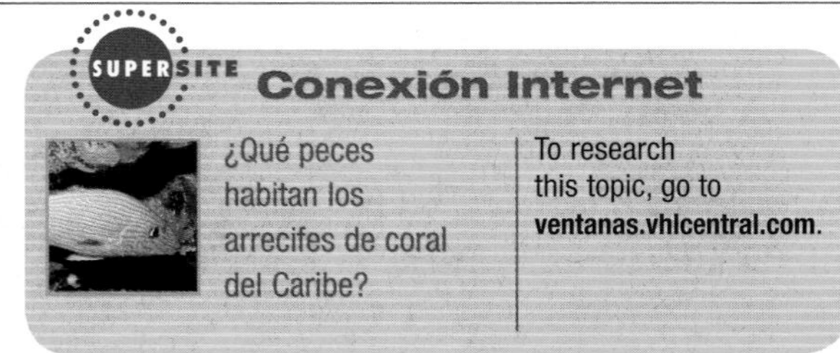
SUPERSITE
Conexión Internet
¿Qué peces habitan los arrecifes de coral del Caribe?
To research this topic, go to
ventanas.vhlcentral.com.

andar como... *(lit.) to be like a dog without a flea* **el mono...** *(lit.) the monkey is whistling* **estar como...** *(lit.) to be like a goat* **me pica...** *(lit.) my catfish is itching/tickling me* **buque** *ship* **frenar** *to slow down* **etiquetado...** *container labeling* **aves arpías** *harpy eagles*

El mundo hispanohablante Ask: **De estas tres actividades, ¿cuál les parece la más importante? ¿Por qué? ¿Es importante que la comida no contenga ingredientes de origen transgénico?**

Teaching option Read the quote aloud to the class and ask: **¿Creen que este ecólogo es optimista o pesimista? ¿Por qué?**

¿Qué aprendiste?

1 ¿Cierto o falso? Indica si estas afirmaciones son **ciertas** o **falsas**. Corrige las falsas.

1. Los arrecifes de coral son unas plantas de intensos colores. Falso. Los arrecifes no son plantas; son estructuras formadas por animales diminutos.
2. Los arrecifes de coral también son comúnmente conocidos como los *bosques tropicales del mar*. Cierto.
3. Los huracanes se hacen más fuertes cuando pasan por los arrecifes. Falso. Los huracanes pierden fuerza porque los arrecifes cumplen la función de barreras naturales.
4. Estas estructuras son un ecosistema ideal para las especies en peligro de extinción. Cierto.
5. Las formaciones de coral necesitan luz. Cierto.
6. Está permitido que los turistas tomen un poco de coral como recuerdo. Falso. Uno de los grandes enemigos de los arrecifes es la recolección de coral por parte de los turistas.
7. María la Gorda se encuentra en el extremo occidental de Puerto Rico. Falso. Se encuentra en el extremo occidental de Cuba.
8. En María la Gorda, los arrecifes forman túneles y cordilleras. Cierto.
9. La construcción de casas cerca de las playas no afecta el desarrollo de los arrecifes. Falso. La construcción de casas y la contaminación por los desechos de las alcantarillas afectan su desarrollo.
10. Los arrecifes de coral son uno de los hábitats más antiguos del planeta. Cierto.
11. En los arrecifes no viven tortugas porque no encuentran alimento. Falso. En los arrecifes viven tortugas.
12. Los expertos están preocupados por el futuro de los arrecifes. Cierto.

2 Opciones Elige la opción correcta.

1. El Grupo de Investigadores Submarinos hundió el *Hickory* para crear (un parque nacional/un arrecife artificial).
2. El Parque Nacional Submarino La Caleta está ubicado en (Puerto Rico/la República Dominicana).
3. ¿No quieres contribuir para el regalo de Juan? ¡Eres (una rata/un chancho)!
4. Si estás en Argentina y tienes hambre, dices que (te pica el bagre/estás como una cabra).

3 Preguntas Contesta las preguntas. Some answers will vary.

1. ¿Qué quieren frenar las organizaciones ambientales en el Parque Nacional Yasuní? Las organizaciones ambientales quieren frenar el avance de las compañías petroleras.
2. ¿Qué animales protege el Fondo Peregrino de Panamá? El Fondo Peregrino de Panamá protege las aves arpías.
3. ¿Qué busca Greenpeace con la campaña contra transgénicos? Greenpeace busca que obliguen a las empresas alimenticias a identificar los alimentos que contienen ingredientes transgénicos.
4. En tu opinión, ¿a qué se refiere Ramón Margalef cuando dice que el hombre es un problema para la biosfera?

4 Opiniones En parejas, conversen sobre la contaminación del mar. ¿Les preocupa? ¿Tienen algún hábito en su vida diaria que perjudique el mar? ¿Están dispuestos a cambiar su estilo de vida? ¿Qué cambiarían?

PROYECTO

Arrecifes del Caribe

Busquen información sobre los arrecifes de coral de Cuba, Puerto Rico y la República Dominicana. Elijan una zona de arrecifes y preparen una presentación para la clase. La presentación debe incluir:

- datos sobre la ubicación y la extensión
- datos sobre turismo
- datos sobre las especies de coral y otras especies de los arrecifes
- información sobre el estado de los arrecifes. ¿Están en peligro? ¿Alguna organización los protege?

¡No olviden incluir un mapa con la ubicación exacta para presentarlo a la clase!

Teaching option As an optional writing activity, have students write a letter to a friend about an endangered coral reef they visited. They should explain where they went, the environmental problems they witnessed and how they could be solved. Encourage them to use the subjunctive.

Proyecto Insist that students not read their presentations word-for-word. Suggest that they write key facts and phrases on index cards in order to guide them as they speak.

SUPERSITE

RITMOS

GILBERTO SANTA ROSA

Gilberto Santa Rosa, más conocido como el Caballero de la Salsa, es considerado el heredero de la tradición salsera caribeña y el puente° hacia los nuevos tiempos de este género musical. Comenzó su carrera de adolescente cuando fue invitado a participar en bandas famosas, entre ellas la orquesta *La Grande* junto al destacado° trompetista Elías López. Hoy este puertorriqueño es una figura consagrada en su país y en el mundo. Santa Rosa se convirtió en el primer cantante de música tropical en actuar en el Carnegie Hall en Nueva York. Su éxito artístico radica° en su talento como sonero° en la interpretación de música tropical y también de boleros. En su producción *Directo al corazón* (2006), que incluye *Isla del encanto*, Santa Rosa coquetea con el reggaetón y la balada y, fiel a su estilo, da justo en el blanco°.

Discografía

2006 Directo al corazón **2002** Intenso **1995** En vivo desde el Carnegie Hall

Canción

Éste es un fragmento de una canción de Gilberto Santa Rosa.

Isla del encanto

Cuando la luna cae sobre tus palmeras
Y en tus playas el mar agita sus olas
El firmamento brinda su mejor estrella
Para darle la luz a tu preciosa arena.

Por la mañana siempre sale el sol primero
Y se llena de luz el paraíso mío
Y en la verde montaña el jibarito° canta
Un lelolay° que es signo en el mundo entero.

La **Rueda de Casino** es una de las variantes más llamativas de salsa surgida en los años cincuenta en Cuba. Las parejas bailan en forma circular y, cuando el líder del grupo hace un llamado° con el nombre de un tipo de vuelta°, las mujeres deben cambiar de pareja. Existen muchísimos llamados, algunos de ellos muy graciosos, como por ejemplo: *pa'arriba, ¡dile que no!* y *Juana la cubana.*

Preguntas En parejas, contesten las preguntas. Some answers will vary.

1. ¿Cuándo comenzó la formación artística de Gilberto Santa Rosa? Comenzó cuando, siendo adolescente, fue invitado a participar en bandas famosas.
2. ¿Por qué el título de la canción es *Isla del encanto*? ¿A qué se refiere? La canción se refiere a Puerto Rico.
3. ¿Qué es la Rueda de Casino? Es un estilo de baile en forma circular en el que las parejas cambian al llamado de un líder.
4. ¿Bailan salsa? ¿Qué otros cantantes de salsa conocen?

puente *bridge* **destacado** *renowned* **radica** *lies* **sonero** *improvisational singer* **blanco** *target* **jibarito** *little Puerto Rican farmer* **lelolay** *exclamation typical of jíbaros* **llamado** *call* **vuelta** *turn*

Ritmos Point out the use of possessive adjectives in the song (**tu preciosa arena, el paraíso mío**) (**Estructura 2.5**). Ask: **¿Cómo es la relación entre el cantante y la isla?**

INSTRUCTIONAL RESOURCES
Supersite/IRCD:
Textbook Answer Key,
SAM Answer Key
SAM/WebSAM: WB, LM

TALLER DE CONSULTA

MANUAL DE GRAMÁTICA
Más práctica
6.1 The future, p. 383
6.2 The subjunctive in adverbial clauses, p. 384
6.3 Prepositions: **a, hacia**, and **con**, p. 385
Más gramática
6.4 Adverbs, p. 386

¡ATENCIÓN!

Note that all of the future tense endings carry a written accent mark, except the **nosotros/as** form.

Point out that some irregular verbs drop the **–e–** of the infinitive ending (**caber** → **cabr-**), while others replace the **–e–** or **–i–** of the infinitive ending with **–d–** (**poner** → **pondr-**).

Decir and **hacer** have individual irregularities. Emphasize that in the future, while some verb stems are irregular, the verb endings never change.

Remind students that the impersonal form of **haber** is the same for singular and plural. Ex: **Habrá un examen al final del semestre. Habrá cinco exámenes en total.**

6.1 The future

Forms of the future tense

Mañana por la tarde estaremos en el campamento.

Nos quedaremos cuidando a Bambi.

- The future tense (**el futuro**) uses the same endings for all **–ar, –er**, and **–ir** verbs. For regular verbs, the endings are added to the infinitive.

The future tense

hablar	deber	abrir
hablaré	deberé	abriré
hablarás	deberás	abrirás
hablará	deberá	abrirá
hablaremos	deberemos	abriremos
hablaréis	deberéis	abriréis
hablarán	deberán	abrirán

- For irregular verbs, the same future endings are added to the irregular stem.

Infinitive	stem	future forms
caber	cabr-	cabré, cabrás, cabrá, cabremos, cabréis, cabrán
haber	habr-	habré, habrás, habrá, habremos, habréis, habrán
poder	podr-	podré, podrás, podrá, podremos, podréis, podrán
querer	querr-	querré, querrás, querrá, querremos, querréis, querrán
saber	sabr-	sabré, sabrás, sabrá, sabremos, sabréis, sabrán
poner	pondr-	pondré, pondrás, pondrá, pondremos, pondréis, pondrán
salir	saldr-	saldré, saldrás, saldrá, saldremos, saldréis, saldrán
tener	tendr-	tendré, tendrás, tendrá, tendremos, tendréis, tendrán
valer	valdr-	valdré, valdrás, valdrá, valdremos, valdréis, valdrán
venir	vendr-	vendré, vendrás, vendrá, vendremos, vendréis, vendrán
decir	dir-	diré, dirás, dirá, diremos, diréis, dirán
hacer	har-	haré, harás, hará, haremos, haréis, harán

Uses of the future tense

- In Spanish, as in English, the future tense is one of many ways to express actions or conditions that will happen in the future.

PRESENT INDICATIVE	PRESENT SUBJUNCTIVE
conveys a sense of certainty that the action will occur	**refers to an action that has yet to occur: used after verbs of will and influence.**
Llegan a la costa mañana.	Prefiero que lleguen a la costa mañana.
They arrive at the coast tomorrow.	*I prefer that they arrive at the coast tomorrow.*
ir a + [*infinitive*]	**FUTURE TENSE**
expresses the near future; commonly used in everyday speech	**expresses an action that will occur; often implies more certainty than *ir a* + [infinitive]**
Van a llegar a la costa mañana.	Llegarán a la costa mañana.
They are going to arrive at the coast tomorrow.	*They will arrive at the coast tomorrow.*

- The English word *will* can refer either to future time or to someone's willingness to do something. To express willingness, Spanish uses the verb **querer** + [*infinitive*], not the future tense.

¿**Quieres contribuir** a la protección del medioambiente?
Will you contribute to the protection of the environment?

Quiero ayudar, pero no sé por dónde empezar.
I'm willing to help, but I don't know where to begin.

- In Spanish, the future tense may be used to express conjecture or probability, even about present events. English expresses this sense in various ways, such as *wonder, bet, must be, may, might*, and *probably.*

¿Qué hora **será**?
I wonder what time it is.

¿**Lloverá** mañana?
Do you think it will rain tomorrow?

Ya **serán** las dos de la mañana.
It must be two a.m. by now.

Probablemente **tendremos** un poco de sol y un poco de viento.
It'll probably be sunny and windy.

- When the present subjunctive follows a conjunction of time like **cuando, después (de) que, en cuanto, hasta que**, and **tan pronto como**, the future tense is often used in the main clause of the sentence.

Nos quedaremos lejos de la costa **hasta que pase** el huracán.
We'll stay far from the coast until the hurricane passes.

En cuanto termine de llover, **regresaremos** a casa.
As soon as it stops raining, we'll go back home.

¡ATENCIÓN!

The future tense is used less frequently in Spanish than in English. Often the present can be used to indicate future actions.

Te llamo mañana.
I'll call you tomorrow.

Remind students that the auxiliary verb *will* does not have a Spanish equivalent. **yo iré** → *I will go* **ella hablará** → *she will speak*

TALLER DE CONSULTA

For a detailed explanation of the subjunctive with conjunctions of time, see **6.2.**

Práctica

TALLER DE CONSULTA

MANUAL DE GRAMÁTICA
Más práctica
6.1 The future, p. 383

1 Before beginning the activity, discuss different predictions that have been or could be made about the end of the world.

1 For Part B, have volunteers describe recent films or novels that make predictions about the future of the planet.

2 Remind students to watch for irregular verbs as they complete the activity.

Teaching option Divide the class into two teams. Call on one team member at a time, alternating between teams. Call out an infinitive and a subject pronoun and have the team member give the correct future form. Award one point for each correct answer. The team with the most points wins.

1 Catástrofe Hay muchas historias que cuentan el fin del mundo. Aquí tienes una de ellas.

A. Lee la historia y subraya las expresiones del futuro. Después cambia esas expresiones por verbos en el futuro.

(1) Los videntes (*fortunetellers*) aseguran que van a llegar catástrofes. (2) El clima va a cambiar. (3) Vamos a sufrir huracanes y terremotos. (4) Vamos a vivir con tormentas permanentes. (5) Una gran niebla va a caer sobre el planeta. (6) El suelo del bosque va a temblar. (7) El mundo que conocemos también va a acabarse. (8) En ese instante, la tierra va a volver a sus orígenes.

1. llegarán
2. cambiará
3. Sufriremos
4. Viviremos
5. caerá
6. temblará
7. se acabará
8. volverá

B. En parejas, escriban su propia historia sobre el futuro del planeta. Pueden inspirarse en el párrafo anterior o escribir una versión más optimista.

2 Horóscopo chino En el horóscopo chino cada signo es un animal. Lee las predicciones del horóscopo chino para la serpiente. Conjuga los verbos usando el futuro.

Trabajo: Esta semana (tú) (1) tendrás (tener) que trabajar duro. (2) Saldrás (salir) poco y no (3) podrás (poder) divertirte, pero (4) valdrá (valer) la pena. Muy pronto (5) conseguirás (conseguir) el puesto que esperas.

Dinero: (6) Vendrán (venir) tormentas económicas. No malgastes tus ahorros.

Salud: (7) Resolverás (resolver) tus problemas respiratorios, pero (8) deberás (deber) cuidarte la garganta.

Amor: (9) Recibirás (recibir) una noticia muy buena. Una persona especial te (10) dirá (decir) que te ama. (11) Vendrán (venir) días felices.

3 El vidente En parejas, imaginen que uno/a de ustedes es un(a) vidente. La otra persona quiere saber qué le sucederá en el futuro cuando hable español fluidamente. El/La vidente deberá contestar preguntas sobre estos temas.

viajes	trabajo
relaciones	estudios
salud	dinero

MODELO **ESTUDIANTE** ¿Seguiré estudiando español en el futuro?
VIDENTE Sí, dentro de diez años harás un doctorado en español.

Comunicación

 4 **Viaje ecológico** En parejas, planeen un viaje ecológico. Decidan a qué país irán, en qué fechas y qué harán allí. Usen ocho verbos en el futuro.

ECOTURISMO

Puerto Rico	República Dominicana
• acampar en la costa y disfrutar de las playas	• ir en kayak por los ríos tropicales
• visitar el Viejo San Juan	• bucear por los arrecifes
• montar a caballo por la Cordillera Central	• ir de safari por La Descubierta y ver los cocodrilos del Lago Enriquillo
• ir en bicicleta por la costa	• disfrutar del paisaje de Barahona
• viajar en barco por Isla Culebra	• observar las aves en el Parque Nacional del Este

4 If time and resources permit, bring in tourist materials about different Spanish-speaking countries.

5 **¿Qué será de...?** Todo cambia con el paso del tiempo. En parejas, conversen sobre lo que sucederá en el futuro en relación con estos temas y lugares.

- las ballenas (*whales*) en 2200
- Venecia en 2035
- los libros tradicionales en 2105
- la televisión en 2056
- Internet en 2050
- las hamburguesas en 2020
- los Polos Norte y Sur en 2300
- el Amazonas en 2100
- Los Ángeles en 2245
- el petróleo en 2025

5 Ask pairs to come up with their own predictions about things that will happen 25, 50, and 100 years from now.

 6 **¿Dónde estarán en 20 años?** La fama suele ser pasajera (*fleeting*). En grupos pequeños, hagan una lista de cinco personas famosas y anticipen lo que será de ellas dentro de veinte años.

6 Model the activity by talking about one celebrity first as a class.

 7 **Situaciones** En parejas, seleccionen uno de estos temas y representen una conversación usando el tiempo futuro.

1. Dos jóvenes han terminado sus estudios universitarios y hablan sobre lo que harán para convertirse en millonarios.
2. Dos detectives hablan sobre lo que harán para atrapar a los ladrones que acaban de robar todo el dinero de un banco internacional.
3. Los hermanos Rondón han decidido convertir su granja (*farm*) en un centro de ecoturismo. Deben planear algunas atracciones para los turistas.
4. Dos científicos se reúnen para hablar sobre cómo controlar, reducir e, idealmente, eliminar la contaminación del aire en las grandes ciudades. Cada uno/a dice lo que hará o inventará para conseguirlo.

7 Have volunteers perform their conversation for the class. For listening comprehension, ask students to jot down the verbs used in the future.

INSTRUCTIONAL RESOURCES
Supersite/IRCD: Textbook Answer Key, SAM Answer Key
SAM/WebSAM: WB, LM

6.2 The subjunctive in adverbial clauses

- In Spanish, adverbial clauses are commonly introduced by conjunctions. Certain conjunctions require the subjunctive, while others can be followed by the subjunctive or the indicative, depending on the context in which they are used.

¡Estoy dejando espacio para que la atrapen!

No le des más comida aunque ponga cara de perrito.

Conjunctions that require the subjunctive

- Certain conjunctions are always followed by the subjunctive because they introduce actions or states that are uncertain or have not yet happened. These conjunctions commonly express purpose, condition, or intent.

MAIN CLAUSE	CONNECTOR	SUBORDINATE CLAUSE
Se acabará el petróleo en pocos años	**a menos que**	**busquemos energías alternativas.**

Conjunctions that require the subjunctive	
a menos que *unless*	**en caso (de) que** *in case*
antes (de) que *before*	**para que** *so that*
con tal (de) que *provided that*	**sin que** *without; unless*

El gobierno se prepara **en caso de que haya** una gran sequía el verano que viene.
The government is getting ready in case there is a big drought in the coming summer.

Iremos a las montañas el próximo miércoles **a menos que haga** mal tiempo.
We will go to the mountains next Wednesday unless the weather is bad.

Debemos proteger a los animales salvajes **antes de que se extingan**.
We should protect wild animals before they become extinct.

- If there is no change of subject in the sentence, a subordinate clause is not necessary. Instead, the prepositions **antes de, con tal de, en caso de, para**, and **sin** can be used, followed by the infinitive. Note that the connector **que** is not necessary in this case.

Las organizaciones ecologistas trabajan **para proteger** los arrecifes de coral.
Environmental organizations work to protect coral reefs.

Tienes que pedir permiso **antes de darles de comer** a los monos del zoológico.
You have to ask permission before feeding the monkeys at the zoo.

¡ATENCIÓN!

An adverbial clause (**oración adverbial**) is one that modifies or describes verbs, adjectives, or other adverbs. It describes how, why, when, or where an action takes place.

To review the use of adverbs, see **Manual de gramática 6.4**, p. 386

Point out that, while English often uses subordinate clauses when there is no change of subject, Spanish uses the infinitive instead. Ex: **Tomé la medicina para curarme.** *I took the medicine so that I would get better.*

Conjunctions followed by the subjunctive or the indicative

- If the action in the main clause has not yet occurred, then the subjunctive is used after conjunctions of time or concession. Note that adverbial clauses often come at the beginning of a sentence.

Conjunctions of time or concession	
a pesar de que *despite*	**hasta que** *until*
aunque *although; even if*	**luego que** *as soon as*
cuando *when*	**mientras que** *while*
después (de) que *after*	**siempre que** *as long as*
en cuanto *as soon as*	**tan pronto como** *as soon as*

La excursión no saldrá **hasta que estemos** todos.
The excursion will not leave until we are all here.

Dejaremos libre al pájaro **en cuanto** el veterinario nos **diga** que puede volar.
We will free the bird as soon as the vet tells us it can fly.

Aunque me **digan** que es inofensivo, no me acercaré al perro.
Even if they tell me he's harmless, I'm not going near the dog.

Cuando Pedro vaya a cazar, tendrá cuidado con las serpientes venenosas.
When Pedro goes hunting, he will be careful of the poisonous snakes.

- If the action in the main clause has already happened, or happens habitually, then the indicative is used in the adverbial clause.

Tan pronto como paró de llover, Matías salió a jugar al parque.
As soon as the rain stopped, Matías went out to play in the park.

Mi padre y yo siempre nos peleamos **cuando hablamos** del calentamiento global.
My father and I always fight when we talk about global warming.

Clarify that, when possible, Spanish uses [*preposition*] + [*infinitive*] instead of [*conjunction*] + [*subjunctive*] when there is no change of subject.
Ex: **Voy a acostarme después de ver las noticias.**
For many conjunctions of time, however, a corresponding preposition does not exist. In these cases, [*conjunction*] + [*subjunctive*] is used even when there is no change of subject. Ex: **Lo haré en cuanto tenga una oportunidad.**

Práctica

TALLER DE CONSULTA

MANUAL DE GRAMÁTICA
Más práctica
6.2 The subjunctive in adverbial clauses, p. 384

1 **Reunión** **Completa las oraciones con el indicativo (presente o pretérito) o el subjuntivo.**

1. Los ecologistas no apoyarán al alcalde (*mayor*) a menos que éste ___cambie___ (cambiar) su política medioambiental.
2. El alcalde va a hablar con su asesor (*advisor*) antes de que ___lleguen___ (llegar) los ecologistas.
3. Los ecologistas entraron en la oficina del alcalde tan pronto como ___supieron___ (saber) que los esperaba.
4. El alcalde les asegura que siempre piensa en el medioambiente cuando ___da___ (dar) permisos para construir edificios nuevos.
5. Los ecologistas van a estar preocupados hasta que el alcalde ___responda___ (responder) a todas sus preguntas.

2 Before completing the activity, have students underline the conjunctions and connector **que** for each item.

2 **¿Infinitivo o subjuntivo?** **Completa los pares de oraciones con el infinitivo o subjuntivo.**

1. Compraré un carro híbrido con tal de que no ___sea___ (ser) muy caro.
   Compraré un carro híbrido con tal de ___conservar___ (conservar) los recursos naturales.
2. Los biólogos trabajan para ___estudiar___ (estudiar) la biodiversidad.
   Los biólogos trabajan para que la biodiversidad se ___conozca___ (conocer).
3. Él se preocupará por el calentamiento global después de que los científicos le ___demuestren___ (demostrar) que es una realidad.
   Él se preocupará por el calentamiento global después de ___ver___ (ver) con sus propios ojos lo que ocurre.
4. No podremos continuar sin ___tener___ (tener) un mapa.
   No podremos continuar sin que alguien nos ___dé___ (dar) un mapa.

3 **Declaraciones** **Elige la conjunción adecuada para completar la conversación entre un periodista y la señora Corbo, encargada de relaciones públicas de un zoológico.**

PERIODISTA Señora Corbo, ¿qué le parece el artículo que se ha publicado que dice que el zoológico no trata bien a los animales?

SRA. CORBO Lo he leído, y (1) ___aunque___ (aunque / cuando) yo no estoy de acuerdo con el artículo, hemos iniciado una investigación. (2) ___Tan pronto como___ (Hasta que / Tan pronto como) terminemos la investigación, se lo comunicaremos a la prensa. Queremos hablar con todos los empleados (3) ___para que___ (en cuanto / para que) no haya ninguna duda.

PERIODISTA ¿Es verdad que limpian las jaulas (*cages*) sólo cuando va a haber una inspección (4) ___para que___ (para que / sin que) el zoológico no tenga problemas con las autoridades?

SRA. CORBO Le aseguro que todo se limpia diariamente hasta el último detalle. Y si no me cree, lo invito a que nos visite mañana mismo.

PERIODISTA ¿Cuándo cree que sabrán lo que ha ocurrido?

SRA. CORBO (5) ___En cuanto___ (En cuanto / Aunque) termine la investigación.

Teaching option Divide the class into two teams: **Subjuntivo** and **Indicativo**. Write a conjunction on the board. Ex: **con tal (de) que, hasta que**, etc. Have a member of team **Subjuntivo** create an original sentence using the subjunctive; have a team member from team **Indicativo** use the same construction with the indicative in the adverbial clause. Award one point for each correct answer. The team with the most points wins.

Comunicación

4 **Instrucciones** Javier va a salir de viaje y quiere dejarle una lista de instrucciones a su compañero de cuarto. En parejas, túrnense para escribir las instrucciones usando oraciones adverbiales con el subjuntivo y las conjunciones de la lista.

MODELO No uses mi computadora a menos que sea una emergencia.

a menos que
a pesar de que
con tal de que
cuando
en caso de que
en cuanto
para que
siempre que
tan pronto como

Instrucciones
- Darles de comer a los peces
- Comprar productos ecológicos
- No pasear el perro si hay tormenta
- Usar sólo papel reciclado
- No usar mucha agua excepto para regar (*to water*) las plantas
- Llamarme por cualquier problema

4 Have students recycle vocabulary about the household (**Lección 3**) to create additional instructions. Ex: **lavar los platos, apagar el televisor**, etc.

5 **Situaciones** En parejas, túrnense para completar las oraciones.

1. Terminaré mis estudios a tiempo a menos que…
2. Me iré a vivir a otro país en caso de que…
3. Ahorraré (*I will save*) mucho dinero para que…
4. Yo cambiaré de carrera en cuanto…
5. Me jubilaré (*I will retire*) cuando…
6. Me iré de vacaciones tan pronto como…

5 Call on students to share their partners' responses.

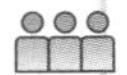

6 **Huracán** En grupos pequeños, imaginen que son compañeros/as de cuarto y que un huracán se acerca a la zona donde viven. Escriban un plan para explicar qué harán en diferentes situaciones hipotéticas o futuras. Usen el subjuntivo y las conjunciones adverbiales. Consideren estas posibles situaciones:

MODELO **las bombillas de luz se queman**
En caso de que las bombillas de luz se quemen, compraremos velas (*candles*) y cuatro linternas (*torches*).

- las ventanas se rompen
- las líneas de teléfono se cortan
- el sótano se inunda (*floods*)
- los vecinos ya se han ido
- no hay suficiente alimento

6 Ask students to create two sentences using superlatives (**Estructura 5.1**). Ex: **Si las ventanas se rompen, lo más importante es quedarse adentro de la casa.**

INSTRUCTIONAL RESOURCES
Supersite/IRCD: Text Answer Key, SAM Answer Key
SAM/WebSAM: WB, LM

¡ATENCIÓN!

Some verbs require **a** when used with an infinitive, such as **ir a**, **comenzar a**, **volver a**, **enseñar a**, **aprender a**, and **ayudar a**.

Aprendí a manejar.
I learned to drive.

Me ayudó a arreglar el coche.
He helped me fix the car.

Remind students that **a + el = al.**

Remind students not to confuse the direct object that follows the personal **a** with the indirect object that responds to **¿A quién?** Ex: **Llamamos a la directora. / Le dimos el guión a la directora.**

¡ATENCIÓN!

There is no accent mark on the **i** in the preposition **hacia**. The stress falls on the first **a**. The word **hacía** is a form of the verb **hacer**.

6.3 Prepositions: *a*, *hacia*, and *con*

The preposition *a*

- The preposition **a** can mean *to, at, for, upon, within, of, from*, or *by*, depending on the context. Sometimes it has no direct translation in English.

Terminó **a** las doce.
It ended at midnight.

Lucy estaba **a** mi derecha.
Lucy was to/on my right.

El Mar Caribe está **a** doce millas de aquí.
The Caribbean Sea is twelve miles from here.

Le compré un pájaro exótico **a** Juan.
I bought an exotic bird from/for Juan.

Al llegar a casa, me sentí feliz.
Upon returning home, I felt happy.

Fui **a** casa de mis padres para ayudarlos después de la inundación.
I went to my parents' house to help them after the flood.

- The preposition **a** introduces indirect objects.

Le prometió **a** su hijo que irían a navegar.
He promised his son they would go sailing.

En el zoológico, le di de comer **a** un conejo.
At the zoo, I fed a rabbit.

- The preposition **a** can be used in commands.

¡**A** comer!
Let's eat!

¡**A** dormir!
Time for bed!

- When a direct object noun is a person (or a pet), it is preceded by the personal **a**, which has no equivalent in English. The personal **a** is also used with the words **alguien, nadie**, and **alguno**.

¿Viste **a** tus amigos en el parque?
Did you see your friends in the park?

No, no he visto **a** nadie.
No, I haven't seen anyone.

- The personal **a** is not used when the person in question is not specific.

La organización ambiental busca voluntarios.
The environmental organization is looking for volunteers.

Sí, necesitan voluntarios para limpiar la costa.
Yes, they need volunteers to clean the coast.

The preposition *hacia*

- With movement, either literal or figurative, **hacia** means *toward* or *to*.

La actitud de Manuel **hacia** mí fue negativa.
Manuel's attitude toward me was negative.

El biólogo se dirige **hacia** Puerto Rico para la entrevista.
The biologist is headed to Puerto Rico for the interview.

- With time, **hacia** means *approximately, around, about*, or *toward*.

El programa que queremos ver empieza **hacia** las 8.
The show that we want to watch will begin around 8:00.

La televisión se hizo popular **hacia** la segunda mitad del siglo XX.
Television became popular toward the second half of the twentieth century.

The preposition *con*

La idea es tener contacto con la naturaleza.

¡Maldito pez! En una playa tropical con tres mujeres.

- The preposition **con** means *with*.

Me gustaría hablar **con** el director del departamento.
I would like to speak with the director of the department.

Es una organización ecológica **con** muchos miembros.
It's an environmental organization with lots of members.

- Many English adverbs can be expressed in Spanish with **con** + [*noun*].

Habló del tema **con** cuidado.
She spoke about the issue carefully.

Hablaba **con** firmeza.
He spoke firmly.

- The preposition **con** is also used rhetorically to emphasize the value or the quality of something or someone, contrary to a given fact or situation. In this case, **con** conveys surprise at an apparent conflict between two known facts. In English, the words *but*, *even though*, and *in spite of* are used.

Los turistas tiraron los envoltorios al suelo.
The tourists threw wrappers on the ground.

¡**Con** lo limpio que estaba todo!
But the place was so clean!

- If **con** is followed by **mí** or **ti**, it forms a contraction: **conmigo**, **contigo**.

con + mí	**conmigo**
con + ti	**contigo**

¿Quieres venir **conmigo** al campo?
Do you want to come with me to the countryside?

Por supuesto que quiero ir **contigo**.
Of course I want to go with you.

- **Consigo** is the contraction of **con** + **usted/ustedes** or con + **él/ella/ellos/ellas**. **Consigo** is equivalent to the English *with himself/herself/yourself* or *with themselves/yourselves*, and is commonly followed by **mismo**. It is only used when the subject of the sentence is the same person referred to after **con**.

Están satisfechos **consigo mismos**.
La sequía trajo **consigo** muchos problemas.

Fui al cine **con él**.
Prefiero ir al parque **con usted**.

Point out that it is never correct to say **con mí** or **con ti.** Also remind students that, while the personal pronoun **mí** carries an accent to distinguish it from the possessive adjective **mi, ti** never has an accent.

Práctica

TALLER DE CONSULTA

MANUAL DE GRAMÁTICA
Más práctica
6.3 Prepositions: **a, hacia**, and **con**, p. 385

1 **¿Cuál es?** Completa las oraciones con las preposiciones **a, hacia** y **con**.

1. El león caminaba _hacia_ el árbol.
2. Dijeron que la tormenta empezaría _hacia/a_ las dos de la tarde.
3. Le prometí que iba _a_ ahorrar combustible.
4. Ellos van a tratar de ser responsables _con_ el medioambiente.
5. Contribuyó a la campaña ecológica _con_ mucho dinero.
6. El depósito de combustible estaba _a_ mi izquierda.

② Pair slower-paced learners with advanced learners and ask them to identify why **a** is needed in each case according to the explanation in **Estructura 6.3.**

2 **Amigos** Completa el párrafo con las preposiciones **a** y **con.** Marca los casos que no necesitan una preposición con una **X**.

Emilio invitó (1) _a_ María (2) _a_ ir de excursión. Él quería ir al bosque (3) _con_ ella porque quería mostrarle un paisaje donde se podían ver (4) _X_ muchos pájaros. Él sabía que (5) _a_ ella le gustaba observar (6) _X_ las aves. María le dijo que sí (7) _a_ Emilio. Ella no conocía (8) _a_ nadie más (9) _con_ quien compartir su interés por la naturaleza. Hacía poco que había llegado (10) _a_ la ciudad y buscaba (11) _X_ amigos (12) _con_ sus mismos intereses.

③ For expansion, have students write a conversation between María, Emilio, and his little brother to make plans for their next visit to the mountain. Have students use at least five examples of **con** contractions.

3 **Conversación** Completa la conversación entre Emilio y María con la opción correcta. Puedes usar las opciones de la lista más de una vez.

con	**con ustedes**	**consigo**
con nosotros	**conmigo**	**contigo**

EMILIO Gracias por haber venido (1) _conmigo_ a la montaña. Ha sido una tarde divertida.

MARÍA No, Emilio. Gracias a ti por haberme invitado a venir (2) _contigo_. No conocía este sitio y es maravilloso. ¡(3) _Con_ lo que me gustan las montañas! Echo de menos venir más a menudo.

EMILIO Pues ya lo sabes, puedes venir (4) _conmigo_ cuando quieras. ¿Qué te parece si lo repetimos la próxima semana?

MARÍA Me encantaría volver. La próxima vez, vendré (5) _con_ mis prismáticos (*binoculars*) para ver los pájaros.

EMILIO A veces, vengo (6) _con_ mi hermano pequeño. Tiene once años; seguro que te cae bien. Si quieres, la semana que viene puede venir (7) _con nosotros_. Él siempre trae una cámara (8) _consigo_. Dice que va a ser un director famoso.

MARÍA Perfecto, la semana que viene venimos los tres. Estoy segura de que lo voy a pasar bien (9) _con ustedes_.

Teaching option For additional practice, write **a, hacia**, and **con** on three index cards and shuffle them. Have volunteers pick a card and create a sentence using that preposition. As a variation, have students base their sentences on the previous student's answer. Appoint one student to record the sentences and read them back to the class to create an absurd story.

Comunicación

4 **Safari** En parejas, escriban un artículo periodístico breve sobre lo que le sucedió a un grupo de turistas durante un safari. Usen por lo menos cuatro frases de la lista. Sean creativos. Después, compartan el artículo con la clase.

hacia el león	con la cámara digital	con la boca abierta
al guía	a tomar una foto	a correr
hacia el carro	a nadie	hacia el tigre

(4) To help students prepare their articles, encourage them to create a time line of events before they begin writing.

5 **Noticias** En grupos pequeños, lean los titulares (*headlines*) e inventen la noticia. Formen un círculo. Un estudiante le lee el titular a otro, añadiendo (*adding*) algo. El segundo estudiante le repite la noticia al tercero y añade otra cosa, y así sucesivamente (*and so on*). Cada parte de la noticia debe incluir las preposiciones **a**, **con** o **hacia**.

MODELO **Acusaron a Petrosur de contaminar el río.**
ESTUDIANTE 1 Acusaron a Petrosur de contaminar el río con productos químicos.
ESTUDIANTE 2 Acusaron a Petrosur de contaminar el río con productos químicos. A diario se ven horribles manchas que flotan en el agua.
ESTUDIANTE 3 Acusaron a Petrosur de contaminar el río con productos químicos. A diario se ven horribles manchas que flotan en el agua hacia la bahía.

1. Inventaron un combustible nuevo.
2. El presidente felicitó (*congratulated*) a los bomberos.
3. Inauguran hoy una nueva reserva.
4. Se acerca una tormenta.

(5) As a variation, have students find authentic **titulares** from Spanish-speaking newspapers on the Internet.

6 **Síntesis**

A. En parejas, háganse estas preguntas sobre la naturaleza. Deben usar el futuro, el subjuntivo y las preposiciones **a, hacia** y **con** en sus respuestas.

1. ¿Conoces a alguien que contribuya a cuidar el medioambiente?
2. ¿Te gusta cazar? ¿Conoces a mucha gente que cace?
3. ¿Crees que reciclar es importante? ¿Por qué? ¿Qué sucederá si no reciclamos?
4. ¿Qué actitud tienes hacia el uso de productos desechables?
5. ¿Crees que el calentamiento global empeorará a menos que cambiemos nuestro estilo de vida?
6. ¿Qué medidas debe tomar el gobierno para que no se agoten los recursos naturales?

B. Compartan con la clase lo que han aprendido sobre su compañero/a usando las preposiciones adecuadas. Sigan el modelo.

MODELO Juana, mi compañera, dice que no conoce a nadie que contribuya a cuidar el medioambiente. Ella dice que si no reciclamos, tendremos problemas con la cantidad de basura...

(6) Review the subjunctive with **conocer**, if necessary (**Estructura 5.2**).

For additional cumulative practice of all the grammar points in this lesson, go to **ventanas.vhlcentral.com**.

Teaching option For a faster-paced class, have students find a paragraph or article and analyze the use of **a, hacia**, and **con**. Ask volunteers to present some examples to the class. Then discuss which preposition was most commonly used.

Atando cabos

communication NATIONAL STANDARDS

Preview
- Have students look at the drawing and speculate what the situation is. Ask: **¿Qué ven en la imagen? ¿Qué creen que está pasando? ¿Por qué? Imaginen una posible conversación entre los dos chicos.**
- Ask students about family pets. **¿Quién cuida a la mascota? ¿Qué tienen que hacer para cuidarla?** Also ask if they know anyone who has an exotic pet. **¿Qué cuidados especiales necesita?**

Conversación
- To better prepare students for the conversation, bring to class articles students can read on the topic, or assign reading for homework.
- Part A: Have students look at the **Contextos** section for other animal names. Provide additional vocabulary as needed.

Teaching Option
- To help slower-paced classes, discuss the issue of having exotic pets as a full class activity.
- Follow up presentations by expanding the discussion: **¿Cuáles son las ideas más convincentes a favor o en contra del tener animales exóticos? ¿Tendrán ustedes mascotas en el futuro? ¿Cuáles?**

¡A conversar!

Una conversación exótica En los últimos años se ha producido un auge (*boom*) de mascotas exóticas como iguanas, serpientes, cocodrilos y hasta tiburones. En grupos pequeños, conversen sobre las controversias que despierta el tener mascotas exóticas en casa. Luego, presenten sus ideas a la clase.

Conversación

A. Clasifiquen esta lista de animales en comunes o exóticos. Luego, agreguen tres ejemplos más en cada categoría.

cocodrilo	**conejo**
loro	**rata**
gato	**pájaro**
tiburón	**jaguar**
perro	**vaca**
lagartija (*lizard*)	**pez**

B. Conversen sobre estas preguntas.

1. ¿Qué animales exóticos de la lista anterior es aceptable tener en casa? Consideren las condiciones de vida para el animal, si la especie está en peligro de extinción, etc.
2. ¿Es peligroso para los dueños o sus vecinos? ¿Por qué?
3. ¿Qué diferencia hay entre tener animales exóticos en casa y en lugares públicos como el zoológico? Den ejemplos.
4. ¿Qué responsabilidades implica el tener mascotas?

Presentación Cada grupo elige uno/a o dos estudiantes para presentar sus opiniones. No es necesario que todos los miembros estén de acuerdo. Usen las expresiones del recuadro.

No estamos (muy) de acuerdo.	**Para nosotros,...**
No es así.	**En nuestra opinión...**
No compartimos esa opinión.	**(Nosotros) creemos que...**
No coincido.	**Estamos convencidos/as de que...**

Opiniones Después de cada presentación, la clase debate las opiniones de todos los grupos. ¿Hay alguien que haya cambiado de opinión? ¿Por qué? ¿Hay algún comentario u opinión que los/las haya sorprendido?

¡A escribir!

Una carta formal Vas a investigar un problema ambiental en tu comunidad y luego vas a escribir una carta formal a la alcaldía, a una organización ambientalista o a tu propia escuela para informar del problema y proponer una solución. Sigue el plan de redacción.

Preparación

A. Elige el tema. Consulta diarios, revistas y sitios de Internet, habla con vecinos y empresarios locales, etc. Algunos ejemplos son: la contaminación; una especie o lugar amenazado; el exceso de basura; los efectos dañinos de actividades como el turismo, la agricultura, etc.

B. Utiliza estas preguntas para guiar tu investigación.

1. ¿Cuál es el problema ambiental?
2. ¿Hay animales, personas o lugares afectados por el problema? ¿De qué manera?
3. ¿Qué área geográfica comprende? ¿Qué consecuencias tiene?
4. ¿Cuál es el pronóstico para los próximos años? Usa el tiempo futuro.
5. ¿Qué se puede hacer? Da sugerencias.

Escritura Con toda esta información, escribe una carta formal dirigida a un miembro de la alcaldía, de una organización ambientalista o de tu escuela. Explica el problema y propón una solución. Luego, intercambia tu borrador con un(a) compañero/a para hacerse sugerencias.

US EPA Region 2
290 Broadway
New York, New York 10007-1866

Syracuse, 4 de noviembre de 2007

A quien corresponda:/Estimado/a Sr./Sra. (nombre):

Me llamo... y soy un(a) estudiante de español de... Me dirijo a usted en relación con un (grave) problema que afecta a nuestra comunidad.

____

____

____

Espero una pronta respuesta./Quedo a la espera de su respuesta.

Atentamente,

Analía Rodríguez

Responsabilidad cívica Escribe la versión final de la carta y envíala a la organización que elegiste. ¡Mucha suerte!

Una carta formal Find out if your local government takes letters in Spanish. Some organizations that accept letters in Spanish: EPA, Smart Communities Network, CDC, ATSDR.

Preview Ask students if they have ever written a formal letter, to whom, and why. Also ask how a formal letter compares with an informal letter.

Preparación

- Part A: To assist students with the topic selection, brainstorm problems that exist in your area. Bring materials to class or provide a list of sources to consult.
- Part B: Have students exchange their information with a partner and give each other feedback: Is the issue clearly explained? Are the possible consequences and the solutions or recommendations logical?

Escritura Direct students to the model letter and point out use of the colon following the greeting and the city name preceding the date. Compare formulas for closing the letter with those used in English.

Responsabilidad cívica Encourage students to submit their letters and suggest they attach an English version if they are unsure whether the organization will accept it in Spanish.

Teaching option Encourage heritage speakers or international students to research a topic from their family's home country and write to an organization in that country.

Preview Poll the class to see who read *Aesop's Fables* as children. Elicit or provide a definition: Fables are short narratives that contain a moral or lesson. Often the characters are animals but they reflect human behavior. Ask for or give examples of fables: the tortoise and the hare (slow and steady wins the race), the ant and the grasshopper (save for a rainy day).

Antes de leer

Patricio Betteo es un ilustrador e historietista mexicano. Nacido en México D.F. en 1978, estudió diseño gráfico en la Escuela Nacional de Artes Plásticas de la UNAM. Desde entonces se ha dedicado por completo a la historieta y la ilustración comercial. Además de publicar en revistas, actualmente (*currently*) trabaja en diversos proyectos de libros infantiles. Esta tira fue realizada para la sección de cómics de la revista *Nickelodeon* de México.

Conexión personal ¿Cuál crees que es más inofensivo (*harmless*): una abeja o un sapo? ¿Por qué?

Vocabulario

la abeja *bee*
la colmena *beehive*
el polen *pollen*
el panal *honeycomb*
el sapo *toad*

1 Completa este párrafo sobre la miel.

La miel es una sustancia dulce que las (1) ___abejas___ producen con el néctar de las flores. Las abejas almacenan (*store*) la miel en el (2) ___panal___, un conjunto de celdillas que estos insectos construyen dentro de las (3) ___colmenas___. Con el (4) ___polen___ que se encuentra en la miel, es posible identificar las plantas y flores visitadas por las abejas.

Preview As a pre-reading activity, have students look only at the images and tell what happens. After reading, ask students if the story can be considered a fable. Challenge them to create a moral (**moraleja**) to the story.

1 For expansion, have pairs write original sentences, using all the words in **Vocabulario** in a short paragraph.

Después de leer

1 Indica si las oraciones son ciertas o falsas.

1. Una abeja se acerca a un árbol para sacar néctar. Falso
2. La abeja saca polen de la flor. Cierto
3. Otra abeja se acerca a la flor amigablemente. Falso
4. Las abejas no se dan cuenta de que hay un sapo cerca. Cierto
5. El sapo no se come a las abejas. Falso

② Have pairs or small groups create their own story, including sound effects, using animals from the **Contextos** section. Follow up by inviting groups to share their story with the class.

③ Before doing this activity, ask for volunteers to act out the onomatopoeias as they do a dramatic reading of the comic strip. Expand the activity by having students who finish early create humorous sentences using the onomatopoeias.

⑤ Vary by doing this activity as a class. Expand to ask: **¿Cuál creen que es la mayor amenaza ambiental que afecta al Planeta Tierra?**

2 En parejas, observen las tres primeras viñetas y escriban una conversación entre la abeja y la flor. Agreguen globos (*speech bubbles*) en las viñetas.

3 La onomatopeya imita o recrea un sonido. En grupos pequeños, hagan una lista de las onomatopeyas que aparecen en la tira y traten de explicar cuándo se usa cada una.
mmmmh; tssss; slurp; chomp, chomp.

MODELO **CHT,CHT** Se usa para llamar la atención a alguien.

4 Hay un dicho popular que dice que "la naturaleza es sabia". En parejas, observen lo que ocurre en la tira y expresen sus opiniones sobre esta afirmación. Den ejemplos.

5 Al transportar el polen, las abejas promueven la reproducción de las plantas. Hoy día, el uso de insecticidas, entre otros factores, amenaza este proceso. En grupos, contesten las preguntas.

1. ¿Qué otros procesos naturales se encuentran amenazados?
2. ¿Existen amenazas ambientales donde vives?
3. ¿Qué se puede hacer para evitarlas?

6  Hay una famosa frase de una obra del escritor argentino José Hernández que dice: "Si entre hermanos se pelean, los devoran los de afuera". En grupos, expliquen cómo se relaciona esta frase con la tira y cómo se puede aplicar a las relaciones personales.

6 VOCABULARIO

La naturaleza

el árbol	*tree*
el arrecife	*reef*
el bosque (lluvioso)	*(rain) forest*
el campo	*countryside; field*
la cordillera	*mountain range*
la costa	*coast*
el desierto	*desert*
el mar	*sea*
la montaña	*mountain*
el paisaje	*landscape; scenery*
la tierra	*land; earth*
húmedo/a	*humid; damp*
seco/a	*dry*
a orillas de	*on the shore of*
al aire libre	*outdoors*

Los animales

el ave (f.)/ el pájaro	*bird*
el cerdo	*pig*
el conejo	*rabbit*
el león	*lion*
el mono	*monkey*
la oveja	*sheep*
el pez	*fish*
la rana	*frog*
la serpiente	*snake*
el tigre	*tiger*
la vaca	*cow*
atrapar	*to trap; to catch*
cazar	*to hunt*
dar de comer	*to feed*
extinguirse	*to become extinct*
morder (o:ue)	*to bite*
en peligro de extinción	*endangered*
salvaje	*wild*
venenoso/a	*poisonous*

Los fenómenos naturales

el huracán	*hurricane*
el incendio	*fire*
la inundación	*flood*
el relámpago	*lightning*
la sequía	*drought*
el terremoto	*earthquake*
la tormenta (tropical)	*(tropical) storm*
el trueno	*thunder*

El medioambiente

el calentamiento global	*global warming*
la capa de ozono	*ozone layer*
el combustible	*fuel*
la contaminación	*pollution; contamination*
la deforestación	*deforestation*
el desarrollo	*development*
la erosión	*erosion*
la fuente de energía	*energy source*
el medioambiente	*environment*
los recursos naturales	*natural resources*
agotar	*to use up*
conservar	*to conserve; to preserve*
contaminar	*to pollute; to contaminate*
contribuir (a)	*to contribute*
desaparecer	*to disappear*
destruir	*to destroy*
malgastar	*to waste*
proteger	*to protect*
reciclar	*to recycle*
resolver (o:ue)	*to solve*
dañino/a	*harmful*
desechable	*disposable*
renovable	*renewable*
tóxico/a	*toxic*

Más vocabulario

Expresiones útiles	*Ver p. 159*
Estructura	*Ver pp. 166–167, 170–171 y 174–175*

INSTRUCTIONAL RESOURCES
Supersite/IRCD: Testing program

La tecnología y la ciencia

7

Communicative Goals

You will expand your ability to...

- describe past events
- emphasize the size of objects and people
- express affection or scorn

La tecnología y la ciencia

INSTRUCTIONAL RESOURCES
Supersite/IRCD: Audioscripts, Textbook Answer Key, SAM Answer Key
SAM/WebSAM: WB, LM

Preview: Ask students about the role of technology in our daily lives. **¿Podrían vivir sin el correo electrónico o el teléfono celular? ¿Qué ventajas y desventajas tiene la tecnología en nuestra vida diaria?**

La tecnología

Gisela pasa largas horas frente a su **computadora portátil navegando en la red**, leyendo **blogs** y **descargando** su música preferida.

la arroba *@ symbol*
el blog *blog*
el buscador *search engine*
la computadora portátil *laptop*
la contraseña *password*
el corrector ortográfico *spell-checker*
la dirección de correo electrónico *e-mail address*
la informática *computer science*
Internet *Internet*
el mensaje (de texto) *(text) message*
la página web *web page*
el programa (de computación) *software*
el reproductor de CD/DVD/MP3 *CD/DVD/MP3 player*
el teléfono celular *cell phone*

---

adjuntar (un archivo) *to attach (a file)*
borrar *to erase*
descargar *to download*
guardar *to save*
navegar en la red *to surf the web*

---

avanzado/a *advanced*
digital *digital*
en línea *online*
inalámbrico/a *wireless*

Variación léxica
el teléfono celular ⟷ el celular; el móvil
la computadora ⟷ el ordenador
Point out that **ovni** is short for **objeto volador no identificado.**
Point out that it is correct to say **la Internet** or **el Internet**. The choice of feminine or masculine article, or no article, is mostly regional.

La astronomía y el universo

el agujero negro *black hole*
el cohete *rocket*
el cometa *comet*
el espacio *space*
la estrella (fugaz) *(shooting) star*
el/la extraterrestre *alien*
la gravedad *gravity*
el ovni *UFO*

el telescopio *telescope*
el transbordador espacial *space shuttle*

Las profesiones de la ciencia

el/la astronauta *astronaut*
el/la astrónomo/a *astronomer*
el/la biólogo/a *biologist*
el/la científico/a *scientist*
el/la físico/a *physicist*
el/la ingeniero/a *engineer*
el/la matemático/a *mathematician*
el/la químico/a *chemist*

La ciencia y los inventos

Los científicos han realizado incontables **experimentos** sobre el **ADN** humano. Estos han sido esenciales para los **avances revolucionarios** de esta década, como la clonación.

el ADN (ácido desoxirribonucleico) *DNA*
el avance *advance; breakthrough*
la célula *cell*
el desafío *challenge*
el descubrimiento *discovery*
el experimento *experiment*
el gen *gene*
el invento *invention*
la patente *patent*
la teoría *theory*

clonar *to clone*
comprobar (o:ue) *to prove*
crear *to create*
fabricar *to manufacture; to make*
formular *to formulate*
inventar *to invent*

investigar *to investigate; to research*

(bio)químico/a *(bio)chemical*
especializado/a *specialized*
ético/a *ethical*
innovador(a) *innovative*
revolucionario/a *revolutionary*

Teaching option Play **Concentración.** On eight index cards, write words related to technology and science. Another eight cards should have corresponding pictures. Place the cards face down in rows of four and have pairs select two cards. If the cards match, students keep them. If not, they put them back. The pair with the most cards at the end wins.

Práctica

(1) As students listen to the speech, have them write down any vocabulary words that they hear. Then ask volunteers to share their lists with the class.

1 Escuchar

A. Escucha lo que dice Mariana Serrano y luego decide si las oraciones son **ciertas** o **falsas**. Corrige las falsas.

1. Mariana Serrano reflexiona sobre los desafíos del futuro. Cierto.
2. No hay dinero para investigar nuevas medicinas. Falso. Hay bastante dinero para investigar nuevas medicinas.
3. Mariana Serrano cree que la ciencia y la ética deben ir unidas. Cierto.
4. Carlos Obregón es astrónomo. Falso. Carlos Obregón es biólogo.

B. Escucha la conversación entre Carlos Obregón y Mariana Serrano y contesta las preguntas.

1. ¿Qué le ha pasado a Carlos? Se le cayó la computadora portátil y perdió los documentos de la conferencia.
2. ¿Dónde escribe Mariana casi todos los días? en un blog
3. ¿Qué le tiene que dar Mariana a Carlos? la dirección de la página web
4. ¿Cómo se la va a dar Mariana? en un mensaje de texto

2 Sopa de letras Busca seis palabras del vocabulario.

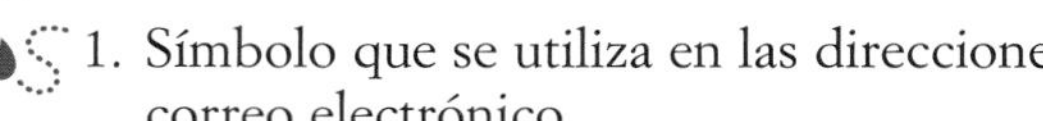

1. Símbolo que se utiliza en las direcciones de correo electrónico.
2. Objeto extraterrestre.
3. Reproducir un ser vivo exactamente igual.
4. Aplicación que se utiliza para investigar cosas en Internet.
5. Vehículo que se utiliza para ir al espacio.
6. Objeto que se utiliza para ver las estrellas.

K	J	A	N	T	I	C	P	S	T
C	A	L	A	N	T	A	R	U	E
O	X	S	A	R	V	R	E	C	L
H	G	T	I	Ó	R	S	H	N	E
E	E	R	T	C	R	O	I	M	S
T	S	U	B	A	V	V	B	D	C
E	C	T	N	O	M	N	R	A	O
C	A	O	O	L	Z	I	L	R	P
Ó	L	N	N	Í	N	U	R	P	I
C	B	U	S	C	A	D	O	R	O

(2) For additional practice, have students write a paragraph using these or other vocabulary items.

Práctica

③ For an extra challenge, have volunteers explain what the related words have in common.

④ For expansion, have students create similar sentences with the remaining words.

⑤ Model the activity with a volunteer using the word **blog**. Say: **Es un diario en Internet donde se pueden escribir los pensamientos y opiniones personales.**

3 **No pertenece** Identifica la palabra que no pertenece al grupo.

1. ADN–célula–buscador–gen
2. astronauta–red–cohete–espacio
3. descargar–adjuntar–guardar–clonar
4. descubrimiento–gravedad–avance–invento
5. bioquímico–avanzado–revolucionario–innovador
6. científico–biólogo–extraterrestre–ingeniero

4 **Para... se necesita...** Completa las oraciones con las palabras de la lista y añade el artículo correcto: **un** o **una**.

computadora portátil	**desafío**	**matemático**	**teléfono celular**
contraseña	**estrella fugaz**	**patente**	**telescopio**
corrector ortográfico	**experimento**	**reproductor**	**teoría**

1. Para pedir un deseo se necesita ver una estrella fugaz.
2. Para ver un DVD se necesita un reproductor.
3. Para navegar en la red en la playa se necesita una computadora portátil.
4. Para hacer una llamada en un autobús se necesita un teléfono celular.
5. Para escribir sin errores en la computadora se necesita un corrector ortográfico.
6. Para proteger la información de la computadora se necesita una contraseña.
7. Para obtener el derecho de comercializar un invento se necesita una patente.
8. Para observar la Luna y las estrellas desde la Tierra se necesita un telescopio.

5 **Definiciones**

A. Elige cinco palabras de la lista y escribe una definición para cada una.

astronauta	**digital**	**invento**
astrónomo/a	**en línea**	**navegar en la red**
biólogo/a	**experimento**	**patente**
borrar	**físico/a**	**teléfono celular**
descargar	**gen**	**teoría**

B. Luego, en parejas, léanle a su compañero/a las definiciones para que adivine la palabra.

Comunicación

6 **Actualidad científica** Algunos piensan que la biotecnología no tiene límites. ¿Qué opinas tú sobre el tema? Marca las afirmaciones con las que estás de acuerdo y comparte tus opiniones con un(a) compañero/a. ¿Cuáles son los aspectos positivos y negativos de la manipulación genética?

- ☐ 1. La clonación de seres humanos es una herramienta importante para luchar contra las enfermedades genéticas.
- ☐ 2. La genética ha ido demasiado lejos. El hombre no puede jugar a alterar la naturaleza humana. No es ético y sólo producirá sufrimiento.
- ☐ 3. Es injusto gastar dinero en experimentos genéticos cuando hay gente que muere de hambre y de enfermedades que se pueden curar fácilmente.
- ☐ 4. La clonación es una respuesta al problema de la infertilidad.
- ☐ 5. La clonación de seres humanos disminuirá (*will diminish*) nuestro respeto por la vida humana.
- ☐ 6. Clonar seres humanos en un mundo superpoblado (*overpopulated*) no tiene sentido.

(6) For advanced classes, organize a debate between two groups. One group should argue in favor of biotechnology, and the other against. The questions in Activity 6 may guide the debate. Encourage students to use impersonal expressions with the subjunctive in their arguments. Ex: **Es malo que, es mejor que, es importante que...**

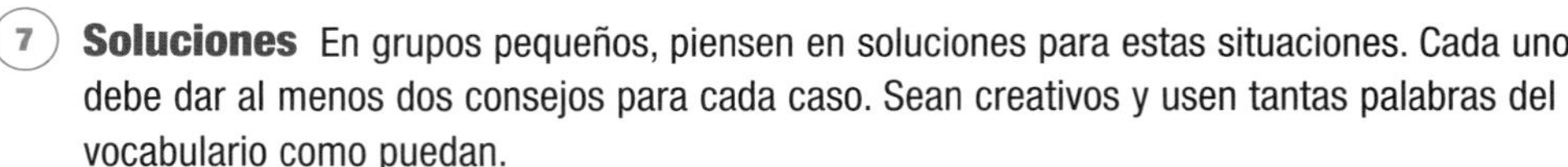

7 **Soluciones** En grupos pequeños, piensen en soluciones para estas situaciones. Cada uno debe dar al menos dos consejos para cada caso. Sean creativos y usen tantas palabras del vocabulario como puedan.

- Un astrónomo ha detectado una tormenta espacial y piensa que puede ser peligroso mandar un cohete al espacio. No quiere que los astronautas corran peligro. Sus jefes, sin embargo, no quieren cancelar el lanzamiento del cohete porque saben que serán criticados en los periódicos.
- Una astronauta descubre extraterrestres en un viaje al espacio. Estos seres son pacíficos e inofensivos y le ruegan que no diga nada a su regreso a la Tierra porque temen que los humanos los destruyan.

(7) For additional writing practice, have students draft a letter to the astronomer or astronaut giving advice.

8 **Observaciones de la galaxia** Inspirándose en el dibujo, trabajen en parejas para escribir una historia breve. Utilicen por lo menos ocho palabras de **Contextos**. ¡Dejen volar la imaginación!

¿Quién era el hombre?
¿Dónde estaba?
¿Qué quería hacer?
¿Qué sorpresa encontró?

(8) Ask pairs to exchange their stories with another pair. Ask: **¿En qué se parecen y en qué se diferencian las dos historias?**

7 FOTONOVELA

La oficina de la revista *Facetas* recibe una pantalla líquida.

Synopsis
- An LCD screen is delivered to the office.
- Johnny faints and everyone attempts to revive him.
- Johnny and Fabiola attempt to install the screen, causing a short circuit.
- Everyone contemplates the shortcomings of technology in the candle-lit conference room.

HOMBRE 1 Aquí está la pantalla líquida que pidieron. Pues, tiene imagen digital, sonido de alta definición, control remoto universal y capacidad para conexión de satélite e Internet desde el momento de la instalación.

JOHNNY ¿Y está en esa caja tan grandota?

HOMBRE 1 Si es tan amable, me da su firmita en la parte de abajo, por favor.

Johnny está en el suelo desmayado.

HOMBRE 2 ¿Por qué no piden una ambulancia?

MARIELA No se preocupe. Fue sólo una pequeñísima sobredosis de euforia.

HOMBRE 1 ¡Esto es tan emocionante! Nunca se había desmayado nadie.

FABIOLA No conocían a Johnny.

HOMBRE 2 Eso es lo que yo llamo "el poder de la tecnología".

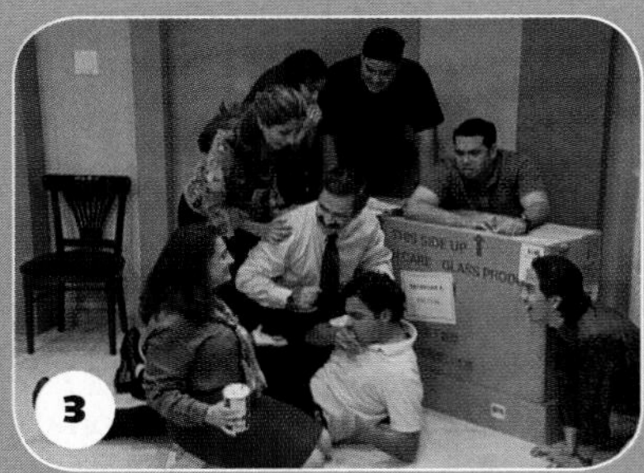

ÉRIC Jefe, pruebe con esto a ver si despierta. *(Le entrega un poco de sal.)*

AGUAYO ¿Qué se supone que haga?

ÉRIC Ábralo y páseselo por la nariz.

AGUAYO Esto no funciona.

DIANA Ay, yo conozco un remedio infalible.

ÉRIC ¿Qué haces?

Diana le pone sal en la boca a Johnny. Johnny se despierta.

Más tarde... Johnny y Fabiola van a poner la pantalla en la pared.

AGUAYO Johnny, ¿estás seguro de que sabes lo que haces?

JOHNNY Tranquilo, jefe, no es tan difícil.

FABIOLA Es sólo un agujerito en la pared.

El teléfono suena.

MARIELA Revista *Facetas*, buenas tardes. Jefe, tiene una llamada de su esposa en la línea tres.

AGUAYO Pregúntale dónde está y dile que la llamo luego.

MARIELA Un segundito.

AGUAYO Estaré en mi oficina. No quiero ver este desorden.

Mientras trabajan, se va la luz.

FABIOLA ¡Johnny!

JOHNNY ¿Qué pasó?

FABIOLA ¡Johnny! ¡Johnny!

JOHNNY Está bien, está bien. Ahí viene el jefe.

AGUAYO No es tan difícil. Es sólo un agujerito en la pared... ¡No funciona ni el teléfono!

JOHNNY *(a Aguayo)* Si quiere puede usar mi celular.

INSTRUCTIONAL RESOURCES **Supersite/DVD:** Fotonovela **Supersite/IRCD:** Videoscript & Translation, SAM Answer Key **SAM/WebSAM:** VM

Preview Have students scan the text for technology-related vocabulary. Then have them predict what the characters are discussing in the episode.

Personajes

AGUAYO

DIANA

ÉRIC

FABIOLA

JOHNNY

MARIELA

HOMBRE 1

HOMBRE 2

4

JOHNNY ¿Sabían que en el transbordador espacial de la NASA tienen este tipo de pantallas?

MARIELA Espero que a ningún astronauta le dé por desmayarse.

AGUAYO ¿Dónde vamos a instalarla?

DIANA En esta pared, pero hay que buscar quien lo haga porque nosotros no tenemos las herramientas.

5

JOHNNY ¿Qué? ¿No tienes una caja de herramientas?

ÉRIC A menos que quieras pegar la pantalla con cinta adhesiva y luego ponerle aceite lubricante, no.

FABIOLA Hay una construcción allá abajo.

Johnny y Fabiola se van a buscar las herramientas.

9

Más tarde, en la sala de conferencias...

AGUAYO Rodeados de la mejor tecnología para terminar alumbrados por unas velas.

DIANA Nada ha cambiado desde los inicios de la humanidad.

10

MARIELA Hablando de cosas profundas... ¿Alguna vez se han preguntado adónde se va la luz cuando se va?

Expresiones útiles

Expressing size

Si es tan amable, ¿me da su firmita?
Would you please sign? (Lit. If you were so kind, would you give me your little signature?)

Fue sólo una pequeñísima sobredosis de euforia.
It was just a tiny overdose of euphoria.

Un segundito.
Just a second. (Lit. a tiny second)

¿Y está en esa caja tan grandota?
And is it in that really big box?

Talking about what has/had happened

Nada ha cambiado.
Nothing has changed.

Nada había cambiado.
Nothing had changed.

¿Alguna vez se han preguntado...?
Have you ever asked yourselves...?

Nunca se había desmayado nadie.
No one had ever fainted before.

Additional vocabulary

el agujerito *small hole*
alta definición *high definition*
la conexión de satélite *satellite connection*
el control remoto universal *universal remote control*
el desorden *disorder; mess*
funcionar *to work*
la herramienta *tool*
la imagen *image*
instalar *to install*
la luz *power; electricity*
la pantalla líquida *LCD screen*
rodeado/a *surrounded*

Variación léxica
la conexión de satélite ⟷ la conexión satelital
el control remoto universal ⟷ el mando universal (Esp.)

Comprensión

① In pairs, have students correct the false statements.

1 ¿Cierto o falso? Indica si las oraciones son **ciertas** o **falsas**.

1. Johnny se desmayó debido a la euforia del momento. cierto
2. La nueva tecnología no impresiona a nadie. falso
3. Aguayo está preocupado por lo que hace Johnny. cierto
4. A pesar de los avances tecnológicos, las velas son prácticas. cierto
5. Según Diana, sus remedios nunca funcionan. falso

② In pairs, have students redo the activity by asking corresponding questions using **¿Por qué?** Ex: **¿Por qué propone alguien pedir una ambulancia?**

2 Razones Elige el final lógico para cada oración.

e 1. Alguien propone pedir una ambulancia porque
c 2. Éric le explica a Aguayo cómo despertar a Johnny porque
a 3. Diana propone buscar a alguien para instalar la pantalla porque
d 4. Aguayo se encierra en su oficina porque
b 5. Los empleados encienden velas porque

a. no tienen herramientas.
b. no hay luz.
c. Aguayo no sabe cómo hacerlo.
d. no quiere ver el desorden.
e. Johnny se desmayó.

③ Have pairs write definitions for these additional words: **celular, sobredosis**, and **vela**.

3 Definiciones Busca en la **Fotonovela** la palabra que corresponda a cada definición.

control remoto universal 1. Aparato que permite centralizar y controlar a distancia distintos equipos electrónicos.
pantalla líquida 2. Aparato de televisión que transmite una imagen de alta definición.
transbordador espacial 3. Vehículo que viaja al espacio.
herramientas 4. Instrumentos que se usan para instalar o para arreglar algo.
Internet 5. Red informática mundial formada por conexión directa entre las computadoras.
conexión de satélite 6. Sistema inalámbrico de televisión que incluye acceso a gran variedad de películas, eventos deportivos y noticias internacionales.

④ For slower-paced classes, ask volunteers to read the statements aloud before completing the activity. Then play the episode again and have students take notes to help them prepare their answers.

4 ¿Por qué lo dicen? En parejas, expliquen a qué se refieren los personajes de la **Fotonovela** en cada cita (*quote*).

1. **HOMBRE:** Eso es lo que yo llamo "el poder de la tecnología".
2. **MARIELA:** Fue sólo una pequeñísima sobredosis de euforia.
3. **AGUAYO:** ¿Estás seguro de que sabes lo que haces?
4. **DIANA:** Nada ha cambiado desde los inicios de la humanidad.
5. **AGUAYO:** ¡No funciona ni el teléfono!
6. **DIANA:** Yo conozco un remedio infalible.

Ampliación

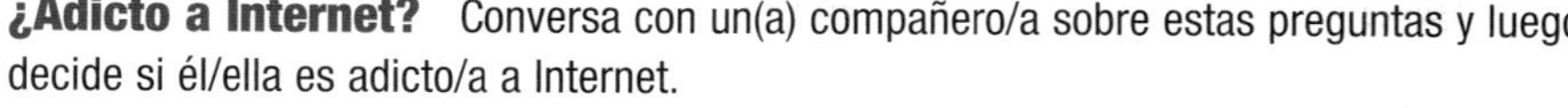

5 **¿Adicto a Internet?** Conversa con un(a) compañero/a sobre estas preguntas y luego decide si él/ella es adicto/a a Internet.

1. ¿Tienes una cuenta de correo electrónico? ¿Con qué frecuencia la revisas?
2. ¿Dejas de hacer las tareas de clase o del trabajo por pasar más tiempo navegando en Internet? ¿Por qué? Explica con ejemplos.
3. ¿Visitas sitios de *chat*? ¿Cuáles? ¿Con quién(es) te encuentras? ¿Piensas que es más divertido chatear que hablar en persona?
4. Si se corta la conexión de Internet por más de tres días, ¿cómo te sientes?: ¿Te pones ansioso/a? ¿No te importa? Explica con ejemplos.
5. Si necesitas hablar con un(a) amigo/a que vive cerca, ¿prefieres chatear o ir directamente a su cuarto o a su casa?

6 **Apuntes culturales** En parejas, lean los párrafos y contesten las preguntas.

Los cibercafés

¡Johnny podrá navegar por Internet desde la pantalla líquida! En Hispanoamérica, fuera de la casa y el trabajo, los cibercafés son sitios muy populares para acceder a Internet. Además de este servicio, venden café y comida y son puntos de encuentro con amigos. ¿Seguirá yendo Johnny a los cibercafés, o ahora llevará a sus amigos a la oficina?

Los mensajes de texto

Johnny le prestó el celular a Aguayo para que se comunicara con su esposa. Si viviera en Argentina, seguramente haría como la mayoría de los argentinos y le enviaría un mensaje de texto a su esposa diciendo: "tamos sin luz n l ofi. dsps t llamo" (Estamos sin luz en la oficina. Después te llamo). ¡Ojalá que el jefe no le gaste todo el crédito a Johnny!

La conexión satelital

Con conexión satelital, Johnny podrá acceder a canales de todo el mundo. De igual modo, muchos inmigrantes hispanos en los EE.UU. pueden seguir en contacto con sus países de origen gracias a este servicio: los ecuatorianos pueden mirar ECUAVISA Internacional y los peruanos Perú Sur.

1. ¿Has estado en un cibercafé? ¿Cuándo y dónde? ¿Son comunes los cibercafés en donde vives? ¿Dónde navegas habitualmente?
2. Muchos jóvenes prefieren enviar mensajes de texto en lugar de llamar por teléfono. ¿Tú mandas mensajes de texto? ¿A quiénes? ¿Cuántos por día?
3. ¿Existe en tu cultura un lenguaje especial para los mensajes de texto? Explica con varios ejemplos.
4. ¿Prefieres la televisión por cable o por satélite? ¿Hay alguna diferencia?

(5) As a class, have a similar discussion about cell phones.

(6) Ask heritage speakers what the popular television channels are in the Spanish-speaking world. Have volunteers find out which of these channels are available in the U.S./Canada.

Teaching option Review the imperfect (**Estructura 3.2**). Ask: **¿Cómo era la vida antes de que Internet existiera? ¿Y antes de los teléfonos celulares?**

Teaching option Have students work in small groups and imagine they are opening their own Internet café. Ask them to create a commercial in which they give the name, location, and services offered at their café. Encourage them to use subjunctive and command forms. Have volunteers present their commercials to the class.

INSTRUCTIONAL RESOURCES
Supersite/DVD: Flash cultura; **Supersite:** Videoscript & Translation

En detalle

ARGENTINA

PIONEROS

Hay algo que llena de orgullo a los argentinos y que pocos conocen fuera de su país: Argentina es tierra de inventores. El sistema de huellas digitales°, el *bypass* coronario y el bolígrafo, entre muchos otros inventos, han nacido allí. Quirino Cristiani, creador de cine de animación de principios del siglo XX, forma parte de la larga lista de pioneros argentinos.

Indudablemente°, todos pensamos en Walt Disney como el gran creador y pionero del cine de animación, pero no estuvo solo durante esos primeros años; artistas de muchos países experimentaron con nuevas técnicas cinematográficas. Cristiani fue uno de ellos y, aparte de ser el primero en crear un largometraje de animación, *El Apóstol* (1917), inventó y patentó una cámara especial para este tipo de cine. Ésta tenía forma de torre° y se manejaba con los pies, lo cual le permitía usar las manos para crear el movimiento de los dibujos. Cristiani fue, también, el primero en ponerle sonido a una cinta animada de larga duración, *Peludópolis* (1931).

El Apóstol, 1917.

Lo que en un principio surgió como un arte minoritario, vivió un gran *boom* después de la Segunda Guerra Mundial. En esos años, se perfeccionó enormemente la tecnología, pero la verdadera revolución no surgió hasta la llegada de las computadoras. Éstas no sólo han facilitado la creación de imágenes, sino que han democratizado el acceso a este arte pues lo han puesto al alcance de todos, gracias a Internet y a programas como *Flash*. Así que aprovecha° que vives en el siglo XXI y, si te gusta el cine de animación, ponte manos a la obra y realiza tu propia película. Seguro que tienes todas las herramientas que necesitas. ■

Diferentes técnicas del cine de animación

Dibujos animados. Cada fotograma de la película es un dibujo diferente. Se combinan los dibujos para crear la ilusión de movimiento.

***Stop-motion*, también llamada *claymation*.** Los escenarios y personajes están hechos en tres dimensiones, normalmente con plastilina°. Se van moviendo los objetos y se toman fotos de esos movimientos.

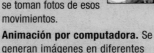

Animación por computadora. Se generan imágenes en diferentes programas de computadora.

Cinco inventos argentinos

1. Sistema para tomar huellas digitales. 1891 *Juan Vucetich*
2. Instrumentos para la transfusión sanguínea. 1914 *Luis Agote*
3. Primer helicóptero eficaz en la historia de la aviación. 1916 *Raúl Pateras de Pescara*
4. Sistema de navegación nocturno de aviones. 1925 *Vicente Almandos Almonacid*
5. Semáforo para ciegos°. 1983 *Mario Dávila*

huellas digitales *fingerprints* **Indudablemente** *Undoubtedly* **torre** *tower* **aprovecha** *take advantage* **plastilina** *clay* **Semáforo para ciegos** *Crosswalk signal for the blind*

En detalle Preview the reading by asking students about inventions. Ex: **¿Cuáles son algunos inventos que tienen importancia en su vida diaria?**

Perfil Discuss director Juan Pablo Zaramella's technique as a filmmaker. **¿Qué ventajas y desventajas tiene el cine de animación como forma de representar una historia? Den ejemplos de películas o series animadas para justificar su respuesta.**

ASÍ LO DECIMOS

Animación y computación

las caricaturas (Col., Méx.) *cartoons*
los dibujitos (Arg.)
los muñequitos (Cu.)

la laptop (Amér. L.) *laptop*
la notebook (Arg.)
el portátil (Esp.)

el computador (Col. y Chi.) *computer*
el ordenador (Esp.)

el mouse (Amér. L.) *mouse*
el ratón (Esp. y Pe.)

EL MUNDO HISPANOHABLANTE

Otros inventores y pioneros

- La televisión actual no sería lo mismo sin la contribución de Guillermo González Camarena. Este ingeniero mexicano, nacido en 1917 en Guadalajara, recibió a los 22 años de edad una patente estadounidense por el primer televisor en color de la historia.

- **Ellen Ochoa**, una mujer nacida en California de ascendencia mexicana que de niña soñó con ser flautista, se ha convertido en la primera astronauta hispana en trabajar para la NASA. También ha obtenido tres patentes por inventos relacionados con sistemas ópticos de análisis.

- Durante la década de los 50, el ingeniero chileno Raúl Ramírez inventó y patentó una pequeña máquina manual llamada CINVA–RAM que permitía a las familias pobres levantar los muros° de sus casas. Hoy, esta máquina se utiliza en programas de "viviendas autosustentables" en donde familias construyen° sus propias casas.

PERFIL

JUAN PABLO ZARAMELLA

Juan Pablo Zaramella, nacido en Buenos Aires, es un joven creador con una enorme proyección internacional. Se inició trabajando como humorista gráfico, como muchos de los maestros del cine de animación. Su trayectoria como director independiente comenzó alrededor de 2000. Realiza sus películas usando la plastilina como material principal para crear los personajes y los escenarios de sus obras, y crea la animación con el método *stop-motion*. Según Zaramella, esta técnica le hace disfrutar de una total libertad para crear universos maravillosos que combina con historias de gran riqueza narrativa. El corto *Viaje a marte*, que tomó dos años para su realización, lo ha dado a conocer en el extranjero. Con más de cuarenta premios internacionales, este cortometraje de género fantástico ha cautivado° a audiencias culturalmente diversas, desde Argentina y Alemania hasta Rumania e Irán.

> "Los inventos han alcanzado ya su límite, y no veo esperanzas de que se mejoren en el futuro."
> (Julius Sextus Frontinus, ingeniero romano, siglo I)

SUPERSITE **Conexión Internet**

¿Qué inventos facilitan la vida cotidiana de las personas con discapacidades?

To research this topic, go to **ventanas.vhlcentral.com**.

cautivado *captivated* **muros** *walls* **construyen** *build*

Teaching option Ask a volunteer to read the quote aloud. Preview the present perfect by explaining that **han alcanzado** means *have reached*. Then ask: **Teniendo en cuenta los avances tecnológicos de los últimos veinte siglos, ¿les parece irónica la cita? ¿Por qué? ¿Es posible que los inventos alcancen un límite?**

1 Ask students to write two more true or false statements about the readings and exchange them with a partner.

1 Review years in Spanish with the class. Ask questions about the dates of different inventions. Ex: **¿En qué año inventó Mario Dávila el semáforo para ciegos?**

3 Continue the discussion by asking volunteers, **¿Alguna vez has pensado en un posible invento? ¿Qué es?**

¿Qué aprendiste?

1 **¿Cierto o falso?** Indica si las oraciones son **ciertas** o **falsas**. Corrige las falsas.

1. Hay muchos inventores en Argentina. Cierto.
2. El sistema de huellas digitales lo inventó un argentino. Cierto.
3. Walt Disney fue el primer director en realizar un largometraje de animación. Falso. Quirino Cristiani fue el primero en crear un largometraje de animación.
4. La cámara que inventó Cristiani sólo le permitía trabajar con las manos. Falso. La cámara que inventó Cristiani le permitía trabajar con las manos y con los pies.
5. La primera película de animación con sonido fue *El Apóstol*. Falso. La primera película de animación con sonido fue *Peludópolis*.
6. Después de la Segunda Guerra Mundial, hubo una crisis en el cine de animación y se hicieron menos películas. Falso. El cine de animación vivió un *boom* después de la Segunda Guerra Mundial.
7. Según el artículo, la verdadera revolución en el mundo de la animación surgió con la llegada de las computadoras. Cierto.
8. Las computadoras han facilitado que más personas tengan la posibilidad de hacer películas de animación. Cierto.
9. En el sistema *stop-motion*, los escenarios y personajes se dibujan con programas de computadora. Falso. Los escenarios y personajes están hechos en tres dimensiones.
10. Jorge Weber inventó el semáforo para ciegos en 1983. Falso. Mario Dávila inventó el semáforo para ciegos en 1983.

2 **Oraciones** Completa las oraciones.

1. Juan Pablo Zaramella trabaja con (dibujos/plastilina).
2. Juan Pablo Zaramella utiliza el método de (dibujitos/*stop-motion*) porque le da más libertad creativa.
3. El mexicano Guillermo González Camarena patentó (una cámara de cine/el primer televisor en color).
4. Ellen Ochoa es (flautista y astronauta/astronauta e inventora).
5. Si estás en Colombia y quieres ver animación, dices que quieres ver (dibujitos/caricaturas).

3 **Preguntas** En parejas, contesten las preguntas.

1. ¿Qué invento es más importante: el semáforo para ciegos o el televisor en color? ¿Por qué?
2. ¿Por qué crees que en muchos países hispanos se usan términos de computación en inglés, como *mouse* o *laptop*? ¿Está bien usarlos o deben emplearse términos en español?
3. "Las computadoras han democratizado el acceso al arte de la animación". ¿Qué significa esta afirmación? ¿Estás de acuerdo?

4 **Opiniones** Muchos inventos han cambiado nuestras vidas. En parejas, hagan una lista de los cinco inventos más importantes de los siglos XX y XXI. ¿Por qué los han elegido? Compartan la lista con la clase. ¿Hay algún invento que esté en todas las listas?

PROYECTO

Inventores

Busca información sobre un(a) inventor(a) argentino/a (o de otro país latinoamericano) y prepara una presentación para la clase sobre su vida y su invento más importante. Incluye:

- una breve biografía del inventor
- una descripción del invento
- el uso de su invento
- una foto o una ilustración del invento
- tu opinión acerca de la importancia del invento en la época en la que vivió el/la inventor(a) y en la actualidad

4 For advanced classes, have volunteers describe life before and after each invention using the preterite and the imperfect.

Proyecto To help students get started, write on the board a series of questions that they should aim to answer in their presentations. Ex: **¿De dónde es el inventor? ¿En qué año inventó...? ¿Cómo cambió la vida diaria de aquella época a causa de este invento?**

SUPERSITE

RITMOS

Bersuit Vergarabat

NATIONAL STANDARDS communication cultures

La Bersuit, como la llaman sus fanáticos, es actualmente la banda más influyente y de mayor éxito del rock argentino. La banda, compuesta por ocho integrantes, está liderada por **Gustavo Cordera**, quien a finales de los 80 decidió abandonar sus estudios de comunicación para dedicarse por entero a la música. Con el álbum *Libertinaje*, lanzado° en 1998, la Bersuit logró despegar° hacia escenarios internacionales. Realizó giras° por España, los Estados Unidos y gran parte de Latinoamérica. Su reciente trabajo discográfico *Testosterona* (2005) ganó el premio argentino **Gardel de Oro**. Según Cordera, la canción *Madre hay una sola* de ese mismo álbum es "una autocrítica del hombre ciudadano que advierte el inexorable deterioro del medio ambiente por el rumbo del mundo actual y su propia forma de vida".

Discografía

2005 Testosterona **2002** De la cabeza con Bersuit Vergarabat **1998** Libertinaje

Canción

Éste es un fragmento de una canción de Bersuit Vergarabat.

Madre hay una sola

Yo te agradezco porque aquí estoy,
Vos° sos mi única madre,
con alma y vida yo venero tu jardín...
Te agradezco aunque me voy
avergonzado° por ser parte de la especie,
que hoy te viola° en un patético festín...

Banda de pijamas La Bersuit Vergarabat ha hecho de la locura y la rebeldía su sello° artístico. En todos sus conciertos, los integrantes de la banda aparecen vestidos con sus característicos pijamas, como se puede ver en esta foto de su álbum *De la cabeza*. Se dice que llevan pijamas en homenaje al prestigioso hospital psiquiátrico José Tiburcio Borda en Buenos Aires.

 **Preguntas** En parejas, contesten las preguntas. Some answers will vary.

1. ¿Qué estudiaba Gustavo Cordera antes de dedicarse a la música?
   Estudiaba comunicación.
2. ¿Cuál es el tema central de la canción?
   El tema es el deterioro de la naturaleza causado por el hombre.
3. ¿A quién le habla el cantante? ¿Qué le dice?
   Le habla a la naturaleza y le dice que es su única madre y que se siente avergonzado.
4. ¿Qué opinas de la ropa que se ponen los músicos de la Bersuit para los conciertos? ¿Te parece divertido o ridículo?

lanzado *launched* **despegar** *to take off* **giras** *tours* **Vos** *Tú* **avergonzado** *ashamed* **viola** *rapes* **sello** *hallmark*

Ritmos Point out the use of the **voseo** in the song. Explain that **vos** is the second person singular pronoun commonly used in Argentina in place of **tú**. It carries a different verb conjugation.

7.1 The present perfect

INSTRUCTIONAL RESOURCES
Supersite/IRCD: Textbook Answer Key, SAM Answer Key
SAM/WebSAM: WB, LM

TALLER DE CONSULTA

MANUAL DE GRAMÁTICA
Más práctica
7.1 The present perfect, p. 388
7.2 The past perfect, p. 389
7.3 Diminutives and augmentatives, p. 390
Más gramática
7.4 Expressions of time with **hacer**, p. 391

While English speakers often use the present perfect to express actions that continue into the present time, Spanish uses the phrase **hace** + [*period of time*] + **que** + [*present tense*].
Hace dos años que estudio español.
I have studied Spanish for two years.

Point out that the present perfect is more commonly used in Spain than in Latin America for describing recent events.

Nada ha cambiado desde los inicios de la humanidad.

- In Spanish, as in English, the present perfect tense (**el pretérito perfecto**) expresses what *has happened.* It generally refers to recently completed actions or to a past that still bears relevance in the present.

  Mi jefe **ha decidido** que a partir de esta semana hay que comunicarse por Internet y no gastar en llamadas internacionales.
  My boss has decided that as of this week we have to communicate through the Internet rather than spend money on international calls.

  Juan **ha terminado** la carrera de ingeniería, pero aún no **ha decidido** qué va a hacer a partir de ahora.
  Juan has graduated as an engineer, but he still hasn't decided what to do from now on.

- The present perfect is formed with the present tense of the verb **haber** and a past participle. Regular past participles are formed by adding **–ado** to the stem of **–ar** verbs and **–ido** to the stem of **–er** and **–ir** verbs.

The present perfect

comprar	beber	recibir
he comprado	he bebido	he recibido
has comprado	has bebido	has recibido
ha comprado	ha bebido	ha recibido
hemos comprado	hemos bebido	hemos recibido
habéis comprado	habéis bebido	habéis recibido
han comprado	han bebido	han recibido

- Note that past participles do not change form in the present perfect tense.

  Todavía no **hemos comprado** la computadora nueva.
  We still haven't bought the new computer.
  La bióloga aún no **ha terminado** su trabajo de investigación.
  The biologist hasn't finished her research work yet.

- To express that something *has just happened*, **acabar de** + [*infinitive*], not the present perfect, is used. **Acabar** is a regular **-ar** verb.

  Acabo de recibir un mensaje de texto.
  I've just received a text message.

  ¡**Acabamos de ver** un ovni!
  We just saw a UFO!

- When the stem of an **–er** or **–ir** verb ends in **a, e**, or **o**, the past participle requires a written accent (**ído**) to maintain the correct stress. No accent mark is needed for stems ending in **u**.

ca-er → caído	**le-er → leído**
o-ír → oído	**constru-ir → construido**

- Several verbs have irregular past participles.

abrir	**abierto**	**morir**	**muerto**
cubrir	**cubierto**	**poner**	**puesto**
decir	**dicho**	**resolver**	**resuelto**
descubrir	**descubierto**	**romper**	**roto**
escribir	**escrito**	**ver**	**visto**
hacer	**hecho**	**volver**	**vuelto**

Perdón, es que **he escrito** cuatro mensajes por correo electrónico y no me **han resuelto** el problema.
Excuse me, but I have written four e-mails and you still haven't solved my problem.

El ingeniero me asegura que ya **ha visto** sus mensajes y dice que muy pronto lo llamará.
The engineer assures me that he has seen your e-mails and says he will call you soon.

- In the present perfect, pronouns and the word **no** always precede the verb **haber**, which cannot be separated from the past participle by any other word.

¿Por qué **no has patentado** todavía tu invento?
Why haven't you patented your invention yet?

¡Todavía **no lo he terminado** de perfeccionar!
I haven't finished perfecting it yet!

Note that, while in English adverbs are frequently used in between the helping verb and the past participle, in Spanish they are placed either before **haber** or after the participle. Ex: *She has already arrived.* **Ya ha llegado. /Ha llegado ya.**

¿Alguna vez se han preguntado adónde se va la luz cuando se va?

- Note that, when a past participle is used as an adjective, it must agree in number and gender with the noun it modifies. Past participles are often used as adjectives with **estar** or other verbs to describe physical or emotional states.

El informe científico ya está **preparado**.
The scientific report is already prepared.

Los laboratorios están **cerrados** hasta el lunes.
The laboratories are closed until Monday.

TALLER DE CONSULTA

For detailed coverage of past participles with **ser, estar**, and other verbs, see:
11.1 The passive voice, p. 304
11.4 Past participles used as adjectives, p. 411

Práctica

TALLER DE CONSULTA

MANUAL DE GRAMÁTICA
Más práctica
7.1 The present perfect, p. 388

(1) Ask volunteers to identify the irregular participles.

1 El asistente de laboratorio La directora del laboratorio está enojada porque el asistente ha llegado tarde. Completa la conversación con las formas del pretérito perfecto.

DIRECTORA ¿Dónde (1) has estado (estar) tú toda la mañana y qué (2) has hecho (hacer) con mi computadora portátil?

ASISTENTE Ay, (yo) (3) he tenido (tener) la peor mañana de mi vida... Resulta que ayer me llevé su computadora para seguir con el análisis del experimento y...

DIRECTORA ¿Pero por qué no usaste la tuya?

ASISTENTE Porque usted todavía no (4) ha descargado (descargar) todos los programas que necesito. Pues, hacía unas compras en la tarde, y la dejé en alguna parte.

DIRECTORA Me estás mintiendo. En realidad la (5) has roto (romper), ¿no?

ASISTENTE No, no la (6) he roto (romper); la (7) he perdido (perder). Por eso, esta mañana (8) he vuelto (volver) a todas las tiendas y les (9) he preguntado (preguntar) a todos si la (10) han visto (ver).

2 Oraciones Combina los elementos para formar oraciones completas. Utiliza el pretérito perfecto y añade elementos cuando sea necesario.

MODELO **yo / siempre / querer / teléfono celular / con reproductor de MP3**
Yo siempre he querido un teléfono celular con reproductor de MP3.

1. nosotros / comprar / cámara digital / más innovadora
   Nosotros hemos comprado una cámara digital más innovadora.
2. tú / nunca / pensar / en ser / matemático
   Tú nunca has pensado en ser matemático.
3. los científicos / ya / descubrir / cura
   Los científicos ya han descubierto una/la cura.
4. el profesor / escribir / fórmulas / en la pizarra
   El profesor ha escrito las fórmulas en la pizarra.
5. mis padres / siempre / creer / en los ovnis
   Mis padres siempre han creído en los ovnis.

(3) Have students survey each other again, asking: **¿Qué has hecho hoy?** Model the response by describing things you have done and writing them on the board. Ex: **He tomado tres tazas de café. He corregido los exámenes de ayer.**

3 ¿Qué has hecho? Indica si has hecho o si te ha pasado lo siguiente.

MODELO **ir al Polo Sur**
No he ido al Polo Sur pero he viajado a Latinoamérica.

1. viajar a la Luna
2. ganar la lotería
3. ver a un extraterrestre
4. inventar algo
5. conocer al presidente del país
6. estar despierto/a por más de dos días
7. hacer algo revolucionario
8. soñar con ser astronauta

(4) Have volunteers share what they learned about their classmates.

4 Preguntas personales Busca un(a) compañero/a de clase a quien no conozcas bien y hazle preguntas sobre su vida usando el pretérito perfecto.

MODELO —¿Has tomado clases de informática?
—Sí, he tomado muchas clases de informática. ¡Siempre me ha fascinado la tecnología!

conocer a una persona famosa	**practicar algún deporte**
escribir poemas	**visitar un país hispano**
estar enamorado/a	**vivir en el extranjero**

Teaching option Do a rapid-response drill. Call out a verb and subject, and have volunteers respond with a complete sentence using the present perfect.

Comunicación

5 **¿Eres tecnofóbico?** Utiliza el pretérito perfecto para completar las oraciones. Luego, en parejas, completen la encuesta transformando las oraciones en preguntas para descubrir si son tecnomaniáticos/as o tecnofóbicos/as. Comparen sus resultados. ¿Están de acuerdo?

¿Eres tecnofóbico?

No parece haber un punto intermedio: la gente ama la tecnología o la odia. Contesta las preguntas para saber si eres tecnomaniático o tecnofóbico.

1. Yo _he comprado_ (comprar) ___ aparatos tecnológicos durante el último año.
   a. más de diez   b. entre cinco y diez
   c. menos de cinco   d. cero
2. Yo _he tratado_ (tratar) de aprender ___ sobre los avances tecnológicos de los últimos meses.
   a. todo lo posible   b. lo suficiente
   c. un poco   d. muy poco
3. Para escribirles a mis amigos, siempre _he preferido_ (preferir) ___.
   a. los mensajes de texto
   b. los mensajes instantáneos
   c. el correo electrónico
   d. las cartas escritas a mano
4. Los recursos que _he utilizado_ (utilizar) más este año para hacer investigaciones son ___.
   a. los buscadores
   b. las bases de datos de la biblioteca
   c. las enciclopedias en línea
   d. las enciclopedias tradicionales
5. Para las noticias diarias, mi fuente favorita esta semana _ha sido_ (ser) ___.
   a. Internet   b. la televisión
   c. la radio   d. el periódico
6. Para conseguir música, _he dependido_ (depender) más que todo de ___.
   a. descargar archivos MP3   b. comprar los CD en línea
   c. comprar los CD en las tiendas   d. escuchar los cassettes de mis padres
7. El teléfono que _he usado_ (usar) más este año es ___.
   a. un celular nuevo con cámara digital   b. el celular que compré hace tres años
   c. el teléfono de casa   d. ninguno — prefiero hablar en persona
8. Siempre _he creído_ (creer) que los avances tecnológicos ___ la calidad de vida.
   a. son esenciales para   b. mejoran
   c. pueden empeorar   d. arruinan

Clave

a.	=	3 puntos
b.	=	2 puntos
c.	=	1 punto
d.	=	0 puntos

Resultados

19 - 24	¡Eres **tecnomaniático**!
13 - 18	Te sientes cómodo en un mundo tecnológico.
7 - 12	No te has mantenido al día con los avances recientes.
0 - 6	¡Eres **tecnofóbico**!

6 **Celebridades** En grupos pequeños, cada uno/a piensa en una persona famosa sin decir quién es. Luego, da pistas usando el pretérito perfecto hasta que los demás adivinan quién es la celebridad.

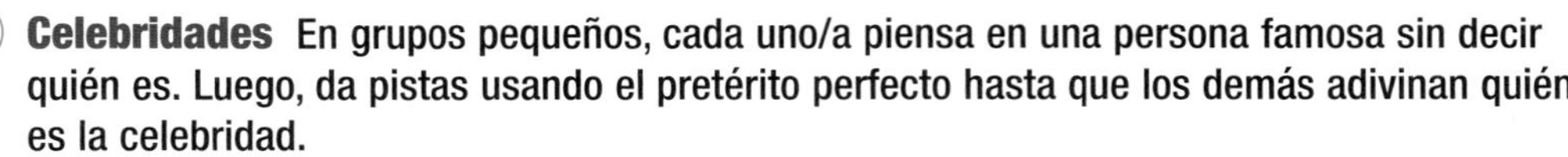

MODELO **ESTUDIANTE 1** Este hombre ha ganado muchísimo dinero.
ESTUDIANTE 2 ¿Es Donald Trump?

5 As an expansion activity, divide the class into two groups: **tecnomaniáticos** and **tecnofóbicos**. Have the first group give recommendations to the **tecnofóbicos** to help them overcome their fears of technology. Have the other group give advice to the **tecnomaniáticos** about how to depend less on technology. Remind students to use the subjunctive or command forms.

6 For visual learners, bring in magazines to help students choose a famous person.

6 For additional practice with the present perfect, have students also choose famous couples. Ex: **Han actuado juntos en una película y han adoptado a una niña de África. → ¿Son Brad Pitt y Angelina Jolie?**

INSTRUCTIONAL RESOURCES
Supersite/IRCD: Textbook Answer Key, SAM Answer Key
SAM/WebSAM: WB, LM

7.2 The past perfect

- The past perfect tense (**el pluscuamperfecto**) is formed with the imperfect of **haber** and a past participle. As with other perfect tenses, the past participle does not change form.

The past perfect

viajar	perder	incluir
había viajado	había perdido	había incluido
habías viajado	habías perdido	habías incluido
había viajado	había perdido	había incluido
habíamos viajado	habíamos perdido	habíamos incluido
habíais viajado	habíais perdido	habíais incluido
habían viajado	habían perdido	habían incluido

- In Spanish, as in English, the past perfect expresses what someone *had done* or what *had occurred* before another action or condition in the past.

Decidí comprar una cámara digital nueva porque la vieja se me **había roto** varias veces.
I decided to buy a new digital camera because the old one had broken on me several times.

Cuando por fin les dieron la patente, otros ingenieros ya **habían inventado** una tecnología mejor.
When they were finally given the patent, other engineers had already invented a better technology.

Draw a timeline on the board to compare and contrast preterite, present perfect, and past perfect tenses.

- **Antes, nunca, todavía**, and **ya** are often used with the past perfect to indicate that one action occurred before another. Note that adverbs, pronouns, and the word **no** may not separate **haber** from the past participle.

Cuando se desconectó la computadora, **aún no había guardado** el documento.
When the computer got disconnected, I still had not saved the document.

María Eugenia y Gisela **nunca habían visto** una estrella fugaz tan luminosa antes.
María Eugenia and Gisela had never seen such a bright shooting star before.

Ya me había explicado la teoría, pero no la entendí hasta que vi el experimento.
He had already explained the theory to me, but I didn't understand it until I saw the experiment.

Los ovnis **todavía no habían aterrizado**, pero los terrícolas ya estaban corriendo asustados.
The UFOs hadn't yet landed, but the earthlings were already running scared.

Práctica y comunicación

TALLER DE CONSULTA

MANUAL DE GRAMÁTICA
Más práctica
7.2 The past perfect, p. 389

1 **Discurso** **Jorge Báez, un médico dedicado a la genética, ha recibido un premio por su trabajo. Completa su discurso de agradecimiento con el pluscuamperfecto.**

Muchas gracias por este premio. Recuerdo que antes de cumplir 12 años ya (1) __había decidido__ (decidir) ser médico. Desde pequeño, mi madre siempre me (2) __había llevado__ (llevar) al hospital donde ella trabajaba y recuerdo que desde la primera vez me (3) __habían fascinado__ (fascinar) esos médicos vestidos de blanco. Luego, al cumplir 26 años, ya (4) __había pasado__ (pasar) tres años estudiando las propiedades de los genes humanos, en especial desde que (5) __había visto__ (ver) un programa en la televisión sobre la clonación. Cuando terminé mis estudios de posgrado, ya se (6) __habían hecho__ (hacer) grandes adelantos científicos…

2 **Explicación** **Reescribe las oraciones usando el pluscuamperfecto. Sigue el modelo.**

MODELO **Me duché a las 7:00. Antes de ducharme, hablé con mi hermano.**
Ya había hablado con mi hermano antes de ducharme.

1. Salí de casa a las 8:00. Antes de salir de casa, miré mi correo electrónico.
   Ya había mirado mi correo electrónico antes de salir de casa.
2. Llegué a la oficina a las 8:30. Antes de llegar a la oficina, tomé un café.
   Ya había tomado un café antes de llegar a la oficina.
3. Se apagó la computadora a las 10:00. Yo guardé los archivos a las 9:55.
   Ya había guardado los archivos cuando se apagó la computadora.
4. Fui a tomar un café. Antes, comprobé que todo estaba bien.
   Ya había comprobado que todo estaba bien cuando fui a tomar un café.

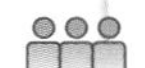

3 **Informe** **En grupos pequeños, imaginen que son policías y deben preparar un informe sobre un accidente de tres autos. Inventen una historia de lo que ha ocurrido de acuerdo con el dibujo. Usen el pluscuamperfecto y las palabras antes, nunca, todavía y ya.**

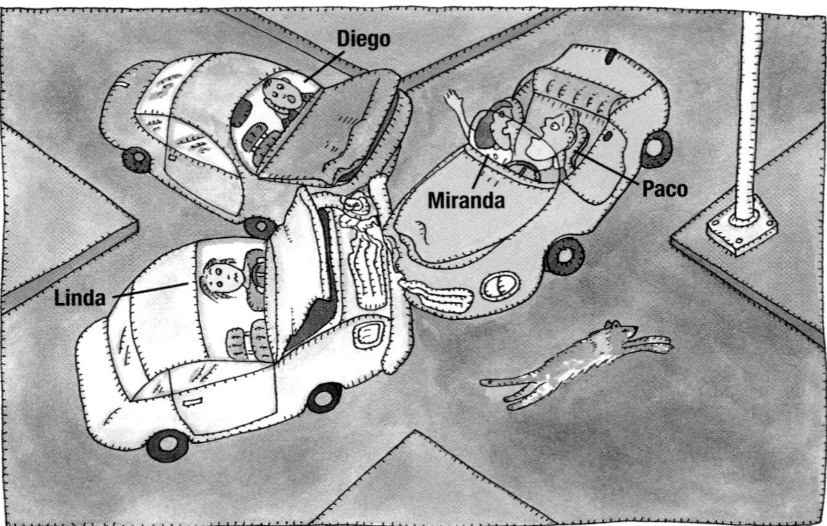

1 For additional practice with the past perfect, have students imagine they have also just won an award. Have a volunteer begin by stating: **Gracias por este premio de____. Recuerdo que antes de cumplir 12 años yo ya había…** Call on several volunteers to add to the speech, using the past perfect in their sentences.

3 To reinforce the difference between present perfect and past perfect, ask students to use at least two examples of each in their reports. Ex: **Hemos concluido las investigaciones del accidente.../La mujer ya había doblado cuando...**

3 After students complete the activity, call on volunteers to act out the scene. Involve the entire class by having everyone play a role: drivers, police officers, and witnesses. Remind students to use the past perfect in their questions and answers.

INSTRUCTIONAL RESOURCES
Supersite/IRCD: Textbook Answer Key, SAM Answer Key
SAM/WebSAM: WB, LM

¡ATENCIÓN!

Because formation and use of diminutives and augmentatives varies greatly from one region to another, there are very few established rules about this aspect of the Spanish language. In this section, you will learn to recognize the most commonly used suffixes and their uses.

Ask heritage speakers which words they often use in the augmentative or diminutive forms and which suffixes are most common in their families.

7.3 Diminutives and augmentatives

- Diminutives and augmentatives (**diminutivos y aumentativos**) are frequently used in conversational Spanish. They emphasize size or express shades of meaning like affection, amazement, scorn, or ridicule.
- Diminutives and augmentatives are formed by adding a suffix to the root of nouns, adjectives (which agree in gender and number), and occasionally adverbs.

Diminutives

Tranquilo, jefe,
es sólo un agujerito
en la pared.

- Here are the most common diminutive suffixes.

Diminutive endings		
-ito/a	-cito/a	-ecito/a
-illo/a	-cillo/a	-ecillo/a

Pedrito, ¿me traes un **cafecito** con un **panecillo**?
Little Pedro, would you bring me a little cup of coffee with a roll?

Ahorita, **abuelita**, se los preparo **rapidito**.
Right away, Granny, I'll have them ready in a jiffy.

¡ATENCIÓN!

Many root words take on new meanings when diminutive or augmentative endings are added.

pan *bread*
panecillo *roll*
pastel *cake*
pastelito *pastry*
cabeza *head*
cabezón/cabezona *stubborn (person)*
palabra *word*
palabrota *swear word*

- Most words form the diminutive by adding **–ito/a**. However, the suffix **–illo/a** is also common in some regions. For words ending in vowels (except **–e**), the last vowel is dropped before the suffix.

bajo → bajito *very short; very softly*
ahora → ahorita *right now; very soon*
Miguel → Miguelito *Mikey*
libro → librillo *booklet*
ventana → ventanilla *plane/car/bus window*
campana → campanilla *hand bell*

- Most words that end in **–e, -n**, or **-r** use the forms –**cito/a** or –**cillo/a**. However, one-syllable words often use –**ecito/a** or –**ecillo/a**.

hombre → hombrecillo *little man*
Carmen → Carmencita *little Carmen*
amor → amorcito *sweetheart*
pan → panecillo *roll*
flor → florecita *little flower*
pez → pececito *little fish*

- Note these spelling changes.

chico → chiquillo *little boy; very small*
amigo → amiguito *little friend*
Carlos → Carlitos *little Carlos*
agua → agüita *little bit of water*
luz → lucecita *little light*
besos → besitos *little kisses*

Augmentatives

- The most common augmentative suffixes are forms of **–ón/-ona, –ote/-ota**, and **–azo/-aza**.

Augmentative endings		
-ón	-ote	-azo
-ona	-ota	-aza

Hijo, ¿por qué tienes ese **chichonazo** en la cabeza?
Son, how did you get that huge bump on your head?

Jorge se gastó un **dinerazo** en una **pantallota** enorme, ¡sólo para ver partidos de fútbol!
Jorge spent a ton of money on a humongous TV screen, just to watch soccer games!

- Most words form the augmentative by simply adding the suffix to the word. For words ending in vowels, the final vowel is usually dropped.

soltero → solterón *confirmed bachelor*
grande → grandote/a *really big*
perro → perrazo *big, scary dog*
casa → casona *big house; mansion*
palabra → palabrota *swear word*
manos → manazas *big hands (clumsy)*

- You may notice a tendency to change a feminine word to a masculine one when the suffix **-ón** is used, unless it refers specifically to someone's gender.

la silla → el sillón *armchair*
la mancha → el manchón *large stain*
la mujer → la mujerona *big woman*
mimosa → mimosona *very affectionate*

Regional use of diminutives and augmentatives

- Both diminutive and augmentative suffixes may vary from one region to another and sometimes convey different meanings or connotations.

¡Ay, qué **perrito** más lindo!
Oh, what a cute little puppy!

¡Qué **hombretón**!
What a big man!

¡Ay, qué **perrillo** más feo!
Oh, what an ugly little mutt!

¡Qué **hombrón**!
What a strong/brave man!

- In regions where diminutives and augmentatives are used heavily in conversational Spanish, double endings are frequently used for additional emphasis.

chico/a → chiquito/a → chiquitito/a
grande → grandote/a → grandotote

¡ATENCIÓN!

The letters **t** or **et** are occasionally added to the beginning of augmentative endings.

guapa → guapetona

golpe → golpetazo

The masculine suffix **–azo** can also mean *blow* or *shot.*

flecha → flechazo
arrow wound; love at first sight

rodilla → rodillazo
a blow with the knee

Point out that Costa Ricans are known as **ticos/as** because of their fondness for the diminutive **ico/a**.

TALLER DE CONSULTA

The absolute superlative ending **–ísimo/a** is often used interchangeably or in conjunction with diminutives and augmentatives. See **Estructura 5.1,** pp. 136–137.

¡El pastel se ve **riquísimo**! *The cake looks delicious!*

Te doy un pedacito **chiquitísimo**. *I'll give you a teensy tiny little piece.*

Práctica

TALLER DE CONSULTA

MANUAL DE GRAMÁTICA
Más práctica
7.3 Diminutives and augmentatives, p. 390

① For additional practice, have volunteers give the corresponding augmentative or diminutive form for each answer. Ex: **golpetazo → golpecito**

1 La carta Completa la carta con la forma indicada de cada palabra. Haz los cambios que sean necesarios.

Querido (1) Pablito (Pablo, -ito):

Tu mamá me contó lo del (2) golpetazo (golpe, -tazo) que te dio Lucas en la escuela. Pues, cuando yo era (3) pequeñito (pequeño, -ito), como tú, jugaba siempre en la calle. Mi (4) abuelita (abuela, -ita) me decía que no fuera con los (5) amigotes (amigos, -ote) de mi hermano porque ellos eran mayores que yo y eran (6) hombretones (hombres, -tón). Yo entonces, era muy (7) cabezón (cabeza, -ón) y nunca hacía lo que ella decía. Una tarde, estaba jugando al fútbol, y uno de ellos me dio un (8) rodillazo (rodilla, -azo) y me rompió la (9) narizota (nariz, -ota). Nunca más jugué con ellos, y desde entonces, sólo salí con mis (10) amiguitos (amigos, -ito). Espero que me vengas a visitar (11) prontito (pronto, -ito). Un (12) besito (beso, -ito) de

Tu abuelo César

② For additional practice, ask follow-up questions. Ex: **¿Tienen hermanitos? ¿Conocen a alguien que viva en una casona?**

2 Oraciones incompletas Completa las oraciones con el aumentativo o diminutivo que corresponde a la definición entre paréntesis. Suggested answers.

1. ¿Por qué no les gusta a los profesores que los estudiantes digan palabrotas (palabras feas y desagradables)?
2. El perrito (perro pequeño) de mi novia es muy lindo y amistoso.
3. Ese abogado tiene una buena narizota (nariz grande) para adivinar los problemas de sus clientes.
4. Mis abuelos viven en una casona (casa grande) muy vieja.
5. La cantante Samantha siempre lleva una florecita/florcita (flor pequeña) en el cabello.
6. A mi hermanita (hermana menor) le fascinan los libros de ciencia ficción.

Teaching option Divide the class into two teams: **Aumentativo** and **Diminutivo**. Call out a word and have one team member give a corresponding form. Ex: **perro: perrito** (diminutive), **perrazo** (augmentative). Alternate between teams. Award one point for each correct answer, and an extra point for using the word in a complete sentence. The team with the most points wins.

3 ¿Qué palabra es? Reemplaza cada una de estas frases con el aumentativo o diminutivo que exprese la misma idea. Suggested answers.

1. muy grande grandote/grandota
2. agujero pequeño agujerito
3. cuarto grande y amplio cuartote
4. sillas para niños sillitas
5. libro grande, pesado y grueso librote
6. estrella pequeña estrellita
7. hombre alto y fuerte hombretón
8. muy cerca cerquita
9. abuelo querido abuelito
10. hombres que piensan que siempre tienen la razón cabezones

Comunicación

4 **En el parque** Todas las mañanas el señor Escobar sale a correr al parque. En parejas, miren los dos dibujos y túrnense para describir las diferencias entre lo que vio ayer y lo que ha visto esta mañana. Utilicen oraciones completas con diminutivos o aumentativos.

MODELO —Ayer el señor Escobar vio un perrito lindo en el parque, pero esta mañana un perrazo feroz lo ha perseguido.

abuelo	**bajo**	**gordo**	**libro**	**pequeño**
alto	**delgado**	**grande**	**nieto**	**perro**
avión	**galleta**	**lejos**	**pan**	**taza**

5 **Síntesis** Es el año 2050. Junto con dos amigos/as, has decidido pasar un semestre en el espacio. Para compartir la experiencia de lo que han visto y han hecho cada día, han creado un blog. Escriban cinco entradas del blog que incluya tres verbos en el pretérito perfecto, tres en el pluscuamperfecto y tres diminutivos o aumentativos. Usen las frases de la lista.

MODELO Lunes, 13 de marzo
Hemos pasado el día entero orbitando la Luna. De niños siempre habíamos querido ser astronautas, y este viaje es un sueño hecho realidad. Desde aquí, la Tierra es sólo una pelotita, como el globo que habíamos estudiado de chiquitos...

Esta mañana hemos...
Aún no hemos...
Los astronautas nos han...

Antes del viaje, habíamos...
Cuando llegamos a la Luna, el profesor ya había...
En el pasado, los astrónomos habían...

cerquita	**estrellita**
chiquito	**grandote**
cohetazo	**rapidito**

4 As an expansion activity, have students describe what Mr. Escobar will see tomorrow. Encourage students to be creative.

5 Before students begin writing, have them prepare a timeline of events to use as a reference.

Teaching option For additional communicative practice, have students discuss the use of bad words in society and in their own lives. Ask: **¿Usan palabrotas? ¿Cuándo? ¿Les parece bien que utilicen palabrotas en las cadenas de televisión?**

For additional cumulative practice of all the grammar points in this lesson, go to **ventanas.vhlcentral.com**.

Atando cabos

Preview As a warm-up activity, read the information about animal experiments aloud and ask students to describe the image. Ask for a show of hands: **¿Creen que es importante para el progreso científico realizar experimentos con animales?** Poll students after the debate to see if it affects their opinion.

Preparación
- To help prepare students for the debate, have them use the Internet to gather ideas for and against animal experimentation ahead of time.
- If students need help with ideas in favor, mention these discoveries: **1. El tratamiento para la diabetes se desarrolló en experimentos con cerdos; 2. La penicilina fue descubierta en experimentos con ratones; 3. La vacuna para la poliomelitis fue descubierta en experimentos con ratones y monos.**

Teaching option Arrange a debate with another section of the same course. Use a coin toss or other means to assign roles for and against. Have students research ideas and rehearse their position. Be sure students practice defending against the opposing view. Allow each class to pick a panel of five to eight students to represent them in the debate.

¡A conversar!

Un debate Según el diario inglés *Guardian*, en 2006 hubo alrededor de 2,75 millones de procedimientos científicos con animales. Esta cifra representa el 10% de toda la investigación biomédica. En grupos, realicen un debate sobre el uso de animales para la investigación y los experimentos científicos.

Preparación La clase se divide en dos grupos. Uno defiende los experimentos científicos con animales y el otro está en contra. Cada grupo debe pensar en argumentos para defender su posición. También, debe anticipar los argumentos del otro grupo y pensar en cómo responderlos.

Organización de los roles

A. **Expositor (*speaker*) y panelistas:** Cada grupo designa un miembro que los representa en la primera exposición de sus argumentos. El resto del grupo —los panelistas— participa en las réplicas (*replies*) al otro grupo.

B. **Moderador:** Tu instructor(a) o un(a) estudiante que no participe en el panel debe abrir y cerrar el debate, dar la palabra a los participantes y controlar el tiempo.

El debate Los grupos se sientan uno frente al otro. Sigan los pasos de un debate semiformal.

1. El moderador abre el debate y le da la palabra al grupo a favor.
2. El expositor del grupo a favor realiza su exposición. (3 min.)
3. Un panelista del equipo contrario responde con la primera réplica. (2 min.)
4. El expositor del grupo en contra realiza su exposición. (3 min.)
5. Un panelista del equipo contrario responde con la segunda réplica. (2 min.)
6. El moderador continúa asignando turnos y finalmente cierra el debate.

MODELO **¿Se puede investigar sin animales?**

—La técnica de trasplantes de órganos se mejoró gracias a experimentos con perros.

—Es verdad. Sin embargo, la técnica de trasplantes de órganos se mejoró gracias a experimentos con perros.

Opiniones Tras el debate, la clase decide qué grupo fue más convincente. ¿Alguien cambió de opinión después del debate? ¿Qué lo/la hizo cambiar?

¡A escribir!

Inventor de robots Imagina que eres un(a) gran científico/a. Has diseñado un robot que puede realizar tareas normalmente hechas por seres humanos. Escribe un informe sobre tu robot.

Preview With books closed, tell students to imagine they have a personal robot and ask: **¿Cuál es la cosa más importante que hace el robot?** Write ideas on the board to help slower-paced students in the **Preparación** section.

Preparación

A. Haz una lista de cuatro tareas que realiza tu robot. Elige dos de la lista e inventa otras dos.

- pasear el perro
- sacar la basura todos los días
- preparar el desayuno
- ayudarte a estudiar para los exámenes
- entrenar a niños para jugar al béisbol
- hacer las compras en el supermercado

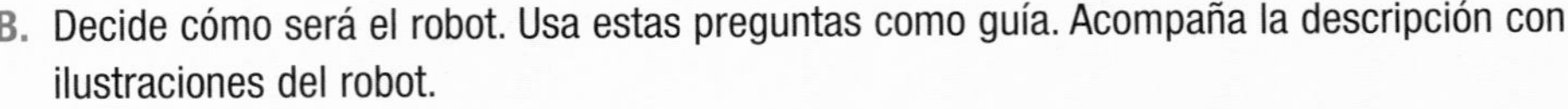

B. Decide cómo será el robot. Usa estas preguntas como guía. Acompaña la descripción con ilustraciones del robot.

1. ¿Qué nombre le pondrías? ¿Por qué? Elige un nombre pegadizo (*catchy*).
2. ¿Cómo es? (descripción, tamaño, color, etc.) Usa diminutivos y aumentativos.
3. ¿Qué tareas o funciones va a realizar? Describe un día típico.
4. ¿Quién se va a beneficiar con la creación del robot?
5. ¿Qué te ha motivado a crear el robot?

Preparación B Follow up by asking several students to tell why they created their robot and what one thing is that it does.

Escritura Organiza las ideas del paso anterior y escribe el primer borrador del informe.

Revisión

A. Intercambia tu informe con un(a) compañero/a. Cada uno/a debe evaluar el trabajo del/de la otro/a en estas categorías.

- **Contenido (*content*):** ¿Responde adecuadamente a las preguntas de la parte **B**?
- **Precisión (*accuracy*):** ¿Las expresiones y el vocabulario son apropiados? ¿Están conjugados correctamente los verbos? ¿Es correcto el uso de aumentativos y diminutivos?
- **Claridad (*clarity*):** ¿Están conectadas las ideas de forma lógica? ¿Se entienden las ideas principales?
- **Creatividad (*creativity*):** ¿Son originales las ideas?
- **Comentarios y sugerencias:** ¿Qué parte te gusta más? ¿Quisieras más información sobre un punto en particular? ¿Qué sugerencias puedes dar para mejorar la composición?

B. Revisa los comentarios de tu compañero/a y prepara la versión final de la composición.

Teaching option If time permits, have students present their papers to the class or in small groups, as if at a conference. Or, in groups, instruct students to briefly describe their robot to the other members. After all presentations, have the class or each group vote for the most useful robot.

7 ACTUALIDADES

Antes de leer

Preview

- Use the **Conexión personal** question to introduce the topic. Expand by asking: **¿La tecnología mejora o empeora la comunicación entre las personas?**
- As a pre-reading activity, ask students what they think the world will be like in 50 years. Then, have students look at the cartoon without reading and predict the artist's vision for the future.

Ricardo Peláez nació en México en 1968. Estudió diseño gráfico, pero más tarde se dedicó a la historieta. Como historietista (*comic writer*), ha obtenido varios reconocimientos entre los que se destacan (*stand out*) una mención honorífica en el Tercer Encuentro Iberoamericano de Historietas en La Habana, Cuba, por su obra *Madre Santa*. En 1998 publicó *Fuego Lento*, una selección de sus mejores trabajos, la mayoría publicados en la revista *El Gallito Cómics*.

Conexión personal ¿Piensas que la tecnología beneficia o perjudica la vida diaria? ¿De qué manera?

Vocabulario

el altavoz *loudspeaker*
inédito/a *unprecedented*
fulminante *sudden and devastating*
radiolocalizador *beeper*
trinar *to sing (birds)*

(1) **Completa las oraciones.**

1. Jorge disfruta despertarse por las mañanas con el ___trinar___ de los pájaros.
2. Miles de computadoras han sido afectadas por un virus ___fulminante___.
3. El primer viaje a la Luna fue un hecho ___inédito___ para la época.
4. El ___radiolocalizador___ es un instrumento con diferentes usos, entre ellos, la localización de doctores.

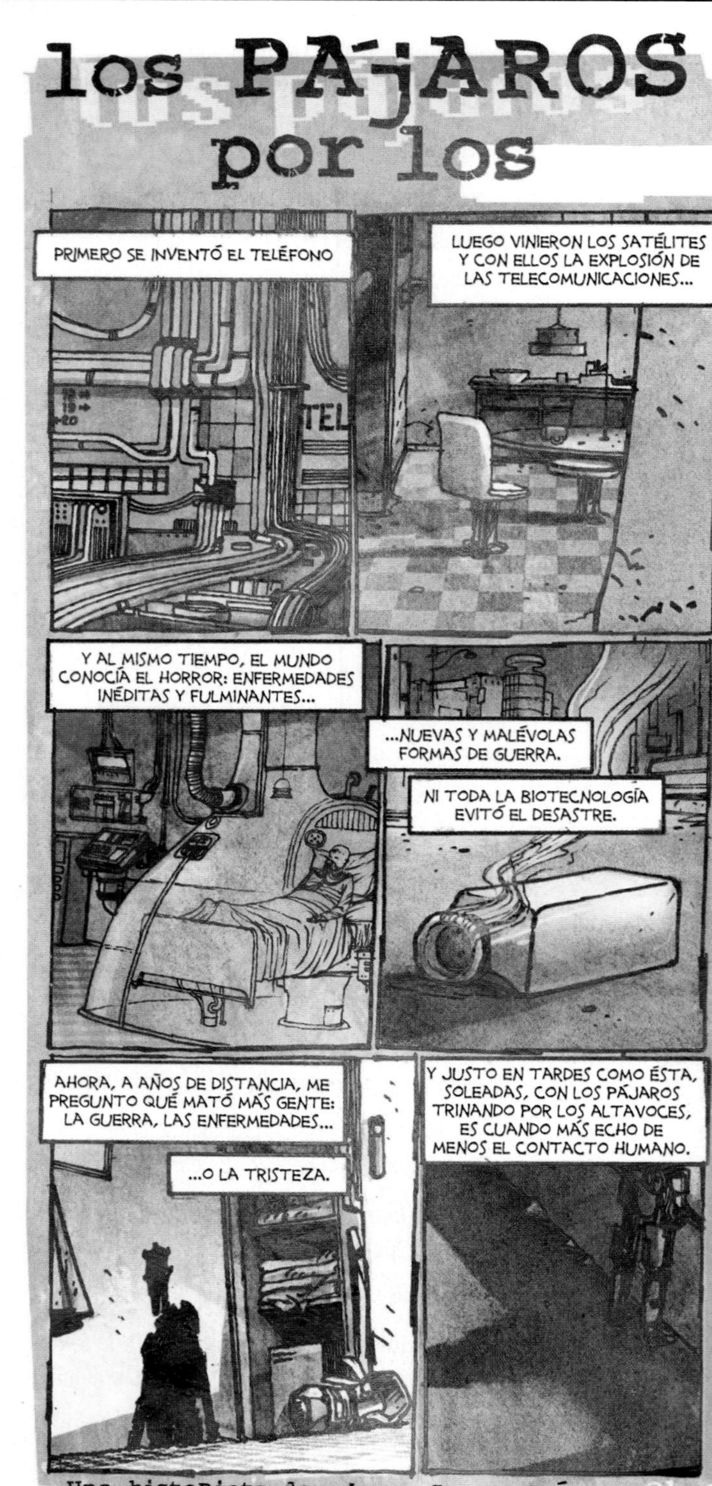

Variación léxica Point out other terms used for items in **Vocabulario: el altavoz, el (alto)parlante, la bocina; el radiolocalizador, el bíper, el buscapersonas**. Expand by explaining that **Palm**, used in the comic strip, is also called **PDA** or **asistente/ayudante personal digital**.

Teaching option After reading, ask students to think of other titles for the comic strip. Then have the class vote for the one they like best.

trinando
ALtAVOCES
...EL INTERNET, LOS CELULARES, LOS VIDEO-TELÉFONOS, LAS PALMS, LOS RADIOLOCALIZADORES ...
LAS DISTANCIAS SE REDUJERON A UN PUÑADO DE TECLAS, CLAVES Y CÓDIGOS DE ACCESO.
LA PARADOJA: EN UN PLANETA SIN DISTANCIAS, EL CONTACTO HUMANO SE FUE HACIENDO CADA VEZ MÁS IMPROBABLE, INNECESARIO...
...PELIGROSO.
UNA MANO TIBIA Y UNA PALABRA AMABLE, UNA PREGUNTA...
...O UNA SIMPLE ORDEN.
coLores y Rótulos de Betteo

Después de leer

1 Contesta las preguntas.

1. ¿Qué se inventó después del teléfono? Se inventaron los satélites.
2. ¿Qué ocurrió con las distancias? Se redujeron.
3. ¿Eran comunes y curables las enfermedades? No, eran inéditas y fulminantes.
4. ¿Cómo evolucionaron las relaciones entre los humanos? Se hicieron innecesarias.
5. ¿Cuándo extraña el robot el contacto humano? Lo extraña en las tardes soleadas con los pájaros trinando por los altavoces.

(2) Tell students to look at the color of the comic and ask: **¿Por qué crees que el artista eligió este color? ¿Qué simboliza?**

2 En parejas, observen la tira cómica, hagan una lista de los personajes y contesten estas preguntas: ¿Quiénes son? ¿Por qué aparecen en ese orden? ¿Qué significa esto?

3 ¿Sabías que la primera computadora electrónica creada en 1947 en la Universidad de Pennsylvania tenía el tamaño de un sótano (*basement*)? Realiza cuatro comparaciones entre las primeras computadoras y las de tu generación. Utiliza aumentativos y diminutivos.

MODELO Las primeras computadoras eran **grandotas**. Las de hoy son **pequeñitas**.

(4) Expand by having students think of other technological devices they use and tell their partner which device has been most beneficial to them personally and why.

4 En parejas, hagan una lista de los aparatos tecnológicos que menciona la tira y expliquen cómo estos han beneficiado o perjudicado la vida de las personas que los usan. Usen el presente perfecto.

(5) Assign one question to each group and follow up by having each group share their responses with the class. Then ask: **¿Cuáles crees que serán los inventos más revolucionarios de este siglo?**

5 En grupos pequeños, contesten las preguntas.

1. ¿Por qué extraña el robot que le den órdenes?
2. ¿Qué quiere comunicar la tira?
3. ¿Es una visión pesimista o realista? ¿Por qué?
4. Según el artista, ¿cómo serán las relaciones humanas en los próximos cien años?

7 VOCABULARIO

La tecnología

la arroba	*@ symbol*
el blog	*blog*
el buscador	*search engine*
la computadora portátil	*laptop*
la contraseña	*password*
el corrector ortográfico	*spell-checker*
la dirección de correo electrónico	*e-mail address*
la informática	*computer science*
Internet	*Internet*
el mensaje (de texto)	*(text) message*
la página web	*web page*
el programa (de computación)	*software*
el reproductor de CD/DVD/MP3	*CD/DVD/MP3 player*
el teléfono celular	*cell phone*
adjuntar (un archivo)	*to attach (a file)*
borrar	*to erase*
descargar	*to download*
guardar	*to save*
navegar en la red	*to surf the web*
avanzado/a	*advanced*
digital	*digital*
en línea	*online*
inalámbrico/a	*wireless*

La astronomía y el universo

el agujero negro	*black hole*
el cohete	*rocket*
el cometa	*comet*
el espacio	*space*
la estrella (fugaz)	*(shooting) star*
el/la extraterrestre	*alien*
la gravedad	*gravity*
el ovni	*UFO*
el telescopio	*telescope*
el transbordador espacial	*space shuttle*

INSTRUCTIONAL RESOURCES
Supersite/IRCD: Testing program

La ciencia y los inventos

el ADN (ácido desoxirribonucleico)	*DNA*
el avance	*advance; breakthrough*
la célula	*cell*
el desafío	*challenge*
el descubrimiento	*discovery*
el experimento	*experiment*
el gen	*gene*
el invento	*invention*
la patente	*patent*
la teoría	*theory*
clonar	*to clone*
comprobar (o:ue)	*to prove*
crear	*to create*
fabricar	*to manufacture; to make*
formular	*to formulate*
inventar	*to invent*
investigar	*to investigate; to research*
(bio)químico/a	*(bio)chemical*
especializado/a	*specialized*
ético/a	*ethical*
innovador(a)	*innovative*
revolucionario/a	*revolutionary*

Las profesiones de la ciencia

el/la astronauta	*astronaut*
el/la astrónomo/a	*astronomer*
el/la biólogo/a	*biologist*
el/la científico/a	*scientist*
el/la físico/a	*physicist*
el/la ingeniero/a	*engineer*
el/la matemático/a	*mathematician*
el/la químico/a	*chemist*

Más vocabulario

Expresiones útiles	*Ver p. 189*
Estructura	*Ver pp. 196–197, 200 y 202–203*

La economía y el trabajo

Communicative Goals

You will expand your ability to...

- express what someone would do
- express will, emotion, doubt, or denial in the past
- discuss hypothetical situations and events that depend on other events

La economía y el trabajo

INSTRUCTIONAL RESOURCES
Supersite/IRCD: Audioscripts, Textbook Answer Key, SAM Answer Key
SAM/WebSAM: WB, LM

Preview Survey students' work and financial experience. **¿Ya han preparado su currículum vitae? ¿Se han presentado alguna vez a una entrevista de trabajo? ¿Quién se ocupa de sus finanzas, ustedes o sus padres?**

El trabajo

el aumento de sueldo *raise in salary*
la compañía *company*
la conferencia *conference*
el contrato *contract*
el currículum vitae *résumé*
el empleo *employment; job*
la entrevista de trabajo *job interview*

En la **entrevista de trabajo**, Eugenia presentó su **currículum vitae** e hizo preguntas sobre **la compañía**, las tareas del **puesto** y las condiciones de **empleo**.

el puesto *position; job*
la reunión *meeting*
el sueldo mínimo *minimum wage*

---

administrar *to manage; to run*
ascender (e:ie) *to rise; to be promoted*
contratar *to hire*
despedir (e:i) *to fire*
exigir *to demand*
ganar bien/mal *to be well/poorly paid*
ganarse la vida *to earn a living*
jubilarse *to retire*
renunciar *to quit*
solicitar *to apply for*

---

capaz *competent; capable*
desempleado/a *unemployed*
empleado/a *employed*
exitoso/a *successful*
incapaz *incompetent; incapable*

Las finanzas

el ahorro *savings*
la bancarrota *bankruptcy*
el cajero automático *ATM*
la cuenta corriente *checking account*
la cuenta de ahorros *savings account*
la deuda *debt*
el presupuesto *budget*

---

ahorrar *to save*
cobrar *to charge; to receive*
depositar *to deposit*
financiar *to finance*
gastar *to spend*
invertir (e:ie) *to invest*
pedir (e:i) prestado/a *to borrow*
prestar *to lend*

---

a corto/largo plazo *short/long-term*
fijo/a *permanent; fixed*
financiero/a *financial*

La economía

la bolsa de valores *stock market*
el comercio *commerce; trade*
el desempleo *unemployment*
la empresa multinacional *multinational company*
la globalización *globalization*
la huelga *strike*
el impuesto (de ventas) *(sales) tax*
la inversión (extranjera) *(foreign) investment*
el mercado *market*
la pobreza *poverty*
la riqueza *wealth*
el sindicato *labor union*

---

exportar *to export*
importar *to import*

La gente en el trabajo

La Sra. Bonilla comenzó su carrera profesional como **vendedora**, luego pasó a ser **gerente** y ahora es una alta **ejecutiva**. Espera que le ofrezcan ser **socia** este año.

el/la asesor(a) *consultant; advisor*
el/la contador(a) *accountant*
el/la dueño/a *owner*
el/la ejecutivo/a *executive*
el/la empleado/a *employee*
el/la gerente *manager*
el hombre/la mujer de negocios *businessman/woman*
el/la socio/a *partner; member*
el/la vendedor(a) *salesperson*

Variación léxica
la conferencia ⟷ el congreso
despedir ⟷ echar
desempleado/a ⟷ desocupado/a
Point out that **dar una conferencia** means *to give a lecture.*

Práctica

(1) For slower-paced classes, play the commercial and dialogue twice, encouraging students to listen for new vocabulary words.

1 Escuchar

A. Escucha el anuncio de *Creditinstant* y luego decide si las oraciones son **ciertas** o **falsas**. Corrige las falsas.

1. *Creditinstant* ofrece un puesto de trabajo con un buen sueldo. Falso. *Creditinstant* es una empresa que presta dinero.
2. Los clientes tienen que devolver el dinero a corto plazo. Falso. Los clientes pueden devolver el dinero a corto o largo plazo.
3. Los clientes pueden solicitar el dinero llamando por teléfono. Cierto.
4. *Creditinstant* deposita el dinero en la cuenta de ahorros en veinticuatro horas. Falso. *Creditinstant* deposita el dinero en la cuenta corriente en cuarenta y ocho horas.
5. Los clientes pueden gastar el dinero en lo que quieran. Cierto.

B. Escucha la conversación entre un cliente y un representante de *Creditinstant* y contesta las preguntas con oraciones completas.

Answers will vary slightly.

1. ¿Qué necesita la clienta? Necesita que le presten dos mil dólares.
2. ¿En qué trabaja la clienta? Ella es dueña de una pequeña tienda de ropa.
3. ¿Qué puesto de trabajo tiene su esposo? Su esposo es ejecutivo de una empresa multinacional.
4. ¿Para qué necesita la clienta el dinero? La clienta necesita el dinero para financiar su viaje de vacaciones.

2 Crucigrama Completa el crucigrama.

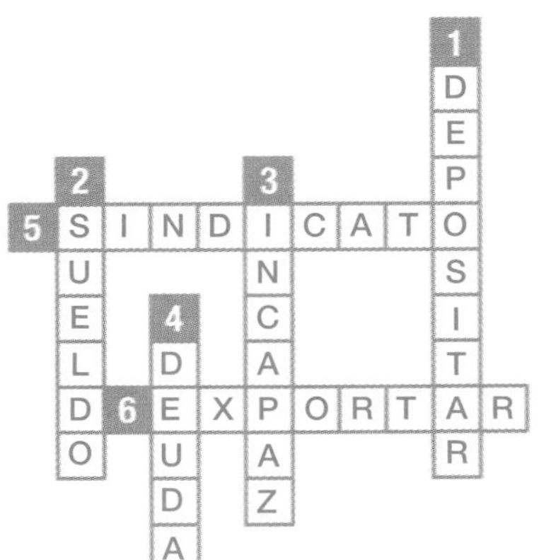

Verticales
1. poner dinero en el banco
2. sinónimo de *salario*
3. alguien que no es capaz
4. dinero que se debe

Horizontales
5. organización de trabajadores
6. vender productos a otros países

(2) For expansion, have students work in pairs to create their own crossword puzzles with the new vocabulary, then exchange with another pair to complete the puzzles.

Práctica

(3) For expansion, write these additional items on the board: **un hombre de negocios de 65 años, un(a) vendedor(a) de carros, el/la gerente de un banco multinacional,** and **un(a) ejecutivo/a de una empresa que va a la bancarrota.** Ask volunteers: **¿Qué busca?**

3 ¿Qué buscan? Indica lo que busca cada una de estas personas.

_b_ 1. un(a) contador(a)
_f_ 2. el/la ministro/a de trabajo
_c_ 3. un(a) empleado/a que lleva mucho tiempo en la empresa
_a_ 4. una persona desempleada
_e_ 5. el/la dueño/a de una empresa
_d_ 6. un(a) gerente que entrevista a un(a) solicitante

a. conseguir un trabajo, aunque le paguen el sueldo mínimo
b. que sus clientes paguen lo mínimo posible de impuestos
c. un aumento de sueldo
d. hacerle preguntas sobre el currículum vitae
e. que sus ejecutivos administren bien su dinero
f. que baje el desempleo y vengan inversiones del extranjero

(4) For each item, ask: **¿Quién diría esta frase?** Ex 1: **un abuelo de 70 años**

(4) Ask students to provide a related word for five of the terms in the list. Ex: **financieros → finanzas**

4 Cosas que dice la gente Completa las oraciones.

administrar	**empleo**	**inversiones**
ahorros	**financieros**	**jubilar**
bolsa de valores	**incapaces**	**sindicatos**

1. "Ya me quiero _jubilar_. Estoy cansado y quiero disfrutar de mis nietos."
2. "Si no mejoramos nuestra forma de _administrar_, esta empresa fracasará."
3. "¿Quiere usted reducir sus deudas, invertir en la _bolsa de valores_ y ahorrar para la jubilación? Nuestros asesores _financieros_ lo pueden ayudar."
4. "He gastado todos mis _ahorros_. Necesito un _empleo_."
5. "Se deben recibir más _inversiones_ para salvar la compañía."
6. "Los _sindicatos_ sólo dan problemas."

5 Definiciones

A. En parejas, definan estas palabras.

ascender	**contrato**	**exigir**	**importar**	**riqueza**
cobrar	**despedir**	**huelga**	**mercado**	**socio**

B. Improvisen una historia utilizando al menos seis palabras de la lista. Compartan su historia con la clase.

MODELO Ayer, a las cuatro de la tarde, el sindicato que organizaba la huelga exigió una reunión con los socios…

Teaching option For additional vocabulary practice, have pairs prepare a conversation using at least ten words from **Contextos**. Ask volunteers to perform their conversations for the class.

Comunicación

6 **¿Qué opinas?** En parejas, contesten las preguntas.

1. ¿Piensas que el dinero es lo más importante en la vida?
2. ¿Sigues la información de la bolsa de valores? ¿Crees que es buena idea invertir todos los ahorros en la bolsa de valores?
3. ¿Crees que la economía del país afecta tu vida personal? ¿De qué manera?
4. ¿Piensas que se podrá acabar con la pobreza en el futuro?
5. ¿Tú sacrificarías algo para ayudar a reducir la pobreza en el mundo?
6. ¿Crees que la economía estadounidense va a ser la más fuerte dentro de veinte años?
7. ¿Qué consecuencias piensas que va a tener la globalización?
8. ¿La globalización va a ser positiva para los países ricos? ¿Y para los pobres?

(6) Encourage students to support their opinions with examples or personal anecdotes.

(6) To help aid students' discussions for items 7 and 8, have them brainstorm a list of the advantages and disadvantages of globalization.

7 **El consejero de trabajo** En parejas, imaginen que uno/a de ustedes está a punto de graduarse y no sabe qué trabajo lo/la hará feliz. La otra persona es un(a) consejero/a de trabajo. Túrnense para hacerse preguntas y darse consejos sobre cuál sería el mejor trabajo para cada uno/a. Utilicen y expandan las preguntas e ideas de la lista.

(7) If time and resources permit, have pairs look at classified ads from online newspapers in Spanish to find the ideal job in their chosen fields.

Preguntas

- **a.** ¿Eres capaz de trabajar bajo presión?
- **b.** ¿Te gusta administrar?
- **c.** ¿Qué te importa más: ganar bien o disfrutar del trabajo?
- **d.** ¿Te gusta trabajar en equipo o prefieres trabajar solo/a?
- **e.** ¿Qué clases te han gustado más?
- **f.** ¿Te gusta viajar?
- **g.** ¿Es importante que tu trabajo sea creativo?
- **h.** ¿Esperas que tu empleo ayude a mejorar la sociedad?
- **i.** ¿Quieres ser dueño/a de tu propia compañía?
- **j.** ¿Qué tipos de conferencias te interesan más: de tecnología, de música, de educación?
- **k.** ¿En qué puesto anterior has sido más exitoso/a?
- **l.** ¿…?

Debes trabajar en...

- los negocios
- las ciencias
- la política
- una empresa multinacional
- las finanzas
- la tecnología
- las artes
- una organización humanitaria
- la educación
- el turismo
- un restaurante
- la medicina
- el comercio
- …

8 FOTONOVELA

Synopsis
- *Facetas* celebrates its second anniversary.
- Everyone recalls Fabiola's interview and Johnny's first day of work.
- The employees talk about a gift for Aguayo.
- Fabiola asks Aguayo for a raise.

El equipo de *Facetas* celebra el segundo aniversario de la revista. Es un momento lleno de recuerdos.

En la sala de conferencias...

TODOS ¡Cumpleaños feliz!

AGUAYO Antes de apagar las velas de nuestro segundo aniversario, quiero que cada uno cierre los ojos y luego pida un deseo.

JOHNNY Lo estoy pensando...

TODOS Uno, dos, tres...

Apagan las velas.

DIANA Ahh... ¿Quién lo diría? Dos años y tantos recuerdos.

AGUAYO ¿Recuerdas cuando viniste a tu entrevista de trabajo y Éric pensó que tu padre era millonario?

FABIOLA Sí. Recuerdo que puso esa cara.

Fabiola recuerda...

AGUAYO Éric, te presento a Fabiola Ledesma, nuestra nueva escritora.

ÉRIC ¿No eres tú la hija del banquero y empresario millonario Ledesma?

FABIOLA No. Mi padre es ingeniero y no es millonario.

ÉRIC Perdona. Por un momento pensé que me había enamorado de ti.

De vuelta en el presente...

AGUAYO Ahora de vuelta al trabajo. (*Se marcha.*)

MARIELA ¡Aposté que nos darían la tarde libre!

DIANA Chicos, he estado pensando en hacerle un regalo de aniversario a Aguayo.

FABIOLA Siento no poder ayudarte, pero estoy en crisis económica.

DIANA Por lo menos ayúdenme a escoger el regalo.

FABIOLA Debe ser algo importado. Algo pequeño, fino y divertido.

ÉRIC ¿Qué tal un pececito de colores?

TODOS ¡Pobre Bambi!

FABIOLA Me refiero a algo de corte ejecutivo, Éric. Algo exclusivo.

ÉRIC Mariela, ¿qué le darías a un hombre que lo tiene todo?

MARIELA Mi número de teléfono.

En la oficina de Aguayo...

FABIOLA Jefe, ¿tiene un minuto?

AGUAYO ¿Sí?

FABIOLA Usted sabe que tengo un gran currículum y que soy muy productiva en lo mío.

AGUAYO ¿Sí?

FABIOLA Y que mis artículos son bien acogidos, y ello le ha traído a la revista...

INSTRUCTIONAL RESOURCES **Supersite/DVD:** Fotonovela **Supersite/IRCD:** Videoscript & Translation, SAM Answer Key **SAM/WebSAM:** VM

Preview Have students look at the video stills and brainstorm a list of adjectives to describe how the characters feel in each scene. After students watch the video, have them revise their lists.

Personajes

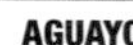
AGUAYO

DIANA

ÉRIC

FABIOLA

JOHNNY

MARIELA

4

De vuelta en el presente…

AGUAYO Brindo por nuestra revista, por nuestro éxito y, en conclusión, brindo por quienes trabajan duro… ¡Salud!

TODOS ¡Salud!

DIANA Eso me recuerda el primer día que Johnny trabajó en la oficina.

Diana recuerda…

5

DIANA Se supone que estuvieras aquí hace media hora y sin embargo, llegas tarde. Los empleados en esta empresa entran a las nueve de la mañana y trabajan duro todo el día. Sabes lo que es el trabajo duro, ¿verdad?

JOHNNY En mi trabajo anterior entraba a las cuatro de la mañana y jamás llegué tarde.

DIANA A esa hora nunca se sabe si llegas demasiado tarde o demasiado temprano.

9

AGUAYO ¿Qué es lo que quieres, Fabiola?

FABIOLA Un aumento de sueldo.

AGUAYO ¿Qué pasa contigo? Te aumenté el sueldo hace seis meses.

FABIOLA Pero hay tres compañías que andan detrás de mí. Por lo tanto, merezco otro aumento.

AGUAYO ¿Qué empresas son?

FABIOLA La del teléfono, la del agua y la de la luz.

10

Más tarde…

DIANA Ya sé qué regalarle a Aguayo… un llavero.

(Éric y Fabiola ponen cara de disgusto.)

DIANA ¿Qué?

FABIOLA No lo culpo si lo cambia por un pez.

Expresiones útiles

Proposing a toast

Brindo por nuestra revista.
I propose a toast to our magazine.

Brindemos por nuestro éxito.
Let's toast to our success.

¡Salud!
Cheers!

¡A tu salud!
To your health!

Talking about what someone would or wouldn't do

¡Pensé que nos darían la tarde libre!
I thought they would give us the afternoon off!

¿Qué le darías a un hombre/una mujer que lo tiene todo?
What would you give a man/woman who has everything?

Le daría…
I would give him/her…

Additional vocabulary

anterior *previous*
apagar las velas *to blow out the candles*
bien acogido/a *well-received*
la crisis económica *economic crisis*
de corte ejecutivo *of an executive nature*
el/la empresario/a *entrepreneur*
importado/a *imported*
merecer *to deserve*
No lo/la culpo. *I don't blame him/her.*
pedir un deseo *to make a wish*
¿Quién lo diría? *Who would have thought?*
ser productivo/a *to be productive*
trabajar duro *to work hard*

Comprensión

① For additional comprehension practice, give students these true or false statements: **El padre de Fabiola es un empresario millonario. (falso) Johnny nunca llegó tarde al trabajo. (falso) A Fabiola le aumentaron el sueldo hace seis meses. (cierto)**

② For expansion, have students change the sentences to the past and rewrite them in the form of a paragraph.

④ For slower-paced classes, replay the video to help students answer the questions.

⑤ For additional practice, have groups perform their conversations for the class.

1 ¿Pasado o presente? En la **Fotonovela** los personajes recuerdan algunos sucesos (*events*) del pasado. Indica si estas oraciones describen sucesos del **pasado** o del **presente**. Luego completa las oraciones con la forma adecuada del verbo.

	Pasado	Presente
1. Éric ___creyó___ (creer) que Fabiola era hija de un millonario.	☑	☐
2. Los empleados de la revista ___brindan___ (brindar) por el aniversario.	☐	☑
3. Éric ___pensó___ (pensar) que se había enamorado de Fabiola.	☑	☐
4. Diana ___propone___ (proponer) hacerle un regalo a Aguayo.	☐	☑
5. Johnny ___llegó___ (llegar) tarde a la oficina.	☑	☐
6. Fabiola le ___pide___ (pedir) a Aguayo un aumento de sueldo.	☐	☑

2 La trama Ordena los hechos (*events*) de este episodio del 1 al 6.

__2__ a. Brindan por la revista.
__1__ b. Cantan cumpleaños feliz.
__5__ c. Fabiola pide un aumento de sueldo.
__6__ d. Diana piensa regalarle a Aguayo un llavero.
__4__ e. Éric sugiere regalarle a Aguayo un pececito de colores.
__3__ f. Fabiola dice que está en crisis económica.

3 ¿Quién lo diría? ¿Qué empleado de *Facetas* diría cada una de estas oraciones?

__Diana__ 1. Hace ya dos años que trabajamos aquí. ¡Quién lo diría!
__Aguayo__ 2. ¡Pidan todos un deseo!
__Fabiola__ 3. Jefe, usted sabe que trabajo muy duro.
__Fabiola__ 4. Mi padre no es empresario.
__Mariela__ 5. Yo pensaba que nos dejarían irnos más temprano del trabajo.

4 Preguntas Contesta las preguntas con oraciones completas.

1. ¿Qué celebran los empleados de *Facetas*?
2. ¿Por qué creía Éric que se había enamorado de Fabiola?
3. ¿Por qué Fabiola no puede ayudar con el regalo?
4. ¿Le gusta a Fabiola la idea de regalarle un llavero a Aguayo?

5 Lo tiene todo ¿Qué le darías tú a alguien que lo tiene todo? En grupos pequeños, improvisen una conversación entre los empleados de *Facetas*. Tienen que ponerse de acuerdo en un regalo para Aguayo. Utilicen la frase **Yo le daría...** y expliquen sus razones.

MODELO

FABIOLA ¡Ese llavero no es de corte ejecutivo, Diana! Yo le daría un reloj porque él siempre insiste en que lleguemos a tiempo a la oficina.

JOHNNY ¡Pero Aguayo ya tiene un Rolex! Yo le daría...

Ampliación

6 Preguntas En parejas, conversen sobre estas preguntas y compartan sus opiniones con la clase.

1. ¿Qué le darías tú a Aguayo? ¿Alguna vez le diste un regalo a un jefe?
2. ¿Conoces a alguien que lo tiene todo? ¿Cómo es? ¿Trabaja duro? ¿Crees que él/ella merece todo lo que tiene?
3. ¿Alguna vez tuviste que comprarle un regalo a esa persona? ¿Qué escogiste?
4. ¿Cuál es el mejor regalo que has recibido en tu vida? ¿Por qué?
5. ¿Cuáles son los mejores regalos por menos de $10? ¿Por menos de $25? ¿Por menos de $100?

7 Apuntes culturales En parejas, lean los párrafos y contesten las preguntas.

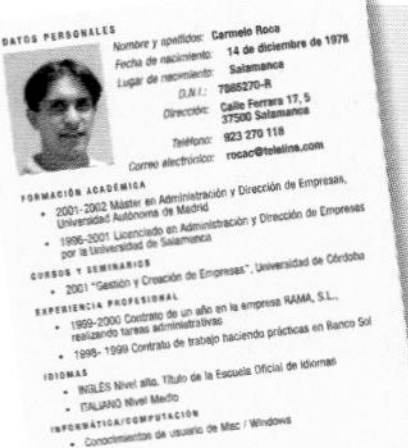

DATOS PERSONALES
Nombre y apellidos: Carmelo Roca
Fecha de nacimiento: 14 de diciembre de 1978
Lugar de nacimiento: Salamanca
D.N.I.: 7865270-R
Dirección: Calle Ferrara 17, 5 37500 Salamanca
Teléfono: 923 270 118
Correo electrónico: rocac@telelina.com

FORMACIÓN ACADÉMICA
- 2001-2002 Máster en Administración y Dirección de Empresas, Universidad Autónoma de Madrid
- 1996-2001 Licenciado en Administración y Dirección de Empresas por la Universidad de Salamanca

CURSOS Y SEMINARIOS
- 2001 "Gestión y Creación de Empresas", Universidad de Córdoba

EXPERIENCIA PROFESIONAL
- 1999-2000 Contrato de un año en la empresa RAMA, S.L., realizando tareas administrativas
- 1998- 1999 Contrato de trabajo haciendo prácticas en Banco Sol

IDIOMAS
- INGLÉS Nivel alto. Título de la Escuela Oficial de Idiomas
- ITALIANO Nivel Medio

INFORMÁTICA/COMPUTACIÓN
- Conocimientos de usuario de Mac / Windows
- MS Office

El currículum vitae

Fabiola tiene mucha experiencia laboral. Seguramente, cuando presentó su currículum vitae a *Facetas*, además de la información profesional, incluyó datos personales que son comunes en el mundo laboral hispano: fecha de nacimiento, estado civil, una foto color, si tiene carro… ¿Habrá salido en la foto con la misma cara de enojo con que salió en el pasaporte?

El millonario ingeniero

El padre de Fabiola no es millonario, sino un modesto ingeniero, pero el venezolano **Lorenzo Mendoza** es ingeniero y millonario. Dueño del Grupo Polar, que además financia la fundación más grande del país, Mendoza construyó la tercera (*third largest*) fortuna de Latinoamérica con empresas que fundó su abuelo. Sin embargo, lleva una vida modesta junto a su esposa e hijos.

Facetas y *Caretas*

¡*Facetas* cumple dos años! Otra revista importante en el mundo hispano es ***Caretas***. Comenzó a publicarse en 1950 en una pequeña oficina de Lima, Perú. Hoy es la revista más leída del país y trata temas de política, cultura, eventos sociales y viajes. Ojalá que *Facetas* tenga el mismo éxito y… ¡agrande la oficina!

1. En algunos países hispanos es común poner en el currículum el estado civil y la cantidad de hijos. ¿Qué piensas sobre dar datos personales en el currículum? ¿Estás de acuerdo? En tu cultura, ¿qué información contienen los currículums?
2. ¿Qué otros millonarios conoces? ¿Qué ventajas y desventajas tiene el ser millonario? Explica.
3. ¿Lees revistas? ¿Qué tipos de revistas te interesan más? ¿Por qué? ¿Estás suscrito/a a alguna? ¿A cuál?
4. En tu opinión, ¿qué es más popular: la lectura de revistas en papel o en Internet? ¿Por qué? ¿Qué ventajas tiene cada medio? ¿Cuál prefieres tú?

(6) For expansion, ask additional questions about gift-giving. Ex: **¿Cuál es el peor regalo que has recibido en tu vida? Si fueras a otro país a vivir con una familia, ¿qué llevarías como regalo?**

(7) Have students draw two intersecting circles, labeling one circle **currículum estadounidense** and the other **currículum hispano**. Have them list the standard information included in each résumé, writing the common items in the center.

(7) Ask heritage speakers to describe other popular magazines they know of in the Spanish-speaking world.

Teaching option For an optional writing assignment, have students find a job posting in a Spanish-speaking newspaper and prepare a one-page résumé. Encourage students to look at sample résumés in Spanish on the Internet.

INSTRUCTIONAL RESOURCES
Supersite/DVD: Flash cultura; **Supersite:** Videoscript & Translation

En detalle

VENEZUELA

EL ORO NEGRO

Mira a tu alrededor: el carro, las lámparas, los objetos de plástico, las pinturas, las telas, en fin, casi todo lo que tienes proviene del petróleo. Si hacemos caso a las estadísticas, parte de ese petróleo puede ser venezolano. Venezuela es el cuarto país exportador de petróleo° del mundo, sólo aventajado° por los países árabes. El 80% de los ingresos° del país provienen de la exportación de petróleo. Aproximadamente el 70% del petróleo se exporta a los EE.UU.

La primera explotación petrolífera se inició en 1914, cuando se descubrió un enorme yacimiento° en la costa oriental del lago de Maracaibo (ver mapa). Este acontecimiento inició una nueva etapa en la historia venezolana, pues abrió su economía a los mercados internacionales. Durante las primeras décadas, la explotación estaba en manos extranjeras, lo que hacía que la riqueza petrolífera no se tradujera en una mejora de la situación económica del país. La crisis internacional de 1973, que provocó la subida del precio del crudo°, le dio al gobierno venezolano la oportunidad de nacionalizar la empresa petrolera.

En 1976 entró en efecto la Ley de Nacionalización del Petróleo. Desde entonces, la extracción, la refinación y la exportación están en manos de la empresa estatal° Petróleos de Venezuela, SA (PDVSA). Gracias a la subida de los precios petroleros de los últimos años, la empresa ha podido aumentar drásticamente la cantidad de dinero que destina a programas sociales dedicados a la educación, salud y a infraestructuras del país. Hoy día, PDVSA tiene una gran presencia internacional, con refinerías en el Caribe, Estados Unidos y Europa. En 1986, PDVSA adquirió° el cincuenta por ciento de CITGO y, cuatro años más tarde, se convirtió en única propietaria° de la empresa. ■

Historia del petróleo en Venezuela

- **1914** Se descubre un importante yacimiento en la costa este del lago de Maracaibo.
- **1922** Comienza la explotación petrolera a gran escala.
- **1943** La Ley de Impuesto sobre la Renta obliga a las compañías extranjeras a pagar impuestos por la explotación del petróleo.
- **1960** Se funda la OPEP (Organización de Países Exportadores de Petróleo) por iniciativa venezolana.
- **1973** Crisis internacional del petróleo. La OPEP reduce la producción y aumenta el precio del barril°. Se raciona el uso del crudo en los países occidentales.
- **1976** El primero de enero empieza la nacionalización petrolera.
- **2002** Se inicia la huelga general.

exportador de petróleo *oil-exporting* **aventajado** *surpassed* **ingresos** *income* **yacimiento** *oilfield* **crudo** *crude oil* **empresa estatal** *state company* **adquirió** *purchased* **propietaria** *owner* **barril** *barrel*

En detalle Preview the reading by asking students about the importance of oil. Ex: **¿Dependemos del petróleo? ¿De qué manera? Den ejemplos.**

El mundo hispanohablante Discuss alternative energy sources with the class. **¿Cuáles son las ventajas de utilizar fuentes de energía alternativas? ¿Existen desventajas?**

Perfil Ask students: **¿Por qué dicen que Hugo Chávez es una persona controvertida? ¿Cómo es su relación con los EE.UU.?** Encourage students to search the Internet. Also, point out that there is a film that deals with this issue in **Lección 11, VENTANAS: Lecturas.**

ASÍ LO DECIMOS

El dinero

los chavos (P. R.) *money*
la lana (Méx.)
las pelas (Esp.)

la peseta (P. R.) *quarter (American coin)*

comer cable (Ven.) *to be broke; to have no money*
estar pelado (Col.)
no tener guano (Cu.)

estar forrado/a en billete (Col. y Méx.) *to be loaded*
tener una pila de dinero

ser gasolero/a (Arg.) *to have frugal taste*

EL MUNDO HISPANOHABLANTE

Fuentes alternativas

- Argentina es el mayor consumidor de **gas natural comprimido°** en el mundo según estadísticas de 2005. Este combustible alternativo abastece° no sólo gran parte del transporte público, sino también carros particulares que han sido adaptados para usar esta alternativa limpia y económica. En 2005, el número de vehículos convertidos alcanzaba el millón y medio.

- **El biodiesel**, un combustible elaborado a partir de aceite de cocina usado, constituye una fuente de energía renovable, biodegradable y económica. En Uruguay, por ejemplo, una empresa de transporte de Montevideo mueve sus autobuses combinando aceite usado y metanol.

- Ecuador ha comenzado a producir **gasolina de caña de azúcar°**. El proyecto comenzó en Guayaquil con el uso del excedente de azúcar producida en el país. A largo plazo este biocombustible ayudará a reducir la contaminación de la ciudad.

PERFIL

LA HUELGA GENERAL DE 2002–2003

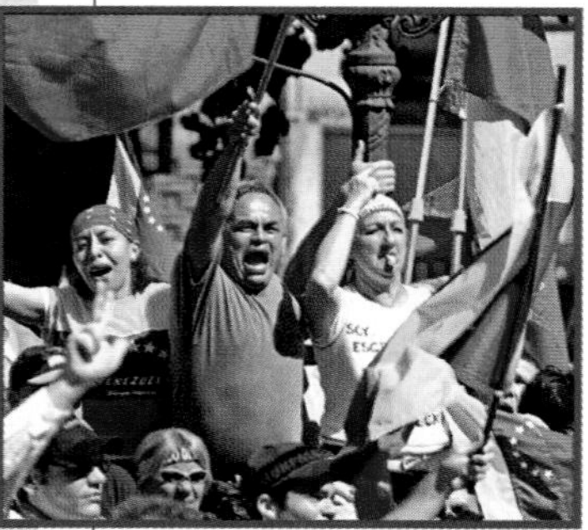

El 2002 fue un año de gran convulsión política y social en Venezuela. La controvertida personalidad de su presidente, Hugo Chávez, creó una enorme división en el país. Las grandes empresas, entre ellas PDVSA, temerosas° de la política económica del gobierno, convocaron° una huelga para el 2 de diciembre. En un principio, el paro°, que buscaba la renuncia de Chávez, era de veinticuatro horas pero ante su negativa a renunciar, se alargó de forma indefinida. Durante esos días, había una gran escasez° y era común ver a la gente haciendo cola en las gasolineras y en los supermercados. Muchos empresarios y comerciantes se fueron a la ruina, el desempleo aumentó y, a nivel internacional, los precios del petróleo subieron. La huelga, una de las más largas de la historia, terminó el 3 de febrero del 2003, después de que el gobierno de Chávez retomara el control de PDVSA.

> "Mira si será malo el trabajo, que deben pagarte para que lo hagas."
> (Facundo Cabral, cantautor argentino)

SUPERSITE

Conexión Internet

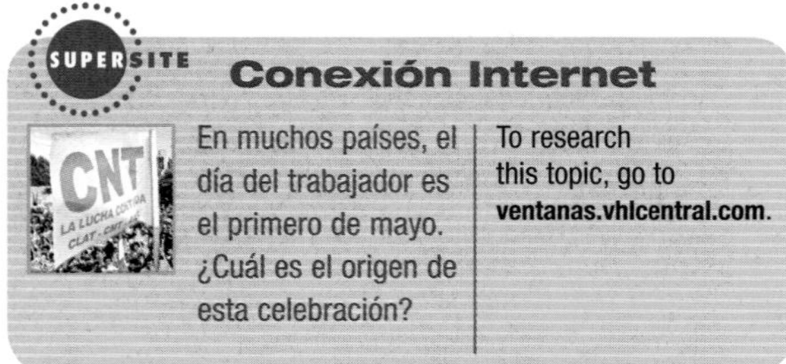

En muchos países, el día del trabajador es el primero de mayo. ¿Cuál es el origen de esta celebración?

To research this topic, go to **ventanas.vhlcentral.com.**

temerosas *fearful* **convocaron** *called* **paro** *strike* **escasez** *shortage*
comprimido *compressed* **abastece** *supplies* **caña de azúcar** *sugar cane*

② For item 5, have volunteers create similar sentences with other words and phrases from **Así lo decimos.** Ex: **Si estás en México y tienes mucho dinero, se dice que estás forrado/a en billete.**

③ For item 4, ask students: **Si ustedes hicieran huelga en la universidad/escuela, ¿para qué sería?**

¿Qué aprendiste?

1 Comprensión Indica si estas afirmaciones son **ciertas** o **falsas**. Corrige las falsas.

1. Venezuela es el cuarto país exportador de petróleo del mundo. Cierto.
2. Venezuela exporta el 80% del petróleo que produce. Falso. El 80% de los ingresos del país provienen de la exportación de petróleo.
3. Estados Unidos no compra petróleo venezolano. Falso. Estados Unidos compra mucho petróleo venezolano.
4. En 1914 se fundó la OPEP. Falso. En 1914 se inició la primera explotación petrolera.
5. Hay un yacimiento muy grande en la costa este del lago de Maracaibo. Cierto.
6. Durante los primeros años, la explotación de la riqueza petrolera estaba en manos venezolanas. Falso. La explotación de la riqueza petrolera estaba en manos extranjeras.
7. En las primeras décadas, el dinero del petróleo ayudó a mejorar la economía venezolana. Falso. Durante las primeras décadas el dinero del petróleo no mejoró la economía venezolana.
8. La crisis de 1973 provocó una subida del precio del petróleo. Cierto.
9. En 1976, PDVSA fue comprada por una empresa norteamericana. Falso. En 1976, PDVSA se convirtió en una empresa estatal venezolana.
10. PDVSA tiene refinerías en países extranjeros. Cierto.
11. La empresa de petróleo estatal ha aumentado la cantidad que destina a programas sociales. Cierto.
12. PDVSA es dueña del cincuenta por ciento de CITGO. Falso. PDVSA es dueña del ciento por ciento de CITGO.

2 Oraciones incompletas Completa las oraciones con la información correcta.

1. La huelga venezolana fue convocada por las grandes empresas.
2. En un principio, se suponía que la huelga iba a durar un día/veinticuatro horas.
3. Durante la huelga, era común ver gente haciendo cola en gasolineras y supermercados.
4. En Argentina, muchos carros funcionan con gas natural comprimido.
5. Si estás en Venezuela y no tienes dinero, se dice que comes cable.

3 Opiniones En parejas, contesten las preguntas.

1. ¿Las empresas de combustible y de servicios (como gas, luz, transporte) deben ser públicas o privadas? ¿Por qué?
2. ¿Tendrías un carro híbrido? ¿Por qué?
3. ¿Crees que el petróleo se acabará pronto? ¿Con qué se reemplazará?
4. En América Latina, las universidades tienen centros de estudiantes, que funcionan en forma parecida a los sindicatos. A veces incluso realizan huelgas. ¿Cómo se organizan los estudiantes en tu escuela/universidad?
5. ¿Son necesarias las huelgas? ¿Conocen alguna en la que se haya conseguido el objetivo?

PROYECTO

Fuentes de energía alternativas

La foto muestra a dos trabajadores mexicanos modificando una camioneta para que funcione con gas natural comprimido o propano. Investiga cuáles son otros combustibles o fuentes de energía alternativos utilizados en Latinoamérica y elige cuál te parece mejor. Prepara una presentación sobre este combustible o fuente de energía. Usa estas preguntas como guía.

- ¿Cómo se obtiene o se produce?
- ¿Cuáles son sus ventajas?
- ¿Cuáles son sus desventajas?
- ¿Cómo se puede promover su uso masivo?

Proyecto To help students organize their ideas, have them start by creating a grid listing the alternative fuel sources, their production methods, and the advantages and disadvantages of each.

SUPERSITE

RITMOS

DESORDEN PÚBLICO

Rebeldes, irónicos, llenos de energía y comprometidos° con su pueblo: así se puede definir a los ocho integrantes de la banda de ska **Desorden Público**. Sus creadores Horacio Blanco y José Luis "Caplís" Chacín comenzaron como DJs de música punk, ska británico, *new wave* y reggae jamaiquino en Caracas, Venezuela. En 1985, inspirados por la segunda etapa de ska conocida como *Two-Tone*, que tuvo su centro en Inglaterra, los músicos decidieron formar una banda con un nombre que satirizara los camiones de Orden Público de la Guardia Nacional Venezolana°. Recurriendo al humor negro, sus letras reflejan la realidad política, económica y social de Venezuela y otros países en desarrollo°. En la actualidad, Desorden Público representa el más importante proyecto de ska latinoamericano con multitudinarios conciertos por todo el mundo en los que han llegado a convocar° hasta 40 mil personas.

Discografía

2000 Diablo **1997** Plomo Revienta **1988** Desorden Público

Canción

Éste es un fragmento de una canción de Desorden Público.

El Clon

En un futuro cercano me mandaré a hacer un clon
Perfecto gemelo idéntico nacido en el laboratorio
Para reponer° mi inversión lo reventaré trabajando°
Yo su amo°, su creador, ahora tendré un esclavo.
(...) Me daré la buena vida, me mudaré a la Florida
Mientras mi clon trabaja en América Latina.

Curiosidades:
- El ska, precursor del reggae, comenzó en Jamaica en los años 30 y se desarrolló en Inglaterra a fines de los 70.
- Desorden Público fusiona ska con ritmos latinos y afrovenezolanos.
- Sus canciones tienen un alto contenido político.
- Cada vez que Horacio Blanco escucha sus canciones en la radio, cambia de estación.

Preguntas En parejas, contesten las preguntas. Some answers will vary.

1. Las canciones de Desorden Público contienen altas dosis de humor negro. ¿Pueden encontrar ejemplos en el fragmento? El autor/cantante quiere tener un clon para tenerlo como esclavo y quiere reponer la inversión haciéndolo trabajar mucho.
2. ¿En qué se diferencia Desorden Público de las típicas bandas de ska británicas? Su música fusiona ska con ritmos latinos y afrovenezolanos.
3. ¿Conocen otras bandas de ska? ¿De dónde son? ¿Les gustan?
4. La canción cuenta la historia de un hombre y su clon. ¿Cómo es la relación entre ellos?

comprometidos *committed* **Guardia...** *Venezuelan National Guard* **en desarrollo** *developing* **convocar** *gather* **reponer** *regain; recover* **lo reventaré trabajando** *I will exploit him* **amo** *master*

Ritmos To preview the grammar of **Lección 8**, ask: **¿Qué harían ustedes si tuvieran la oportunidad de clonarse?**

INSTRUCTIONAL RESOURCES
Supersite/IRCD:
Textbook Answer Key,
SAM Answer Key
SAM/WebSAM: WB, LM

TALLER DE CONSULTA

MANUAL DE GRAMÁTICA
Más práctica
8.1 The conditional, p. 393
8.2 The past subjunctive, p. 394
8.3 **Si** clauses with simple tenses, p. 395
Más gramática
8.4 Transitional expressions, p. 396

¡ATENCIÓN!

Note that all of the conditional endings carry a written accent mark.

To help students remember the written accent, compare the pronunciation of **María** and **farmacia**.

Point out that the conditional tense is formed with the same stem as the future tense.

8.1 The conditional

- To express the idea of what *would* happen, use the conditional tense.

¿Qué le darías a un hombre que lo tiene todo?

- The conditional tense (**el condicional**) uses the same endings for all **–ar, –er**, and **–ir** verbs. For regular verbs, the endings are added to the infinitive.

The conditional

dar	ser	vivir
daría	sería	viviría
darías	serías	vivirías
daría	sería	viviría
daríamos	seríamos	viviríamos
daríais	seríais	viviríais
darían	serían	vivirían

- Verbs with irregular future stems have the same irregular stem in the conditional.

Infinitive	stem	conditional
caber	cabr-	cabría, cabrías, cabría, cabríamos, cabríais, cabrían
haber	habr-	habría, habrías, habría, habríamos, habríais, habrían
poder	podr-	podría, podrías, podría, podríamos, podríais, podrían
querer	querr-	querría, querrías, querría, querríamos, querríais, querrían
saber	sabr-	sabría, sabrías, sabría, sabríamos, sabríais, sabrían
poner	pondr-	pondría, pondrías, pondría, pondríamos, pondríais, pondrían
salir	saldr-	saldría, saldrías, saldría, saldríamos, saldríais, saldrían
tener	tendr-	tendría, tendrías, tendría, tendríamos, tendríais, tendrían
valer	valdr-	valdría, valdrías, valdría, valdríamos, valdríais, valdrían
venir	vendr-	vendría, vendrías, vendría, vendríamos, vendríais, vendrían
decir	dir-	diría, dirías, diría, diríamos, diríais, dirían
hacer	har-	haría, harías, haría, haríamos, haríais, harían

Uses of the conditional

- The conditional is used to express what would occur under certain circumstances.

  En Venezuela, ¿qué lugar **visitarías** primero?
  In Venezuela, which place would you visit first?

  Iría primero a Caracas y después a Isla Margarita.
  First I would go to Caracas and then to Isla Margarita.

¿No sería ahora el momento
justo para ir de vacaciones a
la Isla Margarita?

- The conditional is also used to make polite requests.

Me **gustaría** cobrar este cheque. *I would like to cash this check.*	¿**Podría** firmar aquí, en el reverso? *Would you please sign here, on the back?*

- In subordinate clauses, the conditional is often used to express what *would happen* after another action took place. To express what *will happen* after another action takes place, the future tense is used instead.

CONDITIONAL	FUTURE
Creía que hoy **haría** mucho viento. *I thought it would be very windy today.*	**Creo** que mañana **hará** mucho viento. *I think it will be very windy tomorrow.*

- In Spanish, the conditional may be used to express conjecture or probability about a past condition or event. English expresses this sense with expressions such as *wondered, must have been,* and *was probably.*

¿Qué hora **era** cuando regresó? *What time did he return?*	**Serían** las ocho. *It must have been eight o'clock.*
¿Cuánta gente **había** en la fiesta? *How many people were at the party?*	**Habría** como veinte personas. *There were probably twenty people.*

- The conditional is also used to report statements about the future made in the past.

Iremos a la fiesta. *We'll go to the party.*	Dijeron que **irían** a la fiesta. *They said they'd go to the party.*

¡ATENCIÓN!

The English *would* is often used to express the conditional, but it can also express what *used to happen.* To express habitual past actions, Spanish uses the imperfect, not the conditional.

Cuando era pequeña, iba a la playa durante los veranos.
When I was young, I would go to the beach in the summer.

Point out that like *will*, the auxiliary *would* does not have a Spanish equivalent.
yo iría → I would go
ella hablaría → she would speak

TALLER DE CONSULTA

The conditional is also used in contrary-to-fact sentences. See **8.3,** pp. 232–233.

Teaching option Discuss the use of the conditional in the ad on this page. If time permits, have students search Spanish websites or magazines for other ads that use the conditional tense.

Práctica

TALLER DE CONSULTA

MANUAL DE GRAMÁTICA
Más práctica
8.1 The conditional, p. 393

1 For expansion, have students change the dialogue into a narrative.

1 **La entrevista** **Alberto sueña con trabajar para una agencia medioambiental y estaría dispuesto a hacer cualquier cosa para que la directora lo contrate. Completa su entrevista de trabajo con el condicional.**

ALBERTO Si yo pudiera formar parte de esta organización, (1) estaría (estar) dispuesto (*ready*) a ayudar en todo lo posible.

ELENA Sí, lo sé, pero usted no (2) podría (poder) hacer mucho. No tiene la preparación necesaria. Usted (3) necesitaría (necesitar) estudios de biología.

ALBERTO Bueno, yo (4) ayudaría (ayudar) con las cosas menos difíciles. Por ejemplo, (5) haría (hacer) el café para las reuniones.

ELENA Estoy segura de que todos (6) agradecerían (agradecer) su colaboración. Les preguntaré para ver si necesitan ayuda.

ALBERTO Es muy amable. (7) Daría (dar) cualquier cosa por trabajar con ustedes. Y hasta (8) consideraría (considerar) la posibilidad de volver a la universidad para estudiar biología. (9) Tendría (tener) que trabajar duro, pero lo (10) haría (hacer) porque no (11) sabría (saber) qué hacer sin un trabajo significativo. Sé que el esfuerzo (12) valdría (valer) la pena.

2 Model these additional polite expressions: **¿Serías tan amable de...? / ¿Me harías el favor de...? / ¿Te importaría...?**

2 **El primer día** **La agencia contrató a Alberto y hoy fue su primer día como asistente. Convierte los mandatos que la directora le dio en mandatos indirectos con el condicional.**

Mandatos directos	Mandatos indirectos
Hazme un café.	¿Me harías un café, por favor?
Saca estas fotocopias.	1. ¿Sacarías estas fotocopias, por favor?
Pon los mensajes en mi escritorio.	2. ¿Pondrías los mensajes en mi escritorio, por favor?
Manda este fax.	3. ¿Mandarías este fax, por favor?
Diles a los voluntarios que vengan también.	4. ¿Les dirías a los voluntarios que vengan también, por favor?
Sal a almorzar con nosotros.	5. ¿Saldrías a almorzar con nosotros, por favor?

3 **Lo que hizo Juan** **Utilizamos el condicional para expresar el futuro en el contexto de una acción pasada. Explica lo que quiso hacer Juan, usando las claves dadas. Agrega también por qué no lo pudo hacer.**

MODELO **pensar / llegar**
Juan pensó que llegaría temprano a la oficina, pero el metro tardó media hora.

1. pensar / comer Juan pensó que comería...
2. decir / poner Juan dijo que pondría...
3. imaginar / tener Juan imaginó que tendría...
4. escribir / venir Juan escribió que vendría...
5. contarles / querer Juan les contó que querría...
6. suponer / hacer Juan supuso que haría...
7. explicar / salir Juan explicó que saldría...
8. creer / terminar Juan creyó que terminaría...
9. decidir / viajar Juan decidió que viajaría...
10. opinar / ser Juan opinó que sería...

Teaching option For additional practice, line students up in teams of six and write an infinitive on the board. When you call out **¡Empieza!**, the first team member writes the **yo** form of the verb in the conditional, then passes the chalk to the next team member, who writes the **tú** form, and so on. The team that finishes first and has all the forms correct wins the round.

Comunicación

4 **¿Qué pasaría?** En parejas, completen estas oraciones utilizando verbos en el condicional. Luego compartan sus oraciones con la clase.

MODELO **Si yo trabajara para una empresa multinacional, ...**
—Si yo trabajara para una empresa multinacional, viajaría por el mundo entero. Aprendería cinco idiomas y...

1. Si hubiera una recesión económica en el país, ...
2. Si yo ganara más dinero, ...
3. Si mi mejor amigo/a decidiera trabajar en otro país, ...
4. Si todos mis profesores estuvieran en huelga, ...
5. Si mi jefe/a me despidiera, ...
6. Si no tuviera que ganarme la vida, ...

5 **El trabajo de tus sueños** Explícale a un(a) compañero/a cuál sería tu trabajo ideal, por qué te gustaría esa profesión y qué harías en tu empleo. Háganse preguntas y utilicen por lo menos cuatro verbos en el condicional.

MODELO Mi trabajo ideal sería jugar al baloncesto en la NBA. Me gustaría porque soy adicto a este deporte, pero también porque ganaría millones y podría...

6 **¿Qué harías?** Piensa en lo que harías en estas situaciones. Usa el condicional. Luego compártelo con tres compañeros/as.

1.

2.

3.

4.

TALLER DE CONSULTA

The first part of each sentence uses the past subjunctive, which will be covered in **8.2,** pp. 228–229.

4 For advanced classes, ask students to change the sentences to the present/future. Ex: **Si hay una recesión económica en el país, habrá menos trabajo y más desempleo.**

6 Continue the exercise by having volunteers invent situations to which other students can respond with the conditional. Ex: **Te encuentras con el presidente. / Te das cuenta de que no queda nada en tu cuenta de ahorros.**

Teaching option Have students invent dilemmas; then have volunteers give advice using the conditional. Teach students the phrases **Yo que tú** and **Yo, en tu lugar** (*If I were you*). Ex: **Tengo dos citas la misma noche. → Yo que tú, cancelaría una de las citas.** Point out that these phrases can also be used with other persons: **yo que ella; yo, en su lugar.**

INSTRUCTIONAL RESOURCES
Supersite/IRCD: Textbook Answer Key, SAM Answer Key
SAM/WebSAM: WB, LM

TALLER DE CONSULTA

See **3.1,** pp. 74–75 for the preterite forms of regular, irregular, and stem-changing verbs.

¡ATENCIÓN!

The **nosotros/as** form of the past subjunctive always has a written accent.

8.2 The past subjunctive

Forms of the past subjunctive

- The past subjunctive (**el imperfecto del subjuntivo**) of all verbs is formed by dropping the **–ron** ending from the **ustedes/ellos/ellas** form of the preterite and adding the past subjunctive endings.

The past subjunctive		
caminar	**perder**	**vivir**
caminara	perdiera	viviera
caminaras	perdieras	vivieras
caminara	perdiera	viviera
camináramos	perdiéramos	viviéramos
caminarais	perdierais	vivierais
caminaran	perdieran	vivieran

Estela dudaba de que su madre la **ayudara** a financiar un carro nuevo.
Estela doubted that her mother would help her finance a new car.

A los dueños les sorprendió que **vendieran** más en enero que en diciembre.
The owners were surprised that they sold more in January than in December.

Ya hablé con el recepcionista y me recomendó que le **escribiera** al gerente.
I already spoke to the receptionist and he recommended that I write to the manager.

Have students identify which verbs have stem changes, spelling changes, and irregular conjugations from the verbs listed to the right. Ask volunteers to add more verbs of each type to the list.

- Verbs that have stem changes, spelling changes, or irregularities in the **ustedes/ellos/ellas** form of the preterite also have them in all forms of the past subjunctive.

infinitive	preterite form	past subjunctive forms
pedir	pidieron	pidiera, pidieras, pidiera, pidiéramos, pidierais, pidieran
sentir	sintieron	sintiera, sintieras, sintiera, sintiéramos, sintierais, sintieran
dormir	durmieron	durmiera, durmieras, durmiera, durmiéramos, durmierais, durmieran
influir	influyeron	influyera, influyeras, influyera, influyéramos, influyerais, influyeran
saber	supieron	supiera, supieras, supiera, supiéramos, supierais, supieran
ir/ser	fueron	fuera, fueras, fuera, fuéramos, fuerais, fueran

Point out that both conjugations for the **nosotros/as** form have a written accent. Ex: **fuésemos, fuéramos**

These alternate endings are presented for recognition only; their forms are not included in the Testing Program.

- In Spain and some other parts of the Spanish-speaking world, the past subjunctive is commonly used with another set of endings **(–se, –ses, –se, –semos, –seis, –sen)**. You will also see these forms in literary selections.

La señora Medina exigió que le **mandásemos** el contrato para el viernes.
Ms. Medina demanded that we send her the contract by Friday.

La señora Medina exigió que le **mandáramos** el contrato para el viernes.
Ms. Medina demanded that we send her the contract by Friday.

Uses of the past subjunctive

- The past subunctive is required in the same situations as the present subjunctive, except that the point of reference is always in the past. When the verb in the main clause is in the past, the verb in the subordinate clause is in the past subjunctive.

Te pedí que llegaras a las nueve, Johnny.

PRESENT TIME	PAST TIME
El jefe sugiere que **vayas** a la reunión. *The boss recommends that you go to the meeting.*	El jefe sugirió que **fueras** a la reunión. *The boss recommended that you go to the meeting.*
Espero que ustedes no **tengan** problemas con el nuevo sistema. *I hope you won't have any problems with the new system.*	Esperaba que no **tuvieran** problemas con el nuevo sistema. *I was hoping you wouldn't have any problems with the new system.*
Buscamos a alguien que **conozca** bien el mercado. *We are looking for someone who knows the market well.*	Buscábamos a alguien que **conociera** bien el mercado. *We were looking for someone who knew the market well.*
Les mando mi currículum en caso de que **haya** un puesto disponible. *I'm sending them my résumé in case there is a position available.*	Les mandé mi currículum en caso de que **hubiera** un puesto disponible. *I sent them my résumé, in case there were a position available.*

- The expression **como si** (*as if*) is always followed by the past subjunctive.

  Alfredo gasta dinero **como si fuera** millonario.
  Alfredo spends money as if he were a millionaire.

  El presidente habló de la economía **como si** no **hubiera** una recesión.
  The president talked about the economy as if there were no recession.

  Ella rechazó mi opinión **como si** no **importara**.
  She rejected my opinion as if it didn't matter.

- The past subjunctive is also commonly used with **querer** to make polite requests or to soften statements.

  Quisiera que me llames hoy.
  I would like you to call me today.

  Quisiera hablar con usted.
  I would like to speak with you.

To review uses of the subjunctive, ask students to identify the noun clauses, adjective clauses, and adverbial clauses in the sample sentences.

Point out that the subjunctive mood does exist in English both in the past and present tenses. However, since there is only one verb in English with more than one form in the past tense, the only time it creates a noticeable difference is with the verb *to be.*
*I wish my boss **were** nicer.*
*If I **were** you, I would ask for a raise.*

TALLER DE CONSULTA

The past subunctive is also frequently used in **si** clauses. See **8.3**, pp. 232–233.
Si pudiera, compraría más acciones.
If I could, I would buy more shares.

Práctica

TALLER DE CONSULTA

MANUAL DE GRAMÁTICA
Más práctica
8.2 The past subjunctive, p. 394

1 For additional practice, have students write Luis Miguel's response to Mariela using the past and present subjunctive, as well as the conditional tense.

2 As a variant, have students think of some famous couples and make up sentences about what each spouse asked the other to do.

3 Have students repeat the activity, describing a difficult roommate or family member they have lived with and the things they asked each other to do. Ex: **Le dije a mi compañera de cuarto que no tocara el saxofón a las tres de la mañana.**

Teaching option For additional practice, write the following drill on the board and have students change each verb to the past subjunctive according to each subject. **1. estar: él/nosotros/tú 2. emplear: yo/ella/Ud. 3. insistir: ellos/Uds./él 4. poder: ellas/yo/nosotros 5. obtener: nosotros/tú/ella**

1 **El peor día** Completa el mensaje electrónico que Mariela le mandó a su hermano mayor después de su primer día como pasante (*intern*) de verano. Utiliza el imperfecto del subjuntivo.

De: mariela90@email.com
Para: luismiguel@email.com
Asunto: el peor día de mi vida

Luis Miguel:
Sé que te pedí el otro día que no me (1) dieras (dar) más consejos sobre qué hacer este verano pero, ¡ahora sí los necesito! Hoy fue el peor día de mi vida, ¡te lo juro! Me aconsejaste que no (2) solicitara (solicitar) un puesto como pasante, pero yo no te hice caso porque a mí no me importaba que ellos me (3) pagaran (pagar) el sueldo mínimo. No creía que (4) existiera (existir) ninguna oportunidad mejor que ésta. ¡Pero hoy el jefe me trató como si yo (5) fuera (ser) su esclava! Primero exigió que yo (6) preparara (preparar) el café para toda la oficina. Después me dijo que (7) saliera (salir) a comprar más tinta (*ink*) para la impresora. Luego, como si eso (8) fuera (ser) poco, insistió en que yo (9) ordenara (ordenar) su escritorio. ¡Como si toda mi experiencia del verano pasado no (10) valiera (valer) ni un centavo! Hablando de dinero... cuando le pedí que (11) depositara (depositar) el sueldo en mi cuenta corriente, él me dijo, "¿Qué sueldo? Nuestros pasantes trabajan gratis". ¡Renuncié y punto!

2 **¿Qué le pidieron?** María Laura Santillán es presidenta de una universidad. En parejas, usen la tabla para escribir una conversación en la que ella le cuenta a un amigo todo lo que le pidieron que hiciera el primer día de clases.

MODELO — ¿Qué te pidió tu secretaria?
— Mi secretaria me pidió que le diera menos trabajo.

Personajes	Verbo	Actividad
los profesores		construir un estadio nuevo
los estudiantes	me pidió que	hacer menos ruido
el club que protege el medio ambiente	me pidieron que	plantar más árboles
los vecinos de la universidad		dar más días de vacaciones
el entrenador del equipo de fútbol		comprar más computadoras

3 **Dueño** El dueño del apartamento donde vivían tú y tu compañero/a era muy estricto. Túrnense para comentar las reglas que tenían que seguir, usando el imperfecto del subjuntivo.

MODELO El dueño de mi apartamento me dijo/pidió/ordenó que no cocinara comidas aromáticas.

1. no usar la calefacción en abril
2. limpiar los pisos dos veces al día
3. no tener visitas en el apartamento después de las 10 de la noche
4. hacer la cama todos los días
5. sacar la basura todos los días
6. no encender las luces antes de las 8 de la noche

Comunicación

4 De niño En parejas, contesten estas preguntas sobre su niñez. Luego, utilicen el imperfecto del subjuntivo para hacerse cinco preguntas más sobre este tema.

MODELO
— ¿Esperabas que tus padres fueran perfectos?
— Sí, esperaba que mis padres fueran mejores que los padres de mis amigos...

La imaginación

¿Esperabas que tus padres fueran perfectos?

¿Dudabas que los superhéroes existieran?

¿Esperabas que Santa Claus te trajera los regalos que le pedías?

¿Qué más esperabas?

Las relaciones

¿Querías que tu primer amor durara toda la vida?

¿Querías que tus padres te compraran todo lo que tú pedías?

¿Querías que tus familiares pasaran menos o más tiempo contigo?

¿Qué más querías?

La escuela

¿Soñabas con que el/la maestro/a cancelara la clase todos los días?

¿Esperabas que tus amigos de la infancia siguieran siendo tus amigos toda la vida?

¿Deseabas que las vacaciones de verano se alargaran *(were longer)*?

¿Qué más deseabas?

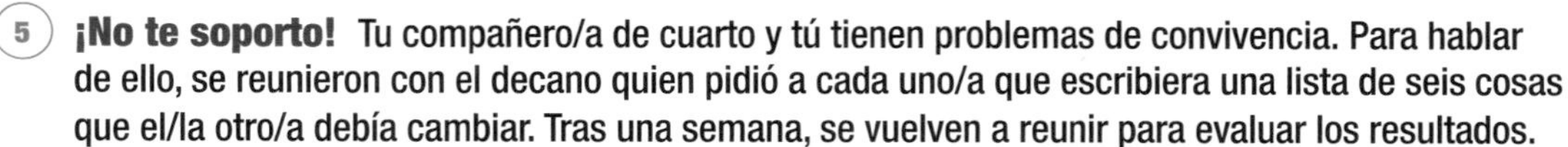

5 ¡No te soporto! Tu compañero/a de cuarto y tú tienen problemas de convivencia. Para hablar de ello, se reunieron con el decano quien pidió a cada uno/a que escribiera una lista de seis cosas que el/la otro/a debía cambiar. Tras una semana, se vuelven a reunir para evaluar los resultados.

A. Primero, escribe seis oraciones para describir lo que le pediste a tu compañero/a de cuarto. Utiliza el imperfecto del subjuntivo.

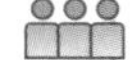

B. Ahora, en grupos de tres, preparen una conversación entre el/la decano/a y los/las dos estudiantes. Cada persona debe utilizar por lo menos tres verbos en el imperfecto del subjuntivo. Luego representen la conversación para la clase. ¿Habrá solución?

MODELO

DECANO/A Bueno, les pedí que trataran de resolver los problemas. ¿Cómo les fue?

ESTUDIANTE 1 Le dije a Isabel que no usara mi ropa sin pedir permiso. ¡Pero llegó a una fiesta con mi mejor vestido!

ESTUDIANTE 2 Y yo le pedí a Celia que no escuchara música cuando estoy durmiendo. ¡Pero sigue poniendo el estéreo a todo volumen!

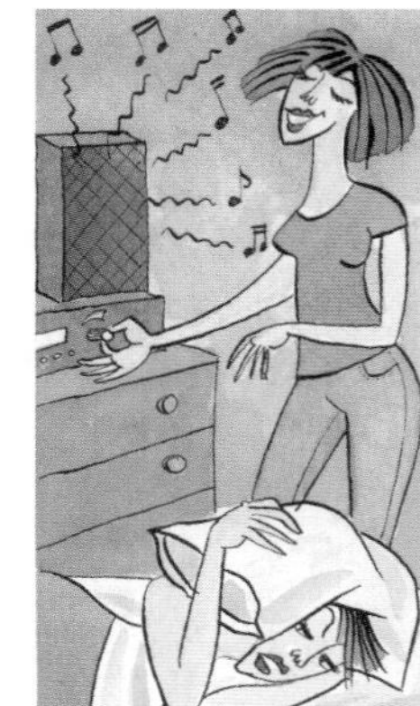

(4) For expansion, have small groups describe things they believed when they were children. Each group should then select one story to present to the class. Encourage volunteers to ask clarifying questions.

(5) Have students recycle household vocabulary **(Lección 3)**.

(5) For Part B, ask: **¿Están de acuerdo con la solución que ofrece el/la decano/a?** Encourage volunteers to give alternate solutions for each conflict using the present subjunctive.

INSTRUCTIONAL RESOURCES
Supersite/IRCD: Textbook Answer Key, SAM Answer Key
SAM/WebSAM: WB, LM

TALLER DE CONSULTA

For other transitional expressions that express cause and effect, see **Manual de gramática, 8.4, p. 396.**

Remind students that **si** (*if*) does not carry an accent mark.

8.3 *Si* clauses with simple tenses

- **Si** (*if*) clauses express a condition or event upon which another condition or event depends. Sentences with **si** clauses are often hypothetical statements. They contain a subordinate clause (**si** clause) and a main clause (result clause).

- The **si** clause may be the first or second clause in a sentence. Note that a comma is used only when the **si** clause comes first.

Si tienes tiempo, ven con nosotros.
If you have time, come with us.

Iré con ustedes **si** no trabajo.
I'll go with you if I don't work.

Hypothetical statements about the future

- In hypothetical statements about possible or probable *future* events, the **si** clause uses the present indicative. The result clause may use the present indicative, the future indicative, **ir a** + [*infinitive*], or a command.

Si clause: PRESENT INDICATIVE		Main clause
Si salgo temprano del trabajo, *If I finish work early,*	PRESENT TENSE	**voy** al cine con Andrés. *I'm going to the movies with Andrés.*
Si usted no mejora su currículum, *If you don't improve your résumé,*	FUTURE TENSE	nunca **conseguirá** empleo. *you'll never get a job.*
Si la jefa me pregunta, *If the boss asks me,*	IR A + [*INFINITIVE*]	no le **voy a mentir**. *I'm not going to lie to her.*
Si hay algún problema, *If there is a problem,*	COMMAND	**háganos** saber de inmediato. *let us know right away.*

Have a volunteer read the ad aloud. Then ask students to brainstorm alternate tag lines using **si** clauses.

INSTITUTO TECNOLÓGICO ANDINO
PROGRAMA DE INFORMÁTICA

En sólo seis meses usted puede aprender a administrar los sistemas informáticos de cualquier tipo de empresa, grande o pequeña, nacional o extranjera.

Si busca una nueva carrera, llámenos hoy.

Hypothetical statements about the present

- In hypothetical statements about improbable or contrary-to-fact *present* situations, the **si** clause uses the past subjunctive. The result clause uses the conditional.

Si clause: PAST SUBJUNCTIVE	Main clause: CONDITIONAL
¡**Si** ustedes no **fueran** tan incapaces, *If you weren't all so incapable,*	ya lo **tendrían** listo! *you'd already have this ready!*
Si sacaras un préstamo a largo plazo, *If you took out a long-term loan,*	**pagarías** menos por mes. *you'd pay less each month.*
Si no **estuviera** tan cansada, *If I weren't so tired,*	**saldría** a cenar contigo. *I'd go out to dinner with you.*

No le pediría ayuda, si no la necesitara.

Si yo fuera él, les daría la tarde libre.

Habitual conditions and actions in the past

- In statements that express habitual past actions that are not contrary-to-fact, both the **si** clause and the result clause use the imperfect.

Si clause: IMPERFECT	Main clause: IMPERFECT
Si Milena **tenía** tiempo libre, *If Milena had free time,*	siempre **iba** a la playa. *she would always go to the beach.*
Si mi papá **salía** de viaje de negocios, *If my dad went on a business trip,*	siempre me **traía** un regalo. *he always brought me a gift.*

Si no me levantaba a las tres de la mañana, llegaba tarde al trabajo.

¡ATENCIÓN!

A contrary-to-fact situation is one that is possible, but will probably not happen and/or has not occurred.

TALLER DE CONSULTA

Hypothetical and contrary-to-fact statements about the past use **si** clauses with compound tenses. You will learn more about these structures in **Estructura 10.4** in the **Manual de gramática.**

Begin several sentences with **si** clauses and call on volunteers to finish each sentence. Ex: **Si tengo tiempo hoy... / Si tuviera un par de horas libres... / De niño/a, si tenía ratos libres...**

Práctica

TALLER DE CONSULTA

MANUAL DE GRAMÁTICA
Más práctica
8.3 **Si** clauses with simple tenses, p. 395

① For additional practice, have volunteers reread the complete sentences, inverting the two clauses. Ex: **Tendremos que ir sin Teresa si ella no viene pronto.**

② In pairs, have students write a similar dialogue about what they would do if they had only one class per semester.

③ For slower-paced classes, have students identify the appropriate verb tense for each item before completing the activity.

1 **Situaciones** Completa las oraciones con el tiempo verbal adecuado.

A. Situaciones probables o futuras

1. Si Teresa no viene pronto, nosotros tendremos/vamos a tener (tener) que ir sin ella.
2. Si tú no trabajas (trabajar) hoy, vámonos al cine.

B. Situaciones hipotéticas sobre el presente

3. Si Carla tuviera más experiencia, yo la contrataría (contratar).
4. Si Gabriel ganara (ganar) más, podría ir de viaje.

C. Situaciones habituales en el pasado

5. Si llegaba tarde en mi trabajo anterior, la gerente me gritaba (gritar).
6. Si nosotros no hacíamos (hacer) la tarea, el profesor Cortijo nos daba una prueba sorpresa.

2 **Si trabajara menos...** Carolina y Leticia trabajan cuarenta horas por semana y se imaginan qué harían si trabajaran menos horas. Completa la conversación con el condicional o el imperfecto del subjuntivo.

CAROLINA Estoy todo el día en la oficina, pero si (1) trabajara (trabajar) menos, tendría más tiempo para divertirme. Si sólo viniera a la oficina algunas horas por semana, (2) practicaría (practicar) el alpinismo más a menudo.

LETICIA ¿Alpinismo? ¡Qué aburrido! Si yo tuviera más tiempo libre, (3) haría (hacer) todas las noches lo mismo: (4) iría (ir) al cine, luego (5) saldría (salir) a cenar y, para terminar la noche, (6) haría (hacer) una fiesta para celebrar que ya no tengo que ir a trabajar por la mañana. Si nosotras (7) tuviéramos (tener) la suerte de no tener que trabajar nunca más, nos pasaríamos todo el día sin hacer absolutamente nada.

CAROLINA ¿Te imaginas? Si la vida fuera así, nosotras (8) seríamos (ser) mucho más felices, ¿no crees?

3 **Situaciones** Completa las oraciones.

1. Si salimos esta noche, ______.
2. Si me llama el jefe, ______.
3. Saldré contigo después del trabajo si ______.
4. Si mis padres no me prestan dinero, ______.
5. Si tuviera el coche este sábado, ______.
6. Tendría más dinero si ______.
7. Si íbamos de vacaciones, ______.
8. Si peleaba con mis hermanos, ______.
9. Te prestaría el libro si ______.
10. Si mis amigos no tienen otros planes, ______.

Comunicación

④ As a variant, bring in magazines and have students in pairs ask each other questions based on pictures of various celebrities.

4 **Si yo fuera...** En parejas, háganse preguntas sobre quiénes serían y cómo serían sus vidas si fueran estas personas.

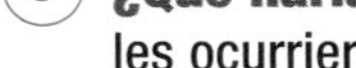

MODELO **un(a) cantante famoso/a**
— Si fueras una cantante famosa, ¿quién serías?
— Si fuera una cantante famosa, sería Christina Aguilera. Pasaría el tiempo haciendo videos, dando conciertos...

1. un(a) cantante famoso/a
2. un personaje histórico famoso
3. un personaje de un libro
4. un(a) actor/actriz famoso/a
5. un(a) empresario/a
6. un(a) deportista exitoso/a

⑤ For an optional writing activity, have students write a short story in pairs based on one of these drawings. Then have pairs exchange their short stories for peer editing.

5 **¿Qué harías?** En parejas, miren los dibujos y túrnense para preguntarse qué harían si les ocurriera lo que muestra cada dibujo. Sigan el modelo y sean creativos.

Sample answers.

MODELO — ¿Qué harías si alguien te invitara a bailar tango?
— Si alguien me invitara a bailar tango, seguramente yo me pondría muy nervioso/a y saldría corriendo.

1.

Si mi profesor viniera a verme, yo lo recibiría con mucho gusto y lo invitaría a comer.

2.

Si estuviera en una playa donde hay tiburones, no nadaría.

3.

Si mi carro se descompusiera en el desierto, yo llamaría a mi padre con mi teléfono celular.

4.

Si me quedara atrapado en un ascensor, me pondría muy nervioso y apretaría todos los botones hasta que alguno funcionara.

⑥ Give students these additional items: **7. romper la computadora portátil de tu mejor amigo/a 8. enterarte de que sólo te queda una semana de vida 9. inventar una máquina del tiempo 10. perder tu pasaporte en un país extranjero**

6 **Síntesis** En grupos pequeños, conversen sobre lo que harían en estas situaciones. Luego cada persona debe inventar una situación más y preguntarle al grupo lo que haría. Utilicen oraciones con **si**, el condicional y el imperfecto del subjuntivo.

1. ver a alguien intentando robar un carro
2. quedar atrapado/a en una tormenta de nieve
3. tener ocho hijos
4. despertarse tarde la mañana del examen final
5. descubrir que tienes el poder de ser invisible
6. enamorarse de alguien a primera vista

For additional cumulative practice of all the grammar points in this lesson, go to **ventanas.vhlcentral.com**.

Atando cabos

Preview Ask students: **¿Tuvieron alguna vez una entrevista de trabajo? ¿Para qué puesto? ¿Qué preguntas les hicieron? ¿Cómo les fue?**

Preparación
- Part A: Brainstorm possible jobs students might apply for or distribute job ads from the Internet or newspapers and have students select a job of interest to use as the basis for the interview.
- Part B: Point out to students that in Hispanic countries it is fairly common to ask personal questions in job interviews. Typical questions: **¿Cuántos años tiene? ¿Cuál es su estado civil? ¿Tiene hijos?** Invite heritage learners to contribute questions if they have experience with job interviews in their families home countries.

La entrevista If time permits, call on volunteers to dramatize their interview in front of the class. Or, for slower-paced classes, ask one or two pairs to carry out an interview as a model.

¡A conversar!

Una entrevista de trabajo Imagina que decidiste buscar trabajo en un país hispano. Enviaste tu currículum a una compañía y una persona se ha contactado contigo para una entrevista. Trabajen en parejas para dramatizar la entrevista.

Preparación Decidan quién será el entrevistador y quién el candidato. Luego, sigan los pasos.

A. Describan las responsabilidades del puesto de trabajo, la compañía, las características del candidato ideal, el sueldo ofrecido, las horas de trabajo, etc.

B. Describan al candidato en relación con su educación, experiencia laboral, otros conocimientos y habilidades, expectativas económicas (sueldo deseado), expectativas de trabajo, etc.

C. Con la información de los dos pasos anteriores, preparen una lista de las preguntas que harían el entrevistador y el candidato, así como de las posibles respuestas.

Preguntas del entrevistador	Respuestas del candidato
1. ¿Por qué le interesa este puesto de trabajo? 2. ¿Estaría dispuesto/a a trabajar horas extras? 3. ¿?	1. Este puesto me interesa porque… 2. Por supuesto, yo trabajaría…/Depende… 3. ¿?
Preguntas del candidato	**Respuestas del entrevistador**
1. ¿Qué posibilidades de ascenso tendría? 2. Si yo decidiera trabajar horas extras, ¿me las pagaría la compañía? 3. ¿?	1. En esta compañía, usted tendría muchas/pocas posibilidades… 2. ¿?

La entrevista Dramaticen la entrevista. Recuerden que el tono de una entrevista de trabajo es formal y por lo tanto deben usar **usted**. Sigan la guía.

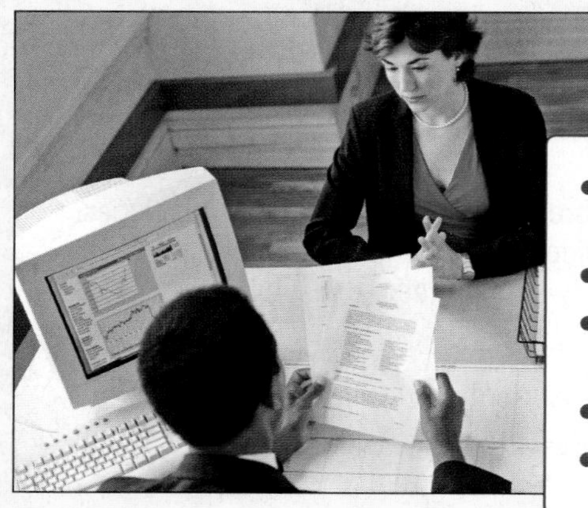

- El entrevistador y el candidato se saludan y se presentan.
- El entrevistador describe el puesto de trabajo.
- El entrevistador le hace preguntas al candidato y éste responde.
- El candidato hace preguntas sobre las dudas.
- Se despiden.

¡A escribir!

Una carta de recomendación Imagina que un(a) compañero/a de clase está buscando trabajo y necesita que le escribas una carta de recomendación para un puesto que le interesa. Sigue el plan de redacción para escribir la carta sobre él/ella.

> Caracas, 8 de febrero de 2008
>
> A quien corresponda:
>
> Me dirijo a usted para recomendar a Carlos Vélez para el puesto de asistente personal en la compañía Lozada y Asociados. Conozco a Carlos desde el año 2004 cuando…

Preview Briefly discuss with students what makes a good letter of recommendation. Ask: **¿Es importante incluir algún ejemplo o anécdota que muestra las capacidades del candidato? ¿Debe exagerar las cualidades del candidato?**

Paso 1 En parejas, conversen sobre estos temas y ayuden a su compañero/a a completar la tabla con la información necesaria para escribir la carta.

Datos	Nombre: ____________
1. Puesto de trabajo que tu compañero/a solicita y características de la empresa	
2. Relación profesional o académica que tienes con el candidato (desde cuándo se conocen, trabajos realizados, etc.)	
3. Características que lo/la hacen un(a) candidato/a ideal para el puesto	

Paso 1 Vary this step by having students write on a sheet of paper their name, the job they want to apply for, and a few lines about the company and the job requirements. Collect the notes and hand them out at random. Students then write a recommendation letter for the classmate whose notes they receive, answering items 2 and 3 on their own. Give the completed letters to the "applicants" and have them guess who wrote their recommendation.

Paso 2 Escribe una carta formal dirigida a la compañía que ofrece el puesto. La carta debe indicar a qué puesto de trabajo se refiere y debe incluir datos sobre la relación con el/la candidato/a y sus características o atributos. Sigue el modelo de carta formal de la p. 179.

Paso 2 Brainstorm additional useful phrases and adjectives as a class and write them on the board for students to refer to as they write their letters.

Expresiones útiles

- Me dirijo a usted con el fin de recomendar a… para el puesto de…
- Hemos colaborado en varios proyectos en los que...
- Si usted contratara a…,
- Estoy seguro/a de que…
- Quedo a su disposición por cualquier duda o pregunta que tenga.

Paso 3 Intercambia la carta con tu compañero/a. ¿Estás de acuerdo con lo que escribió sobre ti? ¿Piensas que su recomendación te ayudaría a conseguir el puesto? ¿Qué cambiarías de la carta?

Paso 3 Follow up pair work by having students revise their letters to include suggestions from the "applicant."

Preparación

En muchos países hispanos, los créditos personales para las clases media y baja no son abundantes. Entre otros motivos, está la falta de estabilidad económica de estos segmentos de la población. En los últimos años, se ha visto un incremento de los 'microcréditos' otorgados por algunos bancos y organizaciones sin fines de lucro (ONG). El microcrédito consiste en préstamos de pequeñas cantidades de dinero a una tasa de interés baja que los clientes podrán devolver fácilmente.

Conexión personal ¿Qué soñabas ser de grande cuando eras chico? ¿Se cumplieron tus deseos?

Vocabulario

la empresa (familiar) *(family-run) company*
el/la empresario/a *business owner*
la hipoteca *mortgage*
la imprenta *printing company*
el préstamo (bancario) *(bank) loan*
la tasa de interés *interest rate*

1 Indica la palabra que corresponde a cada definición.

1. contrato en el que se recibe dinero y se usa un inmueble como garantía de pago hipoteca
2. mujer que es dueña de una empresa empresaria
3. porcentaje adicional que debe devolverse cuando se recibe un préstamo tasa de interés
4. una compañía cuyos dueños son miembros de una familia empresa familiar

El voseo La palabra **voseo** se refiere al uso de **vos** en lugar de **tú** y se utiliza en casi todo Uruguay (de donde viene este anucio) y en muchos otros países. En este uso, los verbos en presente en la segunda persona del singular se acentúan en la última sílaba. Los verbos irregulares se conjugan como si fueran regulares. Ejemplos: **vos sos = tú eres; vos querés = tú quieres**

El voseo Have students locate instances of **voseo** in the video captions.

Anuncio de Banco Comercial: Charla

HOMBRE ¿Así que vos sos yo cuando era chico?
NIÑO Sí.

NIÑO (*Mirando las máquinas.*) ¿Todas estas máquinas son tuyas?

NIÑO Es linda.
HOMBRE Sabía que te iba a gustar.

Preview Expand on the information about **microcréditos** by telling students that countries such as Ecuador, Colombia, Mexico, Spain, and even the United States, offer such loans to people unable to obtain traditional bank loans. The loans are often granted to the self-employed, small business owners, and especially to women. After an individual repays a loan, he or she then qualifies for a larger loan.

① Have students correct the false statements.

② Call on students to share their answers. Create a master list on the board and have students discuss the similarities and differences.

NIÑO ¿Sos astronauta?
HOMBRE (*Risas*) No, no, no. Tengo una imprenta.

④ Preview the activity by brainstorming useful words. Refer to the **Contextos** vocabulary list for ideas.

NIÑO (*Sube y baja las ventanas del auto*.) ¿Te casaste con la maestra Adela?

NIÑO Decime. ¿La casa tiene un limonero (*lemon tree*) en el frente?

Ampliación

1. Indica si las oraciones son **ciertas** o **falsas**.
   1. De niño, el hombre quería ser astronauta. Cierto
   2. El hombre no es dueño de la imprenta. Falso
   3. El hombre se casó con la maestra Adela. Falso
   4. La casa tiene un limonero en el frente. Cierto
   5. El hombre realizó todos sus proyectos sin ayuda de nadie. Falso

2. Si pudieras hablar contigo mismo con veinte años más, ¿qué le preguntarías a tu propio "yo"? Escribe una lista de preguntas sobre la familia, el trabajo, tus sueños, etc. Después, respóndelas. Comparte la lista con tus compañeros/as.

3. Conversa con un(a) compañero/a sobre cuál es la intención del anuncio. ¿A qué tipo de clientes está dirigido? ¿A qué clase social pertenecen? ¿Qué servicios bancarios se ofrecen?

4. En parejas, dramaticen una conversación telefónica entre un empleado y un cliente de *Banco Comercial*. El/la cliente acaba de ver el anuncio y quiere obtener más información sobre los servicios bancarios.

5. En grupos, conversen sobre estas preguntas.
   1. En tu país, ¿qué piensa la gente de los bancos? ¿Tienen una imagen positiva o negativa? ¿Por qué?
   2. En tu país, ¿tendría éxito este anuncio? ¿Por qué? ¿Qué cambiarías?
   3. ¿Qué ventajas tiene el acceso al crédito bancario? Para el promedio de la gente, ¿es fácil conseguir crédito?
   4. ¿Es buena idea dar crédito a estudiantes que no tienen fuente de ingreso?
   5. Basándote en lo que leíste y tu interpretación del aviso, ¿a qué tipos de clientes da créditos este banco? ¿Por qué?

8 VOCABULARIO

El trabajo

el aumento de sueldo	*raise in salary*
la compañía	*company*
la conferencia	*conference*
el contrato	*contract*
el currículum vitae	*résumé*
el empleo	*employment; job*
la entrevista de trabajo	*job interview*
el puesto	*position; job*
la reunión	*meeting*
el sueldo mínimo	*minimum wage*
administrar	*to manage; to run*
ascender (e:ie)	*to rise; to be promoted*
contratar	*to hire*
despedir (e:i)	*to fire*
exigir	*to demand*
ganar bien/mal	*to be well/poorly paid*
ganarse la vida	*to earn a living*
jubilarse	*to retire*
renunciar	*to quit*
solicitar	*to apply for*
(des)empleado/a	*(un)employed*
exitoso/a	*successful*
(in)capaz	*(in)competent; (in)capable*

La gente en el trabajo

el/la asesor(a)	*consultant; advisor*
el/la contador(a)	*accountant*
el/la dueño/a	*owner*
el/la ejecutivo/a	*executive*
el/la empleado/a	*employee*
el/la gerente	*manager*
el hombre/la mujer de negocios	*businessman/woman*
el/la socio/a	*partner; member*
el/la vendedor(a)	*salesperson*

INSTRUCTIONAL RESOURCES
Supersite/IRCD: Testing program

La economía

la bolsa de valores	*stock market*
el comercio	*commerce; trade*
el desempleo	*unemployment*
la empresa multinacional	*multinational company*
la globalización	*globalization*
la huelga	*strike*
el impuesto (de ventas)	*(sales) tax*
la inversión (extranjera)	*(foreign) investment*
el mercado	*market*
la pobreza	*poverty*
la riqueza	*wealth*
el sindicato	*labor union*
exportar	*to export*
importar	*to import*

Las finanzas

el ahorro	*savings*
la bancarrota	*bankruptcy*
el cajero automático	*ATM*
la cuenta corriente	*checking account*
la cuenta de ahorros	*savings account*
la deuda	*debt*
el presupuesto	*budget*
ahorrar	*to save*
cobrar	*to charge; to receive*
depositar	*to deposit*
financiar	*to finance*
gastar	*to spend*
invertir (e:ie)	*to invest*
pedir (e:i) prestado/a	*to borrow*
prestar	*to lend*
a corto/largo plazo	*short/long-term*
fijo/a	*permanent; fixed*
financiero/a	*financial*

Más vocabulario

Expresiones útiles	*Ver p. 217*
Estructura	*Ver pp. 224–225, 228–229 y 232–233*

La cultura popular y los medios de comunicación

9

Communicative Goals

You will expand your ability to...

- express will, emotion, doubt, or denial in the past
- write more complex sentences

Contextos

- La televisión, la radio y el cine
- La cultura popular
- Los medios de comunicación
- La prensa

Fotonovela

- *¡O estás con ella o estás conmigo!*

Exploración

Uruguay y Paraguay

- **En detalle:** El mate
- **Perfil:** Las murgas y el candombe
- **Ritmos:** Natalia Oreiro

Estructura

- The present perfect subjunctive
- Relative pronouns
- The neuter **lo**

Atando cabos

- ¡A conversar!
- ¡A escribir!

Manual de gramática

- Más práctica
- Más gramática

Actualidades

- **Tira cómica:** Leonardo Ríos

INSTRUCTIONAL RESOURCES
Supersite/IRCD: Audioscripts, Textbook Answer Key, SAM Answer Key
SAM/WebSAM: WB, LM

La cultura popular y **los medios de comunicación**

Preview Initiate a discussion about current trends, the latest fads, and popular culture. Ask about the importance of television, news, and online media in students' lives.

La televisión, la radio y el cine

La **locutora** anunció a los **oyentes** de la **radioemisora** que iba a presentar una canción de la **banda sonora** del nuevo éxito de Almodóvar.

la banda sonora *soundtrack*
la cadena *network*
el canal *channel*
el/la corresponsal *correspondent*
el/la crítico/a de cine *film critic*
el documental *documentary*
los efectos especiales *special effects*
el episodio (final) *(final) episode*
el/la locutor(a) de radio *radio announcer*
el/la oyente *listener*
la (radio)emisora *radio station*
el reportaje *news report*
el/la reportero/a *reporter*
los subtítulos *subtitles*
la telenovela *soap opera*
el/la televidente *television viewer*
el video musical *music video*

grabar *to record*
rodar (o:ue) *to film*
transmitir *to broadcast*

doblado/a *dubbed*
en directo/vivo *live*

Variación léxica
el episodio ⟷ el capítulo
los chismes ⟷ el cotilleo (Esp.)
Point out that **actual** and **actualidad** are false cognates.

La cultura popular

la celebridad *celebrity*
el chisme *gossip*
la estrella (pop) *(pop) star [m/f]*
la fama *fame*
la moda pasajera *fad*
la tendencia/la moda *trend*

hacerse famoso/a *to become famous*
tener buena/mala fama *to have a good/bad reputation*

actual *current*
de moda *popular; in fashion*
influyente *influential*
pasado/a de moda *out-of-date; no longer popular*

Siempre dormía muy mal.
Nunca podía relajarme.
Estaba desesperado: no sabía qué hacer.
Ahora, mis problemas están resueltos con mi nueva cama.
DORMALUX
LA CAMA DE TUS SUEÑOS

Los medios de comunicación

el acontecimiento *event*
la actualidad *current events*
el anuncio *advertisement; commercial*
la censura *censorship*
la libertad de prensa *freedom of the press*
los medios de comunicación *media*
la parcialidad *bias*
la publicidad *advertising*
el público *public; audience*

enterarse (de) *to become informed (about)*
estar al tanto/al día *to be informed, up-to-date*

actualizado/a *up-to-date*
controvertido/a *controversial*
de último momento *up-to-the-minute*
destacado/a *prominent*
(im)parcial *(un)biased*

La prensa

María lee el **periódico** todas las mañanas. Prefiere leer primero los **titulares** de la **portada** y las **tiras cómicas**. Después lee las **noticias internacionales**.

el/la lector(a) *reader*
las noticias locales/nacionales/internacionales *local/domestic/international news*
el periódico/el diario *newspaper*
el/la periodista *journalist*

la portada *front page; cover*

El Mundo
El Presidente denuncia terrorismo
Ex líder robó fondos secretos

la prensa *press*
la prensa sensacionalista *tabloid(s)*
el/la redactor(a) *editor*
la revista (electrónica) *(online) magazine*
la sección de sociedad *lifestyle section*
la sección deportiva *sports page/section*
la tira cómica *comic strip*
el titular *headline*

---

imprimir *to print*
publicar *to publish*
suscribirse (a) *to subscribe (to)*

Práctica

(1) As students listen to the news report and interview, have them jot down notes and key words.

1 Escuchar

A. La famosa periodista Laura Arcos está esperando la llegada de famosos al Teatro Nacional, donde se van a entregar unos premios. Escucha lo que dice Laura y después elige la opción correcta.

1. a. Es un programa de radio.
   (b.) Es un programa de televisión.
2. a. Se van a entregar premios al mejor teatro hispano.
   (b.) Se van a entregar premios al mejor cine hispano.
3. a. El programa se grabó la noche anterior.
   (b.) El programa se transmite en directo.
4. (a.) Augusto Ríos es un reportero de la sección de sociedad.
   b. Augusto Ríos es un famoso crítico de cine.
5. a. Augusto Ríos no sabe mucho de moda.
   (b.) Augusto Ríos está al tanto de la última moda.

B. Laura Arcos entrevista a la actriz Ángela Vera. Escucha su conversación y después contesta las preguntas.
Answers will vary. Possible answers.

1. ¿Es importante para la actriz Ángela Vera seguir las tendencias de la moda? no
2. ¿Ha tenido buenas críticas su última película? sí
3. ¿Es el director de la película una celebridad? no
4. ¿A qué género pertenecía la primera película de Juan Izaguirre y de qué se trataba? documental; la prensa sensacionalista

2 Analogías

Completa cada analogía.

actual	**destacado**	**imprimir**
chisme	**emisora**	**lector**

1. radio: oyente :: revista : lector
2. televisión : cadena :: radio : emisora
3. parcialidad : parcial :: actualidad : actual
4. periódico : noticia :: prensa sensacionalista : chisme
5. cine : rodar :: prensa : imprimir
6. influyente : importante :: prominente : destacado

(2) For advanced classes, have students describe the relationship between each word set. Ex: **el/la oyente es la persona que escucha la radio; el/la lector(a) es la persona que lee la revista.**

Práctica

③ For additional practice, have students work in pairs to create definitions for five more words. Then have them exchange papers with another pair and complete the activity.

3 Definiciones Indica las palabras que corresponden a cada definición.

__a__ 1. Dice si una película es buena o no.	a. crítico de cine
__e__ 2. Escucha la radio.	b. estrella pop
__d__ 3. Habla en la radio.	c. lector
__c__ 4. Se suscribe a sus revistas y periódicos favoritos.	d. locutor
__b__ 5. Aparece en videos musicales y conciertos.	e. oyente
__f__ 6. Revisa artículos y mejora la calidad de la revista.	f. redactor

④ As an optional writing assignment, have students write a short paragraph for the society section of the newspaper summarizing the celebrity interview.

4 El acontecimiento del año Completa este párrafo con las palabras de la lista.

acontecimiento	**destacado**	**mala fama**	**sensacionalista**
anuncios	**enterarme**	**periodista**	**tira cómica**
cadena	**estrella**	**público**	**transmitieron**

No quise perderme el (1) __acontecimiento__ del año en la televisión y al final me lo perdí. La (2) __estrella__ de cine asistió al estreno de su última película y una (3) __periodista__ famosa la entrevistó. Fotógrafos de buena y (4) __mala fama__ sacaban fotos para venderlas a las revistas de prensa (5) __sensacionalista__. Algunos reporteros entrevistaban a un (6) __destacado__ crítico de cine. El (7) __público__ se entretenía viendo escenas de la película en una pantalla gigante. Varios canales de televisión (8) __transmitieron__ el acontecimiento en directo. Al final, no sé qué pasó. Cambié de canal durante los (9) __anuncios__ y me dormí. Mañana voy a leer la sección de sociedad para (10) __enterarme__ de todos los detalles.

⑤ Ask heritage speakers to talk about the press in their families' countries of origin.

5 Los medios de comunicación Indica si estás de acuerdo o no con cada afirmación. Después, comparte tus opiniones con la clase.

	Sí	No
1. Hoy día es más fácil enterarse de lo que pasa en el mundo.	☐	☐
2. Gracias a la información que transmiten los medios de comunicación, la gente tiene menos prejuicios que antes.	☐	☐
3. La libertad de prensa es un mito.	☐	☐
4. La publicidad tiene como objetivo entretener al público.	☐	☐
5. El único objetivo de la prensa sensacionalista es informar.	☐	☐
6. Gracias a Internet, es fácil encontrar información imparcial.	☐	☐
7. La imagen tiene mucho poder en el mundo de la comunicación.	☐	☐
8. Hoy día los reporteros son vendedores de opiniones.	☐	☐
9. Tenemos demasiada información. Es imposible asimilarla.	☐	☐
10. El mundo es un sitio mejor gracias a los medios de comunicación.	☐	☐

Teaching option For additional practice, write the words **radio, cine, periódico, televisión**, and **revista** on the board. For each media form, have students call out related words from **Contextos**. Ex: **radio: emisora, locutor, oyente, estrella pop.**

Comunicación

6 Preguntas En parejas, conversen sobre estas preguntas y comparen sus intereses y opiniones.

1. Si tuvieras la oportunidad de hacerlo, ¿trabajarías en una telenovela?
2. Si fueras un(a) corresponsal político/a, ¿crees que podrías ser imparcial?
3. ¿Crees que la censura de la prensa es necesaria en algunas ocasiones? ¿En cuáles?
4. ¿Qué periodista piensas que es el/la más controvertido/a? ¿Por qué?
5. ¿Te interesa leer noticias de actualidad? ¿Por qué?
6. ¿Qué secciones del periódico te interesan más? ¿Qué programas de radio y de televisión?
7. ¿Cuáles son las características de un buen locutor? ¿Es mejor si entretiene al público o si habla lo mínimo indispensable?
8. ¿Te interesan más las noticias locales, nacionales o internacionales? ¿Por qué?
9. Cuando miras una película, ¿qué te importa más: la trama (*plot*), la actuación, los efectos especiales o la banda sonora?
10. Si pudieras suscribirte gratis a cinco revistas, ¿cuáles escogerías? ¿Por qué?

7 Escritores

A. En parejas, elijan tres formatos de la lista y escriban por lo menos tres oraciones que podrían aparecer en cada uno de ellos. ¡Sean creativos!

- la portada de un periódico
- el episodio final de una comedia
- un documental
- un *talk show* de radio controvertido
- un artículo de una revista sensacionalista
- una tira cómica

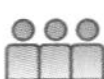

B. Ahora, lean sus oraciones a otra pareja para que trate de adivinar el formato en el que aparece cada oración.

8 Nueva revista En grupos pequeños, imaginen que trabajan en una agencia de publicidad y los han contratado para promocionar una revista que va a salir al mercado. Diseñen un anuncio y después compártanlo con la clase. Usen las preguntas como guía.

- ¿Cuál es el nombre?
- ¿En qué se diferencia esta revista de otras?
- ¿Qué secciones va a tener?
- ¿Cómo son los periodistas y reporteros que van a trabajar en ella?
- ¿Qué tipo de lectores busca?

(6) For item 3, divide the class into two groups and organize a debate about censorship and freedom of the press.

(7) Part A: For expansion, add these items to the list: **un anuncio de servicio público, un noticiero de 24 horas, el primer episodio de una telenovela, la sección de sociedad de un periódico.**

(8) Have students also describe the primary market for their magazine. **¿Quién leería esta revista? ¿Qué tipos de anuncios encontrarían en la revista?**

Teaching option For an optional writing activity, ask students to write and read an original piece of news (weather report, movie review, sports article). Have the class vote on the most original, funniest, most realistic, etc.

FOTONOVELA

SUPERSITE

Fabiola consigue su primer papel como doble de una estrella de telenovelas.

Synopsis
- Fabiola announces that she will make an appearance on a soap opera.
- It becomes apparent that Aguayo is a soap opera fan.
- Fabiola rehearses her scene in the office.
- After learning what an actor's double does, Fabiola prepares to rehearse a fall.

JOHNNY ¿Qué tal te fue?

FABIOLA Bien.

AGUAYO ¿Es todo lo que tienes que decir de una entrevista con Patricia Montero, la gran actriz de telenovelas? Pensé que estarías más emocionada.

FABIOLA Lo estoy. Tengo que hacer mi gran escena en la telenovela y quiero concentrarme.

AGUAYO Y JOHNNY ¿Qué?

FABIOLA Al terminar la entrevista, cuando salí del camerino un señor me preguntó si yo era la doble de Patricia Montero.

MARIELA ¿Y qué le dijiste?

FABIOLA Dije, bueno... sí.

AGUAYO ¡No puedo creer que hayas hecho eso!

FABIOLA Fue una de esas situaciones en las que uno, aunque realmente no quiera, tiene que mentir.

ÉRIC Y, ¿qué pasó después?

FABIOLA Me dio estos papeles.

JOHNNY ¡Es el guión de la telenovela!

FABIOLA Mañana tengo que estar muy temprano en el canal, lista para grabar.

JOHNNY ¡Aquí hay escenas bien interesantes!

Más tarde, ensayando la escena...

FABIOLA Éric será el director.

JOHNNY ¿Por qué no puedo ser yo el director?

ÉRIC No tienes los juguetitos.

FABIOLA Tú serás Fernando y Mariela será Carla.

ÉRIC Comencemos. Página tres. La escena en donde Valeria sorprende a Fernando con Carla. Tú estarás aquí y tú aquí. *(Los separa.)*

JOHNNY ¿Qué? ¿No sabes leer? *(Lee.)* "Sorprende a Fernando en los *brazos* de Carla". *(Se abrazan.)*

ÉRIC Está bien. Fabiola, llegarás por aquí y los sorpenderás. ¿Listos? ¡Acción!

FABIOLA ¡Fernando Javier! Tendrás que decidir. ¡O estás con ella o estás conmigo!

JOHNNY ¡Valeria... ! *(Pausa.)*

JOHNNY *(Continúa.)* Ni la amo a ella, ni te amo a ti... *(Diana entra.)* Las amo a las dos.

Diana se queda horrorizada.

INSTRUCTIONAL RESOURCES Supersite/DVD: Fotonovela **Supersite/IRCD:** Videoscript & Translation, SAM Answer Key **SAM/WebSAM:** VM

Preview Before reading the dialogue, assign the video stills to ten students. The first predicts what happens in the first video still. The next student continues based on the previous answer, and so on.

Personajes

AGUAYO

DIANA

ÉRIC

FABIOLA

JOHNNY

MARIELA

AGUAYO *(Lee.)* "Valeria entra a la habitación y sorprende a Fernando en brazos de..." ¿Carla? *(Pausa.)*

AGUAYO *(Continúa.)* "Sorprende a Fernando en brazos de Carla." ¡Lo sabía! Sabía que el muy idiota la engañaría con esa estúpida. Ni siquiera es lo suficientemente hombre para...

Aguayo se va. Los demás se quedan sorprendidos.

AGUAYO Me alegro que hayas conseguido ese papel. El otro día pasé frente al televisor y vi un pedacito. Mi esposa no se la pierde.

FABIOLA Hablando de eso, quería pedirle permiso para tomarme el resto del día libre. Necesito ensayar las escenas de mañana.

AGUAYO Las puedes practicar en la oficina. A los chicos les encanta ese asunto de las telenovelas.

FABIOLA *(Explica la situación.)* Y por eso estamos ensayando mis escenas.

DIANA Gracias a Dios... pero yo creo que están confundidos. Los dobles no tienen líneas. Sólo hacen las escenas en donde la estrella está en peligro.

MARIELA Cierto. *(Lee.)* Página seis: "Valeria salta por la ventana".

Más tarde...

ÉRIC ¡Acción!

FABIOLA Sé que decidieron casarse. Espero que se hayan divertido a mis espaldas. Adiós mundo cruel. *(Grita pero no salta.)* ¡Aaahhhggg!

ÉRIC Muy bien. Ahora, ¡salta!

FABIOLA Ni loca. Primero, mi maquillaje.

Expresiones útiles

Referring to general ideas and concepts

¡Lo sabía!
I knew it!

¿Es todo lo que tienes que decir?
Is that all you have to say?

Lo difícil/interesante/triste es...
The hard/interesting/sad thing is...

¡No puedo creer que hayas hecho eso!
I can't believe what you've done!

Les encanta ese asunto de las telenovelas.
They love all that soap opera stuff.

Introducing an idea or opinion

Hablando de eso...
Speaking of that . . .

Ahora que lo dices...
Now that you mention it . . .

Estando yo en tu lugar...
If I were you . . .

Por mi parte... *As for me . . .*

A mi parecer... *In my opinion . . .*

Additional vocabulary

a mis espaldas *behind my back*
el actor/la actriz *actor/actress*
el camerino *star's dressing room*
el/la doble *double*
engañar *to deceive; to trick*
ensayar *to rehearse*
el guión *screenplay; script*
¡Ni loco/a! *No way!*
el papel *role*

Comprensión

① To check comprehension, have students write five sentences describing what happened in the video.

1 ¿Qué paso? Respondan a las preguntas con oraciones completas.

1. ¿Por qué Fabiola dice que necesita concentrarse?
   Lo dice porque tiene que ensayar su escena en la telenovela.
2. ¿Cómo consiguió Fabiola el papel?
   Un señor le preguntó si era la doble de Patricia Montero y ella le dijo que sí.
3. ¿Cuál es el personaje de la telenovela que no le gusta a Aguayo?
   A Aguayo no le gusta Fernando.
4. ¿Qué ve Valeria, la protagonista, cuando entra a la habitación?
   Valeria ve a Fernando en brazos de Carla.
5. ¿A quién ama Fernando?
   Fernando ama a las dos mujeres.
6. ¿Por qué cree Diana que sus compañeros están confundidos?
   Diana cree que están confundidos porque los dobles no tienen líneas.

② Part B: For expansion, have students continue the activity by writing four additional sentences from this episode. Then ask them to exchange papers with a partner and match each sentence with a character.

2 ¿Quién es? Todos quieren ayudar a Fabiola a ensayar las escenas de la telenovela.

A. ¿Quién representa cada papel?

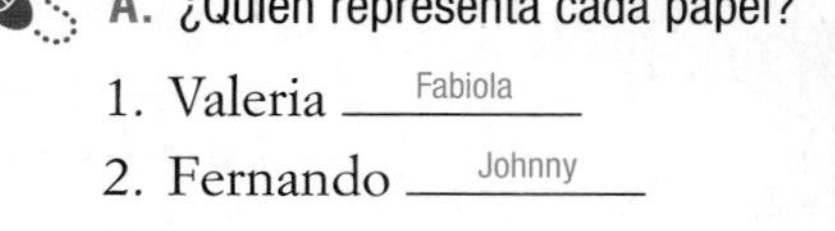

1. Valeria Fabiola
2. Fernando Johnny
3. Carla Mariela

4. El director de la telenovela Éric

Aguayo

Diana

Éric

Johnny

Mariela

Fabiola

B. ¿Cuál de los empleados de *Facetas* haría cada uno de estos comentarios?

1. ¡Uy! ¿Se habrán dado cuenta de que yo veo telenovelas? Aguayo
2. Este papel es aburridísimo. ¡No logro decir ni una palabra! Mariela
3. Soy el más preparado para dirigir a los actores. Éric
4. Mis compañeros no saben nada sobre los dobles. Diana
5. Este papel es más peligroso de lo que pensaba. Fabiola
6. ¡Este director no sabe nada! Voy a hacer lo que dice el guión. Johnny

③ For additional discussion, give students these sentences.

7. Los buenos actores no tienen que ensayar mucho.

8. Las telenovelas son sólo para las mujeres.

9. Cuando una actriz envejece, ya no hay papeles para ella.

Teaching option If resources permit, have students watch an episode from a current **telenovela** and write a brief summary or critique.

3 Opiniones En parejas, indiquen si están de acuerdo con estas afirmaciones. Justifiquen sus respuestas y compartan sus opiniones con la clase.

Sí	No	
☐	☐	1. Hay ciertas situaciones en las que, aunque uno no quiera, es mejor mentir que decir la verdad.
☐	☐	2. Ser actor/actriz es más interesante que ser director(a).
☐	☐	3. Es posible estar enamorado/a de dos personas a la vez.
☐	☐	4. Si pudiera escoger, preferiría ser una estrella de tele que ser el/la doble.
☐	☐	5. Si descubriera a mi novio/a en los brazos de otra persona, rompería con él/ella.
☐	☐	6. Para hacerse famoso/a, es más importante ser bello/a que talentoso/a.

Ampliación

4 **Los productores** En grupos de cinco, inventen su propia telenovela. Primero, asignen papeles a estos cinco actores y expliquen la relación entre ellos. Luego, inventen un título para la telenovela y escriban el guión para una de las escenas. Finalmente, representen la escena a la clase.

Lida

Francisco

José

Lourdes

Martín

5 **Apuntes culturales** En parejas, lean los párrafos y contesten las preguntas.

Camino a las estrellas

¡Fabiola consiguió su primer papel en una telenovela! Las telenovelas latinoamericanas se pueden comparar al cine de Hollywood por su importancia social y económica. Megaestrellas mexicanas como **Thalía**, Salma Hayek y Gael García Bernal (Lección 2), que iniciaron sus carreras artísticas en telenovelas, no habrían alcanzado (*would not have reached*) su fama actual sin ellas. ¿Tendrá la misma suerte Fabiola?

La (anti)estrella

Fabiola daría todo por ser una estrella de telenovela, pues ellas son mujeres muy bellas… excepto ***Betty, la fea***. La estrella de esta producción colombiana, que rompió con todos los estereotipos de belleza femenina, logró conquistar corazones con frenillos (*braces*), gafas con marcos gruesos y ropa pasada de moda. ¿Qué tal se vería Fabiola como la doble de Betty en la versión estadounidense, *Ugly Betty*?

La radionovela

Aguayo es un gran aficionado a las telenovelas. Otro género muy popular en todo el mundo hispano es la radionovela. Este tipo de novela transmitida por radio entretiene a audiencias tanto como las telenovelas, y en Centroamérica también cumple la función de educar a los habitantes sobre los desastres naturales y sus medidas de prevención.

1. ¿Qué otras megaestrellas latinas conoces? ¿Cómo comenzaron su carrera?
2. ¿En qué se diferencian las telenovelas latinoamericanas de las de EE.UU.?
3. ¿Conoces otras antiestrellas? ¿Cómo se hicieron famosas?
4. ¿Escuchas radio? ¿Qué programas? ¿Escuchas radionovelas?
5. ¿Te gustan las telenovelas o prefieres las series semanales?

(4) To help students write their soap operas, encourage them to make a diagram of the relationship between the characters before they begin writing dialogue.

(4) Adjust the number and/or gender of this activity to fit your class.

(5) For item 2, have heritage speakers talk about popular soap operas that their families watch on Spanish television channels.

(5) Ask additional discussion questions.

¿Creen que las radionovelas pueden captar la atención de los oyentes de la misma manera que las telenovelas a sus televidentes? Si fueran actores, ¿qué preferirían: actuar en una radionovela o en una telenovela? ¿Por qué?

INSTRUCTIONAL RESOURCES
Supersite/DVD: Flash cultura; **Supersite:** Videoscript & Translation

En detalle

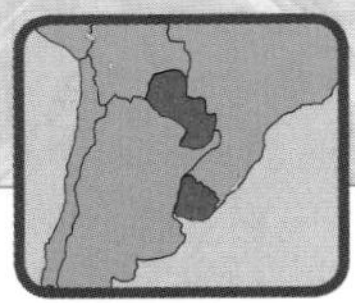

URUGUAY Y PARAGUAY

EL MATE

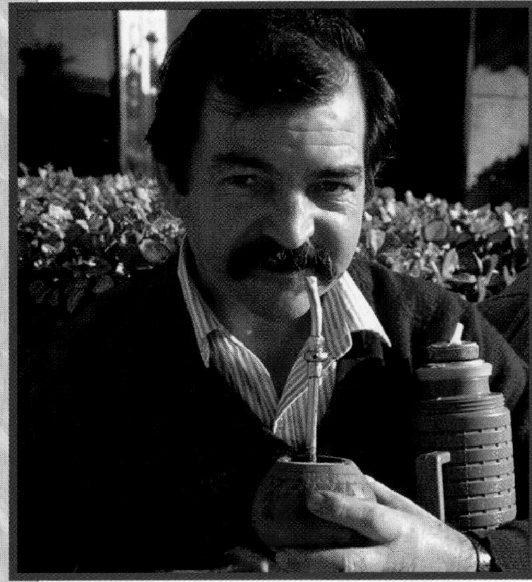

Si visitas Montevideo, vas a presenciar° una escena cotidiana° muy llamativa°: gente bebiendo de un extraño recipiente con un tubito de metal. Dentro del curioso recipiente (el mate), generalmente hecho de una calabaza° seca, está la famosa yerba mate. Aunque el Uruguay no produce yerba mate, es el principal consumidor per cápita del mundo. Millones de personas consumen esta infusión, que se ha convertido en el distintivo° cultural del Uruguay, el Paraguay y la Argentina. También se consume en el sur del Brasil y en Chile.

Una leyenda cuenta que el dios Tupá bajó del cielo y les enseñó a los guaraníes° cómo preparar y tomar la yerba mate. En tiempos de la conquista, los jesuitas cultivaban yerba mate, pero preparaban la bebida como té. Creían que la forma tradicional —usando una calabaza y un tubito llamado bombilla— era obra del demonio. Sin embargo, los intentos de prohibición no tuvieron éxito y la bebida se expandió rápidamente entre los gauchos° y los esclavos° africanos.

Tal vez el mate se haya convertido en un ritual debido a su efecto energizante. La yerba contiene mateína, una sustancia similar a la cafeína pero que no tiene los mismos efectos negativos sobre los patrones° de sueño. Además de ser antioxidante, aporta vitaminas y minerales importantes como potasio, fósforo y magnesio.

Cómo preparar o "cebar" mate

- Calentar agua (¡No tan caliente como para el té!)
- Llenar ¾ del mate con yerba
- Verter° agua caliente
- Colocar la bombilla
- ¡Comenzar la mateada!

La "mateada"

- Todos toman del mismo mate.
- La persona que ceba el mate —el cebador— va pasando el mate lleno a cada persona y toma último.

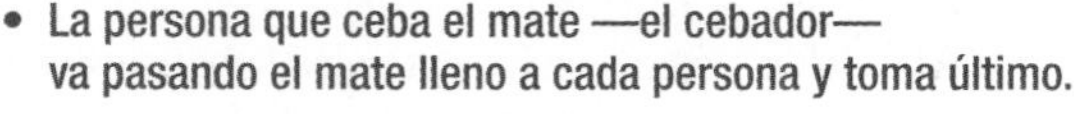

Sin embargo, el mate se toma más por tradición que por sus propiedades. La bebida se ha arraigado° tanto en la rutina diaria del Uruguay y el Paraguay, que ya forma parte de la identidad popular. Según el renombrado antropólogo Daniel Vidart, "tras el[...] preparar, cebar y tomar mate hay una concepción del mundo y de la vida[...] el mate[...] empareja° las clases sociales". ■

presenciar *witness* **cotidiana** *everyday* **llamativa** *striking* **calabaza** *gourd* **distintivo** *sign* **guaraníes** *Guarani (indigenous group)* **gauchos** *inhabitants of the flatlands of Uruguay and Argentina* **esclavos** *slaves* **patrones** *patterns* **arraigado** *rooted* **empareja** *makes even* **Verter** *To pour*

En detalle Preview the reading by asking students about the role of food and drink in bringing people and cultures together. Ex: **¿De qué manera unen a la gente las comidas y las bebidas? ¿Algunas tienen este efecto más que otras? Den ejemplos.**

Así lo decimos Ask discussion questions to activate the vocabulary. Ex: **¿Cuál es su refresco preferido? Si vivieran en Argentina, ¿serían materos/as?**

Perfil Have students give additional examples of musical genres that incorporate sounds from other cultures (jazz, ska, blues).

ASÍ LO DECIMOS

El mate y otras bebidas

jugo (Amér. L.) *juice*
zumo (Esp.) *juice*
refresco (Esp. y Méx.) *soda*
fresco (Hon.) *soda*
infusión *herbal tea*

mate (Bol.) *any kind of tea*
tereré (Par. y Arg.) *cold **mate***

ser un(a) matero/a *(of a person) to drink a lot of **mate***
ser un mate amargo (Arg. y Uru.) *to have no sense of humor / to be moody*

EL MUNDO HISPANOHABLANTE

Bebidas y bailes

Otras bebidas típicas

Introducida en 1910, **Inca Kola** es la gaseosa° más popular del Perú. Es de color amarillo brillante y se hace con hierba luisa. Eslóganes como "Es nuestra" la convirtieron en un símbolo nacional capaz de imponerse ante la Coca-Cola.

La **horchata** es una bebida típica salvadoreña y de otros países de Centroamérica. Elaborada a base de arroz y agua, se puede saborear con azúcar, canela°, vainilla o lima.

Otros bailes típicos

Hoy la **cumbia** se escucha por toda Latinoamérica. Su origen proviene de ritmos que llegaron a Colombia con los esclavos africanos. Este ritmo contagioso se baila en discotecas, bailes y fiestas.

Comúnmente se asocia la **salsa** con el Caribe y Centroamérica, pero este género nació en barrios hispanos neoyorquinos como resultado de una mezcla de influencias puertorriqueñas, cubanas, africanas, españolas y estadounidenses.

PERFIL

LAS MURGAS Y EL CANDOMBE

La fusión de tradiciones españolas, africanas y americanas se convierte en protagonista del Carnaval de Montevideo a través de las murgas. La murga uruguaya, un género músico-teatral de finales del siglo XIX, es el principal atractivo del carnaval. Sus representaciones, en las que participan normalmente unas quince personas, suelen centrarse en dos temas: el propio carnaval y la crítica social. Hoy, es una de las expresiones más poderosas de identidad uruguaya, pues combina un fuerte mensaje político con la influencia de músicas populares más antiguas, como el candombe. Éste es un estilo musical, nacido en Uruguay, que proviene de los ritmos africanos traídos por los esclavos de la época colonial. Los grupos que tocan candombe se llaman comparsas y durante el carnaval toman las calles de Montevideo en el conocido desfile de llamadas, una celebración de la herencia mestiza y mulata de Uruguay. El Carnaval de Montevideo se inicia en enero y termina a principios de marzo.

"Un pueblo sin tradición es un pueblo sin porvenir." (Alberto Lleras Camargo, político colombiano)

SUPERSITE **Conexión Internet**

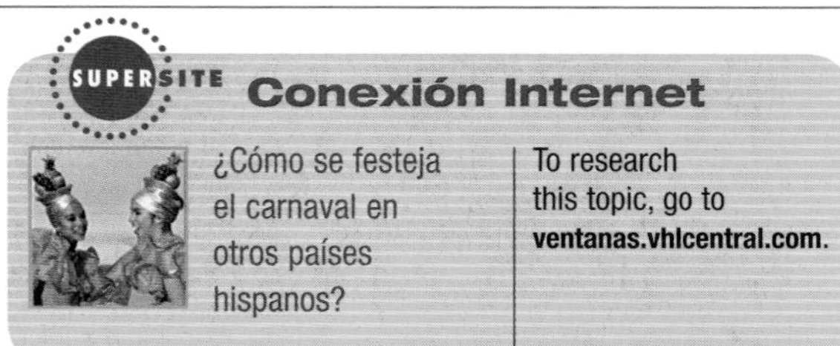

¿Cómo se festeja el carnaval en otros países hispanos?

To research this topic, go to **ventanas.vhlcentral.com**.

gaseosa *soda* **canela** *cinnamon*

Teaching option Read the quote aloud and explain that **porvenir** means *future*. Then ask: **¿Es posible que los pueblos pierdan sus tradiciones? ¿Quién es responsable de mantener la cultura de un pueblo?**

① As a variant, read the true/false statements aloud. Have students raise one hand if the statement is true and both hands if it is false. Call on volunteers to correct the false statements.

② In pairs, have students create additional sentences with missing words. Then ask them to exchange their papers with other students and complete them.

¿Qué aprendiste?

1 Comprensión Indica si estas afirmaciones sobre el mate son **ciertas** o **falsas**. Corrige las falsas.

1. Es muy frecuente ver gente bebiendo mate en el Uruguay. Cierto.
2. El recipiente para el mate suele ser de metal. Falso. Suele ser una calabaza seca.
3. La bombilla es el tubo que se utiliza para beber el mate. Cierto.
4. El mate se bebe principalmente en la Argentina, el Uruguay y el Paraguay. Cierto.
5. Los primeros en consumir la yerba mate como infusión fueron los guaraníes. Cierto.
6. Según el artículo, la bebida se volvió popular muy rápidamente entre la población no indígena. Cierto.
7. Los jesuitas intentaron prohibir todo tipo de infusiones hechas con yerba mate. Falso. Intentaron prohibir la forma tradicional.
8. La mateína altera los patrones del sueño más que la cafeína. Falso. La mateína no altera los patrones del sueño como la cafeína.
9. Cuando un grupo de personas comparte una mateada, cada persona toma mate de un recipiente distinto. Falso. Todos toman del mismo mate.
10. El mate tiene minerales pero no vitaminas. Falso. El mate tiene minerales y vitaminas.
11. A la persona que sirve el mate se la llama "cebador". Cierto.
12. El mate es más popular por su larga tradición que por sus propiedades para la salud. Cierto.

2 Oraciones incompletas Completa las oraciones.

1. La murga uruguaya es ________.
   a. un grupo de teatro clásico b. un ritmo africano (c.) un género músico-teatral
2. El Carnaval de Montevideo empieza en ________.
   (a.) enero b. febrero c. marzo
3. La horchata se prepara con ________.
   a. trigo b. café (c.) arroz
4. En España, le dicen "zumo" al ________.
   a. té frío b. tereré (c.) jugo

3 Preguntas Contesta las preguntas.

1. ¿Hay radioemisoras o discotecas en donde vives que ponen salsa? ¿Qué bailes son populares en tu ciudad?
2. En tu opinión, ¿cuál es el mensaje del eslogan "Es nuestra", usado para promocionar Inca Kola?
3. ¿Alguna vez tomaste mate? ¿Lo harías? ¿Lo volverías a tomar?
4. En tu cultura, ¿es común que varias personas tomen del mismo recipiente?

4 Opiniones El candombe y la murga forman parte de la identidad cultural de Uruguay. En parejas, hagan una lista de cinco tradiciones de su país que son parte imprescindible de su cultura popular. Después, compartan su lista con la clase.

PROYECTO

Raíces africanas

El **candombe** uruguayo tiene sus raíces en los ritmos que tocaban los esclavos africanos. Muchos otros ritmos populares de América Latina tienen fuerte influencia africana. La lista incluye la cumbia, el merengue, la salsa, el mambo y hasta el tango. Investiga uno de estos ritmos y prepara un afiche informativo para presentar en clase.

Tu investigación debe incluir:

- el nombre del ritmo, su origen e historia
- dónde es popular y cuáles son sus características
- qué importancia/papel tiene el ritmo que elegiste en la cultura popular local
- otros datos importantes

④ For follow-up, have volunteers write their lists on the board. Encourage students to explain why each of the traditions is important.

Proyecto Brainstorm a list of adjectives that might be used to describe music. Ex: **el ritmo lento/rápido, la melodía triste/alegre**. Encourage students to bring in an example of the music they have chosen to present.

SUPERSITE

RITMOS

NATALIA OREIRO

La actriz y cantante pop **Natalia Oreiro** nació en el Uruguay en 1977. Después de un sinnúmero° de audiciones, para las cuales gastaba todos sus ahorros, su gran perseverancia y esfuerzo le permitieron ganarse un lugar en el mundo de la actuación. A los diecisiete años se radicó° en Argentina donde comenzó a grabar telenovelas. En 1998 le llegó la consagración artística con la telenovela *Muñeca° Brava* —vendida a más de cincuenta países— y con su primer papel cinematográfico. Al poco tiempo, la joven actriz logró cumplir su deseo de incursionar en el canto y, a partir de allí, se sucedieron tres álbumes. *Río de la Plata*, del álbum *Tu veneno°*, cuenta cómo de niña creció entre tamboriles y murgas. El éxito de esta uruguaya no sabe de barreras culturales ni lingüísticas: sus canciones hacen furor° tanto en Sudamérica como en Grecia, Israel, India y toda Europa Oriental.

Discografía

2002 Turmalina **2001** Tu veneno **1999** Natalia Oreiro

Canción

Éste es un fragmento de una canción de Natalia Oreiro.

Río de la Plata

por Facundo Monti

Soy del Río de la Plata
Corazón latino
Soy bien candombera
Llevo siempre una sonrisa
Con mi sueño a cuestas°
No tengo fronteras.
Soy del Río de la Plata
Que viva el candombe de sangre caliente
Ritmo que me enciende el alma
Que brilla en los ojos de toda mi gente.

En un reciente trabajo televisivo, *Sos° mi vida*, **Natalia Oreiro** encarna° el personaje de Monita, una boxeadora que vive en un barrio humilde de Buenos Aires llamado La Boca. Para este papel, la artista debió aprender boxeo y entrenar todas las noches. "Yo no había visto ni *Rocky*", confesó un día la actriz.

Preguntas En parejas, contesten las preguntas. Some answers will vary.

1. ¿Qué significa la afirmación de que el éxito de Oreiro no sabe de "barreras culturales ni lingüísticas"? Significa que Oreiro es popular en muchos países.
2. ¿Por qué Oreiro dice en la canción: "Soy bien candombera"? Lo dice porque es uruguaya y el candombe es un ritmo popular que proviene del Uruguay.
3. ¿Cuál es el personaje de su última novela? ¿Crees que es un personaje fácil o difícil de interpretar? Oreiro encarna el personaje de una boxeadora.
4. La canción *Río de la Plata* cuenta la historia de Oreiro. ¿Cómo ha sido su historia?

sinnúmero *countless* **se radicó** *settled* **Muñeca** *Doll* **veneno** *poison* **hacen furor** *are all the rage* **a cuestas** *on one's shoulders* **Sos** *Eres* **encarna** *personifies*

Ritmos Have a volunteer read the lyrics aloud. Ask: **En su opinión, ¿cómo es una persona que no tiene fronteras?**

9.1 The present perfect subjunctive

Me alegro de que hayas conseguido ese papel.

Espero que se hayan divertido a mis espaldas.

INSTRUCTIONAL RESOURCES
Supersite/IRCD: Textbook Answer Key, SAM Answer Key
SAM/WebSAM: WB, LM

TALLER DE CONSULTA

MANUAL DE GRAMÁTICA
Más práctica
9.1 The present perfect subjunctive, p. 398
9.2 Relative pronouns, p. 399
9.3 The neuter **lo**, p. 400
Más gramática
9.4 **Qué** vs. **cuál**, p. 401

• • • •

To review the present and past subjunctive, see **4.1**, **5.2**, and **6.2**. The past perfect subjunctive is covered in **10.3**.

Point out that all perfect tenses are formed with the verb **haber** (*to have*) and a past participle.

Review irregular past participles, such as **vuelto, dicho, hecho, puesto,** and **visto**.

Review uses of the subjunctive and verbs that convey will, emotion, doubt, or uncertainty. Ex: **querer, alegrarse, dudar**.

¡ATENCIÓN!

In a multiple-clause sentence, the choice of tense for the verb in the subjunctive depends on when the action takes place in each clause. The present perfect subjunctive is used primarily when the action of the main clause is in the present tense, but the action in the subordinate clause is in the past.

- The present perfect subjunctive (**el pretérito perfecto del subjuntivo**) is formed with the present subjunctive of **haber** and a past participle.

The present perfect subjunctive

cerrar	perder	asistir
haya cerrado	haya perdido	haya asistido
hayas cerrado	hayas perdido	hayas asistido
haya cerrado	haya perdido	haya asistido
hayamos cerrado	hayamos perdido	hayamos asistido
hayáis cerrado	hayáis perdido	hayáis asistido
hayan cerrado	hayan perdido	hayan asistido

- Like the present perfect indicative, the present perfect subjunctive is used to refer to recently completed actions or past actions that still bear relevance in the present. It is used mainly in multiple-clause sentences that express will, emotion, doubt, or uncertainty.

PRESENT PERFECT INDICATIVE

Luis me dijo que **ha dejado** de ver ese programa.
Luis told me that he has stopped watching that show.

PRESENT PERFECT SUBJUNCTIVE

Me alegro de que Luis **haya dejado** de ver ese programa.
I'm glad that Luis has stopped watching that show.

- Note the difference in meaning between the three subjunctive tenses you have learned so far.

PRESENT SUBJUNCTIVE

Las cadenas nacionales **buscan** corresponsales que **hablen** varios idiomas.
The national networks look for correspondents who speak several languages.

PRESENT PERFECT SUBJUNCTIVE

Prefieren contratar a los que **hayan trabajado** en el extranjero.
They prefer to hire those who have worked abroad.

PAST SUBJUNCTIVE

Antes, **insistían** en que los solicitantes **tuvieran** cinco años de experiencia.
In the past, they insisted that applicants have five years' experience.

Práctica y comunicación

1 ¿Indicativo o subjuntivo? Elige entre el pretérito perfecto del indicativo y el pretérito perfecto del subjuntivo para completar las oraciones.

1. Necesito contratar un corresponsal que (ha / haya) estado en el Paraguay. haya
2. Quiero conocer al actor que (ha / haya) trabajado en *Amores perros*. ha
3. Hasta que no (has / hayas) conocido a las personas que leen la prensa sensacionalista, no sabrás por qué la leen. hayas
4. Estoy seguro de que todos los actores (han / hayan) estudiado el guión. han
5. Cuando ustedes (han / hayan) leído esta noticia, estarán de acuerdo conmigo. hayan

2 Opuestas Escribe la oración que expresa lo opuesto en cada caso. Usa el pretérito perfecto del subjuntivo o el pretérito perfecto del indicativo, según corresponda.

MODELO **Dudo que ese actor haya aprendido a actuar bien.**
No dudo que ese actor ha aprendido a actuar bien.

1. El canal cree que sus periodistas han hablado con el dictador.
El canal no cree que sus periodistas hayan hablado con el dictador.
2. No creo que el director les haya dado pocas órdenes a sus actores.
Creo que el director les ha dado pocas órdenes a sus actores.
3. Estoy seguro de que la mayoría del público ha leído la noticia.
No estoy seguro de que la mayoría del público haya leído la noticia.
4. No es seguro que la prensa sensacionalista haya publicado esa noticia.
Es seguro que la prensa sensacionalista ha publicado esa noticia.
5. Pienso que ese actor ha sido el protagonista de *El año de la bestia*.
No pienso que ese actor haya sido el protagonista de *El año de la bestia*.

3 Competencia Julieta y Marcela hicieron juntas una audición y Julieta ha conseguido el papel de la protagonista. En parejas, combinen los elementos de la lista y añadan detalles para escribir cinco quejas (*complaints*) de Marcela. Utilicen el pretérito perfecto del subjuntivo. Luego, dramaticen una conversación entre las dos actrices.

Dudo que	conseguir el papel
Me molesta que	tener suficiente experiencia
Me sorprende que	trabajar con ese director
No creo que	(no) darme otra oportunidad
No es justo que	escoger la mejor actriz

4 ¡Despedido! Hoy el dueño de la emisora ha despedido a Eduardo Storni, el famoso y controvertido locutor del programa *Storni, ¡sin censura!* En parejas, escriban la conversación entre Storni y el dueño, utilizando por lo menos cinco oraciones con el pretérito perfecto del indicativo y del subjuntivo. Luego represéntenla a la clase.

MODELO
DUEÑO Es una lástima que usted no haya escuchado nuestras advertencias. Usted ha violado casi todas las reglas de la cadena.
STORNI Pero mi público siempre me ha apoyado. Mis oyentes estarán furiosos de que usted no haya respetado la libertad de prensa.

TALLER DE CONSULTA

MANUAL DE GRAMÁTICA
Más práctica
9.1 The present perfect subjunctive, p. 398

1 For follow-up, have students explain why they chose the indicative or subjunctive for each item.

2 For additional practice, ask students to create two new items and have a partner provide the opposite sentence.

4 As a variant, have students choose a famous news anchor or talk show host and create a similar conversation.

Teaching option For an extra challenge, have students invent three true statements and three false statements about things they have done this year. Partners should respond with the present perfect indicative if they believe the statement is true and the present perfect subjunctive if they think it is false. Ex: **Es cierto que has tomado tres clases de historia. No creo que hayas aprendido cinco idiomas.**

INSTRUCTIONAL RESOURCES
Supersite/IRCD:
Textbook Answer Key,
SAM Answer Key
SAM/WebSAM: WB, LM

TALLER DE CONSULTA

See **Manual de gramática 9.4,** p. 401 to review the uses of **qué** and **cuál** in asking questions.

¡ATENCIÓN!

Relative pronouns are used to connect short sentences or clauses in order to create longer, smoother sentences. Unlike the interrogative words **qué, quién(es),** and **cuál(es)**, relative pronouns never have accent marks.

If necessary, briefly review the difference between *who* (subject pronoun) and *whom* (object pronoun) before presenting relative pronouns in Spanish.

¡ATENCIÓN!

In everyday Spanish, **en que** and **en el/la cual** are often replaced by **donde**.

La casa **donde** vivo es muy grande.

La universidad **donde** estudio es muy prestigiosa.

9.2 Relative pronouns

¡No puedo creer que hayas hecho eso!

Fue una de esas situaciones en las que uno tiene que mentir.

The relative pronoun *que*

- **Que** (*that, which, who*) is the most frequently used relative pronoun (**pronombre relativo**). It can refer to people or things, subjects or objects, and can be used in restrictive clauses (no commas) or nonrestrictive clauses (with commas). Note that although some relative pronouns may be omitted in English, they must always be used in Spanish.

El reportaje **que** vi ayer me hizo cambiar de opinión sobre la guerra.
The report (that) I saw last night made me change my opinion about the war.

Las primeras diez personas **que** respondan correctamente ganarán una suscripción gratuita.
The first ten people who respond correctly will win a free subscription.

El desastre fue causado por la lluvia, **que** ha durado más de dos semanas.
The disaster was caused by the rain, which has lasted over two weeks.

El/La que

- After prepositions, **que** is used with the definite article: **el que, la que, los que**, or **las que**. The article must agree in gender and number with the thing or person it refers to (the antecedent). When referring to *things* (but not *people*), the article may be omitted after short prepositions, such as **en, de**, and **con**.

Los periódicos **para los que** escribo son independientes.
The newspapers I write for are independent. (Lit: for which I write)

El edificio **en** (**el**) **que** viven es viejo.
The building they live in is old.

La fotógrafa **con la que** trabajo ganó varios premios.
The photographer with whom I work won several awards.

- **El que, la que, los que**, and **las que** are also used for clarification in nonrestrictive clauses (with commas) when it might be unclear to what or whom the clause refers.

Hablé con los empleados de la compañía, **los que** están contaminando el río.
I spoke with the employees of the company, the ones who are polluting the river.

Hablé con los empleados de la compañía, **la que** está contaminando el río.
I spoke with the employees of the company, (the one) which is polluting the river.

El/La cual

- **El cual, la cual, los cuales**, and **las cuales** are generally interchangeable with **el que, la que, los que**, and **las que**. They are often used in more formal speech or writing. Note that when **el cual** and its forms are used, the definite article is never omitted.

  El edificio **en el cual** se encuentra la emisora de radio es viejo.
  The building in which the radio station is located is old.

  La revista **para la cual** trabajo es muy influyente.
  The magazine for which I work is very influential.

Quien/Quienes

- **Quien** (*singular*) and **quienes** (*plural*) are used to refer only to people, not to things. **Quien(es)** is generally interchangeable with forms of **el que** and **el cual**. Remember to make any appropriate contractions.

  Los investigadores, **quienes (los que/los cuales)** estudian los medios de comunicación, son del Ecuador.
  The researchers, who are studying mass media, are from Ecuador.

  El investigador **de quien (del que/del cual)** hablaron era mi profesor.
  The researcher about whom they spoke was my professor.

- In restrictive clauses (no commas) that refer to people, **que** is used if no preposition is present. If a preposition or the personal **a** is present, **quien** (or **el que/el cual**) is used instead. Below, **que** is equivalent to *who*, while **quien** expresses *whom*.

  La gente **que** mira televisión está harta de las cadenas sensacionalistas.
  The people who watch TV are tired of sensationalist networks.

  Esperamos la respuesta de los políticos **a quienes (a los que/a los cuales)** queremos entrevistar.
  We're waiting for a response from the politicians (whom) we want to interview.

- In nonrestrictive clauses (with commas) that refer to people, **quien** (or **el que/el cual**) is generally used, not **que**.

  Juan y María, **quienes** trabajan conmigo, escriben la sección deportiva.
  Juan and María, who work with me, write the sports section.

The relative adjective *cuyo*

- The relative adjective **cuyo (cuya, cuyos, cuyas)** means *whose* and agrees in number and gender with the noun it precedes. Remember that **de quién(es)**, not **cuyo**, is used in questions to express *whose*.

  El equipo periodístico, **cuyo** proyecto aprobaron, viajará en febrero.
  The team of reporters, whose project they approved, will travel in February.

  La fotógrafa Daniela Pérez, **cuyas** fotos anteriores ganaron muchos premios, los acompañará.
  Photographer Daniela Pérez, whose earlier photos won many awards, will go with them.

TALLER DE CONSULTA

The neuter forms **lo que** and **lo cual** are used when referring to a whole situation or idea. See **9.3**, p. 260.

¿Qué es lo que te molesta?
What is it that's bothering you?

Ella habla sin parar, lo cual me enoja mucho.
She won't stop talking, which is making me really angry.

¡ATENCIÓN!

In everyday Spanish, the formal rules for using relative pronouns are not always followed.

Formal:
Los estudiantes de los cuales hablamos...

Informal:
Los estudiantes de que hablamos...

Formal:
La periodista a quien conocí ayer...

Informal:
La periodista que conocí ayer...

Práctica

TALLER DE CONSULTA

MANUAL DE GRAMÁTICA
Más práctica
9.2 Relative pronouns, p. 399

① **Oraciones incompletas** Elige la opción adecuada para completar las oraciones.

1. El señor Castillo, __a__ revista se dedica a la moda, se fue de viaje a París.
   a. cuya b. cuyo c. cuyos
2. Los músicos __b__ conociste ayer han grabado la banda sonora de la película.
   a. a quien b. a quienes c. quien
3. El cortometraje __a__ te hablé no está doblado.
   a. del que b. de quien c. el cual
4. El reportaje de anoche, __a__ se transmitió en el canal 7, me pareció muy parcial.
   a. el cual b. la cual c. los que
5. Los artículos __c__ se publican en esa revista son puro chisme.
   a. los cuales b. los que c. que

② For follow-up, have partners ask each other questions about the paragraph. Encourage them to use relative pronouns in their questions and responses.

② **El tereré** Completa este artículo sobre el tereré con los pronombres relativos de la lista. Algunos pronombres se repiten.

EL TERERÉ

que
en el que
con quien
cuyo
en la que

Existe un país (1) __en el que__ el mate tuvo (2) __que__ adaptarse a su clima: el Paraguay. En este país, (3) __cuyo__ clima subtropical presenta calurosos veranos, el tradicional mate caliente debió convertirse en una bebida fría y refrescante (4) __que__ ayudara a atenuar el clima. Así, el tereré, (5) __cuyo__ nombre proviene del guaraní, es la bebida más popular de los paraguayos.

Para prepararlo, se coloca yerba en el recipiente llamado mate. En lugar de agua caliente en un termo o pava (*kettle*), se usa una jarra (6) __en la que__ se coloca agua y jugo de limón con mucho hielo. La bebida se bebe con una bombilla (*straw*) (7) __que__ generalmente es de metal. En el Paraguay, se dice (8) __que__ el tereré es como un amigo (9) __con quien__ se comparten alegrías y tristezas, momentos cotidianos y toda una vida.

③ Give students some useful expressions before they start to help them create their definitions. Ex: **es una cosa que, es la frase que, se usa cuando, aparece en, etc**.

③ Have students read their definitions aloud; the class should guess which item is being described.

Teaching option For additional practice, bring in pictures and ask questions that use relative pronouns or elicit them in student answers. Ex: **¿Quién está leyendo el periódico? (La chica rubia que está sentada en el banco está leyendo el periódico.)**

③ **Definiciones** Escribe una definición para cada término, usando pronombres relativos.
Answers may vary. Suggested answers.

MODELO **el redactor**
Es la persona cuyo trabajo es preparar artículos para su publicación.

1. la prensa sensacionalista Son periódicos, programas de noticias, etc. en los cuales se exageran las noticias.
2. los subtítulos Son palabras sin las cuales/que no entendemos las películas extranjeras.
3. la portada Es la página del periódico en la cual/que aparecen las noticias más importantes.
4. el titular Es la frase con la cual/que comienza un artículo.
5. los televidentes Son las personas para quienes se transmite un programa de televisión.
6. la fama Es el hecho de que una persona sea reconocida por mucha gente.

Comunicación

4 **Tendencias** En parejas, completen esta encuesta sobre tendencias actuales con las preferencias de su compañero/a. Luego, compartan lo que han aprendido sobre él/ella con la clase. Usen pronombres relativos.

MODELO Ana Sofía mira todo el tiempo videos musicales en su iPod. Es una persona a quien le encanta llevar su iPod a todos lados.

	Sí	No	Depende
1. Me aburren los videos musicales en la tele. Prefiero verlos en un iPod.	☐	☐	☐
2. Siempre escucho música alternativa y pienso que el *hip-hop* no es arte.	☐	☐	☐
3. Yo sólo compro ropa cara a la que se le ve el logotipo impreso en grande.	☐	☐	☐
4. ¿Documentales? ¿Qué es eso? Sólo miro los éxitos de taquilla de Hollywood.	☐	☐	☐
5. ¡Puaj! Los *reality shows* son horribles y deberían prohibirse.	☐	☐	☐
6. Me puedo pasar horas leyendo revistas de moda y de chismes sobre famosos.	☐	☐	☐
7. ¡Qué chévere (*How cool*)! ¡Un restaurante con platos innovadores! Los restaurantes de comidas tradicionales ya pasaron de moda.	☐	☐	☐
8. ¡Salsotecas jamás! No me gusta la música latina. Prefiero escuchar los 40 principales (*top 40*) de la radio.	☐	☐	☐

4 For expansion, have students explain those items for which they answered **Depende**.

5 **¿Quién es quién?** La clase se divide en dos equipos. El equipo A piensa en un(a) compañero/a y da tres pistas. El equipo B tiene que adivinar de quién se trata. Si adivina con la primera pista, obtiene 3 puntos; con la segunda, obtiene 2 puntos; con la tercera, obtiene 1 punto. Repitan la actividad siguiendo con el equipo B.

MODELO Estoy pensando en alguien con quien almorzamos.
Estoy pensando en alguien cuyos ojos son marrones.
Estoy pensando en alguien que lleva pantalones azules.

5 Encourage students to use a different relative pronoun for each clue.

6 **Fama** En parejas, preparen una entrevista entre un reportero y una estrella. Utilicen por lo menos seis pronombres relativos.

MODELO
REPORTERO Díganos, ¿dónde encontró este vestido tan divino?
ESTRELLA Gracias, me lo regaló un amigo muy talentoso, cuya tienda siempre tiene lo mejor de la moda.
REPORTERO Y me he enterado de que está usted con un nuevo amor, quien trabajó con usted en su última telenovela…

6 For advanced classes, have students also include three uses of the present perfect subjunctive.

9.3 The neuter *lo*

INSTRUCTIONAL RESOURCES
Supersite/IRCD: Textbook Answer Key, SAM Answer Key
SAM/WebSAM: WB, LM

- The definite articles **el, la, los**, and **las** modify masculine or feminine nouns. The neuter article **lo** is used to refer to concepts that have no gender.

¿Es todo lo que tienes que decir?

¡Lo sabía! Ni es lo suficientemente hombre para...

Preview the neuter **lo** by asking discussion questions. Ex: **¿Qué es lo más difícil de estudiar otro idioma?**

- In Spanish, the construction **lo** + [*masculine singular adjective*] is used to express general characteristics and abstract ideas. The English equivalent of this construction is *the* + [*adjective*] + *thing.*

  Cuando leo las noticias, **lo difícil** es diferenciar entre el hecho y la opinión.
  When I read the news, the difficult thing is to differentiate between fact and opinion.

  Lo bueno de ser famosa es que me da la oportunidad de cambiar el mundo.
  The good thing about being famous is that it gives me the chance to change the world.

Remind students that **mejor** and **peor** are comparative forms of **bueno** and **malo** (**Estructura 5.1**). They do not require **más**.

- To express the idea of *the most* or *the least,* **más** and **menos** can be added after **lo**. **Lo mejor** and **lo peor** mean *the best/worst* (*thing*).

  Para ser un buen reportero, **lo más importante** es ser imparcial.
  To be a good reporter, the most important thing is to be unbiased.

  ¡Aún no te he contado **lo peor** del artículo!
  I still haven't told you about the worst part of the article!

¡ATENCIÓN!

The phrase **lo** + [*adjective or adverb*] + **que** may be replaced by **qué** + [*adjective or adverb*].

No sabes *qué difícil* es hablar con él.
You don't know how difficult it is to talk to him.

Fíjense en *qué pronto* se entera la prensa.
Just think about how soon the press will find out.

- The construction **lo** + [*adjective or adverb*] + **que** is used to express the English *how* + [*adjective*]. In these cases, the adjective agrees in number and gender with the noun it modifies.

lo + [*adjective*] + que

¿No te das cuenta de **lo bella que** eres, María Fernanda?
María Fernanda, don't you realize how beautiful you are?

lo + [*adverb*] + que

Recuerda **lo bien que** te fue el año pasado en su clase.
Remember how well you did last year in his class.

- **Lo que** is equivalent to the English *what, that,* or *which.* It is used to refer to an abstract idea, or to a previously mentioned situation or concept.

  ¿Qué fue **lo que** más te gustó de tu viaje a Uruguay?
  What was the thing that you enjoyed most about your trip to Uruguay?

  Lo que más me gustó fue el Carnaval de Montevideo.
  The thing I liked best was the Carnival of Montevideo.

Práctica y comunicación

TALLER DE CONSULTA

MANUAL DE GRAMÁTICA
Más práctica
9.3 The neuter **lo**, p. 400

1 **Chisme** La gran estrella pop, Estela Moreno, responde a las críticas que han aparecido en medios periodísticos sobre su súbita (*sudden*) boda con Ricardo Rubio. Completa su respuesta con **lo, lo que** o **qué**.

"Repito que es completamente falso (1) ___lo que___ ha salido en la prensa sensacionalista. Siempre habíamos querido una ceremonia pequeña y privada, para mantener (2) ___lo___ romántico de la ocasión. El lugar, la fecha, los pocos invitados, pues todo (3) ___lo___ tuvimos planeado desde hace meses. ¡Ay, (4) ___qué/lo___ difícil fue guardar el secreto para que el público no se diera cuenta de (5) ___lo que___ estábamos planeando! (6) ___Lo que___ más me molesta es que la prensa nos acuse de tener un romance súbito. (7) ___Lo___ nuestro es un amor que comenzó hace dos años y que estoy segura que durará para toda la vida. ¡Ya (8) ___lo___ verán!"

2 **Reacciones** Combina las frases para formar oraciones que tengan **lo** + [adjetivo/adverbio] + **que**.

MODELO **parecer mentira / qué poco Juan se preocupa por el chisme**
Parece mentira lo poco que Juan se preocupa por el chisme.

1. asombrarme / qué lejos está el centro comercial *Me asombra lo lejos que está el centro comercial.*
2. sorprenderme / qué obediente es tu gato *Me sorprende lo obediente que es tu gato.*
3. no poder creer / qué influyente es la publicidad *No puedo creer lo influyente que es la publicidad.*
4. ser una sorpresa / qué bien se vive en este pueblo *Es una sorpresa lo bien que se vive en este pueblo.*
5. ser increíble / qué rápido se hizo famoso aquel cantante *Es increíble lo rápido que se hizo famoso aquel cantante.*

3 **Ser o no ser** En grupos pequeños, conversen sobre las ventajas y desventajas de cada una de estas profesiones. Luego escriban oraciones completas para describir **lo bueno, lo malo, lo mejor** o **lo peor** de cada profesión. Compartan sus ideas con la clase.

actor/actriz	crítico/a de cine	redactor(a)
cantante	locutor(a) de radio	reportero/a

4 **Síntesis** En parejas, escriban una carta al periódico de tu escuela o universidad dando su opinión sobre un evento o tema de actualidad. Utilicen tres verbos en el pretérito perfecto de subjuntivo, tres oraciones con **lo** o **lo que** y tres oraciones con pronombres relativos.

me molesta que...	lo importante...	que
me alegra que...	lo que más/menos...	el/la cual
no puedo creer que...	lo que pienso sobre...	quien(es)

2 Give students additional items. Ex: **frustrarme / qué difícil es encontrar trabajo; molestarme / qué dramática es esta actriz; ser asombroso / qué tonto es el crítico de cine.**

2 Ask volunteers to form corresponding questions. Ex: **¿Te asombra lo lejos que está el centro comercial?**

3 Have students share their opinions about other professions using the neuter **lo**. Recycle vocabulary about jobs and work (**Lección 8**).

Teaching option For additional practice, write a series of adjectives and adverbs on pieces of paper and put them in a hat. Have volunteers choose a word and make a sentence using **lo** + [*adj./adv.*] + **que**.

For additional cumulative practice of all the grammar points in this lesson, go to **ventanas.vhlcentral.com**.

Atando cabos

Preview Ask students to define "reality show." Then ask: **¿Miran los *reality shows*? ¿Cuáles les gustan más? ¿Qué opinan de los *reality shows*?** After completing the text activities, ask students if their opinions have changed.

¡A conversar!

¿Telerrealidad o telebasura? En grupos, conversen sobre el fenómeno de los *reality shows*.

Preparación Conversen sobre estas preguntas.

1. ¿Son populares los *reality shows* en su país? ¿Por qué?
2. Mencionen cinco de los *reality shows* con mayor audiencia en la actualidad.
3. ¿Por qué algunos críticos dicen que los *reality shows* muestran la realidad, mientras otros afirman que se trata sólo de 'telebasura'? Den ejemplos.

Gran hermano de España

Conversación Lean las opiniones de dos personas sobre el fenómeno de los *reality shows* y contesten las preguntas.

El *debate* de hoy: los *reality shows*

Sonia Ferrero (22)
La Serena, Chile

Soy estudiante y los *reality shows* son mis programas favoritos. Es verdad que programas como **Gran hermano** u **Operación triunfo** sólo entretienen y son, por momentos, terriblemente exagerados. Pero, por otro lado, admito que viendo el programa español **Supervivientes** aprendí sobre otros países, y gracias a **El aprendiz** he aprendido estrategias para sobresalir (*stand out*) en mi trabajo. Para mí, lo más importante es que los *reality shows* son una forma honesta de hacer televisión, con personajes reales de carne y hueso y no actores perfectos que viven en un mundo perfecto.

Carlos Moreira (30)
Caracas, Venezuela

¡Los *reality shows* son decadentes! ¿Qué puede tener de interesante ver cómo en **Gran hermano** un desconocido se lava los dientes y otro se pone a llorar porque le dicen mentiroso? ¿Qué pueden tener de real situaciones forzadas y escenas totalmente editadas como las que se vieron en **La Isla de los Famosos**? Estos programas son populares en todo el mundo porque la gente quiere evadir responsabilidades y problemas reales como la corrupción. Creo que el único *reality show* que miraría sería uno que tuviera como protagonistas a un grupo de políticos trabajando.

1. ¿Con qué posición está de acuerdo cada uno de ustedes? Agreguen dos argumentos más y den ejemplos.
2. ¿Por qué los *reality shows* generan tantas controversias?
3. ¿Han cambiado el estilo y la forma de hacer cine y televisión? ¿De qué manera?
4. ¿Creen que los *reality shows* serán cada vez más populares o que desaparecerán en los próximos años?

Variación léxica
reality show ⟷ **telerrealidad, programa de (tele)realidad** Point out that, as with many technology terms, Spanish speakers often use the English word, rather than a Spanish equivalent.

Conversación
- After students read the articles, have them identify the programs broadcast in the U.S. Tell them that many reality shows in the Hispanic world have been copied from programs in Britain and the United States and vice versa.
- Point out that some shows are broadcast in many countries. **Gran Hermano:** Argentina, México, Perú; **Operación triunfo** (singing talent contest first aired in Spain): Argentina, Chile, Spain; **Supervivientes:** Argentina, Chile, Venezuela, Spain, and others; **El aprendiz:** Colombia; **La Isla de los Famosos** (modeled on "Survivor"): Colombia and Spain.

¡A escribir!

Lo último Escribe un artículo periodístico dirigido a estudiantes de primer año para informar de las tendencias actuales (*current trends*) en tu escuela o universidad. Sigue el plan de redacción.

Paso 1 Con un(a) compañero/a, conversa sobre estas preguntas y toma nota de sus respuestas.

1. ¿Cuáles son las tendencias más populares este año?
2. ¿Cuáles son los lugares más populares para salir y encontrarse con amigos?
3. ¿Qué canciones están de moda?
4. ¿Qué ropa está de moda?

Paso 2 Escribe un artículo periodístico que contenga estos elementos. Además, incluye dos oraciones con pronombres relativos y dos con el artículo **lo**.

- Dos o tres tendencias. Mencionen lugares, personas u objetos específicos.
- Explicación de cada tendencia: qué, dónde, cuándo, con quién, para qué, etc.
- Citas para ilustrar el artículo con ejemplos. Usa las notas del **Paso 1** que tomaste sobre tu compañero/a para escribir las citas.

MODELO Ni se te ocurra llegar a clase sin tus Crocs. Desde que a Jessica Alba se la vio en la playa con un par, son lo más popular de este verano.

Frases útiles

- Lo más popular de la primavera es...
- Para cuando se acerque el verano, nada mejor que escuchar música…
- …es lo más chido (*cool, Méx.*) del momento.

Paso 3 Compartan las ideas principales de su artículo con la clase. Entre todos, decidan cuál es el artículo más completo y más representativo de las tendencias estudiantiles actuales.

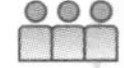

Paso 4 Con toda la clase, seleccionen el mejor artículo para que sea enviado a la clase de primer año o publicado en el periódico de su escuela o universidad.

Preview Ask: **¿Leen diarios y revistas? ¿Cuáles? ¿Qué tipos de noticias o informes periodísticos publican?** If your school publishes a student newspaper, ask students what kinds of articles and information it contains. Also discuss their opinions of the paper.

Paso 1 Have students expand the list by adding two or more questions of their own.

Paso 2 Before students write the report, review useful vocabulary. Refer them to pp. 32–33, **Las diversiones** and p. 41, **Así lo decimos.**

Paso 4 If time permits, arrange a visit with a beginning-level class so that your students can present their articles.

Preview Poll the class to determine how many believe that reading (newspapers, books, magazines) has declined because of television. Ask how many books students have read for pleasure in the last six months. How many stay up-to-date by watching TV news programs rather than reading newspapers or magazines? How many read newspapers online?

Antes de leer

Leonardo Ríos nació en abril de 1979 en Santiago de Chile. A los seis años tuvo un "feliz y crucial encuentro" con historietistas como Hervi, Palomo, Fernando Krahn y Rufino gracias a una colección de revistas guardada por su abuela. Además de sus numerosas publicaciones, Ríos mantiene un blog titulado *La banalidad del mall* que, según el artista, "partió (*started*) como un juego, un experimento". En esta tira, Ríos nos ofrece su mirada crítica sobre la influencia de los medios en la vida cotidiana.

Conexión personal ¿Sueles mirar televisión? ¿Con qué frecuencia? ¿Cuáles son tus programas favoritos?

Vocabulario

la audiencia *audience*
la pega *work (Chi.)*
la programación *programming*
la televisión por cable *cable television*
la vieja *wife, mother (coll. Chi., Arg.)*

1 Completa las oraciones.

1. En algunos países de Latinoamérica, los programas de telerrealidad tienen una gran audiencia.
2. La programación de los sábados por la mañana suele incluir muchos dibujos animados.
3. Mi vieja es una persona muy comprensiva. Ella me escucha y me da buenos consejos.
4. Elena prefiere ver televisión por cable en lugar de los canales locales.
5. Todas las mañanas, llego a la pega bien temprano.

1 For slower-paced classes, have pairs create original sentences using the **Vocabulario** words.

Al llegar de la pega...

Vocabulario
- Refer students to the **Vocabulario** box and have them review the **Contextos** list for additional words.
- Explain that **audiencia** is the general term, and that **televidentes** or **telespectadores** refer more specifically to television viewers; **el público** is generally used when talking about a play, film, or concert audience.
- Caution students that, although use of **mi viejo/a** can be an affectionate term, **el(la) viejo/a** is colloquial and may be offensive to some Spanish speakers.

ASÍ COMO LOS DOMINGOS POR LA TARDE
UNO SÓLO QUIERE DIVERTIRSE

Teaching option Have small groups create an original cartoon about an Internet or video game addict.

Teaching option Discuss the following question with students: **¿Por qué la televisión, que supuestamente es un instrumento del progreso, puede tener un efecto negativo en la sociedad?**

Después de leer

(1) For expansion, have students speculate about the daily routine of the couple. Ask: **¿Creen que son felices? ¿Creen que se llevan bien?**

1 Contesta las preguntas.

1. ¿Qué hace el hombre cuando llega del trabajo? Toma un café y ve televisión.
2. ¿Con quién ve televisión? Ve televisión con la vieja/su esposa.
3. ¿Cuántos días a la semana ellos ven televisión? Ven televisión todos los días de la semana.
4. ¿Qué piensa el hombre sobre los libros? Piensa que son aburridos.
5. En tu opinión, ¿quién se divierte más viendo televisión: el hombre o la esposa? Answers will vary.

2 En grupos pequeños, contesten las preguntas.

1. ¿Cómo son los personajes de la tira? ¿Hay alguna relación entre su personalidad y el hecho de que miren tanta televisión? ¿Por qué?
2. ¿Qué quiere comunicar Ríos con esta tira? ¿Estás de acuerdo?
3. ¿Tiene Ríos una visión pesimista o realista de los medios de comunicación?
4. ¿De qué manera la televisión puede ser una influencia positiva para la sociedad?
5. ¿Te sientes identificado/a con los personajes de la tira? ¿Por qué?

(3) Review the concept of **cultura popular**. If necessary, refer to the **Exploración** articles to provide examples of popular culture.

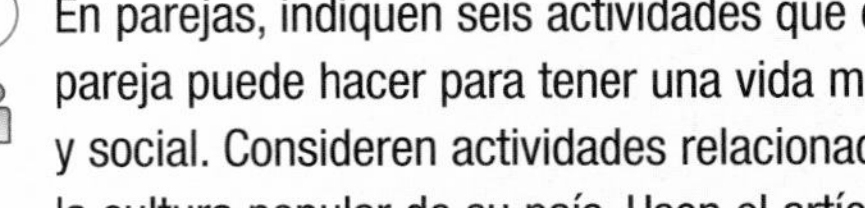

3 En parejas, indiquen seis actividades que esta pareja puede hacer para tener una vida más activa y social. Consideren actividades relacionadas con la cultura popular de su país. Usen el artículo lo.

MODELO Lo que necesitan es ir a un concierto de música folclórica.

(4) As a follow-up activity, discuss the advantages of watching TV and of reading books. Then, have the class decide which option has the most advantages.

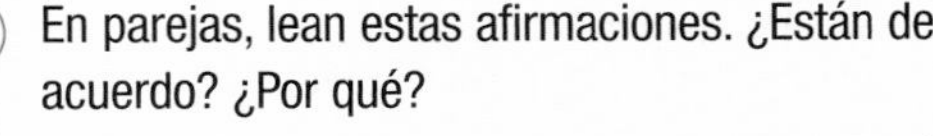

4 En parejas, lean estas afirmaciones. ¿Están de acuerdo? ¿Por qué?

- La televisión ayuda a los padres a educar a los hijos.
- La televisión puede educar bien o mal.
- En la actualidad es posible vivir sin libros, pero no sin televisión.

9 VOCABULARIO

La televisión, la radio y el cine

la banda sonora	*soundtrack*
la cadena	*network*
el canal	*channel*
el/la corresponsal	*correspondent*
el/la crítico/a de cine	*film critic*
el documental	*documentary*
los efectos especiales	*special effects*
el episodio (final)	*(final) episode*
el/la locutor(a) de radio	*radio announcer*
el/la oyente	*listener*
la (radio)emisora	*radio station*
el reportaje	*news report*
el/la reportero/a	*reporter*
los subtítulos	*subtitles*
la telenovela	*soap opera*
el/la televidente	*television viewer*
el video musical	*music video*
grabar	*to record*
rodar (o:ue)	*to film*
transmitir	*to broadcast*
doblado/a	*dubbed*
en directo/vivo	*live*

La cultura popular

la celebridad	*celebrity*
el chisme	*gossip*
la estrella (pop)	*(pop) star [m/f]*
la fama	*fame*
la moda pasajera	*fad*
la tendencia/ la moda	*trend*
hacerse famoso/a	*to become famous*
tener buena/ mala fama	*to have a good/ bad reputation*
actual	*current*
de moda	*popular; in fashion*
influyente	*influential*
pasado/a de moda	*out-of-date; no longer popular*

INSTRUCTIONAL RESOURCES
Supersite/IRCD: Testing program

Los medios de comunicación

el acontecimiento	*event*
la actualidad	*current events*
el anuncio	*advertisement; commercial*
la censura	*censorship*
la libertad de prensa	*freedom of the press*
los medios de comunicación	*media*
la parcialidad	*bias*
la publicidad	*advertising*
el público	*public; audience*
enterarse (de)	*to become informed (about)*
estar al tanto/al día	*to be informed, up-to-date*
actualizado/a	*up-to-date*
controvertido/a	*controversial*
de último momento	*up-to-the-minute*
destacado/a	*prominent*
(im)parcial	*(un)biased*

La prensa

el/la lector(a)	*reader*
las noticias locales/ nacionales/ internacionales	*local/domestic/ international news*
el periódico/ el diario	*newspaper*
el/la periodista	*journalist*
la portada	*front page; cover*
la prensa	*press*
la prensa sensacionalista	*tabloid(s)*
el/la redactor(a)	*editor*
la revista (electrónica)	*(online) magazine*
la sección de sociedad	*lifestyle section*
la sección deportiva	*sports page/section*
la tira cómica	*comic strip*
el titular	*headline*
imprimir	*to print*
publicar	*to publish*
suscribirse (a)	*to subscribe (to)*

Más vocabulario

Expresiones útiles	*Ver p. 247*
Estructura	*Ver pp. 254, 256–257 y 260*

La literatura y el arte 10

Communicative Goals

You will expand your ability to...

- say what will have happened
- say what would have happened
- make contrary-to-fact statements about the past

INSTRUCTIONAL RESOURCES
Supersite/IRCD: Audioscripts, Textbook Answer Key, SAM Answer Key
SAM/WebSAM: WB, LM

La literatura y el arte

Preview Find out about students' experience with art and literature. **¿Qué papel tienen el arte y la literatura en sus vidas diarias? ¿Les gusta ir a los museos de arte? ¿Estudian literatura en sus clases? ¿Cuáles son sus artistas y autores preferidos?**

La literatura

Después de **hojear** un atlas para consultar unos mapas, María Cecilia sigue trabajando en el **argumento** de su nueva novela **humorística**, que **narra** de manera cómica la historia de un náufrago.

el argumento *plot*
la caracterización *characterization*
la estrofa *stanza*
el/la narrador(a) *narrator*
el personaje *character*
el/la protagonista *protagonist*
el punto de vista *point of view*
la rima *rhyme*
el verso *line (of poetry)*

---

desarrollarse *to take place*
hojear *to skim*
narrar *to narrate*
tratarse de *to be about; to deal with*

Point out to students that **tratarse de** is only used in the third person.

---

didáctico/a *educational*
humorístico/a *humorous*
satírico/a *satirical*
trágico/a *tragic*

Los géneros literarios

la (auto)biografía *(auto)biography*
la ciencia ficción *science fiction*
la literatura infantil/juvenil *children's literature*
la novela rosa *romance novel*
la poesía *poetry*
la prosa *prose*

---

clásico/a *classic*
de terror *horror (story/novel)*

histórico/a *historical*
policíaco/a *detective (story/novel)*

Los artistas

el/la artesano/a *artisan*
el/la dramaturgo/a *playwright*
el/la ensayista *essayist*
el/la escultor(a) *sculptor*
el/la muralista *muralist*
el/la novelista *novelist*
el/la pintor(a) *painter*
el/la poeta *poet*

Variación léxica
desarrollarse en ⟷ tener lugar en
la poeta ⟷ la poetisa

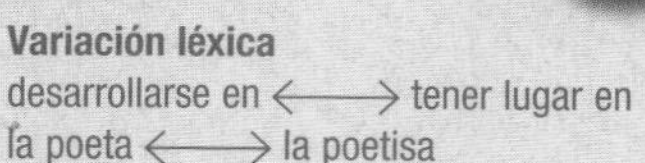

El arte

En la clase de **bellas artes**, Mario y Lucía tienen que pintar una **naturaleza muerta**. Mario eligió usar **óleo** pero Lucía prefiere la **acuarela**.

la acuarela *watercolor*
el autorretrato *self-portrait*
las bellas artes *fine arts*
el cuadro *painting*
la escultura *sculpture*
la naturaleza muerta *still life*
la obra (de arte) *work (of art)*
el óleo *oil painting*
el pincel *paintbrush*
la pintura *paint; painting*
la tela *canvas*

dibujar *to draw*
diseñar *to design*
esculpir *to sculpt*
reflejar *to reflect; to depict*

abstracto/a *abstract*
contemporáneo/a *contemporary*
inquietante *disturbing; unsettling*
intrigante *intriguing*
llamativo/a *striking*
luminoso/a *bright*
realista *realistic; realist*

al estilo de *in the style of*
de buen/mal gusto *in good/bad taste*

Las corrientes artísticas

la corriente/el movimiento *movement*
el cubismo *cubism*
el expresionismo *expressionism*
el impresionismo *impressionism*
el realismo *realism*
el romanticismo *romanticism*
el surrealismo *surrealism*

Práctica

1 Escuchar

① To aid comprehension, have students read the statements before listening to the interview.

A. Escucha el programa de televisión y después completa las oraciones con la opción correcta.

1. Se ha organizado una (corriente / exposición) en el Museo de Arte Contemporáneo.
2. La exposición trata de los movimientos artísticos desde el (romanticismo / realismo).
3. En la exposición se pueden ver las obras de escultores y (artesanos / pintores) del país.
4. Muchos creen que la obra de José Ortiz es de (buen / mal) gusto.
5. El presentador del programa encuentra la obra de José Ortiz muy (intrigante / abstracta).

B. Escucha la entrevista del programa *ArteDifusión* y contesta las preguntas. Answers may vary slightly.

1. ¿A qué género literario pertenece la novela *El viento*?
   al género de novela histórica
2. ¿De qué otros géneros tiene elementos?
   elementos humorísticos y de novela rosa
3. ¿Desde qué punto de vista se ha escrito esta novela?
   desde el punto de vista de un protagonista masculino
4. ¿Qué personajes son los más frecuentes en la obra de Mayka Ledesma?
   los personajes femeninos
5. ¿Qué tienen que hacer los lectores para darse cuenta de que es una obra divertida?
   hojear la obra

C. En parejas, inventen una entrevista a un(a) escritor(a) o artista famoso/a y represéntenla para la clase.

2 Relaciones Conecta las palabras de forma lógica.

f	1. estrofa	a. corriente artística
a	2. cubismo	b. teatro
c	3. tela	c. pincel
e	4. esculpir	d. artesano
b	5. dramaturgo	e. escultor
h	6. novela policíaca	f. verso
d	7. artesanía	g. realismo
g	8. realista	h. género literario

② For expansion, call on volunteers to describe the relationship between each word set. Ex: **El cubismo es una corriente artística.**

Teaching option For additional vocabulary practice, have students find an artwork on the Internet and write a brief description using at least five words from **Contextos**.

Práctica

3 For additional practice, have students work in pairs to create five more sentences with missing vocabulary words. Then have them exchange papers with another pair and complete the activity.

3 **Comentarios de un crítico** Completa los comentarios de un crítico de arte y literatura con las expresiones de la lista.

acuarela	**de mal gusto**
al estilo de	**inquietante**
argumento	**llamativo**

1. Sus obras son demasiado __llamativas__; en todas usa muchos colores brillantes.
2. La __inquietante__ escena en la que aparece el fantasma del padre está inspirada en su novela anterior.
3. Vi un par de óleos bellos en su nueva exhibición, pero lo que más impresiona son las __acuarelas__.
4. El __argumento__ de la novela es tan confuso que ni se puede comprender.
5. Tan admirada es, que todos en la nueva generación desean también pintar __al estilo de__ su maestra.

4 As an optional writing assignment, have students invent plot fragments for these literary genres: **novela de terror, novela histórica, novela juvenil.**

4 **Géneros** En parejas, lean los fragmentos de estas obras e indiquen a qué género literario pertenecen. Luego, elijan uno de los fragmentos y desarrollen brevemente el argumento.

1. María Fernanda del Olmo estaba locamente enamorada de Roberto Castro, pero vivía su amor en silencio. __novela rosa__
2. Una intensísima luz lo despertó. ¿Qué podía ser? Extrañado, se acercó a la ventana. Estaba confundido, ¿era un sueño? El cielo estaba cubierto de pequeñas luces que se movían de un lado a otro, sin sentido. __ciencia ficción__
3. Harry estaba en su despacho, aburrido. Hacía días que buscaba sin éxito al único testigo (*witness*) del crimen. __novela policíaca__
4. Sólo tenía doce años cuando nos fuimos a vivir a Chile. Todavía lo recuerdo como uno de los momentos más importantes de mi vida. __autobiografía__

5 Ask additional discussion questions about art. Ex: **¿Les gusta el arte en los espacios públicos? ¿Creen que el gobierno local debe invertir en las artes? ¿Qué importancia tiene el arte para la gente de una ciudad? Expliquen sus repuestas.**

5 For expansion, ask students to talk about the last book they read. **¿Quién es el autor? ¿A qué género pertenece el libro? ¿De qué se trata?**

5 **Preferencias** Contesta las preguntas con oraciones completas. Después, comparte tus respuestas con un(a) compañero/a.

1. ¿Cuál es tu género literario favorito? ¿Y tu personaje favorito? ¿Por qué?
2. ¿Crees que hay arte de mal gusto? Explica tu respuesta.
3. Imagina que eres artista. ¿Qué serías: muralista, poeta, escultor(a), u otro?
4. ¿Qué estilo te interesa más, el realista o el abstracto?
5. ¿Qué influye más en la sociedad: la pluma (*pen*) o el pincel? ¿Por qué?
6. ¿Qué corriente artística te parece más innovadora? ¿Por qué?

Comunicación

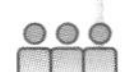

6 **Corrientes artísticas** En grupos pequeños, describan estos cuadros y respondan a las preguntas. Utilicen las expresiones de la lista.

- ¿A qué corriente artística pertenece la obra?
- ¿Cómo es el estilo del pintor?
- ¿Qué adjetivos usarías para describir el cuadro?
- ¿Hay otras obras u otros artistas que sean comparables?

abstracto	**cubismo**
contemporáneo	**expresionismo**
intrigante	**impresionismo**
llamativo	**realismo**
luminoso	**romanticismo**
realista	**surrealismo**

Marilyn, Andy Warhol

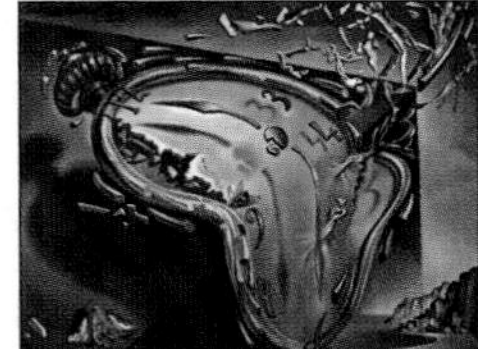

Reloj blando en el momento de su primera explosión, Salvador Dalí

Mujer sentada en un sillón rojo, Pablo Picasso

Montón de heno, Claude Monet

7 **Críticas literarias** En parejas, escojan un texto que hayan leído. Escriban una breve crítica de la obra, incluyendo todos los puntos de análisis de la lista. Luego presenten su análisis a la clase y den su opinión sobre el valor artístico de la obra. ¿La recomendarían?

Género	¿A qué género literario pertenece la obra?
Ambiente	¿En qué época se desarrolla la historia y en qué lugar? ¿Son realistas las descripciones del ambiente (*setting*)?
Tema	¿Cuál es el tema de la obra?
Argumento	¿Qué ocurre? ¿Hay sorpresas? ¿Hay acción sin sentido? ¿Se hace lento el desarrollo?
Caracterización	¿Es adecuada la caracterización de los personajes? ¿Te sentiste identificado/a con el/la protagonista?
Punto de vista	¿Quién narra la historia: uno de los personajes o un narrador omnisciente?
Tono	¿Cuál es el tono de la obra? ¿Es humorística? ¿Trágica? ¿Didáctica? ¿Qué quiere lograr el/la autor(a) a través del tono?

(6) Have students vote for their favorite painting. If time and resources permit, bring in additional artwork for groups to critique.

(6) For slower-paced classes, review comparatives and superlatives (**Estructura 5.1**) to help students make comparisons.

(7) If students have trouble getting inspired, refer them back to some of the readings they have seen in this course.

(7) For expansion, ask: **¿Cómo es la tapa de tu libro preferido?** Have students explain how the art or designs used on the cover correspond to the story.

Teaching option Divide the class into two groups and have them create surveys for their classmates to fill out. One group should survey students' opinions on literature, and the other should survey their opinions on art. Discuss the results as a class.

Johnny enseña a sus compañeros de trabajo cómo hacer una crítica de una obra de arte.

Synopsis
- Johnny brings in a few paintings that Mariela and Éric find ugly.
- Johnny teaches Éric and Mariela the "right" way to appreciate art.
- Fabiola wishes to buy one of the paintings.
- Johnny imagines himself as an art auctioneer.
- Aguayo thinks Fabiola's painting is awful.

JOHNNY Chicos, ésas son las pinturas de las que les hablé. Las conseguí muy baratas. Voy a escribir un artículo sobre ellas. ¿Les dicen algo?

MARIELA Sí, me dicen iahhgg.

JOHNNY ¿Cómo que son feas? Es arte. No pueden criticarlo así.

MARIELA Es lo que la gente hace con el arte. Sea modernismo, surrealismo o cubismo; si es feo, es feo.

JOHNNY Les mostraré cómo se critica una obra de arte correctamente. Hagamos como si estuviésemos observando las pinturas en una galería. ¿Quieren?

ÉRIC Bien.

Fingiendo que están en una galería…

JOHNNY Me imagino que habrán visto toda la exposición. ¿Qué les parece?

ÉRIC Habría preferido ir al cine. Estas pinturas son una porquería.

JOHNNY No puedes decir eso en una exposición. Si las obras no te gustan, tú debes decir algo más artístico como que son primitivas o son radicales.

MARIELA Si hubiera pensado que son primitivas o que son radicales lo habría dicho. Pero son horribles.

JOHNNY Mariela, horrible ya no se usa.

Diana pasa y ve las pinturas.

DIANA Esas pinturas son… ¡horribles!

Luego, en la cocina…

JOHNNY El artista jamás cambiará los colores. ¿Por qué me hiciste decirle que sí?

MARIELA No hubieras vendido ni una sola pieza.

JOHNNY No quiero venderlas, tengo que escribir sobre ellas.

MARIELA No está de más. Podrías llegar a ser un gran vendedor de arte.

JOHNNY *(imaginando)* Nadie hubiera imaginado un final mejor para esta subasta. Les presento una obra maestra: la *Mona Lisa*.

AGUAYO Quinientos millones de pesos.

JOHNNY ¿Quién da más?

FABIOLA Mil millones de pesos.

JOHNNY Se lo lleva la señorita.

FABIOLA ¿Podría hablar con el artista para que le acentúe un poco la sonrisa?

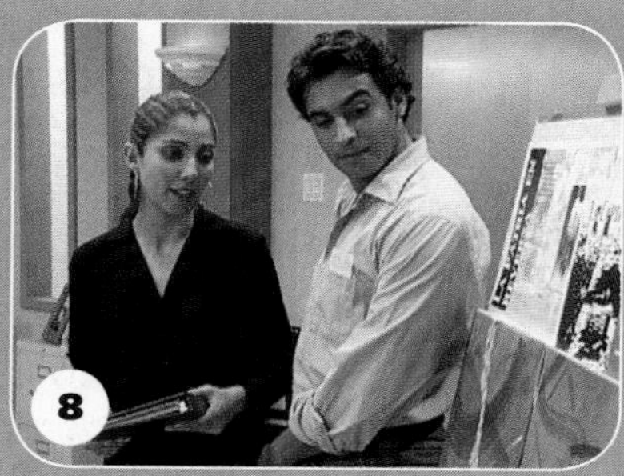

Más tarde, en la oficina…

JOHNNY Me alegra que hayas decidido no cambiar la obra.

FABIOLA Hubiera sido una falta de respeto.

JOHNNY Claro. Bueno, que la disfrutes.

INSTRUCTIONAL RESOURCES **Supersite/DVD:** Fotonovela
Supersite/IRCD: Videoscript & Translation, SAM Answer Key
SAM/WebSAM: VM

Preview Before watching the video, assign the video stills to groups of two or three. Ask each group to perform the mini-dialogues for the class.

AGUAYO

DIANA

ÉRIC

FABIOLA

JOHNNY

MARIELA

4

Fabiola llega a la oficina...

FABIOLA ¡Qué hermoso! Es como el verso de un poema. Habré visto arte antes pero esto es especial. ¿Está a la venta?

MARIELA ¡Claro!

FABIOLA Hay un detalle. No tiene amarillo. ¿Podrías hablar con el artista para que le cambie algunos colores?

JOHNNY ¡Imposible!

FABIOLA Son sólo pinceladas.

5

JOHNNY Está bien. Voy a hablar con el artista para que le haga los cambios.

FABIOLA Gracias. Pero recuerda que es ésta. Las otras dos son algo...

MARIELA ¿Radicales?

ÉRIC ¿Primitivas?

FABIOLA No, horribles.

9

En el escritorio de Mariela...

ÉRIC Perdiste la apuesta. Págame.

MARIELA Todavía no puedo creer que haya comprado esa pintura.

ÉRIC Oye, si lo prefieres, en vez de pagar la apuesta, puedes invitarme a cenar.

MARIELA *(sonriendo)* Ni que me hubiera vuelto loca.

10

Entra Aguayo...

AGUAYO ¿Son las obras para tu artículo?

JOHNNY Sí. ¿Qué le parecen, jefe?

AGUAYO Diría que éstas dos son... primitivas. Pero la del medio *(mirando el cuadro de Fabiola)* definitivamente es... horrible.

Expresiones útiles

Speculating about the past

Me imagino que habrán visto toda la exposición.
I gather you've seen the whole exhibition.

Habrás visto arte surrealista antes, pero esto es especial.
You may have looked at surrealist art before, but this is really something special.

Nadie hubiera imaginado un final mejor.
No one could have imagined a better ending.

Reacting to an idea or opinion

¿Cómo que son feos?
What do you mean they're ugly?

Habría preferido...
I would have preferred...

Si hubiera pensado que..., lo habría dicho.
If I had thought that..., I would have said so.

¡Ni que me hubiera vuelto loco/a!
No way! (lit. Not even if I'd gone mad!)

Additional vocabulary

acentuar *to accentuate*
criticar *to critique*
estar a la venta *to be for sale*
la galería *gallery*
la pieza *piece*
la pincelada *brushstroke*
la porquería *garbage; poor quality*
la subasta *auction*

Teaching option Photocopy the Videoscript and white out 10–15 words to create a master for a cloze activity. Hand out the photocopies and have students fill in the missing words as they watch the episode.

SUPERSITE

Comprensión

① Ask students to invent two events that happened before the sequence and two that happen after.

1 ¿Qué pasó? Indica con números el orden en el que ocurrieron estos hechos.

2 a. Diana dice que los cuadros son horribles.
6 b. Aguayo opina sobre las pinturas de Johnny.
1 c. Johnny les enseña a sus compañeros cómo criticar una obra de arte.
5 d. Mariela y Éric hablan de su apuesta (*bet*).
3 e. Fabiola quiere comprar una de las pinturas de Johnny.
4 f. Johnny sueña con ser un gran vendedor de arte.

② For slower-paced classes, replay the video, pausing at key scenes.

2 ¿Realidad o fantasía? Indica cuáles de estos acontecimientos verdaderamente ocurrieron y cuáles no.

Realidad	Fantasía	
☐	☑	1. Los empleados de *Facetas* fueron a una galería de arte.
☑	☐	2. Fabiola compró un cuadro de arte que a Mariela le parecía horrible.
☐	☑	3. El pintor agregó amarillo a su cuadro para que Fabiola lo comprara.
☐	☑	4. Johnny vendió la *Mona Lisa* en una subasta.
☐	☑	5. Mariela y Éric salieron a cenar.
☑	☐	6. Aguayo pensó que dos de las piezas eran primitivas.

③ Have students invent five additional statements. Then have them exchange papers with a partner and answer **¿Quién lo diría?**

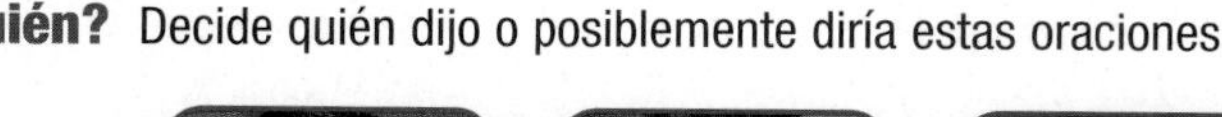

3 ¿Quién? Decide quién dijo o posiblemente diría estas oraciones.

ÉRIC

JOHNNY

FABIOLA

MARIELA

1. No pueden criticar el arte diciendo que es *feo*. Johnny
2. A esta pintura le falta color amarillo. Fabiola
3. Todavía no puedo creer que Fabiola haya comprado la pintura. Mariela
4. ¿Por qué no me invitas a cenar, Mariela? Éric
5. Podrías llegar a ser un gran vendedor de arte. Mariela

④ For additional practice, call on volunteers to perform their improvisations for the class. Before they begin, have them describe the setting for each scene.

4 Conversaciones En parejas, improvisen una de estas situaciones.

- Mariela y Éric hacen la apuesta. ¿Qué dicen?
- Johnny le pide al pintor que cambie los colores del cuadro. ¿Cómo reacciona el pintor ante el pedido?
- Fabiola le muestra el cuadro a su novio. ¿Qué opina él?

Teaching option If time permits, bring in examples of artwork and tell students to imagine the artist has offered to change the piece according to their suggestions. Ask: **¿Qué cambios harían?**

5 **Sueños** Johnny tiene un sueño en el que llega a ser un famoso vendedor de arte. En parejas, escojan a otros dos personajes de la **Fotonovela** e inventen sus sueños y fantasías.

MODELO Éric sueña con ser Cocodrilo Éric, el fotógrafo más valiente de la selva. En sus fantasías sobre el Amazonas…

6 **Apuntes culturales** En parejas, lean los párrafos y contesten las preguntas.

¿Una exposición o una película?

Según Éric, el cine es más divertido que una exposición surrealista. Uno de los máximos íconos del surrealismo fue **Salvador Dalí**, artista excéntrico español que incursionó en la pintura (ver p. 271) y el cine, entre otros. En *Un perro andaluz*, película clásica del cine español de Luis Buñuel y Salvador Dalí, no hay idea ni imagen que tenga explicación lógica. ¡Quizás Éric la encuentre interesante!

Radicales, sí; feas, ¡jamás!

Para Johnny, hay pinturas radicales, primitivas, pero ¡jamás feas! Por ejemplo, si Johnny criticara la obra del famoso pintor figurativo chileno Gonzalo Cienfuegos diría: "Como se observa en su obra ***El trofeo***, su arte es radical aunque las figuras aparezcan con cierto realismo. El pintor crea su propio lenguaje con humor e ironía..." ¿Entenderán Éric y Mariela lo que quiere decir Johnny?

Por amor al arte

Fabiola se enamoró de una pintura y decidió comprarla. Como ella, el argentino Eduardo Constantini decidió comprar dos pinturas en 1970. Su colección privada fue creciendo hasta transformarse en el **MALBA**, Museo de Arte Latinoamericano de Buenos Aires, que posee 130 obras de su colección permanente.

1. El surrealismo fue un movimiento de vanguardia. ¿Sabes de otros movimientos artísticos? ¿Cómo son?
2. ¿Qué tipo de arte te gusta más: el arte clásico como la *Mona Lisa* de Leonardo Da Vinci o el arte moderno como el de Dalí o el de Gonzalo Cienfuegos?
3. ¿Has visitado museos recientemente? ¿Cuáles? Cuenta lo que viste.
4. ¿Cuál es tu opinión sobre los coleccionistas de arte? ¿Piensas que malgastan su dinero o, por el contrario, realizan una inversión?
5. ¿Qué opinas del arte digital?
6. ¿Qué obra de arte te gustaría tener en la sala de tu casa? ¿Por qué?

5 For expansion, have students discuss their own dreams and aspirations. Encourage them to use the conditional and the past subjunctive.

6 Ask additional discussion questions. **¿Creen que los museos han perdido su popularidad? ¿Qué papel tienen los museos en la preservación de la cultura? ¿Ustedes se consideran artistas?**

Teaching option For expansion, bring in additional examples of artwork by Gonzalo Cienfuegos or Salvador Dalí, or have students research their lives and works.

Teaching option For an optional outside project, have students gather information about surrealist art and its relationship to dreams. If time and resources permit, show the movie ***Un perro andaluz*** and have students write a short critique.

INSTRUCTIONAL RESOURCES
Supersite/DVD: Flash cultura; **Supersite:** Videoscript & Translation

En detalle

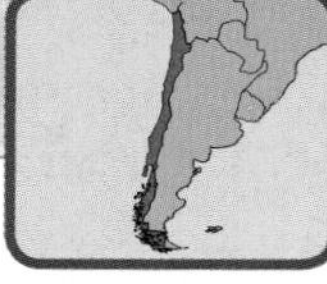

CHILE

LAS CASAS DE NERUDA

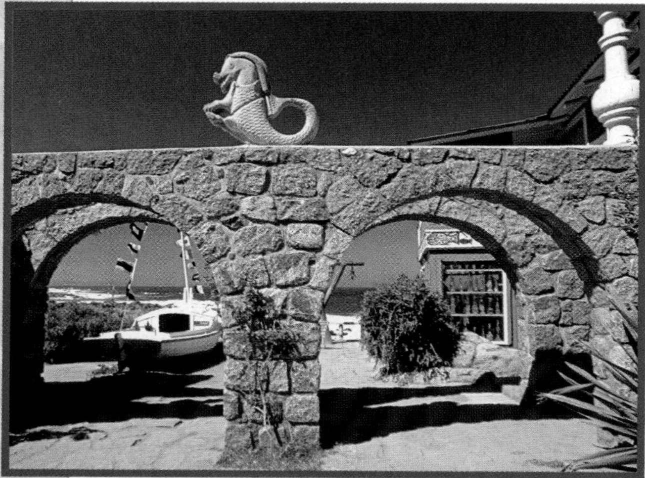

Isla Negra

Muchos de nosotros hemos visto la maravillosa película *Il Postino*. En ella, un cartero se hace amigo del gran poeta chileno. La película reproduce los años que Pablo Neruda vivió en el sur de Italia por razones políticas. Sus continuos viajes como cónsul y el posterior exilio político fueron factores importantísimos en la vida de Neruda. Marcaron, sin duda, su eterno deseo de crear refugios personales en sus casas de Chile. A lo largo de los años, Neruda compró y luego mandó remodelar o construir tres casas en su país natal: "La Sebastiana" en Valparaíso, "La Chascona" en Santiago e "Isla Negra" en la ciudad costera del mismo nombre. Para él, estas construcciones eran mucho más que simples casas; eran, como su poesía, creaciones personales y, muchas veces, una proyección de sus universos poéticos. Las iba construyendo sin prisa, con gran dedicación y eligiendo hasta el más mínimo detalle.

Isla Negra era la favorita del poeta, y allí fue enterrado° junto con Matilde Urrutia, su gran amor. Hoy día, las tres residencias son casas-museo y reciben más de 100.000 visitantes al año. La Fundación Pablo Neruda, creada por voluntad° expresa del poeta, las administra. Aparte de conservar su patrimonio artístico y encargarse de las tareas de mantenimiento° de las casas, la fundación organiza actividades culturales y exposiciones.

Hoy día, gracias al deseo de Neruda de mantener las casas como un legado° para el pueblo chileno, todos sus admiradores pueden hacer una visita a una de sus casas. Pueden sentir, por un momento, que forman parte del particular mundo creativo del escritor. ■

Isla Negra

Neruda compró una pequeña cabaña en 1938 y la fue ampliando a lo largo de los años. La reconstruyó de tal manera que pareciera el interior de un barco. Su tumba y la de Matilde Urrutia están ubicadas en una terraza de la casa con una impresionante vista del Pacífico.

La Chascona

Está situada en un terreno inclinado en Santiago de Chile. Se inició su construcción en 1953 y fue bautizada "La Chascona" en honor a Matilde Urrutia. *Chascona*, en Chile, significa "despeinada".

La Sebastiana

La casa, llamada así en honor al arquitecto Sebastián Collado, está en la ciudad de Valparaíso. Se inauguró el 18 de septiembre de 1961. Desde ella se disfruta de una vista privilegiada, en este caso sobre la bahía. Era el lugar favorito de Neruda para pasar la Nochevieja°.

enterrado *buried* **voluntad** *wish* **mantenimiento** *maintenance* **legado** *legacy* **Nochevieja** *New Year's Eve*

En detalle Pablo Neruda said that his houses were reflections of his poetic universe. Ask students if they believe that the home is a reflection of one's inner self. **¿Creen que una casa puede transmitir el espíritu de las personas que viven en ella? ¿Cómo?**

ASÍ LO DECIMOS

Artes visuales

el arte digital *digital art*
el arte gráfico *graphic art*
el videoarte *video art*
la cerámica *pottery*
el dibujo *drawing; sketching*
el grabado *engraving*
el grafiti *graffiti*
el mural *mural painting*
la orfebrería *goldwork*
el tapiz *tapestry*

EL MUNDO HISPANOHABLANTE

Otros creadores

Frida Kahlo es una de las figuras más representativas de la pintura introspectiva mexicana del siglo XX. Su vida estuvo marcada por enfermedades y un matrimonio tortuoso con el muralista Diego Rivera. Es conocida principalmente por sus autorretratos en los que expresa el dolor de su vida personal.

Santiago Calatrava es el arquitecto español de más fama internacional en la actualidad. En sus creaciones predomina el color blanco. El Palacio de Artes, el Museo de las Ciencias y el **Hemisférico** en Valencia (España) son algunas de sus obras más destacadas.

Ariel Lacayo Argueñal es un famoso chef nicaragüense. Estudió administración y cursó una maestría en enología en los Estados Unidos. En el restaurante neoyorquino Patria cocinó para celebridades como los Clinton, Nicole Kidman y los príncipes de Mónaco. Hoy, junto a su padre, deleita paladares° en un restaurante criollo en Nicaragua.

PERFIL

NERUDA EN LA PINTURA

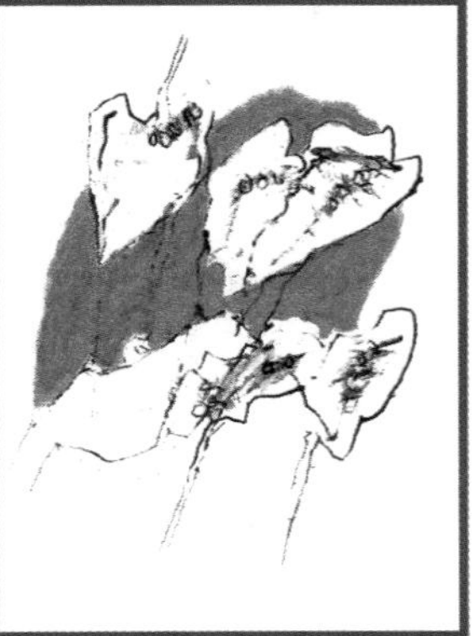

De la serie *Todo en ti fue naufragio*, Guillermo Núñez

En el año 2002, la Fundación Pablo Neruda y la Fundación Amigos del Arte organizaron una particular exposición para conmemorar el centenario° del poeta chileno más universal, Pablo Neruda. Al mismo tiempo querían celebrar los ochenta años del libro de poemas en español más leído de la historia, *Veinte poemas de amor y una canción desesperada*. Participaron en el proyecto veintiún pintores chilenos. Su labor: elegir un poema de Neruda, interiorizarlo y plasmar° su proceso de lectura en una pintura. El resultado de la exposición fue un estimulante diálogo entre palabra e imagen. Todos los participantes reflexionaron sobre la palabra poética y, al mismo tiempo, sobre su propio proceso creativo. Entre los pintores que colaboraron estaba el internacionalmente reconocido Guillermo Núñez, quien publicó un libro que cuenta la experiencia de pintar la obra de Neruda. Núñez lleva la conexión entre literatura y pintura a un nivel todavía más complejo.

Guillermo Núñez

> “La eternidad es una de las raras virtudes de la literatura.”
> (Adolfo Bioy Casares, escritor argentino)

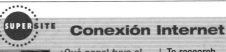

¿Qué papel tuvo el arquitecto español Germán Rodríguez Arias en las casas de Neruda?

To research this topic go to **ventanas.vhlcentral.com**.

centenario *centennial (hundred-year celebration of Neruda's birth)*
plasmar *give expression to* **deleita paladares** *pleases the palate*

① After completing the activity, have students create corresponding questions for each item. Ex: **¿De qué se trata la película *Il Postino*?**

③ For item 3, ask students to create their own definition of art. Then call on volunteers to share their definitions with the class.

¿Qué aprendiste?

1 ¿Cierto o falso? Indica si estas afirmaciones son **ciertas** o **falsas**. Corrige las falsas.

1. La película *Il Postino* reproduce los años de exilio de Neruda en Italia. Cierto.
2. Neruda no salió casi nunca de Chile. Falso. Viajó como cónsul y luego estuvo en el exilio por razones políticas.
3. Neruda tenía dos casas en Chile: Isla Negra y La Chascona. Falso. Neruda tenía tres casas en Chile: La Sebastiana, Isla Negra y La Chascona.
4. La casa La Chascona se llama así porque está ubicada en un pueblo que también tiene ese nombre. Falso. La casa La Chascona se llama así en honor a Matilde Urrutia.
5. Neruda intervenía muy activamente en la construcción y decoración de sus casas. Cierto.
6. El poeta está enterrado en La Sebastiana. Falso. El poeta está enterrado en Isla Negra.
7. Actualmente las tres casas son museos. Cierto.
8. La Fundación Pablo Neruda se creó por deseo de los admiradores del poeta. Falso. La Fundación Pablo Neruda se creó por deseo expreso del poeta.
9. La casa Isla Negra está decorada como si fuera un barco. Cierto.
10. A Pablo Neruda le gustaba pasar la Nochevieja en la casa La Sebastiana. Cierto.
11. La Chascona está ubicada en un terreno inclinado. Cierto.
12. La Sebastiana, ubicada en Santiago, tiene una vista privilegiada de la ciudad. Falso. La Sebastiana está ubicada en Valparaíso y tiene una vista privilegiada sobre la bahía.

2 Oraciones incompletas Completa las oraciones con la información correcta.

1. La Fundación Neruda y la Fundación Amigos del Arte organizaron una exposición para conmemorar el centenario del poeta.
2. Los veintiún artistas que participaron tenían que pintar un cuadro inspirado en un poema.
3. En las creaciones de Santiago Calatrava predomina el color blanco.
4. Diego Rivera se hizo famoso por sus murales.

3 Preguntas Contesta las preguntas.

1. ¿Crees que la cerámica y la orfebrería son artes u oficios (*trades*)?
2. ¿Alguna vez hiciste una obra usando una de las técnicas de la lista de **Así lo decimos**? ¿Qué hiciste?
3. ¿Crees que una obra arquitectónica o el trabajo de un chef se pueden considerar obras de arte? Explica tu respuesta.

4 Opiniones En parejas, elijan otro artista o creador hispano que no haya sido mencionado en esta lección. Expliquen por qué les gusta ese artista o sus obras.

MODELO Hemos elegido al arquitecto argentino Jorge Mario Jáuregui. Nos interesa su trabajo en el programa Favela Barrio en Río de Janeiro porque...

PROYECTO

Artistas

Elige una obra en particular de uno de los artistas que se han presentado en **El mundo hispanohablante**. Busca información y prepara una presentación breve para la clase. No olvides mostrar una fotografía o ilustración de la obra. Usa las preguntas como guía.

- ¿Quién es el/la artista?
- ¿Cómo se llama la obra?
- ¿Cuáles son las características de la obra?
- ¿Por qué es famosa la obra y por qué la elegiste?

④ For additional discussion, have volunteers share the first time they experienced the works of their favorite artists.

Proyecto Encourage students to make their presentations interactive by beginning with a thought-provoking question.

Violeta Parra

"Yo me llamo **Violeta Parra**, pero no estoy muy segura. Tengo cincuenta años a disposición del viento fuerte. En mi vida me ha tocado muy seco todo y muy salado°, pero así es la vida exactamente..." Así se describe la mayor artista chilena del siglo XX, nacida en 1917 en el pueblo de San Carlos. Tuvo una difícil infancia que compartió con ocho hermanos. Despertó su afición musical de niña cuando comenzó a cantar en circos y sitios públicos. Su hermano Nicanor la impulsó para que rescatara la música folclórica chilena. Con su actuación en la casa de Pablo Neruda en 1953, su voz comenzó a popularizarse. Siguieron conciertos por Europa y Latinoamérica y su música fundó las bases para la "Nueva Canción". Además del canto, también incursionó en el tapiz°, el bordado°, la escultura y la pintura. En su arte se evidencia un profundo contenido humano que la define como una artista universal más allá del tiempo y de las fronteras.

Discografía

1966 Las últimas composiciones de Violeta Parra **1957** La tonada presentada
1956 Violeta Parra, Canto y guitarra

Canción

Éste es un fragmento de una canción de Violeta Parra.

Gracias a la vida

Gracias a la vida que me ha dado tanto
Me ha dado la risa y me ha dado el llanto°
Así yo distingo dicha° de quebranto°
Los dos materiales que forman mi canto
Y el canto de ustedes que es el mismo canto
Y el canto de todos que es mi propio canto.

¿Sabías que la canción **Gracias a la vida** fue interpretada por un sinnúmero° de artistas?

Éstos son sólo algunos de los intérpretes:

- **Joan Baez** (Estados Unidos)
- **Mariette Bodier** (Holanda)
- **David Byrne** (Escocia)
- **Danilo Pérez** (Panamá)
- **Mercedes Sosa** (Argentina)
- **Pedro Vargas** (México)

 **Preguntas** En parejas, respondan estas preguntas. Some answers will vary.

1. "Me ha tocado muy seco todo y muy salado." ¿Qué quiere decir Violeta Parra con esto?
   Quiere decir que ha tenido una vida difícil.
2. ¿Qué personas influyeron en su vida artística?
   Su hermano Nicanor Parra y el poeta Pablo Neruda influyeron en su vida artística.
3. En la actualidad, Parra es considerada una artista influyente y universal. ¿Por qué?
   Su arte contiene un profundo contenido humano.
4. En esta canción, Violeta Parra le agradece a la vida. ¿Qué le agradece? ¿Por qué?

salado *salty; jinxed* **tapiz** *tapestry* **bordado** *embroidery* **llanto** *crying*
dicha *happiness* **quebranto** *pain; suffering* **sinnúmero** *countless*

Ritmos Explain that the **Nueva Canción** movement emerged in Chile in the mid-sixties and spread throughout Latin America. Concerned with the problems of injustice and poverty, it revived traditional Latin American folk music and incorporated political and radical statements in its lyrics.

INSTRUCTIONAL RESOURCES
Supersite/IRCD: Textbook Answer Key, SAM Answer Key
SAM/WebSAM: WB, LM

TALLER DE CONSULTA

MANUAL DE GRAMÁTICA
Más práctica
10.1 The future perfect, p. 403
10.2 The conditional perfect, p. 404
10.3 The past perfect subjunctive, p. 405

Más gramática
10.4 **Si** clauses with compound tenses, p. 406

Review the present perfect and past perfect before introducing the future perfect. Remind students that the past participle does not change form in any perfect tense.

TALLER DE CONSULTA

To review irregular past participles, see **7.1,** pp. 196–197.

To review the subjunctive after conjunctions of time or concession, see **6.2,** pp. 170–171.

To express probability regarding present or future occurrences, use the future tense. See **6.1,** pp. 166–167.

To illustrate the future perfect of probability, draw a timeline on the board, with the headings *past, present,* and *future.* Write these three sentences under the appropriate heads:
¿A qué hora habrán llegado?
I wonder what time they arrived.
¿Qué hora será?
I wonder what time it is.
¿A qué hora llegarán?
I wonder when they will arrive.

10.1 The future perfect

- The future perfect tense (**el futuro perfecto**) is formed with the future of **haber** and a past participle.

The future perfect

pintar	vender	salir
habré pintado	habré vendido	habré salido
habrás pintado	habrás vendido	habrás salido
habrá pintado	habrá vendido	habrá salido
habremos pintado	habremos vendido	habremos salido
habréis pintado	habréis vendido	habréis salido
habrán pintado	habrán vendido	habrán salido

- The future perfect is used to express what *will have happened* at a certain point. The phrase **para** + [*time expression*] is often used with the future perfect.

Ya **habré leído** la novela para el próximo lunes.
I will already have read the novel by next Monday.

Para el año que viene, los arquitectos **habrán diseñado** el nuevo museo.
By next year, the architects will have designed the new museum.

- **Antes de (que), cuando, dentro de**, and **hasta (que)** are also used with time expressions or other verb forms to indicate when the action in the future perfect will have happened.

Cuando lleguemos al teatro, ya **habrá empezado** la obra.
When we get to the theater, the play will have already started.

Lo **habré terminado dentro de** dos o tres horas.
I will have finished it within two or three hours.

- The future perfect may also express supposition or probability regarding a past action.

¿Habrá tenido éxito la exposición de este fin de semana?
I wonder if this weekend's exhibition was a success?

No lo sé, pero **habrá ido** mucha gente a verla.
I don't know, but a lot of people must have gone to see it.

Me imagino que habrán visto toda la exposición.

Habré visto arte antes, pero esto es especial.

Práctica y comunicación

1 Artes y letras Completa las oraciones con el futuro perfecto.

1. Me imagino que ustedes habrán leído (leer) el poema para mañana.
2. ¿ Habrá conocido (conocer) Juan a la famosa autora?
3. Para la próxima semana, Ana y yo habremos terminado (terminar) de leer el cuento.
4. Le dije al pintor que yo habré conseguido (conseguir) una modelo para el jueves.
5. Me imagino que las obras ya se habrán vendido (vender).

2 Planes Tú y tus amigos habían planeado encontrarse a las seis de la tarde para ir al ballet, pero nadie ha venido y tú no sabes por qué. Escribe suposiciones con la información del cuadro.

MODELO **Entendí mal los planes.**
Habré entendido mal los planes.

Me dejaron un mensaje telefónico.	1.
Uno de mis amigos tuvo un accidente.	2.
Me equivoqué de día.	3.
Fue una broma.	4.
Lo soñé.	5.

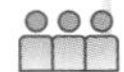

3 Excusas En parejas, completen la conversación entre Mónica y su profesora. Utilicen el futuro perfecto.

devolver	escribir	pedir
entregar	ir	ver

PROFESORA Buenos días. ¿Todos (1) habrán entregado/habrán escrito el ensayo para el final del día?

MÓNICA Yo lo (2) habré escrito/habré entregado para el viernes, profesora.

PROFESORA Pero me imagino que tú ya (3) habrás visto la exposición del escultor, ¿verdad?

MÓNICA Pues... estaba con fiebre... todo el fin de semana. Pero voy mañana.

PROFESORA Por lo menos (4) habrás ido a la biblioteca a hacer las investigaciones necesarias, ¿no?

MÓNICA Pues, fui, pero otro estudiante ya había sacado los libros que necesitaba. Según la bibliotecaria, él los (5) habrá devuelto para mañana.

4 El futuro En grupos pequeños, conversen sobre cada una de estas preguntas.

- Cuando terminen las próximas vacaciones de verano, ¿qué habrás hecho?
- Antes de terminar tus estudios universitarios, ¿qué aventuras habrás tenido?
- Dentro de diez años, ¿dónde habrás estado y a quién habrás conocido?
- Cuando tengas cuarenta años, ¿qué decisiones importantes habrás tomado?
- Cuando seas abuelo/a, ¿qué lecciones habrás aprendido de la vida?

TALLER DE CONSULTA

MANUAL DE GRAMÁTICA
Más práctica
10.1 The future perfect, p. 403

1 For additional support, have students underline the subject in each sentence, then complete the activity.

2 As a variant, ask students to imagine that a professor did not come to class on the day of the final exam. Have them brainstorm possible reasons using the future perfect.

4 Ask groups to make anonymous lists of each member's responses using complete sentences. Then have groups exchange lists and try to identify each student based on the responses.

Teaching option Divide the class into teams of six. Call out an infinitive in Spanish and have the first representative write the **yo** future perfect form of the verb on a piece of paper and pass it to the second member, who writes the **tú** form, and so forth. The first group to finish the entire paradigm correctly wins a point.

10.2 The conditional perfect

INSTRUCTIONAL RESOURCES
Supersite/IRCD: Textbook Answer Key, SAM Answer Key
SAM/WebSAM: WB, LM

TALLER DE CONSULTA

To review irregular past participles, see **7.1,** pp. 196–197.

The conditional perfect is frequently used after **si** clauses that contain the past perfect subjunctive. See **Manual de gramática, 10.4,** p. 406.

Remind students that the past participle does not change form in any perfect tense.

- The conditional perfect tense (**el condicional perfecto**) is formed with the conditional of **haber** and a past participle.

Estas pinturas son
una porquería. Habría
preferido ir al cine.

The conditional perfect

pensar	tener	sentir
habría pensado	habría tenido	habría sentido
habrías pensado	habrías tenido	habrías sentido
habría pensado	habría tenido	habría sentido
habríamos pensado	habríamos tenido	habríamos sentido
habríais pensado	habríais tenido	habríais sentido
habrían pensado	habrían tenido	habrían sentido

- The conditional perfect tense is used to express what *would have occurred,* but did not.

Juan **habría ido** al museo, pero ya tenía otros planes.
Juan would have gone to the museum, but he had other plans.

Seguramente, **habrías ganado** la apuesta.
You probably would have won the bet.

Otros actores **habrían representado** mejor esta obra.
Other actors would have performed this play better.

Creo que Andrés **habría sido** un gran pintor.
I think Andrés would have been a great painter.

Teaching option Write several sentences on the board and ask volunteers to conjugate the verbs, choosing the correct perfect tense. Ex:

1. **Julián _______ (hacer) los quehaceres, pero llegó Luisa y lo invitó al cine. (habría hecho)**
2. **Cuando lleguen mis amigos, yo ya _______ (terminar) el trabajo para mi clase de español. (habré terminado)**
3. **Me molesta que mis primas no me _______ (invitar) a su fiesta. (hayan invitado)**

- The conditional perfect may also express probability or conjecture about the past.

¿**Habrían apreciado** los críticos su gran creatividad?
I wonder if the critics had appreciated her great creativity.

Los **habría sorprendido** con su talento.
She must have surprised them with her talent.

Práctica y comunicación

1. **Lo que habrían hecho** Completa las oraciones con el condicional perfecto.

1. No me gustó para nada. Otro autor habría imaginado (imaginar) un protagonista más interesante.
2. Yo, en su lugar, lo habría dibujado (dibujar) de modo más abstracto.
3. A la autora le habría gustado (gustar) escribir ficción histórica, pero el público sólo quería más novelas rosas.
4. Nosotros habríamos escrito (escribir) ese cuento desde otro punto de vista.
5. ¿Tú habrías hecho (hacer) lo mismo con otra oportunidad?

2. **Otro final** En parejas, conecten las historias con sus finales. Luego utilicen el condicional perfecto para inventar otros finales. Sigan el modelo.

MODELO ***Titanic*** **/ El barco se hunde (*sinks*).**
En nuestra historia, el barco no se habría hundido. Los novios se habrían casado y...

La Bella y la Bestia → Se casa con el príncipe.
Frankenstein → El monstruo mata a su creador.
El Señor de los Anillos → Frodo destruye el anillo.
Romeo y Julieta → Los novios se mueren.
El Mago de Oz → Regresa a su hogar en Kansas.

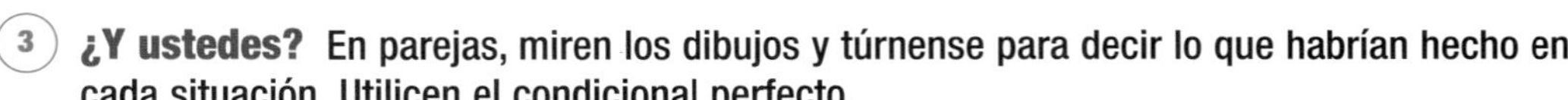

3. **¿Y ustedes?** En parejas, miren los dibujos y túrnense para decir lo que habrían hecho en cada situación. Utilicen el condicional perfecto.

1.

2.

3.

4.

4. **Autobiografías** Escribe una autobiografía en un párrafo. Incluye descripciones de tres cosas que no cambiarías nunca (*condicional*) y tres cosas que habrías hecho en tu vida (*condicional perfecto*).

TALLER DE CONSULTA

MANUAL DE GRAMÁTICA
Más práctica
10.2 The conditional perfect, p. 404

1. Before beginning the activity, point out that **yo, en su lugar** and similar phrases take the conditional or the conditional perfect.

2. For expansion, give students additional stories or have them brainstorm their own. Ex: ***E.T., Lo que el viento se llevó*** *(Gone with the Wind)*.

3. For additional practice, continue the exercise with photos from magazines and newspapers.

4. As a variant, have students write a paragraph of the autobiography of someone famous.

Teaching option Ask students to state what these people would have done had they had more money: **mis padres, yo, mi mejor amigo/a, los estudiantes de la universidad**. Ex: **Con más dinero, mis padres habrían comprado una pintura de Picasso.**

10.3 The past perfect subjunctive

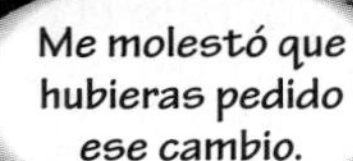
Me molestó que
hubieras pedido
ese cambio.

Quizás hubiera
sido una falta
de respeto.

- The past perfect subjunctive (**el pluscuamperfecto del subjuntivo**) is formed with the past subjunctive of **haber** and a past participle.

The past perfect subjunctive		
cambiar	**poder**	**influir**
hubiera cambiado	**hubiera podido**	**hubiera influido**
hubieras cambiado	**hubieras podido**	**hubieras influido**
hubiera cambiado	**hubiera podido**	**hubiera influido**
hubiéramos cambiado	**hubiéramos podido**	**hubiéramos influido**
hubierais cambiado	**hubierais podido**	**hubierais influido**
hubieran cambiado	**hubieran podido**	**hubieran influido**

- The past perfect subjunctive is used in subordinate clauses under the same conditions for other subjunctive forms, and in the same way the past perfect is used in English (*I had talked, you had spoken, etc.*). It refers to actions or conditions that had taken place before another past occurence.

Le molestó que los escritores no **hubieran asistido** a su conferencia.
It annoyed her that the writers hadn't attended her lecture.

No era cierto que la galería **hubiera cerrado** sus puertas definitivamente.
It was not true that the gallery had closed its doors permanently.

- When the action in the main clause is in the past, both the past subjunctive and the past perfect subjunctive can be used in the subordinate clause. However, the meaning of each sentence may be different.

PAST SUBJUNCTIVE	PAST PERFECT SUBJUNCTIVE
Esperaba que me **llamaras**. ¡Qué bueno oír tu voz! *I was hoping you would call me. It's great to hear your voice!*	Esperaba que me **hubieras llamado**. ¿Qué pasó? *I thought you would have called me. What happened?*
Deseaba que me **ayudaras**. *I wished that you would help me.*	Deseaba que me **hubieras ayudado**. *I wished that you had helped me.*

INSTRUCTIONAL RESOURCES
Supersite/IRCD: Textbook Answer Key, SAM Answer Key
SAM/WebSAM: WB, LM

TALLER DE CONSULTA

The alternative past subjunctive forms of **haber** may also be used with the past participle to form the past perfect subjunctive. See **8.2,** pp. 228–229.

Ojalá hubieras/hubieses participado más en el proyecto.
I wish you had participated more in the project.

• • • •

The past perfect subjunctive is also frequently used in **si** clauses. See **Manual de gramática, 10.4,** p. 406.

Si me hubieran invitado, habría ido a la exposición.
If they had invited me, I would have gone to the exhibition.

Remind students that the past participle does not change form in any perfect tense.

To review the subjunctive, write several trigger expressions on the board and ask volunteers to complete each sentence. Ex: **Fue imposible que...**

Práctica y comunicación

TALLER DE CONSULTA

MANUAL DE GRAMÁTICA
Más práctica
10.3 The past perfect subjunctive, p. 405

1 **Hubiera...** Completa las oraciones con el pluscuamperfecto del subjuntivo.

1. Habría ido al teatro si no hubiera llovido (llover).
2. Si yo hubiera logrado (lograr) publicar mi libro, habría sido un superventas (*best seller*).
3. Me molestó que ellos no le hubieran dado (dar) el premio al otro poeta.
4. Si nosotros hubiéramos pensado (pensar) eso, lo habríamos dicho.
5. Si ella hubiera pedido (pedir) más por sus cuadros, habría ganado millones.
6. ¡Qué lástima que sus padres no hubieran apoyado (apoyar) su interés por las artes!

1 For expansion, write four additional cloze sentences on the board. Have pairs complete them with the verbs of their choice and then read their sentences aloud. Have the class vote on the most creative sentences.

2 **Oraciones** Conecta los elementos de las columnas para crear cinco oraciones con el pluscuamperfecto del subjuntivo.

Dudaba (de) que	yo	escribir cuentos policíacos
Esperábamos que	tú	ganar un premio literario
Me sorprendió que	el artista	tener talento
Ellos querían que	nosotros	venir a la exposición
No creías que	los poetas	vender ese autorretrato

3 **¡A quejarse!** Paulino es escritor y Graciela es pintora. Son muy buenos amigos, pero ninguno de los dos ha tenido éxito. En parejas, utilicen el pluscuamperfecto del subjuntivo para escribir una conversación en la cual los dos se quejan de las oportunidades que perdieron.

3 Before completing the activity, review **si** clauses in all tenses.

MODELO **GRACIELA** No fue justo que le hubieran dado ese premio literario a García Márquez. Tienes mucho más talento que él...

No fue justo que....
No podía creer que...
Si hubiera logrado...
Si tú sólo hubieras...

4 **Síntesis** En grupos de cuatro, dramaticen una situación en la que uno/a de ustedes entrevista a los tres finalistas del concurso de televisión *El ídolo de la música*. Uno/a acaba de ganar el concurso. Utilicen por lo menos tres usos del futuro perfecto, del condicional perfecto y del pluscuamperfecto del subjuntivo. Luego representen su entrevista para la clase.

4 To help groups get started, have them brainstorm verbs and vocabulary words to use in their interviews.

MODELO

REPORTERO Felicitaciones a Carolina, la nueva ídola de la música. ¡El año que viene será increíble! ¿Qué crees que habrá pasado para esta fecha, el próximo año?
GANADORA Pues, seguramente habré grabado mi primer disco y...
REPORTERO Christopher, tus aficionados no habrán creído lo que pasó esta noche. Si hubieras tenido otra oportunidad, ¿que habrías hecho de manera diferente?
FINALISTA 1 Quizás si hubiera cantado algo más clásico, los jueces no me habrían criticado tanto. O si hubiera...

For additional cumulative practice of all the grammar points in this lesson, go to **ventanas.vhlcentral.com**.

Teaching option Make a series of statements using the past perfect indicative, then begin reactions to the statements using the past perfect subjunctive. Have students complete the reactions. Ex: **Jorge había esculpido una estatua para el festival. Fue maravilloso que…(Jorge hubiera esculpido una estatua para el festival).**

Preview Ask students: **¿Cuándo fue la última vez que visitaron un museo? ¿Cúales visitaron? ¿Qué exhibiciones vieron? ¿Qué valor tienen los museos en general para la humanidad?** As students respond, write key words and useful expressions on the board for use in the activities.

Tema Provide a list of museums for students to select from or assign a specific museum to each group. The following have virtual exhibitions: **Museo del Oro (Colombia), Museo de Arte de Lima (Perú), Museo Nacional de Costa Rica, Museo Nacional de Antropología de México, MALBA (Argentina).**

Recursos If audiovisual resources are limited, inform students what types of materials they can use.

Atando cabos

¡A conversar!

Un museo En grupos pequeños, van a preparar una presentación sobre un museo de arte del mundo hispano.

Máscara de oro. Museo del Oro, Colombia.

Las Meninas de Velázquez. Museo del Prado, España.

Tema Seleccionen un museo del mundo hispano. ¿Qué tipo de arte les interesa más? ¿Qué sitio de Internet ofrece más información? ¿Qué cultura les interesa investigar?

Investigación Busquen información en Internet o en la biblioteca y luego conversen sobre estas preguntas.

- ¿Qué tipo de museo es? (de arte contemporáneo, colonial; arqueológico, etc.)
- ¿Dónde se encuentra y cuál es su historia?
- ¿Qué colecciones y obras exhibe?
- ¿Qué servicios ofrece? (visitas guiadas, cursos, cine, etc.)
- ¿Cuáles son las colecciones o piezas más destacadas?
- ¿Qué fuentes consultaron?

Recursos Seleccionen material audiovisual para los puntos más importantes de la presentación. Informen a su instructor(a) sobre los recursos que necesitarán.

Organización Hagan un esquema (*outline*) para organizar la información de manera lógica y coherente. Piensen en una forma original de presentar el tema: una pregunta, una anécdota, una fotografía, etc. La presentación será de unos diez minutos.

Presentación

A. **Los presentadores:** Respalden el contenido de la presentación con los materiales audiovisuales.

Consejos para las presentaciones orales

1. Repártanse la tarea de buscar información.
2. Trabajen todos/as juntos/as en las etapas de investigación y organización.
3. Repártanse lo que va a decir cada uno/a.
4. Ensayen la presentación en grupo.

B. **La clase:** Mientras cada grupo presenta su tema, el resto de la clase toma nota de información confusa o interesante para después hacer preguntas.

¡A escribir!

¿Qué es el arte? Escribe una composición que responda a esta pregunta.

Escultura de arena en Valladolid, España.

Estatua de la Virgen de Quito, Ecuador.

Preparación Clasifica los elementos de la lista en dos categorías: arte tradicional y otra categoría que tú decidas. Puede ser arte no convencional, arte alternativo, no arte, etc. Luego, agrega un elemento más a cada categoría.

- una estatua de mármol en una iglesia
- un anuncio para transmitir durante el Super Bowl
- una vasija de barro de los incas
- una escultura de arena en la playa
- un óleo de Salvador Dalí
- la música *hip-hop*
- un video original en YouTube
- una muestra de un fotógrafo famoso
- una pieza musical de Mozart

Arte tradicional	¿?

Escritura Elige un ejemplo de cada categoría del paso anterior y escribe una composición explicando por qué cada uno es o no es arte. Usa estas preguntas guía:

1. ¿Puede haber más de una definición de arte?
2. ¿Por qué se habla de arte "tradicional" y arte "alternativo" o "no convencional" o "expresiones no artísticas"?
3. ¿Hay diferencia entre el proceso creativo del arte tradicional y de otras formas de arte? ¿Hay un arte que requiera "más inspiración" que otro?
4. ¿Es similar o diferente el concepto de arte en distintas culturas? ¿Por qué?

Revisión En parejas, intercambien sus borradores y háganse sugerencias sobre lo que pueden cambiar o agregar. Luego, cada uno/a debe escribir la versión final de la composición.

Preview As a class, briefly discuss the meaning of art. Ask: **¿Qué es el arte? ¿Quién decide lo que es y no es arte? ¿Es el concepto de arte estático o cambia con el tiempo?**

Preparación Do this step as a class to generate debate around the meaning of art. If possible, bring visual samples of the categories listed.

Escritura
- Creating a definition for art is a big task. Make sure students narrow their definitions by using one of the questions provided as a guide and limiting their discussion primarily to only two forms of expression.
- For slower-paced classes, discuss the questions as a class. After the discussion, ask students if their ideas about art have changed.
- For advanced classes, follow up with questions, such as **¿Qué valores y normas estéticas representa el arte tradicional y cuáles el arte alternativo?**

Revisión For a more guided revision process, refer students to the **Revisión** step in **Lección 4**, p. 119.

Preparación

"Si los grandes compositores vivieran en este siglo, hoy sus obras sonarían así." Ésta es la premisa de **Perú Rock Ópera**, un grupo artístico peruano que nació en 2006 para acercar la música clásica a más gente. Con letras traducidas al español, las obras de grandes maestros como Mozart, Bizet, Bach y Beethoven llegan al público renovadas por la potencia del rock. El proyecto ha tenido un gran recibimiento en su propio país. "El resultado es increíble", dicen los seis artistas que integran el grupo.

Conexión personal ¿Has escuchado una ópera alguna vez? ¿Irías a ver una ópera? ¿A qué público ha estado dirigida la ópera tradicionalmente?

Vocabulario

bacán/bacana *cool (Pe.)*
la batería *drums*
estar empapado (de) *to be soaked (lit.); to be saturated/imbued (with)*
la percusión *percussion*
poner a prueba *to put to the test*
el reto *challenge*
la técnica vocal *vocal technique*

1 Completa las oraciones.

1. En los últimos años, el género rock ópera se escucha en lugares de moda y muy __bacanes__ de Perú.
2. La __técnica__ vocal del rock es diferente de la del flamenco.
3. Las ideas nuevas ponen a __prueba__ la creatividad de las personas.
4. La __batería__ es un instrumento de percusión muy popular.
5. La __guitarra__ eléctrica es un instrumento típico del rock.

Variación léxica Remind students of other words for "cool" introduced in **Lección 2: chido/a (México), copado/a (Argentina), está que mola (España), bacanal (Nicaragua).**

Give more background about **Perú Rock Ópera**: the violinist is the first violin of Peru, the female vocalist is a well known singer, and another member is a guitarrist in the rock band Aliados.

Anuncio promocional:

Perú Rock Ópera

CAPI Es interesante siempre involucrarse en algo distinto, que te pone a prueba y es un reto... una manera diferente, algo que va a sacar algo nuevo de ti.

SASHA Bueno, el violín es un instrumento bien versátil, ¿no? Tiene cientos de años exactamente igual y se ha adaptado a casi todo tipo de música.

1 Have pairs use the words in the list to create an original paragraph about music. Or, for slower-paced classes, have pairs use one of the words in an original sentence.

SASHA Perú Rock Ópera definitivamente va a gustar por eso, ¿no? Porque es la misma música que has escuchado, pues, en tus dibujos animados quizás...

Ampliación

1 Divide the class into five groups and assign each a question. Then, view the video a second time. Allow groups time to formulate their answer and then have each share their response with the class.

MARITZA Me está exigiendo mucho más de lo que he dado hasta ahora en cuanto a técnica vocal.

2 Brainstorm with the class other instruments to add to the list. Possibilities for classical music: **clarinete, arpa, xilófono.** For rock: **sintetizador, órgano.**

GUILLERMO Yo creo que la guitarra en este caso pone la parte más roquera, ¿no?

4 For item 3, point out that rock and roll was originally a fusion of blues, gospel, and country music. To stimulate ideas, suggest important fusions, such as *Walk this way* by Run DMC & Aerosmith, *Devil without a cause* by Kid Rock and Metallica, *I'll be missing you* by Puffy and The Police.

La pieza que se escucha en el video es la Habanera de la famosa ópera Carmen compuesta en francés por Georges Bizet (1838–1875). Fue estrenada en París el 3 de marzo de 1875. Al principio fue considerada un gran fracaso, pero con el tiempo Carmen se ha convertido en una de las óperas más populares.

Teaching option Tell students: **En el video el baterista habla de "aceptar una propuesta" y el guitarrista habla de "participar" en el proyecto.** Then ask what this suggests about the formation of the group and what challenges might exist when putting together musicians of different musical backgrounds.

1 Contesta las preguntas. Answers may vary.

1. Antes de este grupo, ¿existían en Perú grupos de rock ópera?
   No, no existía ningún grupo.
2. ¿Quién de los músicos había tenido experiencia con la ópera?
   El violinista había tenido experiencia.
3. ¿Qué instrumentos tocan?
   el violín, la guitarra eléctrica, la batería, el órgano
4. ¿Qué retos mencionan los músicos?
   la falta de experiencia, la técnica vocal, el público
5. ¿Qué pensaba la cantante del tipo de público que suele escuchar ópera?
   Pensaba que era para gente muy seria o mayor de edad.

2 Identifica cuáles de los instrumentos mencionados se asocian con la música clásica y cuáles con el rock. Luego, elige cuatro que se podrían agregar a obras de rock ópera. ¿A qué género pertenecen tradicionalmente?

- tambor
- piano
- bajo
- teclado
- flauta
- contrabajo

3 En parejas, conversen sobre la intención del anuncio. ¿Por qué se ve a los músicos hablando, ensayando, sacándose fotos? ¿Dónde se va a pasar el anuncio? ¿Cómo lo sabes?

4 En grupos pequeños, contesten las preguntas.

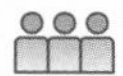

1. ¿Creen que el rock ópera puede popularizar la música clásica?
2. ¿Creen que géneros alternativos como el rock ópera tienen futuro? ¿Por qué?
3. ¿Qué otras fusiones musicales con el rock conocen? ¿Con qué otros géneros se podría fusionar la opera?
4. ¿Las fusiones representan un desafío creativo o falta de creatividad?

5 Imaginen que el grupo los contrata para que organicen una gira por su país. En parejas, diseñen una propuesta con información sobre ciudades de la gira, auditorio, programas de televisión o radio por visitar, etc.

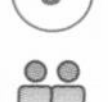

10 VOCABULARIO

La literatura

el argumento	*plot*
la caracterización	*characterization*
la estrofa	*stanza*
el/la narrador(a)	*narrator*
el personaje	*character*
el/la protagonista	*protagonist*
el punto de vista	*point of view*
la rima	*rhyme*
el verso	*line (of poetry)*
desarrollarse	*to take place*
hojear	*to skim*
narrar	*to narrate*
tratarse de	*to be about; to deal with*
didáctico/a	*educational*
humorístico/a	*humorous*
satírico/a	*satirical*
trágico/a	*tragic*

Los géneros literarios

la (auto)biografía	*(auto)biography*
la ciencia ficción	*science fiction*
la literatura infantil/juvenil	*children's literature*
la novela rosa	*romance novel*
la poesía	*poetry*
la prosa	*prose*
clásico/a	*classic*
de terror	*horror (story/novel)*
histórico/a	*historical*
policíaco/a	*detective (story/novel)*

Los artistas

el/la artesano/a	*artisan*
el/la dramaturgo/a	*playwright*
el/la ensayista	*essayist*
el/la escultor(a)	*sculptor*
el/la muralista	*muralist*
el/la novelista	*novelist*
el/la pintor(a)	*painter*
el/la poeta	*poet*

El arte

la acuarela	*watercolor*
el autorretrato	*self-portrait*
las bellas artes	*fine arts*
el cuadro	*painting*
la escultura	*sculpture*
la naturaleza muerta	*still life*
la obra (de arte)	*work (of art)*
el óleo	*oil painting*
el pincel	*paintbrush*
la pintura	*paint; painting*
la tela	*canvas*
dibujar	*to draw*
diseñar	*to design*
esculpir	*to sculpt*
reflejar	*to reflect; to depict*
abstracto/a	*abstract*
contemporáneo/a	*contemporary*
inquietante	*disturbing; unsettling*
intrigante	*intriguing*
llamativo/a	*striking*
luminoso/a	*bright*
realista	*realistic; realist*
al estilo de	*in the style of*
de buen/mal gusto	*in good/bad taste*

Las corrientes artísticas

la corriente/el movimiento	*movement*
el cubismo	*cubism*
el expresionismo	*expressionism*
el impresionismo	*impressionism*
el realismo	*realism*
el romanticismo	*romanticism*
el surrealismo	*surrealism*

INSTRUCTIONAL RESOURCES
Supersite/IRCD: Testing program

Más vocabulario

Expresiones útiles	*Ver p. 273*
Estructura	*Ver pp. 280, 282 y 284*

La política y la religión

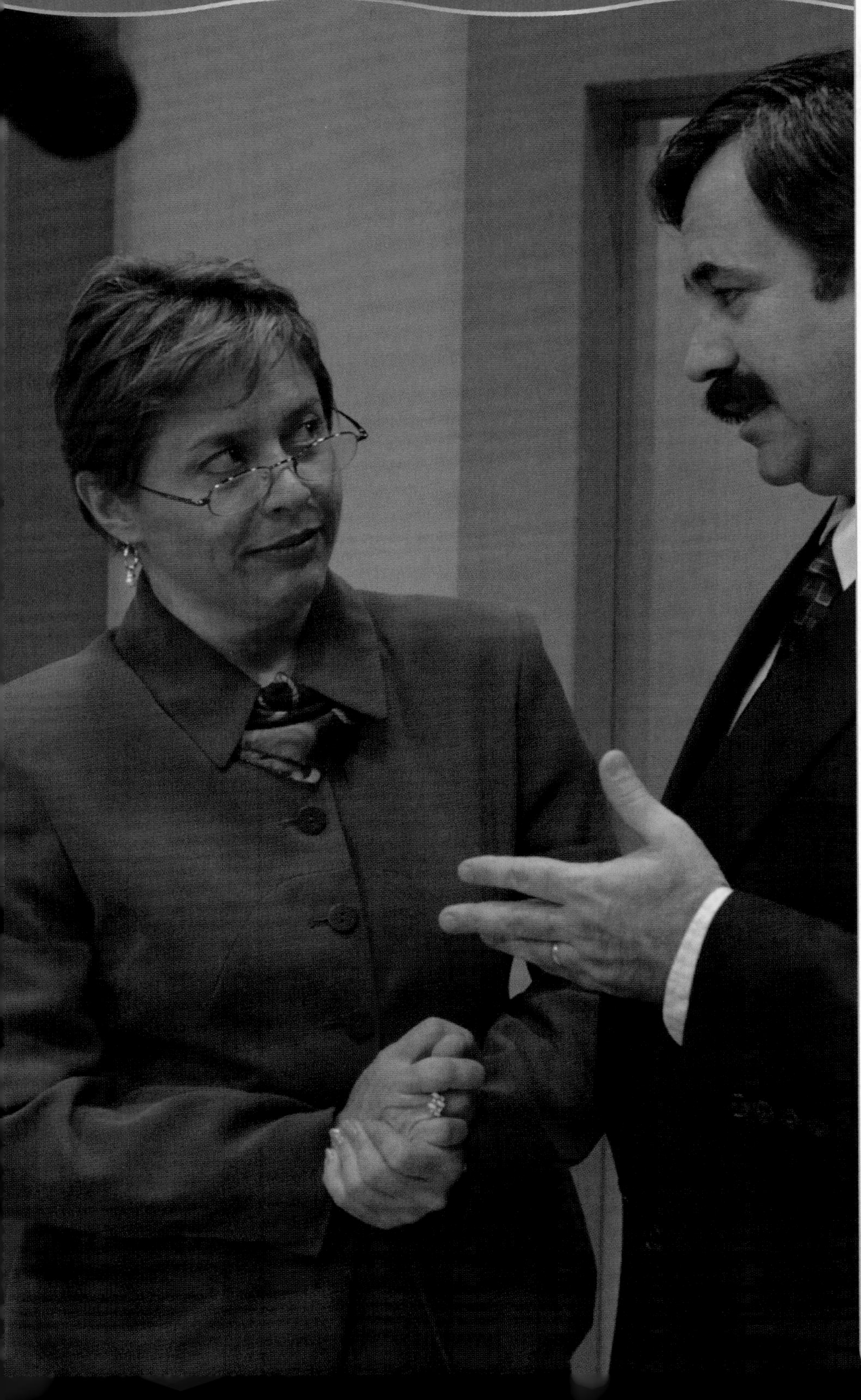

Communicative Goals

You will expand your ability to...

- make impersonal or generalized statements
- talk about unexpected events
- describe location and time

La política y la religión

INSTRUCTIONAL RESOURCES
Supersite/IRCD: Audioscripts, Textbook Answer Key, SAM Answer Key
SAM/WebSAM: WB, LM

Preview Ask students if they often engage in conversation about politics or religion. **¿Conocen a muchas personas que se apasionen por los temas políticos? ¿Hablarían de estos temas con alguien que acaban de conocer? ¿Por qué?**

La religión

María Elena participa siempre en las ceremonias **religiosas** de su **iglesia**. El día de "El Señor del gran Poder" ella **reza** y luego baila para celebrar su **fe** en **Dios**.

la creencia *belief*
el/la creyente *believer*
Dios *God*
la fe *faith*
la iglesia *church*
la mezquita *mosque*
la sinagoga *synagogue*
el templo *temple*

bendecir *to bless*
creer en *to believe in*
meditar *to meditate*
rechazar *to reject*
rezar *to pray*

espiritual *spiritual*
(in)moral *(im)moral*
religioso/a *religious*
sagrado/a *sacred; holy*

Las creencias religiosas

agnóstico/a *agnostic*
ateo/a *atheist*
budista *Buddhist*
católico/a *Catholic*

cristiano/a *Christian*
hindú *Hindu*
judío/a *Jewish*
musulmán/musulmana *Muslim*

Los cargos públicos

el alcalde/la alcaldesa *mayor*

el/la diputado/a *representative*
el/la embajador(a) *ambassador*
el/la gobernador(a) *governor*
el/la juez(a) *judge*
el/la primer(a) ministro/a *prime minister*
el/la senador(a) *senator*

Variación léxica
la polémica ⟷ la controversia
protestar ⟷ manifestar
rechazar ⟷ repudiar

Point out that adjectives indicating religious denomination are not capitalized in Spanish.

La política

Rosario Dawson, actriz y **activista**, fundó la organización Voto Latino, que realiza **campañas** para aumentar el número de **ciudadanos** latinos que **se inscriben** para **votar** y participan en las **elecciones** estadounidenses.

el/la activista *activist*
la campaña *campaign*
el/la candidato/a *candidate*
el/la ciudadano/a *citizen*
los derechos (humanos/civiles) *(human/civil) rights*
el exilio político *political exile*
la guerra (civil) *(civil) war*
la ideología *ideology*
la inmigración *immigration*
la libertad *freedom*
el/la líder *leader*
la manifestación *protest; demonstration*
la mayoría *majority*
la minoría *minority*
el partido político *political party*
la polémica *controversy*
el/la político/a *politician*
el proyecto de ley *bill*
el terrorismo *terrorism*

aprobar (o:ue) una ley *to pass a law*
elegir (e:i) *to elect*
emigrar *to emigrate*
ganar/perder (e:ie) las elecciones *to win/lose an election*
gobernar (e:ie) *to govern*
inscribirse *to register*
luchar *to fight; to struggle*
pronunciar un discurso *to give a speech*
protestar *to protest*
votar *to vote*

conservador(a) *conservative*
(des)igual *(un)equal*
(in)justo/a *(un)just*
liberal *liberal*

Práctica

1 Escuchar

1 To aid comprehension, ask follow-up questions about the dialogue. Ex: **¿Creen que Ana Lozano es sincera?**

A. Escucha la presentación y después completa las oraciones con la opción correcta.

1. Los asistentes a la reunión son __b__.
   a. compañeros de oficina
   b. miembros de un partido
2. Ana Lozano es __a__.
   a. una candidata b. la presidenta del país
3. El partido piensa que __b__ están en peligro.
   a. las leyes b. los derechos civiles
4. Según el presentador, el proyecto de ley es __a__.
   a. inmoral b. justo
5. El partido tiene planes para luchar contra __b__.
   a. la corrupción b. el terrorismo y la injusticia

B. Escucha la conversación entre Tony y José Manuel y contesta las preguntas.
Answers will vary. Possible answers.

1. ¿Por qué está tan ocupado José Manuel?
   Está colaborando en la campaña de Ana Lozano.
2. ¿Qué piensa Tony de Ana Lozano?
   que una mujer no va a ser presidenta este año
3. ¿Qué opina José Manuel de la candidata?
   que la candidata es una política excelente y que es una auténtica líder
4. ¿Qué va a hacer Tony en las elecciones?
   No va a votar.
5. ¿Adónde va José Manuel?
   a una manifestación enfrente de la casa del gobernador

C. En grupos de cuatro, conversen sobre estas preguntas.

1. ¿Te pareces más a Tony o a José Manuel?
2. ¿Has votado en unas elecciones? ¿Cuáles? ¿Ganó tu candidato/a?
3. ¿Alguna vez participaste en una campaña política o manifestación? ¿Por qué?

2 No pertenece Identifica la palabra que no pertenece al grupo.

1. mezquita–iglesia–sinagoga–(budista)
2. (ciudadano)–sagrado–religioso–espiritual
3. meditar–rezar–(emigrar)–creer
4. desigual–(discurso)–injusto–inmoral
5. (creyente)–campaña–elecciones–candidato
6. luchar–protestar–(bendecir)–rechazar

2 For expansion, call on volunteers to add a word that pertains to each group. Ex: **1. templo**

Práctica

③ For more practice, have students define these additional items: **diputados, ciudadanos, gobernadores**.

3 Los políticos Empareja las personas de la primera columna con sus funciones políticas.

f	1. activistas	a. Representan estados o provincias y aprueban leyes.
b	2. alcaldes	b. Son responsables de los asuntos del pueblo o ciudad.
e	3. candidatos	c. Trabajan en un tribunal (*court*) y dictan sentencias.
d	4. embajadores	d. Representan un país ante otros países.
c	5. jueces	e. Hacen campañas porque quieren asumir un cargo público.
a	6. senadores	f. Organizan manifestaciones y luchan por sus ideales.

4 ¿Quién es? Identifica a qué personaje se refieren estas situaciones.

activista **agnóstico/a** **ateo/a** **creyente** **político/a**

creyente 1. Va al templo siempre que puede. Lo/La ayuda a encontrar la paz espiritual. Una vez allí, reza y medita sobre los temas que le preocupan.

activista 2. Él/Ella y un grupo de amigos/as se manifestaron delante del ayuntamiento (*city hall*) todos los lunes del pasado año para pedir el fin de la guerra. No tiene miedo de crear polémica, con tal de conseguir su objetivo.

político/a 3. Tiene fama de corrupto/a y mentiroso/a, pero él/ella cree que esas opiniones son parte de su trabajo y las acepta con coraje. Cree firmemente en el sistema y quiere mejorar el mundo.

ateo/a 4. Sus padres van mucho a la iglesia, pero él/ella no tiene ninguna creencia religiosa. Durante las fiestas religiosas, siempre terminan peleándose.

agnóstico/a 5. No tiene fe, pero no niega la existencia de un ser superior. Nunca habla de religión pero no le importa tener amigos religiosos.

5 Antónimos Identifica ocho palabras de **Contextos** que sean antónimos de estas palabras.

1. conservador: liberal
2. igual: desigual
3. ateo: creyente
4. creer: rechazar
5. justo: injusto
6. paz: guerra
7. mayoría: minoría
8. moral: inmoral

⑥ For expansion, have students create three questions about religion and politics for class discussion.

6 Oraciones En parejas, utilicen las palabras de la lista para escribir seis oraciones sobre la religión y la política. ¡Sean creativos!

espiritual	**(in)moral**	**ministro**
fe	**libertad**	**polémica**
gobernador	**luchar**	**religioso**
ideología	**meditar**	**sagrado**

Teaching option For additional vocabulary practice, organize a class game of Twenty Questions. Volunteers take turns selecting a vocabulary item and responding to classmates' questions until someone guesses the correct word. Encourage all students to use the new vocabulary when asking and responding to questions.

Comunicación

7 **Estereotipos** En grupos pequeños, lean estos estereotipos sobre la política. Luego, cada persona debe añadir otro estereotipo a la lista. Expresen su opinión sobre cada uno de ellos: ¿Están de acuerdo? ¿Por qué? Den ejemplos de la actualidad.

"Las personas que no votan no tienen derecho a quejarse."

"Los senadores y diputados prometen mucho y hacen poco."

"Los conservadores no se preocupan por el medio ambiente."

"Los liberales no se preocupan por la defensa del país."

"La política no es más que polémica y escándalo."

8 **Elecciones**

A. En parejas, miren los carteles electorales y decidan por cuál de los dos candidatos votarían en las elecciones. ¿Por qué? Compartan sus opiniones con la clase.

B. Ahora, imaginen que ustedes quieren presentarse como candidatos/as a presidente/a y vicepresidente/a de su gobierno estudiantil. Diseñen su propio cartel y preparen un discurso para la clase, utilizando por lo menos ocho palabras de **Contextos**. Luego, la clase votará por los/las mejores candidatos/as.

9 **Creencias religiosas** Muchas religiones tienen aspectos en común. En parejas, escriban un párrafo breve sobre aspectos en común de las religiones que conocen. Utilicen por lo menos seis palabras de la lista y añadan sus propias ideas.

creencia	**fe**	**moral**
creyente	**ideología**	**rechazar**
Dios	**líder**	**rezar**
espiritual	**meditar**	**sagrado**

7 Assign one representative from each group to briefly summarize their conversation about stereotypes.

8 Part A: Encourage students to use **si** clauses to talk about their votes. Ex: **Votaría por Rosa Ríos si ella decidiera invertir más en los parques urbanos.**

8 Part B: Ask students: **¿Alguna vez han sido parte del gobierno estudiantil? ¿Cuáles son los temas más importantes para los estudiantes?**

9 Encourage students to draw from personal experiences for their paragraphs.

Teaching option Divide the class into three groups. Have each group choose a representative as its candidate for student government. Then moderate a debate in which each candidate addresses issues on campus. Encourage class discussion.

11 FOTONOVELA

La diputada Tere Zamora visita la redacción de *Facetas* para dar una rueda de prensa.

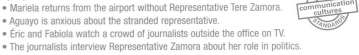

Synopsis
- Mariela returns from the airport without Representative Tere Zamora.
- Aguayo is anxious about the stranded representative.
- Éric and Fabiola watch a crowd of journalists outside the office on TV.
- The journalists interview Representative Zamora about her role in politics.
- Mariela returns from the airport without Representative Zamora again and puts her foot in her mouth.

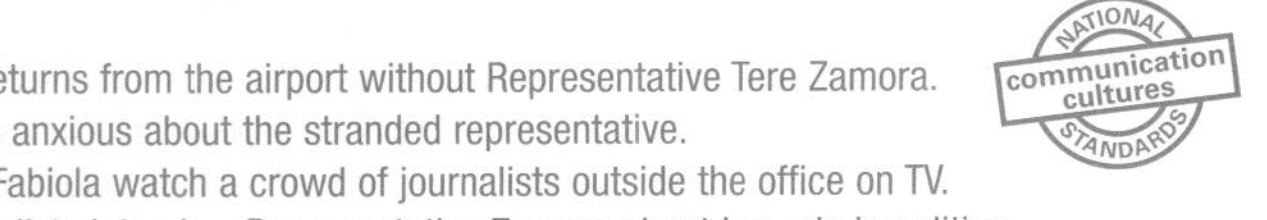

AGUAYO ¿Y la diputada?

MARIELA La esperé frente a la salida, pero nunca llegó.

DIANA ¿Dejaste a la señora Zamora en el aeropuerto?

MARIELA ¿Cómo dijiste que se llama?

AGUAYO Zamora. Tere Zamora.

MARIELA Pensé que me habían dicho Teresa Mora.

AGUAYO Por la constitución de este país, si no regresas con la diputada, estás despedida.

MARIELA No se preocupe, jefe. La encontraré.

DIANA Recuerda, es una mujer cuarentona con ojeras y de aspecto militar. (*Mariela se va.*) No puedo creer que se haya equivocado de nombre.

AGUAYO No sólo eso, sino que dejó a la diputada en el aeropuerto.

JOHNNY Todo se arreglará. Tómenlo con calma.

AGUAYO Invito a la política más prominente y controversial del norte del país para una entrevista en exclusiva, y una de mis empleadas la deja en el aeropuerto, y ¿debo tomarlo con calma?

ÉRIC Ya la encontrará. Son políticos. Aparecen sin que nadie los llame.

DIANA No se moleste. Yo se la leeré. "Por su aportación a la democracia, los derechos humanos, la justicia y la libertad. De la revista *Facetas* para la honorable diputada Teresa Mora." *(Se le cae de las manos.)* ¡Uy!... Tengo las manos tan resbaladizas. Debe ser por el hambre... ¿Almorzamos?

Diana y la diputada se van.

FABIOLA ¿Viste a todos esos periodistas allá fuera?

Están viendo televisión.

ÉRIC Cualquier político que luche contra la corrupción se convierte en un fenómeno publicitario.

FABIOLA ¿Quién es ése que corre? *(Señala la tele.)*

FABIOLA Y ÉRIC ¡Es Johnny!

JOHNNY *(Entra corriendo.)* ¡Me acaban de confundir con Ricky Martin!

En la oficina, dando una rueda de prensa...

PERIODISTA Hacer cumplir la ley le ha dado una posición de liderazgo en el gobierno. ¿Cuándo sabremos si será candidata a senadora, señora diputada?

DIPUTADA Se enterarán de los detalles de mi futuro político en la próxima edición de la revista *Facetas*.

INSTRUCTIONAL RESOURCES **Supersite/DVD:** Fotonovela
Supersite/IRCD: Videoscript & Translation, SAM Answer Key
SAM/WebSAM: VM

Preview Before they watch the video, ask students: **¿Alguna vez cometieron un error en el trabajo? ¿Su jefe/a se enteró? ¿Cuál fue la consecuencia de este error?**

AGUAYO

DIANA

ÉRIC

FABIOLA

JOHNNY

MARIELA

LA DIPUTADA TERE ZAMORA

PERIODISTA

4

AGUAYO *(furioso, seguro de que es Mariela)* ¡Qué... *(Entra la diputada.)* gusto saludarla, señora diputada! Disculpe los inconvenientes, señora Zamora. Envié a una persona a recogerla, pero, como ve, nunca se encontraron.

DIPUTADA Son cosas que pasan, pero no se preocupen; lo importante es hacer la entrevista.

5

DIANA Pero antes queremos darle un regalo de bienvenida.

JOHNNY Como muestra de nuestro agradecimiento, le hacemos este humilde obsequio.

DIPUTADA ¡El calendario azteca!

FABIOLA Y tiene una dedicatoria en la parte de atrás escrita en caligrafía por nuestra artista gráfica.

DIANA *(pálida)* ¿Por Mariela?

Diana toma el calendario.

9

PERIODISTA Eso es favoritismo.

DIPUTADA Favoritismo ¡no!, sino que los periodistas de *Facetas* son los únicos que tratan la política con respeto.

10

Más tarde, en la sala de conferencias...

MARIELA Lo siento, pero no encontré a ninguna cuarentona con ojeras y con aspecto militar. *(Se da cuenta de que la diputada está presente.)* Aunque ahora mismo regreso a ver si encuentro a la guapa diputada que estaba buscando.

Mariela se va avergonzada.

Expresiones útiles

Presenting gifts and expressing gratitude

Como muestra de nuestro agradecimiento...
As an expression of our gratitude...

Por su aportación a...
For your contribution to...

Le hacemos este humilde obsequio.
We present this humble gift.

Talking about accidents

¡Se me cayó! / ¡Se le cayó!
I dropped it! / She/He dropped it!

Todo se arreglará.
Everything will work itself out.

Tómenlo con calma.
Take it easy.

Son cosas que pasan.
No se preocupen.
These things happen. Don't worry.

Additional vocabulary

el aspecto *look; appearance*
cuarentón/cuarentona *someone in his/her forties*
cumplir la ley *to abide by the law*
la dedicatoria *dedication*
la democracia *democracy*
el favoritismo *favoritism*
la justicia *justice*
el liderazgo *leadership*
militar *military*
las ojeras *bags under the eyes*
prominente *prominent*
resbaladizo/a *slippery*
la rueda de prensa *press conference*

Variación léxica
la aportación ⟷ el aporte
el aspecto ⟷ la apariencia
controversial ⟷ controvertido/a
prominente ⟷ destacado/a

SUPERSITE

Comprensión

① Have students write two additional true/false statements and exchange papers with a partner.

1 ¿Cierto o falso? Indica si estas afirmaciones son **ciertas** o **falsas**. Corrige las falsas.

Cierto	Falso	
☐	☑	1. La diputada se llama Teresa Mora. *La diputada se llama Tere Zamora.*
☐	☑	2. Cuando Mariela no encuentra a la diputada, Aguayo lo toma con calma. *Aguayo dice que si Mariela no la encuentra, estará despedida.*
☑	☐	3. La diputada viene a la oficina a dar una rueda de prensa.
☑	☐	4. Los empleados de *Facetas* le dan un regalo de bienvenida a la diputada.
☑	☐	5. Diana no quiere que la diputada vea la dedicatoria.
☐	☑	6. Johnny llega corriendo porque quiere hacer ejercicio. *Huye de los periodistas porque lo confunden con Ricky Martin.*
☐	☑	7. La diputada dice que se va a presentar como candidata a senadora. *Dice que se enterarán de los detalles de su futuro político en la próxima edición de Facetas.*
☑	☐	8. La diputada dice que los periodistas de *Facetas* tratan la política con respeto.

② For expansion, ask additional comprehension questions. Ex: **¿Cómo reaccionó Aguayo cuando se enteró de que Mariela no había encontrado a la diputada? ¿Cómo se sintió Mariela en ese momento?**

2 ¿Por qué? Contesta las preguntas con oraciones completas.

1. ¿Por qué Mariela no encontró a la diputada en el aeropuerto?
2. Cuando se le cayó el plato a Diana, ¿qué explicación le dio a la diputada? ¿Crees que fue un accidente o que lo hizo a propósito? ¿Por qué?
3. ¿Cómo se habrá sentido la diputada después de lo que dijo Mariela? ¿Por qué?
4. ¿Cómo se habrá sentido Aguayo? ¿Y Mariela? ¿Por qué?
5. ¿Qué les habrá dicho la diputada sobre su futuro político? ¿Fue justo que ella no revelara ninguna información sobre el asunto a los demás periodistas? ¿Por qué?
6. ¿Qué habrá pasado al día siguiente en la oficina de *Facetas*? ¿Crees que Mariela fue despedida? ¿Por qué?

③ If students need additional support, replay the video and have pairs check their answers before going over them as a class.

3 Opiniones Cuando se trata de política, la gente suele tener opiniones muy fuertes. Primero, identifica cuál de los personajes expresa cada una de estas opiniones. Luego, en parejas, conversen sobre lo que quieren decir y den sus propias opiniones.

"Son políticos. Aparecen sin que nadie los llame." *Éric*

"*Eso es favoritismo.*" *Periodista*

"Los periodistas de *Facetas* son los únicos que tratan la política con respeto." *Diputada*

"Todo se arreglará." *Johnny*

"Cualquier político que luche contra la corrupción se convierte en un fenómeno publicitario." *Éric*

Teaching option For expansion, have students work in pairs to write a dialogue between Mariela and a friend, or Aguayo and his wife, reflecting on the day's events. Have students perform their dialogues for the class.

Ampliación

4 **Un buen político** Conversen en parejas: ¿Cuáles son las características de un(a) buen(a) político/a? Lean las acciones de la lista y escojan las cuatro más importantes. Luego reúnanse con otra pareja e intercambien sus opiniones.

cumplir con sus promesas	**no aumentar los impuestos**
decir lo que piensa	**ocuparse del medioambiente**
defender los derechos humanos	**pelear contra la discriminación**
luchar contra la corrupción	**proteger la seguridad del país**

5 **Apuntes culturales** En parejas, lean los párrafos y contesten las preguntas.

Mujeres al poder

En el video, Tere Zamora es una política prominente de su país. Una política destacada del mundo hispano es la presidenta de Chile, **Michelle Bachelet**. Antes de asumir la presidencia en 2006, esta doctora de profesión ya había ganado popularidad por su contribución a los derechos humanos y su trabajo como ministra de salud y de defensa del gobierno de Lagos (2000–2006).

La Piedra del Sol

¡Ay, Dios mío! ¡Diana dejó caer nada menos que una réplica del calendario azteca! Para los aztecas, el calendario, también llamado Piedra del Sol, era un objeto sagrado que encerraba la clave de sus creencias y celebraciones religiosas. El calendario original es una piedra de 25 toneladas. ¿Qué pensará Aguayo de la estrategia de Diana?

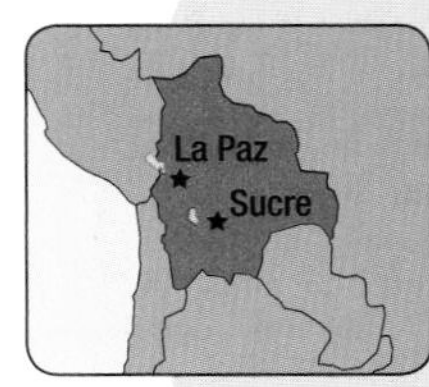

Las capitales de Bolivia

Aguayo y la diputada conversarán sobre política y democracia. Casi todos los países hispanos tienen gobiernos democráticos, y el gobierno nacional se asienta en una ciudad capital. Bolivia presenta la particularidad de tener dos capitales: Sucre, la capital oficial y sede de la Justicia, y La Paz, capital administrativa.

1. ¿Conoces otras figuras políticas femeninas? ¿Quiénes son y qué cargos públicos ocupan?
2. En tu comunidad, ¿participan las mujeres activamente en la política? ¿Estás de acuerdo con el nivel actual de participación femenina?
3. En tu cultura, ¿tenían tus antepasados (*ancestors*) objetos sagrados? ¿Cómo eran? ¿Para qué servían?
4. ¿Visitaste alguna vez la capital de algún país? ¿Qué capitales te gustaría visitar? ¿Por qué?

4 Before beginning the activity, call on volunteers to brainstorm additional characteristics using the lesson's vocabulary. Ex: **pronunciar los discursos con elocuencia, escuchar a los ciudadanos, mantener buenas relaciones con otros líderes.**

5 Ask additional discussion questions. **1. ¿Existen objetos sagrados en la cultura norteamericana? ¿Creen que la bandera de un país es sagrada? 2. ¿Hay resistencia a que el cargo de presidente sea ocupado por una mujer? ¿Por parte de quién?**

5 For item 4, have students locate on a map the capital cities they have visited or would like to visit. As an optional writing assignment, have students draft a paragraph describing a past or potential future trip to that city.

Teaching option Have small groups research Michelle Bachelet or another prominent female politician and prepare a brief oral presentation. Students should include information about Bachelet's political campaign and any important career accomplishments.

INSTRUCTIONAL RESOURCES
Supersite/DVD: Flash cultura; **Supersite:** Videoscript & Translation

En detalle

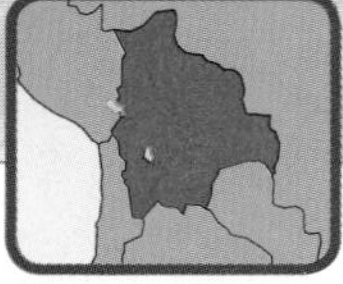

BOLIVIA

EL CARNAVAL DE ORURO

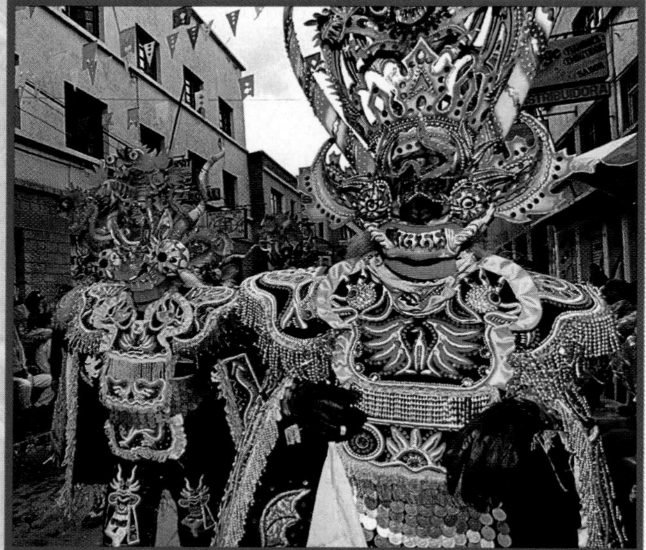

Durante los cuarenta días de fiesta del Carnaval de Oruro, generalmente a fines de febrero, los grupos folclóricos llenan las calles de música y baile. Los espectáculos cuentan las historias de la conquista y honran a la Virgen del Socavón, protectora de la ciudad. Los habitantes le dan gran importancia a las coreografías y a la confección° de los disfraces° que preparan a lo largo de todo el año. Uno de los elementos más famosos de este carnaval son las máscaras° de diablo. Estas piezas de artesanía son originales y contienen símbolos de la mitología andina, como la serpiente o el cóndor. Hoy día, son consideradas verdaderas creaciones artísticas y se han convertido en objetos de colección.

El desfile° más celebrado, y el que muestra la fusión de tradiciones católicas e indígenas, es el de las *diabladas*. En él, los participantes se visten con elaboradísimos disfraces de diablos y realizan bailes en honor de la Virgen. Tanto la figura del diablo como la de la Virgen del Socavón tienen elementos de la tradición indígena. El Tío Supay es una figura ancestral andina que con el tiempo pasó a identificarse con el diablo de la tradición cristiana. Otro personaje de la mitología andina, la diosa benefactora de los urus° se integró plenamente con la Virgen del Socavón.

Con el paso de los años el Carnaval de Oruro se ha convertido también en visita obligada para los turistas. En 2001 fue proclamado "Obra maestra del patrimonio oral e inmaterial de la humanidad" por la UNESCO. ■

Otros desfiles del Carnaval de Oruro

- **Morenadas** Desfile de personajes que representan a los esclavos africanos, a los indígenas y a los conquistadores españoles
- **Caporales** Desfile que representa la brutalidad de los capataces° que vigilaban° a los trabajadores indígenas y africanos

Leyendas

Según la leyenda, el Tío Supay, dios de las minas° bolivianas, protege las riquezas que se esconden bajo la tierra. Esta divinidad andina no tiene clemencia y, por siglos, se ha cobrado° la vida de los mineros° que no reconocen su poder. Según cuenta la mitología andina, una deidad femenina bajó del cielo a proteger a los urus del Tío Supay y éste, tras la derrota°, tuvo que irse a vivir bajo tierra.

confección *making* **disfraces** *costumes* **máscaras** *masks* **desfile** *parade* **urus** *indigenous people native to the region* **minas** *mines* **se ha cobrado** *he has claimed* **mineros** *miners* **derrota** *defeat* **capataces** *foremen* **vigilaban** *watched over*

En detalle Ask follow-up questions: **¿Les gustaría ir al Carnaval de Oruro? ¿Conocen otras celebraciones que mezclen elementos históricos y culturales con aspectos religiosos? ¿Cuáles?**

Así lo decimos Remind students that the use of **que** after **ojalá** is optional. Ex: **Ojalá (que) tuviera mil dólares.**

ASÍ LO DECIMOS

La religión y la política

cada muerte de obispo° *once in a blue moon*

estar en capilla° *to be punished*

mano de santo° (Esp.) *effective medicine*

ojalá° *I wish; hopefully*

ser más viejo/a que Matusalén° *to be very old*

ajustarse el cinturón° *to adjust to a harsh economic situation*

medir con doble vara *to have double standards*

un(a) ñoqui (Arg.) *a person getting paid for a government position he/she doesn't hold*

un(a) politiquillo (Esp. y Méx.) *minor politician*

EL MUNDO HISPANOHABLANTE

Campañas y elecciones

- **La ley seca**, común en varios países de Latinoamérica, prohíbe la venta de bebidas alcohólicas el día de las elecciones, que generalmente es un domingo. En Costa Rica, esta ley, introducida en 1952, rige° desde el viernes a la medianoche hasta el lunes siguiente.
- **Las escuelas** son los lugares más comunes para votar en la Argentina. Los votantes van a las escuelas y realizan la votación en las aulas°, llamadas *cuartos oscuros* porque las ventanas se cubren con papel para que nadie pueda observar al votante. Las elecciones son el domingo y, generalmente,el lunes siguiente no hay clases.
- En algunos países, **el cierre de campaña** debe ocurrir por ley unos días previos al día de la votación. En el Ecuador, por ejemplo, ni los candidatos ni los medios de comunicación pueden hacer propaganda o expresar opiniones políticas durante cierto número de días antes de las elecciones.

PERFIL

EVO MORALES

En diciembre de 2005, Evo Morales ganó las elecciones presidenciales de Bolivia y se convirtió en el primer presidente indígena en la historia del país. Nació en 1959, en un pequeño pueblo marcado por la pobreza. Su familia, de ascendencia aymara, vivía en condiciones tan precarias que cuatro de sus hermanos murieron antes de los dos años. Ya de muy joven, se inscribió en un sindicato de campesinos donde no tardó en mostrar sus dotes° de líder. Su carrera política dio un gran salto en 1997, cuando ganó las elecciones para la Cámara de Diputados con un setenta por ciento de los votos. A partir de allí, y no libre de controversia por sus posturas políticas, se transformó en uno de los mayores protagonistas del panorama político de Bolivia. Su discurso político se centra en la nacionalización de los recursos mineros del país y en la lucha por los derechos de los campesinos.

“No vivir tan deprisa, valorar lo que tenemos y dedicarnos más a los demás.”
(Evo Morales, presidente de Bolivia)

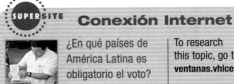

SUPERSITE **Conexión Internet**

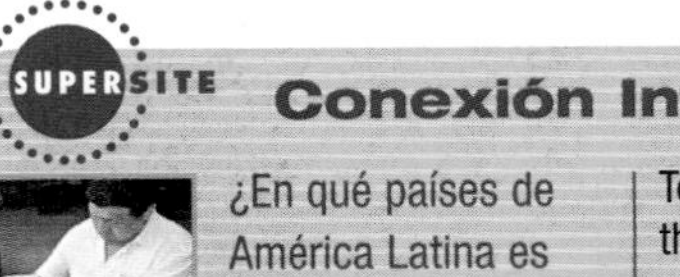

¿En qué países de América Latina es obligatorio el voto?

To research this topic, go to **ventanas.vhlcentral.com**.

dotes *skills; talent* **cada muerte...** *(lit.) every time a bishop dies* **estar en...** *(lit.) to be in a chapel* **mano de santo** *(lit.) saint's hand* **ojalá** *(from Arabic* "law sha'Allah"*) God willing* **ser más viejo...** *(lit.) to be older than Methuselah* **ajustarse...** *(lit.) to tighten one's belt* **rige** *is in force* **aulas** *classrooms*

El mundo hispanohablante Call on volunteers to compare voting practices in Latin American countries and in the US.

Teaching option Call on a volunteer to read the quote aloud. Ask: **¿Creen que esta cita sería buena para el discurso político de un(a) candidato/a? ¿Por qué?**

① As a variant, have students line up around the room. Read the true/false statements. If the statement is true, have students take one step forward. If the statement is false, students do not move. Have volunteers correct the false statements.

③ For item 5, discuss ways to promote political participation among young people. If time permits, have pairs develop a proposal for a campaign to attract young voters.

¿Qué aprendiste?

1 ¿Cierto o falso? Indica si estas afirmaciones son **ciertas** o **falsas**. Corrige las falsas.

1. El Carnaval de Oruro combina historias de la conquista con elementos religiosos. Cierto.
2. La Virgen del Socavón es la protectora de la ciudad de Oruro. Cierto.
3. Las máscaras de diablo tienen símbolos de la mitología indígena. Cierto.
4. Las máscaras son todas iguales. Falso. Las máscaras son todas originales.
5. El desfile más famoso del carnaval es el de las morenadas. Falso. El desfile más famoso es el de las diabladas.
6. El diablo de los carnavales tiene elementos del Tío Supay de la mitología andina. Cierto.
7. El desfile de las morenadas se realiza en conmemoración a la Virgen del Socavón. Falso. Se realiza en conmemoración a los antiguos esclavos.
8. El Carnaval de Oruro ha sido declarado "Obra maestra del patrimonio oral e inmaterial de la humanidad". Cierto.

2 Oraciones Completa las oraciones con la información correcta.

1. Al ganar las elecciones, Evo Morales se convirtió en el primer presidente indígena de Bolivia.
2. La familia de Morales era de ascendencia aymara/de origen muy humilde.
3. De joven, Morales se inscribió en un sindicato.
4. Uno de los temas principales de su discurso político es la nacionalización de los recursos mineros/la lucha por los derechos de los campesinos.

3 Las elecciones Contesta las preguntas con oraciones completas. Some answers will vary.

1. ¿En qué situación se usa el dicho "cada muerte de obispo"? ¿Existen en tu cultura otros dichos con referencias religiosas? Se usa para referirse a algo que ocurre con poca frecuencia.
2. ¿Crees que debería ser obligatorio votar? ¿Por qué?
3. ¿Qué día se suelen celebrar las elecciones en Latinoamérica? ¿Qué opinas de que las elecciones sean un día no laborable? Las elecciones se suelen celebrar los domingos.
4. ¿Por qué se llaman "cuartos oscuros" las salas usadas en Argentina para votar? Se llaman cuartos oscuros porque se cubren las ventanas.
5. ¿Qué harías para promover la participación en las elecciones en tu comunidad?

4 Opiniones En parejas, den su opinión sobre la importancia del dinero en la política. Usen las preguntas como guía.

- ¿Es positivo o negativo que un(a) político/a tenga dinero antes de llegar al poder?
- ¿Cómo deben ser los salarios de los políticos que ocupan cargos públicos?
- ¿Creen que está bien que los políticos reciban donaciones de empresas?
- ¿De qué manera el origen y el nivel social de un gobernante pueden marcar su ideología?

PROYECTO

Carnaval de Gualeguaychú, Argentina

Carnavales

Muchos lugares de América Latina tienen celebraciones de carnaval. Elige una región o ciudad latinoamericana —aparte de Oruro y Montevideo (**Lección 9**)— que tenga celebraciones especiales de carnaval. Describe la celebración y explica las similitudes y diferencias con el Carnaval de Oruro.

Puedes elegir una región o ciudad de la lista o investigar otra que desees.

- Carnaval de San Miguel, El Salvador
- Carnaval de Barranquilla, Colombia
- Carnaval de Gualeguaychú, Argentina
- Carnaval Cimarrón, República Dominicana

Proyecto Encourage students to make a list of questions they intend to answer in their projects. Have them include maps or photos and suggest a one-day itinerary for someone attending the celebration.

RITMOS

LOS KJARKAS

En 1965, en Capinota, un pueblo en el altiplano° boliviano, nació la agrupación folclórica **Los Kjarkas**. Los hermanos Wilson, Castel y Gonzalo Hermosa, junto con Edgar Villarroel, comenzaron cantando zambas° argentinas y más tarde incorporaron música típica de Bolivia, que hasta entonces permanecía olvidada por influencias extranjeras. El grupo se disolvió, pero en 1971 inició su segunda etapa bajo la dirección del maestro autodidacta° Gonzalo, quien hoy continúa dirigiendo al grupo integrado por su hijo y su hermano menor, Elmer, entre otros. Los Kjarkas llevaron la música de Bolivia a Latinoamérica, Europa y Asia cantando en español y en quechua canciones que hablan de amor y de cuestiones sociales, y que reflejan la renovación del folclore boliviano y su fusión con otros ritmos. La historia de la música de Bolivia no podría escribirse sin referirse a la historia de Los Kjarkas.

Discografía

2001 Mi sueño mejor **2000** Sentimiento andino Vol. I y II **1975** Bolivia

Canción

Éste es un fragmento de una canción de Los Kjarkas.

Bolivia

Quiero pegar un grito° de liberación,
después de siglo y medio de humillación,
Bolivia...

Quiero tengan° tus días destino mejor
y el futuro sonría prometedor...

Si bien **los hijos de Elmer y Gonzalo** conformarán la próxima generación Kjarkas, el futuro de Los Kjarkas no sólo está en manos de la propia familia. La escuela de música Kjarkas en Bolivia ha abierto sucursales° en el Ecuador, el Perú y el Japón, difundiendo así la música folclórica boliviana por el mundo entero.

 **Preguntas** En parejas, contesten las preguntas. Some answers will vary.

1. ¿Qué tipo de música comenzaron cantando Los Kjarkas? ¿Por qué?
   Comenzaron cantando zambas argentinas porque la música boliviana no era popular.
2. ¿Por qué se dice que "la historia de la música boliviana no podría escribirse sin Los Kjarkas"?
3. En tu opinión, ¿cuál es el tema central de la canción *Bolivia*?
4. ¿Cómo piensas que será el futuro de Los Kjarkas?

altiplano *high plateau* **zambas** *folk rhythm from the northwest of Argentina* **autodidacta** *self-taught*
pegar un grito *to scream out loud* **Quiero tengan** *variation of* Quiero que tengan **sucursales** *branches*

Ritmos Ask heritage speakers if they are familiar with any folkloric songs from their families' home countries. Ask: **¿Sobre qué temas tratan estas canciones?** If time and resources permit, have students bring in examples.

INSTRUCTIONAL RESOURCES
Supersite/IRCD: Textbook Answer Key, SAM Answer Key
SAM/WebSAM: WB, LM

TALLER DE CONSULTA

MANUAL DE GRAMÁTICA
Más práctica
11.1 The passive voice, p. 408
11.2 Uses of **se**, p. 409
11.3 Prepositions: **de, desde, en, entre, hasta, sin**, p. 410

Más gramática
11.4 Past participles used as adjectives, p. 411

To review irregular past participles, see **7.1**, pp. 196–197.

Passive statements may also be expressed with the passive **se**. See **11.2**, pp. 306–307.

¡ATENCIÓN!

The person performing the action (the agent) is not always explicit.

La ciudad fue fundada en 1883.
The city was founded in 1883.

Remind students that in Spanish, the subject may be placed after the verb. Ex: **Carlos lo hizo./Lo hizo Carlos.** Both variations use the active voice and should not be confused with passive constructions. Ex: **Fue hecho por Carlos.**

Clarify that, while the passive voice may be used in any tense, it is most commonly used to refer to past and future events.

TALLER DE CONSULTA

Past participles used as adjectives also agree in gender and number. See **Manual de gramática 11.4**, p. 411.

11.1 The passive voice

La dedicatoria fue escrita por nuestra artista gráfica.

La política es tratada con respeto por los periodistas de *Facetas*.

- In the active voice, a person or thing (agent) performs an action on an object (recipient). The agent is emphasized as the subject of the sentence. Statements in the active voice usually follow the pattern [*agent*] + [*verb*] + [*recipient*].

AGENT = SUBJECT	VERB	RECIPIENT
Los senadores *The senators*	**discutieron** *discussed*	el proyecto de ley. *the bill.*
El presidente *The president*	**ha nombrado** *has nominated*	a los miembros del comité. *the members of the committee.*

- In the passive voice (**la voz pasiva**), the recipient of the action becomes the subject of the sentence. Passive statements emphasize the thing that was done or the person that was acted upon. They follow the pattern [*recipient*] + **ser** + [*past participle*] + **por** + [*agent*].

RECIPIENT = SUBJECT	*SER* + PAST PARTICIPLE	*POR* + AGENT
El proyecto de ley *The bill*	**fue discutido** *was discussed*	por los senadores. *by the senators.*
Los miembros del comité *The members of the committee*	**han sido nombrados** *have been nominated*	por el presidente. *by the president.*

- Note that singular forms of **ser** (**es, ha sido, fue**, etc.) are used with singular recipients and plural forms (**son, han sido, fueron**, etc.) are used with plural recipients.

La manifestación **es organizada** por un grupo de activistas.
The demonstration is organized by an activist group.

Los dos candidatos **fueron rechazados** por el comité.
The two candidates were rejected by the committee.

- In addition, the past participle must agree in number and gender with the recipient(s).

El **discurso** fue **escrito** por el presidente mismo.
The speech was written by the president himself.

Dos **tratados** han sido **firmados** por la primera ministra.
Two treaties have been signed by the prime minister.

Nuevas **leyes** serán **aprobadas** por el senado este año.
New laws will be passed by the senate this year.

La **disminución** de empleos fue **prevista** por el ministro de economía.
The decline in jobs was predicted by the treasury secretary.

Práctica y comunicación

1 Oraciones Completa las oraciones en voz pasiva con el participio pasado.

1. La libertad es _buscada_ (buscar) por todos los pueblos.
2. El discurso fue _pronunciado_ (pronunciar) por la ministra.
3. La seguridad de las ciudades va a ser _discutida_ (discutir) por los senadores.
4. Las leyes van a ser _revisadas_ (revisar) por el nuevo gobierno.
5. Aquellos dos senadores fueron _elegidos_ (elegir) el mes pasado.
6. La ley fue _defendida_ (defender) por todos.
7. El nuevo proyecto de ley fue _aceptado_ (aceptar) por todos los líderes sindicales.
8. Los derechos humanos y civiles no son _respetados_ (respetar) por las dictaduras.

2 Decirlo de otra manera Cambia cada oración de voz activa a voz pasiva siguiendo el modelo. ¡Presta atención a los tiempos verbales!

MODELO **Los ciudadanos elegirán a dos senadores.**
Dos senadores serán elegidos por los ciudadanos.

1. El general ya ha recibido las órdenes. Las órdenes ya han sido recibidas por el general.
2. El juez suspendió la condena *(sentence)*. La condena fue suspendida por el juez.
3. El líder sindical va a proponer una huelga. Una huelga va a ser propuesta por el líder sindical.
4. La diputada recibe al embajador. El embajador es recibido por la diputada.
5. El secretario organizó la campaña electoral. La campaña electoral fue organizada por el secretario.
6. La candidata promete cambios drásticos. Cambios drásticos son prometidos por la candidata.
7. El ejército ha mandado a tres mil soldados a la zona del conflicto. Tres mil soldados han sido mandados por el ejército a la zona del conflicto.
8. Los manifestantes no apoyan las nuevas leyes de inmigración. Las nuevas leyes de inmigración no son apoyadas por los manifestantes.

3 Concurso Con toda la clase, realicen un juego para ver quién domina mejor el tema de la voz activa y la voz pasiva.

- **Primer paso:** Escribir oraciones en voz activa y pasiva.
  Formen grupos de tres o cuatro. Cada grupo escribe cinco oraciones en voz activa y cinco oraciones en voz pasiva en papelitos recortados (*cut-up*). Luego, mezclen los papelitos con las oraciones de todos los grupos.
- **Segundo paso:** Cambiar la oración.
  Dividan la clase en dos equipos. Primero, un miembro de un equipo toma un papelito con una oración y el equipo contrario debe cambiar la oración de activa a pasiva o de pasiva a activa en diez segundos sin cometer errores. Luego, le toca hacer lo mismo al otro equipo.
- **Tercer paso:** ¿Cuál es el equipo ganador?
  Cuando hayan usado todos los papelitos que escribieron, cuenten las oraciones que cada equipo formó correctamente. Gana el equipo con más oraciones correctas.

TALLER DE CONSULTA

MANUAL DE GRAMÁTICA
Más práctica
11.1 The passive voice, p. 408

1 For expansion, have students change the sentences from passive to active voice.

2 Have students write a second sentence for each item using the passive voice. Ex: **1. Las órdenes no han sido cumplidas por el general.**

3 Encourage students to include examples of the passive voice with both the present perfect and the preterite.

Teaching option In groups, have students print a copy of an online newspaper article in Spanish and underline any examples they find of the passive voice. Ask a member from each group to read the sentences to the class.

INSTRUCTIONAL RESOURCES
Supersite/IRCD: Textbook Answer Key, SAM Answer Key
SAM/WebSAM: WB, LM

TALLER DE CONSULTA

In passive constructions with **se**, just like in the passive voice, the object of a verb becomes the subject of the sentence.

Active: **La compañía necesita más fondos.**
The company needs more funds.

Passive: **Se necesitan más fondos.**
More funds are needed.

For more on the passive voice, see **11.1,** p. 304.

Remind students that if the agent who *performs* the action is stated, the passive voice must be used instead of the passive **se**. Ex: **Los impuestos serán subidos por los senadores.**

Point out the difference between passive constructions and reflexive verbs.

Demonstrate the prolific use of the impersonal **se** in everyday life. Ex: **Se habla español. Se dan clases de español.**

11.2 Uses of *se*

¡Se nos perdió la diputada!

¿Se permite tomar fotos?

The passive *se*

- In Spanish, the reflexive pronoun **se** is often used as a substitute for the passive voice when the person performing the action is not stated. The third-person singular verb form is used with singular nouns, and the third-person plural form is used with plural nouns.

  Se subirán los impuestos a final de año.
  Taxes will be raised at the end of the year.

  Se ve el monumento desde la catedral.
  The monument is visible from the cathedral.

- When the passive **se** refers to a specific person or persons, the personal **a** is used and the verb is always singular.

  En las elecciones pasadas, **se eligió al** alcalde casi por unanimidad.
  In the last elections, the mayor was elected almost unanimously.

  Se informó a los senadores del nuevo proyecto de ley.
  The senators were informed of the new bill.

The impersonal *se*

- **Se** is also used with third-person singular verbs in impersonal constructions where the subject of the sentence is indefinite. In English, the words *one, people, you*, or *they* are often used instead.

  Se habla mucho de la crisis.
  They're talking a lot about the crisis.

  Se dice que es mejor prestar que pedir prestado.
  They say it is better to lend than to borrow.

  ¿**Se puede** vivir sin fe?
  Can one live without faith?

  No **se debe** votar sin informarse sobre los candidatos.
  One shouldn't vote without becoming informed on the candidates.

- Constructions with the impersonal **se** are often used on signs and warnings.

  Se prohíbe fumar.

  No se puede entrar.

Se to express unexpected events

- **Se** is also used in statements that describe accidental or unplanned incidents. In this construction, the person who performs the action is de-emphasized, so as to imply that the incident is not his or her direct responsibility.

	INDIRECT OBJECT PRONOUN	VERB	SUBJECT
Se	**me**	**perdió**	**el reloj.**

- These verbs are frequently used with **se** to describe unplanned events.

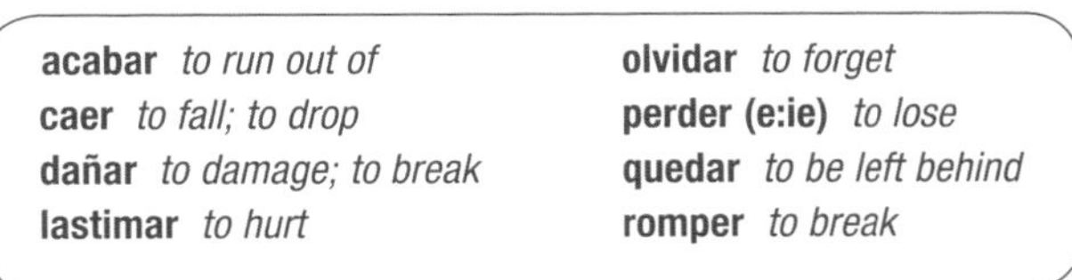

acabar *to run out of*	**olvidar** *to forget*
caer *to fall; to drop*	**perder (e:ie)** *to lose*
dañar *to damage; to break*	**quedar** *to be left behind*
lastimar *to hurt*	**romper** *to break*

Note that while **caer** means *to fall*, Spanish has no exact translation for *to drop*. **Se me cayó./Lo dejé caer.** *I dropped it.*

¡**Se nos quedaron** las bolsas en la tienda!
We left our bags behind at the store!

Se me dañó el celular.
My cell phone broke.

- In this construction, the person *to whom the event happened* is expressed as an indirect object. The thing that would normally be the direct object of the sentence becomes the subject.

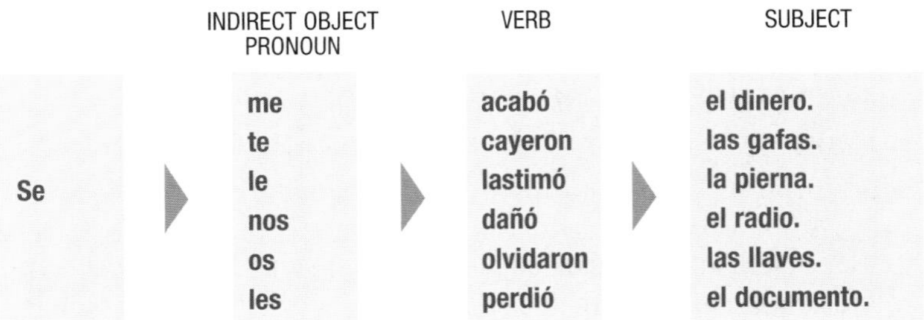

	INDIRECT OBJECT PRONOUN	VERB	SUBJECT
Se	**me**	**acabó**	**el dinero.**
	te	**cayeron**	**las gafas.**
	le	**lastimó**	**la pierna.**
	nos	**dañó**	**el radio.**
	os	**olvidaron**	**las llaves.**
	les	**perdió**	**el documento.**

- To clarify or emphasize the person to whom the unexpected occurrence happened, the construction commonly begins with **a** + [*noun*] or **a** + [*prepositional pronoun*].

A María siempre se le olvida inscribirse para votar.
María always forgets to register to vote.

A mí se me cayeron todos los documentos en medio de la calle.
I dropped all the documents in the middle of the street.

Práctica

TALLER DE CONSULTA

MANUAL DE GRAMÁTICA
Más práctica
11.2 Uses of **se**, p. 409

① To simplify the activity, have students circle the indirect object and object pronouns for each item.

② Part B: Model the activity using classroom situations. Ex: **A mí se me olvidó dar tarea ayer.**

③ For expansion, have students complete the sentences with the present indicative. Ex: **1. Se critica duramente el discurso del presidente**.

④ Model the activity by asking volunteers to form a few sentences as examples.

Teaching option For additional practice, write a series of sentence fragments on the board and ask students to supply logical endings using a construction with **se**. Ex: **Cuando subía al avión... (se le cayó la maleta).**

1 ¿Cuál corresponde? Empareja las frases para formar oraciones lógicas.

_c_ 1. A mí	a. se te rompieron los vasos.
_d_ 2. A nosotros	b. se les pidió una explicación.
_a_ 3. A ti	c. se me olvidó la dirección de la embajadora.
_e_ 4. A la ministra	d. se nos pidió que leyéramos el proyecto de ley.
_b_ 5. A los diputados	e. se le dañaron dos computadoras.

2 Opciones

A. Selecciona la opción correcta para completar cada oración.

1. A Carmen se le cayó _a_.
   a. la cartera b. los libros c. los lentes
2. Se me quemaron _b_.
   a. la comida b. las papas c. el documento
3. Siempre se te rompe _b_.
   a. los platos b. la grabadora c. las sillas
4. Nunca se nos olvida _a_.
   a. ir a votar b. los informes c. las leyes
5. A mis padres nunca se les pierden _a_.
   a. las llaves b. la memoria c. el reloj

B. Utiliza las oraciones que acabas de completar como modelo para escribir tres oraciones originales sobre sucesos inesperados que te pasaron.

3 Titulares Completa las oraciones con el pretérito. Recuerda que el verbo concuerda en número con el sujeto gramatical.

1. Se _criticó_ (criticar) duramente el discurso del presidente.
2. Se _prohibieron_ (prohibir) las reuniones públicas.
3. Se _aprobaron_ (aprobar) las nuevas leyes.
4. Se _informó_ (informar) al pueblo sobre la difícil situación.
5. Se _llamó_ (llamar) a los líderes para hablar del conflicto.
6. Se _prohibió_ (prohibir) a los candidatos provocar disturbios públicos.

4 Decisiones Hoy el jefe informó a los empleados de algunas decisiones importantes. Forma cinco oraciones con los elementos de la lista y añade tus propias ideas.

se decidió	contratar	llamadas personales
se me acabó	tres candidatos	para los sueldos
se despidió	el dinero	dos recepcionistas
se necesitan	hacer	perezosos
no se puede	dos empleados	para el puesto

Comunicación

5 La escuela Al terminar su primer día de clases, Marcos y Marta vuelven a casa y les cuentan a sus padres lo que se hace en la escuela. En parejas, describan lo que se hace, usando el **se** impersonal y las notas de Marcos y Marta.

Aprender a escribir	Hablar con los amigos
Comer en la cafetería	Jugar fútbol
Estudiar español	Usar la computadora
Hacer excursiones	Practicar deportes
Compartir experiencias	Tocar instrumentos

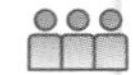

6 Leyes En grupos pequeños, imaginen que tienen la oportunidad de fundar una universidad. ¿Cuáles serán las normas (*rules*)? Utilicen los elementos de la lista para escribir seis oraciones completas con el **se** impersonal. Luego, escriban sus normas en la pizarra. La clase votará por las diez normas más importantes de la universidad.

MODELO En nuestra universidad, se permite ir a clase con el teléfono celular prendido.

(no) se puede	**(no) se permite**
(no) se debe	**(no) se prohíbe**

7 Carteles En parejas, lean los carteles e imaginen una historia para cada uno. Utilicen el pronombre **se** en sus historias. Después, presenten su mejor historia a la clase.

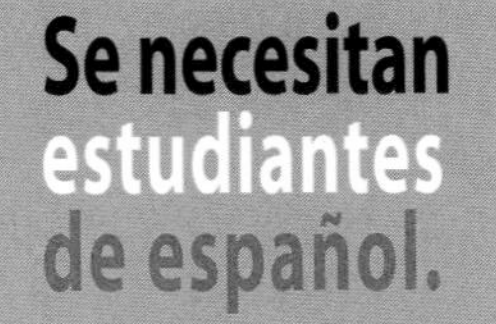

Se prohíbe hablar.

5 Bring in a map of your school campus and ask: **¿Qué se hace en...?**, pointing to different buildings or areas. Ex: **¿Qué se hace en Weston Hall? Se estudian lenguas romances.**

6 To help groups get started, have them create two columns with the headings **Permitido** and **Prohibido**. Have them brainstorm potential laws under each heading.

7 Ask students to identify people, places, and circumstances connected with each poster before writing their stories.

Teaching option Pass out note cards and have students write down an impersonal expression using **se** that might appear on a sign. Ex: **Se prohíbe fumar.** Collect the cards and divide the class into two teams for a *Pictionary*-style game. Team representatives should take a card and draw the sign or clues. Give teams one minute to guess the answer.

INSTRUCTIONAL RESOURCES
Supersite/IRCD: Textbook Answer Key, SAM Answer Key
SAM/WebSAM: WB, LM

11.3 Prepositions: *de, desde, en, entre, hasta, sin*

The prepositions *de, desde,* and *hasta*

La diputada es la política más prominente del norte del país.

De la revista *Facetas*, para la honorable diputada...

¡ATENCIÓN!

De is often used in prepositional phrases of location: **al lado de, a la derecha/izquierda de, cerca de, debajo de, detrás de, encima de.**

- **De** often corresponds to *of* or the possessive endings *'s/s'* in English.

Uses of *de*

Possession	Description	Material	Position	Origin	Contents
las leyes del gobierno	**el hombre de cuarenta años**	**el recipiente de vidrio**	**la torre de atrás**	**La embajadora es de España.**	**el vaso de agua**
the government's laws	*the forty-year-old man*	*the glass container*	*the tower at the back*	*The ambassador is from Spain.*	*the glass of water*

Remind students that **de + el** contracts to **del**.

- **De** is also used frequently in idioms and adverbial phrases.

de cierta manera *in a certain way*
de nuevo *again*
de paso *passing through; on the way*
de pie *standing up*
de repente *suddenly*
de todos modos *in any case*
de vacaciones *on vacation*
de vuelta *back*

De repente, la jueza entró en el tribunal, y todos se pusieron **de pie**.
Suddenly, the judge entered the courtroom, and everyone stood up.

¿Miguel se va **de vacaciones** por cuatro semanas? ¡Imposible! Hablaré con él **de nuevo**.
Miguel's going on vacation for four weeks? Impossible! I'll speak with him again.

- **Desde** expresses *direction from* and *time since.*

La candidata viajó **desde** Florida hasta Alaska.
The candidate traveled from Florida to Alaska.

No hay novedades **desde** el martes.
There hasn't been any news since Tuesday.

- **Hasta** corresponds to *as far as* in spatial relationships, *until* in time relationships, and *up to* for quantities. It can also be used as an adverb to mean *even* or *as much/many as.*

Ese año, el ejército avanzó **hasta** las murallas del palacio.
That year, the army advanced as far as the palace walls.

Hasta 1898, Cuba fue colonia española.
Until 1898, Cuba was a Spanish colony.

A veces, Pilar tiene que leer **hasta** doce libros para la clase.
Sometimes, Pilar has to read as many as twelve books for class.

Hasta el presidente quedó sorprendido.
Even the president was surprised.

The prepositions *en, entre,* and *sin*

- **En** corresponds to several English prepositions, such as *in, on, into, onto, by*, and *at*.

Teresa Mora
¿Dejaste a la señora Zamora en el aeropuerto?

Hacer cumplir la ley le ha dado una posición de liderazgo en el gobierno.

El libro está **en** la mesa.
The book is on the table.

El profesor entró **en** la clase.
The professor went into the class.

Escribí todo **en** mi cuaderno.
I wrote it all down in my notebook.

Se encontraron **en** el museo.
They met at the museum.

- **En** is also used frequently in idioms and adverbial phrases.

en broma *as a joke*	**en fila** *in a row*
en cambio *on the other hand*	**en serio** *seriously*
en contra *against*	**en tren/bicicleta/avión** *by train/bicycle/plane*
en cuanto a *regarding*	**en vano** *in vain*

María Teresa, no te lo digo **en broma**; estoy hablando **en serio**.
María Teresa, I'm not joking with you; I'm being serious.

Tres mil activistas llegaron **en tren** y marcharon **en fila** hasta el parlamento.
Three thousand activists arrived by train and marched in rows to the parliament.

- **Entre** generally corresponds to the English prepositions *between* and *among*.

Entre 2004 y 2006, tomé cursos de religión e historia, **entre** otros.
Between 2004 and 2006, I took religion and history courses, among others.

No debemos entrar en el conflicto; es mejor que lo resuelvan **entre** ellos.
We shouldn't enter the conflict; it is better that they resolve it among themselves.

Las cataratas del Niágara están ubicadas **entre** Canadá y los Estados Unidos.
Niagara Falls is located between Canada and the United States.

- **Entre** is not followed by **ti** and **mí**, the usual pronouns that serve as objects of prepositions. Instead, the subject pronouns **tú** and **yo** are used.

Entre tú y **yo**, creo que la mayoría de las religiones comparten los mismos valores.
Between you and me, I think the majority of religions share the same values.

- **Sin** corresponds to *without* in English. It is often followed by a noun, but it can also be followed by the infinitive form of a verb.

No veo nada **sin** los lentes.
I can't see a thing without glasses.

Lo hice **sin** pensar.
I did it without thinking.

Práctica

TALLER DE CONSULTA

MANUAL DE GRAMÁTICA
Más práctica
11.3 Prepositions: **de, desde, en, entre, hasta, sin**, p. 410

① **Oraciones** Completa cada oración con la opción correcta.

1. _____ el apoyo de los diputados, el presidente no logrará hacer las reformas.
   a. En b. Hasta (c.) Sin
2. Una computadora como ésta puede costar _____ tres mil dólares.
   (a.) hasta b. sin c. en
3. ¿Estás segura de que el ovni va a aterrizar _____ nuestro jardín?
   a. de (b.) en c. sin
4. Nos vemos a las once en la oficina _____ la senadora.
   a. entre (b.) de c. desde
5. _____ mi ventana veo el mar.
   (a.) Desde b. En c. Hasta
6. Este secreto debe quedar sólo _____ tú y yo.
   (a.) entre b. de c. desde

② Have students work in pairs to complete this exercise. Then call on volunteers to read each section aloud.

② **El poder del Sol** Completa este artículo con las preposiciones **de(l), desde** o **en.**

(1) _Desde_ la Tierra se pueden ver hasta 3.000 estrellas. La estrella que está más cerca (2) _de_ la Tierra es el Sol. (3) _Desde_ el Sol hasta la Tierra hay 149 millones (4) _de_ kilómetros.

¿Sabías que (5) _desde_ los inicios de la humanidad los hombres creen que el Sol es una pelota (6) _de_ fuego? Los chinos, por ejemplo, pensaban que el Sol había salido (7) _de_ la boca (8) _de_ un dragón. Además, el Sol fue descrito (9) _en_ los antiguos textos sagrados (10) _de_ varias civilizaciones como un dios, con el poder (11) _de_ influir (12) _en_ la vida humana.

(13) _De_ cierta manera, tenían razón, pues hoy (14) _en_ día, los agujeros (15) _en_ la capa _de_ ozono y el calentamiento global se estudian con el mismo fervor. ¿Podrán las civilizaciones (16) _de_ hoy hacer los sacrificios necesarios para protegernos (17) _del_ poder (18) _del_ Sol?

③ **Viajero perdido**

A. Juan está de viaje en Sevilla, España, para conocer sitios religiosos famosos y necesita ayuda para encontrarlos. Completa sus oraciones con las preposiciones entre, hasta o sin.

1. Perdón, estoy _sin_ un mapa. ¿Me podría explicar cómo llegar al templo?
2. Sé que la sinagoga está _entre_ la Avenida de Jerez y el parque, pero no la encuentro...
3. Disculpe, señora... un señor me dijo que caminara _hasta_ la próxima cuadra, y aquí estoy, pero no veo ninguna mezquita por aquí...
4. ¿Usted también anda perdida? Pues, _entre_ los dos encontraremos la iglesia.
5. Pensé que por lo menos podría encontrar el convento _sin_ pedir ayuda, ¡pero estoy más perdido que nunca!
6. Gracias por la ayuda, pero mejor busco un mapa. ¡_Hasta_ luego!

B. En parejas, elijan una de las oraciones y dramaticen una conversación completa entre Juan y un(a) residente local. Utilicen las preposiciones de, desde, en, entre, hasta y sin.

Teaching option For additional practice, write the prepositions **de, desde, en, entre, hasta**, and **sin** on index cards. Call on volunteers to choose a card at random and create a sentence using that preposition. Continue until the whole class has participated.

Comunicación

4 A contar historias En parejas, elijan una oración incompleta e inventen una historia. Utilicen por lo menos cuatro de estas preposiciones: **de, desde, en, entre, hasta, sin.**

1. Juan está esperando en su jardín...
2. El libro de cocina estaba abierto...
3. Estaba observándolo desde la ventana...
4. Hasta ese momento, nunca me había dado cuenta de que...
5. Sin ella, su vida no tenía sentido...
6. Entre las sombras, veía la figura de...

④ Encourage students to also use two instances of the passive voice in their stories.

5 Síntesis

A. Cada vez que quería tomar decisiones importantes sobre política y religión, el rey Arturo se reunía con los Caballeros de la Mesa Redonda. En parejas, estudien las pistas (*clues*) para descubrir quién es quién.

Datos:

- Parsifal caminó hasta la puerta. Le prohíbe pasar a la reina Ginebra.
- Galahad tiene entre 18 y 20 años. Es el caballero más joven del grupo.
- Bedivere se hizo caballero entre los años 450 y 452. Es el caballero más viejo de la mesa.
- Kay es un típico guerrero. Lleva su espada hasta a las reuniones con el rey.
- Erec está sentado entre Kay y Lancelot.
- El rey Arturo está entre Gawain y la silla vacía de Parsifal.

1 Parsifal
2 El rey Arturo
3 Gawain
4 Kay
5 Erec
6 Lancelot
7 Bedivere
8 Galahad

⑤ For Part A, have students practice prepositions by asking their partners questions about the clues. Ex: **¿Entre quiénes está sentado Erec? ¿Quién es el caballero más joven del grupo?**

B. Escriban un resumen de la reunión. ¿De qué se habló? ¿Qué cosas fueron decididas? ¿Discutieron entre ellos? Utilicen por lo menos tres oraciones en voz pasiva, tres construcciones con **se** y cinco preposiciones de **Estructura 11.3**.

Teaching option For extra practice, have students bring maps of their hometowns or of campus. In pairs, have them talk about different places using the prepositions **de, desde, en, entre, hasta**, and **sin**. Ex: **La iglesia está entre el supermercado y el cine. Desde la iglesia se tarda quince minutos en llegar a la escuela. Hay que ir sin coche porque es imposible estacionar.**

For additional cumulative practice of all the grammar points in this lesson, go to **ventanas.vhlcentral.com**.

Atando cabos

Preparación
- Do the **Preparación** as a class. Write key words and expressions from student contributions on the board and, if necessary, have students review the **Contextos** vocabulary.
- Encourage students to identify countries or regions that historically have had a strong religious identity; for example, Catholicism in Italy, Spain, and Latin America; Buddhism in India; Islam in the Middle East. Have students consider what issues minority religious groups might face in such countries. Ask: **¿Qué problemas pueden surgir en una sociedad entre el grupo mayoritario y grupos minoritarios?**
- If you think that religion is a sensitive topic for your class, use this warm-up activity to raise awareness of different viewpoints and the need to develop tolerance towards them.

Conversación Part B: To help students generate ideas, refer them to the comments in the other letters.

Teaching option As a follow-up to group discussion, have each group write a response to the writer of the letter they chose.

Opiniones Use this last step to share ideas and minimize tension, if any.

¡A conversar!

La religión La historia ha demostrado que a veces la religión puede generar controversias. En grupos, conversen sobre las religiones en el mundo actual.

Preparación Contesten estas preguntas.

1. ¿Creen que la religión puede tener distinta importancia en distintas culturas? Den ejemplos.
2. ¿Por qué se dice que a veces las religiones pueden despertar controversias y posiciones antagónicas?
3. ¿Se pueden minimizar los sentimientos de rivalidad y antagonismo? ¿En qué medida?

Conversación

A. La revista *Opinión Abierta* ha dedicado un número (*issue*) al tema de la religión. Lee estas cartas de lectores que se publicaron en la revista y selecciona una que exprese una opinión diferente a la tuya.

Estimado director de *Opinión Abierta:*

Les daré mi opinión sobre el tema. No sólo creo que Dios existe, sino también creo que hay muchas religiones para elegir. Además pienso que todas las religiones son buenas. En todas se habla del bien y se dice que debemos amar y perdonar a los demás.

Muchas gracias por permitirme opinar.
Gustavo

Queridos amigos de *Opinión Abierta:*

Algunos dicen que hay muchas religiones verdaderas, pero esto es falso. Hay una sola religión verdadera que enseña los verdaderos valores morales. Los ateos no son felices. Tampoco son felices quienes tienen fe en religiones falsas. Sólo son felices las personas que piensan como yo.

Muchas gracias por publicar mi carta.
José Luis

Editores de *Opinión Abierta:*

Estoy sorprendida de que se discuta este tema en el siglo XXI. No hay duda de que las religiones son problemáticas. No sólo nos hablan del pecado (*sin*), sino que nos hacen tener miedo. La gente elige hacer el bien porque tiene miedo. Las personas somos tratadas por las religiones como niños miedosos.

Andrea

Sr. Director de *Opinión Abierta:*

Yo creo en Dios. Pero no creo en las religiones. Todas tienen gente que manda y gente que obedece. Eso no es bueno. Todos somos iguales para Dios: tenemos conciencia y valores morales. Todos sabemos lo que es bueno y lo que es malo.

Felicitaciones por su revista.
Ana María

B. Formen pequeños grupos entre compañeros/as que hayan seleccionado la misma carta. Léanla de nuevo y contesten estas preguntas.

1. ¿Tiene esa persona una opinión equivocada o se trata sólo de un punto de vista diferente?
2. ¿Qué argumentos en contra pueden dar ustedes?
3. ¿Qué le dirían a la persona que escribió esa carta?

Opiniones Compartan las opiniones del grupo con la clase. ¿Cuál es la opinión de la mayoría? ¿A qué se debe? ¿Se puede decir que la religión es determinada por la cultura de una persona o es una elección personal? ¿Por qué?

¡A escribir!

Nuevos votantes Imagina que trabajas para la alcaldía (*mayor's office*) de tu ciudad. Te han encargado la preparación de un folleto para explicar el proceso electoral a los nuevos ciudadanos hispanos que van a votar por primera vez. Sigue el plan de redacción para hacer el folleto.

Preparación

A. Investiga el proceso de votación en tu comunidad. Busca información en la alcaldía o habla con una persona que haya votado alguna vez. Considera estos puntos:

- cómo inscribirse
- cómo obtener información sobre los candidatos
- dónde votar
- qué hacer el día de la votación
- qué practicas están prohibidas
- cómo es el sistema de votación

B. Con toda esta información, escribe la lista de instrucciones para el folleto. Incluye por lo menos dos ejemplos de voz pasiva y dos usos de **se**.

MODELO **cómo inscribirse**
La inscripción para votar se realiza varios meses antes de las elecciones.
Se debe completar un formulario para inscribirse.

Escritura Diseña un folleto que incluya los elementos del recuadro.

Introducción: Escribe un breve párrafo dando la bienvenida y algún dato de interés para captar la atención del lector.

Cuerpo: Da información sobre el proceso de votación (agrega la lista de **Preparación**).

Conclusión: Termina con un breve párrafo de despedida para convencer a los lectores de la importancia de la participación electoral.

Responsabilidad cívica Si la alcaldía de su ciudad no tiene información disponible, elijan entre todos/as el mejor folleto y envíenlo al departamento correspondiente para proponer su publicación.

Preview
- Have students review the note about voting regulations in **Mundo hispanohablante**, p. 301, and invite heritage learners to contribute what they know about voting practices in their families' home countries. Discuss similarities and differences students see with voting practices in their own culture.
- Preview the activity by visiting sites that contain voting information in Spanish or by bringing samples to serve as models for language and style. City government or county sites for cities, such as Miami, Boston, and Los Angeles provide information in Spanish.

Preparación If resources are available, make arrangements to have a native speaker come and talk to the students about the voting process.

Teaching option Have students post their work around the room and allow students time to circulate and read their classmates' brochures.

Preparación

Las elecciones presidenciales de México en 2006 han sido hasta ahora las más reñidas (*hard-fought*) en la historia de ese país ya que durante setenta años (1929–2000) la presidencia de México estuvo en manos de un solo partido. En 2005, *Tu rock es votar* (TREV) nació como una asociación civil no partidista y sin fines de lucro para "fomentar el interés de los jóvenes en la vida política". TREV participó activamente en las elecciones de 2006 con avisos publicitarios protagonizados por celebridades del país.

Conexión personal ¿Has votado alguna vez? ¿Cuándo? ¿A qué edad se puede votar en las elecciones políticas de tu país? ¿Estás de acuerdo o crees que la edad debería modificarse?

Vocabulario

el activismo civil *civil activism*
la chamba *work (Mex.)*
concienciar *to raise awareness*
el derecho al voto *right to vote*
la mordida *bribe (Mex.)*
quejarse *to complain*
el/la votante *voter*

1 Completa las oraciones.

1. En México, la ___chamba___ significa el trabajo.
2. En las elecciones presidenciales de 2006, TREV trabajó intensamente para ___concienciar___ a los jóvenes de la necesidad de ejercer el derecho al ___voto___.
3. Casi la mitad de los ___votantes___ en México son jóvenes.
4. En muchos países, la corrupción política ha generado el surgimiento del ___activismo civil___.
5. En México, la ___mordida___ es una expresión informal para referirse al acto de corrupción en el que alguien acepta regalos o dinero a cambio de un favor.

Conexión personal Expand by asking students about their voting experiences prior to age 18 (school elections).

Preview Point out that this announcement was aired prior to Mexico's hotly contested 2006 presidential elections, in which **Felipe Calderón Hinojosa** was elected over his opponents, **Andrés López Obrador** and **Roberto Madrazo Pintado**.

Anuncio de TREV: Tu rock es votar

Tito Fuentes, músico Nos quejamos de los asaltos en México.

Carlos Loret de Mola, periodista Nos quejamos de que la chamba está en otro país.

Natalia Lafourcade, cantautora Hay decisiones que afectan todas estas cosas y que estamos dejando que tomen por nosotros.

Variación léxica mordida ⟷ soborno

Teaching option Explain that from 1929 until 2000, when Vicente Fox was elected, Mexico's presidents all belonged to the **Partido Revolucionario Institucional (PRI)**. Have students research and report information about the PRI, which party Calderón belongs to, and his electoral platform.

Big Metra, músico Nos quejamos de la pobreza.

② Do the activity as a class. Make two lists on the board with the heads **México** and **Nuestro país**. Encourage students to speculate if they are not certain about some of the issues.

③ As a follow-up activity, have students research information about the artists.

Julieta Venegas, música Nos quejamos de tener políticos incompetentes.

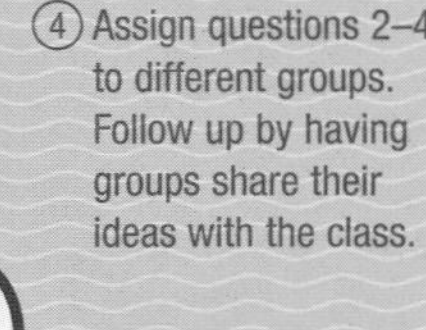

④ Assign questions 2–4 to different groups. Follow up by having groups share their ideas with the class.

⑤ If times permits, have groups present their project to the class.

Ilana Sod, periodista En las elecciones del 2003, el 70% de los jóvenes entre 19 y 34 años no votó.

Ampliación

1 Indica de qué se quejan los mexicanos según este aviso de TREV.

1. No hay suficiente trabajo. ✓
2. El sistema de salud pública no sirve. ____
3. La población siente que a los políticos no les importa su opinión. ✓
4. Hay demasiada violencia. ____
5. Los impuestos son muy altos y no se ven los resultados del dinero recaudado. ____
6. Hay mucha gente que vive en la pobreza. ✓

2 Repasa la lista de los problemas mencionados en el aviso. Luego, haz una lista de cinco problemas relacionados con la política de tu país. Compara las dos listas e identifica semejanzas y diferencias. Luego, sugiere posibles soluciones.

3 Conversa con un(a) compañero/a sobre la intención de este anuncio. ¿Por qué han elegido a personas famosas? ¿A qué tipo de público está dirigido? ¿Es un aviso efectivo? ¿Por qué?

4 En grupos pequeños, contesten las preguntas.

1. ¿Qué significa la expresión "cállate"?
2. En tu país, ¿participan los jóvenes en la política? ¿En qué medida? ¿Por qué?
3. ¿Por qué se dice que es importante participar activamente en la política?
4. ¿Crees que el activismo civil puede cambiar la actitud de los políticos? ¿De que manera?

5 En grupos, diseñen un anuncio sobre un problema social o político de su comunidad. Escriban un párrafo donde expliquen cuál es el problema y su posible solución, qué celebridades los protagonizarían y por qué.

Teaching option Have students research grassroots organizations similar to TREV in your own country. Compile a list and have groups e-mail ideas from Activity 5 to an organization of their choice.

11 VOCABULARIO

La política

el/la activista	activist
la campaña	campaign
el/la candidato/a	candidate
el/la ciudadano/a	citizen
los derechos (humanos/civiles)	(human/civil) rights
el exilio político	political exile
la guerra (civil)	(civil) war
la ideología	ideology
la inmigración	immigration
la libertad	freedom
el/la líder	leader
la manifestación	protest; demonstration
la mayoría	majority
la minoría	minority
el partido político	political party
la polémica	controversy
el/la político/a	politician
el proyecto de ley	bill
el terrorismo	terrorism
aprobar (o:ue) una ley	to pass a law
elegir (e:i)	to elect
emigrar	to emigrate
ganar/perder (e:ie) las elecciones	to win/lose an election
gobernar (e:ie)	to govern
inscribirse	to register
luchar	to fight; to struggle
pronunciar un discurso	to give a speech
protestar	to protest
votar	to vote
conservador(a)	conservative
(des)igual	(un)equal
(in)justo/a	(un)just
liberal	liberal

Los cargos públicos

el alcalde/ la alcaldesa	mayor
el/la diputado/a	representative
el/la embajador(a)	ambassador
el/la gobernador(a)	governor
el/la juez(a)	judge
el/la primer(a) ministro/a	prime minister
el/la senador(a)	senator

La religión

la creencia	belief
el/la creyente	believer
Dios	God
la fe	faith
la iglesia	church
la mezquita	mosque
la sinagoga	synagogue
el templo	temple
bendecir	to bless
creer en	to believe in
meditar	to meditate
rechazar	to reject
rezar	to pray
espiritual	spiritual
(in)moral	(im)moral
religioso/a	religious
sagrado/a	sacred; holy

Las creencias religiosas

agnóstico/a	agnostic
ateo/a	atheist
budista	Buddhist
católico/a	Catholic
cristiano/a	Christian
hindú	Hindu
judío/a	Jewish
musulmán/ musulmana	Muslim

Más vocabulario

Expresiones útiles	Ver p. 297
Estructura	Ver pp. 304, 306–307 y 310–311

INSTRUCTIONAL RESOURCES
Supersite/IRCD: Testing program

La historia y la civilización

12

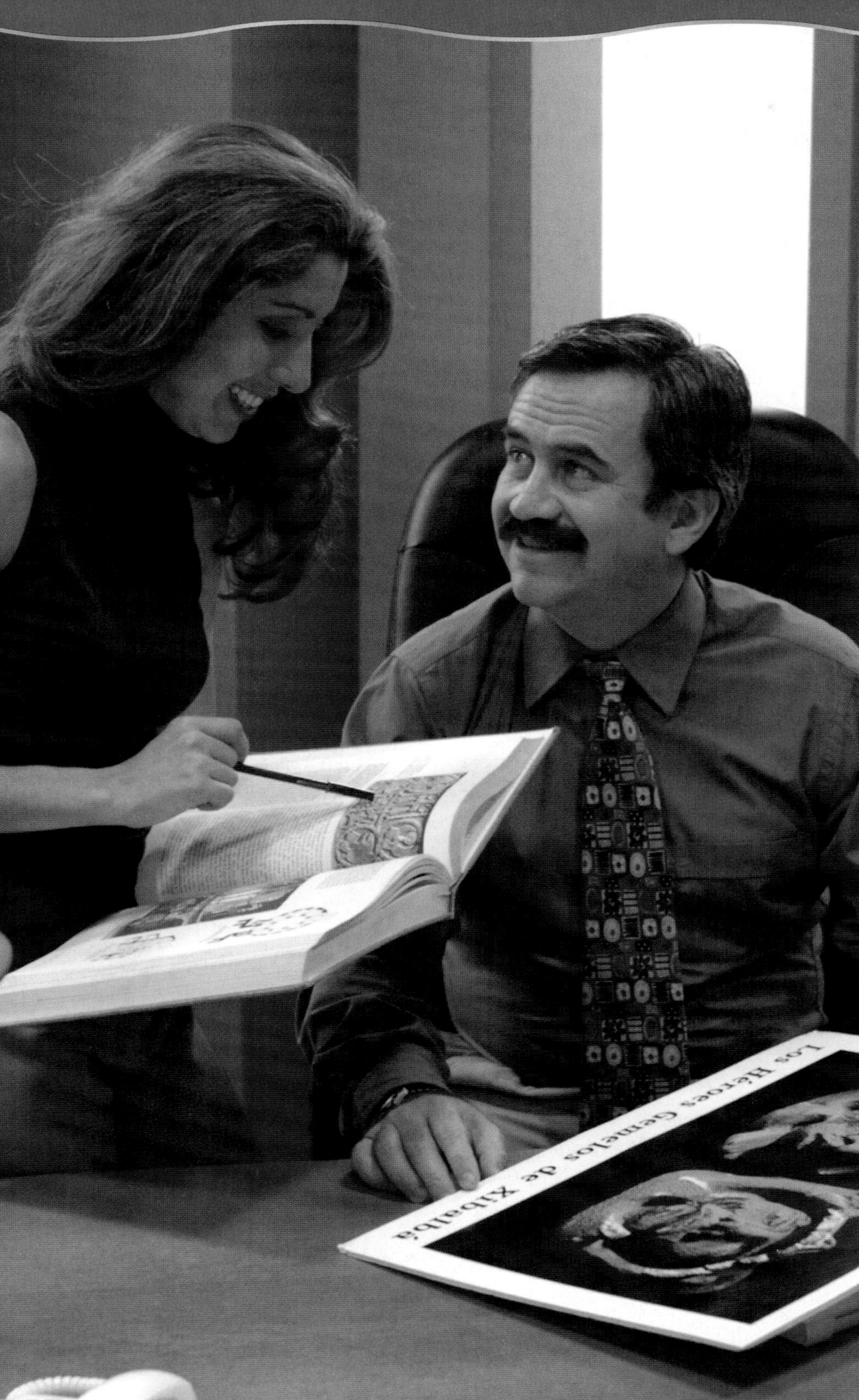

Communicative Goals

You will expand your ability to...

- use infinitives
- use the past, present, future
- use the indicative and the subjunctive

INSTRUCTIONAL RESOURCES
Supersite/IRCD: Audioscripts, Textbook Answer Key, SAM Answer Key
SAM/WebSAM: WB, LM

La historia y la civilización

Preview Take a quick survey to find out which students enjoy studying history. Ask: **¿Por qué es importante estudiar la historia? ¿Creen que debe ser obligatorio estudiarla en la escuela o la universidad?**

La historia y la civilización

De la **antigua** ciudad de Quilmes, en el norte de Argentina, sólo quedan ruinas. En el **siglo** XVII, los **habitantes** fueron obligados a **establecerse** cerca de Buenos Aires.

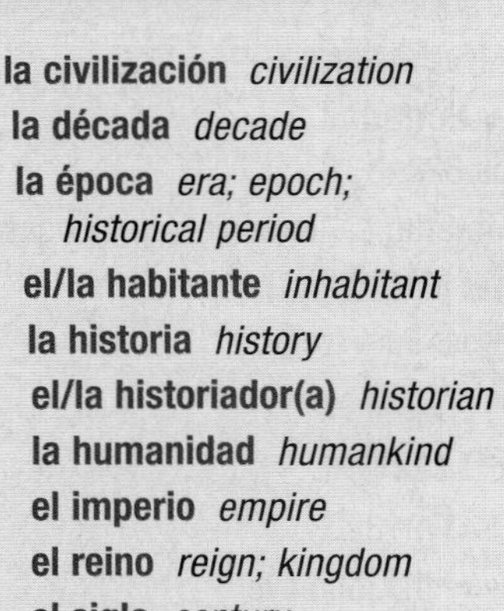

la civilización *civilization*
la década *decade*
la época *era; epoch; historical period*
el/la habitante *inhabitant*
la historia *history*
el/la historiador(a) *historian*
la humanidad *humankind*
el imperio *empire*
el reino *reign; kingdom*
el siglo *century*

---

establecer(se) *to establish (oneself)*
habitar *to inhabit*
integrarse (a) *to become part (of)*
pertenecer (a) *to belong (to)*
poblar (o:ue) *to settle; to populate*

---

antiguo/a *ancient*
(pre)histórico/a *(pre)historic*

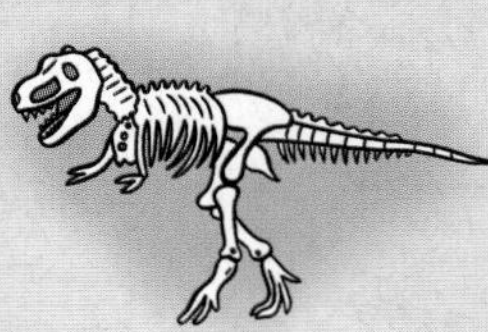

Los conceptos

el aprendizaje *learning*
el conocimiento *knowledge*
la enseñanza *teaching; lesson*
la herencia (cultural) *(cultural) heritage*
la (in)certidumbre *(un)certainty*
la (in)estabilidad *(in)stability*
la sabiduría *wisdom*

Las características

adelantado/a *advanced*
culto/a *cultured; educated; refined*
derrotado/a *defeated*
desarrollado/a *developed*
forzado/a *forced*

pacífico/a *peaceful*
poderoso/a *powerful*
victorioso/a *victorious*

Los gobernantes

Point out to students that Spanish colonies in the New World were governed by **virreyes** (*viceroys*).

el/la cacique *tribal chief*
el/la conquistador(a) *conquistador; conqueror*
el/la dictador(a) *dictator*
el emperador/la emperatriz *emperor/empress*
el/la gobernante *ruler*
el/la monarca *monarch*
el rey/la reina *king/queen*
el/la soberano/a *sovereign; ruler*

Variación léxica
integrarse ⟷ incorporarse
la herencia ⟷ el legado
la cacique ⟷ la cacica

La conquista y la independencia

Con la abolición de la **esclavitud** en 1810 por decisión de Miguel Hidalgo, México **encabeza** la lista de naciones americanas que **suprimieron** esta práctica y **liberaron** a los **esclavos**.

la batalla *battle*
la colonia *colony*
la conquista *conquest*
el ejército *army*
la esclavitud *slavery*
el/la esclavo/a *slave*
las fuerzas armadas *armed forces*
el/la guerrero/a *warrior*
la independencia *independence*
la soberanía *sovereignty*
el/la soldado *soldier*
la tribu *tribe*

colonizar *to colonize*
conquistar *to conquer*
derribar/derrocar *to overthrow*
derrotar *to defeat*
encabezar *to lead*
explotar *to exploit*
expulsar *to expel*
invadir *to invade*
liberar *to liberate*
oprimir *to oppress*
rendirse (e:i) *to surrender*
suprimir *to abolish; to suppress*

① For Part B, play the dialogue again and have students create two additional comprehension questions for their classmates to answer.

SUPERSITE

Práctica

1 Escuchar

A. Escucha la conversación entre dos historiadores y completa las oraciones con la opción correcta.

1. La especialidad de Mónica es _a_.
   a. la época colonial de Hispanoamérica
   b. la Guerra de la Independencia
2. A Mónica le interesa mucho _a_.
   a. la conquista b. la monarquía
3. El artículo que le gustó a Franco trataba de _b_.
   a. civilizaciones prehistóricas
   b. antiguas colonias
4. Franco, en sus clases, cuenta historias personales de _b_.
   a. reyes y guerreros b. reyes y gobernantes

B. Escucha parte de una de las clases de Mónica y después contesta las preguntas.

1. ¿Quién era Álvar Núñez Cabeza de Vaca?
   un conquistador español
2. ¿A qué lugar lo llevaron las tormentas?
   a la costa de Texas
3. ¿Qué ocurrió durante los años que Cabeza de Vaca vivió con los indígenas?
   Se integró a las costumbres indígenas.
4. ¿En qué se basaba el gobierno que intentó establecer en el Paraguay?
   en el respeto a las comunidades indígenas

2 Crucigrama Completa el crucigrama.

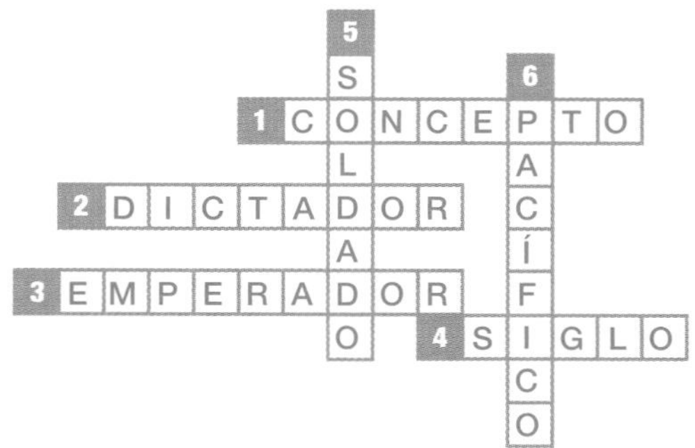

1. pensamiento expresado con palabras
2. persona que sube al poder y elimina los derechos democráticos de los ciudadanos
3. gobernante de un imperio
4. periodo de cien años
5. hombre que forma parte de las fuerzas armadas
6. tranquilo; que busca la paz

② Assign different vocabulary headings from **Contextos** and have students create three more definitions, then exchange papers with a partner to find the right words.

Práctica

③ If necessary, provide this model before students begin the activity. **Sinónimos: derribar / derrocar** **Antónimos: inestabilidad / estabilidad**

③ For an extra challenge, have students create antonyms for items 1–4 and synonyms for items 5–8.

3 Sinónimos y antónimos Completa cada cuadro con las palabras de la lista.

adelantado	**derrotado**	**liberar**
antiguo	**esclavitud**	**poderoso**
culto	**habitar**	**rey**

Sinónimos

1. fuerte : ___poderoso___
2. avanzado : ___adelantado___
3. monarca : ___rey___
4. educado : ___culto___

Antónimos

5. libertad : ___esclavitud___
6. victorioso : ___derrotado___
7. moderno : ___antiguo___
8. oprimir : ___liberar___

④ For additional practice, have students use the remaining words to create two more lines of dialogue.

4 América Latina Completa la conversación con las palabras de la lista.

batallas	**emperadores**	**herencia cultural**
colonias	**época**	**independencia**
conquista	**habitantes**	**reyes**

IGNACIO Después de que Cristóbal Colón llegó a América, ¿ordenaron los (1) ___reyes___ Fernando e Isabel la colonización de "Las Indias"?

PROFESORA Sí, y así se inició la (2) ___conquista___ de los pueblos indígenas, los (3) ___habitantes___ nativos de los territorios.

IGNACIO Siglos más tarde, las (4) ___colonias___ lucharon contra España por su (5) ___independencia___, ¿correcto?

PROFESORA Sí, Ignacio. Hoy en día, la (6) ___herencia cultural___ de América Latina refleja la mezcla de costumbres españolas e indígenas.

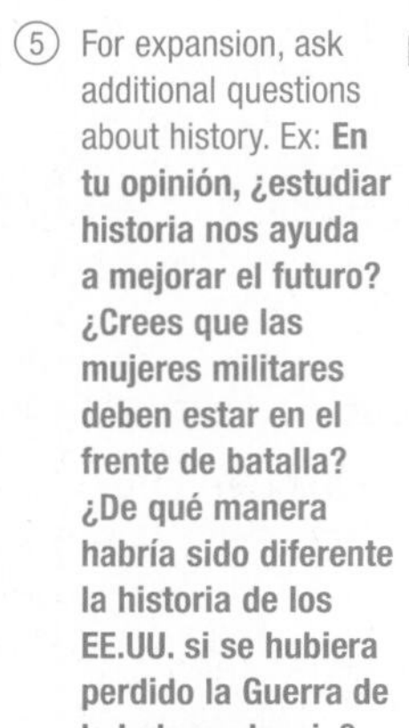

⑤ For expansion, ask additional questions about history. Ex: **En tu opinión, ¿estudiar historia nos ayuda a mejorar el futuro? ¿Crees que las mujeres militares deben estar en el frente de batalla? ¿De qué manera habría sido diferente la historia de los EE.UU. si se hubiera perdido la Guerra de la Independencia?**

5 Preguntas Responde a las preguntas con oraciones completas. Luego comparte tus opiniones con un(a) compañero/a.

1. ¿Te gusta estudiar la historia mundial? ¿Qué época te interesa más? ¿Por qué?
2. ¿Cuál es la importancia de estudiar la historia?
3. Según tu opinión, ¿cuáles fueron las civilizaciones antiguas más adelantadas?
4. Si pudieras ser un(a) gobernante famoso/a de la historia, ¿quién serías? ¿Por qué?
5. Espartaco, un esclavo y gladiador del Imperio Romano, supuestamente dijo: "No hay peor esclavo que el que ignora que lo es". ¿Qué quiere decir esta cita?
6. ¿Cuál debe ser el papel del ejército en la sociedad moderna?
7. ¿Qué influencias hay en tu propia herencia cultural?
8. ¿Crees que la humanidad ha progresado a través de la historia? ¿Somos más avanzados que nuestros antepasados? ¿Más cultos? ¿Más pacíficos?

Teaching option Play a *Jeopardy!*-style game. Read a definition and have team representatives raise their hands and answer in the form of a question. Ex: **Es el área gobernada por un emperador. → ¿Qué es un imperio?** Each correct answer earns one point.

Comunicación

6 **De historia**

A. En parejas, escojan una novela o película histórica que conozcan y escriban un breve resumen. Incluyan una descripción del período histórico, los personajes y el argumento.

B. Ahora, imaginen que tienen la oportunidad de rodar su propia película histórica. ¿Cuál será el tema? Escriban una descripción de la película. Pueden escoger entre los elementos de la lista o inventar.

Contexto: la historia tiene lugar en una época de inestabilidad política
- período de la conquista
- lucha por la independencia
- dictadura

Protagonistas: deben tener un papel importante en el desarrollo del conflicto
- soberano/a
- esclavo/a
- soldado

Argumento: la historia tiene que ver con una de estas acciones
- derrotar
- encabezar
- integrarse

7 **Discusión** En grupos de tres, lean las citas y comenten su significado. ¿Están de acuerdo con lo que dicen?

"En la pelea, se conoce al soldado; sólo en la victoria, se conoce al caballero." *Jacinto Benavente*

"Puede juzgarse el grado de civilización de un pueblo por la posición social de las mujeres." *Domingo Faustino Sarmiento*

"No hay hombre tan cobarde a quien el amor no haga valiente y transforme en héroe." *Platón*

"Así como de la noche nace el claro del día, de la opresión nace la libertad." *Benito Pérez Galdós*

8 **La reacción de los indígenas** En parejas, piensen en los indígenas que vieron a Cristóbal Colón cuando llegó a América y respondan a las preguntas. ¿Qué habrán pensado de estos extraños europeos? ¿Cómo habrán reaccionado? ¿Qué habrán hecho? Compartan sus opiniones con la clase, utilizando el vocabulario de **Contextos**.

6 Part B: As a variant, have students also choose which famous actors would star in their films.

7 Encourage students to think of examples from history or historical fiction that correspond to each quote.

8 For an extra challenge, have students use at least three examples of the future perfect tense.Ex: **Les habrá sorprendido que Cristóbal Colón montara a caballo.**

Teaching option Have small groups use the new vocabulary to perform a talk show in which the host interviews two famous historical figures. Encourage students to be creative. Follow the steps for talk shows in **Lección 3,** p. 86.

12 FOTONOVELA

El equipo de *Facetas* va a asistir a la ceremonia de premios para los mejores periodistas del año.

Synopsis:
- Johnny arrives at the office in a suit and imagines himself receiving an award.
- Éric, Mariela, and Aguayo are nominated for journalism awards.
- Éric invites Mariela to be his date.
- Aguayo reminisces about memorable times at the office.

MARIELA ¿Qué haces vestido así tan temprano?

DIANA La ceremonia no comienza hasta las siete.

JOHNNY Tengo que practicar con el traje puesto.

AGUAYO ¿Practicar qué?

JOHNNY Ponerme de pie, subir las escaleras, sentarme, saludar y todo eso. Imagínense…

Johnny imagina que recibe un premio...

JOHNNY Quisiera dar las gracias a mis amigos, a mis padres, a mi compadre, a mis familiares, a Dios por este premio que me han dado. De verdad, muchas gracias, los quiero a todos. ¡Muchas gracias! ¡Gracias!

Aguayo sale corriendo de su oficina.

AGUAYO ¡Llegó la lista! ¡Llegó la lista! *(Lee.)* "En la categoría de mejor serie de fotos, por las fotos de las pirámides de Teotihuacán, Éric Vargas."

JOHNNY Felicidades.

AGUAYO *(Lee.)* "En la categoría de mejor diseño de revista, por la revista *Facetas*, Mariela Burgos."

MARIELA Gracias.

Al mismo tiempo, en la cocina...

JOHNNY ¿Con quién vas a ir esta noche?

ÉRIC ¿Estás loco? Entre boletos, comida y todo lo demás, me arruinaría. Mejor voy solo.

JOHNNY No creo que debas ir solo. ¿Y qué tal si invitas a alguien que ya tiene boleto?

ÉRIC ¿A quién?

JOHNNY A Mariela.

ÉRIC ¿A Mariela?

JOHNNY Éric, es esta noche o nunca. ¿En qué otra ocasión te va a ver vestido con traje? Además, tienes que aprovechar que ella está de buen humor. Creo que antes te estaba mirando de una manera diferente…

ÉRIC No sé…

Más tarde, en el escritorio de Mariela...

ÉRIC ¿Qué tal?

MARIELA Todo bien.

ÉRIC Muy bonitos zapatos.

MARIELA Gracias.

ÉRIC Y MARIELA *(al mismo tiempo)* Quería preguntarte si…

ÉRIC Disculpa, tú primero…

MARIELA No, tú primero…

INSTRUCTIONAL RESOURCES **Supersite/DVD:** Fotonovela
Supersite/IRCD: Videoscript & Translation, SAM Answer Key
SAM/WebSAM: VM

Preview Review the personality traits of each character, then have students predict which two characters might go on a date.

Personajes

AGUAYO

DIANA

ÉRIC

FABIOLA

JOHNNY

MARIELA

4

AGUAYO *(Lee.)* "En la categoría de mejor artículo, por 'Historia y civilización en América Latina', José Raúl Aguayo." No lo puedo creer. ¡Tres nominaciones!

Todos están muy contentos, pero Johnny pone cara de triste.

DIANA Johnny, ¿cómo te van a nominar para un premio?... ¡si no presentaste ningún trabajo!

JOHNNY *(riéndose)* Claro... pues, es verdad.

5

Más tarde, en el escritorio de Mariela...

MARIELA Mira qué zapatos tan bonitos voy a llevar esta noche.

FABIOLA Pero... ¿tú sabes andar con eso?

MARIELA ¡Llevo toda mi vida andando con tacón alto!

FABIOLA Mira, de todas formas, te aconsejo que no te los pongas sin probártelos antes.

9

Esa noche...

DIANA ¡Qué nervios!

FABIOLA ¿Qué fue eso?

JOHNNY *(con una herradura en la mano)* Es todo lo que necesitamos esta noche.

10

Éric y Mariela hablan a solas.

ÉRIC ¿Estás preparada para la gran noche?

MARIELA Lista.

Todos entran al ascensor, esperando a Aguayo.

ÉRIC *(grita)* ¡Jefe!

Aguayo se queda solo, mirando la oficina emocionado. Por fin, apaga la luz, entra al ascensor y todos se van.

Expresiones útiles

Degrees of formality in expressing wishes

Direct

Quiero invitarte a venir conmigo a la ceremonia.
I want to ask you to come to the ceremony with me.

More formal

Quería invitarte a venir conmigo a la ceremonia.
I wanted to ask you to come to the ceremony with me.

Most formal

Quisiera invitarte a venir conmigo a la ceremonia.
I would like to invite you to come to the ceremony with me.

Expressing anticipation and excitement

¿Estás preparado/a para la gran noche?
Are you ready for the big night?

¡Qué nervios!/¡Qué emoción!
I'm so nervous!/I'm so excited!

Es ahora o nunca.
It's now or never.

¡No lo puedo creer!
I can't believe it!

Additional vocabulary

de todas formas *in any case*
la herradura *horseshoe*
la nominación *nomination*
ponerse de pie *to stand up*
el premio *award; prize*
el tacón (alto) *(high) heel*

Teaching option Ask students who they think will win and how they might celebrate after the ceremony.

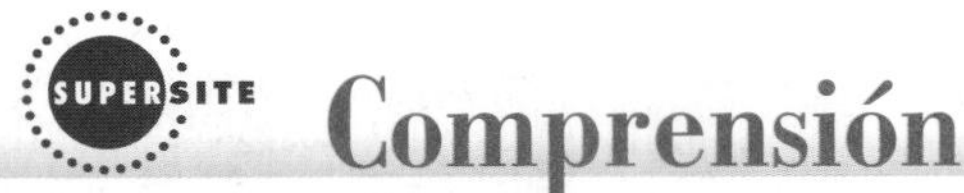

Comprensión

1 Call on volunteers to write a timeline of the events from the video on the board.

1 La trama Primero, indica con una **X** los hechos que no ocurrieron en este episodio. Después, indica con números el orden en el que ocurrieron los restantes.

3 a. Diana le explica a Johnny por qué él no fue nominado.

x b. Aguayo irá con su esposa y le aconseja a Éric que invite a Mariela.

2 c. Cuando llega la lista, el equipo de *Facetas* descubre que los nominados son Aguayo, Mariela y Éric.

4 d. Mariela quiere ir a la ceremonia con tacón alto.

x e. Fabiola no va a ir a la ceremonia.

5 f. Éric y Mariela hablan.

1 g. Johnny va al trabajo vestido elegantemente.

x h. Johnny gana un premio.

2 For expansion, ask additional comprehension questions. Ex: **¿Cómo se habrá sentido Aguayo al anunciar la lista de premios a su equipo? ¿Crees que Éric estaba nervioso por la ceremonia?**

2 Preguntas Responde a las preguntas con oraciones completas.

1. ¿Adónde iba a ir el equipo de *Facetas* esa noche?
2. ¿Por qué Johnny se vistió con un traje elegante tan temprano?
3. ¿Por qué Johnny no fue nominado?
4. ¿Por qué Johnny cree que Éric debe invitar a Mariela a ir con él?
5. ¿Crees que Mariela y Éric van a llegar a ser novios? ¿Por qué?

3 Have students vote on the most creative, most realistic, and most far-fetched predictions for the award ceremony.

3 La ceremonia En parejas, piensen en lo que va a pasar en la ceremonia. Escriban cuatro oraciones con sus predicciones. Luego, compartan sus ideas con la clase. Utilicen por lo menos tres palabras de la lista.

emoción	**ponerse de pie**
nervios	**premio**
nominación	**preparado**

4 Encourage students not to read their speeches word for word. Instead, have them write important words and phrases on index cards.

4 Gracias, muchas gracias En las ceremonias de entregas de premios, los ganadores dicen unas palabras. En grupos de tres, preparen los posibles discursos de Éric, Aguayo y Mariela. El discurso de Aguayo debe ser adecuado y formal. El discurso de Éric, aburrido y nervioso. El de Mariela, gracioso e informal. Luego representen la situación ante la clase.

MODELO

Acepto este premio de parte de la revista Facetas *y todos sus empleados. Primero, me gustaría agradecer a …*

Teaching option For expansion, have students create award categories for the class (best volunteer, best group presentation, funniest dialogue). Take a vote and have each award recipient make a speech. Encourage them to use the conditional perfect tense. Ex: **No habría sido posible conseguir este premio sin el apoyo de mis amigos.**

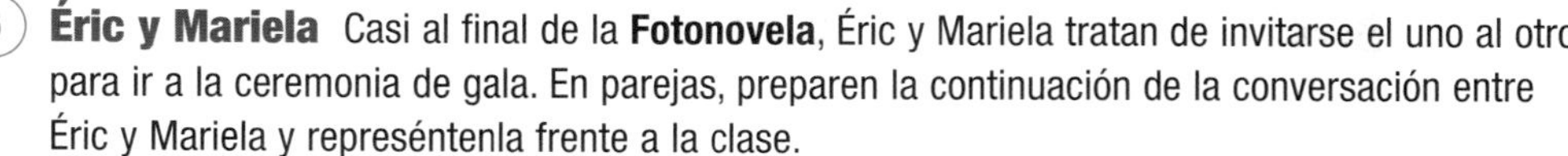

Ampliación

5 **Éric y Mariela** Casi al final de la **Fotonovela**, Éric y Mariela tratan de invitarse el uno al otro para ir a la ceremonia de gala. En parejas, preparen la continuación de la conversación entre Éric y Mariela y represéntenla frente a la clase.

6 **El futuro de *Facetas*** En parejas, imaginen cómo será la vida de cada uno de los personajes de la **Fotonovela** dentro de veinte años.

AGUAYO

DIANA

ÉRIC

FABIOLA

JOHNNY

MARIELA

7 **Apuntes culturales** En parejas, lean los párrafos y contesten las preguntas.

Teotihuacán vs. Wal-Mart

Éric ha sido nominado por sus fotos de las pirámides de Teotihuacán. Este complejo arquitectónico de más de 2.000 años de antigüedad es el legado (*heritage*) histórico y cultural más preciado de los mexicanos. En 2004, la cadena de supermercados Wal-Mart generó una gran controversia cuando anunció que se instalaría muy cerca de allí, a la vista de los visitantes.

Escritor, periodista y político

¡Bravo, Aguayo, por la nominación! Otro escritor destacado en literatura y periodismo es el peruano **Mario Vargas Llosa**, quien ha realizado una prolífica carrera como escritor, periodista, profesor y político. ¡Hasta fue candidato a presidente! Colaboró con el diario *El País* y entre sus novelas se destaca *La fiesta del chivo*. ¿Se dedicará Aguayo a la política?

El mejor periodista

Johnny se entristeció cuando se enteró de que no recibiría ningún premio. Un periodista que sí obtuvo muchos es el mexicano **Claudio Sánchez** de *NPR* (*National Public Radio*). El premio más prestigioso fue *The Alfred I. DuPont-Columbia University*, uno de los más altos honores periodísticos. ¡Todavía hay esperanza, Johnny!

1. ¿Qué opinas sobre la controversia generada por *Wal-Mart*? ¿Es este proyecto positivo para la economía de México o es una ofensa a su cultura?
2. ¿Cuáles son los sitios históricos más antiguos o importantes de tu comunidad? ¿Ha habido alguna controversia acerca de su preservación? ¿Cómo se resolvió?
3. El diario español *El País* es uno de los más importantes del mundo hispano. ¿Cuáles son los diarios más importantes de tu país? ¿Los lees tú?
4. ¿Conoces a otros periodistas hispanos famosos? ¿En qué medios trabajan?

(5) As a variant, have some pairs write a conversation from the point of view of other ***Facetas*** characters, giving their reactions to Éric and Mariela's first date.

(6) Remind students to use the future and future perfect for this activity.

(6) Before assigning the activity, review the personality traits and professional achievements of the different characters since the beginning of the sitcom.

(7) For expansion, ask additional discussion questions. Ex: **¿Debe haber leyes para evitar que las grandes cadenas se establezcan en zonas históricas, o creen que es una necesidad económica para el estado?**

Teaching option For faster-paced classes, have pairs go to **El País** online and choose a news article to read and summarize.

Teaching option Have students work in small groups to research additional information about Claudio Sánchez or Mario Vargas Llosa.

INSTRUCTIONAL RESOURCES
Supersite/DVD: Flash cultura; **Supersite:** Videoscript & Translation

En detalle

PERÚ Y ECUADOR

La herencia de los incas

El auge° del imperio inca duró sólo trescientos años (del siglo XIII al XVI). Esta civilización nunca conoció la rueda°, el hierro° o el caballo, elementos que en otras culturas estuvieron directamente relacionados con el progreso. Sin embargo, los incas dejaron huellas° indelebles° en la lengua, la cultura, la agricultura, la ingeniería, la planificación urbana y la industria textil en el Perú, el Ecuador y el resto de la región andina.

El centro del imperio inca era la ciudad de Cuzco, en el actual Perú. La red° de caminos establecida por los incas tenía una extensión de aproximadamente 20.000 kilómetros (12.500 millas), y recorría el territorio que ahora ocupan seis países: la Argentina, Bolivia, Chile, Colombia, el Ecuador y el Perú. La ruta principal, de unos 5.000 kilómetros de extensión, recorría los Andes desde el norte de Ecuador hasta el centro de Chile. No se trataba de simples caminos de tierra°: muchos eran caminos empedrados° y a veces incluían puentes colgantes° o flotantes°, puentes de piedra o terraplenes°. Miles de turistas de todo el mundo recorren el tramo más conocido de este sistema de rutas: el Camino del Inca, que llega a Machu Picchu; mientras que millones de suramericanos recorren —quizás sin saberlo— viejos caminos incas, ya que muchas rutas de Suramérica siguen el mismo trazado° marcado por los incas hace seiscientos años.

Los incas se destacaron por el uso de la ingeniería con fines agrícolas°. Convirtieron tierras altas y empinadas° en áreas productivas a través de la construcción de sistemas de terrazas de cultivo. También construyeron canales que llevaban agua para regar° plantaciones en zonas desérticas. Algunas de estas innovaciones tecnológicas siguen en uso actualmente.

El legado° cultural se aprecia principalmente en el uso de dos lenguas habladas por los incas: el aymara y el quechua. La presencia inca también se percibe en la vida cotidiana, a través de las costumbres y tradiciones que pasan de generación en generación. Una de sus expresiones más visibles es la industria textil tradicional, que sigue usando las mismas técnicas de antaño°. ■

El correo inca

Un avanzado sistema de rutas no sería de mucha utilidad sin un sistema de comunicación eficiente. Los incas usaban un sistema de **chasquis**, o mensajeros, para llevar órdenes y noticias por todo el imperio. El sistema utilizado por los chasquis era similar al de las carreras de relevos°. Se dice que fue el sistema de mensajería más rápido hasta la invención del telégrafo. Los chasquis podían llevar un mensaje de Quito a Cuzco (aproximadamente 2.000 kilómetros) en sólo cinco días.

auge *peak* **rueda** *wheel* **hierro** *iron* **huellas** *marks* **indelebles** *permanent* **red** *network* **caminos de tierra** *dirt roads* **empedrados** *cobblestoned* **colgantes** *hanging* **flotantes** *floating* **terraplenes** *embankments* **trazado** *routes* **fines agrícolas** *agricultural purposes* **empinadas** *steep* **regar** *to water* **legado** *legacy* **de antaño** *from the past; of yesteryear* **carreras de relevos** *relay races*

En detalle Ask these discussion questions: **¿Cuáles son las características de una civilización avanzada? ¿El uso de computadoras y celulares significa que vivimos en una cultura avanzada? Expliquen sus respuestas.**

En detalle and **Perfil** Point out that **Cuzco** comes from the quechua *qusqu*, which means *center* or *navel*. The official spelling according to the Peruvian constitution is **Cusco**. In official documents, the definite article is commonly used: **el Cusco**.

El mundo hispanohablante Point out the locations on a map. Ask what physical land characteristics might have influenced the communities that inhabited those areas.

ASÍ LO DECIMOS

Palabras de lenguas indígenas

el cacao (maya) *cacao; cocoa*
el charqui (quechua) *dried beef; jerky*
el chicle (maya y náhuatl) *gum*
el chocolate (náhuatl) *chocolate*
el cóndor (quechua) *condor*
el coyote (náhuatl) *coyote*
la guagua (quechua) *baby boy/girl*
el huracán (taíno) *hurricane*
la llama (quechua) *llama*
el poncho (mapuche) *poncho*
el puma (quechua) *puma*

EL MUNDO HISPANOHABLANTE

Curiosidades

- Situada en el istmo de Tehuantepec, en México, **Juchitán** es una comunidad mayoritariamente indígena cuyos mitos y creencias resisten la influencia del exterior. Se dice que aquí todavía subsiste el **matriarcado**° porque las mujeres tienen una presencia vital en la economía y en la sociedad.
- La **Catedral de Sal** en Zipaquirá, cerca de Bogotá, Colombia, es una obra única de ingeniería y arte. Esta construcción subterránea fue realizada en una mina de sal que los **indígenas muiscas** de esa zona ya explotaban° antes de la llegada de los españoles al continente americano.

- La sociedad **Rapa Nui**, desarrollada en condiciones de aislamiento° extremo en la Isla de Pascua, Chile, presenta numerosos interrogantes° que se resisten a ser descifrados. Sus famosas esculturas monolíticas, sus altares megalíticos y su escritura jeroglífica siguen siendo misterios que maravillan a los investigadores.

PERFIL

MACHU PICCHU

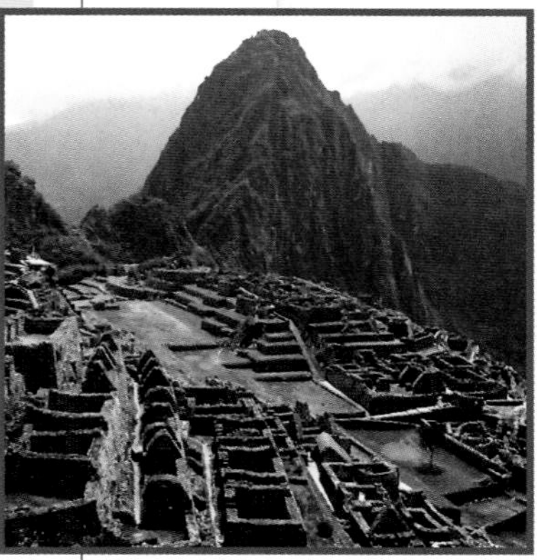

La ciudad de Machu Picchu es el ejemplo más famoso de las sofisticadas técnicas arquitectónicas de la civilización inca. Las ruinas están ubicadas° a unos 112 kilómetros (70 millas) de Cuzco, Perú, en una zona montañosa desde la que se pueden disfrutar unas vistas espectaculares del valle del Urubamba. En el corazón de Machu Picchu está la plaza central, en la que se pueden ver los templos y los edificios del gobierno. Uno de los monumentos más famosos es el *intihuatana*, un tipo de observatorio astronómico inca, utilizado para observar el sol y para medir° las estaciones del año y el transcurso del tiempo. También se realizaban allí ceremonias en honor al Sol y la elevación del terreno permitía que todos los habitantes las presenciaran.

“Una cosa es continuar la historia y otra repetirla.” (Jacinto Benavente, dramaturgo español)

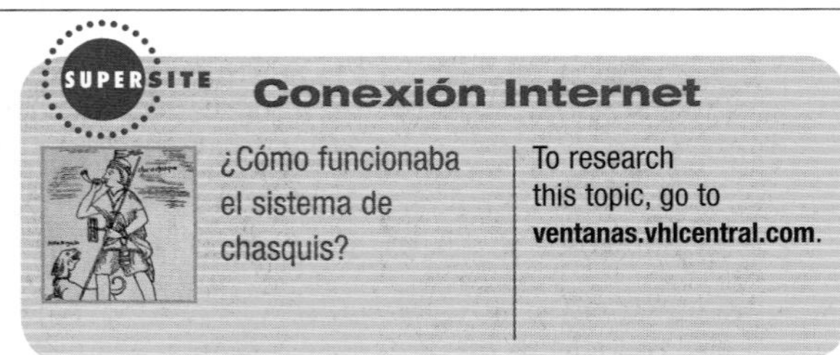
SUPERSITE
Conexión Internet
¿Cómo funcionaba el sistema de chasquis?
To research this topic, go to **ventanas.vhlcentral.com**.

ubicadas *located* **medir** *to measure* **matriarcado** *matriarchy* **explotaban** *worked* **aislamiento** *isolation* **interrogantes** *mysteries*

Teaching option Call on a volunteer to read the quote aloud. Ask: **¿Siempre es malo repetir la historia? ¿En qué casos puede ser bueno?**

③ In pairs, have students create additional comprehension questions and exchange with another pair to complete the exercise.

¿Qué aprendiste?

1 ¿Cierto o falso? Indica si estas afirmaciones son **ciertas** o **falsas**. Corrige las falsas.

1. El imperio inca alcanzó su auge después de la llegada de los españoles. Falso. El auge del imperio inca comenzó antes de su llegada.
2. El imperio inca se extendía hasta Panamá. Falso. El imperio inca se extendía hasta Ecuador/Colombia.
3. La principal ruta inca recorría la costa atlántica de Suramérica. Falso. La principal ruta inca recorría la región andina.
4. Algunos caminos actuales siguen el trazado de viejas rutas incas. Cierto.
5. Los incas cultivaban las tierras bajas con un sistema de terrazas. Falso. Cultivaban las tierras altas con un sistema de terrazas.
6. Todavía se siguen utilizando algunas de las técnicas agrícolas de los incas. Cierto.
7. Todavía se usan dos idiomas hablados por los incas. Cierto.
8. Un solo chasqui se encargaba de llevar los mensajes de Quito a Cuzco. Falso. Los chasquis usaban un sistema similar al de las carreras de relevos.

2 Oraciones incompletas Elige la opción correcta.

1. Machu Picchu es (el templo inca más famoso / el ejemplo más famoso de arquitectura inca).
2. El **intihuatana** era un (templo / observatorio).
3. El **charqui** es (una comida / un tipo de poncho).
4. La palabra **llama** viene de la lengua (mapuche / quechua).

3 Preguntas Contesta las preguntas con oraciones completas.

1. ¿Dónde está Juchitán? Juchitán está en el istmo de Tehuantepec en México.
2. ¿Por qué se dice que en Juchitán subsiste el matriarcado? Las mujeres tienen una presencia vital en la economía y en la sociedad.
3. ¿Dónde se construyó la Catedral de Sal de Zipaquirá? La Catedral de Sal se construyó en una mina de sal.
4. ¿Qué grupo indígena explotaba la mina de sal de Zipaquirá? Los indígenas muiscas explotaban la mina de sal de Zipaquirá.
5. ¿Qué isla chilena tiene esculturas monolíticas? La Isla de Pascua tiene esculturas monolíticas.

4 Opiniones En parejas, hablen de la importancia de mantener los usos y las costumbres tradicionales y del posible efecto de las tradiciones en el desarrollo económico de las sociedades. Usen las preguntas como guía.

- ¿Es importante mantener las tradiciones? ¿Por qué?
- ¿Es posible desarrollar economías competitivas aprovechando las tradiciones?
- ¿Creen que las tradiciones pueden perderse si se explota su potencial económico?
- ¿Qué efecto tiene la globalización cultural sobre las tradiciones y costumbres de un país? ¿Por qué?

PROYECTO

Monolitos, Isla de Pascua

Monumentos antiguos

Elige uno de los lugares de la lista u otra construcción antigua importante en un país de habla hispana. Busca información sobre el lugar y prepara una presentación para la clase. No olvides incluir información sobre la época en la que se construyó, quién lo hizo y, si se sabe, con qué objetivo. Incluye una fotografía o una ilustración de la obra o construcción.

- Monolitos de la Isla de Pascua
- Líneas de Nazca
- Catedral de Sal
- Monte Albán

Proyecto To help students get started, have them create a chart of information they should include in their presentation. Ex: timeline of events, current tourist information, efforts to preserve cultural heritage, relevant historical figures.

RITMOS

PERÚ NEGRO

Alrededor de 1700, cuando los españoles prohibieron los tambores a los esclavos, éstos convirtieron las cajas para recolectar frutas en instrumentos musicales, y así se inventó "el cajón"°. Mientras duró la esclavitud, este legado debió transmitirse en privado. Esta tradición aún sigue viva, y uno de sus principales exponentes es **Perú Negro**, una compañía° de danza y baile folclórico afroperuano creada en 1969. Su fundador, Ronaldo Campos, comenzó cantando en un pequeño pueblo. Pronto integró a toda su familia y creó Perú Negrito, una academia de baile para niños. En sus coloridos espectáculos, los bailarines danzan landós, festejos y zambas malató° al ritmo del cajón, la cajita de limosna° y la quijada de burro°. Su arte representa "las costumbres de los negros peruanos... lo que los negros esclavos dejaron, lo que nuestros abuelos nos enseñaron", dice Rony Campos, hijo del fundador y actual director de la compañía.

Discografía

2004 Jolgorio   **2000** Sangre de un don

Canción

Éste es un fragmento de una canción de Perú Negro.

Negro con sabor

por Rony Campos

Así fueron paseando con quijada y con cajón
Casi al mundo entero Perú Negro lo llevó.
Así fueron paseando con quijada y con cajón
Casi al mundo entero Perú Negro lo llevó.
Moviendo la cintura° con dulzura° y con sabor
Que tonada° le pondría, Perú Negro él formó.
Moviendo la cintura con dulzura y con sabor
Que tonada le pondría, Perú Negro él formó.

El cajón es peruano. Así se llama la campaña que realizaron artistas peruanos para difundir la paternidad de este instrumento. El origen del cajón causó controversia cuando se comenzó a asociar su invención con el flamenco español. En 2001, el cajón fue declarado patrimonio° cultural de la nación.

 **Preguntas** En parejas, contesten las preguntas. Some answers will vary.

1. ¿Cómo y cuándo surgió el cajón peruano? El cajón surgió en 1700 cuando los españoles prohibieron el uso de tambores a los esclavos.
2. ¿Qué fue la campaña "El cajón es peruano"? ¿Cuál fue su objetivo? La campaña quería difundir la paternidad del cajón que muchos asociaban con la música flamenca.
3. La letra de la canción habla de una persona. ¿Quién creen que es esa persona?
4. ¿Son populares la música y la danza de diferentes grupos étnicos en la región donde ustedes viven? ¿De qué manera enriquecen la cultura?

cajón *straddled wooden box* **compañía** *ensemble* **landós, festejos y zambas malató** *traditional Afro-Peruvian dances* **cajita de limosna** *small trapezoidal box with lid* **quijada de burro** *percussion instrument made of a donkey jawbone ornamented with bells* **cintura** *waist* **dulzura** *sweetness* **tonada** *tune* **patrimonio** *heritage*

Ritmos For cultural expansion, provide background information about the history of slavery during the colonial period and the influence of African traditions in the music and culture of Latin America.

INSTRUCTIONAL RESOURCES
Supersite/IRCD: Textbook Answer Key, SAM Answer Key
SAM/WebSAM: WB, LM

TALLER DE CONSULTA

MANUAL DE GRAMÁTICA
Más práctica
12.1 Uses of the infinitive, p. 413
12.2 Summary of the indicative, p. 414
12.3 Summary of the subjunctive, p. 415
Más gramática
12.4 **Pedir/preguntar** and **conocer/saber**, p. 416

¡ATENCIÓN!

An infinitive is the unconjugated form of a verb and ends in **–ar, –er,** or **–ir**.

¡ATENCIÓN!

The gerund form may also be used after verbs of perception.
Te escuché hablando con él.
I heard you talking to him.

Remind students that, while **saber** and **pedir** are frequently followed by an infinitive, **conocer** and **preguntar** have different meanings and are used differently. See **Manual de gramática 12.4,** p. 416.

Sé manejar.
I know how to drive.
Conozco a Sara.
I know Sara.
Me pidió estudiar más.
He asked me to study more.
Me preguntó si tenía hambre.
She asked me if I was hungry.

Remind students that impersonal expressions may be expressed in any tense. Ex: **Fue necesario repetir el experimento. Sería mejor comprar un reproductor de DVD que arreglar la videocasetera.**

12.1 Uses of the infinitive

¿Tú sabes andar con eso?

- The infinitive (**el infinitivo**) is commonly used after other conjugated verbs, especially when there is no change of subject. **Deber, decidir, desear, necesitar, pensar, poder, preferir, querer**, and **saber** are all frequently followed by infinitives.

Después de tres décadas de guerra, el rey **decidió rendirse**.
After three decades of war, the king decided to surrender.

Preferimos no **viajar** a esa región durante este período de inestabilidad.
We prefer not to travel to that region during this period of instability.

- When the person or thing performing an action changes, the second verb is usually conjugated as part of a subordinate clause. Verbs of perception, however, such as **escuchar, mirar, oír, sentir**, and **ver**, are usually followed by the infinitive.

Te **oigo hablar**, ¡pero no entiendo nada!
I hear you speak, but I don't understand anything!

Si la **ven salir**, avísenme enseguida, por favor.
If you see her leave, please let me know immediately!

- Many verbs of influence, such as **dejar, hacer, mandar, pedir, permitir**, and **prohibir,** may also be followed by the infinitive. In this case, an indirect object pronoun is used to show who is affected by the action.

La profesora **nos hizo leer** artículos sobre la conquista.
The teacher made us read articles about the conquest.

El comité **me ha dejado continuar** con las investigaciones.
The committee has allowed me to continue with my research.

- The infinitive may be used with impersonal expressions, such as **es importante, es fácil**, and **es bueno**. It is required after **hay que** and **tener que**.

Es importante celebrar nuestra herencia cultural.
It's important to celebrate our cultural heritage.

Hay que hacer todo lo posible para lograr una solución pacífica.
We must do everything possible to find a peaceful solution.

Tengo que practicar con el traje puesto.

- After prepositions, the infinitive is used.

Se cree que las estatuas fueron construidas **para proteger** el templo.
It is believed that the statues were built in order to protect the temple.

El arqueólogo las miró con cuidado, **sin decir** nada.
The archeologist looked at them carefully, without saying a word.

- Many Spanish verbs follow the pattern of [*conjugated* verb] + [*preposition*] + [*infinitive*]. The prepositions for this pattern are **de, a**, or **en**.

¿Con quién vas a ir
esta noche?

acabar de *to have just (done something)*	**quedar en** *to agree (to)*
aprender a *to learn (to)*	**tardar en** *to take time (to)*
enseñar a *to teach (to)*	**tratar de** *to try (to)*

Acabo de hablar con el profesor López.
I have just spoken with Professor López.

Trato de estudiar todos los días.
I try to study every day.

Su computadora **tarda en** encenderse.
His computer takes a while to start up.

Quedamos en hacerlo.
We agreed to do it.

- While **deber** + [*infinitive*] suggests obligation, **deber** + **de** + [*infinitive*] suggests probability.

El pueblo **debe de saber** la verdad.
Surely, the people must know the truth.

El pueblo **debe saber** la verdad.
The people need to know the truth.

- In Spanish, unlike in English, the gerund form of a verb (*talking, working,* etc.) may not be used as a noun or in giving instructions. The infinitive form is used instead.

Ver es creer.
Seeing is believing.

No **fumar**.
No smoking.

El arte de **mirar.**
The art of seeing.

LEER
ES PODER

Remind students that when there is a change of subject, the conjunction **que** is added after the preposition to create a subordinate clause with a conjugated verb.

Teaching option Use the **Fotonovela** to present and discuss uses of the infinitive. While viewing the episode, have students jot down verbs they hear in the infinitive. Play the episode a second time, pausing to discuss each use of the infinitive.

Práctica

TALLER DE CONSULTA

MANUAL DE GRAMÁTICA
Más práctica
12.1 Uses of the infinitive, p. 413

① Remind students to add prepositions as necessary.

② For additional practice, have students use infinitives to add three more classroom rules.

③ As a variant, have students work in pairs to create responses. Then call on volunteers to perform the interview for the class.

Teaching option For more practice with infinitives, divide the class into two teams. Indicate one team member at a time, alternating between teams. Give an impersonal expression (such as **es bueno, hay que, tener que**). The team member must create a sentence. Each correct sentence earns a point.

1 **Oraciones** Forma oraciones completas con los elementos dados. Sigue el modelo y añade preposiciones cuando sea necesario.

MODELO **la arqueóloga / esperar / descubrir / tesoros antiguos**
La arqueóloga espera descubrir tesoros antiguos.

1. Luis / pensar / ser / historiador
   Luis piensa (en) ser historiador.
2. él / querer / especializarse / la historia sudamericana
   Él quiere especializarse en la historia sudamericana.
3. el profesor Sánchez / le /enseñar / hablar / lenguas indígenas
   El profesor Sánchez le enseña a hablar lenguas indígenas.
4. sus padres / le / aconsejar / estudiar / extranjero
   Sus padres le aconsejan estudiar en el extranjero.
5. Luis / acabar / pedir información / programa en el Ecuador
   Luis acaba de pedir información sobre un programa en el Ecuador.

2 **Una profesora exigente** Hay una nueva profesora de historia en el departamento. Lee las instrucciones que ella le dio a su clase. Luego, escribe oraciones completas desde el punto de vista de los estudiantes, describiendo lo que ella les pidió. Sigue el modelo.

MODELO **Lean cien páginas del texto para mañana. (hacer)**
Nos hizo leer cien páginas del texto para mañana.

1. Escriban un trabajo de cincuenta páginas. (obligar a)
   Nos obligó a escribir un trabajo de cincuenta páginas.
2. No coman en clase. (prohibir) Nos prohibió comer en clase.
3. Busquen diez libros sobre el tema. (hacer) Nos hizo buscar diez libros sobre el tema.
4. Vayan hoy mismo al museo para ver la exhibición africana. (mandar)
   Nos mandó ir hoy mismo al museo para ver la exhibición africana.
5. No vengan a clase sin leer el material. (no permitir)
   No nos permitió venir a clase sin leer el material.

3 **Documental** Lee las preguntas de esta entrevista con Fabián Mateos, director del documental histórico *Bolívar*. Luego inventa sus respuestas. Contesta con oraciones completas y utiliza verbos en infinitivo.

PREGUNTA Me dijeron que la filmación acaba de terminar. ¿Es así?
RESPUESTA (1) ______________________________

PREGUNTA ¿Te acostumbraste a vivir en el Perú? ¿Piensas volver?
RESPUESTA (2) ______________________________

PREGUNTA ¿Crees que el documental nos hará cambiar de idea sobre los héroes de la independencia sudamericana?
RESPUESTA (3) ______________________________

PREGUNTA ¿Fue difícil escoger al actor que representa a Simón Bolívar?
RESPUESTA (4) ______________________________

PREGUNTA ¿Piensas hacer otro documental histórico? ¿Hay otro tema histórico que te gustaría explorar?
RESPUESTA (5) ______________________________

Comunicación

4 Recomendaciones En parejas, háganse estas preguntas sobre sus planes para el futuro. Luego túrnense para hacerse cinco recomendaciones para lograr sus metas. Utilicen las frases de la lista y el infinitivo, y añadan sus propias ideas.

1. ¿Qué clases quieres tomar?
2. ¿Qué profesión deseas tener?
3. ¿Piensas viajar a otros países? ¿Cuáles?
4. ¿Qué cosas nuevas quieres aprender a hacer?
5. ¿Qué metas deseas alcanzar?

es bueno	**estudiar**
es fácil	**explorar**
es importante	**viajar**
hay que	**¿?**
tener que	**¿?**

5 Viajes maravillosos

A. En grupos pequeños, imaginen que son científicos/as y han creado una máquina para viajar en el tiempo. Quieren comenzar un negocio con su invento, vendiendo pasajes y siendo guías de historia. Escriban un anuncio con las frases de la lista. Luego, intercambien su aviso con otro grupo.

acabar de	**quedar en**
aprender a	**querer**
es fácil	**tardar en**
es increíble	**tratar de**

B. Lean el aviso del otro grupo e imaginen que son los/las turistas que acaban de realizar ese viaje al pasado. Escojan un período histórico y luego escriban una descripción de lo que vieron e hicieron, utilizando seis verbos en infinitivo.

MODELO Acabamos de regresar de nuestro primer viaje al pasado. ¡Aún no podemos creer que anduvimos con los dinosaurios! El primer día...

④ Ask students additional questions about the future. Ex: **¿Piensas casarte algún día? ¿Te interesaría vivir en una gran ciudad? ¿Quieres vivir en otro país? Para ti, ¿será importante ganar mucho dinero en tu trabajo?**

⑤ For Part A, have students create a television ad for their time machine and perform it for the class.

⑤ For Part B, encourage students to use the verbs listed on p. 333.

INSTRUCTIONAL RESOURCES
Supersite/IRCD:
Textbook Answer Key,
SAM Answer Key
SAM/WebSAM: WB, LM

TALLER DE CONSULTA

To review indicative verb forms, see:

The present tense
1.1, pp. 14–15

The preterite
3.1, pp. 74–75

The imperfect
3.2, pp. 78–79

The future
6.1, pp. 166–167

The present perfect
7.1, pp. 196–197

The past perfect
7.2, p. 200

The conditional
8.1, pp. 224–225

The future perfect
10.1, p. 280

The conditional perfect
10.2, p. 282

Review the concept of mood and ask volunteers to distinguish between the indicative and subjunctive moods.

To review progressive forms, see **Estructura 1.3**, pp. 22–23.

To review imperative verb forms, see **Estructura 4.2**, pp. 110–111.

12.2 Summary of the indicative

Indicative verb forms

- This chart provides a summary of indicative verb forms for regular **–ar, -er**, and **–ir** verbs.

Indicative verb forms

-ar verbs		-er verbs		-ir verbs	
		PRESENT			
canto	cantamos	bebo	bebemos	recibo	recibimos
cantas	cantáis	bebes	bebéis	recibes	recibís
canta	cantan	bebe	beben	recibe	reciben
		PRETERITE			
canté	cantamos	bebí	bebimos	recibí	recibimos
cantaste	cantasteis	bebiste	bebisteis	recibiste	recibisteis
cantó	cantaron	bebió	bebieron	recibió	recibieron
		IMPERFECT			
cantaba	cantábamos	bebía	bebíamos	recibía	recibíamos
cantabas	cantabais	bebías	bebíais	recibías	recibíais
cantaba	cantaban	bebía	bebían	recibía	recibían
		FUTURE			
cantaré	cantaremos	beberé	beberemos	recibiré	recibiremos
cantarás	cantaréis	beberás	beberéis	recibirás	recibiréis
cantará	cantarán	beberá	beberán	recibirá	recibirán
		CONDITIONAL			
cantaría	cantaríamos	bebería	beberíamos	recibiría	recibiríamos
cantarías	cantaríais	beberías	beberíais	recibirías	recibiríais
cantaría	cantarían	bebería	beberían	recibiría	recibirían

PRESENT PERFECT		PAST PERFECT		FUTURE PERFECT		CONDITIONAL PERFECT	
he		había		habré		habría	
has	cantado	habías	cantado	habrás	cantado	habrías	cantado
ha	+ bebido	había	+ bebido	habrá	+ bebido	habría	+ bebido
hemos	recibido	habíamos	recibido	habremos	recibido	habríamos	recibido
habéis		habíais		habréis		habríais	
han		habían		habrán		habrían	

Uses of indicative verb tenses

¡Llegó la lista!

¡Es todo lo que
necesitamos
esta noche!

- This chart explains when each of the indicative verb tenses is appropriate.

Uses of indicative verb tenses

PRESENT	
• timeless events:	La gente **quiere** vivir en paz.
• habitual events that still occur:	Mi madre **sale** del trabajo a las cinco.
• events happening right now:	Ellos **están** enojados.
• future events expected to happen:	Te **llamo** este fin de semana.
PRETERITE	
• actions or states beginning/ending at a definite point in the past:	Ayer **firmamos** el contrato.
IMPERFECT	
• past events without focus on beginning, end, or completeness:	Yo **leía** mientras ella **estudiaba**.
• habitual past actions:	Ana siempre **iba** a ese restaurante.
• mental, physical, and emotional states:	Mi abuelo **era** alto y fuerte.
FUTURE	
• future events:	**Iré** a Madrid en dos semanas.
• probability about the present:	¿**Estará** en su oficina ahora?
CONDITIONAL	
• what would happen:	Él **lucharía** por sus ideales.
• future events in past-tense narration:	Me dijo que lo **haría** él mismo.
• conjecture about the past:	¿Qué hora **sería** cuando regresaron?
PRESENT PERFECT	
• what has occurred:	**Han cruzado** la frontera.
PAST PERFECT	
• what had occurred:	Lo **habían hablado** hace tiempo.
FUTURE PERFECT	
• what will have occurred:	Para la próxima semana, ya **se habrá estrenado** la película.
CONDITIONAL PERFECT	
• what would have occurred:	Juan **habría sido** un gran atleta.

Práctica

TALLER DE CONSULTA

MANUAL DE GRAMÁTICA
Más práctica
12.2 Summary of the indicative, p. 414

1 Preview the exercise by asking students what they know about the United Nations and its stance on human rights.

1 Declaración En 1948, la ONU (Organización de las Naciones Unidas) aprobó la *Declaración Universal de los Derechos Humanos*. A continuación se presentan algunos de los derechos básicos del hombre. Selecciona la forma adecuada del verbo.

1. Todas las personas (nacen / nacían) libres e iguales.
2. No se (discriminó / discriminará) por ninguna razón: ni nacionalidad, ni raza, ni ideas políticas, ni sexo, ni edad, ni otras razones.
3. Todas las personas (tendrían / tendrán) derecho a la vida y a la libertad.
4. No (habría / habrá) esclavos.
5. Toda persona (tiene / tendría) derecho a una nacionalidad.
6. Nadie (sufre / sufrirá) torturas ni tratos crueles.
7. Todos (son / eran) iguales ante la ley y (tienen / tuvieron) los mismos derechos legales.
8. La discriminación (era / será) castigada.
9. Nadie (va / irá) a la cárcel sin motivo.
10. Se (juzga / juzgará) de una manera justa a todos los presos.

2 For follow-up, ask students to make a list of past, present, and future events for their own lives. Then have pairs exchange timelines and write a short narrative for each other.

2 Pasado, presente y futuro David y Sandra son novios. Antes de conocerse tenían vidas muy distintas. Escribe diez oraciones completas sobre el pasado, el presente y el futuro de esta pareja. Utiliza las ideas de la lista o inventa tu propia historia.

PASADO	PRESENTE	FUTURO
vivir en la ciudad/campo	estudiar en la universidad	trabajar
viajar con la familia	salir con amigos	casarse
hacer deportes	ir al cine	tener hijos
divertirse	viajar	vivir en los suburbios

3 For an extra challenge, call on volunteers to describe their experience as king or queen for a day, using the past indicative. Ex: **Cuando fui rey/reina por un día, disfruté mucho del lujo. Nunca había vivido en un palacio, así que fue una experiencia única.**

3 Rey por un día Hoy, por un sólo día, te has convertido en rey/reina de un dominio extenso. Primero, lee la descripción e identifica el tiempo verbal de cada verbo en indicativo. Luego, contesta las preguntas con oraciones completas.

1. A las ocho de la mañana, te despiertas en el palacio. ¿Qué te gustaría hacer? ¿Disfrutarás del lujo?
2. Al mediodía, tus asesores te dicen que las fuerzas armadas del enemigo han invadido y que habrán llegado hasta el palacio antes de las cuatro. ¿Qué haces?
3. A las cuatro de la tarde, cuando tus soldados por fin llegaron al palacio, las fuerzas enemigas ya habían entrado. Te han secuestrado y están exigiendo la mitad de tu reino. ¿Qué les dices?
4. Finalmente, son las seis de la tarde. ¿Lograste resolver el conflicto? ¿Habrías preferido convertirte en otra cosa?

Teaching option For additional practice, have students bring in a news article, poem, or brief story. Ask them to identify the indicative verb forms throughout the text. If necessary, have students refer to the chart on p. 337.

Comunicación

 4 **La historia** En parejas, háganse estas preguntas sobre la historia.

1. ¿Crees que la vida era mejor hace cincuenta años? ¿Crees que será mejor o peor en el futuro?
2. ¿Cuál fue el acontecimiento más importante de toda la historia de la humanidad?
3. ¿Qué suceso histórico te habría gustado cambiar?
4. ¿Qué habrá pasado en el mundo en cincuenta años?
5. ¿Crees que hemos aprendido de los errores humanos del pasado?

(4) Ask additional questions using the indicative. Ex: **En tu opinión, ¿qué influencia ha tenido la tecnología en la historia de la humanidad? ¿Crees que los datos históricos que lees en los libros de texto son siempre correctos?**

5 **¿Quién es?** En parejas, escojan una persona famosa. Escriban una lista de los acontecimientos de su vida (pasados, presentes y los que puedan ocurrir en el futuro). Cuando hayan terminado, lean en voz alta la lista y el resto de la clase tendrá que adivinar de quién se trata.

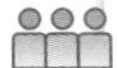 6 **Historias extrañas** En grupos pequeños, lean las historias y contesten las preguntas. Luego compartan sus respuestas con la clase.

1. Un rey regresó victorioso a su reino. Había conquistado enormes territorios y había traído muchas riquezas. Dos días después, desapareció.
   - ¿Qué le pasó?
2. Un poderoso conquistador derrotó a los integrantes de una tribu indígena. Durante años los explotó cruelmente como esclavos. Un buen día, les dio a todos la libertad.
   - ¿Por qué el conquistador habrá liberado a los esclavos?

(6) As an optional writing activity, have students write a newspaper article about one of the events.

 7 **Acontecimientos** Lee la lista de acontecimientos históricos y ordénalos según su importancia. Luego, en parejas, expliquen por qué ordenaron los acontecimientos de esa manera. Compartan sus ideas con la clase.

_______ La independencia de los Estados Unidos
_______ La llegada de Cristóbal Colón al continente americano
_______ La invención del automóvil
_______ La Segunda Guerra Mundial
_______ La llegada del hombre a la Luna
_______ La caída del muro de Berlín
_______ La invención de Internet
_______ El descubrimiento de la penicilina
_______ La invención de la computadora

(7) Ask students to rearrange the events chronologically.

Teaching option For additional practice, have students work in small groups to prepare and perform a live news report about a famous historical event. Ask them to include at least five different verb tenses.

INSTRUCTIONAL RESOURCES
Supersite/IRCD: Textbook Answer Key, SAM Answer Key
SAM/WebSAM: WB, LM

TALLER DE CONSULTA

To review subjunctive verb forms, see:

The subjunctive in noun clauses 4.1, pp. 104–106

The past subjunctive 8.2, pp. 228–229

The present perfect subjunctive 9.1, p. 254

The past perfect subjunctive 10.3, p. 284

12.3 Summary of the subjunctive

Subjunctive verb forms

- This chart provides a summary of subjunctive verb forms for regular **–ar, -er**, and **–ir** verbs.

No creo que debas ir solo.

No creo que Mariela esté interesada en ir conmigo.

Subjunctive verb forms

-ar verbs		-er verbs		-ir verbs	
		PRESENT SUBJUNCTIVE			
hable	hablemos	beba	bebamos	viva	vivamos
hables	habléis	bebas	bebáis	vivas	viváis
hable	hablen	beba	beban	viva	vivan
		PAST SUBJUNCTIVE			
hablara	habláramos	bebiera	bebiéramos	viviera	viviéramos
hablaras	hablarais	bebieras	bebierais	vivieras	vivierais
hablara	hablaran	bebiera	bebieran	viviera	vivieran

-ar verbs	-er verbs	-ir verbs
	PRESENT PERFECT SUBJUNCTIVE	
haya hablado	haya bebido	haya vivido
hayas hablado	hayas bebido	hayas vivido
haya hablado	haya bebido	haya vivido
hayamos hablado	hayamos bebido	hayamos vivido
hayáis hablado	hayáis bebido	hayáis vivido
hayan hablado	hayan bebido	hayan vivido
	PAST PERFECT SUBJUNCTIVE	
hubiera hablado	hubiera bebido	hubiera vivido
hubieras hablado	hubieras bebido	hubieras vivido
hubiera hablado	hubiera bebido	hubiera vivido
hubiéramos hablado	hubiéramos bebido	hubiéramos vivido
hubierais hablado	hubierais bebido	hubierais vivido
hubieran hablado	hubieran bebido	hubieran vivido

Uses of subjunctive verb tenses

Me hubiera gustado ser nominado.

Te aconsejo que no te los pongas sin probártelos.

- The subjunctive is used mainly in multiple clause sentences. This chart explains when each of the subjunctive verb tenses is appropriate.

Uses of subjunctive verb tenses

PRESENT

• main clause is in the present:	Quiero que **hagas** un esfuerzo.
• main clause is in the future:	Ganará las elecciones a menos que **cometa** algún error.

PAST

• main clause is in the past:	Esperaba que **vinieras**.
• hypothetical statements about the present:	Si **tuviéramos** boletos, iríamos al concierto.

PRESENT PERFECT

• main clause is in the present while subordinate clause is in the past:	¡Es imposible que te **hayan despedido** de tu trabajo!

PAST PERFECT

• main clause is in the past and subordinate clause refers to earlier event:	Me molestó que mi madre me **hubiera despertado** tan temprano.
• hypothetical statements about the past:	Si me **hubieras llamado**, habría salido contigo anoche.

Es importante que **estudiemos** nuestra propia historia.
It is important that we study our own history.

Los indígenas no querían que el conquistador **invadiera** sus tierras.
The indigenous people did not want the conqueror to invade their lands.

Cristóbal Colón no **hubiera llegado** a América sin el apoyo del Rey.
Christopher Columbus wouldn't have arrived in America without the King's support.

El éxito del arqueólogo depende de las ruinas que **haya descubierto**.
The archeologist's success depends on the ruins he may have discovered.

TALLER DE CONSULTA

To review the uses of the subjunctive, see:

The subjunctive in noun clauses 4.1 pp. 104–106

The subjunctive in adjective clauses 5.2 pp. 140–141

The subjunctive in adverbial clauses 6.2 pp. 170–171

¡ATENCIÓN!

Ojalá (que) is always followed by the subjunctive.

Ojalá (que) se mejore pronto.

Impersonal expressions of will, emotion, or uncertainty are followed by the subjunctive unless there is no change of subject.

Es terrible que tú fumes.
Es terrible fumar.

Compare and contrast the use of subjunctive and indicative with conjunctions by providing additional examples.

Teaching option Use an excerpt from **VENTANAS: Lecturas** to review subjunctive and indicative verb tenses and forms. Have students underline as many different verb forms as they can. Go over the results as a class and ask volunteers to explain the uses of each verb tense.

The subjunctive vs. the indicative

- This chart contrasts the subjunctive and indicative moods.

Subjunctive	Indicative
• after expressions of will and influence when there are two different subjects: Quieren que **vuelvas** temprano.	• after expressions of will and influence when there is only one subject (infinitive): Quieren **volver** temprano.
• after expressions of emotion when there are two different subjects: La profesora tenía miedo de que sus estudiantes no **aprobaran** el examen.	• after expressions of emotion when there is only one subject (infinitive): Los estudiantes tenían miedo de no **aprobar** el examen.
• after expressions of doubt, disbelief, or denial when there are two different subjects: Es imposible que Beto **haya salido** por esa puerta.	• after expressions of doubt, disbelief, or denial when there is only one subject (infinitive): Es imposible **salir** por esa puerta; siempre está cerrada.
• when the person or thing in the main clause is uncertain or indefinite: Buscan un empleado que **haya estudiado** administración de empresas.	• when the person or thing in the main clause is certain or definite (indicative): Contrataron a un empleado que **estudió** administración de empresas.
• after **a menos que, antes (de) que, con tal (de) que, en caso (de) que, para que,** and **sin que**: El abogado hizo todo lo posible para que su cliente no **fuera** a la cárcel.	• after **a menos de, antes de, con tal de, en caso de, para,** and **sin** when there is no change in subject (infinitive): El abogado hizo todo lo posible para **defender** a su cliente.
• after the conjuctions **cuando, después (de) que, en cuanto, hasta que**, and **tan pronto como** when they refer to future actions: Compraré otro teléfono celular cuando me **ofrezcan** un plan adecuado a mis necesidades.	• after the conjuctions **cuando, después (de) que, en cuanto, hasta que,** and **tan pronto como** when they do not refer to future actions (indicative): Compré otro teléfono celular cuando me **ofrecieron** un plan adecuado a mis necesidades.
• after **si** in hypothetical or contrary-to-fact statements about the present: Si **tuviera** tiempo, iría al cine.	• after **si** in hypothetical statements about possible or probable future events (indicative): Si **tengo** tiempo, iré al cine.
• after **si** in hypothetical or contrary-to-fact statements about the past: Si **hubiera tenido** tiempo, habría ido al cine.	• after **si** in statements that express habitual past actions (indicative): Si **tenía tiempo**, siempre iba al cine.

Práctica

1 Oraciones incompletas Empareja las frases para formar oraciones lógicas.

d 1. Gabi no irá a la fiesta a menos que...	a. limpiara mi cuarto.
c 2. Habríamos llegado antes si...	b. me hayan comprado algo bonito.
b 3. Hoy es mi cumpleaños. Espero que mis padres...	c. no hubieras manejado tan lento.
e 4. Iría a Europa si...	d. termine de hacer su tarea.
a 5. Mis parientes siempre exigían que...	e. tuviera más tiempo.

2 Cita perdida Selecciona la forma adecuada del verbo para completar la conversación.

EMA Buenos días. Busco a Miguel Pérez.

ROSA Miguel Pérez no está. Qué lástima que ya (1) haya salido (salga / haya salido / hubiera salido). No creo que (2) vuelva (vuelva / volviera / haya vuelto) hasta las cuatro.

EMA Le había dicho que yo vendría a verlo el martes, pero él me dijo que yo (3) viniera (viniera / haya venido / hubiera venido) hoy.

ROSA No veo nada en su agenda. Y no creo que al señor Pérez se le (4) haya olvidado / hubiera olvidado (olvide / haya olvidado / hubiera olvidado) la cita. Si usted le (5) hubiera pedido (pida / haya pedido / hubiera pedido) una cita, él me lo habría mencionado. Si quiere, le digo que la (6) llame (llame / llamara / haya llamado) tan pronto como (7) llegue (llegue / llegara / hubiera llegado). A menos que usted (8) quiera (quiera / haya querido / hubiera querido) esperar...

3 ¿En qué tiempo? Completa las oraciones con el subjuntivo del presente, imperfecto, pretérito perfecto o pluscuamperfecto.

1. Antes de que los primeros españoles pisaran (pisar) el suelo americano, los vikingos ya habían viajado a América.
2. El profesor Gómez viajará al Amazonas. Cuando llegue (llegar) allí, investigará algunas tribus aisladas.
3. Siempre que haya (haber) democracia, habrá libertad de prensa.
4. Cuando termine (terminar) la guerra civil, el país mejorará.
5. El cacique les habló a sus guerreros para que lucharan (luchar) con entusiasmo.
6. La historia del país habría sido muy distinta si la monarquía no hubiera caído (caer).
7. La fundación humanitaria prefiere contratar a personas que ya hayan viajado (viajar) al país donde trabajarán.
8. Si los gobernantes hubieran sabido (saber) lo que ahora sabemos, nunca habrían firmado el acuerdo.

TALLER DE CONSULTA

MANUAL DE GRAMÁTICA
Más práctica
12.3 Summary of the subjunctive, p. 415

1 Call on volunteers to explain why the subjunctive is used for each item.

2 Have volunteers perform the completed dialogue for the class.

3 Model the activity by asking volunteers to talk about historical events using **antes de que**, **cuando**, and **siempre que**.

Práctica

(4) Ask students to give their answers and an explanation of why they chose the indicative or subjunctive.

4 Los pueblos americanos **Selecciona la forma adecuada de los verbos.**

1. La ley venezolana les prohibía a los militares que (votaron / votaran / votar) en las elecciones presidenciales.
2. Te recomiendo que (estudias / estudies / estudiar) los cambios políticos en el Perú.
3. Me gustaría (lucho / luche / luchar) por los derechos de los indígenas.
4. Los primeros hombres que (poblaron / poblaran / poblar) América llegaron desde Asia.
5. Es una lástima que los conquistadores (destruyeron / destruyeran / destruir) algunas culturas americanas.
6. No es cierto que todos los indígenas americanos (se han rendido / se hayan rendido / rendirse) pacíficamente.
7. Sé que la dictadura (es / sea / ser) la peor forma de gobierno.
8. ¡Ojalá los pueblos americanos (habían luchado / hubieran luchado / luchar) más por sus derechos!

(5) Ask pairs to use the same structures to write five sentences about ancient indigenous civilizations.

5 Las formas verbales **Empareja las frases de las columnas. Usa las formas y los tiempos verbales apropiados.**

A.
1. El historiador busca el libro que c
2. El historiador busca un libro que b
3. El historiador buscó un libro que a

a. explicara los últimos cambios políticos.
b. explique los últimos cambios políticos.
c. explica los últimos cambios políticos.

B.
1. En su viaje, el historiador no conoció a ningún indígena que c
2. En su viaje, el historiador había conocido a un solo indígena que b
3. En su viaje, el historiador conoció a un solo indígena que a

a. tenía contacto con tribus vecinas.
b. había tenido contacto con tribus vecinas.
c. tuviera contacto con tribus vecinas.

C.
1. Eva no conocía a nadie que c
2. Eva conocía a un solo profesor que a
3. Eva conoce a un solo profesor que b

a. había estudiado la cultura china.
b. ha estudiado la cultura china.
c. hubiera estudiado la cultura china.

6 ¿Indicativo o subjuntivo? **Completa las oraciones con verbos en subjuntivo o en indicativo.**

1. Me gustaría que mis hijos _tuvieran_ (tener) más tiempo para leer los diarios que escribió mi abuelo al emigrar.
2. El profesor me recomendó que yo _preservara_ (preservar) mi herencia cultural.
3. Me molestaba que ella _hablara_ (hablar) de esa manera sobre los inmigrantes.
4. Mi abuela hizo todo lo posible para que todos nosotros _visitáramos_ (visitar) su país de origen.
5. Cada día _llegan_ (llegar) al país nuevos inmigrantes llenos de sueños.
6. La situación _ha cambiado_ (cambiar) en los últimos años porque los habitantes de mi país ya no emigran tanto como en el pasado.

Teaching option For cultural expansion, give students an article about a significant historical event. Go over it with the class, clarifying any unfamiliar vocabulary. Then ask small groups to write a summary of the article in which they use at least three sentences in the subjunctive.

Comunicación

7 La historia

A. En parejas, inventen una conversación entre dos personas de una de estas épocas, utilizando todos los tiempos verbales del indicativo y subjuntivo que sean apropiados. La conversación debe reflejar el contexto sociopolítico de aquella época.

Períodos históricos	
El renacimiento	La Guerra por la Independencia
La Edad Media	La primera mitad del siglo XX
La época colonial	El nuevo milenio

B. Ahora, representen su conversación ante otra pareja para que adivine el período histórico en que viven los personajes.

8 Inmigrantes Imaginen que es el año 1910 y que acaban de llegar de diferentes países. En parejas, improvisen una conversación sobre cómo se sienten en este nuevo país, cómo es el lugar que dejaron y cuáles son sus sueños. Usen el indicativo y el subjuntivo.

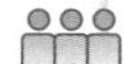

9 Síntesis

A. En grupos pequeños, lean la lista de temas. ¿Cuáles eran sus pensamientos, deseos y opiniones acerca de estos temas cuando eran niños/as? ¿Qué piensan ahora? ¿Qué opiniones e ideas han surgido o cambiado debido a las conversaciones que mantuvieron en esta clase? ¿Creen que sus pensamientos cambiarán en el futuro?

la historia y la civilización	la naturaleza
la política y la religión	los viajes
la literatura y el arte	la salud y el bienestar
la cultura popular y los medios	la vida diaria
la economía y el trabajo	las diversiones
la tecnología y la ciencia	las relaciones personales

B. Ahora, escojan uno de los temas de la lista y escriban un breve resumen de sus respuestas a las preguntas de la parte A. Utilicen por lo menos tres tiempos verbales del indicativo, tres del subjuntivo y tres verbos en infinitivo. Compartan sus pensamientos con la clase.

7 Before completing the activity, have the class brainstorm the socio-political circumstances that define each historical period.

7 If students need help getting started, improvise a conversation with a volunteer or write a sample sentence on the board for each historical period.

9 To help students organize their ideas, have them create three columns: **el pasado**, **el presente**, and **el futuro**.

9 For Part B, have students exchange their papers with another group for peer editing.

9 This activity may be used to review and synthesize the grammar, vocabulary, and themes from the entire course.

For additional cumulative practice of all the grammar points in this lesson, go to **ventanas.vhlcentral.com.**

Atando cabos

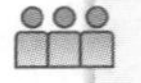

Tema Start brainstorming by telling students to think of historical figures learned about during the year. Limit the scope of possibilities so that there are slightly more names than groups and the guessing does not become a process of elimination.

Preparación If time is limited, brainstorm questions as a class. Ask students what questions they would ask a painter, a writer, a leader, etc., and write them on the board.

Entrevista Model an interview with a capable student. Tell him/her the name of the individual you select and provide a list of questions for the student to ask you.

Teaching option As a follow-up activity, have pairs submit a written paragraph about the historical figure they chose.

¡A conversar!

Un personaje histórico En parejas, van a representar una entrevista con un personaje histórico sin revelar su identidad. Imaginen que uno/a de ustedes es el personaje y la otra persona es el/la entrevistador(a). Al finalizar la entrevista, la clase debe adivinar quién es el personaje.

Tema Con toda la clase, hagan una lista de personajes históricos destacados del mundo hispano u otros que conozcan. Luego, su instructor(a) asignará en secreto un personaje a cada pareja.

Algunos personajes

César Chávez	Hernán Cortés
Cristobal Colón	Miguel de Cervantes
Ernesto 'Che' Guevara	Pablo Neruda
Eva Perón	Pablo Picasso
Fidel Castro	Salvador Dalí
Francisco Franco	Selena
Frida Kahlo	Tito Puentes

Ernesto 'Che' Guevara

Preparación

A. Busquen información en Internet o en la biblioteca sobre el personaje. Consideren estos temas:
- datos biográficos
- descripción física o característica que lo identifique
- importancia histórica
- dato curioso o cita famosa del personaje

B. Preparen una lista de preguntas que el/la entrevistador(a) le haría al personaje. Recuerden que sus compañeros/as deben adivinar la identidad del personaje; por lo tanto, ni las preguntas ni las respuestas deben revelar su nombre.

Entrevista Repártanse los roles e improvisen la entrevista frente a la clase. Al finalizar, la clase debe adivinar quién es el personaje.

MODELO

ENTREVISTADOR ¿Dónde y cuándo naciste?
PERSONAJE Nací en Argentina en el año 1928.
ENTREVISTADOR ¿Cuáles son tus intereses?
PERSONAJE Me interesa mucho la política.
ENTREVISTADOR ¿Por qué te hiciste famoso?
PERSONAJE Me hice famoso porque viajé por Latinoamérica en motocicleta y porque fui uno de los líderes de la Revolución Cubana.
(Che Guevara)

¡A escribir!

Testamento cultural Imagina que debes escribir un testamento (*will*) en el que dejas cuatro elementos de tu cultura como legado (*legacy*) para las futuras generaciones. Sigue el plan de redacción.

Preparación

A. Prepara una lista de cuatro elementos que dejarías. Elige un elemento que represente al mundo entero, uno que represente a tu país, uno que represente a tu pueblo o ciudad y uno que te identifique a ti. Usa estas preguntas guía.

- ¿Qué productos culturales y costumbres vale la pena preservar?
- ¿Por qué sería importante incluir estos cuatro productos o costumbres?
- ¿En qué medida pueden estos cuatro elementos ayudar a comprender tu época y tu cultura?
- ¿De qué forma beneficiarán estos objetos y costumbres a las futuras generaciones?

B. Describe cada uno de los elementos físicamente y da una explicación de para qué se usaban y por qué son importantes.

Escritura Con toda la información anterior, escribe el testamento. Incluye un(a) destinatario/a, los cuatro elementos con una breve descripción y una explicación de por qué los has elegido. Escribe dos oraciones en el pasado, dos en el presente y dos en el futuro.

Querido tataranieto (great-great-grandson):

Espero que te encuentres bien y que tengas una vida feliz. Te escribo este testamento cultural para dejarte cuatro elementos que representan a mi generación. Espero que los aprecies y que entiendas el gran valor cultural y personal que tienen para mí.

Primero, te dejo un iPhone...

Opiniones Comparte el testamento con la clase. ¿Qué elementos dejaron tus compañeros/as? ¿Hay similitudes o diferencias entre los elementos elegidos?

Preview Ask students: **¿Qué es un testamento? ¿Quién lo escribe? ¿Para qué y para quién?** Then ask students to define the concept of cultural legacy: **¿Qué significa "legado"? ¿Qué significa la expresión "legado cultural"? Den ejemplos.**

Preparación Discuss the questions as a class, eliciting examples of products and customs that represent the world, your country, and your city or town. Ask what students might leave as a personal memento to represent their own lives.

Escritura

- Continue the model letter, having students use the present, past, and future. Write the examples on the board for students to make note of and refer to when writing their own letters.
- Have students exchange letters with a classmate for peer editing before preparing a final draft. Tell them to check that the letter contains two sentences each in the present, past, and future. Also have them check for noun-adjective and subject-verb agreement and include a compliment about one item the partner has chosen as a legacy.

Teaching option Have students post their work around the room and allow students time to circulate and read their classmates' wills.

Preparación

El amor, el trabajo, los estudios, la búsqueda de un futuro mejor o simplemente diferente, la curiosidad y la aventura son algunas de las motivaciones que empujan (*push*) a muchas personas a emigrar a otros países. Para muchos, el contacto con otras culturas permite conocer otras formas de entender la vida. Esta entrevista presentada por Telemadrid muestra aspectos de la vida de una mujer que un día decidió aventurarse (*venture*) a empezar una nueva vida fuera de su país.

Conexión personal ¿Conoces a personas que vivan fuera de su país natal (*native country*)? ¿Quiénes? ¿Dónde viven? ¿Por qué emigraron?

Vocabulario

hacer llevadero/a *make sthg. bearable*
el liceo *high school (Sp.)*
madrileño/a *resident of Madrid, Spain*
la pareja mixta *intercultural couple*
el/la profesor(a) *high school teacher*

(1) Completa las oraciones.

1. En los últimos años, el número de parejas ___mixtas___ se ha incrementado.
2. Generalmente se le dice ___madrileño/a___ a la persona que ha nacido en Madrid.
3. En los países hispanos, ___profesor___ es el instructor que enseña en la escuela secundaria o en la universidad.
4. Muchas personas que viven en grandes ciudades visitan parques para hacer la vida urbana más ___llevadera___.
5. En España, a la escuela secundaria se la llama ___liceo___ o instituto.

Vocabulario Tell students the expression **hacer (más) llevadero/a** could also apply to work, relationships, etc. Ex: **Los buenos compañeros de trabajo hacen el trabajo más llevadero.**

Informe de

Telemadrid: Madrileñas por el mundo

Preview
• Ask students if they have ever considered living abroad and what they hope to learn about another culture when traveling outside their own country.
• As a pre-reading strategy, have students skim the images and text quickly and make three predictions of what the video will be about.

Conexión personal Encourage students to share their anecdotes.

Montse Justamente este año, se cumplen los diez que ando por aquí, y, bueno, pues ya me ves... Me parece increíble a mí que lleve tanto tiempo.

Montse Yo llegué aquí sin saber prácticamente nada de Polonia, excepto que el papa era polaco, Walesa°, etc.... y poco más.

Montse Pues, este parque se llama Pole Mokotowskie. Es un parque enorme y justamente en el centro hay como dos *pubs*...

Walesa *Walesa is pronounced "Wawensa."*

Teaching option Have students locate Varsovia on a map.

Montse Yo soy profesora de español. Doy clases en el liceo bilingüe, aquí en Varsovia. Y bueno, pues, iba por un año y ya van diez, ¿no?

Esposo Las parejas mixtas, bueno, no son muy comunes, ¿no? Porque era un país bastante cerrado para el extranjero, pero ahora sí. Cada vez, más gente se une.

Montse Varsovia es... muy triste, muy gris, pero luego cuando empieza la primavera te das cuenta que hay un montón de parques, de verde, de jardines para pasear. Y bueno, pues esto también hace más llevadera la vida.

(4) As a variation, divide the class into three groups and assign one question to each group.

(5) As a class, review Ana's story, on p. 10.

Ampliación

1 Indica **cierto** o **falso** según el video.

1. El plan original de Montse era quedarse en Varsovia por un año. Cierto.
2. Montse es profesora universitaria. Falso.
3. Montse sabía mucho sobre Polonia cuando llegó a ese país. Falso.
4. Para el esposo de Montse, Polonia no era un país muy abierto para el extranjero. Cierto.
5. A Montse le gustan los parques de la ciudad. Cierto.

2 Este video muestra diferentes aspectos de Polonia. En parejas, elijan dos categorías y tomen nota de las similitudes y diferencias que notan con respecto a su país.

- arquitectura
- diversidad racial
- parques
- estilo de vida

3 Ahora imaginen que Montse se interesa por emigrar al país donde viven ustedes. Improvisen una conversación entre Montse y uno/a de ustedes en la que ella trata de averiguar cómo adaptarse a su país y cómo es la vida en su ciudad.

4 En grupos, conversen sobre estas preguntas.

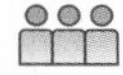

- ¿A qué se refiere el esposo de Montse cuando dice que Polonia es "cerrada"? ¿Por qué?
- ¿Cuáles son los aspectos positivos de países con gran diversidad racial?
- ¿La globalización significará el fin de las culturas claramente diferenciadas?

5 ¿Recuerdan a Ana Villegas de la Lección 1? Imaginen que Telemadrid invita a Ana y a Montse a un *talk show* para que hablen sobre sus experiencias de inmigración, sus planes para el futuro, etc. En grupos, improvisen su charla con el/la presentador(a).

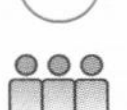

Teaching option Ask students: **¿De qué manera se puede conocer otras culturas?** Discuss the advantages and disadvantages of the ideas mentioned.

12 VOCABULARIO

La historia y la civilización

la civilización	*civilization*
la década	*decade*
la época	*era; epoch; historical period*
el/la habitante	*inhabitant*
la historia	*history*
el/la historiador(a)	*historian*
la humanidad	*humankind*
el imperio	*empire*
el reino	*reign; kingdom*
el siglo	*century*
establecer(se)	*to establish (oneself)*
habitar	*to inhabit*
integrarse (a)	*to become part (of)*
pertenecer (a)	*to belong (to)*
poblar (o:ue)	*to settle; to populate*
antiguo/a	*ancient*
(pre)histórico/a	*(pre)historic*

Los conceptos

el aprendizaje	*learning*
el conocimiento	*knowledge*
la enseñanza	*teaching; lesson*
la herencia (cultural)	*(cultural) heritage*
la (in)certidumbre	*(un)certainty*
la (in)estabilidad	*(in)stability*
la sabiduría	*wisdom*

Las características

adelantado/a	*advanced*
culto/a	*cultured; educated; refined*
derrotado/a	*defeated*
desarrollado/a	*developed*
forzado/a	*forced*
pacífico/a	*peaceful*
poderoso/a	*powerful*
victorioso/a	*victorious*

INSTRUCTIONAL RESOURCES
Supersite/IRCD: Testing program

Los gobernantes

el/la cacique	*tribal chief*
el/la conquistador(a)	*conquistador; conqueror*
el/la dictador(a)	*dictator*
el emperador/ la emperatriz	*emperor/empress*
el/la gobernante	*ruler*
el/la monarca	*monarch*
el rey/la reina	*king/queen*
el/la soberano/a	*sovereign; ruler*

La conquista y la independencia

la batalla	*battle*
la colonia	*colony*
la conquista	*conquest*
el ejército	*army*
la esclavitud	*slavery*
el/la esclavo/a	*slave*
las fuerzas armadas	*armed forces*
el/la guerrero/a	*warrior*
la independencia	*independence*
la soberanía	*sovereignty*
el/la soldado	*soldier*
la tribu	*tribe*
colonizar	*to colonize*
conquistar	*to conquer*
derribar/derrocar	*to overthrow*
derrotar	*to defeat*
encabezar	*to lead*
explotar	*to exploit*
expulsar	*to expel*
invadir	*to invade*
liberar	*to liberate*
oprimir	*to oppress*
rendirse (e:i)	*to surrender*
suprimir	*to abolish; to suppress*

Más vocabulario

Expresiones útiles	*Ver p. 325*
Estructura	*Ver pp. 332–333, 336–337 y 340–342*

Manual de gramática

Supplementary Grammar Coverage

The **Manual de gramática** is an invaluable tool for both students and instructors of Intermediate Spanish. For each lesson of **VENTANAS: Lengua**, the **Manual** provides additional practice of the three core grammar concepts, as well as supplementary grammar instruction and practice.

The **Más práctica** pages of the **Manual** contain additional practice activities for every grammar point in **VENTANAS: Lengua**. The **Más gramática** pages present supplementary grammar concepts and practice. Both sections of the **Manual** are correlated to the core grammar points in **Estructura** by means of **Taller de consulta** sidebars, which provide the exact page numbers for additional practice and supplementary coverage.

This special supplement allows for great flexibility in planning and tailoring courses to suit the needs of whole classes and/or individual students. It also serves as a useful and convenient reference tool for students who wish to review previously learned material.

Contenido

Más práctica

Más gramática

Más práctica

TALLER DE CONSULTA

MÁS PRÁCTICA
To see the explanation corresponding to this additional practice, see p. 14.

1.1 The present tense

1 **Mi nuevo compañero de cuarto** Completa el párrafo con la forma apropiada de los verbos entre paréntesis.

¿Cómo es mi nuevo compañero de cuarto? (1) __Es__ (Ser) muy simpático. Siempre que (2) __sale__ (salir), me invita a salir con él. De esta forma, yo ya (3) __conozco__ (conocer) a mucha gente en la universidad. Él siempre (4) __parece__ (parecer) pasarlo bien, hasta cuando nosotros (5) __estamos__ (estar) en la clase de matemáticas. Por la tarde, después de clase, él (6) __propone__ (proponer) actividades —por ejemplo, a veces (7) __vamos__ (ir) al parque a jugar al fútbol— así que nunca nos aburrimos. Ya (yo) (8) __sé__ (saber) que nos vamos a llevar bien durante todo el año. (9) __Pienso__ (Pensar) invitarlo a mi casa para las fiestas, así mis padres lo (10) __pueden__ (poder) conocer también.

2 **Tus actividades** Escribe cuatro actividades que realizas normalmente en cada uno de estos momentos del día: la mañana, la tarde y la noche.

Mañana:

Tarde:

Noche:

3 **Diez preguntas** Trabaja con un(a) compañero/a a quien no conozcas muy bien. Primero, cada persona debe escribir diez preguntas para conocer a su compañero/a. Luego, háganse las preguntas. Por último, intercambien sus listas y háganse las preguntas de la otra persona. Compartan sus respuestas con la clase.

Más práctica

1.2 *Ser* and *estar*

1 **Correo** Completa el mensaje de correo electrónico con la forma adecuada de **ser** o **estar**.

¡Hola, Carlos!

Yo (1) __estoy__ muy preocupada porque tenemos un examen mañana en la clase de español y el profesor (2) __es__ muy exigente. Ahora mismo mi amiga Ana (3) __está__ estudiando en la biblioteca y voy a encontrarme con ella para que me ayude. Ella (4) __es__ una estudiante muy buena y sus notas siempre (5) __son__ excelentes.

Este fin de semana hay un concierto en la universidad. Mis amigos y yo (6) __estamos__ muy contentos porque el grupo que toca (7) __es__ muy famoso. Elena también quería ir al concierto, pero no puede porque (8) __está__ enferma y debe quedarse en cama.

Bueno, antes de ir a la biblioteca voy a almorzar en la cafetería porque (9) __estoy__ muerta de hambre.
¡Hasta pronto!

Susana

2 **En el parque** Mira la ilustración y contesta las preguntas usando **ser** y **estar**. Puedes inventar las respuestas para algunas de las preguntas.

1. ¿Quién es cada una de estas personas?
2. ¿Qué están haciendo?
3. ¿Cómo están?
4. ¿Cómo son?

3 **Una cita** Mañana vas a tener una cita con un(a) muchacho/a maravilloso/a. Quieres contárselo a tu mejor amigo/a y quieres pedirle consejos. Tu amigo/a es muy curioso/a y te va a hacer muchas preguntas. En parejas, representen la conversación. Éstos son algunos de los aspectos que pueden incluir.

Tu amigo/a quiere saber:
- cómo te sientes antes de la cita
- qué crees que va a pasar
- cómo es el lugar donde van a ir
- cómo es la persona con quien vas a tener la cita

Tú quieres consejos sobre:
- qué ropa ponerte
- los temas de los que hablar
- adónde ir
- quién debe pagar la cuenta

TALLER DE CONSULTA

MÁS PRÁCTICA
To see the explanation corresponding to this additional practice, see p. 18.

Más práctica

TALLER DE CONSULTA

MÁS PRÁCTICA
To see the explanation corresponding to this additional practice, see p. 22.

1.3 Progressive forms

1 **¿Qué están haciendo?** ¿Qué están haciendo estas personas en este momento? Escribe cinco oraciones usando elementos de las tres columnas.

MODELO David Ortiz está jugando al béisbol.

tú		divertirse
el presidente de los EE.UU.		viajar en avión
tus padres	(no) estar	comer en un restaurante
tu mejor amigo/a		asistir a un estreno (*premiere*)
Penélope Cruz		bailar en una discoteca
nosotros		hablar por teléfono

2 **Seguimos escribiendo** Vuelve a escribir las oraciones usando los verbos **andar, ir, llevar, seguir** o **venir**. La nueva oración debe expresar la misma idea. Answers may vary slightly.

1. José siempre dice que es tímido, pero no deja de coquetear con las chicas del trabajo.
   José siempre anda diciendo que es tímido, pero sigue coqueteando con las chicas del trabajo.
2. Mi esposa y yo llevamos diez años de casados, pero nuestro amor es tan intenso como siempre.
   Mi esposa y yo llevamos diez años de casados, pero nuestro amor sigue siendo tan intenso como siempre.
3. Hace cinco meses que Carlos se pelea con su novia todos los días y todavía habla de ella como si fuera la única mujer del planeta.
   Carlos lleva cinco meses peleándose con su novia todos los días y todavía anda hablando de ella como si fuera la única mujer del planeta.
4. Daniel siempre se queja de que los estudios lo agobian y hace meses que su mamá le dice que tiene que relajarse.
   Daniel anda quejándose de que los estudios lo agobian y su mamá lleva meses diciéndole que tiene que relajarse.
5. Mis padres repiten todos los días que pronto van a mudarse a una casa más pequeña.
   Mis padres vienen repitiendo que pronto se van a mudar a una casa más pequeña.

3 **Adivina qué estoy haciendo** En grupos de cuatro, jueguen a las adivinanzas con mímica (*charades*). Por turnos, cada persona debe hacer gestos para representar una acción sencilla. Las otras personas tienen que adivinar la acción, usando el presente progresivo. Sigan el modelo.

MODELO
ESTUDIANTE 1 *(Sin decir nada, hace gestos para mostrar que está manejando un carro.)*
ESTUDIANTE 2 ¿Estás peleando con alguien?
ESTUDIANTE 3 ¿Estás manejando un carro?
ESTUDIANTE 1 ¡Sí! Estoy manejando un carro.

1.4 Nouns and articles

Nouns

- In Spanish, nouns (**sustantivos**) ending in **–o, –or, –l,** and **–s** are usually masculine, and nouns ending in **–a, –ora, –ión, –d,** and **–z** are usually feminine. Some nouns ending in **–ma** are masculine.

Masculine nouns	Feminine nouns
el amigo, el cuaderno	**la amiga, la palabra**
el escritor, el color	**la escritora, la computadora**
el control, el papel	**la relación, la ilusión**
el problema, el tema	**la amistad, la fidelidad**
el autobús, el paraguas	**la luz, la paz**

- Most nouns form the plural by adding **–s** to nouns ending in a vowel and **–es** to nouns ending in a consonant. Nouns that end in **–z** change to **–c** before adding **–es**.

el hombre → los hombres | **la mujer → las mujeres**
la novia → las novias | **el lápiz → los lápices**

- If a singular noun ends in a stressed vowel, the plural form ends in **–es**. If the last syllable of a singular noun ending in **–s** is unstressed, the plural form does not change.

el tabú → los tabúes | **el lunes → los lunes**
el israelí → los israelíes | **la crisis → las crisis**

Articles

- Spanish definite and indefinite articles (**artículos definidos e indefinidos**) agree in gender and number with the nouns they modify.

	Definite articles		Indefinite articles	
	singular	**plural**	**singular**	**plural**
MASCULINE	**el compañero**	**los compañeros**	**un compañero**	**unos compañeros**
FEMININE	**la compañera**	**las compañeras**	**una compañera**	**unas compañeras**

- In Spanish, a definite article is always used with an abstract noun.

El amor es eterno.
Love is eternal.

La belleza es pasajera.
Beauty is fleeting.

- An indefinite article is not used before nouns that indicate profession or place of origin, unless they are followed by an adjective.

Juan Volpe es profesor.
Ana María es neoyorquina.

Juan Volpe es **un** profesor excelente.
Ana María es **una** neoyorquina orgullosa.

MÁS GRAMÁTICA

This is an additional grammar point for **Lección 1 Estructura.** You may use it for review or as required by your instructor.

¡ATENCIÓN!

Some nouns may be either masculine or feminine, depending on whether they refer to a man or a woman.

el/la artista *artist*
el/la estudiante *student*

Occasionally, the masculine and feminine forms have different meanings.
el capital *capital (money)*
la capital *capital (city)*

¡ATENCIÓN!

Accent marks are sometimes dropped or added to maintain the stress in the singular and plural forms.

canción/canciones
autobús/autobuses

margen/márgenes
imagen/imágenes

¡ATENCIÓN!

The prepositions **de** and **a** contract with the article **el**.

de + el = del

a + el = al

¡ATENCIÓN!

Singular feminine nouns that begin with a stressed **a** take **el**.

el alma/las almas
el área/las áreas

Práctica

TALLER DE CONSULTA

These activities correspond to the grammar point on the preceding page.

1.4 Nouns and articles

1 Cambiar Escribe en plural las palabras que están en singular y viceversa.

1. la compañera ___las compañeras___
2. unos amigos ___un amigo___
3. el novio ___los novios___
4. una crisis ___unas crisis___
5. unas parejas ___una pareja___
6. un corazón ___unos corazones___
7. las amistades ___la amistad___
8. el tabú ___los tabúes___

2 ¿Qué opinas? Completa los minidiálogos con los artículos apropiados.

1. —Para ti, ¿cuál es ___la___ cualidad más importante en ___las___ relaciones de pareja?
   —Para mí, es ___la___ sinceridad; aunque también son importantes ___el___ respeto y ___la___ madurez.
2. —¿Quién es mejor como amigo: ___una___ persona pesimista o ___una___ optimista?
   —Pues, ___la___ verdad es que todos mis amigos son pesimistas.
3. —¿Tus amigos tienen ___los___ mismos sueños que tú?
   —Sí, todos soñamos con ___un___ mundo mejor, con ___un___ mundo donde ___las___ personas puedan vivir en paz.

3 Un chiste Completa el chiste con los artículos apropiados. Recuerda que en algunos casos no debes poner ningún artículo.

(1) ___Una___ pareja se va a casar. Él tiene 90 años. Ella tiene 85. Entran en (2) ___una/la___ farmacia y (3) ___el___ novio le pregunta al farmacéutico (*pharmacist*):
—¿Tiene (4) ___x___ remedios para (5) ___el___ corazón?
—Sí —contesta (6) ___el___ farmacéutico.
—¿Tiene (7) ___x___ remedios para (8) ___la___ presión?
—Sí —contesta nuevamente (9) ___el___ farmacéutico.
—¿Y (10) ___x___ remedios para (11) ___la___ artritis?
—Sí, también.
—¿Y (12) ___x___ remedios para (13) ___el___ reumatismo?
—También.
—¿Y (14) ___x___ remedios para (15) ___el___ colesterol?
—Sí. Ésta es (16) ___una___ farmacia completa. Tenemos de todo.
Entonces (17) ___el___ novio mira a (18) ___la___ novia y le dice:
—Querida, ¿qué te parece si hacemos aquí (19) ___la___ lista de regalos para (20) ___la___ boda?

4 La cita Completa el párrafo con la forma correcta de los artículos definidos e indefinidos.

Ayer tuve (1) ___una___ cita con Leonardo. Fuimos a (2) ___un___ restaurante muy romántico que está junto a (3) ___un___ bonito lago. Desde nuestra mesa, podíamos ver (4) ___el___ lago y (5) ___los/unos___ barcos que navegaban por allí. Comimos (6) ___unos___ platos muy originales. (7) ___El___ pescado que yo pedí estaba delicioso. Nos divertimos mucho, pero al salir tuvimos (8) ___un___ problema. Una de (9) ___las___ ruedas (*tires*) del carro estaba pinchada (*punctured*). ¿Puedes creer que tuve que cambiar (10) ___la___ rueda yo porque Leonardo no sabía hacerlo?

1.5 Adjectives

- Spanish adjectives (**adjetivos**) agree in gender and number with the nouns they modify. Most adjectives ending in **–e** or a consonant have the same masculine and feminine forms.

Adjectives

	singular	plural	singular	plural	singular	plural
MASCULINE	**rojo**	**rojos**	**inteligente**	**inteligentes**	**difícil**	**difíciles**
FEMININE	**roja**	**rojas**	**inteligente**	**inteligentes**	**difícil**	**difíciles**

- Descriptive adjectives generally follow the noun they modify. If a single adjective modifies more than one noun, the plural form is used. If at least one of the nouns is masculine, then the adjective is masculine.

un libro **apasionante**
a great book

las parejas **contentas**
the happy couples

un carro y una casa **nuevos**
a new car and house

la literatura y la cultura **ecuatorianas**
Ecuadorean literature and culture

- A few adjectives have shortened forms when they precede a masculine singular noun.

bueno → buen | **alguno → algún** | **primero → primer**
malo → mal | **ninguno → ningún** | **tercero → tercer**

- Some adjectives change their meaning depending on their position. When the adjective follows the noun, the meaning is more literal. When it precedes the noun, the meaning is more figurative.

	after the noun	before the noun
antiguo/a	el edificio **antiguo** *the ancient building*	mi **antiguo** novio *my old/former boyfriend*
cierto/a	una respuesta **cierta** *a right answer*	una **cierta** actitud *a certain attitude*
grande	una ciudad **grande** *a big city*	un **gran** país *a great country*
mismo/a	el artículo **mismo** *the article itself*	el **mismo** problema *the same problem*
nuevo/a	un carro **nuevo** *a (brand) new car*	un **nuevo** profesor *a new/different professor*
pobre	los estudiantes **pobres** *the students who are poor*	los **pobres** estudiantes *the unfortunate students*
viejo/a	un libro **viejo** *an old book*	una **vieja** amiga *a long-time friend*

MÁS GRAMÁTICA

This is an additional grammar point for **Lección 1 Estructura.** You may use it for review or as required by your instructor.

¡ATENCIÓN!

Adjectives ending in **–or, –ol, –án, –ón,** or **–s** vary in both gender and number.

español → españoles
española → españolas
alemán → alemanes
alemana → alemanas

¡ATENCIÓN!

Before any singular noun (masculine or feminine), **grande** changes to **gran**.

un gran esfuerzo
a great effort

una gran autora
a great author

Práctica

TALLER DE CONSULTA

These activities correspond to the grammar point on the preceding page.

1.5 Adjectives

1 **Descripciones** Completa cada oración con la forma correcta de los adjetivos.

1. Mi mejor amiga es __guapa__ (guapo) y muy __graciosa__ (gracioso).
2. Los novios de mis hermanas son __altos__ (alto) y __morenos__ (moreno).
3. Javier es __buen__ (bueno) compañero pero es bastante __antipático__ (antipático).
4. Mi prima Susana es __sincera__ (sincero), pero mi primo Luis es __falso__ (falso).
5. Sandra es una __gran__ (grande) amiga, pero ayer tuvimos una pelea muy __fuerte__ (fuerte).
6. No sé por qué Marcos y María son tan __inseguros__ (inseguro) y __tímidos__ (tímido).

2 **La vida de Marina** Completa cada oración con los cuatro adjetivos.

1. Marina busca una compañera de cuarto __tranquila, ordenada, honesta y puntual__. (tranquilo, ordenado, honesto, puntual)
2. Se lleva bien con las personas __sinceras, serias, alegres y trabajadoras__. (sincero, serio, alegre, trabajador)
3. Los padres de Marina son __maduros, simpáticos, inteligentes y conservadores__. (maduro, simpático, inteligente, conservador)
4. Marina quiere ver programas de televisión más __emocionantes, divertidos, dramáticos y didácticos__. (emocionante, divertido, dramático, didáctico)
5. Marina tiene un novio __talentoso, simpático, creativo y sensible__. (talentoso, simpático, creativo, sensible)

Marina

3 **Correo sentimental** La revista *Ellas y ellos* tiene una sección de anuncios personales. Completa este anuncio con la forma corta o larga de los adjetivos de la lista. Puedes usar los adjetivos más de una vez.

buen	gran	mal	ningún	tercer
bueno/a	grande	malo/a	ninguno/a	tercero/a

Mi perrito y yo buscamos amor

Tengo 43 años y mi esposa murió hace tres años. Soy un (1) __buen__ hombre: tranquilo y trabajador. Me gustan las plantas y no tengo (2) __ningún__ problema con mis vecinos. Cocino y plancho. Me gusta ir al cine y no me gusta el fútbol. Tengo (3) __buen__ humor por las mañanas y mejor humor por las noches. Vivo en un apartamento (4) __grande__ en el (5) __tercer__ piso de un edificio de Montevideo. Sólo tengo un pequeño problema: mi perro. Algunos dicen que tiene (6) __mal__ carácter. Otros dicen que es un (7) __buen__ animal. Yo creo que es (8) __bueno__. Pero se siente solo, como su dueño, y nos hacemos compañía. Busco una señora viuda o soltera que también se sienta sola. ¡Si tiene un perrito, mejor!

Más práctica

2.1 Object pronouns

1 La televisión **Completa la conversación con el pronombre adecuado.**

JUANITO Mamá, ¿puedo ver televisión?
MAMÁ ¿Y la tarea? ¿Ya (1) __la__ hiciste?
JUANITO Ya casi (2) __la__ termino. ¿Puedo ver el programa de dibujos animados (*cartoons*)?
MAMÁ (3) __Lo__ puedes ver hasta las siete.
JUANITO De acuerdo.
MAMÁ Pero antes de que te pongas a ver televisión, tengo algunas preguntas. ¿(4) __Le__ vas a entregar mi carta a tu profesora?
JUANITO Sí mamá, (5) __se__ (6) __la__ voy a entregar mañana.
MAMÁ ¿Quién va a trabajar contigo en el proyecto de historia?
JUANITO No sé; nadie (7) __lo__ quiere hacer conmigo.
MAMÁ Bueno, y antes de ver la tele, ¿me puedes ayudar a poner la mesa?
JUANITO ¡Cómo no, mamá! (8) __Te__ ayudo ahora mismo.

2 Confundido **Tu compañero/a de cuarto va a dar una fiesta este fin de semana, pero no recuerda bien algunos detalles. Contesta sus preguntas con la información que está entre paréntesis. Utiliza pronombres en tus respuestas.**

MODELO **¿Quién va a traer las sillas? (Carlos y Pedro)**
Carlos y Pedro las van a traer.

1. ¿Cuándo vamos a comprar la comida? (mañana)
   Mañana vamos a comprarla./ La vamos a comprar mañana. / Vamos a comprarla mañana.
2. ¿Quién nos prepara el pastel (*cake*)? (la pastelería de la Plaza Mayor)
   La pastelería de la Plaza Mayor nos lo prepara. / Nos lo prepara la pastelería de la Plaza Mayor.
3. ¿Ya enviamos todas las invitaciones? (sí)
   Sí, ya las enviamos.
4. ¿Quién trae los discos compactos de música latina? (Lourdes y Sara)
   Lourdes y Sara los traen. / Los traen Lourdes y Sara.
5. ¿Vamos a decorar el salón? (sí)
   Sí, lo vamos a decorar./ Sí, vamos a decorarlo.

3 Tres deseos **En parejas, imaginen que encuentran a un genio (*genie*) en una botella. Él les va a hacer realidad tres deseos a cada uno/a. Primero, haz una lista de los deseos que le vas a pedir. Después, díselos a tu compañero/a. Háganse preguntas sobre por qué quieren estos deseos. Utilicen seis pronombres de complemento directo e indirecto.**

MODELO —Yo quiero un jeep cuatro por cuatro.
—¿Para qué lo quieres?
—Lo quiero para manejar en cualquier tipo de terreno.

TALLER DE CONSULTA

MÁS PRÁCTICA
To see the explanation corresponding to this additional practice, see p. 44.

Más práctica

TALLER DE CONSULTA

MÁS PRÁCTICA
To see the explanation corresponding to this additional practice, see p. 48.

2.2 *Gustar* and similar verbs

1 En otras palabras **Vuelve a escribir las frases subrayadas usando los verbos de la lista.**
Answers may vary slightly.

MODELO **Mis padres adoran las novelas de García Márquez, especialmente *Cien años de soledad.***
A mis padres les encantan las novelas de García Márquez, especialmente *Cien años de soledad.*

aburrir	(no) gustar
caer bien/mal	(no) interesar
(no) doler	molestar
encantar	quedar
faltar	

1. Estoy muy interesado en el cine y por eso veo el programa de espectáculos todas las noches. Me interesa el cine...
2. Necesito ir al médico porque tengo un dolor de cabeza desde hace dos días. ... me duele la cabeza desde...
3. Pablo y Roberto son muy antipáticos. No soporto hablar con ellos. Pablo y Roberto me caen mal.
4. Nos aburrimos cuando vemos películas románticas. Nos aburren las películas románticas.
5. Detesto el boliche. No me gusta el boliche.
6. Has gastado casi todo tu dinero. Sólo tienes diez dólares. Te quedan sólo diez dólares.
7. Carlos está a punto de completar su colección de monedas españolas anteriores al euro. Necesita conseguir tres más. Le faltan tres más.
8. No soporto escuchar música cuando estudio. No puedo concentrarme. Me molesta escuchar música...

2 El fin de semana **Escribe ocho oraciones sobre qué te gusta y qué te molesta hacer el fin de semana. Utiliza gustar y otros verbos parecidos, como interesar, importar y molestar.**

estar en casa	hacer ejercicio	ir al circo
festejar	hacer un picnic	jugar al billar
hacer cola	ir al cine	salir a comer

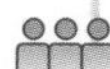

3 Gustos **Utiliza la información y verbos parecidos a gustar para averiguar los gustos de tus compañeros/as de clase. Toma nota de las respuestas de cada compañero/a que entrevistes y comparte la información con la clase.**

MODELO **molestar / tener clase a las ocho de la mañana**
—A Juan y a Marcela no les molesta tener clase a las ocho de la mañana. En cambio, a Carlos le molesta porque...

1. encantar / fiestas de cumpleaños
2. fascinar / el mundo de Hollywood
3. disgustar / leer las noticias
4. molestar / conocer a nuevas personas
5. interesar / saber lo que mis amigos piensan de mí
6. aburrir / escuchar música todo el día

Más práctica

2.3 Reflexive verbs

1 **¿Qué hacen estas personas?** Escribe cinco oraciones combinando elementos de las tres columnas.

MODELO Yo me acuesto a las once de la noche.

mis padres	aburrirse	a las 6 de la mañana
yo	acostarse	a las 9 de la mañana
mis amigos y yo	afeitarse	a las 3 de la tarde
tú	divertirse	por la tarde
mi compañero/a de cuarto	dormirse	el viernes por la noche
ustedes	levantarse	a las once de la noche
mi hermano/a	maquillarse	todos los días

2 **Reflexivos** Algunos verbos cambian de significado cuando se usan en forma reflexiva. Completa las oraciones con la forma adecuada del verbo indicado y el pronombre si es necesario.

1. Yo siempre __duermo__ (dormir/dormirse) bien cuando estoy en mi casa de verano.
2. Carlos, ¿__te acuerdas__ (acordar/acordarse) de cuando fuimos de vacaciones a Cancún hace dos años?
3. Si estamos tan cansados de la ciudad, ¿por qué no __nos mudamos__ (mudar/mudarse) a una casa junto al lago?
4. No me gusta esta fiesta. Quiero __irme__ (ir/irse) cuanto antes.
5. Cristina y Miguel __llevan__ (llevar/llevarse) a los niños a la feria.
6. Mi abuela va a __poner__ (poner/ponerse) una foto de todos sus nietos en el salón.

3 **Los sábados** Sigue los pasos para determinar si tú y tus compañeros/as participan en actividades parecidas (*similar*) los sábados. Comparte tus conclusiones con la clase.

- **Paso 1** Haz una lista detallada de las cosas que normalmente haces los sábados.
- **Paso 2** Entrevista a un(a) compañero/a para ver si comparten alguna actividad.
- **Paso 3** Compara la información con el resto de la clase. ¿Siguen los estudiantes la misma rutina durante los fines de semana?

TALLER DE CONSULTA

MÁS PRÁCTICA
To see the explanation corresponding to this additional practice, see p. 52.

MÁS GRAMÁTICA

This is an additional grammar point for **Lección 2 Estructura.** You may use it for review or as required by your instructor.

2.4 Demonstrative adjectives and pronouns

- Demonstrative adjectives (**adjetivos demostrativos**) specify to which noun a speaker is referring. They precede the nouns they modify and agree in gender and number.

este torneo	**esa** entrenadora	**aquellos** deportistas
this tournament	*that coach*	*those athletes (over there)*

Demonstrative adjectives

singular		plural		
masculine	**feminine**	**masculine**	**feminine**	
este	esta	estos	estas	*this; these*
ese	esa	esos	esas	*that; those*
aquel	aquella	aquellos	aquellas	*that; those (over there)*

- Spanish has three sets of demonstrative adjectives. Forms of **este** are used to point out nouns that are close to the speaker and the listener. Forms of **ese** modify nouns that are not close to the speaker, though they may be close to the listener. Forms of **aquel** refer to nouns that are far away from both the speaker and the listener.

No me gustan **estos** zapatos.

Prefiero **esos** zapatos.

Aquel carro es de Ana.

- Demonstrative pronouns (**pronombres demostrativos**) are identical to demonstrative adjectives, except that they traditionally carry an accent mark on the stressed vowel. They agree in gender and number with the nouns they replace.

¿Quieres comprar esta **radio**?	No, no quiero **ésta**. Quiero **ésa**.
Do you want to buy this radio?	*No, I don't want this one. I want that one.*
¿Leíste estos **libros**?	No leí **éstos**, pero sí leí **aquéllos**.
Did you read these books?	*I didn't read these, but I did read those (over there).*

- There are three neuter demonstrative pronouns: **esto, eso,** and **aquello**. These forms refer to unidentified or unspecified things, situations, or ideas. They do not vary in gender or number and they never carry an accent mark.

¿Qué es **esto**?	**Eso** es interesante.	**Aquello** es bonito.
What is this?	*That's interesting.*	*That's pretty.*

Práctica

2.4 Demonstrative adjectives and pronouns

TALLER DE CONSULTA

These activities correspond to the grammar point on the preceding page.

1 En el centro comercial Completa las oraciones con la forma correcta de los adjetivos entre paréntesis.

1. Quiero comprar ___ese___ (*that*) videojuego.
2. Nosotros queremos comprar ___aquella___ (*that over there*) computadora.
3. ___Estos___ (*These*) pantalones y camisas están de rebaja.
4. Yo voy a escoger ___esta___ (*this*) falda que está a mitad de precio.
5. También quiero comprar alguna de ___esas___ (*those*) películas en DVD.
6. Antes de irnos, vamos a comer algo en ___aquel___ (*that over there*) restaurante.

2 Pronombres Completa las oraciones con la forma correcta de los pronombres demostrativos, de acuerdo con la traducción que aparece entre paréntesis.

1. Esta campeona es muy humilde, pero ___ésa___ (*that one*) es muy arrogante.
2. Este deportista juega bien, no como ___ésos___ (*those*) del otro equipo.
3. Esos dardos no tienen punta; usa ___aquéllos___ (*the ones over there*).
4. No conozco a esta entrenadora, pero sí conozco a ___aquélla___ (*that one over there*).
5. Aquellos asientos son muy buenos, pero de todas formas, yo prefiero sentarme en ___éste___ (*this one*).
6. Esta cancha de fútbol está muy mojada. ¿Podemos jugar en ___ésa___ (*that one*)?

3 ¿Adjetivos o pronombres?

A. Elige los adjetivos o los pronombres apropiados.

A mi hermano Esteban no le gustan las películas de acción y a mí sí. (1) ___Ése___ (Ese / Ése) es el problema que siempre tenemos cuando queremos ir al cine. (2) ___Este___ (Este / Éste) fin de semana, por ejemplo, estrenan la película *Persecución sin fin* en (3) ___ese___ (ese / ése) cine nuevo que abrió enfrente de (4) ___ese___ (ese / ése) restaurante que tanto me gusta. Cuando le mandé un mensaje por correo electrónico a mi hermano, enseguida respondió: "(5) ___Ésa___ (Esa / Ésa) no la veo ni loco. (6) ___Esas___ (Esas / Ésas) películas de acción son siempre iguales. El bueno y el malo pelean y el bueno siempre gana. Por (7) ___eso___ (ese / ése / eso), yo prefiero las películas históricas o los dramas. Por lo menos en (8) ___ésas___ (esas / ésas) suele haber diálogo inteligente y no persecuciones tontas y peleas exageradas". ¡Cómo cambiaron los gustos de mi hermano desde (9) ___aquella___ (aquella / aquélla) época en la que íbamos a ver todas las películas de superhéroes!

B. En parejas, imaginen que los dos hermanos hablan por teléfono. El hermano de Esteban todavía tiene esperanzas de convencerlo de ir a ver *Persecución sin fin*. Improvisen la conversación entre los dos hermanos. Usen por lo menos cinco adjetivos o pronombres demostrativos.

MÁS GRAMÁTICA

This is an additional grammar point for **Lección 2 Estructura.** You may use it for review or as required by your instructor.

2.5 Possessive adjectives and pronouns

- Possessive adjectives (**adjetivos posesivos**) are used to express ownership or possession. Spanish has two types: the short, or unstressed, forms and the long, or stressed, forms. Both forms agree in gender and number with the object owned, and not with the owner.

Possessive adjectives

short forms (unstressed)		long forms (stressed)	
mi(s)	*my*	**mío(s)/a(s)**	*my; (of) mine*
tu(s)	*your*	**tuyo(s)/a(s)**	*your; (of) yours*
su(s)	*your; his; hers; its*	**suyo(s)/a(s)**	*your; (of) yours; his; (of) his; hers; (of) hers; its; (of) its*
nuestro(s)/a(s)	*our*	**nuestro(s)/a(s)**	*our; (of) ours*
vuestro(s)/a(s)	*your*	**vuestro(s)/a(s)**	*your; (of) yours*
su(s)	*your; their*	**suyo(s)/a(s)**	*your; (of) yours; their; (of) theirs*

- Short possessive adjectives precede the nouns they modify.

En **mi** opinión, esa película es pésima.
In my opinion, that movie is awful.

Nuestras revistas favoritas son *Vanidades* y *Latina*.
Our favorite magazines are Vanidades *and* Latina.

¡ATENCIÓN!

After the verb **ser**, stressed possessives are used without articles.

¿Es tuya la calculadora?
Is the calculator yours?

No, no es mía.
No, it is not mine.

- Stressed possessive adjectives follow the nouns they modify. They are used for emphasis or to express the phrases *of mine, of yours,* etc. The nouns are usually preceded by a definite or indefinite article.

mi amigo → **el** amigo **mío**
my friend — *friend of mine*

tus amigas → **las** amigas **tuyas**
your friends — *friends of yours*

- Because **su(s)** and **suyo(s)/a(s)** have multiple meanings (*your, his, her, its, their*), the construction [*article*] + [*noun*] + **de** + [*subject pronoun*] is commonly used to clarify meaning.

su **casa** / **la casa** suya	**la casa de él/ella**	*his/her house*
	la casa de usted/ustedes	*your house*
	la casa de ellos/ellas	*their house*

¡ATENCIÓN!

The neuter form **lo** + [*singular stressed possessive*] is used to refer to abstract ideas or concepts such as *what is mine* and *what belongs to you.*

Quiero lo mío.
I want what is mine.

- Possessive pronouns (**pronombres posesivos**) have the same forms as stressed possessive adjectives and are preceded by a definite article. Possessive pronouns agree in gender and number with the nouns they replace.

No encuentro mi **libro**. ¿Me prestas **el tuyo**?
I can't find my book. Can I borrow yours?

Si la **fotógrafa** suya no llega, **la nuestra** está disponible.
If your photographer doesn't arrive, ours is available.

Práctica

2.5 Possessive adjectives and pronouns

TALLER DE CONSULTA

These activities correspond to the grammar point on the preceding page.

1 **¿De quién hablan?** Estos son los comentarios de algunas personas famosas. Completa sus oraciones con los adjetivos posesivos que faltan.

1. La actriz Fernanda Lora habla sobre su esposo: "__Mi__ esposo siempre me acompaña a los estrenos, aunque __su__ trabajo le exija estar en otro sitio".
2. Los integrantes del famoso dúo Maite y Antonio hablan sobre su hijo: "__Nuestro__ hijo empezó a cantar a los dos años".
3. El actor Saúl Mar habla de su ex esposa, la modelo Serafina: "__Mi__ ex ya no es tan guapa como antes, aunque __sus__ *fans* piensen lo contrario".

2 **¿Es tuyo...?** Escribe preguntas con **ser** y contéstalas usando el pronombre posesivo que corresponde a la(s) persona(s) indicada(s). Sigue el modelo.

MODELO **tú / libro / yo**
—¿Es tuyo este libro?
—Sí, es mío.

1. ustedes / cartas / nosotros
   ¿Son suyas estas cartas?
   Sí, son nuestras.
2. ella / bicicleta / ella
   ¿Es suya esta bicicleta?
   Sí, es suya.
3. yo / café / tú
   ¿Es mío este café?
   Sí, es tuyo.
4. nosotros / periódicos / yo
   ¿Son nuestros estos periódicos?
   No, son míos.
5. tú / disco compacto / ellos
   ¿Es tuyo este disco compacto?
   No, es suyo.
6. él / ideas / nosotros
   ¿Son suyas estas ideas?
   No, son nuestras.

3 **Durante el almuerzo** Durante la hora del almuerzo, tres compañeros de trabajo tratan de conocerse mejor. Completa la conversación con los posesivos adecuados. Cuando sea necesario, añade también el artículo definido correspondiente.

MANUEL (1) __Mis__ películas favoritas son las de acción. ¿Y (2) __las suyas/las tuyas__?

JUAN A mí no me gusta el cine.

AGUSTÍN A mí tampoco, pero a (3) __mi__ esposa le gustan las películas antiguas. Lo mío es el deporte.

JUAN Yo detesto el deporte. (4) __Mi__ pasatiempo favorito es la música.

MANUEL ¡Ahh! ¿Es (5) __tuya__ la guitarra que vi en la oficina?

JUAN Sí, es (6) __mía__. Después del trabajo, nos reunimos en la casa de un amigo (7) __mío__ y tocamos un poco. A (8) __mis__ amigos y a mí nos gusta el rock. (9) __Nuestros__ músicos preferidos son...

AGUSTÍN ¡No te molestes en nombrarlos! No sé nada de música.

MANUEL Parece que (10) __nuestros__ gustos son muy distintos.

Más práctica

TALLER DE CONSULTA

MÁS PRÁCTICA
To see the explanation corresponding to this additional practice, see p. 74.

3.1 The preterite

1 **Conversación telefónica** La mamá de Andrés lo llama para ver cómo ha sido su semana. Completa la conversación con el pretérito de los verbos de la lista. Algunos verbos se repiten.

andar	dar	ir	ser
barrer	hacer	quitar	tener

MAMÁ Hola, Andrés, ¿cómo te va?

ANDRÉS Bien, mamá. ¿Y a ti?

MAMÁ También estoy bien. ¿Qué tal las clases?

ANDRÉS En la clase de historia (1) tuve un examen el lunes. En la clase de química, el profesor nos (2) hizo una demostración en el laboratorio.

MAMÁ ¿Y el resto de las clases?

ANDRÉS (3) Fueron muy fáciles pero los profesores nos (4) dieron mucha tarea.

MAMÁ ¿Cómo está tu apartamento? ¿Está muy sucio (*dirty*)?

ANDRÉS ¡Está perfecto! Ayer (5) hice la limpieza: (6) barrí el piso y (7) quité el polvo de los muebles.

MAMÁ ¿Qué hiciste con tus amigos el sábado por la noche?

ANDRÉS Nosotros (8) anduvimos por el centro de la ciudad y (9) fuimos a un restaurante. (10) Fue/Tuvimos una noche muy divertida.

2 **Vienen los abuelitos** Tus abuelos vienen a tu casa para pasar el fin de semana. Tu mamá quiere saber si ya hiciste todo lo que te pidió, pero tú ya sabes lo que te va a preguntar. Completa sus preguntas y después contéstalas.

MODELO **¿Ya... (conseguir las entradas para el concierto)?**
—¿Ya conseguiste las entradas para el concierto?
—Sí, mamá, ya conseguí las entradas para el concierto.

1. ¿Ya... (lavar los platos)? ¿Ya lavaste los platos? Sí, mamá, ya lavé los platos.
2. ¿Ya... (ir al supermercado)? ¿Ya fuiste al supermercado? Sí, mamá, ya fui al supermercado.
3. ¿Ya... (pasar la aspiradora)? ¿Ya pasaste la aspiradora? Sí, mamá, ya pasé la aspiradora.
4. ¿Ya... (quitar tus cosas de la mesa)? ¿Ya quitaste tus cosas de la mesa? Sí, mamá, ya quité mis cosas de la mesa.
5. ¿Ya... (hacer las reservaciones en el restaurante)? ¿Ya hiciste las reservaciones en el restaurante? Sí, mamá, ya hice las reservaciones.
6. ¿Ya... (limpiar el baño)? ¿Ya limpiaste el baño? Sí, mamá, ya limpié el baño.

3 **Un problema** Hace dos semanas compraste un par de zapatos que no te quedan bien. Quieres devolverlos y pedir un reembolso, pero la zapatería no acepta cambios después de una semana. En parejas, improvisen la conversación entre el/la cliente/a y el/la gerente (*manager*). El/La cliente debe tratar de convencer al/a la gerente de que le devuelva el dinero.

Más práctica

3.2 The imperfect

1 Oraciones incompletas Termina las oraciones con el imperfecto.

1. Cuando yo era niño/a ______.
2. Todos los veranos mi familia y yo ______.
3. Durante las vacaciones, mis amigos siempre ______.
4. En la escuela primaria (*elementary school*), mis maestros nunca ______.
5. Mis hermanos y yo siempre ______.
6. Mi abuela siempre ______.

2 Un robo El sábado por la tarde unos jóvenes le robaron la bolsa a una anciana en el parque. Ese día tú andabas por el mismo parque con tus amigos. Un policía quiere saber lo que hacías para averiguar si participaste en el robo. Contéstale usando el imperfecto.

1. ¿Dónde estabas alrededor de las dos de la tarde?
   ______
2. ¿Qué llevabas puesto (*were you wearing*)?
   ______
3. ¿Qué hacías en el parque?
   ______
4. ¿A qué jugabas?
   ______
5. ¿Quiénes estaban contigo?
   ______
6. ¿Adónde iban ese día?
   ______
7. ¿Qué otras personas había en el parque?
   ______
8. ¿Qué hacían esas personas?
   ______

3 Las tareas del hogar Cuando eras niño/a, ¿cuáles eran tus obligaciones en la casa? ¿Qué te mandaban hacer tus padres? En parejas, conversen sobre cuáles eran sus obligaciones. ¿Hacían ustedes tareas similares?

4 ¿Cómo ha cambiado tu vida? Piensa en tu último año de la escuela secundaria y compáralo con tu vida en la universidad. En parejas, hablen de estos cambios. Escriban una lista de las responsabilidades que tienen ahora y las que tenían antes.

MODELO Cuando estaba en la escuela secundaria no tenía mucha tarea, pero ahora tengo muchísima. Me paso el día entero en la biblioteca.

TALLER DE CONSULTA

MÁS PRÁCTICA
To see the explanation corresponding to this additional practice, see p. 78.

Más práctica

TALLER DE CONSULTA

MÁS PRÁCTICA
To see the explanation corresponding to this additional practice, see p. 82.

3.3 The preterite vs. the imperfect

1 Distintos significados Completa las oraciones con el pretérito o el imperfecto de los verbos entre paréntesis. Recuerda que cuando se usan estos verbos en el pretérito tienen un significado distinto al del imperfecto.

1. Cuando yo era niño, nunca ___querían___ (querer) limpiar mi habitación, pero mis padres me obligaban a hacerlo.
2. Mi amigo ya ___podía___ (poder) hablar chino y japonés cuando tenía siete años.
3. Finalmente, después de preguntar por todos lados, Ana ___supo___ (saber) dónde comprar las entradas para el concierto.
4. Mis padres ___querían___ (querer) mudarse a México. Estaban cansados de vivir en Europa.
5. Se rompió el televisor. Por suerte, mi amigo Juan Carlos ___pudo___ (poder) venir enseguida a arreglarlo.
6. Mi hermano ___conoció___ (conocer) a su novia en el centro comercial.
7. Mi abuela ___sabía___ (saber) cocinar muy bien.
8. Miguel y Roberto completaron el formulario pero no ___quisieron___ (querer) contestar la última pregunta.

2 ¿Pretérito o imperfecto? Indica si normalmente debes usar el pretérito (P) o el imperfecto (I) con estas expresiones de tiempo. Después escribe cinco oraciones completas que contengan estas expresiones. Some answers may vary.

_P_ el año pasado	_I_ siempre	_P_ ayer por la noche	_I_ todas las tardes
_I_ todos los días	_I_ mientras	_P_ el domingo pasado	_P_ una vez

3 Mi mejor año ¿Cuál fue tu mejor año en la escuela? Escribe una historia breve sobre ese año especial. Recuerda que para narrar series de acciones completas debes usar el pretérito y para describir el contexto o acciones habituales en el pasado debes usar el imperfecto. Comparte tu historia con la clase.

MODELO Creo que mi mejor año fue el segundo grado. Yo vivía con mi familia en Toronto, pero ese año nos mudamos a Vancouver.

4 Lo que sentía En parejas, conversen sobre tres situaciones o momentos de la niñez en los cuales sintieron algunas de estas emociones. Luego compartan con la clase lo que le pasó a la otra persona y lo que él/ella sintió. Utilicen el pretérito y el imperfecto.

- agobiado/a
- asombrado/a
- confundido/a
- feliz
- hambriento/a
- solo/a

3.4 Telling time

- The verb **ser** is used to tell time in Spanish. The construction **es + la** is used with **una,** and **son + las** is used with all other hours.

¿Qué hora es? *What time is it?*	Es la **una.** *It is one o'clock.* Son las **tres.** *It is three o'clock.*

- The phrase **y +** [*minutes*] is used to tell time from the hour to the half-hour. The phrase **menos +** [*minutes*] is used to tell time from the half-hour to the hour, and is expressed by subtracting minutes from the *next* hour.

Son las once **y veinte**.

Es la una **menos quince**.

Son las doce **menos diez**.

- To ask at what time an event takes place, the phrase **¿A qué hora (...)?** is used. To state at what time something takes place, use the construction **a la(s) +** [*time*].

¿**A qué hora** es la fiesta?
(At) what time is the party?

La fiesta es **a las ocho**.
The party is at eight.

- The following expressions are used frequently for telling time.

Son las siete **en punto**.
It's seven o'clock on the dot/sharp.

Son **las doce del mediodía**./Es **(el) mediodía.**
It's noon.

Son **las doce de la noche**. /Es **(la) medianoche.**
It's midnight.

Son las nueve **de la mañana**.
It's 9 a.m./in the morning.

Son las cuatro y cuarto **de la tarde**.
It's 4:15 p.m./in the afternoon.

Son las once y media **de la noche**.
It's 11:30 p.m./at night.

- The imperfect is generally used to tell time in the past. However, the preterite may be used to describe an action that occurred at a particular time.

¿Qué hora **era**?
What time was it?

Eran las cuatro de la mañana.
It was four o'clock in the morning.

¿A qué hora **fueron** al cine?
At what time did you go to the movies?

Fuimos a las nueve.
We went at nine o'clock.

MÁS GRAMÁTICA

This is an additional grammar point for **Lección 3 Estructura.** You may use it for review or as required by your instructor.

¡ATENCIÓN!

The phrases **y media** (*half past*) and **y/menos cuarto** (*quarter past/of*) are usually used instead of **treinta** and **quince**.

Son las doce y media.
It's 12:30/half past twelve.

Son las nueve menos cuarto.
It's 8:45/quarter of nine.

¡ATENCIÓN!

Note that **es** is used to state the time at which a single event takes place.

Son las dos.
It is two o'clock.

Mi clase es a las dos.
My class is at two o'clock.

Práctica

TALLER DE CONSULTA

These activities correspond to the grammar point on the preceding page.

3.4 Telling time

1 **La hora** Escribe la hora que muestra cada reloj usando oraciones completas.

1. Son las siete y cuarto/quince.

2. Es la una y media/treinta.

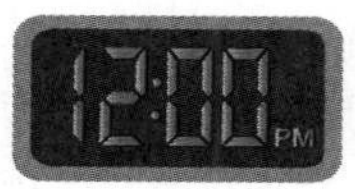

3. Son las doce del mediodía./Es (el) mediodía.

4. Son las dos menos cinco.

5. Son las tres y veintidós.

6. Son las cuatro y veinte.

2 **¿Qué hora es?** Da la hora usando oraciones completas.

1. 1:10 p.m. Es la una y diez de la tarde.
2. 6:30 a.m. Son las seis y media/treinta de la mañana.
3. 8:45 p.m. Son las nueve menos cuarto/quince de la noche.
4. 11:00 a.m. Son las once (en punto) de la mañana.
5. 2:55 p.m. Son las tres menos cinco de la tarde.
6. 12:00 a.m. Son las doce de la noche./Es (la) medianoche.

3 **Retraso** Hoy tienes un mal día y estás atrasado/a en todo. Usa la información para explicar a qué hora hiciste cada cosa y por qué te retrasaste. Sigue el modelo.

MODELO **ir al centro comercial – 9 a.m. (15 minutos)**
Tenía que ir al centro comercial a las nueve de la mañana pero llegué a las nueve y cuarto porque el autobús se retrasó.

1. levantarme – 7 a.m. (30 minutos)
2. desayunar – 8 a.m. (2 horas y media)
3. reunirme con la profesora de química – 11 a.m. (1 hora)
4. escribir el ensayo para la clase de literatura – 3 p.m. (2 horas y cuarto)
5. llamar a mis padres – 5 p.m. (3 horas y media)
6. limpiar mi casa – 3 p.m. (¡Todavía no has empezado!)

Más práctica

4.1 The subjunctive in noun clauses

1 **El doctor** El doctor González escribe informes con el diagnóstico y las recomendaciones para cada paciente. Completa los informes con el indicativo o el subjuntivo de los verbos entre paréntesis.

Informe 1

Don José, creo que usted (1) sufre (sufrir) de mucho estrés. Usted (2) trabaja (trabajar) demasiado y no (3) se cuida (cuidarse) lo suficiente. Es necesario que usted (4) duerma (dormir) más horas. No creo que usted (5) necesite (necesitar) tomar medicinas, pero es importante que (6) controle (controlar) su alimentación y (7) mantenga (mantener) una dieta más equilibrada.

Informe 2

Carlitos, no hay duda de que tú (8) tienes (tener) varicela (*chicken pox*). Es una enfermedad muy contagiosa y por eso es necesario que (9) te quedes (quedarse) en casa una semana. Como no podrás asistir a la escuela, te recomiendo que (10) hables (hablar) con uno de tus compañeros y que (11) hagas (hacer) la tarea regularmente. Quiero que (12) te apliques (aplicarse) (*to apply*) esta crema si te pica (*itches*) mucho la piel.

Informe 3

Susana y Pedro, es obvio que ustedes (13) tienen (tener) gripe. Para aliviar la tos, les recomiendo que (14) tomen (tomar) este jarabe por la mañana y estas pastillas por la noche. No creo que (15) necesiten (necesitar) quedarse en cama. Les recomiendo que (16) beban (beber) mucho líquido y que (17) coman (comer) muchas frutas y verduras. Estoy seguro de que en unos días (18) van (ir) a sentirse mejor.

TALLER DE CONSULTA

MÁS PRÁCTICA
To see the explanation corresponding to this additional practice, see p. 104.

2 **¿Cómo terminan?** Escribe un final original para cada oración. Recuerda usar el subjuntivo cuando sea necesario.

1. Es imposible que hoy...
2. Dudo mucho que el profesor...
3. No es cierto que mis amigos y yo...
4. Es muy probable que yo...
5. Es evidente que en el hospital...
6. Los médicos recomiendan que...

3 **Reacciones** En grupos de cinco, digan cómo reaccionarían en estas situaciones. Deben usar el subjuntivo en sus respuestas para mostrar emoción, incredulidad, alegría, rechazo, insatisfacción, etc.

MODELO **Acabas de ganar un millón de dólares.**
¡Es imposible que sea verdad! No puedo creer que...

1. Un día vas al banco y te dicen que ya no te queda un centavo. No vas a poder comer esta semana.
2. Oyes que el agua que tomas del grifo (*tap*) está contaminada y que todos los habitantes de la ciudad se van a enfermar.
3. Llegas a la universidad el primer día y te dicen que no hay espacio para ti en la residencia estudiantil. Vas a tener que dormir en un hotel.
4. Tu novio/a te declara su amor e insiste en que se casen este mismo mes.
5. Tu nuevo/a compañero/a de cuarto te dice que tiene la gripe aviar (*bird flu*). Es muy contagiosa.
6. Acabas de ver a tu ex hablando mal de ti enfrente de millones de televidentes.

Más práctica

TALLER DE CONSULTA

MÁS PRÁCTICA
To see the explanation corresponding to this additional practice, see p. 110.

4.2 Commands

① **Las indicaciones del médico** Lee los problemas de estos pacientes. Luego, completa las órdenes y recomendaciones que su médico les da.

Don Mariano y doña Teresa no duermen bien y sufren de mucha presión en el trabajo.	1. __Tomen__ (tomar) té de manzanilla y __acuéstense__ (acostarse) siempre a la misma hora. 2. No __trabajen__ (trabajar) los domingos.
Juan come muchos dulces y tiene caries (*cavities*).	3. (Tú) __Cepíllate__ (cepillarse) los dientes dos veces por día. 4. No __comas__ (comer) más dulces.
La señora Ortenzo se lastimó jugando al tenis. Le duele el pie derecho.	5. (Usted) __Quédese__ (quedarse) en cama dos días. 6. No __mueva__ (mover) el pie y no __camine__ (caminar) sin muletas (*crutches*).
Carlos y Antonio trasnochan con frecuencia y no comen una dieta sana.	7. __Duerman__ (dormir) por lo menos ocho horas cada noche. 8. No __vayan__ (ir) a clase sin antes comer un desayuno saludable.

② **Antes y ahora** ¿Te daban órdenes tus padres cuando eras niño/a? ¿Te siguen dando órdenes? Escribe cinco mandatos que te daban cuando eras niño/a y cinco que te dan ahora. Utiliza mandatos informales afirmativos y negativos.

Los mandatos de antes	Los mandatos de ahora
________________	________________
________________	________________
________________	________________
________________	________________
________________	________________

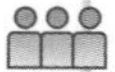

③ **El viernes por la noche** Tú y tus amigos están pensando en qué hacer este viernes. Tú sugieres actividades (usa mandatos con **nosotros/as**), pero tus compañeros/as rechazan (*reject*) tus ideas y sugieren otras. En grupos de tres, representen la conversación.

MODELO

ESTUDIANTE 1 Vayamos al cine esta noche.
ESTUDIANTE 2 No quiero porque no tengo dinero. Quedémonos en casa y veamos la tele.
ESTUDIANTE 3 Pues, alquilemos una película entonces...

Más práctica

4.3 *Por* and *para*

TALLER DE CONSULTA

MÁS PRÁCTICA
To see the explanation corresponding to this additional practice, see p. 114.

1 **El viaje de Carla** Carla está planeando pasar el verano en Bogotá para tomar cursos en la Universidad Nacional de Colombia. Une las frases para completar sus comentarios sobre el viaje.

b/h 1. Este verano viajaré a Bogotá	a. para Bogotá.
e/b 2. Es un programa de intercambio, organizado	b. para estudiar español.
a 3. Estudiantes de varias universidades nos reuniremos en Miami y de allí saldremos	c. para la embajada (*embassy*).
f 4. Extrañaré a mi familia, pero prometen llamarme	d. para trabajar en Latinoamérica después de graduarme.
h 5. Quisiera pasar un año allá, pero sólo puedo ir	e. por mi universidad en Nueva York.
g 6. Antes de volver a Nueva York, espero viajar	f. por teléfono una vez por semana.
d 7. Quiero perfeccionar el español	g. por todo el país.
c 8. En el futuro, espero trabajar	h. por tres meses.

2 **Instrucciones para cuidar al perro** Este fin de semana te toca cuidar al perro de tus vecinos y ellos están muy preocupados. Completa su lista de instrucciones con **por** o **para**.

1. *Si el perro está muy deprimido, llama al veterinario* ___por___ *teléfono.*
2. *Si está un poco triste, haz todo lo que puedas* ___para___ *darle ánimo.*
3. *Últimamente tiene problemas de digestión y debe tomar una medicina* ___para___ *el estómago.*
4. ___Para___ *ver si el perro tiene fiebre, usa este termómetro.*
5. *No es* ___para___ *tanto si no te saluda cuando entras en la casa; cuando te conozca mejor y te tenga más confianza comenzará a saludarte.*
6. *Sácalo a pasear todos los días: el ejercicio es bueno* ___para___ *los perros.*
7. *Nuestra rutina es caminar media hora* ___por___ *el parque.*
8. *Dale su medicina tres veces* ___por___ *día.*

3 **Un acontecimiento increíble** ¿Alguna vez te ha ocurrido algo inusual o difícil de creer? Cuéntale a tu compañero/a un acontecimiento increíble que te haya ocurrido, o inventa uno. Incluye al menos cuatro expresiones de la lista.

para colmo	no estar para bromas	por casualidad	por supuesto
para que sepas	no ser para tanto	por fin	por más/mucho que

MÁS GRAMÁTICA

This is an additional grammar point for **Lección 4 Estructura.** You may use it for review or as required by your instructor.

4.4 The subjunctive with impersonal expressions

- The subjunctive is frequently used in subordinate clauses following impersonal expressions.

IMPERSONAL EXPRESSION	CONNECTOR	SUBORDINATE CLAUSE
Es urgente	**que**	vayas **al hospital.**

- Impersonal expressions that indicate will, desire, or emotion are usually followed by the subjunctive.

es bueno *it's good*	**es necesario** *it's necessary*
es extraño *it's strange*	**es ridículo** *it's ridiculous*
es importante *it's important*	**es terrible** *it's terrible*
es imposible *it's impossible*	**es una lástima** *it's a shame*
es malo *it's bad*	**es una pena** *it's a pity*
es mejor *it's better*	**es urgente** *it's urgent*

Es una lástima que **estés** con gripe.
It's a shame you have the flu.

Es mejor que te **acompañen**.
It's better that they go with you.

- Impersonal expressions that indicate certainty trigger the indicative in the subordinate clause. When they express doubt about the action or condition in the subordinate clause, the subjunctive is used.

indicative	subjunctive
es cierto *it's true*	**no es cierto** *it's untrue*
es obvio *it's obvious*	**no es obvio** *it's not obvious*
es seguro *it's certain*	**no es seguro** *it's not certain*
es verdad *it's true*	**no es verdad** *it's not true*

Es verdad que Juan está triste, pero **no es cierto** que **esté** deprimido.
It's true that Juan is sad, but it's not true that he is depressed.

Es obvio que usted tiene una infección, pero **es improbable** que **sea** contagiosa.
It's obvious that you have an infection, but it's unlikely that it's contagious.

- When an impersonal expression is used to make a general statement or suggestion, the infinitive is used in the subordinate clause. When a new subject is introduced, the subjunctive is used instead.

Es importante hacer ejercicio.
It's important to exercise.

No es seguro caminar solo por la noche.
It's not safe to walk around alone at night.

Es importante que los niños **hagan** ejercicio.
It's important for children to exercise.

No es seguro que **camines** solo por la noche.
It's not safe for you to walk around alone at night.

Práctica

4.4 The subjunctive with impersonal expressions

TALLER DE CONSULTA

These activities correspond to the grammar point on the preceding page.

1 **Pórtate bien** Los padres de Álvaro se van de viaje y le dejan una nota a su hijo con algunas cosas que tiene que hacer. Completa la nota con el presente del subjuntivo de los verbos entre paréntesis.

> ¡No te olvides!
>
> Sabemos que es imposible que (1) te acuestes (acostarse) temprano pero es importante que (2) te levantes (levantarse) antes de las 8:00 y que (3) lleves (llevar) el carro al mecánico. El martes es necesario que (4) vayas (ir) a casa de tu tía Julia y le (5) lleves (llevar) nuestro regalo. Como la pastelería queda cerca del mecánico, es mejor que (6) pases (pasar) a recoger el pastel de cumpleaños cuando vayas a recoger el carro el lunes por la tarde. Y bueno, hijo, es una lástima que no (7) puedas (poder) venir con nosotros.
>
> ¡Cuídate mucho!
>
> Mamá y papá

2 **Obligaciones** Piensa en las obligaciones de los padres para con los hijos y viceversa. Completa el cuadro con frases impersonales que requieran el subjuntivo.

Las obligaciones de los padres y de los hijos

padres	hijos
Es importante que los padres escuchen a sus hijos.	

3 **Pareja ideal** En grupos de cuatro, piensen en su pareja ideal y comenten cómo debe ser. Cada uno/a de ustedes debe escribir por lo menos cinco oraciones con frases impersonales.

es bueno	es mejor
es importante	es necesario
es malo	

Más práctica

TALLER DE CONSULTA

MÁS PRÁCTICA
To see the explanation corresponding to this additional practice, see p. 136.

5.1 Comparatives and superlatives

1 **Los medios de transporte** Escribe seis oraciones completas para comparar los medios de transporte de la lista. Utiliza por lo menos tres comparativos y tres superlativos. Debes hacer comparaciones con respecto a estos aspectos:

- la rapidez
- la diversión
- la comodidad
- el precio

medios de transporte
autobús, avión, bicicleta, carro, metro, taxi, tren

MODELO Para viajar por la ciudad, el taxi es más caro que el autobús. / El avión es el medio más rápido de todos.

2 **El absoluto** Utiliza el superlativo absoluto (**-ísimo/a**) para escribir oraciones completas. Sigue el modelo.

MODELO **elefantes / animales / grande**
Los elefantes son unos animales grandísimos.

1. diamantes / joyas / caro Los diamantes son unas joyas carísimas.
2. avión / medio de transporte / rápido El avión es un medio de transporte rapidísimo.
3. Bill Gates / persona / rico Bill Gates es una persona riquísima.
4. el puente de Brooklyn / largo El puente de Brooklyn es larguísimo.
5. la clase de inglés / fácil La clase de inglés es facilísima.
6. Dakota Fanning / actriz / joven Dakota Fanning es una actriz jovencísima.
7. Boca Juniors / equipo de fútbol argentino / famoso Boca Juniors es un equipo de fútbol argentino famosísimo.
8. el Río de la Plata / ancho El Río de la Plata es anchísimo.

3 **Un pariente especial** ¿Hay alguien en tu familia que consideras especial? ¿Te pareces a esa persona? ¿Es mayor o menor que tú? ¿Qué similitudes y diferencias tienen? Trabaja con un(a) compañero/a: dile quién es tu pariente favorito y cuéntale en qué se parecen y en qué se diferencian. Usa comparativos en tu descripción. Incluye algunos de estos aspectos:

altura | **gustos**
apariencia física | **personalidad**
edad | **vida académica**

MODELO Mi primo Juan es mi primo favorito. Es mayor que yo, pero yo soy mucho más alto que él...

Más práctica

5.2 The subjunctive in adjective clauses

1 **Unir los elementos** Escribe cinco oraciones lógicas combinando elementos de las tres columnas.

MODELO Juan busca un libro que esté escrito en español.

Juan (estudiante de español)	buscar un tutor	pagar bien
Pedro (tiene un carro viejo)	buscar un libro	ser divertida
Ana (tiene muy poco dinero)	necesitar un carro	ayudarme
mis amigos (están aburridos)	tener que ir a una fiesta	ser nuevo y rápido
yo (tengo problemas con la clase de cálculo)	querer un trabajo	poder ayudarnos
nosotros (no sabemos qué clases tomar el próximo semestre)	necesitar hablar con un consejero	estar escrito en español

2 **En el aeropuerto** Mientras esperas en el aeropuerto, escuchas todo lo que dicen los empleados de la aerolínea y los agentes de seguridad. Usa el subjuntivo para terminar las oraciones de manera lógica.

1. Deben pasar por aquí las personas que ______________________.
2. ¿Tiene usted algo en su bolsa que ______________________?
3. Debe sacar del bolsillo todo lo que ______________________.
4. No diga chistes que ______________________.
5. Pueden pasar los viajeros que ______________________.
6. No se pueden llevar maletas que ______________________.

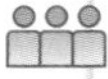

3 **Anuncios personales** En grupos de tres, escriban anuncios personales para una persona que busca novio/a. Los anuncios deben ser detallados y creativos, y deben usar el subjuntivo y el indicativo. Después, compartan el anuncio con la clase para ver si encuentran a alguien que se parezca a la persona de su anuncio.

TALLER DE CONSULTA

MÁS PRÁCTICA
To see the explanation corresponding to this additional practice, see p. 140.

Más práctica

TALLER DE CONSULTA

MÁS PRÁCTICA
To see the explanation corresponding to this additional practice, see p. 144.

5.3 Negative and positive expressions

1 **De compras** Has desembarcado de un crucero en una isla remota. Quieres comprar algo típico para tus amigos, pero el empleado te hace mil preguntas sobre lo que quieres. Elige las opciones correctas para completar la conversación.

EMPLEADO ¡Hola! ¿Quieres (1) ___algo___ (algo / nada) extraordinario para tus amigos?

TÚ No, no quiero (2) ___nada___ (algo / nada) extraordinario, quiero (3) ___algo___ (algo / nada) típico de la isla.

EMPLEADO Tenemos unos recuerdos muy especiales por aquí. (4) ___Siempre___ (Siempre / Nunca) es mejor regalar (5) ___algo___ (algo / nada) que llegar con las manos vacías (*empty*)...

TÚ Sí. Pero (6) ___tampoco___ (también / tampoco) es bueno comprar cosas que no quepan en la maleta. Necesito un recuerdo que no sea muy grande pero (7) ___tampoco___ (también / tampoco) muy pequeño, por favor.

EMPLEADO Es que no tenemos (8) ___nada___ (algo / nada) así. Todo lo que tenemos (9) ___o___ (o / ni) es muy chiquito (10) ___o___ (o / ni) es muy grande. No tenemos (11) ___nada___ (algo / nada) de tamaño mediano.

TÚ Bueno, señor, el barco ya se va... Si usted no tiene (12) ___nada___ (algo / nada) que yo pueda comprar ahora mismo, me tendré que ir.

EMPLEADO Lo siento. (13) ___Nadie___ (Alguien / Nadie) compra recuerdos aquí (14) ___jamás___ (siempre / jamás). No entiendo por qué será.

2 **En el avión** Marcos, un viajero, es un poco caprichoso; nada le viene bien. Escribe **o... o, ni... ni,** o **ni siquiera** para completar sus quejas.

1. Le pedí una bebida al asistente de vuelo pero no me trajo ___ni___ café ___ni___ agua.
2. ¡Qué día fatal! No pude ___ni___ empacar la última maleta ___ni___ despedirme de mis amigos.
3. Por favor, ___o___ sean puntuales ___o___ avisen si van a llegar tarde.
4. Hoy me siento enfermo. No puedo ___ni___ dormir ___ni___ hablar. ___Ni siquiera___ puedo moverme.
5. Me duele la cabeza. No quiero escuchar ___ni___ música ___ni___ la radio.

3 **Opiniones** En grupos de cuatro, hablen sobre estas opiniones y digan si están de acuerdo o no. Por turnos, expliquen sus razones. Usen expresiones positivas y negativas.

1. Es más costoso viajar en primera clase, pero vale la pena.
2. Conocer otros países y culturas es más importante que aprender de un libro.
3. Hacer un intercambio te abre más a otras maneras de pensar.
4. Es mejor ir de vacaciones durante el verano que durante el invierno.
5. Ir de viaje es la mejor manera de gastar los ahorros.
6. Es más peligroso viajar hoy en día. Antes era muchísimo más seguro.

5.4 *Pero* and *sino*

El viaje no es de excursión, sino de trabajo.

Sí, ¡pero en el Amazonas, Fabiola!

- In Spanish, both **pero** and **sino** are used to introduce contradictions or qualifications, but the two words are not interchangeable.
- **Pero** means *but* (in the sense of *however*). It may be used after either affirmative or negative clauses.

  Iré contigo a ver las ruinas, **pero** mañana quiero pasar el día entero en la playa.
  I'll go with you to see the ruins, but tomorrow I want to spend the whole day on the beach.

  Nuestro guía no me cae muy bien, **pero** sí sabe todo sobre la historia precolombina.
  I'm not crazy about our tour guide, but he sure does know a lot about pre-Columbian history.

- **Sino** also means *but* (in the sense of *but rather* or *on the contrary*). It is used only after negative clauses. **Sino** introduces a contradicting idea that clarifies or qualifies the previous information.

  No me gustan estos zapatos, **sino** los de la otra tienda.
  I don't like these shoes, but rather the ones from the other store.

  La casa **no** está en el centro de la ciudad, **sino** en las afueras.
  The house is not in the center of the city, but rather in the outskirts.

- When **sino** is used before a conjugated verb, the conjunction **que** is added.

  No quiero que vayas a la fiesta, **sino que** hagas tu tarea.
  I want you to do your homework rather than go to the party.

  No iba a casa, **sino que** se quedaba en la capital.
  She was not going home, but instead staying in the capital.

- *Not only... but also* is expressed with the phrase **no sólo... sino (que) también/además.**

  Quiero **no sólo** el pastel, **sino también** el helado.
  I want not only the cake, but also the ice cream.

- The phrase **pero tampoco** means *but neither* or *but not either.*

  A Celia no le interesaba la excursión, **pero tampoco** quería quedarse en el crucero.
  Celia wasn't interested in the excursion, but she didn't want to stay on the cruise ship either.

MÁS GRAMÁTICA

This is an additional grammar point for **Lección 5 Estructura.** You may use it for review or as required by your instructor.

¡ATENCIÓN!

Pero también (*But also*) is used after affirmative clauses.

Pedro es inteligente, pero también es cabezón.
Pedro is smart, but he is also stubborn.

Práctica

TALLER DE CONSULTA

These activities correspond to the grammar point on the preceding page.

5.4 *Pero* and *sino*

1 Columnas Completa cada oración con la opción correcta.

1. Sofía no quiere viajar mañana y Marta __e__.
2. Mi compañero de cuarto no es de Madrid __c__ de Barcelona.
3. Mis padres quieren que yo trabaje este verano __a__ yo prefiero irme de viaje a Europa.
4. No fui al partido de fútbol __b__ fui al concierto de rock. Tuve que estudiar para un examen.
5. No queremos que usted nos cancele la reservación, __d__ nos cambie la fecha de salida.

a. pero
b. pero tampoco
c. sino
d. sino que
e. tampoco

2 Completar Completa cada oración con **no sólo, pero, sino (que)** o **tampoco.**

1. Las cartas no llegaron el miércoles __sino__ el jueves.
2. Mis amigos no quieren alojarse en el albergue y yo __tampoco__.
3. No me gusta manejar por la noche, __pero__ iré a la fiesta si tú manejas.
4. Carlos no me llamaba por teléfono, __sino que__ me enviaba mensajes de texto.
5. Yo __no sólo__ esperaba aprobar el examen, __sino__ también sacar una A.
6. Quiero aclarar que Juan no llegó temprano, __sino__ muy tarde.

3 Oraciones incompletas Cuando tú y tu familia llegan al lugar donde pasarán sus vacaciones, se dan cuenta de que han dejado en casa a Juan José, tu hermano menor. Utiliza frases con **pero** y **sino** para completar las oraciones.

1. Yo no hablé con Juan José esta mañana ________________.
2. No vamos a poder regresar para buscarlo ________________.
3. No es aconsejable que regresemos, ________________.
4. Me gusta la idea de llamar a un vecino ________________.
5. Creo que no debemos ________________.
6. Juan José no tiene cinco años ________________.
7. Si tiene algún problema no va a poder avisarnos ________________.
8. Está claro que Juan José ________________.

4 Opiniones contrarias En parejas, imaginen que son dos personas totalmente diferentes. Nunca están de acuerdo en nada. Túrnense para hacer afirmaciones. Uno/a de ustedes debe usar **pero, sino, sino que y no sólo... sino** para contradecir lo que dice el/la otro/a. Sigan el modelo.

MODELO

— Creo que hoy hace un día estupendo.
— ¡Estás equivocado! No hace un día estupendo sino que hace mucho frío. Y no sólo hace frío, sino que también...

Más práctica

6.1 The future

1 **¿Qué pasará?** Usa el futuro para explicar qué puede estar ocurriendo en cada una de las situaciones. Puedes utilizar las ideas de la lista o inventar otras.

MODELO **Hoy tu carro no arranca (*doesn't start*). Hay algo que no funciona.**
El carro no tendrá gasolina. / La batería estará descargada.

(su gato/su conejo) estar perdido	tener otros planes
(él/ella/su perro) estar enfermo/a	no tener ganas
haber un huracán	

1. María siempre llega a la clase de español puntualmente, pero la clase ya empezó y ella no está.
2. Carlos es el presidente del club ecologista, pero hoy no vino a la reunión.
3. Sara y María son dos personas muy alegres y optimistas, pero hoy están tristes y no quieren hablar con nadie.
4. He invitado a Juan a ir al cine con nosotros, pero no quiere ir.
5. Mañana vas a viajar a una zona tropical. Te acaban de avisar que se canceló tu vuelo.

2 **Campaña informativa** En parejas, imaginen que trabajan para una organización que se dedica a proteger el medio ambiente. Les han pedido que preparen una campaña informativa para concientizar a la gente sobre (*make people aware of*) los problemas ecológicos. Contesten las preguntas y después compartan la información con la clase.

1. ¿Cómo se llamará la campaña?
2. ¿Qué problemas del medio ambiente tratará?
3. ¿Qué consejos darán?
4. ¿Qué harán para distribuir la información?
5. ¿Creen que su campaña tendrá éxito? ¿Por qué?

3 **Horóscopo** En parejas, escriban el horóscopo de su compañero/a para el mes que viene. Utilicen verbos en futuro y algunas frases de la lista. Luego compártanlo con sus compañeros/as.

decir secretos	haber sorpresa	recibir una visita
empezar una relación	hacer daño	tener suerte
festejar	hacer un viaje	venir amigos
ganar/perder dinero	poder solucionar problemas	viajar al extranjero

TALLER DE CONSULTA

MÁS PRÁCTICA
To see the explanation corresponding to this additional practice, see p. 166.

Más práctica

TALLER DE CONSULTA

MÁS PRÁCTICA
To see the explanation corresponding to this additional practice, see p. 170.

6.2 The subjunctive in adverbial clauses

1 En el parque **Javier quiere leer los carteles (*signs*) del parque nacional, pero Sol no cree que sean importantes. Completa la conversación con el subjuntivo del verbo indicado.**

JAVIER Espera, Sol, quiero leer los carteles.

SOL Es que son muy obvios. No dicen nada que yo no (1) ___sepa___ (saber). "Tan pronto como usted (2) ___escuche___ (escuchar) un trueno, aléjese de las zonas altas." ¡Qué tontería! ¡Eso es obvio!

JAVIER Sí, pero son importantes para que los visitantes (3) ___sean___ (ser) conscientes de la seguridad.

SOL ¿Y qué tiene que ver este otro cartel con la seguridad? "Para que no (4) ___haya___ (haber) erosión, caminen sólo por el sendero."

JAVIER Bueno, es que algunos carteles son para que la gente (5) ___ayude___ (ayudar) a cuidar el parque. Por ejemplo, este otro...

SOL Basta, Javier, estoy harta de estos carteles tan obvios. Si realmente quieren cuidar el parque, ¿por qué no ponen cestos (*bins*) para la basura?

JAVIER Bueno, justamente el cartel dice: "No tenemos cestos para la basura para que los visitantes nos (6) ___ayuden___ (ayudar) llevándose su propia basura del parque."

SOL Bueno, yo no he dicho que todos los carteles (7) ___sean___ (ser) inútiles.

2 En casa **Tu hermana insiste en que tu familia colabore para proteger el medio ambiente. Tiene una lista de órdenes que quiere que ustedes cumplan. Escribe cada orden de otra forma, usando el subjuntivo y las palabras que están entre paréntesis. Haz los cambios necesarios.**

Suggested answers.

MODELO **Usen el aire acondicionado lo mínimo posible. (siempre que)**
Siempre que sea posible, no usen el aire acondicionado.

1. Cierren bien el grifo (*faucet*) y no dejen escapar ni una gota de agua. (para que)
   Para que no se escape ni una gota de agua, cierren bien el grifo.
2. Apaguen las luces al salir de un cuarto. (tan pronto como)
   Tan pronto como salgan de un cuarto, apaguen las luces.
3. No boten las botellas. Hay que averiguar primero si se pueden reciclar. (antes de que)
   Antes de que boten las botellas, averigüen si se pueden reciclar.
4. Vayan a la escuela en bicicleta. Usen el carro sólo si hace mal tiempo. (a menos que)
   A menos que haga mal tiempo, vayan a la escuela en bicicleta.
5. En lugar de encender la calefacción (*heating*), pónganse otro suéter. (siempre que)
   Siempre que puedan, pónganse otro suéter en lugar de encender la calefacción.

3 Conversaciones **En parejas, representen estas dos conversaciones. Usen conjunciones de la lista y recuerden que algunas de estas construcciones exigen un verbo en subjuntivo.**

a menos que	**aunque**	**cuando**	**hasta que**	**sin (que)**
antes de (que)	**con tal de (que)**	**en caso de (que)**	**para (que)**	**tan pronto como**

1. Una pareja de recién casados está planeando su luna de miel (*honeymoon*): Ella quiere ir a una isla remota. Él quiere ir a París.
2. Una madre y su hijo: Él tiene su licencia de conducir y quiere una motocicleta.

Más práctica

6.3 Prepositions: *a, hacia,* and *con*

1 **Un día horrible** Completa el texto con las preposiciones **a, hacia** o **con.**

Hola, Miguel:

Ayer tuve un día horrible. Casi prefiero no acordarme. Puse el despertador para que sonara (1) ___a___ las seis de la mañana pero me dormí y me levanté (2) ___hacia / a___ las siete. Mi clase de ecología empezaba a las ocho así que iba a llegar tarde. El profesor es bastante estricto y siempre se enoja (3) ___con___ los estudiantes que no llegan a tiempo.

Mi día había comenzado mal e iba a seguir peor. Salí de casa y comencé (4) ___a___ correr (5) ___hacia___ la universidad. Cuando estaba (6) ___a___ la mitad del camino, algo terrible ocurrió. Una señora que estaba (7) ___a___ mi izquierda no vio la farola (*streetlight*) y chocó (8) ___con___ ella. Fue un golpe tremendo. Fui (9) ___a___ ayudarla, pues se había caído. Tuve que levantarla (10) ___con___ mucho cuidado porque estaba mareada. Cuando llegó la policía, yo comencé (11) ___a___ correr otra vez. Entré a clase muy tarde, (12) ___a / hacia___ las ocho y media. ¡Qué locura!

Un abrazo,
Lupe

2 **Carta** Imagina que estás de vacaciones en otro país y le escribes una carta a tu familia contándoles los detalles de tu viaje. Puedes incluir información sobre el horario de las actividades, los lugares que has visitado, las cosas que has hecho y los planes para el resto del viaje. Utiliza por lo menos seis expresiones de la lista.

MODELO Al llegar a San Juan, fui al hotel con Marta.

al llegar	estaba(n) conmigo	con un guía turístico
a veinte (millas)	con cuidado/anticipación	hacia/a las (nueve y media)
ayudar a	con mi cámara	hacia la playa/el bosque

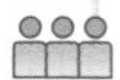

3 **El guardaparques** Trabajen en grupos de cuatro. Una persona es el/la guardaparques (*park ranger*) y las otras tres son turistas. Algunos turistas no respetaron las reglas del parque y el/la guardaparques quiere saber quiénes fueron. Representen la situación usando la información de la lista y las preposiciones **a, hacia** y **con.**

estar / las dos de la tarde	hablar / otras personas
ir / tanta prisa	contaminar / combustible
dar de comer / los animales salvajes	ir / sacar plantas
envenenar / una sustancia tóxica	ir / otra gente
dirigir / la salida	ver / alguien sospechoso

TALLER DE CONSULTA

MÁS PRÁCTICA
To see the explanation corresponding to this additional practice, see p. 174.

MÁS GRAMÁTICA

This is an additional grammar point for **Lección 6 Estructura.** You may use it for review or as required by your instructor.

6.4 Adverbs

- Adverbs (**adverbios**) describe *how, when,* and *where* actions take place. They usually follow the verbs they modify and precede adjectives or other adverbs.

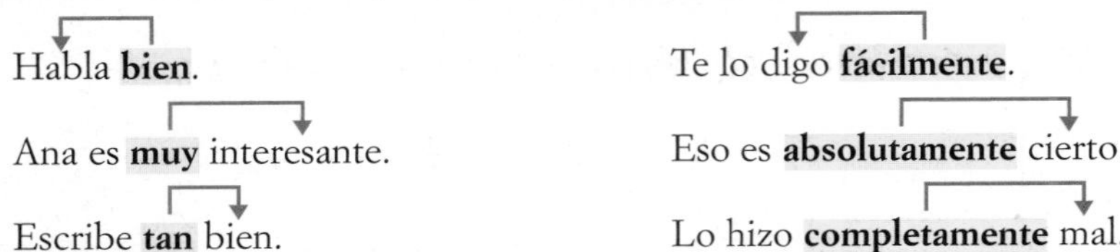

Habla **bien**.
Ana es **muy** interesante.
Escribe **tan** bien.

Te lo digo **fácilmente**.
Eso es **absolutamente** cierto.
Lo hizo **completamente** mal.

¡ATENCIÓN!

If an adjective has a written accent, it is kept when the suffix **-mente** is added.

If an adjective does not have a written accent, no accent is added to the adverb ending in **-mente**.

- Many Spanish adverbs are formed by adding the suffix **–mente** to the feminine singular form of an adjective. The **–mente** ending is equivalent to the English *-ly*.

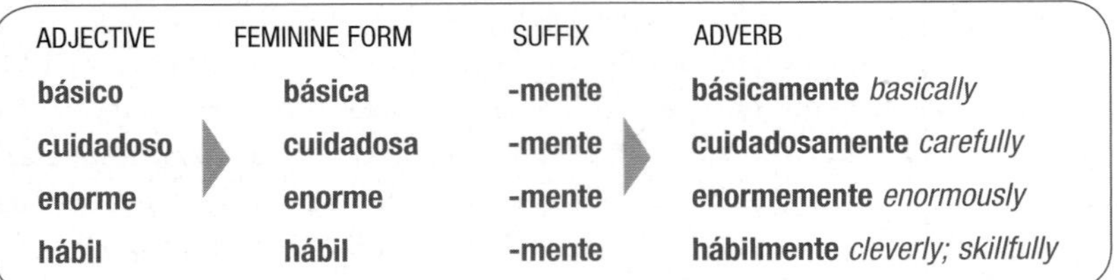

ADJECTIVE	FEMININE FORM	SUFFIX	ADVERB
básico	**básica**	**-mente**	**básicamente** *basically*
cuidadoso	**cuidadosa**	**-mente**	**cuidadosamente** *carefully*
enorme	**enorme**	**-mente**	**enormemente** *enormously*
hábil	**hábil**	**-mente**	**hábilmente** *cleverly; skillfully*

- If two or more adverbs modify the same verb, only the final adverb uses the suffix **–mente**.

Se marchó **lenta** y **silenciosamente**.
He left slowly and silently.

- The construction **con** + [*noun*] is often used instead of long adverbs that end in **–mente**.

cuidadosamente → con cuidado **frecuentemente → con frecuencia**

- Here are some common adverbs and adverbial phrases:

a menudo *frequently; often*	**así** *like this; so*	**mañana** *tomorrow*
a tiempo *on time*	**ayer** *yesterday*	**más** *more*
a veces *sometimes*	**casi** *almost*	**menos** *less*
adentro *inside*	**de costumbre** *usually*	**muy** *very*
afuera *outside*	**de repente** *suddenly*	**por fin** *finally*
apenas *hardly; scarcely*	**de vez en cuando** *now and then*	**pronto** *soon*
aquí *here*		**tan** *so*

A veces salimos a tomar un café.
Sometimes we go out for coffee.

Casi terminé el libro.
I almost finished the book.

¡ATENCIÓN!

Some adverbs and adjectives have the same forms.

ADJ: **bastante dinero** *enough money*
ADV: **bastante difícil** *rather difficult*

ADJ: **poco tiempo** *little time*
ADV: **habla poco** *speaks very little*

- The adverbs **poco** and **bien** frequently modify adjectives. In these cases, **poco** is often the equivalent of the English prefix *un-*, while **bien** means *well, very, rather,* or *quite*.

La situación está **poco** clara.
The situation is unclear.

La cena estuvo **bien** rica.
Dinner was very tasty.

Práctica

6.4 Adverbs

TALLER DE CONSULTA

These activities correspond to the grammar point on the preceding page.

1 Adverbios Escribe el adverbio que se deriva de cada adjetivo.

1. básico básicamente
2. feliz felizmente
3. fácil fácilmente
4. inteligente inteligentemente
5. alegre alegremente
6. común comúnmente
7. injusto injustamente
8. asombroso asombrosamente
9. insistente insistentemente
10. silencioso silenciosamente

2 Instrucciones para ser feliz Elige el adjetivo apropiado para cada ocasión y después completa la oración, convirtiendo ese adjetivo en el adverbio correspondiente. Hay tres adjetivos que no se usan. Answers may vary slightly.

claro	frecuente	malo	triste
cuidadoso	inmediato	tranquilo	último

1. Expresa tus opiniones claramente.
2. Tienes que salir por la noche frecuentemente.
3. Debes gastar el dinero cuidadosamente.
4. Si eres injusto/a con alguien, debes pedir perdón inmediatamente.
5. Después de almorzar, disfruta tranquilamente de la siesta.

3 Recomendaciones Los padres de Mario y Paola salieron de viaje por dos semanas. Completa las instrucciones que les dejaron pegadas en el refrigerador.

a menudo	adentro	así	mañana
a tiempo	afuera	de vez en cuando	tan

Lunes, 19 de octubre

1. Pasar la aspiradora a menudo. ¡Todos los días!
2. Llegar a la escuela a tiempo.
3. Mañana, llevar a Botitas al veterinario para su cita.
4. Dejar que el gato juegue afuera todos los días si no llueve.
5. Sólo ir de vez en cuando al centro comercial.

Más práctica

TALLER DE CONSULTA

MÁS PRÁCTICA
To see the explanation corresponding to this additional practice, see p. 196.

7.1 The present perfect

1 Oraciones **Cambia las oraciones del pretérito al pretérito perfecto.**

1. Juan y yo vimos una estrella fugaz. Juan y yo hemos visto una estrella fugaz.
2. Yo hice la tarea en el laboratorio. Yo he hecho la tarea en el laboratorio.
3. La científica le dijo la verdad a su colega. La científica le ha dicho la verdad a su colega.
4. El astronauta volvió de su viaje. El astronauta ha vuelto de su viaje.
5. Ustedes encontraron la solución al problema. Ustedes han encontrado la solución al problema.
6. Nosotros clonamos unas células. Nosotros hemos clonado unas células.
7. Vendiste tu computadora portátil. Has vendido tu computadora portátil.
8. Comprobaron la teoría. Han comprobado la teoría.

2 Primer día **Es el primer día de la clase de informática, y la profesora les dice las reglas del curso. Contéstale usando el pretérito perfecto.**

MODELO **Abran el sitio web de la clase.**
Ya lo hemos abierto.

1. Apaguen los teléfonos celulares. Ya los hemos apagado.
2. Inventen una contraseña para su trabajo. Ya la hemos inventado.
3. Descarguen el programa de Internet que vamos a usar. Ya lo hemos descargado.
4. Guarden todo su trabajo en su archivo personal. Ya lo hemos guardado.
5. Añadan sus direcciones de correo electrónico a la lista de la clase. Ya las hemos añadido.
6. Antes de entregar su trabajo, revísenlo con el corrector ortográfico. Ya lo hemos revisado.

3 Viaje **Imagina que eres un(a) astronauta y acabas de volver de tu primer viaje a otro planeta. Tu compañero/a es reportero/a y te hace preguntas sobre lo que has visto y lo que has hecho en el viaje. Utilicen el pretérito perfecto de los verbos del recuadro.**

MODELO **REPORTERO/A** ¿Que has aprendido de la cultura de los extraterrestres?
ASTRONAUTA He aprendido que…

aprender	**explorar**
comer	**hacer**
descubrir	**ver**

4 Extraterrestres **En grupos de tres, imaginen que son extraterrestres. Un grupo tiene que explicar cómo son los seres humanos a otro grupo que no los ha visto todavía. En su conversación, utilicen el pretérito perfecto.**

MODELO **GRUPO 1** ¿Han averiguado por qué los seres humanos se sientan enfrente de esas pantallas todo el día?
GRUPO 2 No lo hemos averiguado todavía, pero pensamos que es una forma de comunicarse con los espíritus de otro mundo…

Más práctica

7.2 The past perfect

1 **Testigo del futuro** Un día escuchas a un hombre hablando solo en una esquina. Te acercas un poquito más y lo oyes decir que ha vuelto de un viaje al futuro. Completa su visión del futuro con el pluscuamperfecto.

Hola, queridos amigos... Soy Rubén, testigo del futuro. Les informo que antes del año 2050, los científicos ya (1) ___habían clonado___ (clonar) al ser humano. Antes de 2060, los inventores ya (2) ___habían fabricado___ (fabricar) un automóvil volador. Antes de 2070, los investigadores ya (3) ___habían descubierto___ (descubrir) una cura para todo tipo de enfermedad. Antes de 2080, un biólogo extraordinario ya (4) ___había inventado___ (inventar) una semilla (*seed*) resistente a todo tipo de insecto y que no necesita ni agua ni tierra para crecer. Antes de 2090, nuestro presidente ya (5) ___había creado___ (crear) un sistema de gobierno justo que funciona para el bien de todos. Antes del año 3000, ya (nosotros) (6) ___habíamos investigado___ (investigar) los orígenes del universo. Antes de 3005, ya (nosotros) (7) ___habíamos terminado___ (terminar) con las guerras en la Tierra. Antes de 3010, ya (nosotros) (8) ___habíamos comprobado___ (comprobar) que sí hay vida en otros planetas...

2 **¿Qué hiciste ayer?** Seguro que tienes una vida muy ocupada. Escribe oraciones completas para contar lo que ya habías hecho ayer antes de las situaciones indicadas. Utiliza el pluscuamperfecto.

MODELO **antes del desayuno**
Antes del desayuno, ya me había afeitado.

1. antes del desayuno
2. antes de ir a clase
3. antes del almuerzo
4. antes de la cena
5. antes de acostarte

3 **Tus logros** Piensa en cuatro cosas que ya habías logrado antes de ir a la universidad y cuéntaselas a un(a) compañero/a. También debes preguntarle por sus logros (*achievements*).

MODELO Antes de ir a la universidad, ya había conseguido mi licencia de conducir. ¿Y tú?

TALLER DE CONSULTA

MÁS PRÁCTICA
To see the explanation corresponding to this additional practice, see p. 200.

Más práctica

TALLER DE CONSULTA

MÁS PRÁCTICA
To see the explanation corresponding to this additional practice, see p. 202.

7.3 Diminutives and augmentatives

1 **Diminutivos** Carlos siempre habla usando diminutivos. Completa sus descripciones con el diminutivo (**-ito/a**) de las palabras entre paréntesis.

Ayer fui al (1) mercadito (mercado) de antigüedades que está muy (2) cerquita (cerca) de mi (3) casita (casa) y compré algunas (4) cositas (cosas) muy valiosas. En el primer puesto, un (5) hombrecito (hombre) muy simpático me aconsejó comprar un (6) librito (libro) viejo y muy bonito. Cuando regresé a casa, tenía mucho frío y me tomé un (7) cafecito (café) para calentarme. Me senté en mi (8) sillita (silla) favorita y empecé a leer. Fue una mañana muy divertida.

2 **Los cuentos infantiles**

A. El señor Ordóñez odia los diminutivos. Por eso ha cambiado todos los títulos en el libro de cuentos infantiles (*children's stories*) que le lee a su hijo. Lee el índice y escribe los títulos en su forma original. Usa el diminutivo (**-ito/a**).

Cuentos Infantiles

1. Blancanieves (*Snow White*) y los siete enanos (*dwarves*)........2
2. Caperuza (*Little hood*) Roja........8
3. La gallina (*little hen*) colorada........16
4. El pato (*duckling*) feo........22
5. La sirena (*little mermaid*)........26
6. Los tres cerdos (*little pigs*)........34
7. El soldado de plomo (*tin soldier*)........40
8. Pulgar (*thumb*)........46

1. enanitos
2. Caperucita
3. gallinita
4. patito
5. sirenita
6. cerditos
7. soldadito
8. Pulgarcito

B. Ahora, en parejas, escriban las primeras diez oraciones de un cuento infantil. Pueden contar alguno de los cuentos tradicionales o inventar uno. Incluyan el mayor número posible de aumentativos y diminutivos.

3 **Opiniones** En parejas, imaginen que uno/a de ustedes cree en los ovnis. Discutan el tema. Usen aumentativos y diminutivos.

MODELO
—Sé que los ovnis existen porque una noche vi unas lucecitas extrañas...
—Estás un poco loquito. Seguramente viste lucecitas en tu cabezota.

7.4 Expressions of time with *hacer*

- In Spanish, the verb **hacer** is used to describe how long something has been happening or how long ago an event occurred.

Time expressions with *hacer*	
present	**hace** + [*period of time*] + **que** + [*verb in present tense*] **Hace tres semanas que busco otro apartamento.** *I've been looking for another apartment for three weeks.*
preterite	**hace** + [*period of time*] + **que** + [*verb in the preterite*] **Hace seis meses que fueron a Buenos Aires.** *They went to Buenos Aires six months ago.*
imperfect	**hacía** + [*period of time*] + **que** + [*verb in the imperfect*] **Hacía treinta años que trabajaba con nosotros cuando por fin se jubiló.** *He had been working with us for thirty years when he finally retired.*

- To express the duration of an event that continues into the present, Spanish uses the construction **hace** + [*period of time*] + **que** + [*present tense verb*]. Note that **hace** does not change form.

¿Cuánto tiempo **hace que vives** en la República Dominicana?
How long have you lived in the Dominican Republic?

Hace siete años **que vivo** en la República Dominicana.
I've lived in the Dominican Republic for seven years.

- To make a sentence negative, add **no** before the conjugated verb. Negative time expressions with **hacer** often translate as *since* in English.

¿**Hace** mucho tiempo que **no** le dan un aumento de sueldo?
Has it been a long time since they gave you a raise?

¡Uy, **hace** años que **no** me dan un aumento de sueldo!
It's been years since they gave me a raise!/ They haven't given me a raise in years!

- To tell how long ago an event occurred, use **hace** + [*period of time*] + **que** + [*preterite tense verb*].

¿Cuánto tiempo **hace** que me **mandaste** el mensaje de texto?
How long ago did you send me the text message?

Hace cuatro días que te **mandé** el mensaje.
I sent you the message four days ago.

- **Hacer** is occasionally used in the imperfect to describe how long an event had been happening before another event occurred. Note that both **hacer** and the conjugated verb in the **hacer** construction use the imperfect.

Hacía dos años que no **estudiaba** español cuando decidió tomar otra clase.
She hadn't studied Spanish for two years when she decided to take another class.

MÁS GRAMÁTICA

This is an additional grammar point for **Lección 7 Estructura.** You may use it for review or as required by your instructor.

¡ATENCIÓN!

The construction [*present tense verb*] + **desde hace** + [*period of time*] may also be used. **Desde** can be omitted.

Estudia español desde hace un año.
He's been studying Spanish for a year.

No estudia español desde hace un año.
It's been a year since he studied Spanish.

¡ATENCIÓN!

Expressions of time with **hacer** can also be used without **que**.

¿Hace cuánto (tiempo) me llamó Carlos?

Te llamó hace dos horas.

Práctica

TALLER DE CONSULTA

These activities correspond to the grammar point on the preceding page.

7.4 Expressions of time with *hacer*

1 Oraciones Escribe oraciones utilizando expresiones de tiempo con **hacer**. Usa el presente en las oraciones 1 a 3 y el pretérito en las oraciones 4 y 5.

MODELO **Ana / hablar por teléfono / veinte minutos**
Hace veinte minutos que Ana habla por teléfono. /
Ana habla por teléfono (desde) hace veinte minutos.

1. Roberto y Miguel / estudiar / tres horas
   Hace tres horas que Roberto y Miguel estudian. / Roberto y Miguel estudian (desde) hace tres horas.
2. nosotros / estar enfermos / una semana
   Hace una semana que nosotros estamos enfermos. / Nosotros estamos enfermos (desde) hace una semana.
3. tú / trabajar en el centro / seis meses
   Hace seis meses que trabajas en el centro. / Trabajas en el centro (desde) hace seis meses.
4. Sergio / visitar a sus abuelos / un mes
   Hace un mes que Sergio visitó a sus abuelos. / Sergio visitó a sus abuelos hace un mes.
5. yo / ir a la Patagonia / un año
   Hace un año que fui a la Patagonia. / Fui a la Patagonia hace un año.

2 Conversaciones Completa las conversaciones con las palabras adecuadas. Answers may vary slightly.

1. **GRACIELA** ¿__Cuánto__ tiempo hace que vives en esta ciudad?
   SUSANA Mmm... __Hace__ dos años que __vivo__ aquí.
2. **GUSTAVO** Hacía veinte años que __trabajaba__ con nosotros cuando Miguel decidió jubilarse (*to retire*), ¿verdad?
   ARMANDO No, __hacía__ quince años que trabajaba con nosotros cuando se jubiló.
3. **MARÍA** __Fuiste__ a visitar a tu novia hace dos meses, ¿no?
   PEDRO Sí, __hace__ dos meses que fui a visitar a mi novia. ¡La extraño mucho!
4. **PACO** ¿Cuánto tiempo __hace__ que __estudias__ español?
   ANA Estudio español __desde__ hace tres años.

3 Preguntas Responde a las preguntas con oraciones completas. Utiliza las palabras entre paréntesis.

1. ¿Cuánto tiempo hace que fuiste de vacaciones a la playa? (cinco años)
   Hace cinco años que fui de vacaciones a la playa. / Fui de vacaciones a la playa hace cinco años.
2. ¿Hace cuánto tiempo que estudias economía? (dos semanas)
   Hace dos semanas que estudio economía. / Estudio economía (desde) hace dos semanas.
3. ¿Cuánto tiempo hace que rompiste con Nicolás? (un mes)
   Hace un mes que rompí con Nicolás. / Rompí con Nicolás hace un mes.
4. ¿Cuánto tiempo hace que Irene y Natalia llegaron? (una hora)
   Hace una hora que llegaron. / Llegaron hace una hora.
5. ¿Hace cuánto tiempo que ustedes viven aquí? (cuatro días)
   Hace cuatro días que vivimos aquí. / Vivimos aquí (desde) hace cuatro días.

Más práctica

8.1 The conditional

TALLER DE CONSULTA

MÁS PRÁCTICA
To see the explanation corresponding to this additional practice, see p. 224.

1 Oraciones incompletas **Completa las oraciones con el condicional del verbo entre paréntesis.**

1. María ___saldría___ (salir) con Juan porque le cae muy bien.
2. Si no llevara tantos libros, todo ___cabría___ (caber) en una sola maleta.
3. La comida no tiene sabor. Nosotros le ___pondríamos___ (poner) un poco más de sal.
4. No sé cuál ___sería___ (ser) el mejor momento para llamar al gerente.
5. Le pregunté al médico cuánto ___valdrían___ (valer) las medicinas que él me recetó.

2 El futuro en el pasado **Usa el condicional para expresar el pasado de cada oración. Usa el pretérito o el imperfecto en las cláusulas principales. Sigue el modelo.** Answers may vary slightly.

MODELO **Juan dice que llegará pronto.**
Juan dijo que llegaría pronto.

1. Los empleados creen que recibirán un aumento el mes que viene.
   Los empleados creían que recibirían un aumento…
2. El gerente afirma que la reunión será muy breve.
   El gerente afirmó que la reunión sería…
3. Carlos dice que nevará mañana y que suspenderán el viaje de negocios.
   Carlos dijo que nevaría mañana y que suspenderían…
4. María nos cuenta que ella se jubilará en cinco años.
   María nos contó que ella se jubilaría…
5. Muchas personas piensan que la globalización crecerá en el futuro próximo.
   Muchas personas pensaban que la globalización crecería...
6. Los vendedores están seguros de que venderán el doble este año.
   Los vendedores estaban seguros de que venderían…

3 Bien educado **¿Cómo pedirías algo de manera educada en estas situaciones? Escribe una pregunta apropiada para cada situación.** Answers will vary.

1. Estás en un restaurante y te das cuenta de que no tienes servilleta.
   ¿Podría usted traerme una servilleta, por favor?
2. Eres un(a) turista en Caracas y no sabes cómo llegar a la Plaza Venezuela.
   ¿Me podría decir cómo llegar a la Plaza Venezuela, por favor?
3. Quieres que tu profesor(a) te diga cuál es tu nota en su clase.
   ¿Me diría usted mi nota en esta clase, por favor?
4. Tienes un billete de $5 y necesitas monedas para hacer una llamada telefónica.
   ¿Me cambiaría usted este billete por monedas, por favor?
5. Estás en la biblioteca y no puedes encontrar el libro que necesitas. Le pides ayuda al bibliotecario. ¿Me ayudaría usted a encontrar un libro, por favor?

4 Profesiones misteriosas **Elige tres profesiones interesantes. Luego reúnete con tres compañeros/as y, sin mencionar cuáles son, diles lo que harías hoy si trabajaras en cada una de esas profesiones. Tus compañeros/as deben adivinar cuáles elegiste.**

MODELO
ESTUDIANTE 1 Hoy me levantaría temprano y después desayunaría con mi esposa. Por la mañana trabajaría en mi oficina y almorzaría con el presidente de Francia. Por la tarde asistiría a una sesión de la Cámara de Representantes... ¿Quién soy?
ESTUDIANTE 2 Eres el presidente de los Estados Unidos.

Más práctica

TALLER DE CONSULTA

MÁS PRÁCTICA
To see the explanation corresponding to this additional practice, see p. 228.

8.2 The past subjunctive

1 **Un robo** **Tu amiga Francisca acaba de volver del banco y te cuenta lo que le pasó: ¡alguien intentó robar el banco! Completa su historia con el imperfecto del subjuntivo de los verbos entre paréntesis.**

Un hombre que llevaba una máscara entró al banco y nos dijo a todos que (1) nos acostáramos (acostarse) boca abajo en el piso. Después les ordenó a todos los empleados que (2) sacaran (sacar) todo el dinero de la caja y que lo (3) pusieran (poner) en una mochila. El gerente vino en ese momento y le pidió al ladrón que (4) se fuera (irse) del banco sin hacerle daño a nadie. El hombre empezó a gritar e insistió en que todos nosotros le (5) prestáramos (prestar) atención. Nos prohibió que (6) habláramos (hablar) entre nosotros. Empezó a quitarnos los relojes y las joyas, y nos exigió que (7) nos quedáramos (quedarse) en el piso. De repente una mujer se paró y regañó (*scolded*) al ladrón como si él (8) fuera (ser) su propio hijo. El hombre dejó caer todo lo que tenía en la mochila y se fue para la salida. Nos sorprendió que esa mujer (9) tuviera (tener) tanto valor. ¡Ella dijo que dudaba que su hijo (10) volviera (volver) a robar de nuevo y que ella misma se encargaría de llevarlo ante un juez!

2 **Oraciones** **Completa las oraciones de manera lógica. Puede ser necesario usar el imperfecto del subjuntivo.**

1. Yo sabía que el gerente ______.
2. Era imposible que yo ______.
3. María y Penélope hicieron todo para que la reunión ______.
4. La empresa buscaba una persona que ______.
5. El vendedor estaba seguro de que el cliente ______.
6. En la conferencia, conociste a alguien que ______.
7. Sentí mucho que ustedes ______.
8. La empresa multinacional prohibió que sus empleados ______.

3 **La reunión** **En parejas, imaginen que trabajan para la misma empresa. Uno/a de sus colegas no estuvo ayer y no asistió a una reunión muy importante. Túrnense para contarle lo que se dijo en la reunión. Utilicen los verbos de la lista y el imperfecto del subjuntivo.**

aconsejar	pedir
estar seguro/a	proponer
exigir	recomendar
insistir en	sugerir

Más práctica

8.3 *Si* clauses with simple tenses

TALLER DE CONSULTA

MÁS PRÁCTICA
To see the explanation corresponding to this additional practice, see p. 232.

1 Muy mandona Tu jefa es muy mandona (*bossy*). Elige el tiempo verbal correcto para completar sus órdenes.

1. Si usted no ___termina___ (termina / terminaría) este reportaje antes de las dos, no va a cobrar su sueldo este mes.
2. Si yo no tengo en mis manos el archivo hoy mismo, usted ___quedará___ (quedará / quedaría) despedido/a.
3. Si usted ___trabajara___ (trabajara / trabajaría) un poco más y ___hablara___ (hablara / hablaría) menos, terminaría su trabajo antes del Año Nuevo.
4. Si no ___estuviera___ (estaba / estuviera) tan atrasado/a, tendría más tiempo para salir a festejar su cumpleaños esta noche.
5. Si usted no ___limpia___ (limpia / limpiara) su oficina, va a trabajar en el pasillo.
6. Si usted tiene algún problema con alguien en la oficina, no me ___diga___ (dice / diga) nada, pues no tengo tiempo.

2 Volver a vivir Imagina que puedes volver a vivir un año de tu vida. Decide qué año quieres repetir y contesta las preguntas con oraciones completas.

1. Si pudieras elegir un año para vivirlo de nuevo, ¿qué año elegirías?
2. Si tuvieras que cambiar algo de ese año, ¿qué cambios harías?
3. Si pudieras llevar a alguien contigo, ¿a quién llevarías?
4. Si pudieras hacer algo que antes no pudiste hacer, ¿qué te gustaría hacer?
5. Si pudieras decirle a alguien lo que pasaría en el futuro, ¿qué le dirías?

3 Consejos Trabajen en grupos de cuatro. Cada uno debe escoger una de estas situaciones difíciles y luego explicar su problema al grupo. Los demás deben darle al menos cinco consejos para solucionar el problema. Utilicen oraciones con **si**.

"No tengo trabajo pero sí tengo muchas deudas. Soy muy joven para tener tantos problemas. Estoy dispuesto/a a aceptar cualquier puesto. ¿Qué puedo hacer?"

"Estoy cansado/a de trabajar más horas que un reloj y cobrar el sueldo mínimo. Tengo tres hijos pequeños. Mi esposo/a es un(a) ejecutivo/a y gana mucho dinero, pero siempre está fuera de casa. ¡Estoy agotado/a!"

"Soy un(a) vendedor(a) exitoso/a, pero mi trabajo consiste en vender un producto defectuoso. Odio tener que mentir a los clientes. Quiero renunciar, pero temo no poder ganarme la vida en otro trabajo."

"Ayer fui al cajero automático y me di cuenta de que todos mis ahorros habían desaparecido. Creo que alguien robó mi identidad. ¡Me iré a la bancarrota!"

MÁS GRAMÁTICA

This is an additional grammar point for **Lección 8 Estructura.** You may use it for review or as required by your instructor.

8.4 Transitional expressions

Antes de apagar las velas, quiero que cierren los ojos y luego pidan un deseo.

Hay tres compañías que andan detrás de mí. Por lo tanto, merezco otro aumento.

- Transitional words and phrases express the connections between ideas and details. Many transitional expressions function to narrate time and sequence.

al final *at the end; in the end*	**finalmente** *finally*
al mismo tiempo *at the same time*	**luego** *then; next*
al principio *in the beginning*	**mañana** *tomorrow*
anteayer *the day before yesterday*	**mientras** *while*
antes (de) *before*	**pasado mañana** *the day after tomorrow*
ayer *yesterday*	**por fin** *finally*
después (de) *after; afterward*	**primero** *first*
entonces *then; at that time*	**siempre** *always*

- Several other transitional expressions compare or contrast ideas and details.

además *furthermore*	**igualmente** *likewise*
al contrario *on the contrary*	**mientras que** *meanwhile; whereas*
al mismo tiempo *at the same time*	**por otra parte / otro lado** *on the other hand*
aunque *although*	**por un lado... por el otro...** *on one hand. . . on the other. . .*
con excepción de *with the exception of*	**por una parte... por la otra...** *on one hand. . . on the other. . .*
de la misma manera *similarly*	**sin embargo** *however; yet*
del mismo modo *similarly*	

- Transitional expressions are also used to express cause and effect relationships.

así que *so; therefore*	**por consiguiente** *therefore*
como *since*	**por eso** *therefore*
como resultado (de) *as a result (of)*	**por esta razón** *for this reason*
dado que *since*	**por lo tanto** *therefore*
debido a *due to*	**porque** *because*

Práctica

8.4 Transitional expressions

TALLER DE CONSULTA

These activities correspond to the grammar point on the preceding page.

1 **Ordena los hechos** Ordena cronológicamente estas seis acciones. Escribe el número correspondiente al lado de cada una. Ten en cuenta las expresiones de transición.

- __1__ a. Primero envié mi currículum por correo.
- __5__ b. Después de la entrevista, el gerente se despidió muy contento.
- __3__ c. Antes de la entrevista, tuve que escribir una carta de presentación.
- __4__ d. Durante la entrevista, él leyó la carta.
- __6__ e. Mañana empiezo a trabajar.
- __2__ f. Dos semanas después, me citaron para una entrevista con el gerente.

2 **Escoger** Completa las oraciones con una de las opciones entre paréntesis.

1. Tenía una entrevista de trabajo hoy, pero no llegué a la hora indicada y __por eso__ (sin embargo / por eso) no me escogieron.
2. Eres muy trabajador y, __por esta razón__, (por esta razón / por otra parte) no te importa quedarte en la oficina hasta las once de la noche.
3. Yo prefiero poder jubilarme antes de los cincuenta años; __mientras que__ (mientras que / por consiguiente) mi padre quiere seguir trabajando hasta los ochenta.
4. Me despidieron __como resultado__ (como resultado / con excepción) de mi actitud.
5. Después de dos años, __por fin__ (como / por fin) conseguí un buen puesto.
6. Nunca terminé mis estudios y, __por consiguiente__, (mientras que / por consiguiente) sólo gano el sueldo mínimo.
7. No me gusta cómo trabaja. __Además__, (Además / Tampoco) no me gusta su actitud.

3 **El viaje** Marcos acaba de regresar de un viaje por Venezuela. Completa su relato con las expresiones de la lista. Puedes usar algunas expresiones más de una vez.

además	del mismo modo	por eso
al contrario	mientras que	por un lado
debido a eso	por el otro	sin embargo

Hoy estoy muy contento; (1) __por eso/debido a eso__, ven en mi cara una sonrisa. ¡Hice un viaje maravilloso por Venezuela! (2) __Además__, no fue estresante; (3) __al contrario__, descansé mucho. Mi paseo fue muy variado; (4) __por un lado__, pasé varios días en los Andes, y (5) __por el otro__ recorrí la costa caribeña, donde hice muchos amigos. Caracas es una ciudad llena de historia, (6) __mientras que__ su carácter contemporáneo la mantiene entre las capitales más activas de Suramérica. (7) __Sin embargo__, todo lo que empieza tiene que acabar, y mi viaje terminó antes de lo que esperaba; (8) __por eso/debido a eso__, pienso volver el próximo año.

Más práctica

TALLER DE CONSULTA

MÁS PRÁCTICA
To see the explanation corresponding to this additional practice, see p. 254.

9.1 The present perfect subjunctive

1 **La prensa sensacionalista** **Completa las oraciones con la forma adecuada del verbo entre paréntesis: el presente del subjuntivo o el pretérito perfecto del subjuntivo.** Some answers may vary.

1. Dudo que los actores ___se hayan casado___ (casarse) anoche como dice en las revistas.
2. No es posible que ___sea___ (ser) un error; todo lo que se publica es verdad.
3. Estoy seguro de que muy pronto los actores negarán que ___se hayan separado___ (separarse).
4. No puedo creer que ustedes ___hayan comprado___ (comprar) esas revistas llenas de mentiras.
5. Es necesario que nosotros ___nos mantengamos___ (mantenerse) al tanto de las noticias.
6. No pienso que las revistas ___publiquen___ (publicar) información verdadera.
7. Es poco probable que lo que sale en las revistas ___pase___ (pasar) en la vida real.
8. Es muy importante que todos ___tengamos___ (tener) la oportunidad de saber cómo vive la gente famosa.
9. No me gusta que ya ___hayan mostrado___ (mostrar) fotos de los bebés de los actores.
10. Todavía no puedo creer que esa pareja ___se haya divorciado___ (divorciarse).

2 **Deseos** **Escribe tres deseos para el presente o el futuro utilizando el presente del subjuntivo, y tres deseos de que algo ya haya ocurrido utilizando el pretérito perfecto del subjuntivo. Comienza tus oraciones con Ojalá.**

MODELO Ojalá mis padres disfruten de sus vacaciones el mes que viene.
Ojalá mi cheque haya llegado ya, pues necesito el dinero cuanto antes.

3 **Noticias increíbles** **En parejas, inventen cuatro noticias increíbles. Luego léanselas a otra pareja y túrnense para expresar su sorpresa o incredulidad. Utilicen el pretérito perfecto del subjuntivo.**

MODELO
PAREJA 1 En California han conseguido que un mono lea revistas.
PAREJA 2 No creemos que hayan logrado eso. Es imposible que los monos lean.

4 **Un día fatal** **Piensa en el peor día que has tenido este mes. Luego, en grupos pequeños, túrnense para compartir lo que les ha pasado. Deben responder a sus compañeros/as con el pretérito perfecto del subjuntivo. Utilicen frases de la lista.**

Es una lástima que...	**No puedo creer que...**
Es una pena que...	**Qué terrible que...**
Espero que...	**No me digas que...**
Siento que...	**No puede ser que...**

MODELO
ESTUDIANTE 1 Hace una semana fui al dentista y me dijo que tenía que sacarme tres dientes.
ESTUDIANTE 2 ¡Qué horrible que te haya pasado eso!
ESTUDIANTE 3 Espero que no te haya dolido mucho.

Más práctica

9.2 Relative pronouns

1 En la radio **Completa este informe con las palabras apropiadas.**

¡Hola a todos mis radioyentes! Soy Pancho, el hombre (1) ___que___ (el que / que) siempre está listo para ayudarlos a festejar el fin de semana. A ver… (2) ___Los que___ (El que / Los que) no conocen a este cantante (3) ___que___ (cuyo / que) les voy a presentar ahora, escuchen bien. Se llama Matías y él apareció hace dos días en la revista *Moda*, en (4) ___la cual___ (la cual / el cual) supimos que es soltero y que está buscando… Chicas, ¡apúrense que este soltero guapo no va a durar mucho así! Matías, (5) ___cuyo___ (el cual / cuyo) nuevo álbum se titula *Rayas*, va a actuar en vivo en la plaza central el mes que viene. No se lo pierdan. (6) ___Los que___ (Los que / Quien) no puedan ir, no se preocupen, porque sin duda este cantante volverá. Y ahora, vamos a escuchar la canción *Azul* de su nuevo álbum, (7) ___del cual___ (quienes / del cual) ya se han vendido ¡un millón de copias!

2 Conexiones **Escribe cinco oraciones combinando elementos de las tres columnas y los pronombres relativos necesarios.**

el periodista	que	hablar conmigo
el lector	en la que	es ciego
el público	el cual	no tiene mucha información
la sección deportiva	en el que	no sabe nada
la crítica de cine	la cual	me molesta

3 Adivinanzas **Piensa en una persona famosa y descríbela para que tu compañero/a adivine de quién se trata. Usa pronombres relativos en tu descripción.**

MODELO

—Es una mujer que es muy popular en el mundo de los deportes. Su hermana, con quien ella practica un deporte, es también muy famosa. Ella es la mayor de las dos. Su padre, quien es su entrenador (*coach*), es un hombre bastante controvertido. Los torneos que ella ha ganado son muy importantes. ¿Quién es?
—Es Venus Williams.

4 Encuesta **Entrevista a tus compañeros/as de clase y anota los nombres de los que respondan que sí a estas preguntas. Introduce cada pregunta con una oración que incluya pronombres relativos. Sigue el modelo. Al finalizar, presenta los resultados a la clase.**

MODELO **¿Tus padres son extranjeros?**
Estoy buscando a alguien cuyos padres sean extranjeros/que tenga padres extranjeros. ¿Tus padres son extranjeros?

- ¿Viajaste al extranjero recientemente?
- ¿Te gusta el cine en español?
- ¿Te gustan las películas de terror?
- ¿Te gustan los documentales?
- ¿Conoces a alguna persona famosa?
- ¿Tus hermanos/as escuchan ópera?

TALLER DE CONSULTA

MÁS PRÁCTICA
To see the explanation corresponding to this additional practice, see p. 256.

TALLER DE CONSULTA

MÁS PRÁCTICA
To see the explanation corresponding to this additional practice, see p. 260.

9.3 The neuter *lo*

1 **Chisme** Dos fanáticas de Fabio, un famoso actor de telenovelas, hablan de su nuevo corte de pelo. Completa la conversación usando expresiones con **lo**. Puedes usar las opciones más de una vez.

lo bonito	lo peor
lo difícil	lo que
lo feo	lo ridículo

INÉS ¿Has leído las noticias hoy? No vas a creer (1) ___lo que___ hizo Fabio.
ANGELINA Bueno, ¡cuéntame! (2) ___Lo peor/Lo difícil___ es ser la última en saber.
INÉS ¿Recuerdas (3) ___lo bonito___ que tenía el pelo? Ahora…
ANGELINA ¿Qué hizo? (4) ___Lo que___ no soporto es un hombre rapado (*shaved*)…
INÉS Sí, lo adivinaste. Y para colmo, ahora no sabes (5) ___lo difícil___ que es reconocerlo en las fotos.
ANGELINA Su pelo era (6) ___lo que___ más me gustaba.
INÉS (7) ___Lo que___ dicen en las noticias es que va a perder todos sus contratos por este corte de pelo. El pobre se va a quedar sin trabajo.
ANGELINA El mundo del espectáculo… Siempre me asombra (8) ___lo ridículo___ que es. ¿No saben acaso que el pelo crece enseguida?
INÉS Me pregunto si (9) ___lo que___ esto significa es que nosotras también somos unas ridículas por preocuparnos por estas cosas.

2 **Positivo y negativo** Escribe un aspecto positivo y otro negativo de cada una de las personas o cosas de la lista. Usa expresiones con **lo**.

la vida estudiantil	mi mejor amigo/a
el trabajo	la comida de la cafetería
mis padres	mis clases

MODELO Lo mejor de la vida estudiantil es que los estudiantes son muy simpáticos, pero lo peor es la tarea.

3 **Comentarios** En grupos de tres, preparen una lista de seis situaciones o acontecimientos que ustedes consideran extraordinarios o increíbles. Después, cada compañero/a debe reaccionar a esa situación o acontecimiento. Expresen sus opiniones usando **lo** + [*adjetivo*]. Sigan el modelo.

MODELO —El precio de la gasolina ha subido otra vez.
—Es increíble lo cara que está la gasolina. Voy a tener que dejar de usar el carro.

9.4 *Qué* vs. *cuál*

MÁS GRAMÁTICA

This is an additional grammar point for **Lección 9 Estructura.** You may use it for review or as required by your instructor.

- The interrogative words **¿qué?** and **¿cuál(es)?** can both mean *what/which*, but they are not interchangeable.
- **Qué** is used to ask for general information, explanations, or definitions.

¿**Qué** es la lluvia ácida?
What is acid rain?

¿**Qué** dijo?
What did she say?

- **Cuál(es)** is used to ask for specific information or to choose from a limited set of possibilities. When referring to more than one item, the plural form **cuáles** is used.

¿**Cuál** es el problema?
What is the problem?

¿**Cuál** de las dos prefieres, la radio o la televisión?
Which of these (two) do you prefer, radio or television?

¿**Cuáles** son tus revistas favoritas?
What are your favorite magazines?

¿**Cuáles** escogieron, los rojos o los azules?
Which ones did they choose, the red or the blue?

- Often, either **qué** or **cuál(es)** may be used in the same sentence, but the meaning is different.

Es hora de cenar. ¿**Qué** quieres comer?
It's time to have dinner. What do you want to eat?

Hay pizza y pasta. ¿**Cuál** quieres comer?
There's pizza and pasta. Which one do you want to eat?

- **Qué** may be used before any noun, regardless of the type of information requested.

¿**Qué** ideas tienen ustedes?
What ideas do you have?

¿**Qué** regalo te gusta más?
Which gift do you like better?

¿Peligro? ¿**Qué** peligro?
Danger? What danger?

¿**Qué** revistas son tus favoritas?
What are your favorite magazines?

- **Qué** and **cuál(es)** are sometimes used in declarative sentences that imply a question or unknown information.

¡No sabía qué decir!

Elena se pregunta **qué** pasó esta mañana.
Elena wonders what happened this morning

No sé cuál de las dos escoger.

Juan me preguntó **cuál** de las dos películas prefería.
Juan asked me which of the two movies I preferred.

- **Qué** is also used frequently in exclamations. In this case it means *What...!* or *How...!*

¡**Qué** niño más irresponsable!
What an irresponsible child!

¡**Qué** triste te ves!
How sad you look!

Práctica

TALLER DE CONSULTA

These activities correspond to the grammar point on the preceding page.

9.4 *Qué* vs. *cuál*

1 **¿Qué o cuál?** Completa las preguntas con **¿qué?** o **¿cuál(es)?**, según el contexto.

1. ¿_Cuál_ de las dos revistas es tu favorita?
2. ¿_Qué_ piensas de la prensa sensacionalista?
3. ¿_Cuáles_ son tus canales de televisión preferidos?
4. ¿_Qué_ haces para estar a la moda?
5. ¿_Qué_ sección del periódico es más importante para ti?
6. ¿_Cuáles_ son tus pantalones, los negros o los azules?
7. ¿_Cuál_ es tu opinión sobre la censura?
8. ¿_Qué_ tiras cómicas lees?

2 **Completar** Completa estos anuncios de radio con **qué** o **cuál(es)**.

¿No sabe (1) __qué__ hacer este fin de semana? ¿Tiene que elegir entre una cena elegante y un concierto? ¿(2) __Cuál__ de los dos prefiere? La buena noticia es que no tiene que elegir. Lo invitamos a participar en una cena y un concierto inolvidables este viernes en la Sinfónica de San José.

Si tuviera que elegir entre el mar o la montaña, ¿con (3) __cuál__ se quedaría? Visite el nuevo complejo Costa Brava, que le ofrece playas tranquilas y verdes montañas. ¡(4) __Qué__ más se puede pedir para disfrutar de unas vacaciones inolvidables!

¿(5) __Cuáles__ son sus películas favoritas? ¿Las de acción? ¿Las de misterio? ¿Las románticas? ¡Hágase socio de *La casa de las pelis* y por sólo veinte pesos al mes podrá alquilar todas las películas que quiera! ¿Y (6) __qué__ le parece la idea de recibir las películas a domicilio? Sólo tiene que llamarnos. ¡Garantizamos la entrega en sólo treinta minutos!

3 **Preguntas** Usa **¿qué?** o **¿cuál(es)?** para escribir la pregunta correspondiente a cada respuesta.

1. ¿_Cuál es el programa que más te gusta_?
   El programa que más me gusta es *American Idol.*
2. ¿_Qué quieres hacer este fin de semana_?
   Este fin de semana quiero ir al cine.
3. ¿_Cuáles son tus pasatiempos favoritos_?
   Mis pasatiempos favoritos son nadar, leer revistas y salir con amigos.
4. ¿_Qué opinas de la prensa sensacionalista_?
   Opino que la prensa sensacionalista no informa a los lectores.
5. ¿_Cuál es tu clase más difícil_?
   Mi clase de historia es la más difícil.

Más práctica

10.1 The future perfect

1 Oraciones Combina los elementos y haz los cambios necesarios para formar oraciones con el futuro perfecto. Sigue el modelo. Answers may vary slightly.

MODELO **2030 / autora / publicar / novela**
Para el año 2030, la autora habrá publicado su novela.

1. el año que viene / los dramaturgos / despedir / actor principal
   Para el año que viene, los dramaturgos habrán despedido al actor principal.
2. el próximo semestre / yo / experimentar con / estilo realista
   Para el próximo semestre, yo habré experimentado con el estilo realista.
3. el año 2025 / el poeta y yo / terminar / estrofa final
   Para el año 2025, el poeta y yo habremos terminado la estrofa final.
4. dentro de cinco años / tú / pintar / autorretrato famoso
   Dentro de cinco años, tú habrás pintado un autorretrato famoso.
5. el fin del siglo / la escultora / esculpir / obra maestra
   Para el fin del siglo, la escultora habrá esculpido su obra maestra.

2 Probabilidad Hoy han ocurrido una serie de cosas y tú no sabes muy bien por qué, pero imaginas lo que pudo haber pasado. Escribe oraciones para indicar lo que pudo haber pasado usando el futuro perfecto y la información indicada.

MODELO **Hoy cancelaron la obra de teatro. (actriz principal / sentirse enferma)**
La actriz principal se habrá sentido enferma.

1. El novelista no pudo llegar a la conferencia. (su avión / retrasarse) Su avión se habrá retrasado.
2. El escultor decidió no vender la escultura. (ellos / no ofrecerle suficiente dinero) Ellos no le habrán ofrecido suficiente dinero.
3. La pintora estaba muy contenta. (ella / vender un cuadro) Ella habrá vendido un cuadro.
4. Juan no quiso seguir leyendo la novela. (no interesarle el argumento) No le habrá interesado el argumento.
5. Ellas se marcharon antes de que terminara la obra de teatro. (tener un problema) Habrán tenido un problema.
6. La gente aplaudió cuando inauguraron la exposición. (gustarles la exposición) Les habrá gustado la exposición.

3 ¿Qué habrás hecho? Imagina todo lo que harás entre este año y el año 2050. ¿Qué habrá sido de tu vida? ¿Qué habrás hecho? Escribe un párrafo describiendo lo que habrás hecho para entonces. Usa el futuro perfecto de seis verbos de la lista.

MODELO Para el año 2050, habré vivido en el extranjero y habré aprendido cinco idiomas.

aprender	estar	publicar	trabajar
celebrar	ganar	ser	ver
conocer	poder	tener	vivir

4 Predicciones En parejas, túrnense para hacer predicciones sobre lo que su compañero/a habrá logrado en cada década (*decade*) de su vida. Luego respondan a las predicciones.

MODELO —Para cuando cumplas treinta años, habrás recibido un doctorado en español.
—No creo. Habré recibido un doctorado, pero en bioquímica.

TALLER DE CONSULTA

MÁS PRÁCTICA
To see the explanation corresponding to this additional practice, see p. 280.

Más práctica

TALLER DE CONSULTA

MÁS PRÁCTICA
To see the explanation corresponding to this additional practice, see p. 282.

10.2 The conditional perfect

1 Oraciones relacionadas Escribe los verbos de la segunda columna en el condicional perfecto para completar cada oración. Luego empareja las oraciones de manera lógica.

__c__ 1. Carmen no logró vender ni un solo cuadro.
__e__ 2. Miguel ya se había ido cuando los críticos dijeron que él era el mejor músico del concierto.
__d__ 3. En la fiesta, Julia puso una música muy aburrida.
__b__ 4. El videojuego era muy violento.
__a__ 5. Por fin se estrenó la película.

a. El director se preguntaba si le __habría gustado__ (gustar) al público.
b. De saberlo, Bárbara no se lo __habría comprado__ (comprar) a su nieto.
c. Yo, en su lugar, no __habría pedido__ (pedir) tanto por los cuadros.
d. Yo __habría puesto__ (poner) música bailable.
e. ¡Miguel no lo __habría creído__ (creer)!

2 Pues yo... Tú eres una persona muy crítica y casi nunca te gustan las pinturas o esculturas que ves ni los libros que lees. Siempre dices por qué algo no te gusta y después explicas cómo lo habrías hecho tú. Escribe oraciones con el condicional perfecto siguiendo el modelo.

Sample answers.

MODELO **El final de la novela es demasiado cómico.**
Yo habría escrito un final trágico.

1. El pintor usó colores muy oscuros. Yo ... habría usado colores claros.
2. La escultura es demasiado grande. Yo... habría hecho una escultura más pequeña.
3. El cuadro no tiene mucha luz. Yo ... habría pintado/hecho algo con más luz.
4. El argumento de la novela es demasiado complicado. Yo... habría escrito un argumento más sencillo.
5. No entiendo por qué la artista pintó con acuarela. Yo ... habría pintado al óleo.
6. Estas esculturas son surrealistas. Yo... habría esculpido esculturas realistas.

3 Cuidando a los niños Tu vecina te pide que cuides a sus hijos este fin de semana, pero primero quiere hacerte unas preguntas. Ella quiere saber qué habrías hecho tú en cada una de las situaciones que tuvieron lugar con el/la niñero/a anterior. En parejas, túrnense para representar la conversación. Utilicen el condicional perfecto.

MODELO **dejar / los platos sucios**
— La chica que cuidó a los niños el domingo pasado dejó todos los platos sucios en la cocina.
— Pues, yo los habría lavado antes de irme.

1. no darle de comer / el perro
2. perder / las llaves de la casa
3. mirar / la televisión toda la noche
4. escuchar / música muy fuerte
5. no leer / cuentos infantiles
6. no jugar / los niños
7. cobrar / demasiado
8. no acostar / los niños

Más práctica

10.3 The past perfect subjunctive

1 Completar **Ignacio y Teresa acaban de volver del museo. Completa su conversación con el pluscuamperfecto del subjuntivo.**

IGNACIO Nunca me habría imaginado que Picasso (1) hubiera pintado (pintar) algo tan impresionista.

TERESA Esa obra no la hizo Picasso, Juan. Si (2) te hubieras fijado (fijarse) con más cuidado, te habrías dado cuenta de que la pintó Monet.

IGNACIO Pues, también me sorprendió que Velázquez (3) hubiera hecho (hacer) algo tan contemporáneo.

TERESA Te equivocas de nuevo, Juan. Si (4) hubieras escuchado (escuchar) con atención al guía del museo, habrías aprendido un poco más sobre el arte.

IGNACIO Y si tú (5) hubieras prestado (prestar) atención (*pay attention*) cuando ayer te dije que odio los museos, no estaríamos teniendo esta discusión.

TERESA ¡Si no te escuché, me lo (6) hubieras dicho (decir) otra vez! Ya sabes que soy muy distraída.

2 Preocupados **Termina las oraciones de forma lógica. Utiliza el pluscuamperfecto del subjuntivo.**

1. El escultor tenía miedo de que sus esculturas ____________________.
2. A la novelista le molestó que los críticos ____________________.
3. El escritor no estaba seguro de que su obra ____________________.
4. El ensayista dudaba que el manuscrito ____________________.
5. La poeta temía que el público ____________________.

3 En otro ambiente **¿Qué habría pasado si en vez de asistir a esta universidad hubieras escogido otra? ¿Qué cosas habrían sido diferentes? En parejas, háganse preguntas sobre este tema. Después compartan sus ideas con la clase. Utilicen el pluscuamperfecto del subjuntivo y el condicional perfecto.**

MODELO
—¿Qué habría sido distinto si no hubieras estudiado aquí?
—Si hubiera escogido otra universidad, no habría conocido a mi mejor amigo y no me habría divertido tanto...

TALLER DE CONSULTA

MÁS PRÁCTICA
To see the explanation corresponding to this additional practice, see p. 284.

MÁS GRAMÁTICA

This is an additional grammar point for **Lección 10 Estructura.** You may use it for review or as required by your instructor.

¡ATENCIÓN!

Simple tenses include present, preterite, imperfect, imperative (commands), future, conditional, and present and past subjunctive. Compound ("perfect") tenses make use of a helping verb (**haber**). For detailed information about **si** clauses with simple tenses, see **Estructura 8.3,** p. 232.

¡ATENCIÓN!

The **si** clause may be the first or second clause in a sentence. A comma is used only when the **si** clause comes first.

No habríamos comprado la pintura si ella no la hubiera restaurado.

10.4 *Si* clauses with compound tenses

- **Si** clauses are used with compound tenses to describe what *would have happened* if another event or condition *had occurred.* In hypothetical statements about contrary-to-fact situations in the past, the **si** clause uses the past perfect subjunctive and the main clause uses the conditional perfect.

Si hubiera pensado que son primitivas o radicales, lo habría dicho.

Si le hubieras pedido al pintor que cambiara la obra, habría sido una falta de respeto.

Si Clause (Past Perfect Subjunctive)	Main Clause (Conditional Perfect)
Si ella no hubiera restaurado la pintura, *If she had not restored the painting,*	**no la habríamos comprado.** *we wouldn't have bought it.*
Si ellos hubieran conocido al autor, *If they had known the author,*	**la historia les habría parecido más interesante.** *they would have found the story more interesting.*

- The chart below is a summary of the **si** clauses you learned in **Lección 8** and in this grammar point.

Review of *si* clauses

Condition	Main clause	*Si* clause
Possible or likely **Ella compra el cuadro si no es caro.**	Present	Si + present
Possible or likely **Voy a comprar el cuadro si no es caro.**	Near future (*ir* + *a*)	Si + present
Possible or likely **Comprará el cuadro si no es caro.**	Future	Si + present
Possible or likely **Por favor, compra el cuadro si no es caro.**	Command	Si + present
Habitual in the past **Compraba cuadros si no eran caros.**	Imperfect	Si + imperfect
Hypothetical **Compraría el cuadro si no fuera caro.**	Conditional	Si + past subjunctive
Hypothetical / Contrary-to-fact **Habría comprado el cuadro si hubiera tenido dinero.**	Conditional perfect	Si + past perfect subjunctive

Práctica

10.4 *Si* clauses with compound tenses

TALLER DE CONSULTA

These activities correspond to the grammar point on the preceding page.

1 **La actriz** **Dos amigas conversan sobre la vida de una actriz famosa. Completa la conversación con el pluscuamperfecto del subjuntivo o el condicional perfecto de los verbos entre paréntesis.**

MATILDE Si Ana Colmenar no (1) _se hubiera casado_ (casarse) tan joven, (2) _habría comenzado_ (comenzar) a actuar mucho antes.

ANDREA Ella (3) _habría comenzado_ (comenzar) a actuar antes si sus padres (4) _hubieran descubierto_ (descubrir) su talento para el teatro.

MATILDE Si sus padres lo (5) _hubieran querido_ (querer), ella (6) _habría sido_ (ser) una estrella a los quince años.

ANDREA Ana nunca (7) _habría tenido_ (tener) éxito si le (8) _hubieran permitido_ (permitir) empezar tan joven. Actuar en el teatro requiere mucha experiencia y madurez.

MATILDE Si tú (9) _hubieras estado_ (estar) en su lugar, tú nunca (10) _habrías tenido_ (tener) tanto éxito.

2 **Si el poeta...** **Unos amigos se reunieron en un café después de una recepción en honor de un poeta famoso. Utiliza el pluscuamperfecto del subjuntivo o el condicional perfecto para completar sus oraciones.**

1. Si Juan Carlos hubiera sabido que iban a servir comida en la recepción,...
2. El poeta habría recitado más poemas si...
3. Si el poeta hubiera hablado más fuerte,...
4. Yo me habría ido de la recepión antes si...
5. Si esos dos señores no hubieran hablado tanto mientras el poeta recitaba el poema,...
6. Habría invitado a mi compañera de cuarto si...

3 **¿Qué habrías hecho tú?** **En parejas, túrnense para hacerse preguntas sobre lo que habrían hecho si hubieran sido las personas en estos dibujos. Utilicen frases con si.**

MODELO Si hubiera arruinado el cuadro del pintor, habría tenido que ahorrar durante muchos años para pagarle.

Más práctica

TALLER DE CONSULTA

MÁS PRÁCTICA
To see the explanation corresponding to this additional practice, see p. 304.

11.1 The passive voice

1 **La edición de mañana** Imagina que trabajas para un periódico. Uno de tus colegas tenía que escribir los titulares de la edición de mañana, pero no los terminó. Completa los titulares con la voz pasiva de cada verbo entre paréntesis.

El próximo presupuesto _será anunciado_ **(anunciar) mañana por el ministro de economía**

Una nueva ley de inmigración _será debatida_ **(debatir) muy pronto**

Un nuevo récord de los 800 metros _fue establecido_ **(establecer) el domingo pasado**

La iglesia Santa María _fue renovada_ **(renovar) el año pasado y ahora se está derrumbando**

Dos vacunas nuevas _fueron descubiertas_ (descubrir) en el Japón ayer

2 **Ayer, hoy y mañana** Escribe nueve oraciones en voz pasiva. Debes añadir artículos y preposiciones en algunos casos. Debes usar distintos tiempos verbales para las oraciones en pasado, presente y futuro.

MODELO **la nueva ley / aprobar / el senado**
La nueva ley fue aprobada por el senado.

Ayer

1. el proyecto de ley / rechazar / senado El proyecto de ley fue rechazado por el senado.
2. los informes / enviar / secretario Los informes fueron enviados por el secretario.
3. el gobernador / elegir / ciudadanos El gobernador fue elegido por los ciudadanos.

Hoy

4. los programas / presentar / candidatos Los programas son presentados/están siendo presentados por los candidatos.
5. el asunto / debatir / parlamento El asunto es debatido/está siendo debatido por el parlamento.
6. el acusado / interrogar / juez El acusado es interrogado/está siendo interrogado por el juez.

Mañana

7. la nueva iglesia / inaugurar / cura La nueva iglesia será inaugurada por el cura.
8. las fiestas religiosas / celebrar / creyentes Las fiestas religiosas serán celebradas por los creyentes.
9. el discurso / pronunciar / candidato a senador El discurso será pronunciado por el candidato a senador.

3 **Periodistas** En parejas, imaginen que trabajan para un periódico local y tienen que redactar los titulares para la edición de mañana. Utilicen la voz pasiva para escribir un titular para cada sección del periódico.

1. sección internacional
2. sección nacional
3. sección local
4. sección de espectáculos
5. sección deportiva
6. sección política

Más práctica

11.2 Uses of *se*

1 *Se* pasivo y *se* impersonal **Elige la forma apropiada del verbo.**

1. Se (estudia / estudian) varias propuestas para la reforma de la ley de empleo.
2. Se (enviará / enviarán) a un nuevo embajador a Guatemala.
3. Se (cree / creen) que la crisis económica se solucionará pronto.
4. Se (debatirá / debatirán) varias enmiendas (*amendments*) en el Senado.
5. Se (estipuló / estipularon) que no se podía fumar en edificios públicos.
6. Se (eligió / eligieron) al nuevo gobernador la semana pasada.
7. Se (vive / viven) bien en España.
8. Se (vio / vieron) que era necesario tomar medidas urgentes.

2 Oraciones **Empareja las frases de las dos columnas para formar oraciones lógicas.**

A	B
b/d 1. Se me cayó	a. las llaves de la casa.
c/a 2. Se me rompieron	b. el bolígrafo que tenía en la bolsa.
a/c/e 3. A Juan se le perdieron	c. los anteojos.
b/f 4. Se me dañó	d. el dinero para ir a cenar.
e 5. Se te borraron	e. los archivos para tu reunión.
d 6. Se te olvidó	f. el carro nuevo.

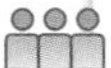

3 Lo que me ocurrió **Primero, escribe seis oraciones —tres verdaderas y tres ficticias— sobre sucesos inesperados que te han ocurrido. Después, comparte tus oraciones con tres compañeros/as. El grupo debe adivinar cuáles son las oraciones verdaderas. Utiliza la palabra se y sigue el modelo.**

MODELO Ayer se me perdieron las llaves y tuve que romper una ventana para entrar en mi casa.

4 Anuncios de trabajo **Estas personas e instituciones necesitan contratar personal (*personnel*). En parejas, escriban los anuncios de trabajo. Recuerden que en estos casos es muy frecuente usar tanto el se impersonal como el se pasivo.**

MODELO Se buscan ingenieros industriales. Se espera que los candidatos tengan experiencia previa. Se debe enviar currículum y solicitud a…

1. El partido político *Progreso ahora* busca empleados de relaciones públicas para trabajar con la campaña de su candidato a gobernador del estado.
2. La escuela *Cervantes* busca dos profesores de ciencias políticas.
3. La señora Solís busca una persona que pueda cuidar a sus hijos por las tardes.

TALLER DE CONSULTA

MÁS PRÁCTICA
To see the explanation corresponding to this additional practice, see p. 306.

Más práctica

TALLER DE CONSULTA

MÁS PRÁCTICA
To see the explanation corresponding to this additional practice, see p. 310.

11.3 Prepositions: *de, desde, en, entre, hasta, sin*

1 La política **Empareja las frases de las dos columnas para formar oraciones lógicas.**

A

__c__ 1. La guerra civil continuaba
__d__ 2. El terrorismo seguirá
__b__ 3. Los ciudadanos hablaron
__a__ 4. Hubo una manifestación
__e__ 5. El país ha tenido autonomía y libertad

B

a. de los obreros para protestar la reducción de los salarios.
b. en voz alta durante la manifestación.
c. sin parar entre el norte y el sur.
d. hasta que todos los países decidan colaborar.
e. desde que logró la independencia en 1955.

2 Campaña **Eres un(a) estudiante nuevo/a pero quieres ser presidente/a de tu clase. Escribe ocho oraciones completas con tus ideas para la campaña. Usa las preposiciones de, desde, en, entre, hasta y sin.**

1. Creo que es buena idea no empezar las clases ________________.
2. Necesitamos más variedad en la comida ________________.
3. Deben contratar a profesores ________________.
4. No hay que tomar clases ________________.
5. Los carros se deben estacionar ________________.
6. Si llegas tarde, puedes entrar a clase ________________.
7. Debe haber un recreo de media hora ________________.
8. Se debe permitir comida ________________.

3 Adivinanzas **En grupos de tres, cada estudiante debe escribir una descripción de tres miembros de la clase sin mencionar sus nombres. Una vez que hayan terminado, compartan las descripciones y los demás deben intentar adivinar de quiénes se tratan. Usen las preposiciones de, desde, en, entre, hasta y sin.**

MODELO Esta persona siempre se sienta entre dos chicas. Le gusta sentarse cerca de la profesora y a veces hasta se sienta en primera fila. Entre los demás estudiantes tiene fama de ser una persona muy inteligente y simpática. ¿Quién es?

4 Acontecimientos importantes **Conversa con un(a) compañero/a sobre algunos acontecimientos importantes de tu vida. Haz una lista de cinco acontecimientos que quieres compartir, y trata de usar por lo menos diez preposiciones en tu conversación.**

MODELO —El semestre pasado fui a Granada y me quedé en la residencia estudiantil.
—¿Y hasta cuándo te quedaste ahí?
—Me quedé desde enero hasta abril.

11.4 Past participles used as adjectives

> **MÁS GRAMÁTICA**
> This is an additional grammar point for **Lección 11 Estructura.** You may use it for review or as required by your instructor.

- Past participles are used with **haber** to form compound tenses, such as the present perfect and the past perfect, and with **ser** to express the passive voice. They are also frequently used as adjectives.

aburrido/a	**confundido/a**	**enojado/a**	**muerto/a**
(des)cansado/a	**enamorado/a**	**estresado/a**	**vivo/a**

- When a past participle is used as an adjective, it agrees in number and gender with the noun it modifies.

un proceso **complicado**
a complicated process

los políticos **destacados**
the prominent politicians

una campaña bien **organizada**
a well-organized campaign

las reuniones **aburridas**
the boring meetings

- Past participles are often used with the verb **estar** to express a state or condition that results from the action of another verb. They frequently express physical or emotional states.

No puedo creer que se haya equivocado de nombre.

¿Felicia, **estás despierta**?
Felicia, are you awake?

Marco, **estoy enojado**. ¿Por qué no depositaste los cheques?
Marco, I'm furious. Why didn't you deposit the checks?

No, **estoy dormida**.
No, I'm asleep.

Perdón, don Humberto. Es que el banco ya **estaba cerrado**.
I'm sorry, Don Humberto. It's that the bank was already closed.

- Past participles may be used as adjectives with other verbs, as well.

Empezó a llover y **llegué empapada** a la reunión.
It started to rain and I arrived at the meeting soaking wet.

Ese libro **es** tan **aburrido**.
That book is so boring.

Después de las vacaciones, **nos sentimos descansados**.
After the vacation, we felt rested.

¿Los documentos? Ya los **tengo corregidos**.
The documents? I already have them corrected.

Práctica

TALLER DE CONSULTA

These activities correspond to the grammar point on the preceding page.

11.4 Past participles used as adjectives

1 **Entrevista de trabajo** Julieta está preparando preguntas para los candidatos que va a entrevistar para un puesto en la empresa. Completa cada pregunta de Julieta con el participio pasado del verbo entre paréntesis.

1. ¿Por qué crees que estás preparado/a (preparar) para este puesto?
2. ¿Estás informado/a (informar) sobre nuestros productos?
3. ¿Estás sorprendido/a (sorprender) de todos los beneficios que ofrecemos?
4. ¿Por qué estás interesado/a (interesar) en este puesto en particular?
5. ¿Trajiste tu currículum escrito (escribir) en español e inglés?
6. ¿Cómo manejarás el estrés cuando ya estés contratado/a (contratar)?

2 **¿Cómo están ellos?** Mira las imágenes y relaciónalas con los verbos de la lista. Después completa cada oración usando **estar** + [*participio pasado*].

cansar	enojar	sorprender
enamorar	esconder	

1. Ellos están enojados.
2. Juanito está escondido.
3. Eva está cansada.

4. Ellos están enamorados.
5. Marta está sorprendida.

3 **De otra forma** Transforma las oraciones usando **estar** y el participio pasado del verbo correspondiente. Sigue el modelo.

MODELO **Los estudiantes abrieron los libros.**
Los libros están abiertos.

1. El paciente murió ayer. El paciente está muerto.
2. No abren la tienda los domingos. La tienda no está abierta los domingos.
3. Este pasaporte venció el mes pasado. Este pasaporte está vencido.
4. Los estudiantes escribieron las composiciones. Las composiciones están escritas.
5. Ya resolvieron los problemas. Los problemas están resueltos.
6. Hicieron los planes. Los planes están hechos.
7. Prepararon las ensaladas. Las ensaladas están preparadas.
8. El niño se curó de su enfermedad. El niño está curado.

Más práctica

12.1 Uses of the infinitive

1 **La investigación** **Completa la conversación con el infinitivo o con el presente del indicativo de los verbos entre paréntesis.**

ANTONIO ¿Cómo estás, Leopoldo? Tengo muchas ganas de (1) ___saber___ (saber) cómo va todo.

LEOPOLDO No muy bien. No sé si podremos terminar de (2) ___preparar___ (preparar) todo.

ANTONIO ¿No (3) ___hay___ (haber) suficiente tiempo para terminar la investigación?

LEOPOLDO El problema lo (4) ___tengo___ (tener) con Amelia.

ANTONIO Dicen que ella (5) ___es___ (ser) muy profesional y tiene buen conocimiento de las civilizaciones antiguas.

LEOPOLDO Es muy buena en su especialidad y creo que puede llegar a (6) ___ser___ (ser) muy importante para este proyecto. Pero no (7) ___tengo___ (tener) una buena comunicación con ella.

ANTONIO ¿Cómo puede (8) ___ser___ (ser)? ¿Le has ofrecido tu ayuda con el proyecto?

LEOPOLDO Sí, la (9) ___ayudo___ (ayudar) en todo. Le (10) ___doy___ (dar) consejos y trato de (11) ___tener___ (tener) una buena relación con ella, pero a ella le (12) ___molesta___ (molestar) todo lo que digo.

ANTONIO ¿Por qué no la invitas a (13) ___almorzar___ (almorzar)? Quizás hablando en un ambiente informal puedan (14) ___encontrar___ (encontrar) una solución.

LEOPOLDO Podría ser. Esta tarde la (15) ___llamo___ (llamar).

2 **Tu opinión** **Completa las oraciones. Utiliza verbos en el infinitivo y añade tus propios detalles.**

MODELO **Cuando tengo tiempo libre, prefiero...**
Cuando tengo tiempo libre, prefiero leer el periódico.

1. Mi hermano/a siempre tarda en…
2. Ahora mismo, quiero…
3. En mi opinión, nunca es bueno…
4. No sé…
5. Para mí es fácil…
6. No me gusta…

3 **Historiadores** **En parejas, escriban oraciones sobre los acontecimientos del año pasado en su universidad. Usen el infinitivo.** Sample answers.

MODELO **el club de ajedrez / querer**
El club de ajedrez quería participar en el torneo de Florida, pero no pudo reunir el dinero suficiente para viajar.

1. los profesores / mandar El año pasado, los profesores nos mandaron hacer cinco horas de tarea cada noche.
2. los estudiantes / querer Los estudiantes querían publicar una revista escolar.
3. el equipo de fútbol / lograr El equipo de fútbol logró ganar su tercer campeonato.
4. el departamento de ciencia / pedir El departamento de ciencia pidió investigar el robo de algunos aparatos.
5. las nuevas reglas / obligar Las nuevas reglas del año pasado nos obligaron a usar uniformes horribles.

TALLER DE CONSULTA

MÁS PRÁCTICA
To see the explanation corresponding to this additional practice, see p. 332.

Más práctica

TALLER DE CONSULTA

MÁS PRÁCTICA
To see the explanation corresponding to this additional practice, see p. 336.

12.2 Summary of the indicative

1 La narración histórica

A. Para narrar acontecimientos históricos es frecuente emplear el presente de indicativo. Completa el párrafo usando el presente de indicativo de los verbos entre paréntesis.

Cuando los primeros conquistadores españoles (1) ___llegan___ (llegar) al Nuevo Mundo, (2) ___se encuentran___ (encontrarse) con numerosos problemas. La realidad del Nuevo Mundo (3) ___es___ (ser) muy distinta a la realidad que ellos (4) ___conocen___ (conocer) y pronto (5) ___descubren___ (descubrir) que no (6) ___tienen___ (tener) las palabras necesarias para designar (*to name*) esa nueva realidad. Para solucionar el problema, los españoles (7) ___deciden___ (decidir) tomar prestadas palabras que (8) ___escuchan___ (escuchar) de las lenguas nativas. Es por eso que muchas de las palabras del español actual vienen del taíno, del náhuatl o del quechua.

B. Ahora vuelve a completar el párrafo de arriba, pero esta vez con el tiempo adecuado del pasado, ya sea el pretérito o el imperfecto. 1. llegaron 2. se encontraron 3. era 4. conocían 5. descubrieron 6. tenían 7. decidieron 8. escucharon/escuchaban

2 Los verbos perfectos **Elige la forma apropiada (pretérito perfecto, pluscuamperfecto, futuro perfecto o condicional perfecto) para conjugar los verbos entre paréntesis.**

1. Los conquistadores ___habían aprendido___ (aprender) mucho de los nativos, pero todavía tenían problemas de comunicación.
2. El rey le ___habría construido___ (construir) un palacio a la reina, pero ella no lo quiso.
3. Para el año 2050, la mayoría de los gobiernos de Asia y África ___se habrán convertido___ (convertir) en gobiernos democráticos.
4. El pueblo ___ha derrocado___ (derrocar) al emperador y ahora hay otro gobernante que tiene el apoyo de la gente.
5. El joven ___habría sido___ (ser) un gran guerrero si no hubiera sido por su falta de disciplina.
6. Para el mes entrante, ya ___habrán expulsado___ (expulsar) al soldado de las fuerzas armadas.
7. ¡___Han liberado___ (Liberar) al pueblo! ¡Salgamos a celebrar!
8. ___Se habrían establecido___ (Establecerse) en la costa si no fuera porque odian el calor.

3 Pasado, presente y futuro **Cuéntale a un(a) compañero/a cuáles han sido los tres acontecimientos que han marcado tu pasado, los tres que están marcando tu presente y los tres acontecimientos que tú crees serán más importantes en tu futuro.**

MODELO **(pasado)** Fui al Perú para las vacaciones de primavera hace dos años.
(presente) Salgo con un chico de Salamanca, España.
(futuro) Trabajaré en la Ciudad de México por un año para mejorar mi español.

4 Las noticias más importantes **En grupos de cuatro, decidan cuáles han sido las tres noticias más importantes de los últimos 50 años. Piensen en otras tres noticias que creen que ocurrirán en los próximos 50 años. Escriban estas noticias en forma de titulares. Utilicen todos los tiempos verbales que sean apropiados.**

Más práctica

12.3 Summary of the subjunctive

1 La clase de historia **Escoge la forma adecuada del subjuntivo (presente, pretérito perfecto, imperfecto o pluscuamperfecto) o del infinitivo para completar las oraciones.**

1. Los estudiantes querían que el profesor les ___a___ más sobre los incas.
   a. explicara　b. explique　c. hubiera explicado
2. A los chicos les gustaba ___b___ las historias de los conquistadores.
   a. escuchen　b. escuchar　c. hayan escuchado
3. Dudaba que los españoles ___c___ interesados únicamente en el oro de los aztecas.
   a. estén　b. estar　c. hubieran estado
4. A los españoles les sorprendió que los aztecas ___a___ ciudades tan sofisticadas.
   a. hubieran construido　b. construyan　c. construyen
5. A algunas personas les parece sorprendente que el ser humano ___c___ a la Luna.
   a. llegara　b. llegar　c. haya llegado
6. Algunas personas dudan que el ser humano ___b___ vivir en otros planetas.
   a. pudiera　b. pueda　c. haya podido
7. Era improbable que esas piedras ___b___ restos de una antigua civilización.
   a. sean　b. fueran　c. ser
8. En el futuro, será posible que algunos turistas ___c___ al espacio.
   a. hubieran viajado　b. viajaran　c. viajen
9. Carlos espera ___a___ a ser historiador algún día.
   a. llegar　b. llegue　c. llegara
10. Si el rey ___a___ eso, lo habría dicho.
   a. hubiera pensado　b. haya pensado　c. piense

2 El mono en el espacio **Es el año 3000. Completa esta carta que un mono escribió durante su primer viaje por el espacio. Utiliza las formas apropiadas del subjuntivo.**

No puedo creer que el espacio (1) ___tenga___ (tener) tantos planetas. Ahora voy a buscarme uno para establecer el planeta de los monos. Nadie pensaba que (2) ___fuera/hubiera sido___ (ser) posible, pero ahora, libres de los seres humanos, podemos desarrollar nuestra cultura. Antes, los seres humanos siempre exigían que (3) ___nos quedáramos___ (quedarse) en jaulas (*cages*). Si (4) ___hubieran sabido___ (saber) que somos criaturas pacíficas, no lo habrían hecho. Prefiero poblar un planeta nuevo con monos que ya (5) ___hayan sido___ (ser) vacunados porque no se sabe lo que vamos a encontrar, y quiero que nosotros (6) ___estemos___ (estar) listos para todo.

3 Inventos y descubrimientos **Algunos inventos y descubrimientos han sido esenciales para el desarrollo de la humanidad. En parejas, hagan una lista de los cinco inventos y descubrimientos más importantes para la humanidad. Después, escriban oraciones para decir qué habría ocurrido si tales inventos no se hubieran producido.**

MODELO Alexander Graham Bell inventó el teléfono.
Si no hubiera inventado el teléfono, las comunicaciones serían mucho más complicadas.

TALLER DE CONSULTA

MÁS PRÁCTICA
To see the explanation corresponding to this additional practice, see p. 340.

MÁS GRAMÁTICA

This is an additional grammar point for **Lección 12 Estructura.** You may use it for review or as required by your instructor.

12.4 *Pedir/preguntar* and *conocer/saber*

- **Pedir** and **preguntar** both mean *to ask*, while **conocer** and **saber** mean *to know*. Since these verbs are frequently used in Spanish, it is important to know the circumstances in which to use them.

¿Tú sabes andar con eso?

Quería preguntarte si...

Pedir vs. *preguntar*

- **Pedir** means *to ask for/to request (something)* or *to ask (someone to do something).*

El profesor **pidió** los resultados.
The professor asked for the results.

El director le **pide** que lo investigue.
The director asks him/her to investigate it.

- **Preguntar** means *to ask (a question).*

Los estudiantes **preguntaron** acerca de la esclavitud.
The students asked about slavery.

Le **preguntaré** a Miguel si quiere venir.
I'll ask Miguel if he wants to come.

- **Preguntar por** means *to ask about (someone)* or *to inquire (about something).*

¿**Preguntaste por** el historiador famoso?
Did you ask about the famous historian?

Pregunté por el anuncio.
I inquired about the ad.

Saber vs. *conocer*

- **Saber** means *to know (a fact or piece of information).*

¿**Sabías** que el primer ministro fue derrocado ayer?
Did you know that the prime minister was overthrown yesterday?

No **sé** quién es el rey de España. ¿Lo **sabes** tú?
I don't know who the king of Spain is. Do you know?

- **Saber** + [*infinitive*] means *to know how (to do something).*

Para el examen, lo importante es que **sepan analizar** las causas y efectos de la guerra.
For the exam, the important thing is that you know how to analyze the causes and effects of the war.

María Luisa sabe hacer investigaciones, pero aún no **sabe organizar** toda la información.
María Luisa knows how to do research, but she still doesn't know how to organize all the information.

- **Conocer** means *to know, to meet,* or *to be familiar/acquainted with (a person, place, or thing).*

Conocen los riesgos.
They know the risks.

Conocí al científico famoso.
I met the famous scientist.

Práctica

12.4 *Pedir/preguntar* and *conocer/saber*

TALLER DE CONSULTA

These activities correspond to the grammar point on the preceding page.

1 **Juan y la universidad** **Completa el párrafo con la forma adecuada de saber y conocer. Presta atención a los tiempos verbales.**

Juan es un estudiante de primer año de la universidad y por eso todavía no (1) ___conoce___ muy bien el campus. Sólo (2) ___sabe___ dónde están su residencia y la cafetería. Ayer (3) ___conoció___ a su compañero de cuarto y le cayó bien, pero aún (*still*) no (4) ___sabe___ mucho de él. Como no lleva mucho tiempo en la universidad, aún no (5) ___conoce___ a mucha gente. Juan ya (6) ___sabe___ qué clases va a tomar este semestre, pero no (7) ___sabe___ si serán muy difíciles. Ayer (8) ___conoció___ al profesor de historia y piensa que no tendrá problemas con esa clase.

2 **Alejandra en su nuevo trabajo** **Completa el párrafo con la forma adecuada de pedir, preguntar y preguntar por. Presta atención a los tiempos verbales.**

Alejandra es una licenciada en bioquímica y hoy fue su primer día de trabajo en un laboratorio farmacéutico. No conocía muy bien el camino al laboratorio, y por eso tuvo que parar para (1) ___pedir___ indicaciones sobre cómo llegar. Cuando finalmente llegó, (2) ___preguntó por___ el doctor Santos, el director. Alejandra le (3) ___preguntó___ muchísimas cosas sobre el laboratorio y él le respondió amablemente. Finalmente, el doctor Santos le (4) ___pidió___ que comenzara a trabajar en un experimento. Después de varias horas, ella (5) ___preguntó___ si podía tener un rato de descanso. Cuando salió del trabajo y su novio le (6) ___preguntó por___ su día, ella le respondió que le fue muy bien.

3 **Entrevista** **Lee la lista y escribe tres oraciones más utilizando los verbos saber, conocer, pedir y preguntar. Luego entrevista a tus compañeros/as de clase hasta que encuentres a ocho personas diferentes que respondan afirmativamente a tus preguntas. Comparte la información con la clase.**

	Nombres
1. Sabe tocar el piano.	______
2. Conoció a su novio/a recientemente.	______
3. Nunca les pide dinero a sus padres.	______
4. Le ha preguntado al/a la profesor(a) sobre el examen final.	______
5. Sabe cocinar tacos.	______
6. ______	______
7. ______	______
8. ______	______

Glossary of Grammatical Terms

ADJECTIVE A word that modifies, or describes, a noun or pronoun.

muchos libros	un hombre **rico**
***many** books*	*a **rich** man*

Demonstrative adjective An adjective that specifies which noun a speaker is referring to.

esta fiesta	**ese** chico
***this** party*	***that** boy*
aquellas flores	
***those** flowers*	

Possessive adjective An adjective that indicates ownership or possession.

su mejor vestido	Éste es **mi** hermano.
***her** best dress*	*This is **my** brother.*

Stressed possessive adjective A possessive adjective that emphasizes the owner or possessor.

un libro **mío**	una amiga **tuya**
*a **book of mine***	*a friend **of yours***

ADVERB A word that modifies, or describes, a verb, adjective, or other adverb.

Pancho escribe **rápidamente**.
*Pancho writes **quickly**.*

Este cuadro es **muy** bonito.
*This picture is **very** pretty.*

ANTECEDENT The noun to which a pronoun or dependent clause refers.

El **libro** que compré es interesante.
The book that I bought is interesting.

Le presté cinco dólares a **Diego**.
I loaned Diego five dollars.

ARTICLE A word that points out a noun in either a specific or a non-specific way.

Definite article An article that points out a noun in a specific way.

el libro	**la** maleta
***the** book*	***the** suitcase*
los diccionarios	**las** palabras
***the** dictionaries*	***the** words*

Indefinite article An article that points out a noun in a general, non-specific way.

un lápiz	**una** computadora
***a** pencil*	***a** computer*
unos pájaros	**unas** escuelas
***some** birds*	***some** schools*

CLAUSE A group of words that contains both a conjugated verb and a subject, either expressed or implied.

Main (or Independent) clause A clause that can stand alone as a complete sentence.

Pienso ir a cenar pronto.
I plan to go to dinner soon.

Subordinate (or Dependent) clause A clause that does not express a complete thought and therefore cannot stand alone as a sentence.

Trabajo en la cafetería **porque necesito dinero para la escuela.**
*I work in the cafeteria **because I need money for school.***

Adjective clause A dependent clause that functions to modify or describe the noun or direct object in the main clause. When the antecedent is uncertain or indefinite, the verb in the adjective clause is in the subjunctive.

Queremos contratar al candidato **que mandó su currículum ayer.**
*We want to hire the candidate **who sent his résumé yesterday.***

¿Conoce un buen restaurante **que esté cerca del teatro?**
*Do you know of a good restaurant **that's near the theater?***

Adverbial clause A dependent clause that functions to modify or describe a verb, an adjective, or another adverb. When the adverbial clause describes an action that has not yet happened or is uncertain, the verb in the adverbial clause is usually in the subjunctive.

Llamé a mi mamá **cuando me dieron la noticia.**
*I called my mom **when they gave me the news.***

El ejército está preparado **en caso de que haya un ataque.**
*The army is prepared **in case there is an attack.***

Noun clause A dependent clause that functions as a noun, often as the object of the main clause. When the main clause expresses will, emotion, doubt, or uncertainty, the verb in the noun clause is in the subjunctive (unless there is no change of subject).

José sabe **que mañana habrá un examen.**
*José knows **that tomorrow there will be an exam.***

Luisa dudaba **que la acompañáramos.**
*Luisa doubted **that we would go with her.***

COMPARATIVE A grammatical construction used with nouns, adjectives, verbs, or adverbs to compare people, objects, actions, or characteristics.

Tus clases son **menos interesantes** que las mías.
*Your classes are **less interesting** than mine.*

Como **más frutas** que verduras.
*I eat **more fruits** than vegetables.*

CONJUGATION A set of the forms of a verb for a specific tense or mood or the process by which these verb forms are presented.

PRETERITE CONJUGATION OF CANTAR:

cant**é**	cant**amos**
cant**aste**	cant**asteis**
cant**ó**	cant**aron**

CONJUNCTION A word used to connect words, clauses, or phrases.

Susana es de Cuba **y** Pedro es de España.
*Susana is from Cuba **and** Pedro is from Spain.*

No quiero estudiar **pero** tengo que hacerlo.
*I don't want to study, **but** I have to.*

CONTRACTION The joining of two words into one. The only contractions in Spanish are **al (a + el)** and **del (de + el)**.

Mi hermano fue **al** concierto ayer.
*My brother went **to the** concert yesterday.*

Saqué dinero **del** banco.
*I took money **from the** bank.*

DIRECT OBJECT A noun or pronoun that directly receives the action of the verb.

Tomás lee **el libro**.	**La** pagó ayer.
*Tomás reads **the book**.*	*She paid **it** yesterday.*

GENDER The grammatical categorizing of certain kinds of words, such as nouns and pronouns, as masculine, feminine, or neuter.

MASCULINE
articles **el**, **un**
pronouns **él**, **lo**, **mío**, **éste**, **ése**, **aquél**
adjective **simpático**

FEMININE
articles **la, una**
pronouns **ella, la, mía, ésta, ésa, aquélla**
adjective **simpática**

IMPERSONAL EXPRESSION A third-person expression with no expressed or specific subject.

Es muy importante.	**Llueve** mucho.
***It's very important**.*	***It's raining** hard.*

Aquí **se habla** español.
*Spanish **is spoken** here.*

INDIRECT OBJECT A noun or pronoun that receives the action of the verb indirectly; the object, often a living being, to or for whom an action is performed.

Eduardo **le** dio un libro **a Linda**.
*Eduardo gave a book **to Linda**.*

La profesora **me** dio una C en el examen.
*The professor gave **me** a C on the test.*

INFINITIVE The basic form of a verb. Infinitives in Spanish end in **-ar**, **-er**, or **-ir**.

hablar	**correr**	**abrir**
to speak	***to run***	***to open***

INTERROGATIVE An adjective or pronoun used to ask a question.

¿**Quién** habla?	¿**Cuántos** compraste?
***Who** is speaking?*	***How many** did you buy?*

¿**Qué** piensas hacer hoy?
***What** do you plan to do today?*

MOOD A grammatical distinction of verbs that indicates whether the verb is intended to make a statement or command or to express a doubt, emotion, or condition contrary to fact.

Imperative mood Verb forms used to make commands.

Di la verdad.	**Caminen** ustedes conmigo.
***Tell** the truth.*	***Walk** with me.*
¡**Comamos** ahora!	¡No lo **hagas**!
***Let's eat** now!*	***Don't do** it!*

Indicative mood Verb forms used to state facts, actions, and states considered to be real.

Sé que **tienes** el dinero.
***I know** that **you have** the money.*

Subjunctive mood Verb forms used principally in subordinate (dependent) clauses to express wishes, desires, emotions, doubts, and certain conditions, such as contrary-to-fact situations.

Prefieren que **hables** en español.
*They prefer that **you speak** in Spanish.*

NOUN A word that identifies people, animals, places, things, and ideas.

hombre	**gato**
man	***cat***
México	**casa**
Mexico	***house***
libertad	**libro**
freedom	***book***

NUMBER A grammatical term that refers to singular or plural. Nouns in Spanish and English have number. Other parts of a sentence, such as adjectives, articles, and verbs, can also have number.

SINGULAR	PLURAL
una cosa	**unas** cosas
a *thing*	***some*** *things*
el profesor	**los** profesor**es**
the *professor*	***the*** *professors*

PASSIVE VOICE A sentence construction in which the recipient of the action becomes the subject of the sentence. Passive statements emphasize the thing that was done or the person that was acted upon. They follow the pattern [*recipient*] + **ser** + [*past participle*] + **por** + [agent].

ACTIVE VOICE:
Juan **entregó** la tarea.
Juan ***turned in*** *the assignment.*

PASSIVE VOICE:
La tarea **fue entregada por** Juan.
The assignment ***was turned in by*** *Juan.*

PAST PARTICIPLE A past form of the verb used in compound tenses. The past participle may also be used as an adjective, but it must then agree in number and gender with the word it modifies.

Han **buscado** por todas partes.
They have ***searched*** *everywhere.*

Yo no había **estudiado** para el examen.
I hadn't ***studied*** *for the exam.*

Hay una ventana **abierta** en la sala.
There is an ***open*** *window in the living room.*

PERSON The form of the verb or pronoun that indicates the speaker, the one spoken to, or the one spoken about. In Spanish, as in English, there are three persons: first, second, and third.

PERSON	SINGULAR	PLURAL
1st	**yo** *I*	**nosotros/as** *we*
2nd	**tú, Ud.** *you*	**vosotros/as, Uds.** *you*
3rd	**él, ella** *he, she*	**ellos, ellas** *they*

PREPOSITION A word or words that describe(s) the relationship, most often in time or space, between two other words.

Anita es **de** California.
Anita is ***from*** *California.*

La chaqueta está **en** el carro.
The jacket is ***in*** *the car.*

PRESENT PARTICIPLE In English, a verb form that ends in *-ing*. In Spanish, the present participle ends in **-ndo**, and is often used with **estar** to form a progressive tense.

Está **hablando** por teléfono ahora mismo.
He is ***talking*** *on the phone right now.*

PRONOUN A word that takes the place of a noun or nouns.

Demonstrative pronoun A pronoun that takes the place of a specific noun.

Quiero **ésta**.
I want ***this one****.*

¿Vas a comprar **ése**?
Are you going to buy ***that one****?*

Juan prefirió **aquéllos**.
Juan preferred ***those*** *(over there).*

Object pronoun A pronoun that functions as a direct or indirect object of the verb.

Te digo la verdad.
I'm telling ***you*** *the truth.*

Me lo trajo Juan.
Juan brought ***it*** *to* ***me****.*

Possessive pronoun A pronoun that functions to show ownership or possession. Possessive pronouns are preceded by a definite article and agree in gender and number with the nouns they replace.

Perdí mi libro. ¿Me prestas el **tuyo**?
I lost my book. Will you loan me ***yours****?*

Las clases suyas son aburridas, pero **las nuestras** son buenísimas.
Their classes are boring, but ***ours*** *are great.*

Prepositional pronoun A pronoun that functions as the object of a preposition. Except for **mí, ti,** and **sí**, these pronouns are the same as subject pronouns. The adjective **mismo/a** may be added to express *myself, himself*, etc. After the preposition **con**, the forms **conmigo, contigo,** and **consigo** are used.

¿Es **para mí?**
Is this ***for me****?*

Juan habló **de ella.**
Juan spoke ***about her.***

Iré **contigo**.
I will go ***with you.***

Se lo regaló **a sí mismo.**
He gave it ***to himself.***

Reflexive pronoun A pronoun that indicates that the action of a verb is performed by the subject on itself. These pronouns are often expressed in English with *-self: myself, yourself,* etc.

Yo **me bañé**.
I ***took a bath.***

Elena **se acostó**.
Elena ***went to bed.***

Relative pronoun A pronoun that connects a subordinate clause to a main clause.

El edificio **en el cual** vivimos es antiguo.
*The building **that** we live in is old.*

La mujer **de quien** te hablé acaba de renunciar.
*The woman **(whom)** I told you about just quit.*

Subject pronoun A pronoun that replaces the name or title of a person or thing, and acts as the subject of a verb.

Tú debes estudiar más.
***You** should study more.*

Él llegó primero.
***He** arrived first.*

SUBJECT A noun or pronoun that performs the action of a verb and is often implied by the verb.

María va al supermercado.
***María** goes to the supermarket.*

(Ellos) Trabajan mucho.
***They** work hard.*

Esos libros son muy caros.
***Those books** are very expensive.*

SUPERLATIVE A grammatical construction used to describe the most or the least of a quality when comparing a group of people, places, or objects.

Tina es **la menos simpática** de las chicas.
*Tina is **the least pleasant** of the girls.*

Tu coche es **el más rápido** de todos.
*Your car is **the fastest** one of all.*

Los restaurantes en Calle Ocho son **los mejores** de todo Miami.
*The restaurants on Calle Ocho are **the best** in all of Miami.*

Absolute superlatives Adjectives or adverbs combined with forms of the suffix **ísimo/a** in order to express the idea of extremely or very.

¡Lo hice **facilísimo!**
*I did it **so easily!***

Ella es **jovencísima.**
*She is **very, very young.***

TENSE A set of verb forms that indicates the time of an action or state: past, present, or future.

Compound tense A two-word tense made up of an auxiliary verb and a present or past participle. In Spanish, there are two auxiliary verbs: **estar** and **haber**.

En este momento, **estoy estudiando**.
*At this time, **I am studying**.*

El paquete no **ha llegado** todavía.
*The package **has** not **arrived** yet.*

Simple tense A tense expressed by a single verb form.

María **estaba** mal anoche.
*María **was** ill last night.*

Juana **hablará** con su mamá mañana.
*Juana **will speak** with her mom tomorrow.*

VERB A word that expresses actions or states-of-being.

Auxiliary verb A verb used with a present or past participle to form a compound tense. **Haber** is the most commonly used auxiliary verb in Spanish.

Los chicos **han** visto los elefantes.
*The children **have** seen the elephants.*

Espero que **hayas** comido.
*I hope you **have** eaten.*

Reflexive verb A verb that describes an action performed by the subject on itself and is always used with a reflexive pronoun.

Me compré un carro nuevo.
***I bought myself** a new car.*

Pedro y Adela **se levantan** muy temprano.
*Pedro and Adela **get (themselves) up** very early.*

Spelling-change verb A verb that undergoes a predictable change in spelling, in order to reflect its actual pronunciation in the various conjugations.

practicar	**c→qu**	practico	practi**qué**
dirigir	**g→j**	dirigí	diri**j**o
almorzar	**z→c**	almorzó	almor**c**é

Stem-changing verb A verb whose stem vowel undergoes one or more predictable changes in the various conjugations.

ent**e**nder	**(e:ie)**	ent**ie**ndo
p**e**dir	**(e:i)**	p**i**den
d**o**rmir	**(o:ue, u)**	d**ue**rmo, d**u**rmieron

Verb conjugation tables

Guide to the Verb Lists and Tables

Below you will find the infinitive of the verbs introduced as active vocabulary in **VENTANAS**. Each verb is followed by a model verb conjugated on the same pattern. The number in parentheses indicates where in the verb tables, pages 424–431, you can find the conjugated forms of the model verb.

abrazar (z:c) like cruzar (37)
aburrir(se) like vivir (3)
acabar(se) like hablar (1)
acallar(se) like hablar (1)
acariciar like hablar (1)
acentuar (acentúo) **like** graduar (40)
acercarse (c:qu) like tocar (43)
aclarar like hablar (1)
acompañar like hablar (1)
aconsejar like hablar (1)
acordar(se) (o:ue) like contar (24)
acostar(se) (o:ue) like contar (24)
acostumbrar(se) like hablar (1)
actualizar (z:c) like cruzar (37)
adelgazar (z:c) like cruzar (37)
adivinar like hablar (1)
adjuntar like hablar (1)
adorar like hablar (1)
afeitar(se) like hablar (1)
afligir(se) (g:j) like proteger (42) for endings only
agitar like hablar (1)
agotar like hablar (1)
agredir like vivir (3)
ahorrar like hablar (1)
aislar (aíslo) like enviar (39)
alcanzar like cruzar (37)
alojar(se) like hablar (1)
amar like hablar (1)
amenazar (z:c) like cruzar (37)
anotar like hablar (1)
apagar (g:gu) like llegar (41)
aparecer (c:zc) like conocer (35)
aplaudir like vivir (3)
apreciar like hablar (1)
arraigar like llegar (41)
arreglar(se) like hablar (1)
arrepentirse (e:ie) like sentir (33)
ascender (e:ie) like entender (27)
asombrar like hablar (1)
atraer like traer (21)
atrapar like hablar (1)
atreverse like comer (2)
averiguar like hablar (1)
bailar like hablar (1)
bañar(se) like hablar (1)
barrer like comer (2)
beber like comer (2)
bendecir (e:i) like decir (8)
besar like hablar (1)
borrar like hablar (1)
botar like hablar (1)
brindar like hablar (1)
caber (4)
caer (y) (5)
calentar (e:ie) like pensar (30)
cancelar like hablar (1)
cazar (z:c) like cruzar (37)
celebrar like hablar (1)
cepillar(se) like hablar (1)
clonar like hablar (1)
cobrar like hablar (1)
cocinar like hablar (1)
colocar (c:qu) like tocar (43)
colonizar (z:c) like cruzar (37)
comer(se) (2)
componer like poner (15)
comprobar (o:ue) like contar (24)
conducir (c:zc) (6)
congelar(se) like hablar (1)
conocer (c:zc) (35)
conquistar like hablar (1)
conseguir (e:i) like seguir (32)
conservar like hablar (1)
contagiar(se) like hablar (1)
contaminar like hablar (1)
contar (o:ue) (24)
contentarse like hablar (1)
contraer like traer (21)
contratar like hablar (1)
contribuir (y) like destruir (38)
convertirse (e:ie) like sentir (33)
coquetear like hablar (1)
crear like hablar (1)
crecer (c:zc) like conocer (35)
creer (y) (36)
criar(se) (crío) like enviar (39)
criticar (c:qu) like tocar (43)
cruzar (z:c) (37)
cuidar like hablar (1)
cumplir like vivir (3)
curarse like hablar (1)
dar a (7)
dar(se) (7)
deber like comer (2)
decir (e:i) (8)
dejar like hablar (1)
delatar like hablar (1)
denunciar like hablar (1)
depositar like hablar (1)
derretir(se) (e:i) like pedir (29)
derribar like hablar (1)
derrocar (c:qu) like tocar (43)
derrotar like hablar (1)
desafiar (desafío) like enviar (39)
desaparecer (c:zc) like conocer (35)
desarrollar(se) like hablar (1)
descansar like hablar (1)
descargar (g:gu) like llegar (41)
descongelar(se) like hablar (1)
descubrir like vivir (3) *except* past participle is descubierto
descuidar(se) like hablar (1)
desear like hablar (1)
deshacer like hacer (11)
despedir(se) (e:i) like pedir (29)
despertar(se) (e:ie) like pensar (30)
destruir (y) (38)
devolver (o:ue) like volver (34)
dibujar like hablar (1)
dirigir (g:j) like proteger (42) for endings only
disculpar(se) like hablar (1)
discutir like vivir (3)
diseñar like hablar (1)
disfrutar like hablar (1)
disgustar like hablar (1)
disponer(se) like poner (15)
distinguir (gu:g) like seguir (32) for endings only
distraer like traer (21)
divertirse (e:ie) like sentir (33)
doler (o:ue) like volver (34) *except* past participle is regular
dormir(se) (o:ue) (25)
ducharse like hablar (1)
echar like hablar (1)
editar like hablar (1)
educar (c:qu) like tocar (43)
elegir (e:i) (g:j) like proteger (42) for endings only
embalar(se) like hablar (1)
emigrar like hablar (1)
empatar like hablar (1)
empeorar like hablar (1)
empezar (e:ie) (z:c) (26)
enamorarse like hablar (1)
encabezar (z:c) like cruzar (37)
encantar like hablar (1)
encargar(se) (g:gu) like llegar (41)
encender (e:ie) like entender (27)
enfermarse like hablar (1)
enganchar like hablar (1)

engañar like hablar (1)
engordar like hablar (1)
ensayar like hablar (1)
entender (e:ie) (27)
enterarse like hablar (1)
enterrar (e:ie) like pensar (30)
entretener(se) (e:ie) like tener (20)
enviar (envío) (39)
errar like hablar (1) in Latin America
esclavizar (z:c) like cruzar (37)
escoger (g:j) like proteger (42)
esculpir like vivir (3)
establecer(se) (c:zc) like conocer (35)
estar (9)
exigir (g:j) like proteger (42) for endings only
explotar like hablar (1)
exportar like hablar (1)
expulsar like hablar (1)
extinguir(se) like destruir (38)
fabricar (c:qu) like tocar (43)
faltar like hablar (1)
fascinar like hablar (1)
festejar like hablar (1)
fijar(se) like hablar (1)
financiar like hablar (1)
florecer (c:zc) like conocer (35)
flotar like hablar (1)
formular like hablar (1)
freír (e:i) (frío) like reír (31)
funcionar like hablar (1)
gastar like hablar (1)
gobernar (e:ie) like pensar (30)
grabar like hablar (1)
graduar(se) (gradúo) (40)
guardar(se) like hablar (1)
gustar like hablar (1)
haber (10)
habitar like hablar (1)
hablar (1)
hacer(se) (11)
herir (e: ie) like sentir (33)
hervir (e:ie) like sentir (33)
hojear like hablar (1)
huir (y) like destruir (38)
humillar like hablar (1)
importar like hablar (1)
impresionar like hablar (1)
imprimir like vivir (3)
inscribirse like vivir (3)
insistir like vivir (3)
instalar like hablar (1)
integrar(se) like hablar (1)
interesar like hablar (1)
invadir like vivir (3)
inventar like hablar (1)
invertir (e:ie) like sentir (33)
investigar (g:gu) like llegar (41)
ir (12)
jubilarse like hablar (1)
jugar (u:ue) (g:gu) (28)
jurar like hablar (1)
lastimarse like hablar (1)
latir like vivir (3)
lavar(se) like hablar (1)
levantar(se) like hablar (1)
liberar like hablar (1)
lidiar like hablar (1)
limpiar like hablar (1)
llegar (g:gu) (41)
llevar(se) like hablar (1)
llorar like hablar (1)
lograr like hablar (1)
luchar like hablar (1)
lucir like hablar (1) except present tenses like conducir (6)
madrugar (g:gu) like llegar (41)
malgastar like hablar (1)
manipular like hablar (1)
maquillarse like hablar (1)
mecer(se) like vencer (44)
meditar like hablar (1)
mejorar like hablar (1)
merecer (c:zc) like conocer (35)
meter(se) like comer (2)
molestar like hablar (1)
morder (o:ue) like volver (34)
morirse (o:ue) like dormir (25) *except* past participle is muerto
mudar(se) like hablar (1)
narrar like hablar (1)
navegar (g:gu) like llegar (41)
necesitar like hablar (1)
obedecer (c:zc) like conocer (35)
ocultar(se) like hablar (1)
odiar like hablar (1)
oír (y) (13)
olvidar(se) like hablar (1)
opinar like hablar (1)
oponerse like poner (15)
oprimir like vivir (3)
oscurecer (c:zc) like conocer (35)
parar like hablar (1)
parecer(se) (c:zc) like conocer (35)
patear like hablar (1)
pedir (e:i) (29)
peinar(se) like hablar (1)
pensar (e:ie) (30)
permanecer (c:zc) like conocer (35)
pertenecer (c:zc) like conocer (35)
pillar like hablar (1)
pintar like hablar (1)
poblar (o:ue) like contar (24)
poder (o:ue) (14)
poner(se) (15)
preferir (e:ie) like sentir (33)
preocupar(se) like hablar (1)
prestar like hablar (1)
prevenir (e:ie) like venir (22)
prever like ver (23)
probar(se) (o:ue) like contar (24)
producir (c:sz) like conducir (6)
prohibir (prohíbo) like enviar (39) for endings only
proponer like poner (15)
proteger (g:j) (42)
protestar like hablar (1)
publicar (c:qu) like tocar (43)
quedar(se) like hablar (1)
quejarse like hablar (1)
querer (e:ie) (16)
quitar(se) like hablar (1)
recetar like hablar (1)
rechazar (z:c) like cruzar (37)
reciclar like hablar (1)
reclamar like hablar (1)
recomendar (e:ie) like pensar (30)
reconocer (c:zc) like conocer (35)
recorrer like comer (2)
recuperar(se) like hablar (1)
reducir (c:zc) like conducir (6)
reflejar like hablar (1)
regresar like hablar (1)
rehacer like hacer (11)
reír(se) (e:i) (31)
relajarse like hablar (1)
rendirse (e:i) like pedir (29)
renunciar like hablar (1)
reservar like hablar (1)
resolver (o:ue) like volver (34)
retratar like hablar (1)
reunir(se) like vivir (3)
rezar (z:c) like cruzar (37)
rociar like hablar (1)
rodar (o:ue) like contar (24)
rogar (o:ue) like contar (24) for stem changes; (g:gu) like llegar (41) for endings
romper like comer (2) except past participle is roto
saber (17)
sacrificar (c:qu) like tocar (43)
salir (18)
salvar like hablar (1)
sanar like hablar (1)
secar(se) (c:qu) like tocar (43)
seguir (e:i) (gu:g) (32)
seleccionar like hablar (1)
sentir(se) (e:ie) (33)
señalar like hablar (1)
sepultar like hablar (1)
ser (19)
soler (o:ue) like volver (34)
solicitar like hablar (1)
sonar (o:ue) like contar (24)
soñar (o:ue) like contar (24)
sorprender(se) like comer (2)
subsistir like vivir (3)
suceder like comer (2)
sufrir like vivir (3)
sugerir (e:ie) like sentir (33)
suponer like poner (15)
suprimir like vivir (3)
suscribirse like vivir (3)
tener (e:ie) (20)
tirar like hablar (1)
titularse like hablar (1)
tocar (c:qu) (43)
torear like hablar (1)
toser like comer (2)
traducir (c:zc) like conducir (6)
traer (21)
transcurrir like vivir (3)
transmitir like vivir (3)
trasnochar like hablar (1)
tratar(se) like hablar (1)
valer like salir (18) only for endings
vencer (c:z) (44)
venerar like hablar (1)
venir (e:ie) (22)
ver(se) (23)
vestir(se) (e:i) like pedir (29)
vigilar like hablar (1)
vivir (3)
volar (o:ue) like contar (24)
volver (o:ue) (34)
volverse like volver (34)
votar like hablar (1)

Verb conjugation tables

Regular verbs: simple tenses

	Infinitive	INDICATIVE					SUBJUNCTIVE		IMPERATIVE
		Present	Imperfect	Preterite	Future	Conditional	Present	Past	
1	hablar	hablo	hablaba	hablé	hablaré	hablaría	hable	hablara	
		hablas	hablabas	hablaste	hablarás	hablarías	hables	hablaras	habla tú (no hables)
	Participles:	habla	hablaba	habló	hablará	hablaría	hable	hablara	hable Ud.
	hablando	hablamos	hablábamos	hablamos	hablaremos	hablaríamos	hablemos	habláramos	hablemos
	hablado	habláis	hablabais	hablasteis	hablaréis	hablaríais	habléis	hablarais	hablad (no habléis)
		hablan	hablaban	hablaron	hablarán	hablarían	hablen	hablaran	hablen Uds.
2	comer	como	comía	comí	comeré	comería	coma	comiera	
		comes	comías	comiste	comerás	comerías	comas	comieras	come tú (no comas)
	Participles:	come	comía	comió	comerá	comería	coma	comiera	coma Ud.
	comiendo	comemos	comíamos	comimos	comeremos	comeríamos	comamos	comiéramos	comamos
	comido	coméis	comíais	comisteis	comeréis	comeríais	comáis	comierais	comed (no comáis)
		comen	comían	comieron	comerán	comerían	coman	comieran	coman Uds.
3	vivir	vivo	vivía	viví	viviré	viviría	viva	viviera	
		vives	vivías	viviste	vivirás	vivirías	vivas	vivieras	vive tú (no vivas)
	Participles:	vive	vivía	vivió	vivirá	viviría	viva	viviera	viva Ud.
	viviendo	vivimos	vivíamos	vivimos	viviremos	viviríamos	vivamos	viviéramos	vivamos
	vivido	vivís	vivíais	vivisteis	viviréis	viviríais	viváis	vivierais	vivid (no viváis)
		viven	vivían	vivieron	vivirán	vivirían	vivan	vivieran	vivan Uds.

All verbs: compound tenses

PERFECT TENSES											
INDICATIVE								SUBJUNCTIVE			
Present Perfect		Past Perfect		Future Perfect		Conditional Perfect		Present Perfect		Past Perfect	
he		había		habré		habría		haya		hubiera	
has	hablado	habías	hablado	habrás	hablado	habrías	hablado	hayas	hablado	hubieras	hablado
ha	comido	había	comido	habrá	comido	habría	comido	haya	comido	hubiera	comido
hemos	vivido	habíamos	vivido	habremos	vivido	habríamos	vivido	hayamos	vivido	hubiéramos	vivido
habéis		habíais		habréis		habríais		hayáis		hubierais	
han		habían		habrán		habrían		hayan		hubieran	

PROGRESSIVE TENSES											
INDICATIVE								SUBJUNCTIVE			
Present Progressive		Past Progressive		Future Progressive		Conditional Progressive		Present Progressive		Past Progressive	
estoy		estaba		estaré		estaría		esté		estuviera	
estás	hablando	estabas	hablando	estarás	hablando	estarías	hablando	estés	hablando	estuvieras	hablando
está	comiendo	estaba	comiendo	estará	comiendo	estaría	comiendo	esté	comiendo	estuviera	comiendo
estamos	viviendo	estábamos	viviendo	estaremos	viviendo	estaríamos	viviendo	estemos	viviendo	estuviéramos	viviendo
estáis		estabais		estaréis		estaríais		estéis		estuvierais	
están		estaban		estarán		estarían		estén		estuvieran	

Irregular verbs

	Infinitive	INDICATIVE					SUBJUNCTIVE		IMPERATIVE
		Present	Imperfect	Preterite	Future	Conditional	Present	Past	
4	caber	**quepo**	cabía	**cupe**	**cabré**	**cabría**	**quepa**	**cupiera**	
		cabes	cabías	**cupiste**	**cabrás**	**cabrías**	**quepas**	**cupieras**	cabe tú (no **quepas**)
	Participles:	cabe	cabía	**cupo**	**cabrá**	**cabría**	**quepa**	**cupiera**	**quepa** Ud.
	cabiendo	cabemos	cabíamos	**cupimos**	**cabremos**	**cabríamos**	**quepamos**	**cupiéramos**	**quepamos**
	cabido	cabéis	cabíais	**cupisteis**	**cabréis**	**cabríais**	**quepáis**	**cupierais**	cabed (no **quepáis**)
		caben	cabían	**cupieron**	**cabrán**	**cabrían**	**quepan**	**cupieran**	**quepan** Uds.
5	caer(se)	**caigo**	caía	caí	caeré	caería	**caiga**	**cayera**	
		caes	caías	**caíste**	caerás	caerías	**caigas**	**cayeras**	cae tú (no **caigas**)
	Participles:	cae	caía	**cayó**	caerá	caería	**caiga**	**cayera**	**caiga** Ud. (no **caiga**)
	cayendo	caemos	caíamos	**caímos**	caeremos	caeríamos	**caigamos**	**cayéramos**	**caigamos**
	caído	caéis	caíais	**caísteis**	caeréis	caeríais	**caigáis**	**cayerais**	caed (no **caigáis**)
		caen	caían	**cayeron**	caerán	caerían	**caigan**	**cayeran**	**caigan** Uds.
6	conducir	**conduzco**	conducía	**conduje**	conduciré	conduciría	**conduzca**	**condujera**	
	(c:zc)	conduces	conducías	**condujiste**	conducirás	conducirías	**conduzcas**	**condujeras**	conduce tú (no **conduzcas**)
	Participles:	conduce	conducía	**condujo**	conducirá	conduciría	**conduzca**	**condujera**	**conduzca** Ud. (no **conduzca**)
	conduciendo	conducimos	conducíamos	**condujimos**	conduciremos	conduciríamos	**conduzcamos**	**condujéramos**	**conduzcamos**
	conducido	conducís	conducíais	**condujisteis**	conduciréis	conduciríais	**conduzcáis**	**condujerais**	conducid (no **conduzcáis**)
		conducen	conducían	**condujeron**	conducirán	conducirían	**conduzcan**	**condujeran**	**conduzcan** Uds.

	Infinitive	INDICATIVE					SUBJUNCTIVE		IMPERATIVE
		Present	Imperfect	Preterite	Future	Conditional	Present	Past	
7	dar	**doy**	daba	**di**	daré	daría	**dé**	**diera**	
		das	dabas	**diste**	darás	darías	des	**dieras**	da tú (no des)
	Participles:	da	daba	**dio**	dará	daría	**dé**	**diera**	**dé** Ud.
	dando	damos	dábamos	**dimos**	daremos	daríamos	demos	**diéramos**	**demos**
	dado	**dais**	dabais	**disteis**	daréis	daríais	deis	**dierais**	dad (no **deis**)
		dan	daban	**dieron**	darán	darían	den	**dieran**	**den** Uds.
8	decir (e:i)	**digo**	decía	**dije**	**diré**	**diría**	**diga**	**dijera**	
		dices	decías	**dijiste**	**dirás**	**dirías**	**digas**	**dijeras**	**di** tú (no **digas**)
	Participles:	**dice**	decía	**dijo**	**dirá**	**diría**	**diga**	**dijera**	**diga** Ud.
	diciendo	decimos	decíamos	**dijimos**	**diremos**	**diríamos**	**digamos**	**dijéramos**	**digamos**
	dicho	decís	decíais	**dijisteis**	**diréis**	**diríais**	**digáis**	**dijerais**	decid (no **digáis**)
		dicen	decían	**dijeron**	**dirán**	**dirían**	**digan**	**dijeran**	**digan** Uds.
9	estar	**estoy**	estaba	**estuve**	estaré	estaría	**esté**	**estuviera**	
		estás	estabas	**estuviste**	estarás	estarías	**estés**	**estuvieras**	**está** tú (no **estés**)
	Participles:	**está**	estaba	**estuvo**	estará	estaría	**esté**	**estuviera**	**esté** Ud.
	estando	estamos	estábamos	**estuvimos**	estaremos	estaríamos	estemos	**estuviéramos**	estemos
	estado	estáis	estabais	**estuvisteis**	estaréis	estaríais	estéis	**estuvierais**	estad (no estéis)
		están	estaban	**estuvieron**	estarán	estarían	**estén**	**estuvieran**	**estén** Uds.
10	haber	**he**	había	**hube**	**habré**	**habría**	**haya**	**hubiera**	
		has	habías	**hubiste**	**habrás**	**habrías**	**hayas**	**hubieras**	
	Participles:	**ha**	había	**hubo**	**habrá**	**habría**	**haya**	**hubiera**	
	habiendo	**hemos**	habíamos	**hubimos**	**habremos**	**habríamos**	**hayamos**	**hubiéramos**	
	habido	**habéis**	habíais	**hubisteis**	**habréis**	**habríais**	**hayáis**	**hubierais**	
		han	habían	**hubieron**	**habrán**	**habrían**	**hayan**	**hubieran**	
11	hacer	**hago**	hacía	**hice**	**haré**	**haría**	**haga**	**hiciera**	
		haces	hacías	**hiciste**	**harás**	**harías**	**hagas**	**hicieras**	**haz** tú (no **hagas**)
	Participles:	hace	hacía	**hizo**	**hará**	**haría**	**haga**	**hiciera**	**haga** Ud.
	haciendo	hacemos	hacíamos	**hicimos**	**haremos**	**haríamos**	**hagamos**	**hiciéramos**	**hagamos**
	hecho	hacéis	hacíais	**hicisteis**	**haréis**	**haríais**	**hagáis**	**hicierais**	haced (no **hagáis**)
		hacen	hacían	**hicieron**	**harán**	**harían**	**hagan**	**hicieran**	**hagan** Uds.
12	ir	**voy**	**iba**	**fui**	iré	iría	**vaya**	**fuera**	
		vas	**ibas**	**fuiste**	irás	irías	**vayas**	**fueras**	**ve** tú (no **vayas**)
	Participles:	**va**	**iba**	**fue**	irá	iría	**vaya**	**fuera**	**vaya** Ud.
	yendo	**vamos**	**íbamos**	**fuimos**	iremos	iríamos	**vayamos**	**fuéramos**	**vamos** (no **vayamos**)
	ido	**vais**	**ibais**	**fuisteis**	iréis	iríais	**vayáis**	**fuerais**	id (no **vayáis**)
		van	**iban**	**fueron**	irán	irían	**vayan**	**fueran**	**vayan** Uds.
13	oír (y)	**oigo**	oía	oí	oiré	oiría	**oiga**	**oyera**	
		oyes	oías	**oíste**	oirás	oirías	**oigas**	**oyeras**	**oye** tú (no **oigas**)
	Participles:	**oye**	oía	**oyó**	oirá	oiría	**oiga**	**oyera**	**oiga** Ud.
	oyendo	**oímos**	oíamos	**oímos**	oiremos	oiríamos	**oigamos**	**oyéramos**	**oigamos**
	oído	oís	oíais	**oísteis**	oiréis	oiríais	**oigáis**	**oyerais**	**oíd** (no **oigáis**)
		oyen	oían	**oyeron**	oirán	oirían	**oigan**	**oyeran**	**oigan** Uds.

	Infinitive	INDICATIVE					SUBJUNCTIVE		IMPERATIVE
		Present	Imperfect	Preterite	Future	Conditional	Present	Past	
14	poder (o:ue) **Participles:** **pudiendo** podido	**puedo** **puedes** **puede** podemos podéis **pueden**	podía podías podía podíamos podíais podían	**pude** **pudiste** **pudo** **pudimos** **pudisteis** **pudieron**	**podré** **podrás** **podrá** **podremos** **podréis** **podrán**	**podría** **podrías** **podría** **podríamos** **podríais** **podrían**	**pueda** **puedas** **pueda** podamos podáis **puedan**	**pudiera** **pudieras** **pudiera** **pudiéramos** **pudierais** **pudieran**	 **puede** tú (no **puedas**) **pueda** Ud. podamos poded (no **podáis**) **puedan** Uds.
15	poner **Participles:** poniendo **puesto**	**pongo** pones pone ponemos ponéis ponen	ponía ponías ponía poníamos poníais ponían	**puse** **pusiste** **puso** **pusimos** **pusisteis** **pusieron**	**pondré** **pondrás** **pondrá** **pondremos** **pondréis** **pondrán**	**pondría** **pondrías** **pondría** **pondríamos** **pondríais** **pondrían**	**ponga** **pongas** **ponga** **pongamos** **pongáis** **pongan**	**pusiera** **pusieras** **pusiera** **pusiéramos** **pusierais** **pusieran**	 **pon** tú (no **pongas**) **ponga** Ud. **pongamos** poned (no **pongáis**) **pongan** Uds.
16	querer (e:ie) **Participles:** queriendo querido	**quiero** **quieres** **quiere** queremos queréis **quieren**	quería querías quería queríamos queríais querían	**quise** **quisiste** **quiso** **quisimos** **quisisteis** **quisieron**	**querré** **querrás** **querrá** **querremos** **querréis** **querrán**	**querría** **querrías** **querría** **querríamos** **querríais** **querrían**	**quiera** **quieras** **quiera** queramos queráis **quieran**	**quisiera** **quisieras** **quisiera** **quisiéramos** **quisierais** **quisieran**	 **quiere** tú (no **quieras**) **quiera** Ud. queramos quered (no **queráis**) **quieran** Uds.
17	saber **Participles:** sabiendo sabido	**sé** sabes sabe sabemos sabéis saben	sabía sabías sabía sabíamos sabíais sabían	**supe** **supiste** **supo** **supimos** **supisteis** **supieron**	**sabré** **sabrás** **sabrá** **sabremos** **sabréis** **sabrán**	**sabría** **sabrías** **sabría** **sabríamos** **sabríais** **sabrían**	**sepa** **sepas** **sepa** **sepamos** **sepáis** **sepan**	**supiera** **supieras** **supiera** **supiéramos** **supierais** **supieran**	 sabe tú (no **sepas**) **sepa** Ud. **sepamos** sabed (no **sepáis**) **sepan** Uds.
18	salir **Participles:** saliendo salido	**salgo** sales sale salimos salís salen	salía salías salía salíamos salíais salían	salí saliste salió salimos salisteis salieron	**saldré** **saldrás** **saldrá** **saldremos** **saldréis** **saldrán**	**saldría** **saldrías** **saldría** **saldríamos** **saldríais** **saldrían**	**salga** **salgas** **salga** **salgamos** **salgáis** **salgan**	saliera salieras saliera saliéramos salierais salieran	 **sal** tú (no **salgas**) **salga** Ud. **salgamos** salid (no **salgáis**) **salgan** Uds.
19	ser **Participles:** siendo sido	**soy** **eres** **es** **somos** **sois** **son**	**era** **eras** **era** **éramos** **erais** **eran**	**fui** **fuiste** **fue** **fuimos** **fuisteis** **fueron**	seré serás será seremos seréis serán	sería serías sería seríamos seríais serían	**sea** **seas** **sea** **seamos** **seáis** **sean**	**fuera** **fueras** **fuera** **fuéramos** **fuerais** **fueran**	 **sé** tú (no **seas**) **sea** Ud. **seamos** sed (no **seáis**) **sean** Uds.
20	tener (e:ie) **Participles:** teniendo tenido	**tengo** **tienes** **tiene** tenemos tenéis **tienen**	tenía tenías tenía teníamos teníais tenían	**tuve** **tuviste** **tuvo** **tuvimos** **tuvisteis** **tuvieron**	**tendré** **tendrás** **tendrá** **tendremos** **tendréis** **tendrán**	**tendría** **tendrías** **tendría** **tendríamos** **tendríais** **tendrían**	**tenga** **tengas** **tenga** **tengamos** **tengáis** **tengan**	**tuviera** **tuvieras** **tuviera** **tuviéramos** **tuvierais** **tuvieran**	 **ten** tú (no **tengas**) **tenga** Ud. **tengamos** tened (no **tengáis**) **tengan** Uds.

	Infinitive	INDICATIVE					SUBJUNCTIVE		IMPERATIVE
		Present	Imperfect	Preterite	Future	Conditional	Present	Past	
21	traer	**traigo**	traía	**traje**	traeré	traería	**traiga**	**trajera**	
		traes	traías	**trajiste**	traerás	traerías	**traigas**	**trajeras**	trae tú (no **traigas**)
	Participles:	trae	traía	**trajo**	traerá	traería	**traiga**	**trajera**	**traiga** Ud.
	trayendo	traemos	traíamos	**trajimos**	traeremos	traeríamos	**traigamos**	**trajéramos**	**traigamos**
	traído	traéis	traíais	**trajisteis**	traeréis	traeríais	**traigáis**	**trajerais**	traed (no **traigáis**)
		traen	traían	**trajeron**	traerán	traerían	**traigan**	**trajeran**	**traigan** Uds.
22	venir (e:ie)	**vengo**	venía	**vine**	**vendré**	**vendría**	**venga**	**viniera**	
		vienes	venías	**viniste**	**vendrás**	**vendrías**	**vengas**	**vinieras**	**ven** tú (no **vengas**)
	Participles:	**viene**	venía	**vino**	**vendrá**	**vendría**	**venga**	**viniera**	**venga** Ud.
	viniendo	venimos	veníamos	**vinimos**	**vendremos**	**vendríamos**	**vengamos**	**viniéramos**	**vengamos**
	venido	venís	veníais	**vinisteis**	**vendréis**	**vendríais**	**vengáis**	**vinierais**	venid (no **vengáis**)
		vienen	venían	**vinieron**	**vendrán**	**vendrían**	**vengan**	**vinieran**	**vengan** Uds.
23	ver	**veo**	**veía**	**vi**	veré	vería	**vea**	**viera**	
		ves	**veías**	viste	verás	verías	**veas**	**vieras**	ve tú (no **veas**)
	Participles:	ve	**veía**	**vio**	verá	vería	**vea**	**viera**	**vea** Ud.
	viendo	vemos	**veíamos**	vimos	veremos	veríamos	**veamos**	**viéramos**	**veamos**
	visto	**veis**	**veíais**	visteis	veréis	veríais	**veáis**	**vierais**	ved (no **veáis**)
		ven	**veían**	vieron	verán	verían	**vean**	**vieran**	**vean** Uds.

Stem-changing verbs

	Infinitive	INDICATIVE					SUBJUNCTIVE		IMPERATIVE
		Present	Imperfect	Preterite	Future	Conditional	Present	Past	
24	contar (o:ue)	**cuento**	contaba	conté	contaré	contaría	**cuente**	contara	
		cuentas	contabas	contaste	contarás	contarías	**cuentes**	contaras	**cuenta** tú (no **cuentes**)
	Participles:	**cuenta**	contaba	contó	contará	contaría	**cuente**	contara	**cuente** Ud.
	contando	contamos	contábamos	contamos	contaremos	contaríamos	contemos	contáramos	contemos
	contado	contáis	contabais	contasteis	contaréis	contaríais	contéis	contarais	contad (no contéis)
		cuentan	contaban	contaron	contarán	contarían	**cuenten**	contaran	**cuenten** Uds.
25	dormir (o:ue)	**duermo**	dormía	dormí	dormiré	dormiría	**duerma**	**durmiera**	
		duermes	dormías	dormiste	dormirás	dormirías	**duermas**	**durmieras**	**duerme** tú (no **duermas**)
	Participles:	**duerme**	dormía	**durmió**	dormirá	dormiría	**duerma**	**durmiera**	**duerma** Ud.
	durmiendo	dormimos	dormíamos	dormimos	dormiremos	dormiríamos	**durmamos**	**durmiéramos**	**durmamos**
	dormido	dormís	dormíais	dormisteis	dormiréis	dormiríais	**durmáis**	**durmierais**	dormid (no **durmáis**)
		duermen	dormían	**durmieron**	dormirán	dormirían	**duerman**	**durmieran**	**duerman** Uds.
26	empezar	**empiezo**	empezaba	**empecé**	empezaré	empezaría	**empiece**	empezara	
	(e:ie) (z:c)	**empiezas**	empezabas	empezaste	empezarás	empezarías	**empieces**	empezaras	**empieza** tú (no **empieces**)
		empieza	empezaba	empezó	empezará	empezaría	**empiece**	empezara	**empiece** Ud.
	Participles:	empezamos	empezábamos	empezamos	empezaremos	empezaríamos	**empecemos**	empezáramos	**empecemos**
	empezando	empezáis	empezabais	empezasteis	empezaréis	empezaríais	**empecéis**	empezarais	empezad (no **empecéis**)
	empezado	**empiezan**	empezaban	empezaron	empezarán	empezarían	**empiecen**	empezaran	**empiecen** Uds.

	Infinitive	INDICATIVE Present	Imperfect	Preterite	Future	Conditional	SUBJUNCTIVE Present	Past	IMPERATIVE
27	entender	**entiendo**	entendía	entendí	entenderé	entendería	**entienda**	entendiera	
	(e:ie)	**entiendes**	entendías	entendiste	entenderás	entenderías	**entiendas**	entendieras	**entiende** tú (no **entiendas**)
		entiende	entendía	entendió	entenderá	entendería	**entienda**	entendiera	**entienda** Ud.
	Participles:	entendemos	entendíamos	entendimos	entenderemos	entenderíamos	entendamos	entendiéramos	entendamos
	entendiendo	entendéis	entendíais	entendisteis	entenderéis	entenderíais	entendáis	entendierais	entended (no entendáis)
	entendido	**entienden**	entendían	entendieron	entenderán	entenderían	**entiendan**	entendieran	**entiendan** Uds.
28	jugar (u:ue)	**juego**	jugaba	**jugué**	jugaré	jugaría	**juegue**	jugara	
	(g:gu)	**juegas**	jugabas	jugaste	jugarás	jugarías	**juegues**	jugaras	**juega** tú (no **juegues**)
		juega	jugaba	jugó	jugará	jugaría	**juegue**	jugara	**juegue** Ud.
	Participles:	jugamos	jugábamos	jugamos	jugaremos	jugaríamos	**juguemos**	jugáramos	**juguemos**
	jugando	jugáis	jugabais	jugasteis	jugaréis	jugaríais	**juguéis**	jugarais	jugad (no **juguéis**)
	jugado	**juegan**	jugaban	jugaron	jugarán	jugarían	**jueguen**	jugaran	**jueguen** Uds.
29	pedir (e:i)	**pido**	pedía	pedí	pediré	pediría	**pida**	**pidiera**	
		pides	pedías	pediste	pedirás	pedirías	**pidas**	**pidieras**	**pide** tú (no **pidas**)
	Participles:	**pide**	pedía	**pidió**	pedirá	pediría	**pida**	**pidiera**	**pida** Ud.
	pidiendo	pedimos	pedíamos	pedimos	pediremos	pediríamos	**pidamos**	**pidiéramos**	**pidamos**
	pedido	pedís	pedíais	pedisteis	pediréis	pediríais	**pidáis**	**pidierais**	pedid (no **pidáis**)
		piden	pedían	**pidieron**	pedirán	pedirían	**pidan**	**pidieran**	**pidan** Uds.
30	pensar (e:ie)	**pienso**	pensaba	pensé	pensaré	pensaría	**piense**	pensara	
		piensas	pensabas	pensaste	pensarás	pensarías	**pienses**	pensaras	**piensa** tú (no **pienses**)
	Participles:	**piensa**	pensaba	pensó	pensará	pensaría	**piense**	pensara	**piense** Ud.
	pensando	pensamos	pensábamos	pensamos	pensaremos	pensaríamos	pensemos	pensáramos	pensemos
	pensado	pensáis	pensabais	pensasteis	pensaréis	pensaríais	penséis	pensarais	pensad (no penséis)
		piensan	pensaban	pensaron	pensarán	pensarían	**piensen**	pensaran	**piensen** Uds.
31	reír(se) (e:i)	**río**	reía	reí	reiré	reiría	**ría**	**riera**	
		ríes	reías	**reíste**	reirás	reirías	**rías**	**rieras**	**ríe** tú (no rías)
	Participles:	**ríe**	reía	**rió**	reirá	reiría	**ría**	**riera**	**ría** Ud.
	riendo	**reímos**	reíamos	**reímos**	reiremos	reiríamos	**riamos**	**riéramos**	**riamos**
	reído	reís	reíais	**reísteis**	reiréis	reiríais	**riáis**	**rierais**	**reíd** (no **riáis**)
		ríen	reían	rieron	reirán	reirían	**rían**	**rieran**	**rían** Uds.
32	seguir (e:i)	**sigo**	seguía	seguí	seguiré	seguiría	**siga**	**siguiera**	
	(gu:g)	**sigues**	seguías	seguiste	seguirás	seguirías	**sigas**	**siguieras**	**sigue** tú (no **sigas**)
		sigue	seguía	**siguió**	seguirá	seguiría	**siga**	**siguiera**	**siga** Ud.
	Participles:	seguimos	seguíamos	seguimos	seguiremos	seguiríamos	**sigamos**	**siguiéramos**	**sigamos**
	siguiendo	seguís	seguíais	seguisteis	seguiréis	seguiríais	**sigáis**	**siguierais**	seguid (no **sigáis**)
	seguido	**siguen**	seguían	**siguieron**	seguirán	seguirían	**sigan**	**siguieran**	**sigan** Uds.
33	sentir (e:ie)	**siento**	sentía	sentí	sentiré	sentiría	**sienta**	**sintiera**	
		sientes	sentías	sentiste	sentirás	sentirías	**sientas**	**sintieras**	**siente** tú (no **sientas**)
	Participles:	**siente**	sentía	**sintió**	sentirá	sentiría	**sienta**	**sintiera**	**sienta** Ud.
	sintiendo	sentimos	sentíamos	sentimos	sentiremos	sentiríamos	**sintamos**	**sintiéramos**	**sintamos**
	sentido	sentís	sentíais	sentisteis	sentiréis	sentiríais	**sintáis**	**sintierais**	sentid (no **sintáis**)
		sienten	sentían	**sintieron**	sentirán	sentirían	**sientan**	**sintieran**	**sientan** Uds.

	Infinitive	INDICATIVE					SUBJUNCTIVE		IMPERATIVE
		Present	Imperfect	Preterite	Future	Conditional	Present	Past	
34	volver (o:ue)	**vuelvo**	volvía	volví	volveré	volvería	**vuelva**	volviera	
		vuelves	volvías	volviste	volverás	volverías	**vuelvas**	volvieras	**vuelve** tú (no **vuelvas**)
	Participles:	**vuelve**	volvía	volvió	volverá	volvería	**vuelva**	volviera	**vuelva** Ud.
	volviendo	volvemos	volvíamos	volvimos	volveremos	volveríamos	volvamos	volviéramos	volvamos
	vuelto	volvéis	volvíais	volvisteis	volveréis	volveríais	volváis	volvierais	volved (no volváis)
		vuelven	volvían	volvieron	volverán	volverían	**vuelvan**	volvieran	**vuelvan** Uds.

Verbs with spelling changes

	Infinitive	INDICATIVE					SUBJUNCTIVE		IMPERATIVE
		Present	Imperfect	Preterite	Future	Conditional	Present	Past	
35	conocer	**conozco**	conocía	conocí	conoceré	conocería	**conozca**	conociera	
	(c:zc)	conoces	conocías	conociste	conocerás	conocerías	**conozcas**	conocieras	conoce tú (no **conozcas**)
		conoce	conocía	conoció	conocerá	conocería	**conozca**	conociera	**conozca** Ud.
	Participles:	conocemos	conocíamos	conocimos	conoceremos	conoceríamos	**conozcamos**	conociéramos	**conozcamos**
	conociendo	conocéis	conocíais	conocisteis	conoceréis	conoceríais	**conozcáis**	conocierais	conoced (no **conozcáis**)
	conocido	conocen	conocían	conocieron	conocerán	conocerían	**conozcan**	conocieran	**conozcan** Uds.
36	creer (y)	creo	creía	creí	creeré	creería	crea	**creyera**	
		crees	creías	**creíste**	creerás	creerías	creas	**creyeras**	cree tú (no creas)
	Participles:	cree	creía	**creyó**	creerá	creería	crea	**creyera**	crea Ud.
	creyendo	creemos	creíamos	**creímos**	creeremos	creeríamos	creamos	**creyéramos**	creamos
	creído	creéis	creíais	**creísteis**	creeréis	creeríais	creáis	**creyerais**	creed (no creáis)
		creen	creían	**creyeron**	creerán	creerían	crean	**creyeran**	crean Uds.
37	cruzar (z:c)	cruzo	cruzaba	**crucé**	cruzaré	cruzaría	**cruce**	cruzara	
		cruzas	cruzabas	cruzaste	cruzarás	cruzarías	**cruces**	cruzaras	cruza tú (no **cruces**)
	Participles:	cruza	cruzaba	cruzó	cruzará	cruzaría	**cruce**	cruzara	**cruce** Ud.
	cruzando	cruzamos	cruzábamos	cruzamos	cruzaremos	cruzaríamos	**crucemos**	cruzáramos	**crucemos**
	cruzado	cruzáis	cruzabais	cruzasteis	cruzaréis	cruzaríais	**crucéis**	cruzarais	cruzad (no **crucéis**)
		cruzan	cruzaban	cruzaron	cruzarán	cruzarían	**crucen**	cruzaran	**crucen** Uds.
38	destruir (y)	**destruyo**	destruía	destruí	destruiré	destruiría	**destruya**	**destruyera**	
		destruyes	destruías	destruiste	destruirás	destruirías	**destruyas**	**destruyeras**	**destruye** tú (no **destruyas**)
	Participles:	**destruye**	destruía	**destruyó**	destruirá	destruiría	**destruya**	**destruyera**	**destruya** Ud.
	destruyendo	destruimos	destruíamos	destruimos	destruiremos	destruiríamos	**destruyamos**	**destruyéramos**	**destruyamos**
	destruido	destruís	destruíais	destruisteis	destruiréis	destruiríais	**destruyáis**	**destruyerais**	destruid (no **destruyáis**)
		destruyen	destruían	**destruyeron**	destruirán	destruirían	**destruyan**	**destruyeran**	**destruyan** Uds.
39	enviar	**envío**	enviaba	envié	enviaré	enviaría	**envíe**	enviara	
		envías	enviabas	enviaste	enviarás	enviarías	**envíes**	enviaras	**envía** tú (no **envíes**)
		envía	enviaba	envió	enviará	enviaría	**envíe**	enviara	**envíe** Ud.
	Participles:	enviamos	enviábamos	enviamos	enviaremos	enviaríamos	enviemos	enviáramos	enviemos
	enviando	enviáis	enviabais	enviasteis	enviaréis	enviaríais	enviéis	enviarais	enviad (no enviéis)
	enviado	**envían**	enviaban	enviaron	enviarán	enviarían	**envíen**	enviaran	**envíen** Uds.

	Infinitive	INDICATIVE Present	Imperfect	Preterite	Future	Conditional	SUBJUNCTIVE Present	Past	IMPERATIVE
40	graduar(se)	**gradúo**	graduaba	gradué	graduaré	graduaría	**gradúe**	graduara	
		gradúas	graduabas	graduaste	graduarás	graduarías	**gradúes**	graduaras	**gradúa** tú (no **gradúes**)
	Participles:	**gradúa**	graduaba	graduó	graduará	graduaría	**gradúe**	graduara	**gradúe** Ud.
	graduando	graduamos	graduábamos	graduamos	graduaremos	graduaríamos	graduemos	graduáramos	graduemos
	graduado	graduáis	graduabais	graduasteis	graduaréis	graduaríais	graduéis	graduarais	graduad (no graduéis)
		gradúan	graduaban	graduaron	graduarán	graduarían	**gradúen**	graduaran	**gradúen** Uds.
41	llegar (g:gu)	llego	llegaba	**llegué**	llegaré	llegaría	**llegue**	llegara	
		llegas	llegabas	llegaste	llegarás	llegarías	**llegues**	llegaras	llega tú (no **llegues**)
	Participles:	llega	llegaba	llegó	llegará	llegaría	**llegue**	llegara	**llegue** Ud.
	llegando	llegamos	llegábamos	llegamos	llegaremos	llegaríamos	**lleguemos**	llegáramos	**lleguemos**
	llegado	llegáis	llegabais	llegasteis	llegaréis	llegaríais	**lleguéis**	llegarais	llegad (no **lleguéis**)
		llegan	llegaban	llegaron	llegarán	llegarían	**lleguen**	llegaran	**lleguen** Uds.
42	proteger (g:j)	**protejo**	protegía	protegí	protegeré	protegería	**proteja**	protegiera	
		proteges	protegías	protegiste	protegerás	protegerías	**protejas**	protegieras	protege tú (no **protejas**)
	Participles:	protege	protegía	protegió	protegerá	protegería	**proteja**	protegiera	**proteja** Ud.
	protegiendo	protegemos	protegíamos	protegimos	protegeremos	protegeríamos	**protejamos**	protegiéramos	**protejamos**
	protegido	protegéis	protegíais	protegisteis	protegeréis	protegeríais	**protejáis**	protegierais	proteged (no **protejáis**)
		protegen	protegían	protegieron	protegerán	protegerían	**protejan**	protegieran	**protejan** Uds.
43	tocar (c:qu)	toco	tocaba	**toqué**	tocaré	tocaría	**toque**	tocara	
		tocas	tocabas	tocaste	tocará	tocarías	**toques**	tocaras	toca tú (no **toques**)
	Participles:	toca	tocaba	tocó	tocarás	tocaría	**toque**	tocara	**toque** Ud.
	tocando	tocamos	tocábamos	tocamos	tocaremos	tocaríamos	**toquemos**	tocáramos	**toquemos**
	tocado	tocáis	tocabais	tocasteis	tocaréis	tocaríais	**toquéis**	tocarais	tocad (no **toquéis**)
		tocan	tocaban	tocaron	tocarán	tocarían	**toquen**	tocaran	**toquen** Uds.
44	vencer (c:z)	**venzo**	vencía	vencí	venceré	vencería	**venza**	venciera	
		vences	vencías	venciste	vencerás	vencerías	**venzas**	vencieras	vence tú (no **venzas**)
	Participles:	vence	vencía	venció	vencerá	vencería	**venza**	venciera	**venza** Ud.
	venciendo	vencemos	vencíamos	vencimos	venceremos	venceríamos	**venzamos**	venciéramos	**venzamos**
	vencido	vencéis	vencíais	vencisteis	venceréis	venceríais	**venzáis**	vencierais	venced (no **venzáis**)
		vencen	vencían	vencieron	vencerán	vencerían	**venzan**	vencieran	**venzan** Uds.

Guide to Vocabulary

Contents of the glossary

This glossary contains the words and expressions presented as active vocabulary in **VENTANAS**, as well as other useful vocabulary. A numeral following an entry indicates the lesson of **VENTANAS: Lengua** where the word or expression was introduced. The abbreviation *Lect.* plus lesson number indicates words and expressions introduced in **VENTANAS: Lecturas.**

Abbreviations used in this glossary

adj.	adjective	*fam.*	familiar	*pl.*	plural	*pron.*	pronoun
adv.	adverb	*form.*	formal	*pl.*	plural	*sing.*	singular
conj.	conjunction	*interj.*	interjection	*p.p.*	past participle	*v.*	verb
f.	feminine	*m.*	masculine	*prep.*	preposition		

Note on alphabetization

In the Spanish alphabet **ñ** is a separate letter following **n.** Therefore in this glossary you will find that number **añadir** follows **anuncio.**

Español–Inglés

A

abadesa *f.* abbess *(Lect. 5)*
abogado/a *m., f.* lawyer
abrazar *v.* to hug; to hold *(Lect. 1)*
abrir(se) *v.* to open; **abrirse paso** to make one's way
abrocharse *v.* to fasten; **abrocharse el cinturón de seguridad** to fasten one's seatbelt
abstracto/a *adj.* abstract **10**
aburrir *v.* to bore **2**
aburrirse *v.* to get bored **2**
acabarse *v.* to run out; to come to an end *(Lect. 6)*
acallarse *v.* to keep quiet *(Lect. 10)*
acantilado *m.* cliff
acariciar *v.* to caress *(Lect. 4, 10)*
acaso *adv.* perhaps *(Lect. 4)*
accidente *m.* accident; **accidente automovilístico** *m.* car accident **5**
acentuar *v.* to accentuate **10**
acercarse (a) *v.* to approach **2**
aclarar *v.* to clarify *(Lect. 9)*
acoger *v.* to welcome; to take in; to receive
acogido/a *adj.* received; **bien acogido/a** well received **8**
acompañar *v.* to come with *(Lect. 10)*
aconsejar *v.* to advise; to suggest **4**
acontecimiento *m.* event **9**
acordar (o:ue) *v.* to agree **2**
acordarse (o:ue) **(de)** *v.* to remember **2**
acostarse (o:ue) *v.* to go to bed **2**
acostumbrado/a *adj.* accustomed to; **estar acostumbrado/a a** *v.* to be used to
acostumbrarse (a) *v.* to get used to; to grow accustomed (to) **3**
activista *m., f.* activist **11**
acto: en el acto immediately; on the spot **3**
actor *m.* actor **9**
actriz *f.* actress **9**
actual *adj.* current **9**
actualidad *f.* current events **9**
actualizado/a *adj.* up-to-date **9**
actualizar *v.* to update *(Lect. 7)*
actualmente *adv.* currently
acuarela *f.* watercolor **10**
adelantado/a *adj.* advanced **12**
adelanto *m.* improvement **4;** advance *(Lect. 4) (Lect. 7)*
adelgazar *v.* to lose weight **4**
adinerado/a *adj.* wealthy *(Lect. 8)*
adivinar *v.* to guess *(Lect. 3)*
adjuntar *v.* to attach **7; adjuntar un archivo** to attach a file **7**
administrar *v.* to manage; to run **8**
ADN (ácido desoxirribonucleico) *m.* DNA **7**
adorar *v.* to adore **1**
aduana *f.* customs; **agente de aduanas** customs agent **5**
advertencia *f.* warning *(Lect. 8)*
afeitarse *v.* to shave **2**
aficionado/a (a) *adj.* fond of; a fan (of) **2; ser aficionado/a de** to be a fan of
afiche *m.* poster *(Lect. 1)*
afligir *v.* afflict *(Lect. 4)*
afligirse *v.* to get upset *(Lect. 3)*
afortunado/a *adj.* lucky
agenda *f.* datebook **3**
agente *m., f.* agent; officer; **agente de aduanas** *m., f.* customs agent **5**
agitar *v.* wave *(Lect. 2)*
agnóstico/a *adj.* agnostic **11**
agobiado/a *adj.* overwhelmed **1**
agotado/a *adj.* exhausted **4**
agotar *v.* to use up **6**
agradecimiento *m.* gratitude
agredir *v.* to assault *(Lect. 10)*
aguja *f.* needle *(Lect. 4)*
agujero *m.* hole; **agujero en la capa de ozono** *m.* hole in the ozone layer; **agujero negro** *m.* black hole **7**; **agujerito** *m.* small hole **7**
ahogado/a *adj.* drowned *(Lect. 5)*
ahogarse *v.* to smother; to drown
ahorrar *v.* to save **8**
ahorrarse *v.* to save oneself *(Lect. 7)*
ahorro *m.* savings **8**
aislado/a *adj.* isolated *(Lect. 6)*
aislar *v.* to isolate *(Lect. 9)*
ajedrez *m.* chess **2**
ajeno/a *adj.* belonging to others *(Lect. 11)*
ala *m.* wing
alba *f.* dawn; daybreak *(Lect. 11)*
albergue *m.* hostel **5**
álbum *m.* album **2**; *(Lect. 4)*
alcalde/alcaldesa *m., f.* mayor **11**
alcance *m.* reach **7; al alcance** within reach *(Lect. 10)*; **al alcance de la mano** within reach *(Lect. 7)*
alcanzar *v.* to reach; to achieve; to succeed in *(Lect. 5)*
aldea *f.* village *(Lect. 12)*
alimentación *f.* diet (nutrition) **4**
allá *adv.* there
alma (el) *f.* soul *(Lect. 1)*
alojamiento *m.* lodging **5**
alojarse *v.* to stay **5**
alquilar *v.* to rent; **alquilar una película** to rent a movie **2**
alta definición: de alta definición *adj.* high definition **7**
alterar *v.* to modify; to alter
altiplano *m.* high plateau *(Lect. 11)*
altoparlante *m.* loudspeaker
alusión *f.* allusion *(Lect. 10)*
amable *adj.* nice; kind
amado/a *m., f.* loved one; sweetheart **1**
amanecer *m.* sunrise *(Lect. 6)*
amar *v.* to love *(Lect. 1)*
ambiental *adj.* environmental *(Lect. 6)*
ambos/as *pron., adj.* both
amenaza *f.* menace; threat *(Lect. 3, 8)*
amenazar *v.* to threaten *(Lect. 3)*
amor *m.* love; **amor (no) correspondido** (un)requited love
amueblado/a *adj.* furnished
analfabetismo *m.* illiteracy *(Lect. 8)*
anciano/a *adj.* elderly

anciano/a *m., f.* elderly gentleman/lady
andar *v.* to walk; **andar** + *pres. participle* to be (doing something)
anfitrión/anfitriona *m.* host(ess) *(Lect. 8)*
anillo *m.* ring *(Lect. 5)*
animado/a *adj.* lively **2**
animar *v.* to cheer up; to encourage; **¡Anímate!** Cheer up! *(sing.)* **2**; **¡Anímense!** Cheer up! *(pl.)* **2**
ánimo *m.* spirit **1**
anotar (un gol/un punto) *v.* to score (a goal/ a point) **2**
ansia *f.* anxiety **1**
ansioso/a *adj.* anxious **1**
antemano: de antemano *beforehand*
antena *f.* antenna; **antena parabólica** satellite dish
anterior *adj.* previous **8**
antes que nada first and foremost
antigüedad *f.* antiquity
antiguo/a *adj.* ancient *(Lect. 8)*
antipático/a *adj.* mean; unpleasant
anuncio *m.* advertisement; commercial **9**
añadir *v.* to add
apagado/a *adj.* turned off *(Lect. 7)*
apagar *v.* to turn off **3; apagar las velas** to blow out the candles **8**
apañar *v.* to mend; to fix *(Lect. 4)*
apañarse *v.* to manage *(Lect. 4)*
aparecer *v.* to appear **1**
apenas *adv.* hardly; scarcely **3**
aplaudir *v.* to applaud **2**
apogeo *m.* height; highest level *(Lect. 5)*
aportación *f.* contribution **11**
apostar (o:ue) *v.* to bet
apoyarse (en) *v.* to lean (on)
apreciado/a *adj.* appreciated
apreciar *v.* to appreciate **1**
aprendizaje *m.* learning **12** *(Lect. 8)*
aprobación *f.* approval **9**
aprobar (o:ue) *v.* to approve; to pass (*a class*); **aprobar una ley** to pass a law **11**
aprovechar *v.* to make good use of; to take advantage of
apuesta *f.* bet
apuro: tener apuro to be in a hurry; to be in a rush
araña *f.* spider **6** *(Lect. 8)*
árbitro/a *m., f.* referee **2**
árbol *m.* tree **6**
archivo *m.* file; **bajar un archivo** to download a file
arduo/a *adj.* hard *(Lect. 4)*
arepa *f.* cornmeal cake *(Lect. 11)*
argumento *m.* plot **10**
árido/a *adj.* arid *(Lect. 11)*
aristocrático/a *adj.* aristocratic *(Lect. 12)*
arma *f.* weapon
armado/a *adj.* armed
arqueología *f.* archaeology
arqueólogo/a *m., f.* archaeologist
arraigar *v.* to take root *(Lect. 10)*
arrancar *v.* to start (*a car*)
arrastrar *v.* to drag
arrecife *m.* reef **6**
arreglarse *v.* to get ready **3**
arrepentirse (de) (e:ie) *v.* to repent **2**
arriesgado/a *adj.* risky **5**
arriesgar *v.* to risk
arriesgarse *v.* to risk; to take a risk
arroba *f.* @ symbol **7**
arroyo *m.* stream *(Lect. 10)*
arruga *f.* wrinkle
artefacto *m.* artifact *(Lect. 5)*
artesano/a *m., f.* artisan **10**
asaltar *v.* to rob *(Lect. 11)*
ascender (e:ie) *v.* to rise; to be promoted **8**
asco *m.* revulsion; **dar asco** to be disgusting
asegurar *v.* to assure; to guarantee
asegurarse *v.* to make sure
aseo *m.* cleanliness; hygiene; **aseo personal** *m.* personal care
asesor(a) *m., f.* consultant; advisor **8**
así *adv.* like this; so **3**
asiento *m.* seat **2**
asilo (de ancianos) *m.* nursing home *(Lect. 4)*
asombrar *v.* to amaze *(Lect. 3)*
asombrarse *v.* to be astonished
asombro *m.* amazement; astonishment
asombroso/a *adj.* astonishing
aspecto *m.* appearance; look; **tener buen/ mal aspecto** to look healthy/sick **4**
aspirina *f.* aspirin **4**
astronauta *m., f.* astronaut **7**
astrónomo/a *m., f.* astronomer **7**
asunto *m.* matter; topic
asustado/a *adj.* frightened; scared
atar *v.* to tie (up)
ataúd *m.* casket *(Lect. 2)*
ateísmo *m.* atheism
ateo/a *adj.* atheist **11**
aterrizar *v.* to land (an airplane)
atletismo *m.* track-and-field events
atracción *f.* attraction
atraer *v.* to attract **1**
atrapar *v.* to trap; to catch **6**
atrasado/a *adj.* late **3**
atrasar *v.* to delay
atreverse (a) *v.* to dare (to) **2**
atropellar *v.* to run over
audiencia *f.* audience
aumento *m.* increase; raise; **aumento de sueldo** *m.* raise in salary **8**
auricular *m.* telephone receiver *(Lect. 7)*
ausente *adj.* absent
auténtico/a *adj.* real; genuine **3**
autobiografía *f.* autobiography **10**
autoestima *f.* self-esteem **4**
autoritario/a *adj.* strict; authoritarian **1**
autorretrato *m.* self-portrait **10** *(Lect. 4)*
auxiliar de vuelo *m., f.* flight attendant
auxilio *m.* help; aid; **primeros auxilios** *m. pl.* first aid **4**
avance *m.* advance; breakthrough **7**
avanzado/a *adj.* advanced **7**
avaro/a *m., f.* miser
ave *f.* bird **6** *(Lect. 6)*
aventura *f.* adventure **5**
aventurero/a *m., f.* adventurer **5**
avergonzado/a *adj.* ashamed; embarrassed,
averiguar *v.* to find out *(Lect. 1)*
avisar *v.* to inform; to warn
aviso *m.* notice; warning **5**
azar *m.* chance; fate *(Lect. 5, 12)*

B

bahía *f.* bay *(Lect. 5)*
bailar *v.* to dance **1**
bailarín/bailarina *m., f.* dancer
bajar *v.* to lower
balcón *m.* balcony **3**
balón *m.* ball *(Lect. 2)*
bancario/a *adj.* banking
bancarrota *f.* bankruptcy **8**
banda sonora *f.* soundtrack **9**
bandera *f.* flag *(Lect. 2)*
bañarse *v.* to take a bath **2**
baranda *f.* railing *(Lect. 9)*
barato/a *adj.* cheap; inexpensive **3**
barbaridad *f.* outrageous thing *(Lect. 10)*
barrer *v.* to sweep **3**
barrio *m.* neighborhood *(Lect. 5)*
bastante *adv.* quite; enough **3**
batalla *f.* battle **12**
bautismo *m.* baptism
beber *v.* to drink **1**
bellas artes *f., pl* fine arts **10**
bendecir (e:i) *v.* to bless **11**
beneficios *m. pl.* benefits
besar *v.* to kiss *(Lect. 1)*
bien acogido/a *adj.* well-received **8**
bienestar *m.* well-being **4**
bienvenida *f.* welcome **5**
bilingüe *adj.* bilingual *(Lect. 9)*
billar *m.* billiards **2**
biografía *f.* biography **10**
biólogo/a *m., f.* biologist **7**
bioquímico/a *adj.* biochemical **7**
bitácora *f.* travel log; weblog *(Lect. 7)*
blog *m.* blog **7**
blogonovela *f.* blognovel *(Lect. 7)*
blogosfera *f.* blogosphere *(Lect. 7)*
bobo/a *m., f.* silly, stupid person *(Lect. 7)*
boleto *m.* ticket *(Lect. 1)*
boliche *m.* bowling **2**
bolsa *f.* bag; sack; stock market; **bolsa de valores** *f.* stock market **8**
bombardeo *m.* bombing *(Lect. 6)*
bondad *f.* goodness; **¿Tendría usted la bondad de** + *inf.*... ? Could you please ...? *(form.)*
bordo: a bordo *adv.* on board **5**
borrar *v.* to erase **7**
borrego *m.* young lamb *(Lect. 6)*
bosque *m.* forest; **bosque lluvioso** *m.* rain forest **6**
bostezar *v.* to yawn
botar *v.* to throw... out *(Lect. 5)*
botarse *v.* to outdo oneself (*P. Rico; Cuba*) *(Lect. 5)*
bote *m.* boat *(Lect. 5)*
brillo *m.* shine *(Lect. 10)*
brindar *v.* to make a toast **2**
broma *f.* joke *(Lect. 1)*
bromear *v* to joke
brújula *f.* compass **5**

buceo *m.* scuba diving **5**
budista *adj.* Buddhist **11**
bueno/a *adj.* good; **estar bueno/a** *v.* to (still) be good (i.e., *fresh*); **ser bueno/a** *v.* to be good (*by nature*); **¡Buen fin de semana!** Have a nice weekend!; **Buen provecho.** Enjoy your meal.
búfalo *m.* buffalo
burla *f.* mockery
burlarse (de) *v.* to make fun (of)
burocracia *f.* bureaucracy
buscador *m.* search engine **7**
búsqueda *f.* search
buzón *m.* mailbox

C

caber *v.* to fit **1; no caber duda** to be no doubt
cabo *m.* cape; end (*rope, string*); **al fin y al cabo** sooner or later, after all; **llevar a cabo** to carry out (*an activity*)
cabra *f.* goat
cacique *m.* tribal chief **12**
cadena *f.* network **9; cadena de televisión** *f.* television network
caducar *v* to expire
caer(se) *v.* to fall **1; caer bien/mal** to get along well/badly with **2**
caja *f.* box; **caja de herramientas** toolbox
cajero/a *m., f.* cashier; **cajero automático** *m.* ATM
calentamiento global *m.* global warming **6**
calentar (e:ie) *v.* to warm up **3**
calidad *f.* quality
callado/a *adj.* quiet/silent
callarse *v.* to be quiet, silent
calmante *m.* painkiller; tranquilizer **4**
calmarse *v.* to calm down; to relax
calzoncillos *m. pl.* underwear (men's)
camarero/a *m., f.* waiter; waitress
cambiar *v* to change
cambio *m.* change; **a cambio de** in exchange for
camerino *m.* star's dressing room **9**
campamento *m.* campground **5**
campaña *f.* campaign **11**
campeón/campeona *m., f.* champion **2**
campeonato *m.* championship **2**
campo *m.* ball field *(Lect. 5)*
campo *m.* countryside; field **6**
canal *m.* channel **9; canal de televisión** *m.* television channel
cancelar *v.* to cancel **5**
cáncer *m.* cancer
cancha *f.* (playing) field *(Lect. 2)*
candidato/a *m., f.* candidate **11**
canon literario *m.* literary canon *(Lect. 10)*
cansancio *m.* exhaustion *(Lect. 3)*
cansarse *v.* to become tired
cantante *m., f.* singer **2**
capa *f.* layer; **capa de ozono** *f.* ozone layer **6**
capaz *adj.* competent; capable **8**
capilla *f.* chapel *(Lect. 11)*
capitán *m.* captain
capítulo *m.* chapter
caracterización *f.* characterization **10**
cargo *m.* position; **estar a cargo de** to be in charge of **1**
cariño *m.* affection **1**
cariñoso/a *adj.* affectionate **1**
carne *f.* meat; flesh
caro/a *adj.* expensive **3**
cartas *f. pl.* (playing) cards **2**
casado/a *adj.* married **1**
cascada *f.* cascade; waterfall *(Lect. 5)*
casi *adv.* almost **3**
casi nunca *adv.* rarely **3**
castigo *m.* punishment
casualidad *f.* chance; coincidence *(Lect. 5) (Lect. 7)*; **por casualidad** by chance **3**
catástrofe *f.* catastrophe; disaster; **catástrofe natural** *f.* natural disaster
categoría *f.* category **5; de buena categoría** *adj.* high quality **5**
católico/a *adj.* Catholic **11**
cazar *v.* to hunt **6**
ceder *v.* give up *(Lect. 11)*
celda *f.* cell
celebrar *v.* to celebrate **2**
celebridad *f.* celebrity **9**
celos *m. pl.* jealousy; **tener celos de** to be jealous of **1**
célula *f.* cell **7**
cementerio *m.* cemetery *(Lect. 12)*
censura *f.* censorship **9**
centavo *m.* cent
centro comercial *m.* mall **3**
cepillarse *v.* to brush **2**
cercano/a *adj.* close *(Lect. 10)*
cerdo *m.* pig **6**
cerro *m.* hill
certeza *f.* certainty
certidumbre *f.* certainty **12**
chisme *m.* gossip **9**
chiste *m.* joke *(Lect. 1)*
choque *m.* crash *(Lect. 3)*
choza *f.* hut *(Lect. 12)*
cicatriz *f.* scar
ciencia ficción *f.* science fiction **10**
científico/a *adj.* scientific
científico/a *m., f.* scientist **7**
cierto/a *adj.* certain, sure; **¡Cierto!** Sure!; **No es cierto.** That's not so.
cine *m.* movie theater; cinema **2**
cinturón *m.* belt; **cinturón de seguridad** *m.* seatbelt **5**; **abrocharse el cinturón de seguridad** *v.* to fasten one's seatbelt; **ponerse (el cinturón)** *v.* to fasten (the seatbelt) **5; quitarse (el cinturón)** *v.* to unfasten (the seatbelt) **5**
circo *m.* circus **2**
cirugía *f.* surgery **4**
cirujano/a *m., f.* surgeon **4**
cisterna *f.* cistern; underground tank *(Lect. 6)*
cita *f.* date; quotation; **cita a ciegas** *f.* blind date **1**
ciudadano/a *m., f.* citizen **11**
civilización *f.* civilization **12**
civilizado/a *adj.* civilized
claro *interj.* of course **3**
clásico/a *adj.* classic **10**
claustro *m.* cloister *(Lect. 11)*
clima *m.* climate
clonar *v.* to clone **7**
club *m.* club; **club deportivo** *m.* sports club **2**
coartada *f.* alibi *(Lect. 10)*
cobrador(a) *m., f.* debt collector *(Lect. 8)*
cobrar *v.* to charge; to receive **8**
cochinillo *m.* suckling pig *(Lect. 10)*
cocinar *v.* to cook **3**
cocinero/a *m., f.* chef; cook
codo *m.* elbow
cohete *m.* rocket **7**
cola *f.* line; tail; **hacer cola** to wait in line **2**
coleccionar *v.* to collect
coleccionista *m., f.* collector
colgar (o:ue) *v.* to hang (up)
colina *f.* hill
colmena *f.* beehive *(Lect. 8)*
colocar *v.* to place (*an object*) *(Lect. 2)*
colonia *f.* colony **12**
colonizar *v.* to colonize **12**
columnista *m., f.* columnist *(Lect. 9)*
combatiente *m., f.* combatant
combustible *m.* fuel **6**
comediante *m., f.* comedian *(Lect. 1)*
comensal *m., f.* dinner guest *(Lect. 10)*
comer *v.* to eat **1, 2**
comerciante *m., f.* storekeeper; trader
comercio *m.* commerce; trade **8**
comerse *v.* to eat up **2**
comestible *adj.* edible; **planta comestible** *f.* edible plant
cometa *m.* comet **7**
comida *f.* food **6; comida enlatada** *f.* canned food **6; comida rápida** *f.* fast food **4**
cómo *adv.* how; **¡Cómo no!** Of course!; **¿Cómo que son...?** What do you mean they are...?
compañía *f.* company **8**
completo/a *adj.* complete; filled up; **El hotel está completo.** The hotel is filled.
componer *v.* to compose **1**
compositor(a) *m., f.* composer
comprobar (o:ue) *v.* to prove **7**
compromiso *m.* awkward situation *(Lect. 10)*
compromiso *m.* commitment; responsibility **1**
computación *f.* computer science
computadora portátil *f.* laptop **7**
comunidad *f.* community **4**
conciencia *f.* conscience
concierto *m.* concert **2**
conducir *v.* to drive **1**
conductor(a) *m., f.* announcer

conejo *m.* rabbit **6**
conexión de satélite *f.* satellite connection **7**
conferencia *f.* conference **8**
confesar (e:ie) *v.* to confess
confianza *f.* trust; confidence **1**
confundido/a *adj.* confused
confundir (con) *v.* to confuse (with)
congelado/a *adj.* frozen
congelar(se) *v.* to freeze *(Lect. 7)*
congeniar *v.* to get along
congestionado/a *adj.* congested
congestionamiento *m.* traffic jam **5**
conjunto *m.* collection; **conjunto (musical)** *m.* (musical) group, band
conmovedor(a) *adj.* moving
conocer *v.* to know **1**
conocimiento *m.* knowledge **12**
conquista *f.* conquest **12**
conquistador(a) *m., f.* conquistador; conqueror **12**
conquistar *v.* to conquer **12**
conseguir (e:i) **boletos/entradas** *v.* to get tickets **2**
conservador(a) *adj.* conservative **11**
conservador(a) *m., f.* curator
conservar *v.* to conserve; to preserve **6**
considerar *v.* to consider; **Considero que...** In my opinion, ...
consiguiente *adj.* resulting; consequent; **por consiguiente** consequently; as a result
consulado *m.* consulate *(Lect. 11)*
consulta *f.* doctor's appointment **4**
consultorio *m.* doctor's office **4**
consumo *m.* consumption; **consumo de energía** *m.* energy consumption
contador(a) *m., f.* accountant **8**
contagiarse *v.* to become infected **4**
contaminación *f.* pollution; contamination **6**
contaminar *v.* to pollute; to contaminate **6**
contar (o:ue) *v.* to tell; to count **2**; **contar con** to count on
contemporáneo/a *adj.* contemporary **10**
contentarse con *v.* to be contented/satisfied with *(Lect. 1)*
continuación *f.* sequel
contraer *v.* to contract **1**
contraseña *f.* password **7**
contratar *v.* to hire **8**
contrato *m.* contract **8**
contribuir (a) *v.* to contribute **6**
control remoto *m.* remote control; **control remoto universal** *m.* universal remote control 7
controvertido/a *adj.* controversial **9**
contundente *adj.* filling; heavy *(Lect. 10)*
convertirse (en) (e:ie) *v.* to become **2**
copa *f.* (drinking) glass; **Copa del mundo** World Cup
coquetear *v.* to flirt **1**
coraje *m.* courage
corazón *m.* heart *(Lect. 1)*
cordillera *f.* mountain range **6**
cordura *f.* sanity *(Lect. 4)*
coro *m.* choir; chorus
corona *f.* crown *(Lect. 12)*
corrector ortográfico *m.* spell-checker **7**
corresponsal *m., f.* correspondent **9**
corrida *f.* bullfight *(Lect. 2)*
corriente *f.* movement **10**
corrupción *f.* corruption
corte *m.* cut; **de corte ejecutivo** of an executive nature
corto *m.* short film *(Lect. 1)*
cortometraje *m.* short film *(Lect. 1)*
cosecha *f.* harvest *(Lect. 10)*
costa *f.* coast **6**
costoso/a *adj.* costly; expensive
costumbre *f.* custom; habit **3**
cotidiano/a *adj.* everyday **3**; **vida cotidiana** *f.* everyday life
crear *v.* to create **7**
creatividad *f.* creativity
crecer *v.* to grow **1**
crecimiento *m.* growth
creencia *f.* belief **11**
creer (en) *v.* to believe (in) **11**; **No creas.** Don't you believe it.
creyente *m., f.* believer **11**
criar *v.* to raise; **haber criado** to have raised **1**
criarse *v.* to grow up *(Lect. 1)*
criollo/a *m., f.* Latin American born of European parents *(Lect. 12)*
crisis *f.* crisis; **crisis económica** economic crisis **8**
cristiano/a *adj.* Christian **11**
criticar *v.* to critique **10**
crítico/a *m., f.* critic; *adj.* critical **crítico/a de cine** movie critic **9**
crucero *m.* cruise (ship) **5**
cruzar *v.* to cross *(Lect. 11)*
cuadro *m.* painting *(Lect. 3)*, **10**
cuarentón/cuarentona *adj.* forty-year-old; in her/his forties **11**
cubismo *m.* cubism **10**
cucaracha *f.* cockroach **6**
cuenta *f.* calculation, sum; bill; account; **al final de cuentas** after all; *(Lect. 7)* **cuenta corriente** *f.* checking account **8**; **cuenta de ahorros** *f.* savings account **8**; **tener en cuenta** to keep in mind
cuento *m.* short story
cuerpo *m.* body; **cuerpo y alma** heart and soul
cueva *f.* cave
cuidado *m.* care **1**; **bien cuidado/a** well-kept
cuidadoso/a *adj.* careful **1**
cuidar *v.* to take care of **1**
cuidarse *v.* to take care of oneself
culpa *f.* guilt *(Lect. 1)*
culpable *adj.* guilty *(Lect. 11)*
cultivar *v.* to grow
culto *m.* worship
culto/a *adj.* cultured; educated; refined **12**
cultura *f.* culture; **cultura popular** *f.* pop culture
cumbre *f.* summit; peak
cumplir *v.* to carry out *(Lect. 8)*
cura *m.* priest *(Lect. 12)*
curarse *v.* to heal; to be cured **4**
curativo/a *adj.* healing **4**
currículum vitae *m.* résumé **8**

D

dañino/a *adj.* harmful **6**
dar *v.* to give; **dar a** to look out upon; to face *(Lect. 5)*; **dar asco** to be disgusting; **dar de comer** to feed **6**; **dar el primer paso** to take the first step; **dar la gana** to feel like *(Lect. 9)*; **dar la vuelta (al mundo)** to go around (the world); **dar paso a** to give way to; **dar un paseo** to take a stroll/walk **2**; **dar una vuelta** to take a walk/stroll; **darse cuenta** to realize **2**, *(Lect. 9)*; **darse por aludido/a** to realize/assume that one is being referred to *(Lect. 9)*; **darse por vencido** to give up
dardos *m. pl.* darts **2**
dato *m.* piece of data
de repente *adv.* suddenly **3**
de terror *adj.* horror *(story/novel)* **10**
deber *m.* duty *(Lect. 8)*
deber *v.* to owe *(Lect. 8)*; **deber dinero** to owe money *(Lect. 2)*
deber + inf. *v.* ought + *inf.*
década *f.* decade **12**
decir (e:i) *v.* to say **1**
dedicatoria *f.* dedication
deforestación *f.* deforestation **6**
dejar *v.* to leave; to allow; to dump *(Lect. 1)*; **dejar a alguien** to leave someone **1**; **dejar de fumar** quit smoking **4**; **dejar en paz** to leave alone *(Lect. 8)*
delatar *v.* to denounce *(Lect. 3)*
demás: los/las demás *pron.* others; other people
demasiado/a *adj., adv.* too; too much
democracia *f.* democracy **11**
demorar *v.* to delay
denunciar *v.* to denounce *(Lect. 9)*
deportista *m., f.* athlete **2**
depositar *v.* to deposit **8**
depresión *f.* depression **4**
deprimido/a *adj.* depressed **1**
derecho *m.* law; right; **derechos civiles** *m.* civil rights **11**; **derechos humanos** *m.* human rights **11**
derramar *v.* to spill
derretir(se) (e:i) *v.* to melt *(Lect. 7)*
derribar *v.* to bring down; to overthrow **12**
derrocar *v.* to overthrow **12**
derrota *f.* defeat
derrotado/a *adj.* defeated **12**
derrotar *v.* to defeat **12** *(Lect. 12)*
desafiante *adj.* challenging *(Lect. 4)*
desafiar *v.* to challenge **2**
desafío *m.* challenge **7**
desanimado/a *adj.* discouraged
desanimarse *v.* to get discouraged

desánimo *m.* the state of being discouraged **1**
desaparecer *v.* to disappear **1, 6**
desarrollado/a *adj.* developed **12**
desarrollarse *v.* to take place **10**
desarrollo *m.* development **6; país en vías de desarrollo** *m.* developing country
desatar *v.* to untie
descalzo/a *adj.* barefoot *(Lect. 4)*
descansar *v.* to rest **4**
descanso *m.* rest **8**
descargar *v.* to download **7**
descendiente *m., f.* descendant *(Lect. 12)*
descongelar(se) *v.* to defrost *(Lect. 7)*
desconocido/a *m., f.* stranger; *adj.* unknown
descubridor(a) *m., f.* discoverer
descubrimiento *m.* discovery **7**
descubrir *v.* discover *(Lect. 4)*
descuidar(se) *v.* to get distracted; to neglect *(Lect. 6)*
desear *v.* to desire; to wish **4**
desechable *adj.* disposable **6**
desempleado/a *adj.* unemployed **8**
desempleo *m.* unemployment **8**
desencanto *m.* disenchantment *(Lect. 11)*
desenlace *m.* ending
deseo *m.* desire; wish; **pedir un deseo** to make a wish
deshacer *v.* to undo **1**
desierto *m.* desert **6**
desigual *adj.* unequal **11**
desilusión *f.* disappointment
desmayarse *v.* to faint **4**
desorden *m.* disorder; mess **7;** *(Lect. 4)*
despacho *m.* office
despedida *f.* farewell **5**
despedido/a *adj.* fired
despedir (e:i) *v.*. to fire **8**
despedirse (e:i) *v.* to say goodbye *(Lect. 3)*
despertarse (e:ie) *v.* to wake up **2**
destacado/a *adj.* prominent **9**
destacar *v.* to emphasize; to point out
destino *m.* destination **5**
destrozar *v.* to destroy
destruir *v.* to destroy **6**
detestar *v.* to detest
deuda *f.* debt **8**
devolver (o:ue) *v.* to return *(items)* **3** *(Lect. 7)*
devoto/a *adj.* pious *(Lect. 11)*
día *m.* day; **estar al día con las noticias** to keep up with the news
diamante *m.* diamond *(Lect. 5)*
diario *m.* newspaper **9**
diario/a *adj.* daily **3**
dibujar *v.* to draw **10**
dictador(a) *m., f.* dictator **12**
dictadura *f.* dictatorship
didáctico/a *adj.* educational **10**
dieta *f.* diet; **estar a dieta** to be on a diet **4**
digestión *f.* digestion
digital *adj.* digital **7**
digno/a *adj.* worthy *(Lect. 6)*
diluvio *m.* heavy rain
dinero *m.* money; **dinero en efectivo** cash **3**
Dios *m.* God **11**
dios(a) *m., f.* god/goddess *(Lect. 5)*
diputado/a *m., f.* representative **11**
dirección de correo electrónico *f.* e-mail address **7**
directo/a *adj.* direct; **en directo** *adj.* live **9**
director(a) *m., f.* director
dirigir *v.* to direct; to manage **1**
discoteca *f.* discotheque; dance club **2**
discriminación *f.* discrimination
discriminado/a *adj.* discriminated
disculpar *v.* to excuse
disculparse *v.* to apologize *(Lect. 6)*
discurso *m.* speech; **pronunciar un discurso** to give a speech **11**
discutir *v.* to argue **1**
diseñar *v.* to design *(Lect. 8)*, **10**
disfraz *m.* costume
disfrazado/a *adj.* disguised; in costume
disfrutar (de) *v.* to enjoy **2**
disgustado/a *adj.* upset **1**
disgustar *v.* to upset **2**
disminuir *v* to decrease
disponerse a *v.* to be about to *(Lect. 6)*
disponible *adj.* available
distinguido/a *adj.* honored
distinguir *v.* to distinguish **1**
distraer *v.* to distract **1**
distraído/a *adj.* distracted
disturbio *m.* riot **8**
diversidad *f.* diversity **4**
divertido/a *adj.* fun **2**
divertirse (e:ie) *v.* to have fun **2**
divorciado/a *adj.* divorced **1**
divorcio *m.* divorce **1**
doblado/a *adj.* dubbed **9**
doblaje *m.* dubbing (film)
doblar *v.* to dub (film); to fold; to turn *(a corner)*
doble *m., f.* double *(in movies)* **9**
documental *m.* documentary **9**
dolencia *f.* illness; condition *(Lect. 4)*
doler (o:ue) *v.* to hurt; to ache **2**
dominio *m.* rule; control *(Lect. 12)*
dominó *m.* dominoes
dondequiera *adv.* wherever **4**
dormir (o:ue) *v.* to sleep **2**
dormirse (o:ue) *v.* to go to sleep, to fall asleep **2**
dramaturgo/a *m., f.* playwright **10**
ducharse *v.* to take a shower **2**
dueño/a *m., f.* owner **8**
duro/a *adj.* hard; difficult *(Lect. 7)*

E

echar *v.* to throw away *(Lect. 5)*; **echar un vistazo** to take a look; **echar a correr** to take off running
ecosistema *m.* ecosystem *(Lect. 6)*
ecoturismo *m.* ecotourism **5**
Edad Media *f.* Middle Ages
editar *v.* to publish *(Lect. 10)*
educar *v.* to raise; to bring up **1**
efectivo *m.* cash
efectos especiales *m., pl.* special effects **9**
eficiente *adj.* efficient
ejecutivo/a *m., f.* executive **8; de corte ejecutivo** of an executive nature **8**
ejército *m.* army **12**
electoral *adj.* electoral
electrónico/a *adj.* electronic
elegido/a *adj.* chosen; elected
elegir (e:i) *v.* to elect; to choose **11**
embajada *f.* embassy *(Lect. 11)*
embajador(a) *m., f.* ambassador **11**
embalarse *v.* to go too fast *(Lect. 9)*
embarcar *v.* to board
emigrar *v.* to emigrate **11**
emisión *f.* broadcast; **emisión en vivo/directo** *f.* live broadcast
emisora *f.* (radio) station
emocionado/a *adj.* excited **1**
empatar *v.* to tie *(games)* **2**
empate *m.* tie *(game)* **2**
empeorar *v.* to deteriorate; to get worse **4**
emperador *m* emperor **12**
emperatriz *f.* empress **12**
empezar (e:ie) *v.* to begin
empleado/a *adj.* employed **8**
empleado/a *m., f.* employee **8**
empleo *m.* employment; job **8**
empresa *f.* company; **empresa multinacional** *f.* multinational company **8**
empresario/a *m., f.* entrepreneur **8**
empujar *v.* to push
en línea *adj.* online **7**
enamorado/a (de) *adj.* in love (with) *(Lect. 1)*
enamorarse (de) *v.* to fall in love (with) **1**
encabezar *v.* to lead **12**
encantar *v.* to like very much **2**
encargado/a *m., f.* person in charge; **estar encargado/a de** to be in charge of **1**
encargarse de *v.* to be in charge of **1**
encender (e:ie) *v.* to turn on **3**
encogerse *v.* shrink; **encogerse de hombros** to shrug
energía *f.* energy; **energía eólica** *f.* wind energy; wind power; **energía nuclear** *f.* nuclear energy
enérgico/a *adj.* energetic *(Lect. 8)*
enfermarse *v.* to get sick **4**
enfermedad *f.* disease; illness **4**
enfermero/a *m., f.* nurse *(Lect. 4)*
enfrentar *v.* to confront
enganchar *v.* to get caught *(Lect. 5)*
engañar *v.* to betray **9,** *(Lect. 12)*
engordar *v.* to gain weight **4**
enlace *m.* link *(Lect. 7)*
enojo *m.* anger

enrojecer *v.* to turn red; to blush
ensayar *v.* to rehearse **9**
ensayista *m., f.* essayist **10**
ensayo *m.* essay; rehearsal
enseguida right away **3** *(Lect. 4)*
enseñanza *f.* teaching; lesson **12**
entender (e:ie) *v.* to understand
enterarse (de) *v.* to become informed (about) **9**
enterrado/a *adj.* buried *(Lect. 2)*
enterrar (e:ie) *v.* to bury *(Lect. 12)*
entonces *adv.* then; **en aquel entonces** at that time **3**
entrada *f.* admission ticket
entrega *f.* delivery
entrenador(a) *m., f.* coach; trainer **2**
entretener(se) (e:ie) *v.* to entertain, to amuse (oneself) **2**
entretenido/a *adj.* entertaining **2**
entrevista *f.* interview; **entrevista de trabajo** *f.* job interview **8**
envenenado/a *adj.* poisoned *(Lect. 6)*
enviar *v.* to send
eólico/a *adj.* related to the wind; **energía eólica** *f.* wind energy; wind power
epidemia *f.* epidemic **4**
episodio *m.* episode **9; episodio final** *m.* final episode **9**
época *f.* era; epoch; historical period **12** *(Lect. 7)*
equipaje *m.* luggage
equipo *m.* team **2**
equivocarse *v.* to be mistaken; to make a mistake
erosión *f.* erosion **6**
erudito/a *adj.* learned *(Lect. 12)*
errar *v.* to wander *(Lect. 11)*
esbozar *v.* to sketch
esbozo *m.* outline; sketch
escalada *f.* climb *(mountain)*
escalador(a) *m., f.* climber
escalera *f.* staircase **3**; ladder *(Lect. 8)*
escena *f.* scene *(Lect. 1)*
escenario *m.* scenery; stage **2**
esclavitud *f.* slavery **12**
esclavizar *v.* enslave *(Lect. 12)*
esclavo/a *m., f.* slave **12**
escoba *f.* broom
escoger *v.* to choose **1**
esculpir *v.* to sculpt **10**
escultor(a) *m., f.* sculptor **10**
escultura *f.* sculpture **10**
esfuerzo *m.* effort
espacial *adj.* related to space; **transbordador espacial** *m.* space shuttle **7**
espacio *m.* space **7**
espacioso/a *adj.* spacious
espalda *f.* back; **a mis espaldas** behind my back **9**; **estar de espaldas a** to have one's back to
espantar *v.* to scare
especialista *m., f.* specialist
especializado/a *adj.* specialized **7**
especie *f.* species *(Lect. 6)*; **especie en peligro de extinción** *f.* endangered species

espectáculo *m.* show **2**
espectador(a) *m., f.* spectator **2**
espejo retrovisor *m.* rearview mirror
espera *f.* wait
esperanza *f.* hope *(Lect. 6)*
espiritual *adj.* spiritual **11**
estabilidad *f.* stability **12**
establecer(se) *v.* to establish (oneself) **12**
estado de ánimo *m.* mood **4**
estar *v.* to be; **estar al día** to be up-to-date **9**; **estar bajo presión** to be under stress/pressure; **estar bueno/a** to be good (i.e., *fresh*); **estar a cargo de** to be in charge of; **estar harto/a (de)** to be fed up (with); to be sick (of) **1**; **estar lleno** to be full **5**; **estar al tanto** to be informed **9**; **estar a la venta** to be for sale **10**; **estar resfriado/a** to have a cold **4**
estatal *adj.* public; pertaining to the state
estereotipo *m.* stereotype *(Lect. 10)*
estético/a *m./f.* aesthetic *(Lect. 10)*
estilo *m.* style; **al estilo de...** in the style of ... **10**
estrecho/a *adj.* narrow *(Lect. 3)*
estrella *f.* star; **estrella fugaz** *f.* shooting star; **estrella** *f.* (movie) star [m/f]; **estrella pop** *f.* pop star [m/f] **9**
estreno *m.* premiere; debut **2**
estrofa *f.* stanza **10**
estudio *m.* studio; **estudio de grabación** *m.* recording studio
etapa *f.* stage; phase
eterno/a *adj.* eternal
ético/a *adj.* ethical **7; poco ético/a** unethical
etiqueta *f.* label; tag
excitante *adj.* exciting
excursión *f.* excursion; tour **5**
exigir *v.* to demand **1, 4, 8**
exilio político *m.* political exile **11**
éxito *m.* success
exitoso/a *adj.* successful **8**
exótico/a *adj.* exotic
experiencia *f.* experience *(Lect. 8)*
experimentar *v.* to experience; to feel
experimento *m.* experiment **7**
exploración *f.* exploration
explorar *v.* to explore
explotación *f.* exploitation
explotar *v.* to exploit **12**
exportaciones *f., pl.* exports
exportar *v.* to export **8**
exposición *f.* exhibition
expresionismo *m.* expressionism **10**
expulsar *v.* to expel **12**
extinguir *v.* to extinguish
extinguirse *v.* to become extinct **6**
extrañar *v.* to miss; **extrañar a (alguien)** to miss (someone); **extrañarse de algo** to be surprised about something
extraterrestre *m., f.* alien **7**

F

fábrica *f.* factory
fabricar *v.* to manufacture; to make **7**
facciones *f.* facial features *(Lect. 3)*
factor *m.* factor; **factores de riesgo** *m. pl.* risk factors
falda *f.* skirt
fallecer *v* to die
falso/a *adj.* insincere **1**
faltar *v.* to lack; to need **2**
fama *f.* fame **9; tener buena/mala fama** to have a good/bad reputation **9**
famoso/a *adj.* famous **9;** hacerse **famoso** *v.* to become famous
fanático/a *m., f.* fan *(Lect. 2)*
farándula *f.* entertainment **1**
faro *m.* lighthouse; beacon *(Lect. 5)*
fascinar *v.* to fascinate; to like very much **2**
fatiga *f.* fatigue; weariness *(Lect. 8)*
fatigado/a *adj.* exhausted *(Lect. 3)*
favor *m.* favor; **hacer el favor** to do someone the favor
favoritismo *m.* favoritism **11**
fe *f.* faith **11**
felicidad *f.* happiness; **¡Felicidades a todos!** Congratulations to all!
feliz *adj.* happy *(Lect. 4)*
feria *f.* fair **2**
festejar *v.* to celebrate **2**
festival *m.* festival **2**
fiabilidad *f.* reliability
fiebre *f.* fever **4**
fijarse *v.* to notice *(Lect. 9)*; **fijarse en** to take notice of **2**
fijo/a *adj.* permanent; fixed **8**
fin *m.* end; **al fin y al cabo** sooner or later; after all
final: al final de cuentas after all **7**
financiar *v.* to finance **8**
financiero/a *adj.* financial **8**
finanza(s) *f.* finance(s)
firma *f.* signature *(Lect. 11)*
firmar *v.* to sign
físico/a *m., f.* physicist **7**
flexible *adj.* flexible
florecer *v.* to flower *(Lect. 6)*
flotar *v.* to float *(Lect. 5)*
fondo *m.* bottom; **a fondo** *adv.* thoroughly
forma *f.* form; shape; **mala forma física** *f.* bad physical shape; **de todas formas** in any case **12**; **ponerse en forma** *v.* to get in shape **4**
formular *v.* to formulate **7**
fortaleza *f.* strength
forzado/a *adj.* forced **12**
fraile *m.* friar *(Lect. 11)*
frasco *m.* flask
freír (e:i) *v.* to fry **3**
frontera *f.* border **5**
fuego *m.* fire; flame *(Lect. 6)*
fuente *f.* fountain; source; **fuente de energía** energy source **6**

fuerza *f.* force; power; **fuerza de voluntad** will power **4**; **fuerza laboral** labor force; **fuerzas armadas** *f., pl.* armed forces **12**
función *f.* performance (*theater/movie*) **2**
funcionar *v.* to work **7**
futurístico/a *adj.* futuristic

G

galería *f.* gallery **10**
gana *f.* desire; **sentir/tener ganas de** to want to; to feel like
ganar *v.* to win; **ganarse la vida** to earn a living **8**; **ganar bien/mal** to be well/poorly paid **8**; **ganar las elecciones** to win an election **11**; **ganar un partido** to win a game **2**
ganga *f.* bargain **3**
gastar *v.* to spend **8**
gen *m.* gene **7**
generar *v.* to produce; to generate
generoso/a *adj.* generous
genética *f.* genetics *(Lect. 4)*
gerente *m, f.* manager **8**
gesta *f.* saga of heroic feats *(Lect. 12)*
gesto *m.* gesture
gimnasio *m.* gymnasium
gitano/a *adj.* gypsy *(Lect. 9)*
globalización *f.* globalization **8**
gobernador(a) *m., f.* governor **11**
gobernante *m., f.* ruler **12**
gobernar (e:ie) *v.* to govern **11**
grabar *v.* to record **9**
gracioso/a *adj.* funny; pleasant **1**
graduarse *v.* to graduate
gravedad *f.* gravity **7**
gripe *f.* flu **4**
gritar *v.* to shout
grupo *m.* group; **grupo musical** *m.* musical group, band
guaraní *m.* Guarani *(Lect. 9)*
guardar *v.* to save **7**
guardarse (algo) *v.* to keep (something) to yourself *(Lect. 1)*
guerra *f.* war; **guerra civil** civil war 11
guerrero/a *m., f.* warrior **12**
guía turístico/a *m.,f.* tour guide **5**
guión *m.* screenplay; script **9**
guita *f.* cash; dough (*Arg.*) *(Lect. 7)*
gusano *m.* worm
gustar *v.* to like **2, 4**; **¡No me gusta nada...!** I don't like ... at all!
gusto *m.* taste **10** **con mucho gusto** gladly; **de buen/mal gusto** in good/bad taste **10**

H

habilidad *f.* skill
hábilmente *adv.* skillfully
habitación *f.* room **5**; **habitación individual/doble** *f.* single/double room **5**
habitante *m., f.* inhabitant **12**
habitar *v.* to inhabit **12**
hablante *m., f.* speaker *(Lect. 9)*
hablar *v.* to speak **1**; **Hablando de esto,...** Speaking of that,...
hacer *v.* to do; to make **1, 4**; **hacer algo a propósito** to do something on purpose; **hacer clic** to click *(Lect. 7)*; **hacer cola** to wait in line **2**; **hacerle caso a alguien** to pay attention to someone **1**; **hacerle daño a alguien** to hurt someone; **hacer el favor** do someone the favor; **hacerle gracia a alguien** to be funny to someone; **hacerse daño** to hurt oneself; **hacer las maletas** to pack **5**; **hacer mandados** to run errands **3**; **hacer un viaje** to take a trip **5**
hallazgo *m.* finding; discovery *(Lect. 4)*
hambriento/a *adj.* hungry
haragán/haragana *adj.* lazy; idle *(Lect. 8)*
harto/a *adj.* tired; fed up (with); **estar harto/a (de)** to be fed up (with); to be sick (of) **1**
hasta *adv.* until; **hasta la fecha** up until now
hecho *m.* fact *(Lect. 3)*
helar (e:ie) *v.* to freeze
heredar *v.* to inherit
herencia *f.* heritage; **herencia cultural** cultural heritage **12**
herida *f.* injury **4**
herido/a *adj.* injured
herir (e:ie) *v.* to hurt *(Lect. 1, 9)*
heroico/a *adj.* heroic *(Lect. 12)*
herradura *f.* horseshoe **12**
herramienta *f.* tool; **caja de herramientas** *f.* toolbox
hervir (e:ie) *v.* to boil **3**
hierba *f.* grass
higiénico/a *adj.* hygienic
hindú *adj.* Hindu **11**
historia *f.* history **12**
historiador(a) *m., f.* historian **12**
histórico/a *adj.* historic **12**
histórico/a *adj.* historical **10**
hogar *m.* home; fireplace **3**
hojear *v.* to skim **10**
hombre de negocios *m.* businessman **8**
hombro *m.* shoulder; **encogerse de hombros** to shrug
homenaje *m.* tribute *(Lect. 12)*
hondo/a *adj.* deep *(Lect. 2)*
hora *f.* hour; **horas de visita** *f., pl.* visiting hours
horario *m.* schedule **3**
hormiga *f.* ant **6**
hospedaje *m.* lodging *(Lect. 11)*
hospedarse *v.* to stay; to lodge
huelga *f.* strike (*labor*) *(Lect. 8)*
huella *f.* trace; mark; sign *(Lect. 8)*
huerto *m.* orchard
huida *f.* flight *(Lect. 11)*
huir *v.* to flee; to run away *(Lect. 3)*
humanidad *f.* humankind **12**
húmedo/a *adj.* humid; damp **6**
humillar *v.* to humiliate *(Lect. 8)*
humo *m.* smoke *(Lect. 6)*
humorístico/a *adj.* humorous **10**
hundir *v.* to sink
huracán *m.* hurricane **6**

I

ideología *f.* ideology **11**
idioma *m.* language *(Lect. 9)*
iglesia *f.* church **11**
igual *adj.* equal **11**
igualdad *f.* equality
ilusión *f.* illusion; hope
imagen *f.* image; picture *(Lect. 2)*, **7**
imaginación *f.* imagination
imparcial *adj.* unbiased **9**
imperio *m.* empire **12**
importaciones *f., pl.* imports
importado/a *adj.* imported **8**
importante *adj.* important **4**
importar *v.* to be important (to); to matter **2, 4**; to import **8**
impresionar *v.* to impress **1**
impresionismo *m.* impressionism **10**
imprevisto/a *adj.* unexpected *(Lect. 3)*
imprimir *v.* to print **9**
improviso: de improviso *adv.* unexpectedly
impuesto *m.* tax; **impuesto de ventas** *m.* sales tax **8**
inalámbrico/a *adj.* wireless **7**
incapaz *adj.* incompetent; incapable **8**
incendio *m.* fire *(Lect. 6)*
incertidumbre *f.* uncertainty **12**
incluido/a *adj.* included **5**
independencia *f.* independence **12**
índice *m.* index; **índice de audiencia** *m.* ratings
indígena *adj.* indigenous **9**; *m., f.* indigenous person *(Lect. 4)*
industria *f.* industry
inesperado/a *adj.* unexpected **3**
inestabilidad *f.* instability **12**
infancia *f.* childhood
inflamado/a *adv.* inflamed **4**
inflamarse *v.* to become inflamed
inflexible *adj.* inflexible
influyente *adj.* influential **9**
informarse *v.* to get information
informática *f.* computer science **7**
informativo *m.* news bulletin *(Lect. 9)*
ingeniero/a *m., f.* engineer **7**
ingresar *v.* to enter; to enroll in; to become a member of; **ingresar datos** to enter data
injusto/a *adj.* unjust **11**
inmaduro/a *adj.* immature **1**
inmigración *f.* immigration **11**
inmoral *adj.* immoral **11**
innovador(a) *adj.* innovative **7**
inquietante *adj.* disturbing; unsettling **10**
inscribirse *v.* to register **11**
inseguro/a *adj.* insecure **1**
insensatez *f.* folly *(Lect. 4)*
insistir en *v.* to insist on **4**
inspirado/a *adj.* inspired
instalar *v.* to install **7**

integrarse (a) *v.* to become part (of) **12**
inteligente *adj.* intelligent
interesar *v.* to be interesting to; to interest **2**
Internet *m., f.* Internet **7**
interrogante *m.* question; doubt *(Lect. 7)*
intrigante *adj.* intriguing **10**
inundación *f.* flood **6**
inundar *v.* to flood
inútil *adj.* useless **2**
invadir *v.* to invade **12**
inventar *v.* to invent **7**
invento *m.* invention **7**
inversión *f.* investment; **inversión extranjera** *f.* foreign investment **8**
inversor(a) *m., f.* investor
invertir (e:ie) *v.* to invest **8**
investigador(a) *m., f.* researcher *(Lect. 4)*
investigar *v.* to investigate; to research **7**
ir *v.* to go **1, 2**; **¡Qué va!** Of course not!; **ir de compras** to go shopping **3**; **irse (de)** to go away (from) **2**; **ir(se) de vacaciones** to take a vacation **5**
irresponsable *adj.* irresponsible
isla *f.* island **5**
itinerario *m.* itinerary **5**

J

jabalí *m.* wild boar *(Lect. 10)*
jarabe *m.* syrup **4**
jaula *f.* cage
jornada *f.* (work) day
jubilación *f.* retirement
jubilarse *v.* to retire **8**
judío/a *adj.* Jewish **11**
juego *m.* game **2; juego de mesa** board game **2**; **juego de pelota** *m.* ball game *(Lect. 5)*
juez(a) *m., f.* judge **11**
jugar (u:ue) *v.* to play
juicio *m.* trial; judgment
jurar *v.* to promise *(Lect. 12)*
justicia *f.* justice **11**
justo/a *adj.* just **11**

L

laboratorio *m.* laboratory; **laboratorio espacial** *m.* space lab
ladrillo *m.* brick
ladrón/ladrona *m., f.* thief
lágrimas *f. pl.* tears *(Lect. 1)*
lanzar *v.* to throw; to launch
largarse *v.* to take off *(Lect. 4)*
largo/a *adj.* long; **a lo largo de** along; beside; **a largo plazo** long-term
largometraje *m.* full length film
lastimar *v.* to injure
lastimarse *v.* to get hurt **4**
latir *v.* to beat *(Lect. 4)*
lavar *v.* to wash **3**
lavarse *v.* to wash (oneself) **2**
lealtad *f.* loyalty *(Lect. 12)*
lector(a) *m., f.* reader **9**
lejano/a *adj.* distant **5**
lejanía *f.* distance *(Lect. 11)*
lengua *f.* language; tongue *(Lect. 9)*
león *m.* lion **6**
lesión *f.* wound *(Lect. 4)*
levantar *v.* to pick up
levantarse *v.* to get up **2**
ley *f.* law; **aprobar una ley** to approve a law; to pass a law; **cumplir la ley** to abide by the law **11**; **proyecto de ley** *m.* bill **11**
leyenda *f.* legend *(Lect. 5)*
liberal *adj.* liberal **11**
liberar *v.* to liberate **12**
libertad *f.* freedom **11; libertad de prensa** freedom of the press **9**
libre *adj.* free; **al aire libre** outdoors **6**
líder *m., f.* leader **11**
liderazgo *m.* leadership **11**
lidiar *v.* to fight bulls *(Lect. 2)*
límite *m.* border *(Lect. 11)*
limpiar *v.* to clean **3**
limpieza *f.* cleaning **3**
literatura *f.* literature **10; literatura infantil/juvenil** *f.* children's literature **10**
llamativo/a *adj.* striking **10**
llanto *m.* weeping; crying *(Lect. 4, 7)*
llegada *f.* arrival **5**
llegar *v.* to arrive
llevar *v.* to carry **2; llevar a cabo** to carry out *(an activity)*; **llevar... años de (casados)** to be (married) for... years **1**; **llevarse** to carry away **2**; **llevarse bien/mal** to get along well/poorly **1**
llorar *v.* to cry *(Lect. 4)*
loco/a: ¡Ni loco/a! *adj.* No way! **9**
locura *f.* madness; insanity
locutor(a) *m., f.* announcer
locutor(a) de radio *m., f.* radio announcer **9**
lograr *v.* to manage; to achieve **3**
loro *m.* parrot
lotería *f.* lottery
lucha *f.* struggle; fight
luchar *v.* to fight; to struggle **11; luchar por** to fight (for)
lucir *v.* wear, display *(Lect. 4)*
lugar *m.* place
lujo *m.* luxury *(Lect. 8)*; **de lujo** luxurious
lujoso/a *adj.* luxurious **5**
luminoso/a *adj.* bright **10**
luna *f.* moon; **luna llena** *f.* full moon
luz *f.* power; electricity **7**

M

macho *m.* male
madera *f.* wood
madre soltera *f.* single mother
madriguera *f.* burrow; den *(Lect. 3)*
madrugar *v.* to wake up early **4**
maduro/a *adj.* mature **1**
magia *f.* magic
maldición *f.* curse
malestar *m.* discomfort **4**
maleta *f.* suitcase **5; hacer las maletas** to pack **5**
maletero *m.* trunk *(Lect. 9)*
malgastar *v.* to waste **6**
malhumorado/a *adj.* ill tempered; in a bad mood
manantial *m.* spring
mancha *f.* stain
manchar *v.* to stain
manejar *v.* to drive
manga *f.* sleeve *(Lect. 5)*
manifestación *f.* protest; demonstration **11**
manifestante *m., f.* protester *(Lect. 6)*
manipular *v.* to manipulate *(Lect. 9)*
mano de obra *f.* labor
manta *f.* blanket
mantener *v.* to maintain; to keep; **mantenerse en contacto** *v.* to keep in touch **1**; **mantenerse en forma** to stay in shape **4**
manuscrito *m.* manuscript
maquillaje *m.* make-up *(Lect. 4)*
maquillarse *v* to put on makeup **2**
mar *m.* sea **6**
maratón *m.* marathon
marca *f.* brand
marcar *v.* to mark; **marcar (un gol/punto)** to score (a goal/point) **2**
marcharse *v* to leave
marco *m.* frame *(Lect. 4, 5)*
mareado/a *adj.* dizzy **4**
marido *m.* husband
marinero *m.* sailor
mariposa *f.* butterfly
marítimo/a *adj.* maritime *(Lect. 11)*
más *adj., adv.* more; **más allá de** beyond; **más bien** rather
masticar *v.* to chew
matador/a *m., f.* bullfighter who kills the bull *(Lect. 2)*
matemático/a *m., f.* mathematician **7**
matiz *m.* subtlety
matrimonio *m.* marriage
mayor *m.* elder *(Lect. 12)*
mayor de edad *adj.* of age *(Lect. 1)*
mayoría *f.* majority **11**
mecánico/a *adj.* mechanical
mecanismo *m.* mechanism
mecer(se) *v.* to rock *(Lect. 9)*
medicina alternativa *f.* alternative medicine
medida *f.* means; measure; **medidas de seguridad** *f. pl.* security measures **5**
medio *m.* half; middle; means; **medio ambiente** *m.* environment **6**; **medios de comunicación** *m. pl.* media **9**
medir (e:i) *v.* to measure
meditar *v.* to meditate **11**
megáfono *m.* megaphone *(Lect. 2)*
mejilla *f.* cheek *(Lect. 10)*
mejorar *v.* to improve **4**
mendigo/a *m., f.* beggar
mensaje *m.* message; **mensaje de texto** *m.* text message **7**
mentira *f.* lie **1; de mentiras** pretend **5**
mentiroso/a *adj.* lying **1**

menudo: a menudo *adv.* frequently; often **3**
mercadeo *m.* marketing **1**
mercado *m.* market **8**
mercado al aire libre *m.* open-air market
mercancía *f.* merchandise
merecer *v.* to deserve **8**
mesero/a *m., f.* waiter; waitress
mestizo/a *m., f.* person of mixed ethnicity (part indigenous) *(Lect. 12)*
meta *f.* finish line
meterse *v.* to break in (*to a conversation*) *(Lect. 1)*
mezcla *f.* mixture
mezquita *f.* mosque **11**
miel *f.* honey *(Lect. 8)*
milagro *m.* miracle *(Lect. 11)*
militar *m., f.* military **11**
ministro/a *m., f.* minister; **ministro/a protestante** *m., f.* Protestant minister
minoría *f.* minority **11**
mirada *f.* gaze *(Lect. 1)*
misa *f.* mass *(Lect. 2)*
mismo/a *adj.* same; **Lo mismo digo yo.** The same here.; **él/ella mismo/a** himself; herself
mitad *f.* half
mito *m.* myth *(Lect. 5)*
moda *f.* fashion; trend; **de moda** *adj.* popular; in fashion **9**; **moda pasajera** *f.* fad **9**
modelo *m., f.* model (*fashion*)
moderno/a *adj.* modern
modificar *v.* to modify; to reform
modo *m.* means; manner
mojar *v.* to moisten
mojarse *v.* to get wet
molestar *v.* to bother; to annoy **2**
momento *m.* moment; **de último momento** *adj.* up-to-the-minute **9**; **noticia de último momento** *f.* last-minute news
monarca *m., f.* monarch **12**
monja *f.* nun
mono *m.* monkey **6**
monolingüe *adj.* monolingual *(Lect. 9)*
montaña *f.* mountain **6**
monte *m.* mountain *(Lect. 6)*
moral *adj.* moral **11**
morder (o:ue) *v.* to bite **6**
morirse (o:ue) **de** *v.* to die of **2**
moroso/a *m., f.* debtor *(Lect. 8)*
mosca *f.* fly *(Lect. 8)*
motosierra *f.* power saw *(Lect. 7)*
móvil *m.* cell phone *(Lect. 7)*
movimiento *m.* movement **10**
mudar *v.* to change **2**
mudarse *v.* to move (*change residence*) **2**
mueble *m.* furniture **3**
muelle *m.* pier *(Lect. 5)*
muerte *f.* death
muestra *f.* sample; example
mujer *f.* woman; wife; **mujer de negocios** *f.* businesswoman **8**
mujeriego *m.* womanizer *(Lect. 2)*
multa *f.* fine *(Lect. 7)*
multinacional *f.* multinational company
multitud *f.* crowd
Mundial *m.* World Cup *(Lect. 2)*
muralista *m., f.* muralist **10**
museo *m.* museum
músico/a *m., f.* musician **2**
musulmán/musulmana *adj.* Muslim **11**

N

naipes *m. pl.* playing cards **2**
narrador(a) *m., f.* narrator **10**
narrar *v.* to narrate **10**
narrativa *f.* narrative work *(Lect. 10)*
nativo/a *adj.* native
naturaleza muerta *f.* still life **10**
nave espacial *f.* spaceship
navegante *m., f.* navigator *(Lect. 7)*
navegar *v.* to sail **5; navegar en Internet** to surf the web; **navegar en la red** to surf the web **7**
necesario *adj.* necessary **4**
necesidad *f.* need **5; de primerísima necesidad** of utmost necessity **5**
necesitar *v.* to need **4**
necio/a *adj.* stupid
negocio *m.* business
nervioso/a *adj.* nervous
ni… ni… *conj.* neither... nor...
nido *m.* nest
niebla *f.* fog
nítido/a *adj.* sharp
nivel *m.* level; **nivel del mar** *m.* sea level
nombrar *v.* to name
nombre artístico *m.* stage name *(Lect. 1)*
nominación *f.* nomination
nominado/a *m., f.* nominee
noticia *f.* news; **noticias locales/nacionales/internacionales** *f. pl.* local/domestic/international news **9**
novela rosa *f.* romance novel **10**
novelista *m., f.* novelist *(Lect. 7),* **10**
nuca *f.* nape *(Lect. 9)*
nutritivo/a *adj.* nutritious **4**

O

o… o… *conj.* either... or...
obedecer *v.* to obey **1**
obesidad *f.* obesity **4**
obra *f.* work; **obra de arte** *f.* work of art **10**; **obra de teatro** *f.* play (*theater*) **2**; **obra maestra** *f.* masterpiece *(Lect. 3)*
obsequio *m.* gift **11**
ocio *m.* leisure
ocultarse *v.* to hide *(Lect. 3)*
ocurrírsele a alguien *v.* to occur to someone
odiar *v.* to hate **1**
ofensa *f.* insult *(Lect. 10)*
oferta *f.* offer; proposal *(Lect. 9)*
ofrecerse (a) *v.* to offer (to)
oír *v.* to hear **1**
ola *f.* wave **5**
óleo *m.* oil painting **10**
Olimpiadas *f. pl.* Olympics
olvidarse (de) *v.* to forget (about) **2**
olvido *m.* forgetfulness; oblivion **1**
ombligo *m.* navel *(Lect. 4)*
onda *f.* wave
operación *f.* operation **4**
operar *v.* to operate
opinar *v.* to think; to be of the opinion; **Opino que es fea/o.** In my opinion, it's ugly.
oponerse a *v.* to oppose **4**
oprimir *v.* to oppress **12**
orador/a *m., f.* speaker; orator *(Lect. 2)*
organismo público *m.* government agency *(Lect. 9)*
orgulloso/a *adj.* proud **1; estar orgulloso/a de** to be proud of
orilla *f.* shore; **a orillas de** on the shore of **6**
ornamentado/a *adj.* ornate
oro *m.* gold *(Lect. 8)*
oscurecer *v.* to darken *(Lect. 6)*
oso *m.* bear
oveja *f.* sheep **6**
ovni *m.* UFO **7**
oyente *m., f.* listener **9**

P

pacífico/a *adj.* peaceful **12**
padre soltero *m.* single father
paella *f.* (Esp.) traditional rice and seafood dish *(Lect. 4)*
página *f.* page; **página web** *f.* web page **7**
país en vías de desarrollo *m.* developing country
paisaje *m.* landscape; scenery **6**
pájaro *m.* bird **6**
palmera *f.* palm tree
panfleto *m.* pamphlet *(Lect. 11)*
pantalla *f.* screen *(Lect. 2)*; **pantalla de computadora** *f.* computer screen; **pantalla de televisión** *f.* television screen **2**; **pantalla líquida** *f.* LCD screen **7**
papel *m.* role **9; desempeñar un papel** to play a role (*in a play*); to carry out
para *prep.* for **Para mí,…** In my opinion, ...; **para nada** not at all
paradoja *f.* paradox
parar el carro *v.* to hold one's horses *(Lect. 9)*
parcial *adj.* biased **9**
parcialidad *f.* bias **9**
parecer *v.* to seem **2; A mi parecer,…** In my opinion, ...; **Al parecer, no le gustó**. It looks like he/she didn't like it. **6**; **Me parece hermosa/o.** I think it's pretty.; **Me pareció…** I thought.. **1**; **¿Qué te pareció Mariela?** What did you think of Mariela? **1**; **Parece que está triste/contento/a.** It looks like he/she is sad/happy. **6**
parecerse *v.* to look like **2,** *(Lect. 3)*
pared *f.* wall *(Lect. 5)*
pareja *f.* couple; partner **1**

parque *m.* park; **parque de atracciones** *m.* amusement park **2**
parroquia *f.* parish *(Lect. 12)*
parte *f.* part; **de parte de** on behalf of; **Por mi parte,...** As for me,...
particular *adj.* private; personal; particular
partido *m.* party (*politics*); game (*sports*); **partido político** *m.* political party **11** *(Lect. 2)*; **ganar/perder un partido** to win/lose a game **2**
pasado/a de moda *adj.* out-of-date; no longer popular **9**
pasaje (de ida y vuelta) *m.* (round-trip) ticket **5**
pasajero/a *adj.* fleeting; passing
pasaporte *m.* passport **5**
pasar *v.* to pass; to make pass (*across, through, etc.*); **pasar la aspiradora** to vacuum **3**; **pasarlo bien/mal** to have a good/bad/horrible time **1**; **Son cosas que pasan.** These things happen. **11**
pasarse *v.* to go too far
pasatiempo *m.* pastime **2**
paseo *m.* stroll
paso *m.* passage; pass; step; **abrirse paso** to make one's way
pastilla *f.* pill **4**
pasto *m.* grass
pastor *m.* shepherd *(Lect. 6)*
pata *f.* foot/leg of an animal
patada *f.* kick **3**
patear *v.* to kick *(Lect. 2)*
patente *f.* patent **7**
payaso/a *m., f.* clown *(Lect. 8)*
paz *f.* peace
pecado *m.* sin
pececillo de colores *m.* goldfish
pecho *m.* chest *(Lect. 10)*
pedir (e:i) *v* to ask **1, 4**; **pedir prestado/a** to borrow **8**; **pedir un deseo** to make a wish **8**
pegar *v.* to stick
peinarse *v.* to comb (one's hair) **2**
peldaño *m.* step; stair *(Lect. 3)*
pelear *v.* to fight
película *f.* film
peligro *m.* danger; **en peligro de extinción** endangered **6**
peligroso/a *adj.* dangerous **5**
pena *f.* sorrow **4** *(Lect. 4) (Lect. 8)*; **¡Qué pena!** What a pity!
pensar (e:ie) *v.* to think **1**
pensión *f.* bed and breakfast inn
perder (e:ie) *v.* to miss; to lose; **perder un vuelo** to miss a flight **5**; **perder las elecciones** to lose an election **11**; **perder un partido** to lose a game **2**
pérdida *f.* loss *(Lect. 11)*
perdonar *v.* to forgive; **Perdona.** (*fam.*)/ **Perdone.** (*form.*) Pardon me.; Excuse me.
perfeccionar *v.* to improve; to perfect
periódico *m.* newspaper **9**
periodista *m., f.* journalist *(Lect. 9)*
permanecer *v.* to remain; to last **4**
permisivo/a *adj.* permissive; easy-going **1**
permiso. *m.* permission; **Con permiso** Pardon me.; Excuse me.
perseguir (e:i) *v.* to pursue; to persecute
personaje *m.* character **10; personaje principal/secundario** *m.* main/secondary character
pertenecer (a) *v.* to belong (to) **12**
pertenencias *f., pl.* belongings *(Lect. 11)*
pesadilla *f.* nightmare
pesca *f.* fishing *(Lect. 5)*
pesimista *m., f.* pessimist
peso *m.* weight
pez *m.* fish (*live*) **6**
picadura *f.* insect bite
picar *v.* to sting, to peck
picnic *m.* picnic
pico *m.* peak, summit
piedad *f.* mercy **8**
piedra *f.* stone *(Lect. 5) (Lect. 8)*
pieza *f.* piece (*art*) **10**
pillar *v.* to get (*catch*) *(Lect. 9)*
piloto *m., f.* pilot
pincel *m.* paintbrush **10**
pincelada *f.* brush stroke **10**
pintar *v.* to paint *(Lect. 3)*
pintor(a) *m., f.* painter *(Lect. 3),* **10**
pintura *f.* paint; painting **10**
pirámide *f.* pyramid *(Lect. 5)*
plancha *f.* iron
planear *v.* to plan
plata *f.* money (*L. Am.*) *(Lect. 7) (Lect. 8)*
plaza de toros *f.* bullfighting stadium *(Lect. 2)*
plazo: a corto/largo plazo short/long-term **8**
población *f.* population *(Lect. 4)*
poblador(a) *m., f.* settler; inhabitant
poblar (o:ue) *v.* to settle; to populate **12**
pobreza *f.* poverty **8**
poder (o:ue) *v.* to be able to **1**
poderoso/a *adj.* powerful **12**
poesía *f.* poetry **10**
poeta *m., f.* poet **10**
polémica *f.* controversy **11**
polen *m.* pollen *(Lect. 8)*
policíaco/a *adj.* detective (*story/ novel*) **10**
política *f.* politics
político/a *m., f.* politician **11**
polvo *m.* dust **3; quitar el polvo** to dust **3**
poner *v.* to put; to place **1, 2**; **poner a prueba** to test; to challenge; **poner cara (de hambriento/a)** to make a (hungry) face; **poner un disco compacto** to play a CD **2**; **poner una inyección** to give a shot **4**
ponerse *v.* to put on (*clothing*) **2; ponerse a dieta** to go on a diet **4**; **ponerse bien/mal** to get well/ill **4**; **ponerse de pie** to stand up **12**; **ponerse el cinturón** to fasten the seatbelt **5**; **ponerse en forma** to get in shape **4**; **ponerse pesado/a** to become annoying
popa *f.* stern *(Lect. 5)*
porquería *f.* garbage; poor quality **10**
portada *f.* front page; cover **9**
portarse bien *v.* to behave well
portátil *adj.* portable
posible *adj.* possible; **en todo lo posible** as much as possible
postizo/a *adj.* false *(Lect. 10)*
pozo *m.* well; **pozo petrolero** *m.* oil well
precolombino/a *adj.* pre-Columbian
preferir (e:ie) *v.* to prefer **4**
preguntarse *v.* to wonder
prehistórico/a *adj.* prehistoric **12**
premiar *v.* to give a prize
premio *m.* prize **12**
prensa *f.* press **9**; **prensa sensacionalista** *f.* tabloid(s) **9; rueda de prensa** *f.* press conference **11**
preocupado/a (por) *adj.* worried (about) **1**
preocupar *v.* to worry **2**
preocuparse (por) *v.* to worry (about) **2**
presentador(a) de noticias *m., f.* news reporter
presentir (e:ie) *v.* to foresee
presionar *v.* to pressure; to stress
prestar *v.* to lend **8**
presupuesto *m.* budget **8**
prevenido/a *adj.* cautious
prevenir *v.* to prevent **4**
prever *v.* to foresee *(Lect. 6)*
previsto/a *adj., p.p.* planned *(Lect. 3)*
primer(a) ministro/a *m., f.* prime minister **11**
primeros auxilios *m. pl.* first aid **4**
prisa *f.* hurry; rush *(Lect. 6)*
privilegio *m.* privilege *(Lect. 8)*
proa *f.* bow *(Lect. 5)*
probador *m.* dressing room **3**
probar (o:ue) **(a)** *v.* to try **3**
probarse (o:ue) *v.* to try on **3**
procesión *f.* procession *(Lect. 12)*
producir *v.* to produce **1**
productivo/a *adj.* productive **8**
profundo/a *adj.* deep
programa (de computación) *m.* software **7**
programador(a) *m., f.* programmer
prohibido/a *adj.* prohibited **5**
prohibir *v.* to prohibit **4**
prominente *adj.* prominent **11**
promover (o:ue) *v.* to promote
pronunciar *v.* to pronounce; **pronunciar un discurso** to give a speech **11**
propaganda *f.* advertisement *(Lect. 9)*
propensión *f.* tendency
propietario/a *m., f.* (property) owner
proponer *v.* to propose **1, 4**; **proponer matrimonio** to propose (marriage) **1**
proporcionar *v.* to provide; to supply
propósito: a propósito *adv.* on purpose **3**
prosa *f.* prose **10**
protagonista *m., f.* protagonist; main character *(Lect. 1)*
proteger *v.* to protect **1, 6**
protegido/a *adj.* protected **5**
protestar *v.* to protest **11**
provecho *m.* benefit; **Buen provecho.** Enjoy your meal. **6**

proveniente (de) *adj.* originating (in); coming from
provenir (de) *v.* to come from; to originate from
proyecto *m.* project; **proyecto de ley** *m.* bill **11**
prueba *f.* proof *(Lect. 2)*
publicar *v.* to publish **9**
publicidad *f.* advertising **9**
público *m.* public; audience **9**
pueblo *m.* people *(Lect. 4)*
puente *m.* bridge *(Lect. 12)*
puerta de embarque *f.* (airline) gate **5**
puerto *m.* port **5**
puesto *m.* position; job **8**
punto *m.* period **2**
punto de vista *m.* point of view **10**
pureza *f.* purity *(Lect. 6)*
puro/a *adj.* pure; clean

Q

quedar *v.* to be left over; to fit (clothing) **2**
quedarse *v.* to stay **5**; **quedarse callado/a** to remain silent *(Lect. 1)*; **quedarse sin** to be/run out of *(Lect. 6)*; **quedarse sordo/a** to go deaf **4**; **quedarse viudo/a** to become widowed
quehacer *m.* chore **3**
queja *f.* complaint
quejarse (de) *v.* to complain (about) **2**
querer (e:ie) *v.* to love; to want *(Lect. 1)*, **4**
químico/a *adj.* chemical **7**
químico/a *m., f.* chemist **7**
quirúrgico/a *adj.* surgical
quitar *v.* to take away; to remove **2**; **quitar el polvo** to dust **3**
quitarse *v.* to take off (*clothing*) **2**; **quitarse (el cinturón)** to unfasten (the seatbelt) **5**

R

rabino/a *m., f.* rabbi
radiación *f.* radiation
radio *f.* radio
radioemisora *f.* radio station **9**
raíz *f.* root
rama *f.* branch *(Lect. 9)*
rana *f.* frog **6**
rancho *m.* ranch *(Lect. 12)*
rasgo *m.* trait; characteristic
rata *f.* rat
ratos libres *m. pl.* free time **2**
raya *f.* war paint; stripe **5**
rayo *m.* ray; lightning; **¿Qué rayos...?** What on earth...? **5**
raza *f.* race *(Lect. 12)*
reactor *m.* reactor
realismo *m.* realism **10**
realista *adj.* realistic; realist **10**
rebaño *m.* flock *(Lect. 6)*
rebeldía *f.* rebelliousness
rebuscado/a *adj.* complicated
recepción *f.* front desk **5**
receta *f.* prescription **4**
recetar *v.* prescribe *(Lect. 4)*
rechazar *v.* to reject **11**
rechazo *m.* refusal; rejection
reciclable *adj.* recyclable
reciclar *v.* to recycle **6**
recital *m.* recital
reclamar *v.* to claim; to demand *(Lect. 11)*
recomendable *adj.* recommendable; advisable **5**; **poco recomendable** not advisable; inadvisable
recomendar (e:ie) *v.* to recommend **4**
reconocer *v.* to recognize *(Lect. 12)*
reconocimiento *m.* recognition
recordar (o:ue) *v.* to remember
recorrer *v.* to visit; to go around **5**
recuerdo *m.* memory *(Lect. 1)*
recuperarse *v.* to recover **4**
recurso natural *m.* natural resource **6**
redactor(a) *m., f.* editor **9**; **redactor(a) jefe** *m., f.* editor-in-chief
redondo/a *adj.* round *(Lect. 2)*
reducir (la velocidad) *v.* to reduce (speed) **5**
reembolso *m.* refund **3**
reflejar *v.* to reflect; to depict **10**
reforma *f.* reform; **reforma económica** *f.* economic reform
refugiarse *v* to take refuge
refugio *m.* refuge *(Lect. 6)*
regla *f.* rule *(Lect. 5)*
regocijo *m.* joy *(Lect. 4)*
regresar *v.* to return **5**
regreso *m.* return (trip)
rehacer *v.* to re-make; to re-do **1**
reina *f.* queen
reino *m.* reign; kingdom **12**
reírse (e:i) *v.* to laugh
relacionado/a *adj.* related; **estar relacionado/a** to have good connections
relajarse *v.* to relax **4**
relámpago *m.* lightning **6**
relato *m.* story; account *(Lect. 10)*
religión *f.* religion
religioso/a *adj.* religious **11**
remitente *m.* sender *(Lect. 3)*
remo *m.* oar *(Lect. 5)*
remordimiento *m.* remorse *(Lect. 11)*
rendimiento *m.* performance
rendirse (e:i) *v.* to surrender **12**
renovable *adj.* renewable **6**
renunciar *v.* to quit **8**; **renunciar a un cargo** to resign a post
repaso *m.* revision; review *(Lect. 10)*
repentino/a *adj.* sudden *(Lect. 3)*
repertorio *m.* repertoire
reportaje *m.* news report **9**
reportero/a *m., f.* reporter **9**
reposo *m.* rest; **estar en reposo** to be at rest
repostería *f.* pastry
represa *f.* dam
reproducirse *v.* to reproduce
reproductor de CD/DVD/MP3 *m.* CD/DVD/MP3 player **7**
resbaladizo/a *adj.* slippery **11**
resbalar *v.* to slip
rescatar *v.* to rescue
resentido/a *adj.* resentful *(Lect. 6)*
reservación *f.* reservation
reservar *v.* to reserve **5**
resfriado *m.* cold **4**
residir *v* to reside
resolver (o:ue) *v.* to solve **6**
respeto *m.* respect
respiración *f.* breathing **4**
responsable *adj.* responsible
retrasado/a *adj.* delayed **5**
retrasar *v* to delay
retraso *m.* delay
retratar *v.* to portray *(Lect. 3)*
retrato *m.* portrait *(Lect. 3)*
reunión *f.* meeting **8**
reunirse (con) *v.* to get together (with) **2**
revista *f.* magazine **9**; **revista electrónica** *f.* online magazine **9**
revolucionario/a *adj.* revolutionary **7**
revolver (o:ue) *v.* to stir; to mix up
rey *m.* king **12**
rezar *v.* to pray **11**
riesgo *m.* risk
rima *f.* rhyme **10**
rincón *m.* corner; nook *(Lect. 11)*
río *m.* river
riqueza *f.* wealth **8**
rociar *v.* to spray **6**
rodar (o:ue) *v.* to film **9**
rodeado/a *adj.* surrounded **7**
rodear *v.* to surround
rogar (o:ue) *v.* to beg; to plead **4**
romanticismo *m.* romanticism **10**
romper *v.* break *(Lect. 2)*
romper (con) *v.* to break up (with) **1**
rozar *v.* to brush against; to touch *(Lect. 10)*
ruedo *m.* bull ring *(Lect. 2)*
ruido *m.* noise
ruina *f.* ruin **5**
ruta maya *f.* Mayan Trail *(Lect. 5)*
rutina *f.* routine **3**

S

saber *v.* to know; to taste like/of **1**; **¿Cómo sabe?** How does it taste? **4**; **¿Y sabe bien?** And does it taste good? **4**; **Sabe a ajo/menta/limón.** It tastes like garlic/mint/lemon. **4**
sabiduría *f.* wisdom **12** *(Lect. 8)*
sabio/a *adj.* wise
sabor *m.* taste; flavor; **¿Qué sabor tiene? ¿Chocolate?** What flavor is it? Chocolate? **4**; **Tiene un sabor dulce/agrio/amargo/agradable.** It has a sweet/sour/bitter/pleasant taste. **4**
sacerdote *m.* priest
saciar *v.* to satisfy; to quench
sacrificar *v.* to sacrifice *(Lect. 6)*
sacrificio *m.* sacrifice
sacristán *m.* sexton **11**
sagrado/a *adj.* sacred; holy **11**

sala *f.* room; hall; **sala de conciertos** *f.* concert hall; **sala de emergencias** *f.* emergency room **4**
salida *f.* exit *(Lect. 6)*
salir *v.* to leave; to go out **1; salir (a comer)** to go out (to eat) **2**; **salir con** to go out with **1**
salto *m.* jump
salud *f.* health **4; ¡A tu salud!** To your health!; **¡Salud!** Cheers! **8**
saludable *adj.* healthy; nutritious **4**
salvaje *adj.* wild **6**
salvar *v.* to save *(Lect. 6)*
sanar *v.* to heal **4**
sangre *f.* blood *(Lect. 9)*
sano/a *adj.* healthy **4**
satélite *m.* satellite
sátira *f.* satire
satírico/a *adj.* satirical **10; tono satírico/a** *m.* satirical tone
secarse *v.* to dry off **2**
sección *f.* section **9; sección de sociedad** *f.* lifestyle section **9**; **sección deportiva** *f.* sports page/section **9**
seco/a *adj.* dry **6**
secuestro *m.* kidnapping *(Lect. 11)*
seguir (i:e) *v.* to follow
seguridad *f.* safety; security **5; cinturón de seguridad** *m.* seatbelt **5**; **medidas de seguridad** *f. pl.* security measures **5**
seguro *m.* insurance **5**
seguro/a *adj.* sure; confident **1**
seleccionar *v.* to select; to pick out **3**
sello *m.* seal; stamp
selva *f.* jungle **5**
semana *f.* week
semanal *adj.* weekly
semilla *f.* seed *(Lect. 10)*
senador(a) *m., f.* senator **11**
sensato/a *adj.* sensible **1**
sensible *adj.* sensitive **1**
sentido *m.* sense; **en sentido figurado** figuratively; **sentido común** *m.* common sense
sentimiento *m.* feeling; emotion *(Lect. 1)*
sentirse (e:ie) *v.* to feel **1**
señal *f.* sign *(Lect. 2)*
señalar *v.* to point to; to signal *(Lect. 2)*
separado/a *adj.* separated **1**
sepultar *v.* to bury *(Lect. 12)*
sequía *f.* drought **6**
ser *v.* to be **1**
serpiente *f.* snake **6**
servicio de habitación *m.* room service **5**
servicios *m., pl* facilities
servidumbre *f.* servants; servitude *(Lect. 3)*
sesión *f.* showing
siglo *m.* century **12**
silbar *v.* to whistle
sillón *m.* armchair
simpático/a *adj.* nice
sin *prep.* without; **sin ti** without you *(fam.)*
sinagoga *f.* synagogue **11**
sincero/a *adj.* sincere
sindicato *m.* labor union **8**
síntoma *m.* symptom
sintonía *f.* tuning; synchronization *(Lect. 9)*
sintonizar *v.* to tune into (radio or television)
siquiera *conj.* even; **ni siquiera** *conj.* not even
sitio web *m.* website *(Lect. 7)*
situado/a *adj.* situated; located; **estar situado/a en** to be set in
soberanía *f.* sovereignty **12**
soberano/a *m., f.* sovereign; ruler **12**
sobre *m.* envelope *(Lect. 3)*
sobre todo above all *(Lect. 6)*
sobredosis *f.* overdose
sobrevivencia *f.* survival
sobrevivir *v.* to survive
sociable *adj.* sociable
sociedad *f.* society
socio/a *m., f.* partner; member **8**
solar *adj.* solar
soldado *m.* soldier **12**
soledad *f.* solitude; loneliness **3**
soler (o:ue) *v.* to be in the habit of; to be used to **3**
solicitar *v.* to apply for **8**
solo/a *adj.* alone; lonely **1**
soltero/a *adj.* single **1; madre soltera** *f.* single mother; **padre soltero** *m.* single father
sombra *f.* shade *(Lect. 9)*
sonámbulo/a *m., f.* sleepwalker *(Lect. 9)*
sonar (o:ue) *v.* to ring *(Lect. 5, 7)*
soñar (o:ue) **(con)** *v.* to dream (about) **1**
soplar *v.* to blow
soportar *v.* to support; **soportar a alguien** to put up with someone **1**
sordo/a *adj.* deaf; **quedarse sordo/a** to go deaf *v.* **4**
sorprender *v.* to surprise **2**
sorprenderse (de) *v.* to be surprised (about) **2**
sortija *f.* ring *(Lect. 5)*
sospecha *f.* suspicion *(Lect. 11)*
sospechar *v.* to suspect
sótano *m.* basement *(Lect. 3)*
suavidad *f.* smoothness
subasta *f.* auction **10**
subdesarrollo *m.* underdevelopment
subida *f.* ascent
subsistir *v.* to survive *(Lect. 11)*
subtítulos *m., pl.* subtitles **9**
suburbio *m.* suburb
suceder *v.* to happen *(Lect. 1)*
sucursal *f.* branch
sueldo *m.* salary *(Lect. 7)*; **aumento de sueldo** raise in salary *m.* **8**; **sueldo fijo** *m.* base salary *(Lect. 8)*; **sueldo mínimo** *m.* minimum wage **8**
suelo *m.* floor
suelto/a *adj.* loose
sueño *m.* dream *(Lect. 8)*
sufrimiento *m.* pain; suffering *(Lect. 1)*
sufrir (de) *v.* to suffer (from) **4**
sugerir (e:ie) *v.* to suggest **4**
superar *v.* to overcome
superficie *f.* surface
supermercado *m.* supermarket **3**
supervivencia *f.* survival
suponer *v.* to suppose **1**
suprimir *v.* to abolish; to suppress **12**
supuesto/a *adj.* false; so-called; supposed; **Por supuesto.** Of course.
surrealismo *m.* surrealism **10**
suscribirse (a) *v.* to subscribe (to) **9**

T

tacaño/a *adj.* cheap; stingy **1**
tacón *m.* heel **12; tacón alto** high heel
tal como *conj.* just as
talento *m.* talent **1**
talentoso/a *adj.* talented **1**
taller *m.* workshop *(Lect. 7)*
tanque *m.* tank *(Lect. 6)*
tapa *f.* lid, cover
tapón *m.* traffic jam *(Lect. 5)*
taquilla *f.* box office **2**
tarjeta *f.* card; **tarjeta de crédito/débito** *f.* credit/debit card **3**
tatarabuelo/a *m., f.* great-great-grandfather/mother *(Lect. 12)*
teatro *m.* theater
teclado *m.* keyboard
tela *f.* canvas **10**
teléfono celular *m.* cell phone **7**
telenovela *f.* soap opera **9**
telescopio *m.* telescope **7**
televidente *m., f.* television viewer **9**
televisión *f.* television **2**
televisor *m.* television set *(Lect. 2)*
templo *m.* temple **11**
temporada *f.* season; period; **temporada alta/baja** *f.* high/low season **5**
tendencia *f.* trend **9; tendencia izquierdista/derechista** *f.* left-wing/right-wing bias
tener (e:ie) *v.* to have **1; tener buen/mal aspecto** to look healthy/sick **4**; **tener buena/mala fama** to have a good/bad reputation **9**; **tener celos (de)** to be jealous (of) **1**; **tener fiebre** to have a fever **4**; **tener vergüenza (de)** to be ashamed (of) **1**
tensión (alta/baja) *f.* (high/low) blood pressure **4**
teoría *f.* theory **7**
terapia intensiva *f.* intensive care *(Lect. 4)*
térmico/a *adj.* thermal
terremoto *m.* earthquake **6**
terreno *m.* land *(Lect. 6)*
territorio *m.* territory *(Lect. 11)*
terrorismo *m.* terrorism **11**
testigo *m., f.* witness *(Lect. 10)*
tiburón *m.* shark *(Lect. 5)*
tiempo *m.* time; **a tiempo** on time **3**; **tiempo libre** *m.* free time **2**
tierra *f.* land; earth **6**
tigre *m.* tiger **6**

timbre *m.* doorbell; tone; tone of voice *(Lect. 3) (Lect. 5)*; **tocar el timbre** to ring the doorbell **3**
timidez *f.* shyness
tímido/a *adj.* shy **1**
típico/a *adj.* typical; traditional
tipo *m.* guy **2**
tira cómica *f.* comic strip **9**
tirar *v.* to throw *(Lect. 5)*
titular *m.* headline **9**
titularse *v.* to graduate *(Lect. 3)*
tocar + me/te/le, etc. *v.* to be my/your/his turn; **¿A quién le toca pagar la cuenta?** Whose turn is it to pay the tab? **2**; **¿Todavía no me toca?** Is it my turn yet? **2**; **A Johnny le toca hacer el café.** It's Johnny's turn to make coffee. **2**; **Siempre te toca lavar los platos.** It's always your turn to wash the dishes. **2**; **tocar el timbre** to ring the doorbell **3**
tomar *v.* to take; **tomar en serio** to take seriously *(Lect. 8)*
torear *v.* to fight bulls in the bullring *(Lect. 2)*
toreo *m.* bullfighting *(Lect. 2)*
torero/a *m., f.* bullfighter *(Lect. 2)*
tormenta *f.* storm; **tormenta tropical** *f.* tropical storm **6**
torneo *m.* tournament **2**
tortilla *f.* *(Esp.)* potato omelet *(Lect. 4)*
tos *f.* cough **4**
toser *v.* to cough **4**
tóxico/a *adj.* toxic **6**
tozudo/a *adj.* stubborn *(Lect. 8)*
trabajador(a) *adj.* industrious; hard-working *(Lect. 8)*
trabajar duro to work hard **8**
tradicional *adj.* traditional **1**
traducir *v.* to translate **1**
traer *v.* to bring **1**
tragar *v.* to swallow
trágico/a *adj.* tragic **10**
traición *f.* betrayal *(Lect. 12)*
traicionar *f.* to betray *(Lect. 12)*
traidor(a) *m., f.* traitor *(Lect. 12)*
traje de luces *m.* bullfighter's outfit (*lit.* costume of lights) *(Lect. 2)*
trama *f.* plot *(Lect. 10)*
tranquilo/a *adj.* calm **1**; **Tranquilo/a.** Be calm.; Relax.
transbordador espacial *m.* space shuttle **7**
transcurrir *v.* to take place *(Lect. 10)*
tránsito *m.* traffic
transmisión *f.* transmission
transmitir *v.* to broadcast **9**
transplantar *v.* to transplant
transporte público *m.* public transportation
trasnochar *v.* to stay up all night **4**
trastero *m.* storage room *(Lect. 4)*
trastorno *m.* disorder
tratado *m.* treaty
tratamiento *m.* treatment **4**
tratar *v.* to treat **4**; **tratar (sobre/acerca de)** to be about; to deal with **4** *(Lect. 10)*
tratarse de *v.* to be about; to deal with **10**
trato *m.* deal *(Lect. 9)*
trayectoria *f.* path; history *(Lect. 1)*
trazar *v.* to trace
tribu *f.* tribe **12**
tribunal *m.* court
tropical *adj.* tropical; **tormenta tropical** *f.* tropical storm **6**
truco *m.* trick **2**
trueno *m.* thunder **6**
trueque *m.* barter; exchange
tubería *f.* piping; plumbing *(Lect. 6)*
turismo *m.* tourism **5**
turista *m., f.* tourist **5**
turístico/a *adj.* tourist **5**

U

ubicar *v.* to put in a place; to locate
ubicarse *v* to be located
único/a *adj.* unique
uña *f.* fingernail
urbano/a *adj.* urban
urgente *adj.* urgent **4**
usuario/a *m., f.* user *(Lect. 7)*
útil *adj.* useful *(Lect. 11)*

V

vaca *f.* cow **6**
vacuna *f.* vaccine **4**
vago/a *m., f.* slacker *(Lect. 7)*
vagón *m.* carriage; coach *(Lect. 7)*
valer *v.* to be worth **1**
valiente brave **5**
valioso/a *adj.* valuable *(Lect. 6)*
valor *m.* bravery; value
vándalo/a *m., f.* vandal *(Lect. 6)*
vanguardia *f.* vanguard; **a la vanguardia** at the forefront *(Lect. 7)*
vedado/a *adj.* forbidden *(Lect. 3)*
vela *f.* candle
venado *m.* deer
vencer *v.* to conquer; to defeat **2**, *(Lect. 9)*
vencido/a *adj.* expired **5**
venda *f.* bandage **4**
vendedor(a) *m., f.* salesperson **8**
veneno *m.* poison *(Lect. 6)*
venenoso/a *adj.* poisonous **6**
venerar *v.* to worship *(Lect. 11)*
venir (e:ie) *v.* to come **1**
venta *f.* sale; **estar a la venta** to be for sale
ventaja *f.* advantage
ver *v.* to see **1**; **Yo lo/la veo muy triste.** He/She looks very sad to me. **6**
vergüenza *f.* shame; embarrassment; **tener vergüenza (de)** to be ashamed (of) **1**
verse *v.* to look; to appear; **Se ve tan feliz.** He/She looks so happy. **6**; **¡Qué guapo/a te ves!** How attractive you look! *(fam.)* **6**; **¡Qué elegante se ve usted!** How elegant you look! *(form.)* **6**
verso *m.* line (*of poetry*) **10**
vestidor *m.* fitting room
vestirse (e:i) *v.* to get dressed **2**
vez *f.* time; **a veces** *adv.* sometimes **3**; **de vez en cuando** now and then; once in a while **3**; **por primera/última vez** for the first/last time *(Lect. 2)*; **érase una vez** once upon a time
viaje *m.* trip **5**; **hacer un viaje** to take a trip **5**
viajero/a *m., f.* traveler **5**
victoria *f.* victory
victorioso/a *adj.* victorious **12**
vida *f.* life; **vida cotidiana** *f.* everyday life
video musical *m.* music video **9**
videojuego *m.* video game **2**
vigente *adj.* valid **5**
vigilar *v.* to watch; to keep an eye on *(Lect. 3)*
vínculo *m.* family tie; connection *(Lect. 12)*
virrey *m.* viceroy *(Lect. 12)*
virus *m.* virus **4**
vistazo *m.* glance; **echar un vistazo** to take a look
viudo/a *adj.* widowed **1**
viudo/a *m., f.* widower/widow
vivir *v.* to live **1**
vivo: en vivo *adj.* live **9**
volar (o:ue) *v.* to fly *(Lect. 8)*
volver (o:ue) *v.* to come back
volverse *v.* to become *(Lect. 8)*
vos *pron.* tú *(Lect. 7)*
votar *v.* to vote **11**
vuelo *m.* flight
vuelta *f.* return (trip)

W

web *f.* (the) web *(Lect. 7)*
weblog *m.* blog *(Lect. 7)*

Y

yeso *m.* cast **4**

Z

zaguán *m.* entrance hall; vestibule *(Lect. 3)*
zoológico *m.* zoo **2**

English–Spanish

A

@ symbol arroba *f.* 7
abbess abadesa *f.* *(Lect. 5)*
abolish suprimir *v.* 12
above all sobre todo 6
absent ausente *adj.*
abstract abstracto/a *adj.* 10
accentuate acentuar *v.* 10
accident accidente *m.;* **car accident** accidente automovilístico *m.* 5
account cuenta *f.;* **(story)** relato *m.* 10; **checking account** cuenta corriente *f.* 8; **savings account** cuenta de ahorros *f.*
accountant contador(a) *m., f.* 8
accustomed to acostumbrado/a *adj.;* **to grow accustomed (to)** acostumbrarse (a) *v.* 3
ache doler (o:ue) *v.* 2
achieve lograr *v.* 3; alcanzar *v.* *(Lect. 5)*
activist activista *m., f.* 11
actor actor *m.* 9
actress actriz *f.* 9
add añadir *v.*
admission ticket entrada *f.*
adore adorar *v.* 1
advance avance *m.* 7; adelanto *m.* *(Lect. 7)*
advanced adelantado/a; avanzado/a *adj.* 7, 12
advantage ventaja *f.;* **to take advantage of** aprovechar *v*
adventure aventura *f.* 5
adventurer aventurero/a *m., f.* 5
advertising publicidad *f.* 9
advertisement anuncio *m.,* propaganda *f.* 9
advisable recomendable *adj.* 5; **not advisable, inadvisable** poco recomendable *adj.*
advise aconsejar *v.* 4
advisor asesor(a) *m., f.* 8
aesthetic estético/a *m., f.* 10
affection cariño *m.* 1
affectionate cariñoso/a *adj.* 1
afflict afligir *v.* 4
after all al final de cuentas 7; al fin y al cabo
age: of age mayor de edad
agent agente *m., f.;* **customs agent** agente de aduanas *m., f.* 5
agnostic agnóstico/a *adj.* 11
agree acordar (o:ue) *v.* 2
aid auxilio *m.;* **first aid** primeros auxilios *m. pl.* 4
album álbum *m.* 2
alibi coartada *f.* 10
alien extraterrestre *m., f.* 7
allusion alusión *f.* 10
almost casi *adv.* 3
alone solo/a *adj.* 1
alternative medicine medicina alternativa *f.*
amaze asombrar *v.* *(Lect. 3)*
amazement asombro *m.*
ambassador embajador(a) *m., f.* 11
amuse (oneself) entretener(se) (e:ie) *v.* 2
ancient antiguo/a *adj.* 12
anger enojo *m.*
announcer conductor(a) *m., f.;* locutor(a) *m., f.*
annoy molestar *v.* 2
ant hormiga *f.* 6
antenna antena *f.*
antiquity antigüedad *f.*
anxiety ansia *f.* 1
anxious ansioso/a *adj.* 1
apologize disculparse *v.* 6
appear aparecer *v.* 1
appearance aspecto *m.*
applaud aplaudir *v.* 2
apply for solicitar *v.* 8
appreciate apreciar *v.* 1
appreciated apreciado/a *adj.*
approach acercarse (a) *v.* 2
approval aprobación *f.* 9
approve aprobar (o:ue) *v.*
archaeologist arqueólogo/a *m., f.*
archaeology arqueología *f.*
argue discutir *v.* 1
arid árido/a *adj.* 11
aristocratic aristocrático/a *adj.* 12
armchair sillón *m.*
armed armado/a *adj.*
army ejército *m.* 12
arrival llegada *f.* 5
arrive llegar *v.*
artifact artefacto *m.* 5
artisan artesano/a *m., f.* 10
ascent subida *f.*
ashamed avergonzado/a *adj.;* **to be ashamed (of)** tener vergüenza (de) *v.* 1
ask pedir (e:i) *v* 1, 4
aspirin aspirina *f.* 4
assault agredir *v.* *(Lect. 10)*
assure asegurar *v.*
astonished: be astonished asombrarse *v.*
astonishing asombroso/a *adj.*
astonishment asombro *m.*
astronaut astronauta *m., f.* 7
astronomer astrónomo/a *m., f.* 7
atheism ateísmo *m.*
atheist ateo/a *adj.* 11
athlete deportista *m., f.* 2
ATM cajero automático *m.*
attach adjuntar *v.* 7; **to attach a file** adjuntar un archivo *v.* 7
attract atraer *v.* 1
attraction atracción *f.*
auction subasta *f.* 10
audience audiencia *f.*
audience público *m.* 9
authoritarian autoritario/a *adj.* 1
autobiography autobiografía *f.* 10
available disponible *adj.*
awkward situation compromiso *m.* 10

B

back espalda *f.;* **behind my back** a mis espaldas 9; **to have one's back to** estar de espaldas a
bag bolsa *f.*
balcony balcón *m.* 3
ball balón *m.* 2
ball field campo *m.* 5
ball game juego de pelota *m.* 5
band conjunto (musical) *m.*
bandage venda *f.* 4
banking bancario/a *adj.*
bankruptcy bancarrota *f.* 8
baptism bautismo *m.*
barefoot descalzo/a *adj.* *(Lect. 4)*
bargain ganga *f.* 3
barter trueque *m.*
basement sótano *m.* 3
battle batalla *f.* 12
bay bahía *f.* 5
be able to poder (o:ue) *v.* 1
be about (deal with) tratarse de *v.* 10 tratar (sobre/acerca de) *v.* 4
be about to disponerse a *v.* 6
be out of quedarse sin *v.* *(Lect. 6)*
be promoted ascender (e:ie) *v.* 8
bear oso *m.*
beat latir *v.* 4
become convertirse (en) (e:ie) *v.* 2; volverse *v.* *(Lect. 8)* **to become annoying** ponerse pesado/a *v.*; **to become extinct** extinguirse *v.* 6; **to become infected** contagiarse *v.* 4; **to become inflamed** inflamarse *v.*; **to become informed (about)** enterarse (de) *v.* 9; **to become part (of)** integrarse (a) *v.* 12; **to become tired** cansarse *v.*
bed and breakfast inn pensión *f.*
beehive colmena *f.* 8
beforehand de antemano
beg rogar *v.* 4
beggar mendigo/a *m., f.*
begin empezar (e:ie) *v.*
behalf: on behalf of de parte de
behave well portarse bien *v.*
belief creencia *f.* 11
believe (in) creer (en) *v.* 11; **Don't you believe it.** No creas.
believer creyente *m., f.* 11
belong (to) pertenecer (a) *v.* 12
belonging to others ajeno/a *adj.* *(Lect. 11)*
belongings pertenencias *f., pl.* *(Lect. 11)*
belt cinturón *m.;* **seatbelt** cinturón de seguridad *m.* 5
benefits beneficios *m. pl.*
bet apuesta *f.*
bet apostar (o:ue) *v.*
betray engañar *v.* 9, 12; traicionar *v.* *(Lect. 12)*
betrayal traición *f.* 12
beyond más allá de
bias parcialidad *f.* 9; **left-wing/right-wing bias** tendencia izquierdista/derechista *f.*

biased parcial *adj.* 9
bilingual bilingüe *adj.* 9
bill cuenta *f.;* proyecto de ley *m.* 11
billiards billar *m.* 2
biochemical bioquímico/a *adj.* 7
biography biografía *f.* 10
biologist biólogo/a *m., f.* 7
bird ave *f.* 6 *(Lect. 6)*; pájaro *m.* 6
bite morder (o:ue) *v.* 6
blanket manta *f.*
bless bendecir *v.* 11
blog blog *m.* 7 *(Lect. 7)*
blognovel blogonovela *f.* 7
blogosphere blogosfera *f.* 7
blood sangre *f.* 4 *(Lect. 9)*; **(high/low) blood pressure** tensión (alta/baja) *f.* 4
blow soplar *v.;* **to blow out the candles** apagar las velas *v.* 8
blush enrojecer *v.*
board embarcar *v.;* **on board** a bordo *adj.* 5
board game juego de mesa *m.* 2
boat bote *m.* 5
body cuerpo *m.*
boil hervir (e:ie) *v.* 3
bombing bombardeo *m.* 6
border frontera *f.* 5
border límite *m.* 11
bore aburrir *v.* 2
borrow pedir prestado/a *v.* 8
both ambos/as *pron., adj.*
bother molestar *v.* 2
bottom fondo *m.*
bow proa *f.* 5
bowling boliche *m.* 2
box caja *f.;* **toolbox** caja de herramientas *f.*
box office taquilla *f.* 2
branch sucursal *f.;* rama *f.* *(Lect. 9)*
brand marca *f.*
brave valiente 5
bravery valor *m.*
break romper *v.* *(Lect. 2)*
break in (to a conversation) meterse *v.* 1
break up (with) romper (con) *v.* 1
breakthrough avance *m.* 7
breathing respiración *f.* 4
brick ladrillo *m.*
bridge puente *m.* 12
bright luminoso/a *adj.* 10
bring traer *v.* 1; **to bring down** derribar *v.*; **to bring up (raise)** educar *v.* 1
broadcast emisión *f.;* **live broadcast** emisión en vivo/directo *f.*
broadcast transmitir *v.* 9
broom escoba *f.*
brush cepillarse *v.* 2; **to brush against** rozar *v.*
brush stroke pincelada *f.* 10
Buddhist budista *adj.* 11
budget presupuesto *m.* 8
buffalo búfalo *m.*
bull ring ruedo *m.* 2
bullfight corrida *f.* 2
bullfighter torero/a *m., f.* 2; **bullfighter who kills the bull** matador/a *m., f.* 2; **bullfighter's outfit** traje de luces *m.* 2
bullfighting toreo *m.* 2; **bullfighting stadium** plaza de toros *f.* 2
bureaucracy burocracia *f.*
buried enterrado/a *adj.* 2
burrow madriguera *f.* 3
bury enterrar (e:ie), sepultar *v.* 12
business negocio *m.*
businessman hombre de negocios *m.* 8
businesswoman mujer de negocios *f.* 8
butterfly mariposa *f.*

C

cage jaula *f.*
calculation, sum cuenta *f.*
calm tranquilo/a *adj.* 1
calm down calmarse *v.;* **Calm down.** Tranquilo/a.
campaign campaña *f.* 11
campground campamento *m.* 5
cancel cancelar *v.* 5
cancer cáncer *m.*
candidate candidato/a *m., f.* 11
candle vela *f.*
canon canon *m.* 10
canvas tela *f.* 10
capable capaz *adj.* 8
cape cabo *m.*
captain capitán *m.*
card tarjeta *f.;* **credit/debit card** tarjeta de crédito/débito *f.* 3; **(playing) cards** cartas, *f. pl.* 2, naipes *m. pl.* 2
care cuidado *m.* 1; **personal care** aseo personal *m.*
careful cuidadoso/a *adj.* 1
caress acariciar *v.* *(Lect. 4, 10)*
carriage vagón *m.* 7
carry llevar *v.* 2; **to carry away** llevarse *v.* 2; **to carry out** cumplir *v.* 8; **to carry out (an activity)** llevar a cabo *v.*
cascade cascada *f.* 5
case: in any case de todas formas 12
cash dinero en efectivo *m.;* *(Arg.)* guita *f.*
cashier cajero/a *m., f.*
casket ataúd *m.* 2
cast yeso *m.* 4
catastrophe catástrofe *f.*
catch atrapar *v.* 6
catch pillar *v.* 9
category categoría *f.* 5
Catholic católico/a *adj.* 11
cautious prevenido/a *adj.*
cave cueva *f.*
celebrate celebrar, festejar *v.* 2
celebrity celebridad *f.* 9
cell célula *f.* 7; celda *f.*
cell phone móvil m. 7, *teléfono celular* **m.** 7
cemetery cementerio *m.* 12
censorship censura *f.* 9
cent centavo *m.*
century siglo *m.* 12
certain cierto/a *adj.*
certainty certeza *f.* certidumbre *f.* 12
challenge desafío *m.* 7; desafiar *v.* 2; poner a prueba *v.*
challenging desafiante *adj.* 4
champion campeón/campeona *m., f.* 2
championship campeonato *m.* 2
chance azar, *m.* 5 casualidad *f.* 5; **by chance** por casualidad 3
change cambio *m.;* cambiar; mudar *v.* 2
channel canal *m.* 9; **television channel** canal de televisión *m.*
chapel capilla *f.* 11
chapter capítulo *m.*
character personaje *m.* 10; **main/secondary character** personaje principal/secundario *m.*
characteristic (trait) rasgo *m.*
characterization caracterización *f.* 10
charge cobrar *v.* 8
charge: be in charge of encargarse de *v.* 1; estar a cargo de; estar encargado/a de; **person in charge** encargado/a *m., f.*
cheap (stingy) tacaño/a *adj.* 1; **(inexpensive)** barato/a *adj.* 3
cheek mejilla *f.* 10
cheer up animar *v.;* **Cheer up!** ¡Anímate!*(sing.)*; ¡Anímense! *(pl.)* 2
Cheers! ¡Salud! 8
chef cocinero/a *m., f.*
chemical químico/a *adj.* 7
chemist químico/a *m., f.* 7
chess ajedrez *m.* 2
chest pecho *m.* 10
chew masticar *v.*
childhood infancia *f.*
choir coro *m.*
choose elegir (e:i) *v.;* escoger *v.* 1
chore quehacer *m.* 3
chorus coro *m.*
chosen elegido/a *adj.*
Christian cristiano/a *adj.* 11
church iglesia *f.* 11
cinema cine *m.* 2
circus circo *m.* 2
cistern cisterna *f.* 6
citizen ciudadano/a *m., f.* 11
civilization civilización *f.* 12
civilized civilizado/a *adj.*
claim reclamar *v.* 11
clarify aclarar *v.* 9
classic clásico/a *adj.* 10
clean limpiar *v.* 3
clean (pure) puro/a *adj.*
cleanliness aseo *m.*
clearing limpieza *f.* 3
click hacer clic 7
cliff acantilado *m.*
climate clima *m.*
climb (mountain) escalada *f.*
climber escalador(a) *m., f.*
cloister claustro *m.* 11
clone clonar *v.* 7
close cercano/a *adj.* *(Lect. 10)*
clown payaso/a *m., f.* 8

club club *m.;* **sports club** club deportivo *m.* **2**
coach (train) vagón *m.* **7**; **coach (trainer)** entrenador(a) *m., f.* **2**
coast costa *f.* **6**
cockroach cucaracha *f.* **6**
coincidence casualidad *f.* **5** *(Lect. 7)*
cold resfriado *m.* **4**; **to have a cold** estar resfriado/a *v.* **4**
collect coleccionar *v.*
colonize colonizar *v.* **12**
colony colonia *f.* **12**
columnist columnista *m., f.* **9**
comb one's hair peinarse *v.* **2**
combatant combatiente *m., f.*
come venir *v.* **1**; **to come back** volver (o:ue) *v.;* **to come from** provenir (de) *v.;* **to come to an end** acabarse *v.* **6**; **to come with** acompañar *v.* **10**
comedian comediante *m., f.* **1**
comet cometa *m.* **7**
comic strip tira cómica *f.* **9**
commerce comercio *m.* **8**
commercial anuncio *m.* **9**
commitment compromiso *m.* **1**
community comunidad *f.* **4**
company compañía *f.,* empresa *f.* **8**; **multinational company** empresa multinacional *f.,* multinacional *f.* **8**
compass brújula *f.* **5**
competent capaz *adj.* **8**
complain (about) quejarse (de) *v.* **2**
complaint queja *f.*
complicated rebuscado/a *adj.*
compose componer *v.* **1**
composer compositor(a) *m., f.*
computer science informática *f.* **7**; computación *f.*
concert concierto *m.* **2**
condition (illness) dolencia *f.* **4**
conference conferencia *f.* **8**
confess confesar (e:ie) *v.*
confidence confianza *f.* **1**
confident seguro/a *adj.* **1**
confront enfrentar *v.*
confuse (with) confundir (con) *v.*
confused confundido/a *adj.*
congested congestionado/a *adj.*
Congratulations! ¡Felicidades!; **Congratulations to all!** ¡Felicidades a todos!
connection conexión *f.;* vínculo *m.* *(Lect. 12)*; **to have good connections** estar relacionado *v.*
conquer conquistar, *v.* vencer *v.* **2, 9, 12**
conqueror conquistador(a) *m., f.* **12**
conquest conquista *f.* **12**
conscience conciencia *f.*
consequently por consiguiente *adj.*
conservative conservador(a) *adj.* **11**
conserve conservar *v.* **6**
consider considerar *v.*
consulate consulado *m.* **11**
consultant asesor(a) *m., f.* **8**

consumption consumo *m.;* **energy consumption** consumo de energía *m.*
contaminate contaminar *v.* **6**
contamination contaminación *f.* **6**
contemporary contemporáneo/a *adj.* **10**
contented: be contented with contentarse con *v.* **1**
contract contrato *m.* **8**; contraer *v.* **1**
contribute contribuir (a) *v.* **6**
contribution aportación *f.* **11**
control dominio *m.* *(Lect. 12)*
controversial controvertido/a *adj.* **9**
controversy polémica *f.* **11**
cook cocinero/a *m., f.*
cook cocinar *v.* **3**
corner rincón *m.* **11**
cornmeal cake arepa *f.* **11**
correspondent corresponsal *m., f.* **9**
corruption corrupción *f.*
costly costoso/a *adj.*
costume disfraz *m.;* **in costume** disfrazado/a *adj.*
cough tos *f.* **4**
cough toser *v.* **4**
count contar (o:ue) *v.* **2**; **to count on** contar con *v.*
countryside campo *m.* **6**
couple pareja *f.* **1**
courage coraje *m.*
course: of course claro *interj.* **3**; por supuesto; ¡cómo no!
court tribunal *m.*
cover portada *f.* **9** tapa *f.*
cow vaca *f.* **6**
crash choque *m.* **3**
create crear *v.* **7**
creativity creatividad *f.*
crisis crisis *f.;* **economic crisis** crisis económica *f.* **8**
critic crítico/a *m., f.;* **movie critic** crítico/a de cine *m., f.* **9**
critical crítico/a *adj.*
critique criticar *v.* **10**
cross cruzar *v.* *(Lect. 11)*
crowd multitud *f.*
crown corona *f.* *(Lect. 12)*
cruise (ship) crucero *m.* **5**
cry llorar *v.* *(Lect. 4)*
crying llanto *m.* *(Lect. 4, 7)*
cubism cubismo *m.* **10**
culture cultura *f.;* **pop culture** cultura popular *f.*
cultured culto/a *adj.* **12**
currently actualmente *adv.*
curse maldición *f.*
custom costumbre *f.* **3**
customs aduana *f.;* **customs agent** agente de aduanas *m., f.* **5**
cut corte *m.*

D

daily diario/a *adj.* **3**
dam represa *f.*
damp húmedo/a *adj.* **6**
dance bailar *v.* **1**
dance club discoteca *f.* **2**
dancer bailarín/bailarina *m., f.*
danger peligro *m.*
dangerous peligroso/a *adj.* **5**
dare (to) atreverse (a) *v.* **2**
darken oscurecer *v.* **6**
darts dardos *m. pl.* **2**
data datos *m.;* **piece of data** dato *m.*
date cita *f.;* **blind date** cita a ciegas *f.* **1**
datebook agenda *f.* **3**
dawn alba *f.* **11** *(Lect. 6)*
day día *m.*
daybreak alba *f.* **11**
deaf sordo/a *adj.;* **to go deaf** quedarse sordo/a *v.* **4**
deal trato *m.* *(Lect. 9)*
deal with (be about) tratarse de *v.* **10**
death muerte *f.*
debt deuda *f.* **8**
debt collector cobrador(a) *m., f.* **8**
debtor moroso/a *m., f.* **8**
debut (premiere) estreno *m.* **2**
decade década *f.* **12**
decrease disminuir *v.*
dedication dedicatoria *f.* **11**
deep hondo/a *adj.* **2**; profundo/a *adj.*
deer venado *m.*
defeat derrota *f.;* vencer *v.* **2, 9**; derrotar *v.* *(Lect. 12)*
defeated derrotado/a *adj.* **12**
deforestation deforestación *f.* **6**
defrost descongelar(se) *v.* **7**
delay retraso *m.;* atrasar *v.;* demorar *v.;* retrasar *v.*
delayed retrasado/a *adj.* **5**
delivery entrega *f.*
demand reclamar *v.* **11**; exigir *v.* **1, 4, 8**
democracy democracia *f.* **11**
demonstration manifestación *f.* **11**
den madriguera *f.* **3**
denounce delatar *v.* **3**; denunciar *v.* **9**
depict reflejar *v.* **10**
deposit depositar *v.* **8**
depressed deprimido/a *adj.* **1**
depression depresión *f.* **4**
descendent descendiente *m., f.* **12**
desert desierto *m.* **6**
deserve merecer *v.* **8**
design diseñar *v.* **8, 10**
desire deseo *m.;* gana *f.*
desire desear *v.* **4**
destination destino *m.* **5**
destroy destruir *v.* **6**
detective (story/novel) policíaco/a *adj.* **10**
deteriorate empeorar *v.* **4**
detest detestar *v.*
developed desarrollado/a *adj.* **12**
developing en vías de desarrollo *adj.;* **developing country** país en vías de desarrollo *m.*
development desarrollo *m.* **6**
diamond diamante *m.* **5**
dictator dictador(a) *m., f.* **12**
dictatorship dictadura *f.*
die fallecer *v.;* **to die of** morirse (o:ue) de *v.* **2**

diet
(nutrition) alimentación *f.* 4; dieta *f.*; **to be on a diet** estar a dieta *v.* 4; **to go on a diet** ponerse a dieta *v.* 4
difficult duro/a *adj.* 7
digestion digestión *f.*
digital digital *adj.* 7
dinner guest comensal *m., f.* 10
direct dirigir *v.* 1
director director(a) *m., f.*
disappear desaparecer *v.* 1, 6
disappointment desilusión *f.*
disaster catástrofe *f.*; **natural disaster** catástrofe natural *f.*
discomfort malestar *m.* 4
discotheque discoteca *f.* 2
discouraged desanimado/a *adj.* **to get discouraged** desanimarse *v.*; **the state of being discouraged** desánimo *m.* 1
discover descubrir *v.* 4
discoverer descubridor(a) *m., f.*
discovery descubrimiento *m.* 7; hallazgo *m.* 4
discriminated discriminado/a *adj.*
discrimination discriminación *f.*
disenchantment desencanto *m.* *(Lect. 11)*
disease enfermedad *f.* 4
disguised disfrazado/a *adj.*
disgusting: to be disgusting dar asco *v.*
disorder desorden *m.* 7; **(condition)** trastorno *m.*
display lucir *v.* *(Lect. 4)*
disposable desechable *adj.* 6
distance lejanía *f.* *(Lect. 11)*
distant lejano/a *adj.* 5
distinguish distinguir *v.* 1
distract distraer *v.* 1
distracted distraído/a *adj.*; **to get distracted** descuidar(se) *v.* 6
disturbing inquietante *adj.* 10
diversity diversidad *f.* 4
divorce divorcio *m.* 1
divorced divorciado/a *adj.* 1
dizzy mareado/a *adj.* 4
DNA ADN (ácido desoxirribonucleico) *m.* 7
do hacer *v.* 1, 4; **to be (doing something)** andar + *pres. participle v.*; **to do someone the favor** hacer el favor *v.*; **to do something on purpose** hacer algo a propósito *v.*
doctor's appointment consulta *f.* 4
doctor's office consultorio *m.* 4
documentary documental *m.* 9
dominoes dominó *m.*
doorbell timbre *m.* *(Lect. 5)*; **to ring the doorbell** tocar el timbre *v.*
double (*in movies*) doble *m., f.* 9
doubt interrogante *m.* 7; **to be no doubt** no caber duda *v.*
download descargar *v.* 7
drag arrastrar *v.*
draw dibujar *v.* 10
dream sueño *m.* *(Lect. 8)*
dream (about) soñar (o:ue) (con) *v.* 1
dressing room probador *m.* 3; **(*star's*)** camerino *m.* 9
drink beber *v.* 1
drinking glass copa *f.*
drive conducir *v.* 1; manejar *v.*
drought sequía *f.* 6
drown ahogarse *v.*
drowned ahogado/a *adj.* 5
dry seco/a *adj.* 6; secar *v.*; **to dry off** secarse *v.* 2
dub (*film*) doblar *v.*
dubbed doblado/a *adj.* 9
dubbing doblaje *m.*
dump dejar *v.* *(Lect. 1)*
dust polvo *m.* 3; **to dust** quitar el polvo *v.* 3
duty deber *m.* 8

E

earn ganar *m.*; **to earn a living** ganarse la vida *v.* 8
earth tierra *f.* 6; **What on earth...?** ¿Qué rayos...? 5
earthquake terremoto *m.* 6
easy-going (*permissive*) permisivo/a *adj.* 1
eat comer *v.* 1, 2; **to eat up** comerse *v.* 2
ecosystem ecosistema *m.* 6
ecotourism ecoturismo *m.* 5
edible comestible *adj.*; **edible plant** planta comestible *f.*
editor redactor(a) *m., f.* 9
editor-in-chief redactor(a) jefe *m., f.*
educate educar *v.*
educated (*cultured*) culto/a *adj.* 12
educational didáctico/a *adj.* 10
efficient eficiente *adj.*
effort esfuerzo *m.*
either... or... o... o... *conj.*
elbow codo *m.*
elder mayor *m.* 12
elderly anciano/a *adj.*; **elderly gentleman/lady** anciano/a *m., f.*
elect elegir (e:i) *v.* 11
elected elegido/a *adj.*
electoral electoral *adj.*
electricity luz *f.* 7
electronic electrónico/a *adj.*
e-mail address dirección de correo electrónico *f.* 7
embarrassed avergonzado/a *adj.*
embarrassment vergüenza *f.*
embassy embajada *f.* 11
emigrate emigrar *v.* 11
emotion sentimiento *m.* 1
emperor emperador *m* 12
emphasize destacar *v.*
empire imperio *m.* 12
employed empleado/a *adj.* 8
employee empleado/a *m., f.* 8
employment empleo *m.* 8
empress emperatriz *f.* 12
encourage animar *v.*
end fin *m.*; **(*rope, string*)** cabo *m.*
endangered en peligro de extinción *adj.*; **endangered species** especie en peligro de extinción *f.*
ending desenlace *m.*
energetic enérgico/a *adj.* 8
energy energía *f.*; **nuclear energy** energía nuclear *f.*; **wind energy** energía eólica *f.*
engineer ingeniero/a *m., f.* 7
enjoy disfrutar (de) *v.* 2; **Enjoy your meal.** Buen provecho.
enough bastante *adv.* 3
enslave esclavizar *v.* 12
enter ingresar *v.*; **to enter data** ingresar datos *v.*
entertain (oneself) entretener(se) (e:ie) *v.* 2
entertaining entretenido/a *adj.* 2
entertainment farándula *f.* 1
entrance hall zaguán *m.* *(Lect. 3)*
entrepreneur empresario/a *m., f.* 8
envelope sobre *m.* *(Lect. 3)*
environment medio ambiente *m.* 6
environmental ambiental *adj.* 6
epidemic epidemia *f.* 4
episode episodio *m.* 9; **final episode** episodio final *m.* 9
equal igual *adj.* 11
equality igualdad *f.*
era época *f.* 12
erase borrar *v.* 7
erosion erosión *f.* 6
errands mandados *m. pl.* 3; **to run errands** hacer mandados *v.* 3
essay ensayo *m.*
essayist ensayista *m., f.* 10
establish (oneself) establecer(se) *v.* 12
eternal eterno/a *adj.*
ethical ético/a *adj.* 7; **unethical** poco ético/a *m., f.*
even siquiera *conj.*; **not even** ni siquiera *conj.*
event acontecimiento *m.* 9
everyday cotidiano/a *adj.* 3; **everyday life** vida cotidiana *f.*
example (*sample*) muestra *f.*
exchange: in exchange for a cambio de
excited emocionado/a *adj.* 1
exciting excitante *adj.*
excursion excursión *f.* 5
excuse disculpar *v.*; **Excuse me; Pardon me** Perdona (*fam.*)/Perdone (*form.*); Con permiso.
executive ejecutivo/a *m., f.* 8; **of an executive nature** de corte ejecutivo 8
exhausted agotado/a *adj.* 4; fatigado/a *adj.* 4
exhaustion cansancio *m.* 3
exhibition exposición *f.*
exile exilio *m.*; **political exile** exilio político *m.* 11
exit salida *f.* 6
exotic exótico/a *adj.*
expel expulsar *v.* 12
expensive caro/a *adj.* 3; costoso/a *adj.*
experience experiencia *f.* 8; experimentar *v.*

experiment experimento *m.* 7
expire caducar *v.*
expired vencido/a *adj.* 5
exploit explotar *v.* 12
exploitation explotación *f.*
exploration exploración *f.*
explore explorar *v.*
export exportar *v.* 8
exports exportaciones *f., pl.*
expressionism expresionismo *m.* 10
extinct: become extinct extinguirse *v.* 6
extinguish extinguir *v.*

F

face dar a *v.* *(Lect. 5)*
facial features facciones *f., pl.* 3
facilities servicios *m., pl*
fact hecho *m.* 3
factor factor *m.;* **risk factors** factores de riesgo *m. pl.*
factory fábrica *f.*
fad moda pasajera *f.* 9
faint desmayarse *v.* 4
fair feria *f.* 2
faith fe *f.* 11
fall caer *v.* 1; **to fall in love (with)** enamorarse (de) *v.* 1
false postizo/a *adj.* *(Lect. 10)*
fame fama *f.* 9
family tie vínculo *m.* *(Lect. 12)*
famous famoso/a *adj.* 9; **to become famous** hacerse famoso *v.* 9
fan (of) aficionado/a (a) *adj.;* fanático/a *m., f.* *(Lect. 2)* 2; **to be a fan of** ser aficionado/a de *v.*
farewell despedida *f.* 5
fascinate fascinar *v.* 2
fashion moda *f.;* **in fashion, popular** de moda *adj.* 9
fasten abrocharse *v.;* **to fasten one's seatbelt** abrocharse el cinturón de seguridad *v.*; **to fasten (the seatbelt)** ponerse (el cinturón de seguridad) *v.* 5
fate azar *m.* *(Lect. 12)*
fatigue fatiga *f.* 8
favor favor *m.;* **to do someone the favor** hacer el favor *v.*
favoritism favoritismo *m.* 11
fed up (with) harto/a *adj.;* **to be fed up (with); to be sick (of)** estar harto/a (de) *v.* 1
feed dar de comer *v.* 6
feel sentirse (e:ie) *v.* 1; **(experience)** experimentar *v.;* **to feel like** dar la gana *v.* 9; sentir/tener ganas de *v.*
feeling sentimiento *m.* 1 *(Lect. 1)*
festival festival *m.* 2
fever fiebre *f.* 4; **to have a fever** tener fiebre *v.* 4
field campo *m.* 6; cancha *f.* 2
fight lucha *f.* pelear *v.;* **to fight (for)** luchar por *v.;* **to fight bulls** lidiar *v.* 2; **to fight bulls in the bullring** torear *v.* 2
figuratively en sentido figurado *m.*
file archivo *m.;* **to download a file** bajar un archivo *v.*
filled up completo/a *adj.;* **The hotel is filled.** El hotel está completo.
filling contundente *adj.* 10
film película *f.;* rodar (o:ue) *v.* 9
finance(s) finanzas *f. pl.;* financiar *v.* 8
financial financiero/a *adj.* 8
find out averiguar *v.* 1
finding hallazgo *m.* 4
fine multa *f.* *(Lect. 7)*
fine arts bellas artes *f., pl.* 10
fingernail uña *f.*
finish line meta *f.*
fire incendio *m.* 6 *(Lect. 6)*; despedir (e:i) *v.* 8
fire; flame fuego *m.* *(Lect. 6)*
fired despedido/a *adj.*
fireplace hogar *m.* 3
first aid primeros auxilios *m., pl.* 4
first and foremost antes que nada
fish pez *m.* 6
fishing pesca *f.* 5
fit caber *v.* 1; **(clothing)** quedar *v.* 2
fitting room vestidor *m.*
fix apañar *v.* *(Lect. 4)*
flag bandera *f.* *(Lect. 2)*
flask frasco *m.*
flavor sabor *m.;* **What flavor is it? Chocolate?** ¿Qué sabor tiene? ¿Chocolate? 4
flee huir *v.* 3
fleeting pasajero/a *adj.*
flexible flexible *adj.*
flight vuelo *m.;* huida *f.* *(Lect. 11)*
flight attendant auxiliar de vuelo *m., f.*
flirt coquetear *v.* 1
float flotar *v.* 5
flock rebaño *m.* *(Lect. 6)*
flood inundación *f.* 6; inundar *v.*
floor suelo *m.*
flower florecer *v.* 6
flu gripe *f.* 4
fly mosca *f.* *(Lect. 8)*; volar (o:ue) *v.* *(Lect. 8)*
fog niebla *f.*
fold doblar *v.*
follow seguir (e:i) *v.*
folly insensatez *f.* 4
fond of aficionado/a (a) *adj.* 2
food comida *f.* 6; alimento *m.* **canned food** comida enlatada *f.* 6; **fast food** comida rápida *f.* 4
foot (*of an animal*) pata *f.*
forbidden vedado/a *adj.* 3
force fuerza *f.;* **armed forces** fuerzas armadas *f., pl.* 12; **labor force** fuerza laboral *f.*
forced forzado/a *adj.* 12
forefront: at the forefront a la vanguardia
foresee presentir (e:ie); prever *v.*
forest bosque *m.*
forget (about) olvidarse (de) *v.* 2
forgetfulness; olvido *m.* 1
forgive perdonar *v.*
form forma *f.*
formulate formular *v.* 7
forty-year-old; in her/his forties cuarentón/cuarentona *adj.* 11
fountain fuente *f.*
frame marco *m.* *(Lect. 4, 5)*
free time tiempo libre *m.* 2; ratos libres *m. pl.* 2
freedom libertad *f.* 11; **freedom of the press** libertad de prensa *f.* 9
freeze congelar(se) *v.* 7
freeze helar (e:ie) *v.*
frequently a menudo *adv.* 3
friar fraile *m.* 11
frightened asustado/a *adj.*
frog rana *f.* 6
front desk recepción *f.* 5
front page portada *f.* 9
frozen congelado/a *adj.*
fry freír (e:i) *v.* 3
fuel combustible *m.* 6
full lleno/a *adj.;* **full-length film** largometraje *m.*
fun divertido/a *adj.* 2
funny gracioso/a *adj.* 1; **to be funny (to someone)** hacerle gracia (a alguien)
furnished amueblado/a *adj.*
furniture mueble *m.* 3
futuristic futurístico/a *adj.*

G

gain weight engordar *v.* 4
gallery galería *f.* 10
game juego *m.* 2; **ball game** juego de pelota *m.* 5; **board game** juego de mesa *m.* 2; **(*sports*)** partido; *m.*; **to win/lose a game** ganar/perder un partido *v.* 2
garbage (*poor quality*) porquería *f.* 10
gate: airline gate puerta de embarque *f.* 5
gaze mirada *f.* 1
gene gen *m.* 7
generate generar *v.*
generous generoso/a *adj.*
genetics genética *f.* 4
genuine auténtico/a *adj.* 3
gesture gesto *m.*
get obtener *v.;* **to get along** congeniar *v.;* **to get along well/poorly** llevarse bien/mal *v.* 1; **to get bored** aburrirse *v.* 2; **to get caught** enganchar *v.* 5; **to get discouraged** desanimarse *v.*; **to get distracted; neglect** descuidar(se) *v.* 6; **to get dressed** vestirse (e:i) *v.* 2; **to get hurt** lastimarse *v.* 4; **to get in shape** ponerse en forma *v.* 4; **to get information** informarse *v.*; **to get ready** arreglarse *v.* 3; **to get sick** enfermarse *v.* 4; **to get tickets** conseguir (e:i) boletos/entradas *v.* 2; **to get together (with)** reunirse (con) *v.* 2; **to get up** levantarse *v.* 2; **to get upset** afligirse *v.* 3; **to get used to** acostumbrarse (a) *v.* 3; **to get well/ill** *v.* ponerse bien/mal 4; **to get wet** mojarse *v.;* **to get worse** empeorar *v.* 4
gift obsequio *m.* 11

give dar *v.;* **to give a prize** premiar *v.*; **to give a shot** poner una inyección *v.* **4**; **to give up** darse por vencido *v.* **6**; ceder **11**; **to give way to** dar paso a *v.*
gladly con mucho gusto **10**
glance vistazo *m.*
global warming calentamiento global *m.* **6**
globalization globalización *f.* **8**
go ir *v.* **1, 2**; **to go across** recorrer *v.* **5**; **to go around (the world)** dar la vuelta (al mundo) *v.*; **to go away (from)** irse (de) *v.* **2**; **to go out** salir *v.* **1**; **to go out (to eat)** salir (a comer) *v.* **2**; **to go out with** salir con *v.* **1**; **to go shopping** ir de compras *v.* **3**; **go to bed** acostarse (o:ue) *v.* **2**; **go to sleep** dormirse (o: ue) *v.* **2**; **go too far** pasarse *v.*; **go too fast** embalarse *v.* **9**
goat cabra *f.*
God Dios *m.* **11**
god/goddess dios(a) *m., f.* **5**
gold oro *m. (Lect. 8)*
goldfish pececillo de colores *m.*
good bueno/a *adj.* **to be good (i.e. *fresh*)** estar bueno *v.*; **to be good (*by nature*)** ser bueno *v.*
goodness bondad *f.*
gossip chisme *m.* **9**
govern gobernar (e:ie) *v.* **11**
government gobierno *m.;* **government agency** organismo público *m.* **9**;
governor gobernador(a) *m., f.* **11**
graduate titularse *v.* **3**
grass hierba *f.;* **pasto** *m.*
gratitude agradecimiento *m.*
gravity gravedad *f.* **7**
great-great-grandfather/mother tatarabuelo/a *m., f.* **12**
group grupo *m.;* **musical group** grupo musical *m.*
grow crecer *v.* **1**; cultivar *v.* **to grow accustomed to;** acostumbrarse (a) *v.* **3**; **grow up** criarse v. 1
growth crecimiento *m.*
Guarani guaraní *m.* **9**
guarantee asegurar *v.*
guess adivinar *v. (Lect. 3)*
guilt culpa *f. (Lect. 1)*
guilty culpable *adj.* **11**
guy tipo *m.* **2**
gymnasium gimnasio *m.*
gypsy gitano/a *adj. (Lect. 9)*

H

habit costumbre *f.* **3**
habit: be in the habit of soler (o:ue) *v.* **3**
half mitad *f.*
hall sala *f.* **concert hall** sala de conciertos *f.*
hang (up) colgar (o:ue) *v.*
happen suceder *v.* **1**; **These things happen.** Son cosas que pasan. **11**
happiness felicidad *f.*
happy feliz *adj. (Lect. 4)*
hard duro/a *adj.* **7**; arduo/a *adj. (Lect. 4)*
hardly apenas *adv.* **3**
hard-working trabajador(a) *adj.* **8**
harmful dañino/a *adj.* **6**
harvest cosecha *f. (Lect. 10)*
hate odiar *v.* **1**
have tener *v.* **1**; **to have fun** divertirse (e:ie) *v.* **2**
headline titular *m.* **9**
heal curarse; sanar *v.* **4**
healing curativo/a *adj.* **4**
health salud *f.* **4**; **To your health!** ¡A tu salud!
healthy saludable, sano/a *adj.* **4**
hear oír *v.* **1**
heart corazón *m.* **1**; **heart and soul** cuerpo y alma
heavy (*filling*) contundente *adj.* **10**; **heavy rain** diluvio *m.*
heel tacón *m.* **12**; **high heel** tacón alto *m.*
height (*highest level*) apogeo *m.* **5**
help (aid) auxilio *m.*
heritage herencia *f.;* **cultural heritage** herencia cultural *f.* **12**
heroic heroico/a *adj.* **12**
hide ocultarse *v.* **3**
high definition de alta definición *adj.* **7**
highest level apogeo *m.* **5**
hill cerro *m.;* colina *f.*
Hindu hindú *adj.* **11**
hire contratar *v.* **8**
historian historiador(a) *m., f.* **12**
historic histórico/a *adj.* **12**
historical histórico/a *adj.* **10**; **historical period** era *f.* **12**
history historia *f.* **12**
hold (*hug*) abrazar *v.* **1**; **hold your horses** parar el carro *v.* **9**
hole agujero *m.;* **black hole** agujero negro *m.* **7**; **hole in the ozone layer** agujero en la capa de ozono *m.*; **small hole** agujerito *m.* **7**
holy sagrado/a *adj.* **11**
home hogar *m.* **3**
honey miel *f.* **8**
honored distinguido/a *adj.*
hope esperanza *f.* **6**; ilusión *f.*
horror (*story/novel*) de terror *adj.* **10**
horseshoe herradura *f.* **12**
host(ess) anfitrión/anfitriona *m., f.* **8**
hostel albergue *m.* **5**
hour hora *f.*
hug abrazar *v.* **1**
humankind humanidad *f.* **12**
humid húmedo/a *adj.* **6**
humiliate humillar *v.* **8**
humorous humorístico/a *adj.* **10**
hungry hambriento/a *adj.*
hunt cazar *v.* **6**
hurricane huracán *m.* **6**
hurry prisa *f.* **6**; **to be in a hurry** tener apuro *v.*
hurt herir (e: ie) *v.* **1,** *(Lect. 9)*; doler (o:ue) *v.* **2**; **to get hurt** lastimarse *v.* **4**; **to hurt oneself** hacerse daño; **to hurt someone** hacerle daño a alguien
husband marido *m.*
hut choza *f.* **12**
hygiene aseo *m.*
hygienic higiénico/a *adj.*

I

ideology ideología *f.* **11**
illiteracy analfabetismo *m. (Lect. 8)*
illness dolencia *f.* **4**; enfermedad *f.*
ill-tempered malhumorado/a *adj.*
illusion ilusión *f.*
image imagen *f.* **2, 7**
imagination imaginación *f.*
immature inmaduro/a *adj.* **1**
immediately en el acto **3**
immigration inmigración *f.* **11**
immoral inmoral *adj.* **11**
import importar *v.* **8**
important importante *adj.* **4**; **be important (to); to matter** importar *v.* **2, 4**
imported importado/a **8**
imports importaciones *f., pl.*
impress impresionar *v.* **1**
impressionism impresionismo *m.* **10**
improve mejorar *v.* **4**; perfeccionar *v.*
improvement adelanto *m.* **4**
in love (with) enamorado/a (de) *adj.* **1**
inadvisable poco recomendable *adj.* **5**
incapable incapaz *adj.* **8**
included incluido/a *adj.* **5**
incompetent incapaz *adj.* **8**
increase aumento *m.*
independence independencia *f.* **12**
index índice *m.*
indigenous indígena *adj.* **9**
indigenous person indígena *m., f.* **4**
industrious trabajador(a) *adj.* **8**
industry industria *f.*
inexpensive barato/a *adj.* **3**
infected: become infected contagiarse *v.* **4**
inflamed inflamado/a *adv.* **4**; **become inflamed** inflamarse *v.*
inflexible inflexible *adj.*
influential influyente *adj.* **9**
inform avisar *v.;* **to be informed** estar al tanto *v.* **9**; **to become informed (about)** enterarse (de) *v.* **9**
inhabit habitar *v.* **12**
inhabitant habitante *m., f.* **12**; poblador(a) *m., f.*
inherit heredar *v.*
injure lastimar *v.*
injured herido/a *adj.*
injury herida *f.* **4**
innovative innovador(a) *adj.* **7**
insanity locura *f.*
insect bite picadura *f.*
insecure inseguro/a *adj.* **1**

insincere falso/a *adj.* 1
insist on insistir en *v.* 4
inspired inspirado/a *adj.*
instability inestabilidad *f.* 12
install instalar *v.* 7
insult ofensa *f.* 10
insurance seguro *m.* 5
intelligent inteligente *adj.*
intensive care terapia intensiva *f.* 4
interest interesar *v.* 2
interesting interesante *adj.;* **to be interesting** interesar *v.* 2
Internet Internet *m., f.* 7
interview entrevista *f.; entrevistar v.;* **job interview** entrevista de trabajo *f.* 8
intriguing intrigante *adj.* 10
invade invadir *v.* 12
invent inventar *v.* 7
invention invento *m.* 7
invest invertir (e:ie) *v.* 8
investigate investigar *v.* 7
investment inversión *f.;* **foreign investment** inversión extranjera *f.* 8
investor inversor(a) *m., f.*
iron plancha *f.*
irresponsible irresponsable *adj.*
island isla *f.* 5
isolate aislar *v.* 9
isolated aislado/a *adj.* 6
itinerary itinerario *m.* 5

J

jealous celoso/a *adj.;* **to be jealous of** tener celos de *v.* 1
jealousy celos *m. pl.*
Jewish judío/a *adj.* 11
job empleo *m.* 8; **(*position*)** puesto *m.* 8; **job interview** entrevista de trabajo *f.* 8
joke broma *f.* 1; chiste *m.* 1
joke bromear *v*
journalist periodista *m., f.* 9
joy regocijo *m.* 4
judge juez(a) *m., f.* 11
judgment juicio *m.*
jump salto *m.*
jungle selva *f.* 5
just justo/a *adj.* 11
just as tal como *conj.*
justice justicia *f.* 11

K

keep mantener v.; guardar *v.;* **to keep an eye on** vigilar *v. (Lect. 3);* **to keep in mind** tener en cuenta *v.;* **to keep in touch** mantenerse en contacto *v.* 1; **to keep quiet** **acallarse** *v. (Lect. 10);* **to keep (something) to yourself** guardarse (algo) *v.* 1; **to keep up with the news** estar al día con las noticias *v.*
keyboard teclado *m.*
kick patada *f.* 3; patear *v.* 2
kidnapping secuestro *m.* 11
kind amable *adj.*
king rey *m.* 12
kingdom reino *m.* 12
kiss besar *v.* 1
know conocer *v.;* saber *v.* 1
knowledge conocimiento *m.* 12

L

label etiqueta *f.*
labor mano de obra *f.*
labor union sindicato *m.* 8
laboratory laboratorio *m.;* **space lab** laboratorio espacial *m.*
lack faltar *v.* 2
ladder escalera *f. (Lect. 8)*
land tierra *f.* 6; terreno *m.* 6
land (*an airplane*) aterrizar *v.*
landscape paisaje *m.* 6
language idioma *m.* 9; lengua *f.* 9
laptop computadora portátil *f.* 7
late atrasado/a *adj.* 3
Latin American born of European parents criollo/a *m., f. (Lect. 12)*
laugh reír(se) (e:i) *v.*
launch lanzar *v.*
law derecho *m.;* ley *f.;* **to abide by the law** cumplir la ley *v.* 11 ; **to approve a law; to pass a law** aprobar (o:ue) una ley *v.*
lawyer abogado/a *m., f.*
layer capa *f.;* **ozone layer** capa de ozono *f.* 6
lazy haragán/haragana 8
lead encabezar *v.* 12
leader líder *m., f.* 11
leadership liderazgo *m.* 11
lean (on) apoyarse (en) *v.*
learned erudito/a *adj.* 12
learning aprendizaje *m.* 12
leave marcharse *v. ;* dejar *v. (Lect. 1);* **to leave alone** dejar en paz *v.* 8; **to leave someone** dejar a alguien *v.*
left over: to be left over quedar *v.* 2
leg (*of an animal*) pata *f.*
legend leyenda *f.* 5
leisure ocio *m.*
lend prestar *v.* 8
lesson (*teaching*) enseñanza *f.* 12
level nivel *m.;* **sea level** nivel del mar *m.*
liberal liberal *adj.* 11
liberate liberar *v.* 12
lid tapa *f.*
lie mentira *f.* 1
life vida *f.;* **everyday life** vida cotidiana *f.*
lighthouse faro *m.* 5
lightning relámpago *m.* 6
lightning rayo *m.*
like gustar *v.* 2, 4; **I don't like ...at all!** ¡No me gusta nada… !; **to like very much** encantar, fascinar *v.* 2
like this; so así *adv.* 3
line cola *f.;* **to wait in line** hacer cola *v.* 2
line (*of poetry*) verso *m.* 10
link enlace *m.* 7
lion león *m.* 6
listener oyente *m., f.* 9
literature literatura *f.* 10; **children's literature** literatura infantil/juvenil *f.* 10
live en vivo, en directo *adj.* 9; **live broadcast** emisión en vivo/directo *f.*
live vivir *v.* 1
lively animado/a *adj.* 2
locate ubicar *v.*
located situado/a *adj.;* **to be located** ubicarse *v.*
lodge hospedarse *v.*
lodging alojamiento *m.* 5; hospedaje *m. (Lect. 11)*
loneliness soledad *f.* 3
lonely solo/a *adj.* 1
long largo/a *adj.;* **long-term** a largo plazo
look aspecto *m.;* **to take a look** echar un vistazo *v.*
look verse *v.;* **to look healthy/sick** tener buen/mal aspecto *v.* 4; **to look like** parecerse *v.* 2, 3; **to look out upon** dar a *v.*; **He/She looks so happy.** Se ve tan feliz. 6; **How attractive you look!** *(fam.)* ¡Qué guapo/a te ves! 6; **How elegant you look!** *(form.)* ¡Qué elegante se ve usted! 6; **It looks like he/she didn't like it.** Al parecer, no le gustó. 6; **It looks like he/she is sad/happy.** Parece que está triste/contento/a. 6; **He/She looks very sad to me.** Yo lo/la veo muy triste. 6
loose suelto/a *adj.*
lose perder (e:ie) *v.;* **to lose an election** perder las elecciones *v.* 11; **to lose a game** perder un partido *v.* 2; **to lose weight** adelgazar *v.* 4
loss pérdida *f.* 11
lottery lotería *f.*
loudspeaker altoparlante *m.*
love amor *m.;* amar; querer (e:ie) *v.* 1; **(un)requited love** amor (no) correspondido *m.*
lower bajar *v.*
loyalty lealtad *f.* 12
lucky afortunado/a *adj.*
luggage equipaje *m.*
luxurious lujoso/a 5*;* de lujo
luxury lujo *m.* 8
lying mentiroso/a *adj.* 1

M

madness locura *f.*
magazine revista *f.* 9; **online magazine** revista electrónica *f.* 9
magic magia *f.*
mailbox buzón *m.*
majority mayoría *f.* 11

make hacer *v.* **1, 4; to make a (hungry) face** poner cara (de hambriento/a) *v.*; **to make a toast** brindar *v.* **2**; **to make a wish** pedir un deseo *v.* **8; to make fun of** burlarse (de) *v.*; **to make good use of** aprovechar *v.*; **to make one's way** abrirse paso *v.*; **to make sure** asegurarse *v.*
make-up maquillaje *m. (Lect. 4)*
male macho *m.*
mall centro comercial *m.* **3**
manage administrar *v.* **8;** dirigir *v.* **1;** lograr; *v.* **3**
manager gerente *m, f.* **8**
manipulate manipular *v.* **9**
manufacture fabricar *v.* **7**
manuscript manuscrito *m.*
marathon maratón *m.*
maritime marítimo/a *adj.* **11**
market mercado *m.* **8**
marketing mercadeo *m.* **1**
marriage matrimonio *m.*
married casado/a *adj.* **1**
mass misa *f.* **2**
masterpiece obra maestra *f.* **3**
mathematician matemático/a *m., f.* **7**
matter asunto *m.;* importar *v.* **2, 4**
mature maduro/a *adj.* **1**
Mayan Trail ruta maya *f.* **5**
mayor alcalde/alcaldesa *m., f.* **11**
mean antipático/a *adj.*
means medio *m.;* **media** medios de comunicación *m. pl.* **9**
measure medida *f.;* medir (e:i) *v.;* **security measures** medidas de seguridad *f. pl.* **5**
mechanical mecánico/a *adj.*
mechanism mecanismo *m.*
meditate meditar *v.* **11**
meeting reunión *f.* **8**
megaphone megáfono *m. (Lect. 2)*
melt derretir(se) (e:i) *v.* **7**
member socio/a *m., f.* **8**
memory recuerdo *m.*
menace amenaza *f. (Lect. 3)*
mend apañar *v. (Lect. 4)*
merchandise mercancía *f.*
mercy piedad *f.* **8**
mess desorden *m. (Lect. 4),* **7**
message mensaje *m.;* **text message** mensaje de texto *m.* **7**
middle medio *m.*
Middle Ages Edad Media *f.*
military militar *m., f.* **11**
minister ministro/a *m., f.;* **Protestant minister** ministro/a protestante *m., f.*
minority minoría *f.* **11**
minute minuto *m.;* **last-minute news** noticia de último momento *f.*; **up-to-the-minute** de último momento *adj.* **9**
miracle milagro *m.* **11**
miser avaro/a *m., f.*
miss extrañar *v.;* perder (e:ie) *v.;* **to miss (someone)** extrañar a (alguien) *v.*; **to miss a flight** perder un vuelo *v.* **5**
mistake: to be mistaken; to make a mistake equivocarse *v.*
mixed: person of mixed ethnicity (*part indigenous*) mestizo/a *m., f.* **12**
mixture mezcla *f.*
mockery burla *f.*
model (*fashion*) modelo *m., f.*
modern moderno/a *adj.*
modify modificar, alterar *v.*
moisten mojar *v.*
moment momento *m.*
monarch monarca *m., f.* **12**
money dinero *m.;* (*L. Am.*) plata *f.* **7**; **cash** dinero en efectivo *m.* **3**
monkey mono *m.* **6**
monolingual monolingüe *adj.* **9**
mood estado de ánimo *m.* **4; in a bad mood** malhumorado/a *adj.*
moon luna *f.;* **full moon** luna llena *f.*
moral moral *adj.* **11**
mosque mezquita *f.* **11**
mountain montaña *f.* **6;** monte *m.*; **mountain range** cordillera *f.* **6**
move (*change residence*) mudarse *v.* **2**
movement corriente *f.;* movimiento *m.* **10**
movie theater cine *m.* **2**
moving conmovedor(a) *adj.*
muralist muralista *m., f.* **10**
museum museo *m.*
music video video musical *m.* **9**
musician músico/a *m., f.* **2**
Muslim musulmán/musulmana *adj.* **11**
myth mito *m.* **5**

N

name nombrar *v.*
nape nuca *f.* **9**
narrate narrar *v.* **10**
narrative work narrativa *f.* **10**
narrator narrador(a) *m., f.* **10**
narrow estrecho/a *adj. (Lect. 3)*
native nativo/a *adj.*
natural resource recurso natural *m.* **6**
navel ombligo *m.* **4**
navigator navegante *m., f.* **7**
necessary necesario *adj.* **4**
necessity necesidad *f.* **5; of utmost necessity** de primerísima necesidad **5**
need necesidad *f.* **5;** necesitar *v.* **4**
needle aguja *f.* **4**
neglect descuidar *v.* **6**
neighborhood barrio *m. (Lect. 5)*
neither... nor... ni… ni… *conj.*
nervous nervioso/a *adj.*
nest nido *m.*
network cadena *f.* **9; cadena de televisión** television network *f.*
news noticia *f.;* **local/domestic/international news** noticias locales/nacionales/internacionales *f. pl.* **9; news bulletin** informativo *m.* **9; news report** reportaje *m.* **9; news reporter** presentador(a) de noticias *m., f.*
newspaper periódico *m.;* **diario** m. 9
nice simpático/a, amable *adj.*
nightmare pesadilla *f.*
No way! ¡Ni loco/a! **9**
noise ruido *m.*
nomination nominación *f.*
nominee nominado/a *m., f.*
nook rincón *m.* **11**
notice aviso *m.* **5**; fijarse *v.* **9 to take notice of** fijarse en *v.* **2**
novelist novelista *m., f. (Lect. 7),* **10**
now and then de vez en cuando **3**
nun monja *f.*
nurse enfermero/a *m., f.* **4**
nursing home asilo (de ancianos) *m. (Lect. 4)*
nutritious nutritivo/a *adj.* **4**; **(*healthy*)** saludable *adj.* **4**

O

oar remo *m.* **5**
obesity obesidad *f.* **4**
obey obedecer *v.* **1**
oblivion olvido *m.* **1**
occur (to someone) ocurrírsele (a alguien) *v.*
of age mayor de edad *adj. (Lect. 1)*
offer oferta *f.* **9**; ofrecerse (a) *v.*
office despacho *m.*
officer agente *m., f.*
often a menudo *adv.* **3**
oil painting óleo *m.* **10**
Olympics Olimpiadas *f. pl.*
on purpose a propósito *adv.* **3**
once in a while de vez en cuando **3**
online en línea *adj.* **7**
open abrir(se) *v.*
open-air market mercado al aire libre *m.*
operate operar *v.*
operation operación *f.* **4**
opinion opinión *f.;* **In my opinion, ...** A mi parecer,...; Considero que..., Opino que...; **to be of the opinion** opinar *v.*
oppose oponerse a *v.* **4**
oppress oprimir *v.* **12**
orator orador/a *m., f. (Lect. 2)*
orchard huerto *m.*
originating (in) proveniente (de) *adj.*
ornate ornamentado/a *adj.*
others; other people los/las demás *pron.*
ought to deber + *inf. v.*
outdo oneself (P. Rico; Cuba) botarse *v.* **5**
outline esbozo *m.*
out-of-date pasado/a de moda *adj.* **9**
outrageous thing barbaridad *f.* **10**
overcome superar *v.*
overdose sobredosis *f.*
overthrow derribar *v.;* **derrocar** *v.* **12**
overwhelmed agobiado/a *adj.* **1**
owe deber *v.* **8; to owe money** deber dinero *v.* **2**
owner dueño/a *m., f.* **8;** propietario/a *m., f.*

P

pack hacer las maletas *v.* **5**
page página *f.;* **web page** página web **7**
pain (*suffering*) sufrimiento *m.*
painkiller calmante *m.* **4**
paint pintura *f.* **10**; pintar *v.* **3**
paintbrush pincel *m.* **10**
painter pintor(a) *m., f.* *(Lect. 3)*, **10**
painting cuadro *m.* **3, 10;** pintura *f.* **10**
palm tree palmera *f.*
pamphlet panfleto *m.* **11**
paradox paradoja *f.*
parish parroquia *f.* **12**
park parque *m.;* estacionar *v.;* **amusement park** parque de atracciones *m.* **2**
parrot loro *m.*
part parte *f.;* **to become part (of)** integrarse (a) *v.* **12**
partner (*couple*) pareja *f.* **1; (*member*)** socio/a *m., f.* **8**
party (*politics*) partido *m.;* **political party** partido político *m.* **11**
pass (*a class, a law*) aprobar (o:ue) *v.;* **to pass a law** aprobar una ley *v.* **11**
passing pasajero/a *adj.*
passport pasaporte *m.* **5**
password contraseña *f.* **7**
pastime pasatiempo *m.* **2**
pastry repostería *f.*
patent patente *f.* **7**
path (*history*) trayectoria *f.* **1**; prestarle atención a alguien *v.*
pay pagar *v.;* **to be well/poorly paid** ganar bien/mal *v.* **8; to pay attention to someone** hacerle caso a alguien *v.* **1**; prestarle atención a alguien *v.*
peace paz *f.*
peaceful pacífico/a *adj.* **12**
peak cumbre *f.;* **pico** *m.*
peck picar *v.*
people pueblo *m.* **4**
performance rendimiento *m.;* **(*theater; movie*)** función *f.* **2**
perhaps acaso *adv.* *(Lect. 4)*
period época *f.* *(Lect. 7)*
period punto *m.* **2**
permanent fijo/a *adj.* **8**
permission permiso *m.*
permissive permisivo/a *adj.* **1**
persecute perseguir (e:i) *v.*
personal (*private*) particular *adj.*
pessimist pesimista *m., f.*
phase etapa *f.*
photo album álbum de fotos *m.* *(Lect. 4)*
physicist físico/a *m. f.* **7**
pick out seleccionar *v.* **3**
pick up levantar *v.*
picnic picnic *m.*
picture imagen *f.* **2, 7**
piece (*art*) pieza *f.* **10**
pier muelle *m.* **5**
pig cerdo *m.* **6**
pill pastilla *f.* **4**
pilot piloto *m., f.*
pious devoto/a *adj.* **11**
piping tubería *f.* **6**
pity pena *f.;* **What a pity!** ¡Qué pena!
place lugar *m.*
place poner *v.* **1, 2**
place (*an object*) colocar *v.* **2**
plan planear *v.*
planned previsto/a *adj., p.p.* **3**
plateau: high plateau altiplano *m.* **11**
play jugar *v.;* **(*theater*)** obra de teatro *f.* **10; to play a CD** poner un disco compacto *v.* **2**
player (CD/DVD/MP3) reproductor (de CD/DVD/MP3) *m.* **7**
playing cards cartas *f. pl.* **2;** naipes *m. pl.* **2**
playwright dramaturgo/a *m., f.* **10**
plead rogar *v.* **4**
pleasant (*funny*) gracioso/a *adj.* **1**
please: Could you please...? ¿Tendría usted la bondad de + inf.... ? *(form.)*
plot trama *f.* **10;** argumento *m.* **10**
plumbing (*piping*) tubería *f.* **6**
poet poeta *m., f.* **10**
poetry poesía *f.* **10**
point (to) señalar *v.* **2; to point out** destacar *v.*
point of view punto de vista *m.* **10**
poison veneno *m.* **6**
poisoned envenenado/a *adj.* **6**
poisonous venenoso/a *adj.* **6**
politician político/a *m., f.* **11**
political party partido *m.* *(Lect. 2)*
politics política *f.*
pollen polen *m.* **8**
pollute contaminar *v.* **6**
pollution contaminación *f.* **6**
poor quality (garbage) porquería *f.* **10**
populate poblar *v.* **12**
population población *f.* **4**
port puerto *m.* **5**
portable portátil *adj.*
portrait retrato *m.* **3**
portray retratar *v.* **3**
position puesto *m.* **8;** cargo *m.*
possible posible *adj.;* **as much as possible** en todo lo posible
potato omelet tortilla (Esp.) *f.* *(Lect. 4)*
poverty pobreza *f.* **8**
power fuerza *f.;* **will power** fuerza de voluntad **4**
power (electricity) luz *f.* **7**
power saw motosierra *f.* **7**
powerful poderoso/a *adj.* **12**
pray rezar *v.* **11**
pre-Columbian precolombino/a *adj.*
prefer preferir *v.* **4**
prehistoric prehistórico/a *adj.* **12**
premiere estreno *m.* **2**
prescribe recetar *v.* **4**
prescription receta *f.* **4**
preserve conservar *v.* **6**
press prensa *f.* **9; press conference** rueda de prensa **11**
pressure (stress) presión *f.; presionar v.;* **to be under stress/pressure** estar bajo presión
prevent prevenir *v.* **4**
previous anterior *adj.* **8**
priest cura *m.* **12;** sacerdote
prime minister primer(a) ministro/a *m., f.* **11**
print imprimir *v.* **9**
private particular *adj.*
privilege privilegio *m.* **8**
prize premio *m.* **12; to give a prize** premiar *v.*
procession procesión *f.* **12**
produce producir *v.* **1; (*generate*)** generar *v.*
productive productivo/a *adj.* **8**
programmer programador(a) *m., f.*
prohibit prohibir *v.* **4**
prohibited prohibido/a *adj.* **5**
prominent destacado/a *adj.* **9;** prominente *adj.* **11**
promise jurar *v.* **12**
promote promover (o:ue) *v.*
pronounce pronunciar *v.*
proof prueba *f.* **2**
proposal oferta *f.* **9**
propose proponer *v.* **1, 4; to propose marriage** proponer matrimonio *v.* **1**
prose prosa *f.* **10**
protagonist protagonista *m., f.* **1, 10**
protect proteger *v.* **1, 6**
protected protegido/a *adj.* **5**
protest manifestación *f.* **11;** protestar *v.* 11
protester manifestante *m., f.* **6**
proud orgulloso/a *adj.* **1; to be proud of** estar orgulloso/a de
prove comprobar (o:ue) *v.* **7**
provide proporcionar *v.*
public público *m.* **9; (pertaining to the state)** estatal *adj.*
public transportation transporte público *m.*
publish editar *v.* **10;** publicar *v.* **9**
punishment castigo *m.*
pure puro/a *adj.*
purity pureza *f.* **6**
pursue perseguir (e:i) *v.*
push empujar *v.*
put poner *v.* **1, 2; to put in a place** ubicar *v.;* **to put on (*clothing*)** ponerse *v.;* **to put on makeup** maquillarse *v.* **2**
pyramid pirámide *f.* **5**

Q

quality calidad *f.;* **high quality** de buena categoría *adj.* **5**
queen reina *f.*
quench saciar *v.*
question interrogante *m.* **7**
quiet callado/a *adj.;* **be quiet** callarse *v.*

quit renunciar *v.* **8**; **quit smoking** dejar de fumar *v.* **4**
quite bastante *adv.* **3**
quotation cita *f.*

R

rabbi rabino/a *m., f.*
rabbit conejo *m.* **6**
race raza *f.* **12**
radiation radiación *f.*
radio radio *f.*
radio announcer locutor(a) de radio *m., f.* **9**
radio station (radio)emisora *f.* **9**
railing baranda *f.* *(Lect. 9)*
raise aumento *m.;* **raise in salary** aumento de sueldo *m.* **8**; criar *v.;* educar *v.* **1**; **to have raised** haber criado **1**
ranch rancho *m.* **12**
rarely casi nunca *adv.* **3**
rat rata *f.*
rather bastante *adv.; más bien adv.*
ratings índice de audiencia *m.*
ray rayo *m.*
reach alcance *m.* **7**; **within reach** al alcance **10**; al alcance de la mano; alcanzar *v., (Lect. 5)*
reactor reactor *m.*
reader lector(a) *m., f.* **9**
real auténtico/a *adj.* **3**
realism realismo *m.* **10**
realist realista *adj.* **10**
realistic realista *adj.* **10**
realize darse cuenta *v.* **2, 9**; **to realize/ assume that one is being referred to** darse por aludido/a *v.* **9**
rearview mirror espejo retrovisor *m.*
rebelliousness rebeldía *f.*
received acogido/a *adj.;* **well received** bien acogido/a *adj.* **8**
recital recital *m.*
recognition reconocimiento *m.*
recognize reconocer *v.* **1, 12**
recommend recomendar *v.* **4**
recommendable recomendable *adj.* **5**
record grabar *v.* **9**
recover recuperarse *v.* **4**
recyclable reciclable *adj.*
recycle reciclar *v.* **6**
redo rehacer *v.* **1**
reduce (speed) reducir (velocidad) *v.* **5**
reef arrecife *m.* **6**
referee árbitro/a *m., f.* **2**
refined (*cultured*) culto/a *adj.* **12**
reflect reflejar *v.* **10**
reform reforma *f.;* **economic reform** reforma económica *f.*
refuge refugio *m.* **6**
refund reembolso *m.* **3**
refusal rechazo *m.*
register inscribirse *v.* **11**
rehearsal ensayo *m.*
rehearse ensayar *v.* **9**
reign reino *m.* **12**
reject rechazar *v.* **11**
rejection rechazo *m.*
relax relajarse *v.* **4**; **Relax.** Tranquilo/a.
reliability fiabilidad *f.*
religion religión *f.*
religious religioso/a *adj.* **11**
remain permanecer *v.* **4**
remake rehacer *v.* **1**
remember recordar (o:ue); acordarse (o:ue) (de) *v.* **2**
remorse remordimiento *m.* **11**
remote control control remoto *m.;* **universal remote control** control remoto universal *m.* **7**
renewable renovable *adj.* **6**
rent alquilar *v.;* **to rent a movie** alquilar una película *v.* **2**
repent arrepentirse (de) (e:ie) *v.* **2**
repertoire repertorio *m.*
reporter reportero/a *m., f.* **9**
representative diputado/a *m., f.* **11**
reproduce reproducirse *v.*
reputation reputación *f.;* **to have a good/bad reputation** tener buena/mala fama *v.* **9**
rescue rescatar *v.*
research investigar *v.* **7**
researcher investigador(a) *m., f.* **4**
resentful resentido/a *adj.* **6**
reservation reservación *f.*
reserve reservar *v.* **5**
reside residir *v.*
respect respeto *m.*
responsible responsable *adj.*
rest descanso *m.* **8**; reposo *m.;* **to be at rest** estar en reposo *v.*
rest descansar *v.* **4**
resulting consiguiente *adj.*
résumé currículum vitae *m.* **8**
retire jubilarse *v.* **8**
retirement jubilación *f.*
return regresar *v.* **5**; **to return (items)** devolver (o:ue) *v.* **3**, *(Lect. 7)*; **return (trip)** vuelta *f.;* regreso *m.*
review (revision) repaso *m.* **10**
revision (review) repaso *m.* **10**
revolutionary revolucionario/a *adj.* **7**
revulsion asco *m.*
rhyme rima *f.* **10**
right derecho *m.;* **civil rights** derechos civiles *m. pl.* **11**; **human rights** derechos humanos *m. pl.* **11**
right away enseguida **3**, *(Lect. 4)*
ring anillo *m.;* sortija *f.* **5**; sonar (o:ue) *v. (Lect. 5)*, **7**; **to ring the doorbell** tocar el timbre *v.* **3**
riot disturbio *m.* **8**
rise ascender (e:ie) *v.* **8**
risk riesgo *m.;* arriesgar *v.;* arriesgarse; **to take a risk** arriesgarse *v.*
risky arriesgado/a *adj.* **5**
river río *m.*
rock mecer(se) *v. (Lect. 9)*
rocket cohete *m.* **7**
rob asaltar *v.* **10**
role papel *m.* **9**; **to play a role (*in a play*)** desempeñar un papel *v.*
romance novel novela rosa *f.* **10**
romanticism romanticismo *m.* **10**
room habitación *f.* **5**; **emergency room** sala de emergencias *f.* **4**; **single/ double room** habitación individual/ doble f. **5**; **room service** servicio de habitación *m.* **5**
root raíz *f.*
round redondo/a *adj.* **2**
round-trip ticket pasaje de ida y vuelta *m.* **5**
routine rutina *f.* **3**
ruin ruina *f.* **5**
rule regla *f. (Lect. 5)*; dominio *m.* **12**
ruler gobernante *m., f.* **12**; **(*sovereign*)** soberano/a *m., f.* **12**
run correr *v.;* **to run away** huir *v.* **3**; **to run out** acabarse *v.* **6**; **to run out of** quedarse sin *v.* **6**; **to run over** atropellar *v.*
rush prisa *f.* **6**; **to be in a rush** tener apuro

S

sacred sagrado/a *adj.* **11**
sacrifice sacrificio *m.; sacrificar v.* **6**
safety seguridad *f.* **5**
saga of heroic feats gesta *f. (Lect. 12)*
sail navegar *v.* **5**
sailor marinero *m.*
salary sueldo *m. (Lect. 7)*; **raise in salary** aumento de sueldo *m.* **8**; **base salary** sueldo fijo *m.* **8**; **minimum wage** sueldo mínimo *m.* **8**
sale venta *f.;* **to be for sale** estar a la venta *v.* **10**
salesperson vendedor(a) *m., f.* **8**
same mismo/a *adj.;* **The same here.** Lo mismo digo yo.
sample muestra *f.*
sanity cordura *f.* **4**
satellite satélite *m.;* **satellite connection** conexión de satélite *f.* **7**; **satellite dish** antena parabólica *f.*
satire sátira *f.*
satirical satírico/a *adj.* **10**; **satirical tone** tono satírico/a *m.*
satisfied: be satisfied with contentarse con *v.* **1**
satisfy (*quench*) saciar *v.*
save ahorrar *v.* **8**; guardar *v.* **7**; salvar *v.* **6**; **save oneself** ahorrarse *v.* **7**
savings ahorros *m.* **8**
say decir *v.* **1**; **say goodbye** despedirse (e:i) *v.* **3**
scar cicatriz *f.*
scarcely apenas *adv.* **3**
scare espantar *v.*
scared asustado/a *adj.*
scene escena *f.* **1**
scenery paisaje *m.* **6**; escenario *m.* **2**
schedule horario *m.* **3**
science fiction ciencia ficción *f.* **10**
scientific científico/a *adj.*
scientist científico/a *m., f.* **7**
score (a goal/a point) anotar (un gol/un punto) *v.* **2**; marcar (un gol/punto) *v.*

screen pantalla *f.* **2; computer screen** pantalla de computadora *f.*; **LCD screen** pantalla líquida *f.* 7; **television screen** pantalla de televisión *f.* **2**
screenplay guión *m.* **9**
script guión *m.* **9**
scuba diving buceo *m.* **5**
sculpt esculpir *v.* **10**
sculptor escultor(a) *m., f.* **10**
sculpture escultura *f.* **10**
sea mar *m.* **6**
seal sello *m.*
search búsqueda *f.*; **search engine** buscador *m.* **7**
season (*period*) temporada *f.*; **high/low season** temporada alta/baja *f.* **5**
seat asiento *m.* **2**
seatbelt cinturón de seguridad *m.* **5; to fasten (the seatbelt)** abrocharse/ponerse (el cinturón de seguridad) *v.* **5; to unfasten (the seatbelt)** quitarse (el cinturón de seguridad) *v.* **5**
section sección *f.* **9; lifestyle section** sección de sociedad *f.* **9; sports page/section** sección deportiva *f.* **9**
security seguridad *f.* **5; security measures** medidas de seguridad *f. pl.* **5**
see ver *v.* **1**
seed semilla *f.* *(Lect. 10)*
seem parecer *v.* **2**
select seleccionar *v.* **3**
self-esteem autoestima *f.* **4**
self-portrait autorretrato *m.* **10** *(Lect. 4)*
senator senador(a) *m., f.* **11**
send enviar *v.*; *mandar v.*
sender remitente *m.* *(Lect. 3)*
sense sentido *m.*; **common sense** sentido común *m.*
sensible sensato/a *adj.* **1**
sensitive sensible *adj.* **1**
separated separado/a *adj.* **1**
sequel continuación *f.*
servants servidumbre *f.* **3**
servitude servidumbre *f.* **3**
settle poblar *v.* **12**
settler poblador(a) *m., f.*
sexton sacristán *m.* **11**
shade sombra *f.* *(Lect. 9)*
shame vergüenza *f.*
shape forma *f.*; **bad physical shape** mala forma física *f.*; **to get in shape** *v.* ponerse en forma **4; to stay in shape** mantenerse en forma *v.* **4**
shark tiburón *m.* **5**
sharp nítido/a *adj.*
shave afeitarse *v.* **2**
sheep oveja *f.* **6**
shepherd pastor *m.* *(Lect. 6)*
shine brillo *m.* *(Lect. 10)*
shore orilla *f.*; **on the shore of** a orillas de **6**
short film corto, cortometraje *m.* **1**
short story cuento *m.*
short/long-term a corto/largo plazo **8**
shot (injection) inyección *f.*; **to give a shot** poner una inyección *v.* **4**
shoulder hombro *m.*
shout gritar *v.*
show espectáculo *m.* **2**
showing sesión *f.*
shrink encogerse *v.*
shrug encogerse de hombros *v.*
shy tímido/a *adj.* **1**
shyness timidez *f.*
sick enfermo *adj.*; **to be sick (of); to be fed up (with)** estar harto/a (de) **1; to get sick** enfermarse *v.* **4**
sign señal *f.* **2**; firmar *v.*, huella *f.* *(Lect. 12)*
signal señalar *v.* **2**
signature firma *f.* **11**
silent callado/a *adj.* **7; to be silent** callarse *v.*; **to remain silent** quedarse callado **1**
silly person bobo/a *m., f.* **7**
silver plata *f.* *(Lect. 8)*
sin pecado *m.*
sincere sincero/a *adj.*
singer cantante *m., f.* **2**
single soltero/a *adj.* **1; single mother** madre soltera *f.*; **single father** padre soltero *m.*
sink hundir *v.*
situated situado/a *adj.*
sketch esbozo *m.*; *esbozar v*
skill habilidad *f.*
skillfully hábilmente *adv.*
skim hojear *v.* **10**
skirt falda *f.*
slacker vago/a *m., f.* **7**
slave esclavo/a *m., f.* **12**
slavery esclavitud *f.* **12**
sleep dormir *v.* **2**
sleepwalker sonámbulo/a *m., f.* *(Lect. 9)*
sleeve manga *f.* **5**
slip resbalar *v.*
slippery resbaladizo/a *adj.* **11**
smoke humo *m.* *(Lect. 6)*
smoothness suavidad *f.*
snake serpiente *f.* **6**; culebra *f.*
soap opera telenovela *f.* **9**
sociable sociable *adj.*
society sociedad *f.*
software programa (de computación) *m.* **7**
solar solar *adj.*
soldier soldado *m.* **12**
solitude soledad *f.* **3**
solve resolver (o:ue) *v.* **6**
sometimes a veces *adv.* **3**
sorrow pena *f.* **4** *(Lect. 8)*
soul alma *f.* **1**
soundtrack banda sonora *f.* **9**
source fuente *f.*; **energy source** fuente de energía *f.* **6**
sovereign soberano/a *m., f.* **12**
sovereignty soberanía *f.* **12**
space espacial *adj.*; **space shuttle** transbordador espacial *m.* **7**
space espacio *m.* **7**
spaceship nave espacial *f.*
spacious espacioso/a *adj.*
speak hablar *v.* **1; Speaking of that,...** Hablando de eso,...
speaker hablante *m., f.* **9**, orador/a *m., f.* *(Lect. 2)*
special effects efectos especiales *m., pl.* **9**
specialist especialista *m., f.*
specialized especializado/a *adj.* **7**
species especie *f.* **6; endangered species** especie en peligro de extinción *f.*
spectator espectador(a) *m., f.* **2**
speech discurso *m.*; **to give a speech** pronunciar un discurso *v.* **11**
spell-checker corrector ortográfico *m.* **7**
spend gastar *v.* **8**
spider araña *f.* **6** *(Lect. 8)*
spill derramar *v.*
spirit ánimo *m.* **1**
spiritual espiritual *adj.* **11**
spot: on the spot en el acto **3**
spray rociar *v.* **6**
spring manatial *m.*
stability estabilidad *f.* **12**
stage (*theater*) escenario *m.* **2; (*phase*)** etapa *f.*; **stage name** nombre artístico *m.* **1**
stain mancha *f.*; manchar *v.*
staircase escalera *f.* **3**
stamp sello *m.*
stand up ponerse de pie *v.* **12**
stanza estrofa *f.* **10**
star estrella *f.*; **shooting star** estrella fugaz *f.*; **(movie) star** [m/f] estrella *f.*; **pop star** [m/f] estrella pop *f.* **9**
start (*a car*) arrancar *v.*
stay alojarse *v.* **5**; hospedarse; quedarse *v.* **5; stay up all night** trasnochar *v.* **4**
step paso *m.*; **to take the first step** dar el primer paso *v.*
step; stair peldaño *m.* *(Lect. 3)*
stereotype estereotipo *m.* **10**
stern popa *f.* **5**
stick pegar *v.*
still life naturaleza muerta *f.* **10**
sting picar *v.*
stingy tacaño/a *adj.* **1**
stir revolver (o:ue) *v.*
stock market bolsa de valores *f.* **8**
stone piedra *f.* **5,** *(Lect. 8)*
storage room trastero *m.* *(Lect. 4)*
storekeeper comerciante *m., f.*
storm tormenta *f.*; **tropical storm** tormenta tropical *f.* **6**
story (account) relato *m.* **10**
stranger desconocido/a *adj.*
stream arroyo *m.* **10**
strength fortaleza *f.*
strict autoritario/a *adj.* **1**
strike (*labor*) huelga *f.* **8**
Striking llamativo/a *adj.* **10**
stripe raya *f.* **5**
stroll paseo *m.*

struggle lucha *f.;* luchar *v.* 11
stubborn tozudo/a *adj.* 8
studio estudio *m.;* **recording studio** estudio de grabación *f.*
stupid necio/a *adj.*
stupid person bobo/a *m., f.* 7
style estilo *m.;* **in the style of ...** al estilo de... 10
subscribe (to) suscribirse (a) *v.* 9
subtitles subtítulos *m., pl.* 9
subtlety matiz *m.*
suburb suburbio *m.*
succeed in (*reach*) alcanzar *v. (Lect. 5)*
success éxito *m.*
successful exitoso/a *adj.* 8
suckling pig cochinillo *m.* 10
sudden repentino/a *adj.* 3
suddenly de repente *adv.* 3
suffer (from) sufrir (de) *v.* 4
suffering sufrimiento *m. (Lect. 1)*
suggest aconsejar; sugerir (e:ie) *v.* 4
suitcase maleta *f.* 5
summit cumbre *f.*
sunrise amanecer *m.*
supermarket supermercado *m.* 3
supply proporcionar *v.*
support soportar *v.;* **to put up with someone** soportar a alguien *v.* 1
suppose suponer *v.* 1
suppress suprimir *v.* 12
sure (*confident*) seguro/a adj. 1*;* **(*certain*)** cierto/a *adj.;* **Sure!** ¡Cierto!
surf the web navegar en la red *v.* 7; navegar en Internet
surface superficie *f.*
surgeon cirujano/a *m., f.* 4
surgery cirugía *f.* 4
surgical quirúrgico/a *adj.*
surprise sorprender *v.* 2
surprised sorprendido *adj.* 2; **be surprised (about)** sorprenderse (de) *v.* 2
surrealism surrealismo *m.* 10
surrender rendirse (e:i) *v.* 12
surround rodear *v.*
surrounded rodeado/a *adj.* 7
survival supervivencia *f.;* sobrevivencia *f.*
survive subsistir *v.* 11; sobrevivir *v.*
suspect sospechar *v.*
suspicion sospecha *f. (Lect. 11)*
swallow tragar *v.*
sweep barrer *v.* 3
sweetheart amado/a *m., f.* 1
symptom síntoma *m.*
synagogue sinagoga *f.* 11
syrup jarabe *m.* 4

T

tabloid(s) prensa sensacionalista *f.* 9
tag etiqueta *f.*
take tomar *v.;* **to take a bath** bañarse *v.* 2; **to take a look** echar un vistazo *v.*; **to take a trip** hacer un viaje *v.* 5; **to take a vacation** ir(se) de vacaciones *v.* 5; **to take away (remove)** quitar *v.* 2; **to take care of** cuidar *v.* 1; **to take care of oneself** cuidarse *v.*; **to take off** largarse *v. (Lect. 4)*; **to take off (clothing)** quitarse *v.* 2; **to take off running** echar a correr *v.;* **to take place** desarrollarse, transcurrir *v.* 10; **to take refuge** refugiarse *v.;* **to take root** arraigar *v. (Lect. 10)*; **to take seriously** tomar en serio *v.* 8
talent talento *m.* 1
talented talentoso/a *adj.* 1
tank tanque *m.* 6
taste gusto *m.* 10; **in good/bad taste** de buen/mal gusto 10; sabor *m.;* **It has a sweet/sour/bitter/pleasant taste.** Tiene un sabor dulce/agrio/amargo/agradable. 4
taste like/of saber *v.* 1; **How does it taste?** ¿Cómo sabe? 4; **And does it taste good?** ¿Y sabe bien? 4; **It tastes like garlic/mint/lemon.** Sabe a ajo/menta/limón. 4
tax impuesto *m.;* **sales tax** impuesto de ventas *m.* 8
teaching enseñanza *f.* 12
team equipo *m.* 2
tears lágrimas *f. pl. (Lect. 1)*
telephone receiver auricular *m.* 7
telescope telescopio *m.* 7
television televisión *f.* 2; **television set** televisor *m.* 2; **television viewer** televidente *m., f.* 2
tell contar (o:ue) *v.* 2
temple templo *m.* 11
tendency propensión *f.*
territory territorio *m.* 11
terrorism terrorismo *m.* 11
test (*challenge*) poner a prueba *v.*
theater teatro *m.*
then entonces *adv.* 3
theory teoría *f.* 7
there allá *adv.*
thermal térmico/a *adj.*
thief ladrón/ladrona *m., f.*
think pensar (e:ie) *v.* 1; **(*to be of the opinion*)** opinar; *v.* **I think it's pretty.** Me parece hermosa/o.; **I thought...** Me pareció... 1; **What did you think of Mariela?** ¿Qué te pareció Mariela? 1
thoroughly a fondo *adv.*
threat amenaza *f.* 8
threaten amenazar *v.* 3
throw tirar *v.* 5; **throw away** echar *v.* 5; **throw out** botar *v.* 5
thunder trueno *m.* 6
ticket boleto *m.*
tie (game) empate *m.* 2; **tie (up)** atar *v.;* **(*games*)** empatar *v.* 2
tiger tigre *m.* 6
time tiempo *m.;* vez *f.;* **at that time** en aquel entonces; **for the first/last time** por primera/última vez 2; **on time** a tiempo 3; **once upon a time** érase una vez; **to have a good/bad/horrible time** pasarlo bien/mal 1
tired cansado/a *adj.;* **to become tired** cansarse *v.*
tone of voice timbre *m.* 3
tongue lengua *f.* 9
too; too much demasiado/a *adj., adv.*
tool herramienta *f.;* **toolbox** caja de herramientas *f.* 2
toolbox caja de herramientas *f.* 2
topic asunto *m.*
touch rozar *v. (Lect. 10)*
tour excursión *f.* 5; **tour guide** guía turístico/a *m., f.* 5
tourism turismo *m.* 5
tourist turista *m., f.* 5; turístico/a *adj.* 5
tournament torneo *m.* 2
toxic tóxico/a *adj.* 6
trace huella *f.* 8; trazar *v.*
track-and-field events atletismo *m.*
trade comercio *m.* 8
trader comerciante *m., f.*
traditional tradicional *adj.* 1; **(typical)** típico/a *adj.*
traffic tránsito *m.;* **traffic jam** congestionamiento, tapón *m.* 5
tragic trágico/a *adj.* 10
trainer entrenador(a) *m., f.* 2
trait rasgo *m.*
traitor traidor(a) *m., f.* 12
tranquilizer calmante *m.* 4
translate traducir *v.* 1
transmission transmisión *f.*
transplant transplantar *v.*
trap atrapar *v.* 6
travel log bitácora *f.* 7
traveler viajero/a *m., f.* 5
treat tratar *v.* 4
treatment tratamiento *m.* 4
treaty tratado *m.*
tree árbol *m.* 6
trend moda *f.;* tendencia *f.* 9
trial juicio *m.*
tribal chief cacique *m.* 12
tribe tribu *f.* 12
tribute homenaje *m. (Lect. 12)*
trick truco *m.* 2
trip viaje *v.* 5; **to take a trip** hacer un viaje *v.* 5
tropical tropical *adj.;* **tropical storm** tormenta tropical *f.* 6
trunk maletero *m.* 9
trust confianza *f.* 1
try probar (o:ue) (a) *v.* 3; **try on** probarse (o:ue) *v.* 3
tune into (*radio or television*) sintonizar *v.*
tuning sintonía *f.* 9

turn: to be my/your/his turn *me/te/le, etc. + tocar v.;* **Whose turn is it to pay the tab?** ¿A quién le toca pagar la cuenta? **2**; **Is it my turn yet?** ¿Todavía no me toca? **2**; **It's Johnny's turn to make coffee.** A Johnny le toca hacer el café. **2**; **It's always your turn to wash the dishes.** Siempre te toca lavar los platos. **2**
turn (*a corner*) doblar *v.;* **to turn off** apagar *v.* **3**; **to turn on** encender (e:ie) *v.* **3**; **to turn red** enrojecer *v.*
turned off apagado/a *adj.* **7**

U

UFO ovni *m.* **7**
unbiased imparcial *adj.* **9**
uncertainty incertidumbre *f.* **12**
underdevelopment subdesarrollo *m.*
underground tank cisterna *f.* **6**
understand entender (e:ie) *v.*
underwear (*men's*) calzoncillos *m. pl.*
undo deshacer *v.* **1**
unemployed desempleado/a *adj.* **8**
unemployment desempleo *m.* **8**
unequal desigual *adj.* **11**
unexpected imprevisto/a *adj.;* inesperado/a *adj.* **3**
unexpectedly de improviso *adv.*
unique único/a *adj.*
unjust injusto/a *adj.* **11**
unpleasant antipático/a *adj.*
unsettling inquietante *adj.* **10**
untie desatar *v.*
until hasta *adv.;* **up until now** hasta la fecha
update actualizar *v.* **7**
upset disgustado/a *adj.* **1**; disgustar *v.* **2**; **to get upset** afligirse *v.* **3**
up-to-date actualizado/a *adj.* **9**; **to be up-to-date** estar al día *v.* **9**
urban urbano/a *adj.*
urgent urgente *adj.* **4**
use up agotar *v.* **6**
used: to be used to estar acostumbrado/a a; **I used to... (*was in the habit of*)** solía; **to get used to** acostumbrarse (a) *v.* **3**
useful útil *adj.* **11**
useless inútil *adj.* **2**
user usuario/a *m., f.* **7**

V

vacation vacaciones *f. pl.;* **to take a vacation** ir(se) de vacaciones *v.* **5**
vaccine vacuna *f.* **4**
vacuum pasar la aspiradora *v.* **3**
valid vigente *adj.* **5**
valuable valioso/a *adj.* **6**
value valor *m.*
vandal vándalo/a *m., f.* **6**
vestibule zaguán *m. (Lect. 3)*
viceroy virrey *m. (Lect. 12)*
victorious victorioso/a *adj.* **12**
victory victoria *f.*
video game videojuego *m.* **2**
village aldea *f.* **12**
virus virus *m.* **4**
visit recorrer *v.* **5**
visiting hours horas de visita *f., pl.*
vote votar *v.* **11**

W

wage: minimum wage sueldo mínimo *m.* **8**
wait espera *f.; esperar v.* **to wait in line** hacer cola *v.* **2**
waiter/waitress camarero/a *m., f.;* mesero/a *m., f.*
wake up despertarse (e:ie) *v.* **2**; **wake up early** madrugar *v.* **4**
walk andar *v.;* **to take a stroll/walk** dar un paseo *v.* **2**; **to take a stroll/walk** *v.* dar una vuelta
wall pared *f.* **5**
wander errar *v. (Lect. 11)*
want querer (e:ie) *v.* **1, 4**
war guerra *f.;* **civil war** guerra civil *f.* **11**
warm up calentar (e:ie) *v.* **3**
warn avisar *v.*
warning advertencia *f.* **8**; aviso *m.* **5**
warrior guerrero/a *m., f.* **12**
wash lavar *v.* **3**; **wash oneself** lavarse *v.* **2**
waste malgastar *v.* **6**
watch vigilar *v. (Lect. 3)*
watercolor acuarela *f.* **10**
waterfall cascada *f.* **5**
wave ola *f.* **5**; onda *f.*
wave agitar *v. (Lect. 2)*
wear lucir *v. (Lect. 4)*
wealth riqueza *f.* **8**
wealthy adinerado/a *adj.* **8**
weapon arma *m.*
weariness fatiga *f.* **8**
web (the) web *f.* **7**; red *f.*
weblog bitácora *f.* **7**
website sitio web *m.* **7**
week semana *f.*
weekend fin de semana; **Have a nice weekend!** ¡Buen fin de semana!
weekly semanal *adj.*
weeping llanto *m. (Lect. 4, 7)*
weight peso *m.*
welcome bienvenida *f.* **5**
welcome (*take in; receive*) acoger *v.*
well pozo *m.;* **oil well** pozo petrolero *m.*
well-being bienestar *m.* **4**
well-received bien acogido/a *adj.* **8**
wherever dondequiera *adv.* **4**
whistle silbar *v.*
widowed viudo/a *adj.* **1**; **to become widowed** quedarse viudo/a *v.*
widower/widow viudo/a *m., f.*
wild salvaje *adj.* **6**; silvestre *adj.*
wild boar jabalí *m.* **10**
win ganar *v.;* **to win an election** ganar las elecciones *v.* **11**; **to win a game** ganar un partido *v.* **2**
wind power energía eólica *f.*
wine vino *m.*
wing ala *m.*
wireless inalámbrico/a *adj.* **7**
wisdom sabiduría *f.* **12** *(Lect. 8)*
wise sabio/a *adj.*
wish deseo *m.; desear v.* **4**; **to make a wish** pedir un deseo *v.* **8**
without sin *prep.;* **without you** sin ti *(fam.)*
witness testigo *m., f.* **10**
woman mujer *f.;* **businesswoman** mujer de negocios *f.* **8**
womanizer mujeriego *m.* **2**
wonder preguntarse *v.*
wood madera *f.*
work obra *f.;* **work of art** obra de arte *f.* **10**; funcionar *v.* **7**; trabajar; **to work hard** trabajar duro *v.* **8**
work day jornada *f.*
workshop taller *m. (Lect. 7)*
World Cup Copa del Mundo *f.,* Mundial *m.* **2**
worm gusano *m.*
worried (about) preocupado/a (por) *adj.* **1**
worry preocupar *v.* **2**; **to worry (about)** preocuparse (por) *v.* **2**
worship culto *m.; venerar v.* **11**
worth: be worth valer *v.* **1**
worthy digno/a *adj.* **6**
wound lesión *f.* **4**
wrinkle arruga *f.*

Y

yawn bostezar *v.*
young lamb borrego *m. (Lect. 6)*

Z

zoo zoológico *m.* **2**

Contents of the index

The index contains page references for items and sections in **VENTANAS**. A numeral following the entry indicates the page of **VENTANAS: Lengua** where an item appears. The abbreviation *(Lect.)* after a section header or page numbers in italics indicate the section is part of **VENTANAS: Lecturas.**

Text Credits

[LEN] 28–29 © 2004, Maitena. **58–59** © Puebla, *Qué me pongo* de la Serie Gente Singular (2003), reprinted by permission of José Manuel Puebla. **180–181** Patricio Betteo/© Editorial Televisa. **208–209** © Ricardo Peláez. *Los pájaros trinando por los altavoces*, México. Reprinted by permission of the author. **264–265** © Leo Ríos, *Al llegar de la pega...* (2007), reprinted by permission of the author. **[LEC] 14–15** Pablo Neruda, Poema 20, from Veinte poemas de amor y una canción desesperada, 1924. Esta autorización se concede por cortesía de: Fundación Pablo Neruda. **18–19** Alfredo Bryce Echenique. "Después del amor primero", PERMISO PARA VIVIR. © Alfredo Bryce Echenique, 1995. **38–39** Mario Benedetti, Idilio. © Mario Benedetti, c/o Guillermo Schavelzon, Agente Literario, info@schavelzon.com. **42–43** De Microcosmos III © Rodrigo Soto. **62–63** © 1995 by Maria Kodama, reprinted with permission of The Wylie Agency. **66–69** Reprinted by permission of the author, Esther Díaz Llanillo. **88–89** © Ángeles Mastretta, 1991. **92–93** D.R. © 1972 FONDO DE CULTURA ECONÓMICA, Carretera Picacho-Ajusco 227, C.P. 14200, México, D.F. Esta edición consta de 15,000 ejemplares. **112–113** © Cristina Fernández Cubas, 1998. **116–119** © Gabriel García Márquez, 1992. **138–139** © Augusto Monterroso. **142–145** © Teresa Crespo Toral. **164–165** © Arturo Pérez-Reverte, "Ese bobo del móvil", El Semanal, Madrid, 5 de marzo del 2000. **168–171** Reprinted by permission of the author, Hernán Casciari. **174** Reprinted by permission of Fundación Bip Bip, www.fundacionbip-bip.org. **180–181** © El País S.L./Isabel Piquer. **190–191** Permission requested. Best efforts made. **216–217** © Herederos de Federico García Lorca. **220–223** © Edmundo Paz Soldán, c/o Guillermo Schavelzon & Asociados, Agencia Literaria, info@schavelzon.com. **242–243** Julio Cortázar, Continuidad de los parques. Esta autorización se concede por cortesía de: Herederos de Julio Cortázar. **246–249** © Herederos de Miguel Hernández, 1936. **268–269** Por permiso de la autora, Marjorie Agosín. **296–297** © Carlos Fuentes, 2000.

Commercials and TV clips

[LEN] 88–89 Univision Communications Inc. **120–121** © 2007 adidas-Salomon AG. Adidas, the adidas logo and the 3-Stripes mark are registered trademarks of the adidas-Salomon AG group. **150–151** © La Prensa Gráfica, El Salvador. **238–239** © Banco Comercial, Publicis Ímpetu y Paris Texas. Todos los derechos registrados. **288–289** 2007 Lima, Perú. Perú Rock Opera:Concepto, música y arreglos son propiedad de Isla 3 S.A.C. y La Banda S.A.C. Todos los derechos reservados. **316–317** Permission requested. Best efforts made. **348–349** © Televisión Autonomía Madrid, S.A. (Telemadrid), España. Todos los derechos registrados.

Fine Art Credits

[LEN] 192 (t) Quirino Cristiani. *Frame from animated film "El Apostol"*. 1917. Courtesy Giannalberto Vendáis, Milano, Italia. **271** (ml) Salvador Dalí. *Soft Watch*. © Salvador Dalí, Gala-Salvador Dalí Foundation/Artists Rights Society (ARS), New York. Image © Christie's Images/Corbis, (mr) Pablo Picasso. *The Red Armchair*. ca. 1930–1940 © Sucesión Picasso. Image © Archivo Iconografico, S.A./Corbis, (r) Claude Monet. *The Haystacks, End of Summer. Giverny*. 1891 © Erich Lessing/Art Resource, NY, (l) Andy Warhol. *Marilyn*. 1967. Silkscreen on paper, 91x91 cm. © the AndyWarhol Foundation for the Visual Arts/ARS, NY. Photo © Tate Gallery, London/ Art Resource, NY. **275** (m) Gonzalo Cienfuegos. *El Trofeo*. 2005. Courtesy of the artist. **277** (t) Guillermo Nuñez. Excerpt from "*Todo en ti fue Naufragio*". Permission requested. Best efforts made. **286** (r) Diego Velásquez. *Las Meninas, the Family of Philip IV*. 1656 © Museo del Prado Madrid. Photo by Jose Blanco. **321** (t) Santiago Hernandez. Lithograph print from *El Libro Rojo*, Published by Francisco Dias de Leon y White. 1870 © Instituto Nacional de Antropología y Historia (INAH), Mexico. Permission requested. Best efforts made, (m) Diego Duran. *Montezuma, 1466–1520 last king of the Aztecs, leaving for a retreat upon being told of the Spanish disembarking*. From folio 192R of the Historia de los Indios. 1579 © The Art Archive/Biblioteca Nacional Madrid/ Dagli Orti. **347** *Still Life with Setter to Mr. Lask* by William Michael. **[LEC] 2** Fernando Botero. *Una Familia*. 1989. Colección Banco de la República – Bogatá, Colombia. **12** Pablo Picasso. *Los Enamorados*. 1923 © Sucesión Picasso/Artists Rights Society (ARS) New York. **26** Yori Morel. *La Bachata*. 1942. Cortesía Museo de Arte Moderno. Santo Domingo, República Dominicana. **27** Achille Beltrame. *Juanita Cruz*. 1934. © The Art Archive/Domenica del Corriere/Dagli Orti (A). **36** Aldo Severi. *Calesita en la Plaza*. 1999 © Aldo Severi. Courtesy of Giuliana F. Severi. **50** Herman Braun-Vega. *Concierto en el Mercado*. 1997 © Herman Graun-Vega, courtesy of the artist. **51** (b) Bartolome Esteban Murillo. *Niños comiendo uvas y un melón*. 17th century © Scala/Art Resource, NY. **52** Diego Rodríguez Velázquez. *La Vieja friendo huevos*. 1618 © Scala/Art Resource, NY. **53** (t) Diego Velázquez. *Los Borracios*. Before 1629. © The Art Archive/Museo del Prado, Madrid/Dagli Orti (b) Diego Velásquez. *Las Meninas, the Family of Philip IV*. 1656 © The Art Archive/Museo del Prado Madrid. **60** Antonio Berni. *La siesta*. 1943. Óleo sobre tela 155 x 220 cm. Colección Privada. **62** Carlos Morel. *Rio de la Plata Calgary, Argentina*. 1845 © The Art Archive/Nacional Library Buenos Aires/Dagli Orti. **63** Pierre Raymond Jacques Monvoisin. *Juan Manuel de Rosas*. 1842 © The Art Archive/Museo Nacional de Bellas Artes Buenos Aires/Dagli Orti. **76** Arturo Michelena. *El Niño Enfermo*. 1886 Galería de Arte Nacional. Caracas, Venezuela. **86** Hector Giuffre. *Vegetal Life*. 1984 © Hector Giuffre. **89** Lino Eneas Spilimbergo. *La Planchadora*. 1936. Permission requested. Best efforts made. **92** Frida Kahlo. *Self-portrait with Cropped Hair*. 1940. Digital Image © The Museum of Modern Art/Licenses by SCALA/Art Resource, NY. **100** Jacqueline Brito Jorge. *Etatis XX (hecho a los 20 años)*. 1996. © Collection of the Arizona State University Art Museum. **110** Armando Morales. *Paisaje Marino*. 1983. © 2002 Artists Rights Society (ARS), NY/ADAGP, Paris. **116** Graciela Rodo Boulanger. *Altamar*. 2000. © Courtesy Edmund Newman Inc. **119** Diego Rivera. *Emiliano Zapata*. 1928 © Banco de Mexico Trust, Schalkwijk/Art Resource, NY.

126 Frida Kahlo. *Autorretrato con mono*. 1938. Oil on masonite, overall 16 x 12" (40.64 x 30.48 cms). Albright-Knox Art Gallery, Buffalo, New York. Bequest of A. Conger Goodyear, 1966. **136** Wilfredo Lam. *Vegetación Tropical*. 1948. Moderna Museet. Estocolmo, Suecia. **152** Remedios Varo. *Tres Destinos*. 1954 © Christie's Images. **154/5** (t) selections from "*Weblog de una Mujer Gorda*". © Bernardo Erlich 2000. **162** Joaquín Torres Garcia. *Composicion Constructiva*. 1938 © Art Museum of the Americas, Organization of American States, Washington, D.C. **168**, **170/1** Bernardo Erlich. Selections from *Weblog de Una Mujer Gorda*. Episode "Hay Tiempo Para Todo, Mama". **178** Antonio Berni. *Manifestacion*. 1934. Courtesy of MALBA © José Berni, Spain. **180** Andy Warhol. *Carolina Herrera*. 1979. 40" x 40". Synthetic polymer paint and silkscreen ink on canvas. © The Andy Warhol Foundation, Inc./Art Resource NY. **188** Diego Rivera. *Mercado de flores*. 1949 Óleo/tela 180 x 150 cms. Colección Museo Español de Arte Contemporáneo. Madrid, España. Foto © Fondo Documental Diego Rivera. CENIDIAP.INBA. Conaculta, México. **194**, **197** Alfredo Bedoya Selections from "*La Abeja Haragana*" © 2002 Alfredo Bedoya. Courtesy of the Artist. **204** Rafael Barradas. *Naturaleza muerta con carta de Torres García*. 1919. Museo Nacional de Artes Visuales. Montevideo, Uruguay. **214** Salvador Dalí. *Automovil vestido*. 1941 © 2002 Salvador Dalí, Gala-Salvador Dalí Foundation. Artists Rights Society (ARS), New York. **230** Juan Gris. *El Libron*. 1913 © Museé d'Art Moderne de la ville de Paris. **235** Marta Minujin. *El Partenon de Libros*. 1983. Buenos Aires, Argentina c. 1980 © Marta Minujin. Courtesy of the artist. **240** Armando Barrios. *Cantata*. 1985. Óleo sobre tela. 150 x 150 cms. –catálogo general: 868. Fundación Armando Barrios. Caracas, Venezuela. **256** Wifredo Lam. *Tercer Mundo*. 1966. © 2002 Artists Rights Society (ARS), New York/ADAGP Paris. **266** José Antonio Velásquez. *San Antonio de Oriente*. 1957 Colección: Art Museum of the Americas, Organization of American States. Washington D.C. **284** José Sabogal. *EL alcade de Chinceros*; Varayoc. 1925 Óleo sobre lienzo. Municipalidad Metropolitana de Lima. Pinacoteca "Ignacio Merino." Lima, Peru. **285** Anonymous. 16th Century. *Portrait of Atahualpa, 13th and last King of the Incas* © Bildarchiv Preussischer Kulturbesitz/Art Resource, NY. Photo by Dietrich Graf. **294** Diego Rivera. *Disembarkation of the Spanish at Veracruz (with portrait of Cortes as a hunchback)*. 1951 National Palace, Mexico City, D.F., Mexico. © Banco de Mexico Trust. Photograph © Schalkwijk/Art Resource, NY. **300** William Penhallow Henderson, *"San Juan Pueblo (New Mexico)"*. Ca. 1921 © Smithsonian American Art Museum, Washington, DC/Art Resource, NY Harnett.

Illustration Credits

Debra Dixon: [LEN] (mr) 32, 62, 99, 124, 125, 132, 162, 194, 212, 242, 259, 268, 269, 292, 320, 321, **[LEC]** 3
Sophie Casson: [LEN] 64, 87, 92, 139, 173, 227, **[LEC]** 244, 397
Pere Virgili: [LEN] 34, 47, 51, 54, 57, 81, 85, 108, 112, 113, 126, 147, 149, 178, 205, 213, 231, 235, 283, 285, 295, 335, **[LEC]** 4, 17, 24, 25, 245, 247
Hermann Mejia: [LEN] 100, 193, 313, **[LEC]** 130
Franklin Hammond: [LEN] 201, **[LEC]** 291

Photography Credits

Corbis Images: [LEN] 2 (bl) Cobis. **10** LWA-Dann Tardif. **11** (b) Rick Gomez. **12** Steve Prezant. **13** (t) Marc Serota/ Reuters. **21** (tr) Reuters, (br) Toru Hanai/Reuters. **32** (tr) Jim Cummings. **40** (l) Robert Galbraith/Reuters. **41** (ml) Reuters. **49** Corbis. **50** (tr) Lester Lefkowitz, (tm) Stephen Welstead. **56** (m) Peter Muhly/Reuters. **70** (t, b) Reuters, (m) Pool. **71** (mr) TVE, (ml) Hubert Stadler. **79** James W. Porter. **86** Jeffery Alan Salter/SABA. **101** (t) Jeremy Horner, (m) Janet Jarman. **103** (b) Reuters. **127** Dave G. Houser/Post-Houserstock. **132** (t) Atlantide Phototravel. **133** (t) Dave G. Houser/Post-Houserstock, (m) Richard Cummins. **134** Juan Carlos Ulate/Reuters. **154** (ml) Martin Harvey. **155** (m) Firefly Production. **161** (b) Michael & Patricia Fogden. **163** (t) Stephen Frink. **184** (tl) Ruediger Knobloch. **193** (br) Jim Craigmyle. **216** Aro Balzarini/epa. **219** (m) Claudio Edinger. **220** Steve Starr. **221** (mr) Reuters. **222** Sergio Dorantes. **226** (l) Miraflores Palace/Handout/Reuters. **242** (bm) Fabio Cardoso/zefa. **243** (m) Douglas Kirkland. **249** (t) Tonatiuh Figueroa/epa, (b) Roger Ressmeyer. **250** (t) Dave G. Houser/Post-Houserstock. **251** (t) Andres Stapff/Reuters, (b) Lindsay Hebberd. **262** Despotovic Dusko/SYGMA. **275** (t) Bettman. **276** (tl) Macduff Everton. **278** Marcus Moellenberg/zefa. **286** (l) Carl & Ann Purcell. **287** (l) Despotovic Dusko. **292** (bl) Steve Raymer, (tl) Jorge Silva/Reuters. **293** (t) Nancy Kaszerman/Zuma Press. **301** (t) Martin Alipaz/epa, (bl) Gustavo Gilabert, (br) Garmendia/Biosfera. **302** Reuters. **320** (mr) Reuters. **329** (m) Philippe Eranian. **330** Mark A Jonson. **[LEC] 7** (r) Bettmann, (ml) Lisa O'Connor/Zuma. **14** (foreground) Josh Westrich/zefa. **17** Bassouls Sophie/SYGMA. **22** (ml) Paul Buck/epa. **28** Mark L Stephenson. **31** (l) Lawrence Manning. **32** Josh Westrich/Zefa. **34** Bettmann. **37** Eduardo Longoni. **38** Jason Horowitz/ zefa. **48** Images. com. **55** (r) Tom Stewart/Zefa. **61** Bettmann. **77** Reuters. **79** (1) Abilio Lope, (m) Torleif Svensson, (r) Lawrence Manning. **101** Macduff Everton. **103** (b) Richard A. Cooke. **104** (l) Kevin Fleming, (m) Philip James Corwin. **111** © Bassouls Sophie. **131** (l) Stephanie Maze, (r) Wolfgang Kaehler. **157** Jean-Louis de Jeune/Images.com. **194** H. Takano/zefa. **195** Tony Frank. **233** Tony Albir/epa. **237** MAPS.com. **244** (tl) Ruediger Knobloch/A.B./zefa. **246** Bettmann. **257** (t) Robert Harding World Imagery. **259** Carlos Cazalis. **272** David H. Wells. **274** Tibor Bognar. **276** O. Alamany & E. Vicens. **280** (m) Reuters, (l) Najiah Feanny, (r) Bettmann. **282** Erich Schlegel/Dallas Morning News. **284** Francoise de Mulder. **286** (l) James Sparshatt. **289** (l) Peter M. Wilson, (r) Jorge Silva/Reuters. **295** Vittoriano Rastelli. **251** (t) Andres Stapff/Reuters, (b) Lindsay Hebberd. **302** Jeremy Horner.
Getty: [LEN] 9 (t) Janie Airey. **21** (bl) Ezra Shaw. **39** (b) AFP/AFP. **40** (r) Carlos Alvarez. **42** Lipnitzki/Roger Viollet. **56** (r) Evan Agostini, (l) Susana Gonzalez/AFP. **63** (b) Michelangelo Gratton. **73** Alberto Bocos Gil/AFP. **80** David C. Tomlinson. **99** (m) Stu Forster/Allsport. **135** (t) Juan Barreto/AFP. **139** (l) Cosmo Condina.

156 Photographer's Choice. **161** (m) Joe Sartore. **162** (t) Jeff Hunter. **191** (t) Wesley Bocxe/Newsmakers. **193** (bl) NASA/ Liaison. **206** Altrendo Images. **207** Javier Pierini. **212** (tl) Chabruken. **249** (m) Getty Images. **277** (l) Jose Jordan/AFP. **300** (t) Gonzalo Espinoza/AFP. **327** (m) Luis Acosta, (t) Alfredo Estrella/AFP. **[LEC] 3** Frank Micelotta. **7** (r) Hulton Archive. **22** (r) Roberto Schmidt/AFP, (l) Frank Micelotta. **51** (t) Dominique Faget/AFP. **55** (l) Alan Thornton. **72** (l) Paula Bronstein. **115** Piero Pomponi/Liaison. **119** (1) Roger Viollet Collection. **148** (l) Martin Bernetti/AFP. **179** Robyn Beck/AFP. **181** Carlos Alvarez. **189** Steve Northup/TimePix/Time Life. **211** (m) Joel Sartore. **212** Jeff Hunter **215** Dominique Faget/AFP. **231** Susana Gonzalez. **234** Derke/O'Hara. **238** (2) Georgette Douwma. **268** VEER Scott Barrow. **271** Pierre-Philippe Marcou/AFP.

Alamy: [LEN] 9 (m) Jack Hobhouse, (b) Robert Fried. **21** (tl) Allstar Picture Library. **27** eStock Library. **39** (t) Nicolas Osorio/eStock Photo. **62** (tl) James Quine. **72** Mark Shenley. **101** (b) bildagentur-online.com/th-foto. **125** (b) Mark Lewis. **131** (b) AM Corporation. **139** (ml) Paul Thompson Images, (r) Mecky Fogeling. **154** (tr) Bruce Coleman, (tl) Peter Adams Photography, (r2) Florida Images. **161** (t) Hemis. **163** (bl) David Tipling. **164** Stephen Frink Collection. **171** (l) Mediacolor's. **179** Nigel Hicks. **185** (b) Stock Connection Distribution. **225** Chad Ehlers. **276** (br) Craig Novell-All Rights Reserved. **299** (m) Helene Rogers. **320** (tl) David Myers Photography. **328** ImageBroker. **[LEC] 7** (mr) Mary Evans Picture Library. **10** EuroStyle Graphics. **22** (mr) Allstar Picture Library. **27** Stock Connection Distribution. **31** Mary Evans Picture Library. **57** (background) Stock Connection Distribution. **78** archivberlin Fotoagentur GmbH. **96** (r) Adam Van Bunnens. **257** (b) © Robert Harding Picture Library. **258** Frame Zero. **286** (r) Robert Harding Picture Library Ltd. **296** Mireille Vautier

WireImage: [LEN] 41 (t) Gram Jepson. **[LEC] 4** Michael Schwartz. **5** (l, m, r) Michael Schwartz. **104** (r) Barry King.

Masterfile: [LEN] 2 (rm) Matthew Wiley. **3** (m) T. Ozonas. **11** (ml) Darrell Lecorre. **125** (t) Hill Brooks. **139** (mr) Gloria H. Cómica. **[LEC] 10** (ml) Darrell Lacorre. **205** (br) Rick Fischer. **275** Carl Vailquet.

Danita Delimont: [LEN] 133 (b) Cindy Millar Hopkins.

Lonely Planet Images: [LEN] 20 Richard Cummings. **69** (m) Oliver Strewe. **191** (b) Holger Leue. **251** Krzysztof Dydynski. **[LEC] 213** (br) Steve Simonsen. **238** Steve Simonsen.

AP Wide World Photos: [LEN] 43 AP Photo/Jaime Puebla. **71** (b) AP Photo/EFE, Cherna Moya (t) AP Photo/Tim Gram. Picture Library. **99** (b) AP Photo/Esteban Felix. **165** AP Photo/Ariel Leon. **212** (br) AP Photo/Ana Maria Otero. **221** (t) AP Photo/Esteban Felix (b) AP Photo/Jorge Saenz. **299** (t) Roberto Candia. **315** Nick Ut. **[LEC] 87** AP Photo/ Jose Caruci. **160** Oronoz.

Misc: [LEN] 11 (t) Caterina Bernardi, (mr) Diseño de cubierto por Matteo Bologna por Mucca Design. Foto por Thurston Hopkins/ Getty Images. **13** (b) Dorothy Shi Photo, courtesy Mario German, Puntographics.com. **39** (m) Rachel Weill/foodpix/Jupiter Images. **41** (mr) Film Tour/South Fork/Senador Film/The Kobal Collection (b) Arau/ Cinevista/Aviacsa/The Kobal Collection /The Picture-desk. **99** (t) StockFood.com. **100** Martin Bernetti. **103** (t) Marta Gomez. **195** (t) Photo courtesy of Universal Music Argentina. **219** Caretas Magazine. Permission requested. Best efforts made. **223** Desorden Publico. Courtesy Jeremy Patton, Megalith Records and the band. **251** (m) Rachel Distler. 2006. **253** www.nataliaoreiro.com. Permission requested. Best efforts made. **275** (b) Museo de Arte, Latinoamericano de Buenos Aires/Colección Costantini. **276** (tr, mr) 2005 Fundación Pablo Neruda. Fernando Márquez de la Plata 0192, Santiago de Chile. **277** (b) Roser Bru, from EBEN Interiors at www.eben.lesrevistes.com. Permission requested. Best efforts made. (mr) 2006 Universidad de Concepción, Concepción, Chile. **279** www.viletaparra. scd.cl. Permission requested. Best efforts made. **300** (b) © James Brunker/Magical Andes Photography. **303** Los Kjarkas. **327** (b) 2005 National Public Radio, Jay Paul. **331** (t) Peru Negro private collection (b) Filmar Lopez. **346** © Rue de Archives/The Granger Collection, New York. **[LEC] 31** (l) © Victor Englebert. **41** © Anne Claire Paingris. Courtesy of Rodrigo Soto. **46** (l) © R. Sabatier/ Travel-Images.com. **65** photo Courtesy of the Author. **69** Sandra Johanson/Jupiter Images. **91** © Lola Alvarez Bravo, courtesy of Galeria Juan Martin. **102** (t) Warren Marr/ Panoramic Images/NGSImages.com. **122** (l) Oscar Artavia Solano/ VHL, (ml) Janet Dracksdorf/VHL, (mr, r) José Blanco/VHL. **129** 2000 Doug Myerscough. **141** Courtesy of Teresa Crespo de Salvador. **148** (l) José Blanco/VHL, (m) Paola Rios Schaff/VHL. **167** Courtesy of Hernán Casciari. **193** public domain. **199** (t) Robert Frerck /Odyssey Productions, Inc. **200** © Got Milk?™, National Fluid Milk Processor Promotion Board and Siboney USA, Inc. **206** Editorial Servilibro, Paraguay. **209** (l) © Living Language, Inc., a Random House Company. **215** © Agencia EFE. **219** 2006 Dave Feiling. **220** Lomo/Jupiter Images. **222** Gram Monro/Jupiter Images. **226** (r) from *Montecristo,* Telefe International © 1996–2007 The Izarro Group. **245** © Agencia EFE. **249** Best efforts made. **258** (inset) Best efforts made. **267** Courtesy of Marjorie Agosín and blackbird.vcu.edu. **279** Messe Bremen/www.robocup2006.org. **233** Harper Collins. **286** (m) This image is in the Public Domain. Taken from www.wikipedia.com. **287** Biblioteca Virtual Miguel de Cervantes, www.cervantesvirtual.com. **304** Diego Vizcaino, www.geocities. com/tibacuy.geo/ee.html

About the Authors

José A. Blanco founded Vista Higher Learning in 1998. A native of Barranquilla, Colombia, Mr. Blanco holds degrees in Literature and Hispanic Studies from Brown University and the University of California, Santa Cruz. He has worked as a writer, editor, and translator for Houghton Mifflin and D.C. Heath and Company and has taught Spanish at the secondary and university levels. Mr. Blanco is also co-author of several other Vista Higher Learning programs: **VISTAS, VIVA, AVENTURAS,** and **PANORAMA** at the introductory level, **ENFOQUES, FACETAS, IMAGINA,** and **SUEÑA** at the intermediate level, and **REVISTA** at the advanced conversation level.

María Colbert received her PhD in Hispanic Literature from Harvard University in 2005. A native of both Spain and the U.S., Dr. Colbert has taught language, film, and literature courses at both the high school and college levels. Her interests include: Basque culture, Spain's regional identities, and Spanish literature and film. Dr. Colbert's numerous publications range from travel guides to literary criticism. She is currently an Assistant Professor of Spanish at Colby College in Maine.